"十一五"国家重点图书出版规划项目
教育部人文社会科学重点研究基地重大项目

黄河文明的历史变迁
丛书主编／李玉洁

殷商甲骨文研究

王蕴智／著

科学出版社
北京

图书在版编目（CIP）数据

殷商甲骨文研究/王蕴智著. —北京：科学出版社，2010
（黄河文明的历史变迁 / 李玉洁主编）
ISBN 978-7-03-023892-4

I. 殷… II. 王… III. 甲骨文-研究 IV. K877.14

中国版本图书馆CIP数据核字（2009）第002612号

丛书策划：胡升华 侯俊琳
责任编辑：宋 旭 陈 超 李俊峰/责任校对：宋玲玲
责任印制：赵 博/封面设计：张 放 无极书装

科学出版社出版
北京东黄城根北街16号
邮政编码：100717
http://www.sciencep.com
北京凌奇印刷有限责任公司印刷
科学出版社编务公司排版制作
科学出版社发行 各地新华书店经销
*
2010年3月第 一 版 开本：720 × 1000 1/16
2025年2月第七次印刷 印张：39 3/4
字数：744 000

定价：198.00 元

（如有印装质量问题，我社负责调换）

"黄河文明的历史变迁丛书"
编委会

总 序 一

坐落于黄河之滨的古都开封的河南大学，是闻名遐迩的百年名校。教育部近年在河南大学设立了人文社会科学重点研究基地——黄河文明与可持续发展研究中心，中心人才济济，覆盖了众多相关学科，已经取得了令人瞩目的良好成绩。该中心李玉洁教授组织编写的“黄河文明的历史变迁丛书”，即将在科学出版社出版，不难预料其将在学术界产生显著的影响。

黄河文明是辉煌绵远的中华文明的核心组成部分。对黄河文明的考察研究，当然对阐述中华文明的优秀传统有着重大的意义。大家知道，以分区域的方法来探讨我国的历史和文明，是改革开放以来学术界突出的发展趋势之一。回顾这些年历史学研究的明显变化，是强调“多元一体”的观点，揭示中国自古是多民族、多地区的国家，灿烂的中华文明乃多民族、多地区的人民共同缔造。同时，考古学研究也反复证明中华文明是多源、多线的，构成了文化区系的理论。这样就开拓了学者的视野，推动了学科的进步，特别是对中原以外地区的研究，形成了前所未有的繁荣局面。

然而，提倡加强中原以外地区历史文明的研究，绝不应走向另一个极端，即抹杀中原地区在文明史上的重要性。黄河文明的历史意义是不可忽略的。回忆十几年前，我和浙江的徐吉军先生曾与多位学者专家合作，出版了一部《长江文化史》，幸而得到了大家的欢迎。随后我们考虑到中原地区的重要，又安排编写了《黄河文化史》。在后面这部书的序言里，我专门说到，中华文明固然是多源头、多区域的，但也必须承认，在不同时期，不同地区会起特殊的历史作用。具体地讲，在文明发展的若干关键时段，特定的地区会成为中心或者枢纽。例如，中华文明奠基的夏、商、周三代，以及以后的许多王朝的中心都在黄河中下游地区。对于这样的时期，将黄河文明置于特别重要的地位，确实是应该的。何况在三代以后，这一地区的影响仍然持续，需要探索的问题依旧很多。

关于黄河文明，我认为应该考虑这样三个问题：

第一，黄河文明在中国历史上占有怎样的地位？

第二，黄河文明为什么能够在历史上占有这样的地位？

第三，占有历史上特殊地位的黄河文明有哪些特点？

正因为黄河文明在文明发展史上有其独特的作用，教育部才在河南大学专设这方面的研究中心，并且由李玉洁教授主编完成这套“黄河文明的历史变迁丛书”。这套丛书共分九个子课题进行研究，从若干角度研讨了黄河文明的特点及形成这些特点的因素，从各个方面阐释黄河文明的历史地位和重要性。大家都知道“八方风雨会中州”这句话，中原地区之所以在历史上有特殊的重要性，关键的原因正在于其地理位置在当时的“天下”中央，居八方辐辏之地，在经济和文化的交流上占了优势。这套丛书主要从三个方面进行研究：

（1）丛书首先对黄河流域文明的要素：金属、文字、城邑以及凌驾于社会之上的公共权力的形成进行研究。

《黄河流域的青铜文明》一书，对中国古代青铜器的出现、铸造工艺、繁荣与影响进行研究，并把眼光集中于夏商周时期，那时青铜器的演变序列业已大体清楚，该书对有关的青铜文明问题作了深入的论述。

作为文明最重要标志的文字，《殷商甲骨文研究》就中国现已发现的最早的文字载体——甲骨文作了全面的论述，其中不乏新见解。

《黄河流域史前聚落与城址研究》对黄河上、中、下游的聚落与城址进行探讨，研究了聚落与城址形成的地理地貌和发展轨迹。

《中国古史传说的英雄时代》论述古史传说的神话性质及某些传说中的历史真实，把历史传说与考古材料相结合，对黄河流域古史传说中的英雄时代及其凌驾于社会之上的公共权力的形成进行系统的论述和研究，有诸多新意。

（2）丛书还对黄河文明的特质进行研究，即探讨黄河文明与其他地区文化的差异之处。历史上的中国，经济以农业为基本，文化以儒学为主流，而黄河文明即与二者有密切关联。

《黄河流域的农耕文明》对黄河流域农耕文明的起源、发展进行研讨，并且对黄河流域出现的农书、农神、农商思想与古代社会的关系进行研究，重点阐述植根于农业经济的黄河文化的特色。

儒学在中国长期的封建社会中是主导的思想理论。《儒学与中国政治》一书，论述儒学的起源、发展，研究了儒学与中国政治的密切关系。

（3）秦汉以后，黄河文化不断地吸收各地区的文化，得到了飞跃的发展。丛书在对黄河流域的文明起源问题探讨之后，对黄河流域的历史变迁进行研究。

《秦汉魏晋南北朝黄河文化与草原文化的交融》研究了秦汉魏晋南北朝时期黄河文化与胡文化的交流与融合。

《唐宋时期黄河流域的外来文明》研究了唐宋时期黄河文化与外来文明的融合。

《黄河文化与西风东渐》研究了明清时期黄河文化对西方文化进行全方位的吸收过程，黄河文化被注入了新的活力。

丛书对黄河文化与国内外文化的融合问题进行研究。这些书虽非出自一人之手，却将有关问题比较系统地串联起来，勾勒出相当明晰的轮廓，其中不乏新鲜的观点和见解。

读了这几本书，自能对黄河文明的历史地位获得进一步的认识。由这样的视角去观察黄河文明与文化，前人还很少做过。

黄河文明是非常博大的研究领域，“黄河文明的历史变迁丛书”已经开了一个好头，丛书都很值得一读。希望继续编写下去，我们且拭目以待。

李学勤

2009 年 1 月 20 日

总 序 二

黄河文明的历史地位

关于文明的起源，学术界曾出现了“满天星斗”说、“文明多元”论等，这些都是非常正确的。我们国家地域辽阔，中华文明是各地区、各民族的人民经过几千年辛勤的劳动共同创造的。然而根据学术界所认可的文明起源的要素和标准来看，华夏文明最早是在黄河流域出现、形成的。在文明形成的初期,黄河中下游地区处于“天下之中”的地位，这也是不可否认的事实。

国内外许多学者都提出了关于文明起源的见解。英国剑桥大学的考古人类学教授丹尼尔在《最初的文明：关于文明起源的考古学研究》中提出，文明的产生有三项要素：文字、城市、复杂的礼仪中心。日本学者贝冢茂树在1977年出版的《中国古代史学的发展》一书补记中提出，青铜器、文字、宫殿基址是文明产生的三要素。中国考古学家夏鼐先生在《中国文明的起源》一书中提出，青铜器、文字、城堡是文明产生的三个标志和要素，并且得到了学术界大多数学者的认可。

恩格斯在1884年出版的《家庭、私有制和国家的起源》一书中提出，文明和国家的形成主要有两项要素：①凌驾于社会之上的公共权力的建立；②按地区划分它的国民。恩格斯说“文明时代的基础是一个阶级对另一个阶级的剥削”[①]，他用阶级斗争的学说去解释文明的产生。这些理论奠定了马克思主义关于文明起源的政治学的理论基础，是判定文明产生的标准。

一、华夏文明最早在黄河流域形成

黄河是大自然献给中华民族的厚礼，是我们伟大民族的母亲河。黄河发

---

① 马克思，恩格斯. 1972. 马克思恩格斯选集(四).北京：人民出版社. 167, 166, 173

源于巴颜喀拉山脉北麓，从青海高原奔腾而下，流经五千多公里，在黄河的中下游地区形成宽广美丽而富饶的冲积大平原，为黄河文明的诞生提供了优越的地理环境。

黄河中下游地区四季分明，是最适合古人类生存和生活的地区。大约一万七千多年以前，黄河流域就有人类生存了。华夏民族的祖先在这里勇敢顽强地劳动和开拓，创造了辉煌的文明和文化。传说中的“三皇五帝”、夏商周三代及我国历史上的诸多王朝皆建都在黄河流域。是时，这里是人文荟萃之地，号称“天下之中”，又称为“中原”、“中州”，乃至我们伟大的祖国被称为“中国”也与此有关。黄河是中华民族的摇篮。

文明的要素——金属、文字和城堡，最早在黄河流域出现和形成。黄河中下游地区形成了我国最早的文明的中心。

仰韶文化时期，黄河流域就出现了青铜器物。仰韶文化姜寨遗址出土有铜片，还发现有黄铜管，其时代约在公元前4700年左右。

铜器，在黄河流域龙山文化的遗址中多有发现，如郑州牛寨遗址发现了熔铜炉壁附有铅锡青铜块[①]，淮阳平粮台三期H15发现了铜渣[②]，登封王城岗四期H617内出土青铜器残片[③]，临汝煤山遗址出土铜坩埚、熔铜炉残壁及铜液痕迹[④]，鹿邑栾台遗址二期早期发现青铜器等。[⑤]这些资料表明当时黄河中游青铜器冶炼和使用比较普遍，已经进入早期铜器时代。在黄河中游的龙山文化遗址中已出现了国家和文明的重要标志。山西临汾陶寺墓葬中发现了一只铜铃（或铜铎），虽出自晚期墓葬，但这是一件工艺复杂的复范型大型铜器，表明在此之前,青铜冶炼铸造技术应该已经有一个很长的过程了。陶寺遗址大型墓中出土了特磬，并且有5座大墓中出土了用鳄鱼皮蒙面的鼍鼓，鼓身为挖空树干，通高1米许，上下口径43～57厘米，外表彩绘花纹。这种乐器首先发现在黄河流域龙山时代的文化中，可能最初为陶唐氏所发明。

目前，新石器时代考古所发现的青铜器只在黄河流域出现，其他地区或者只有很少的几个铜片，或者只是在淤泥中出现的一点铜锈痕迹，而且仅是一处孤证，或者根本没有出现过与青铜器有关的器具和器物。黄河流域以外地区的青铜文明远远落后于中原地区。

---

① 王震中. 1998.中国文明起源的比较研究. 西安：陕西人民出版社

② 河南省文物研究所，周口地区文化局文物科. 1983. 河南淮阳平粮台龙山文化城址试掘简报. 文物，（3）：36

③ 安金槐. 1983.登封王城岗遗址的发掘. 文物，（3）：3

④ 1982.河南临汝煤山发掘报告. 考古学报，（4）：446~453

⑤ 河南省文物研究所. 1994.河南考古四十年. 郑州：河南人民出版社

关于文字的起源应追溯到新石器时代器物上的刻画符号。河南舞阳的贾湖遗址出土的龟甲和石柄上就已经出现刻画符号。龟甲上刻有“”、“日”、“八”、“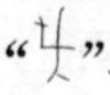”、“”、“”、“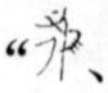”、“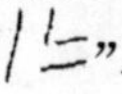”、“”、“十”等。[①]

1963年出版的《西安半坡》中公布了半坡遗址出土的大批陶器上有刻画符号。有的符号较简单，有的稍复杂。在仰韶文化类型遗址的陶器中多有这种符号，目前在渭水流域的西安、临潼、郃阳、铜川、宝鸡和甘肃秦安都有发现。[②]

大汶口文化类型的莒县陵阳河遗址出土的大口尊上发现了陶尊文字17个。其时代在公元前4000年左右。有关资料介绍：“自60年代以来，陵阳河发现刻文陶尊均出于河滩一组墓地(富有者墓地)，共10件。采品6件，完整器5件。刻文分别为‘’、‘’、‘’、‘’、‘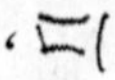’、‘’、‘’。另一件为1979年发掘采集的陶尊残片，刻文为‘’……M25的一件刻文为‘’。陵阳河发现的陶尊刻文，共计12个个体。如将刻文归类统计，得图像一，图像文字凡七。”[③]我国许多学者，如唐兰先生、王树明先生等对这些文字均有考释，认为这是现行文字的远祖，陵阳河的陶尊文字与殷墟甲骨文字有渊源关系。

与原始文字有渊源关系的远古符号也在黄河流域大量出现，河南舞阳的贾湖，山东大汶口，陕西西安、临潼、郃阳、铜川、宝鸡和甘肃秦安等遗址出土的大批陶器上的刻画符号，与中国古文字具有一脉相承的渊源关系。殷商时期，大批的甲骨文在殷墟（今河南安阳市）出土，在世界古文字研究方面具有重要的意义。

黄河流域在仰韶文化晚期已发现古城堡。郑州西山古城址是仰韶文化的遗存，距今5300~4800年。[④]黄河中游龙山文化时期的城堡更为普遍，如河南淮阳平粮台古城址、登封王城岗古城址、郾城郝家台、安阳后岗、淅川下寺等。

河南淮阳平粮台城址距今4500年左右。城址呈正方形，长宽均为185米，城周长740米，建筑面积约5万平方米。城墙采用小版筑堆筑法营造，可见圆形夯窝。城有南北两城门。南门有用土坯垒砌的两个门卫房，中间是

① 王蕴智. 2003. 远古符号综类摹萃. 中原文物,（6）: 11

② 李学勤. 1997. 走出疑古时代. 沈阳：辽宁大学出版社

③ 王树明. 1986. 山东省史前文化论文集•谈陵阳河与大朱村出土的陶尊文字. 济南：齐鲁书社. 249

④ 河南省文物研究所. 1994.河南考古四十年. 郑州：河南人民出版社

路土，路土下有铺设好的排水管道，城内有建筑在夯土台上的用土坯垒砌的排房。高台上的第 4 号房基的房址，东西残宽 15 米多，南北进深 5.7 米，室内北边有一宽约 0.92 米的走廊，南边再用隔墙分为四间。可以推测，在夯土高台上居住的人绝非一般平民。①

登封王城岗古城址位于河南省登封市告成镇西部，距今约 4400 年，这是两个并列的古城。大城的复原面积约 34.8 万平方米，是迄今为止在河南发现的规模最大的龙山文化晚期城址。②王城岗古城址的城内有殉人、殉兽的奠基坑 13 个。这些奠基坑多者用 7 具人骨奠基，少者 1 具，共有 28 具人骨架。王城岗龙山文化三期发现一薄胎磨光的平底杯，杯的底外部有烧前刻画的一个文字，形似“共”字。王城岗龙山文化四期，发现一青铜容器的残片，编号为 WT196H617：14，残宽 6.5 厘米，残高 5.7 厘米，厚 0.2 厘米，很像铜鬶的腹与袋状足的部分残片。经北京科技大学冶金室检验是锡铜青铜铸件。③

安阳后岗遗址发现一段宽 2~4 米，长 70 余米的龙山文化时期的城墙。该遗址约 5 万平方米。遗址分布着直径约 3～5 米的圆形白灰面房基和木板地面房基，这些房基的下面有用小孩作牺牲的奠基，埋 1 个幼童的 8 座，埋 2 个幼童的 4 座，埋 3 个幼童的 2 座，埋 4 个幼童的 1 座，仅在发掘的 600 平方米内，埋幼童 26 个。这个遗址的年代在公元前 2700 年～前 2200 年。河南辉县孟庄龙山文化古城址，面积约 16 万平方米，有护城河等，具有军事性质。

黄河下游龙山文化类型的遗址亦发现许多古城址。山东章丘龙山镇的城子崖城址，总面积 17.55 万平方米。1984 年在寿光县边线王村发现一古城址。城址分大小两处，小城在大城之内，居中偏南。大城面积约 5.7 万平方米，四边城墙之中部各有一门道，门宽约 10 米。城内面积 1 万平方米左右。大城址距今 3800 年左右，小城距今 3900 年左右。④1991 年邹平丁公村发现一古城址，面积 11 万平方米。城址年代在距今约 4600～4000 年。⑤另外淄博的田旺村亦发现一个面积 20 余万平方米的龙山文化古城址。⑥

---

① 河南省文物研究所，周口地区文化局文物科. 1983.河南淮阳平粮龙山文化城址试掘简报. 文物，(3)：37

② 北京大学考古文博学院，河南文物研究所. 2006.河南登封王城岗遗址 2002、2004 年发掘简报. 考古，(9)：4

③ 河南文物研究所，中国历史博物馆考古部. 1992. 登封王城岗与阳城. 北京：文物出版社. 38

④ 杜在忠. 1988. 7. 15.边线王龙山文化城堡的发现及其意义. 中国文物报

⑤ 邹平. 1992. 1. 12.丁公村发现龙山文化城址. 中国文物报

⑥ 齐天. 1992. 3. 18.田旺龙山文化城址面世. 大众日报

从以上黄河流域发现的龙山文化时期的古城址来看，城址中或有城门和门卫房，或有护城河，是具有军事性质的城堡。城内（如平粮台城址中）高台上的高大建筑物表明城内居民存在阶级和阶层的差别。登封王城岗城址和安阳后岗城址中用幼童作奠基的殉人，表明激烈的社会冲突已经形成，高居于平民之上的公共权力已经形成。龙山文化时期长江流域的古城堡虽然显示了贫富分化的现象，但远不如黄河流域表现得那样尖锐和激烈，似乎还处在军事民主制时期。①在黄河流域，早期国家已经形成了。

二、黄河流域出现的凌驾于社会之上的公共权力

黄河流域是最适合人类生存的地方，自古以来就流传着许多鸿蒙初辟时期的神话，如盘古、女娲等都是神话中的开天辟地或抟土造人的英雄。这些神话传说表现出华夏民族对世界的最初认识和美好的想象。远古时期，黄河流域活跃着许多部族，并各有自己的领袖。这些部族领袖往往被神化成半人半神的英雄。我国古代史籍中有许多关于远古时代英雄的传说，其中有三皇时期的传说，如燧人氏、伏羲氏、神农氏、葛天氏、柏皇氏等；还有五帝时期的传说，如黄帝、炎帝、太皞、少皞、蚩尤、颛顼、帝喾、帝尧、帝舜等。他们皆是黄河流域的部族领袖。这些传说构成中华民族形成发展的完整序列，记载了中华民族光辉的成长历程。

五帝时期，在黄河流域已经出现了早期国家的雏形。这些部族首领皆拥有号令征伐、收取贡赋、征发劳役的权力，而且这个时期，地域关系已经形成，有了非常明确的政治选举制度。这些部族首领已经拥有了马克思主义理论所认为的凌驾于社会之上的公共权力。这些现象说明黄河流域的部族自五帝时期就具备了早期国家的特征。

1. 号令征伐的权力

号令征伐是公共权力形成的典型表现形式。《史记·五帝本纪》云："轩辕之时，神农氏世衰。……于是轩辕乃习用干戈，以征不享，诸侯咸来宾从。""天下有不顺者，黄帝从而征之，平者去之，披山通道，未尝宁居。"这里很明显，黄帝轩辕氏对不顺从者，"征之"、"去之"，使"诸侯咸来宾从"。号令征伐，使诸侯"宾从"，就是一种凌驾于社会之上的公共权力。正因为拥有这种公共权力，黄帝才能与炎帝战于阪泉之野，与蚩尤战于涿鹿之野，最后消灭了敌对势力，使自己的权力得以巩固。

黄帝与炎帝、黄帝与蚩尤、颛顼氏与少皞氏都曾有过激烈的部落冲突。

①张绪球. 1994.屈家岭文化古城的发现和初步研究. 考古,（7）:634

帝尧时期，曾进行过征伐三苗的战争。《国语·楚语下》曰：“其后三苗复九黎之德，尧复育重、黎之后，不忘旧者，使复典之。”韦昭注：“其后，高辛氏之季年。三苗，九黎之后。高辛氏衰，三苗为乱，行其凶德，如九黎之为也。尧兴而诛之。”

《史记·五帝本纪》记载，帝尧时期，天降大雨，黄河泛滥。尧于是召四岳（四个部族酋长）商议治水事宜。四岳推荐鲧，但鲧治水九年而无功。《史记·夏本纪》记载：“舜登用，摄行天子之政，巡狩。行视鲧之治水无状，乃殛鲧于羽山以死。天下皆以舜之诛为是。于是舜举鲧子禹，而使续鲧之业。”舜可以殛鲧以死，并有权令鲧的儿子禹接替治水。舜还任用“八元”、“八恺”，“使主后土，以揆百事……乃流四凶族，迁于四裔”[①]。《尚书·虞书·舜典》云：帝舜“流共工于幽州，放驩兜于崇山，窜三苗于三危”。舜作为一个部族领袖可以流放或杀掉一个下级部族的首领，表明公共权力的形成。黄帝、颛顼、高辛、尧、舜等皆有号令征伐的权力。依靠这种权力，他们才能在战争中打败敌方，从而攫取更高的权力。

2. 收取贡赋

《史记·夏本纪》记载：“自虞、夏时，贡赋备矣。”又云：“众土交正，致慎财赋，咸则三壤成赋。”由此可知，虞舜时期已经开始向百姓征收贡赋，并有了完备的贡赋制度。收取贡赋是公共权力形成的典型特征。黄帝、颛项、高辛、尧、舜已经具有国君(或国王)的权力了。

3. 征发劳役

《史记·五帝本纪》记载,帝舜杀了鲧之后，又任用鲧的儿子禹治水。大禹治水时，“唯禹之功为大，披九山，通九泽，决九河，定九州，各以其职来贡，不失厥宜”。尧、舜、鲧、禹等人的治水，当然需要征发很多人去服劳役。征发劳役亦是公共权力形成的特征。

4. 地域关系的形成

黄帝时期，曾东征西伐，打败了炎帝、蚩尤，颛顼氏与太皞氏、少皞氏等都发生过激烈的战争和冲突。被打败的部族则皆迁徙他处，其部族支裔四散，迁至偏远地区。如少皞氏在失败之后，其主要力量迁徙汾水流域，仍有一部分还在东夷地区，那些留下的居民则只能服从于胜利者的管辖。毫无疑问，黄帝、颛顼、尧、舜时期，其国民已按地区划分。地域关系已经形成。《史记·五帝本纪》载：黄帝“置左右大监，监于万国”。这里所说的“万国”，当是黄帝治下的各个地区的小邦国。

---

① 司马迁. 1982.史记·五帝本纪. 北京：中华书局

5. 禅让制度与世袭制度

尧、舜、禹等部族领袖在权力的承继方面实行禅让制度，部族首领是通过禅让选举而产生的。《论语·尧曰》载，尧曰："咨！尔舜，天之历数在尔躬，允执其中，四海困穷，天禄永终。"舜在传位给禹的时候也说了同样的话。《论语·颜渊》云："舜有天下，选于众，举皋陶。""汤有天下，选于众，举伊尹。"《尚书·尧典序》曰："昔在帝尧，聪明文思，光宅天下，将逊于位，让于虞舜，作尧典。"但是禅让制度曾遭到战国学者的质疑，不相信古代实行过禅让制度。《孟子·万章》记载，"万章曰：'尧以天下为舜，有诸？'孟子曰：'否，天子不能以天下与人。'"《韩非子·说疑》云："舜逼尧，禹逼舜，汤放桀，武王伐纣，此四王者，人臣弑其君者也。"

我们且不说尧舜禹时期的帝位是"让"，还是"逼"，但五帝之前，包括五帝时期的部族首领肯定曾经实行过禅让制度，这是不容置疑的。尧舜禹时期的禅让现象是中国远古时代禅让制度的继承和继续。禅让制度确实是中国早期国家的一个重要特征。夏代开始了传子制的世袭制度，很多人认为传子制才是国家形成的标志，并在此基础上认为夏代才形成了国家。

如果说传子制是国家形成的特征标志，那么希腊的国家首脑从来就没有传子制，其首席执政官和其他执政官皆是由选举而产生的。而谁又能说古代希腊不是国家呢？！

马克思主义的国家学说认为，国家产生的标志是凌驾于社会之上的公共权力的建立和地域关系的出现。传子制不是国家产生的标志。

我国古史传说中的黄帝、太皞、少皞、颛顼、帝喾、尧、舜等，具有号令征伐、收取贡赋、征发劳役等凌驾于社会之上的权力。他们拥有的辖地上，不仅有本部族成员，而且已经按地区划分其国民。他们是活动在黄河流域的国家领袖，即国王。是时，黄河流域最早出现了青铜文化、文字，较早出现了城堡。古史传说中，华夏民族的领袖也多活动在黄河流域，华夏文明最早在黄河流域形成。

三、黄河文明的特质

黄河文明的主要特征之一就是农耕文明。黄河文明是以农业为经济基础而发展起来的。"农业是整个古代世界的决定性的生产部门。"[①]研究黄河流域农耕文明的形成及特征，对深入了解文明进程、文化兴衰以及这个文明体系中人民的精神世界都有重要的意义。

---

① 马克思,恩格斯. 1972.马克思恩格斯选集. 北京：人民出版社. 145

黄河流域发现了大量的古文化遗址，如磁山、裴李岗文化、仰韶文化、大汶口文化、龙山文化、马家窑文化、齐家文化等。农业是这些远古文化的主要内涵。自新石器时期开始，华夏民族已经成为农业定居的民族。黄河流域是世界上最早也是最重要的农业发源地之一。

在长期艰苦的劳动中，黄河流域的人民发明了农业，在野草中培育了五谷等各类农作物；发明了农业生产工具，并使之不断地改进，将其从木、石质改进为金属工具；创造了历法，制定了二十四节气，认识了天象与农业的关系；发明了丝绸，中国是世界闻名的丝绸之国；华夏民族有自己的农神崇拜。在黄河流域这块热土上，华夏民族辛勤勇敢地劳动，用他们的智慧和汗水，建造了自己的家园。

由于凌驾于社会之上的公共权力的出现和形成，封建国家制定了各种农业政策和赋税制度。黄河流域产生的农业思想，特别是中国封建王朝推行重农抑商的政策和思想，对中国古代社会有重要的影响。商业被限制，客观上也束缚了农业的发展。重农抑商的政策和思想，其目的在于巩固加强其专制统治，实际上则阻碍了中国社会的发展和进步，是中国封建社会长期停滞不前的重要原因之一。

儒学是中国文化的主流，也是黄河文明的重要特质。儒学是封建专制国家赖以统治的理论基础，与中国政治有着非常密切的关系。

儒家学说的核心是礼和仁的思想。儒家所说的礼，是一种标志尊卑贵贱等级的制度。《礼记·坊记》曰："子云，夫礼者，所以章疑别微，以为民坊者也。故贵贱有等，衣服有别，朝廷有位，则民有所让。子云，天无二日，土无二王，家无二主，尊无二上，示民有君臣之别也。"

所谓仁，就是以仁德之心对待人民。儒家主张仁政，反对苛政。儒家学说要求帝王和国家的大小官员勤政爱民、奉公守法，要求人们严格约束自己的行为，做人做事要有廉耻之心，维护做官的清德，不欺暗室，有强烈的忧患意识，认为这样的人才能治理好国家。儒学从政治上讲，确实是为帝王统治服务的学说。然而，儒学能够在中国延续两千余年而不衰，除了封建帝王的推崇和提倡之外，能够被广大群众所接受也是重要的原因。

儒家提倡的道德观，如忠、孝、仁、义、廉、耻、宽、恕等，是我国人民两千年来恪守的道德伦理基础。儒学的伦理道德、重义轻利、敬老爱幼、乐于进取、强烈的忧患意识和参与意识，铸就了中华民族的共同心态和理想人格，也激励着中国的志士仁人去建功立业、英勇奋斗，使中华民族具有强大的凝聚力。

儒家学说提倡的"礼"保证了封建国家的等级制，维护了皇帝和各级贵族的利益；而“仁”又能使平民百姓们认可接受。这样封建国家的秩序就得以稳定。儒家学说是适用于中国封建社会的政治学说，对中国封建社会的政治发展起着积极的作用。

四、黄河文明的历史变迁

夏、商、周三代之后，早期国家逐渐成熟，进入了发展时期。春秋战国以后，中国的专制制度逐渐形成,随着秦汉王朝的统一，黄河文明进入了大发展时期。

秦汉魏晋南北朝是黄河文化发展的重要时期，也是黄河文化与胡文化交流、融合的重要时期。本课题通过秦汉魏晋南北朝时期不同时段少数民族与黄河流域的社会交往，论述了秦汉时期少数民族文化与黄河文化的融合过程。张骞通西域之后，一条以洛阳、长安为起点，直达安息、大秦的交通线形成，这就是历史上有名的丝绸之路。西域的葡萄、西瓜、乐器、胡马，传入黄河流域；黄河流域的铁器、丝绸、医药、造纸、印刷术、农业技术传入西域，大大丰富了黄河文化和世界文化的宝库。根据《汉书·西域传》的记载，新疆地区的罽宾国“地平温和：有目宿、杂草；奇木：檀、槐、梓、竹、漆；种五谷、蒲陶诸果；粪治园田，地下湿，生稻；冬食生菜。其民巧，雕文刻镂，治宫室，织罽，刺文绣，好治食。有金、银、铜、锡，以为器。市列以金银为钱，文为骑马，幕为人面。出封牛、水牛、象、大狗、沐猴、孔爵、珠玑、珊瑚、虎魄、璧、流离”。大秦国即罗马古国。《后汉书·大秦传》记载，大秦国物产丰富，“多金银奇宝：夜光璧、明月珠、骇鸡犀、珊瑚、琥珀、琉璃、琅玕、九色玉石、朱丹、青碧。刺金缕绣织成金缕罽、杂色绫，作黄金涂、火浣布。又有水羊毳，野蚕茧所作细布。合诸香煎其汁，谓之苏合。以金银为钱：银钱十，当金钱一；与安息、天竺交市，海中获利十倍。其人质直，市无二价。谷食常贱，国用富饶”。黄河流域的许多地方开始响起了来自草原地区的“胡声”。

魏晋时期，特别是十六国时期，匈奴、鲜卑、羯、氐、羌等少数民族进入黄河流域，使黄河文化在这一特殊形式下复苏，对黄河文化的繁荣有重要的影响；而到北朝时期，鲜卑族入主黄河流域，给黄河文化注入了新鲜的血液。少数民族地区的所谓“胡桌”、“胡椅”、“胡床”、“胡服”，传入黄河流域，大大丰富了黄河流域人民的生活。这些最终揭示出黄河文化是在这一特殊历史时期融合少数民族文化而形成的多层次文明。

唐宋时代是黄河文化发展和成熟的重要时期。是时，突厥、铁勒等游牧民族、朝鲜半岛移民、西域以及西亚、中亚胡人等外来移民相继进入黄河流域。外来文明在黄河文化的演进历程中非常重要。唐宋时期，黄河文化与外来文明有强烈的互动作用，不仅使黄河流域出现了多种宗教信仰，如景教、摩尼教、祆教、犹太教传入中国，佛教也出现了不同的宗派，如唯识宗、密宗等，更重要的是黄河流域的科学技术得到进一步的发展，如天文学、医学、药物、植物、动物、香料、玻璃器、玛瑙、玉器、纺织品、货币、音乐、舞蹈、雕塑、绘画、建筑艺术等外来文明促进了黄河流域社会生活诸方面的发展，同时对黄河流域的饮食、服饰、体育、社会风俗、农业生产、交通运输、城市繁荣、经济作物的种植等都产生巨大的影响。唐宋时期黄河流域的政治、经济、文化与外来文明的交流往来，对黄河流域社会文化的发展产生了极大的影响。

明清时期，西方传教士在黄河流域的宗教和科学传播活动，为古老的黄河文化注入了西方近代科学文化的内容。明清时期，西方的宗教、天文学、数学、地理学、机械学、建筑学、物理学、医学、文学艺术、矿业技术、邮电、铁路交通、军事科学、教育思想、教育体制、社会风尚、近代农业科技等相继传入中国，美洲的农作物，如番薯、玉米、烟草等在黄河流域迅速传播、种植和推广，大大丰富了黄河流域农作物的种类，改变了黄河流域人民的饮食结构。更重要的是西方的民主思想也传入中国。鸦片战争之后，黄河文化开始了对西方文化的全方位吸收与融合，创建了新式学校、新式军队，产生和发展了一些近代工商业。新式的交通、通信工具等有了初步的发展，西方政治文化也得到一定程度的传播和实践，西式社会风尚开始在黄河流域出现并流行。

如今，古老的黄河文明与黄河文化在自身的基础上，通过对外来文明的合理吸收，不断地发展和变化，发生了强烈的历史变迁，出现了近代化的特质和内涵，黄河文化正在走向全面繁荣和昌盛。

李玉洁

2009年10月26日

前　言

河南位于华夏腹地，素有中原之称。这里曾经是我们华夏民族的摇篮，是中华文明形成和发展的主要地区之一，我国历史早期夏商周文明发展的高峰即汇合在这里，与其相伴随的还有源远流长的汉字文化长河。作为历史文明标志之一的文字，便最早在中原大地上孕育、成熟并被世代传承。

根据传说以及文献记载，黄帝时代的史官仓颉曾经发明文字①。传说是历史的影子，至今在中原大地上，还留下一处又一处的仓颉庙、仓颉祠、仓颉造字台、仓颉墓冢等遗迹，表现出中原人民对远古先哲造字之举的神往和崇拜②。河南上蔡人李斯身为秦相，他曾经作有秦刻石和《仓颉篇》字书，辅助秦始皇统一文字。《说文解字》这部文字学字书，是许慎晚年在家乡召陵(今属漯河市召陵区)完成的。许慎为此付出了数十年的心血，这也使他成为中国的字圣，汉语文字学的开山祖师，在中国学术史及文字学史上有着十分崇高的地位③。早在西晋太康年间，汲郡(今属卫辉市)人发掘魏惠王墓，出土了一大批古籍竹书。汲冢竹书的出土，使河南成为我国竹书文字的最早出土地，

---

① 古代典籍里有许多关于仓颉造字的记载，例如《世本》："仓颉作书。"《淮南子·本经训》云："昔者仓颉作书而天雨粟，鬼夜哭。"《荀子·解蔽》："好书者众矣，而仓颉独传者，壹也。"《韩非子·五蠹 》："仓颉作书也自环者谓之私，背私者谓之公。"李斯《仓颉篇》："仓颉作书，以教后诣。"《说文解字·叙》："黄帝之史仓颉，见鸟兽蹄迒之迹，知分理之相别异也，初造书契。"

② 河南省很多处都有关于仓颉的传说。如今濮阳市南乐县梁村乡吴村传是仓颉的故里，这个村子过去叫史皇村，现在村里人还大多姓史。这里现存仓颉陵一座，占地70多亩。除此之外，今河南开封、鲁山、虞城、洛宁、新郑等地也有仓颉庙、仓颉祠、仓颉造字台、仓颉墓冢等遗迹，表明仓颉的传说在河南境内广为流行，颇有影响

③ 王蕴智. 1994. 中国的字圣——许慎. 郑州：河南人民出版社；王蕴智. 2004. 字圣许慎评传. 见：字学论集. 郑州：河南美术出版社. 361~406

同时这也成为我国历史上官方组织整理出土古文字资料的最早记载①。这些汉字学术史上的种种经典佳话，无不映照出古汉字与中原文化的密切联系。

河南为我国古文字资料的主要出土地。近百年来，河南地下出土的古文字门类齐全，资料丰富。仅数十年来殷墟出土的10万多片甲骨文和中原出土的2500余件带有铭文的商周青铜器，就足以震惊世界。它不仅孕育了中国考古学和古文字学，而且也令世人对中原文明刮目相看。如今在许慎家乡漯河境内的舞阳贾湖裴李岗文化遗址中，还有8000年前新石器时期刻画符号的重要发现，由此已引起学术界对中华文字起源的新思维。近年来郑州小双桥商代陶书文字的出土，加之20世纪50年代发现的郑州商城二里岗期刻辞甲骨，使我们对商代前期的汉字又有了新的认识。偃师二里头、登封王城岗陶文，则透露出夏代文字的若干重要信息。所有这些无不表明河南与汉字文化渊源的独特联系。

中国古代文明是独立起源发展起来的，其影响之深远，在世界文明发展史上是少见的。历史上的夏商周三代文化皆交汇于中原，在文化内涵上存在着相当多的共同点。史载夏、商、周本是自黄帝时代以下平行存在的三个部族集团，根据上古神话传说，夏的始祖禹源于黄帝子孙里颛顼这一支，商的始祖契源于黄帝子孙里帝喾这一支。按照《史记》的说法，夏、商、周三代的祖先禹、契、后稷都在帝尧、帝舜的朝廷里服务，三代的立国制度彼此相袭。《礼记·礼器》云："三代之礼一也，民共由之，或素或青，夏造殷因。"《论语·为政》亦云："殷因于夏礼，所损益可知也，周因于殷礼，所损益可知也。"

从社会组织特征来看，夏、商、周社会都处在中华早期文明的大背景下，虽然有夏姒姓、商子姓、周姬姓之别，但他们以宗族为核心的城邑式结构模式，以血缘关系为纽带的同姓贵族统治体制，基本上是一样的。根据数十年的考古发掘成果，自裴李岗文化以下至中原仰韶文化、中原龙山文化、二里头文化、二里岗文化以及后来的殷墟文化，从时间上具有延续性，在地理上集中于中原黄河流域，文化遗址直接或间接地出现层位叠压关系，发展脉络清晰可见。可以说，中原文化自古以来基本上是作为一种华夏主流文化在发展延续，逐渐形成了一个地域传统。上古民族历史文化的发展如此，上古汉语语言的发展其实也可以按照这个脉络来理解。因为语言是特定文化背景下的产物，历史朝代虽有交替，语言、语源则延绵流长。语言的发展和人类活动之间的关系是密切相关的，同根的民族文化总是要在相同的语言中反映出

① 汲郡魏惠王墓冢位于今卫辉市孙杏村镇娘娘庙村南。汲冢竹书出土后，晋武帝命荀勖等著名学者们进行整理，其中有一种属古代编年体史书，记载了从远古黄帝直到战国时期魏国的历史，这部再现于世的珍贵史书被称为《竹书纪年》，具有很高的学术价值

来。

殷商以前的原始汉语，由于文献的不足，现在还难以讲清是怎样一种面貌。难得的是经过考古发掘，我们今天已经整理掌握了殷商时代的文字系统。商代距今有三四千年，但语言的产生远在有文字之前，据史书记载和考古发现，商代和夏代先民活动的地区主要在黄河中下游南北地带。推想汉语的发源地就在黄河流域，商代的语言是从史前的母语中发展而来的，这种母语可以称之为原始的汉语。

商代为周人所灭，其实此前的商周关系相当密切。据文献记载，周的先代和殷人是通婚的。如《诗·大雅·大明》："挚仲氏任，自彼殷商，来嫁于周，曰嫔于京。"甲骨文中也多见商周人之来往及其臣属关系。商周两族的这种来往，应当说是使用一种共同语言来维系的，当时的这种语言或可以称之为"华夏语"。

在语言学领域，现在有很多研究材料及其成果表明，汉藏语系具有共同的源头，可以把其中的各个语言分支看成是同源分化的结果。越往人类的早期推溯，它们的共性越多，人类的发展是呈几何率演进的，语言亦如此，语音特征也不例外，殷商语言不仅同属汉藏语系，而且是从汉藏语发展起来的华夏汉民族语言的前身。就其方音差别来说，当时存在的那个语音平面远比后世的方言差别小得多。不管中国的历史如何变化，汉语始终保持着自身的系统，并且按照自己的内部规律向前发展。

从考古发掘的古文字资料来看，商周时代文字的演进是一脉相承的。今所见商周文字符号系统基本是统一的、连续发展的，没有明显的差异。具备一定文字符号系统的民族，其语言自然是健全成熟的，这当然应归结为有一个自成体系的语言、词汇和语法系统，尤其是有一个内部比较统一的语音系统。我们承认地域和方音的差异是存在的，但有规律的演进仍占着主导趋势，这与古今中外语言发展的大趋势是相一致的。

就文字使用情况来说，许多商代出现的文字结体和书写特征，仍被周人保持下来，并且在此基础上向前发展。殷周之际的青铜器铭文多使用波磔体，出土所见青铜器的器形、纹饰等风格也都是相承的。如器形厚重庄严，以饕餮纹、夔龙纹为主要题材，以云雷纹作底纹。西周中后期则主要流行窃曲纹、瓦纹、环带纹等，文字的书写风格则演变为"玉箸体"。古汉字书写上的发展演变，此后一直都有规律可循。

如果说许慎的一部《说文解字》直接影响了传统中国文字学研究近两千年，那么近现代以殷墟甲骨文为代表的商代文字的发现，更开创了中国古文字及汉字学研究、殷商文化及中原早期文明研究的新天地。

过去研究商代乃至殷商以前的历史文化，因为从来没有像今天这样见到如此丰富的地下出土材料，所以在认识上一直很苍白。商代的主要凭物很早就失传了，大约到了殷商的后裔孔子的时候，虽然去商仅有 500 年，商文化的史料就难征信了。好古的孔子为了考证早期的礼制，也只能到周人所尊奉的先祖后稷那里观察宗庙祭器。后来到了司马迁编《史记》的时候，他对商代近 600 年的总结，只是写了一篇寥寥 2860 字的《殷本纪》。

也正是由于史料的缺失，以至于直到 20 世纪 30 年代，学术界还存在一种东周以上无史的疑古思想。即使是早期研究甲骨文的大家王国维先生，他对殷商文化的估计现在看来也是偏低的。今所见殷墟甲骨文中所出现的单个字头已不下 4000 个，后世《尚书・多士》所记“唯殷先人，有册有典”并不是一种虚说。商王武丁时期占卜所用的大龟腹甲(大者达 45 厘米×35 厘米，参见《殷虚文字乙编》大龟版)，并不产于中原，而与现产在马来半岛的龟类品种相同①。张秉权先生当年整理殷墟出土 H127 坑甲骨时，曾发现有 60 多片甲骨上附有纺织纹的痕迹，经鉴定是用来包裹甲骨的棉织品遗物②。殷墟所见海贝、玉石以及一部分人、动物遗骸，多来自中原以外地区，如精美的玉器材料有相当一部分是出自新疆和云南，还有一部分可能来自东南沿海地区或更远的地方③。殷墟出土的铜器、玉器，仅从美学的角度考虑，也超过了西周。总之，大量的考古新发现，需要我们对殷商文明有一个新的认识。殷商文化并不是一种孤立、封闭或狭隘的文化，也不是相对落后或隔世的文化。而恰恰相反，作为中国奴隶制社会鼎盛时期的殷商文化，它不仅是中国历史发生发展链条中不可缺少的重要环节，而且也是华夏传统文化可以追溯、确认到的一个古代文明坐标。

由于传统制度所决定，中国的正史文化主要反映的是王权贵族的文化。近百年来不断发现的殷墟甲骨卜辞，亦毫无例外地表现的是一种商代统治者的文化。一方面，卜辞中所显示出来的商王，正是后世中国君主的前身形象。另一方面，商王和王室贵族集团所继承并继续为之营造的那个时代大环境，又明显带有那个时代的浓郁特征——重神、尊祖，无日不祭，祖灵崇拜在他们的生活中占有极为重要的地位，这当然也是他们自己有效保护王权利益，维护人伦秩序的重要手段。

今所见著录备案的殷墟甲骨文资料，它们共同汇成了一套用文字来征信商代文化的浩繁卷宗。从甲骨文的书写性质来考察，大致可以划分为卜辞和非占卜性文辞。从甲骨占卜内容的性质上来考察，殷墟甲骨大致可划为王卜

① 伍献文. 1943. 武丁大龟之腹甲. 见：中央研究院动植物研究所集刊

② 张秉权. 1981. 小屯殷虚出土龟甲上所粘附的纺织品. 见：台湾中央研究院国际汉学会议论文集・历史考古组上册. 145

③ 中国社科院考古研究所. 1980. 殷墟妇好墓. 北京：文物出版社. 114

辞和非王卜辞两大部分。非王卜辞大都属与王室血缘相亲的家族首领人物的占卜记录，今见到的这一部分甲骨多出现于武丁中晚期。从占卜主体和占卜内容、刻辞风格上看，殷墟非王卜辞大致可划分出四种主要类型：一是子组卜辞；二是非王无名组卜辞；三是午组卜辞；四是花东子卜辞。

王卜辞乃是不同时期以商王为中心所作出的占卜记录，这是整个殷墟甲骨文的大宗。根据甲骨出土情况、卜法文例、书写风格及卜辞的内容等特征，整个王卜辞从𠂤组类甲骨开始，又大致可以梳理出两条发展线索。一条主线是小屯村北系列出土的甲骨，该系列由𠂤组的𠂤宾间类发展到宾组、出组、何组、黄组。另一条主线是小屯村中、村南系列出土的甲骨，它由𠂤组的𠂤历间类发展到历组、无名组。黄组是整个殷墟甲骨的共同终结。

我们也应该看到，甲骨文仅仅是一种表达占卜语言的文字资料，它所能告诉世人的东西还很有限。因为考古并不万能，作为考古成果之一的甲骨文也绝不万能，它只能揭示出保存下来的那一些内容。甲骨文所没有的，不一定商代社会就没有，卜辞中所反映出的王室的占卜活动，亦不代表王室所有活动的全部，况且商王的许多祭祀活动不完全依赖于甲骨占卜。当然，商王室更多的甲骨占卜资料，很可能早就毁掉了，而另外一些还可能正埋在地下。即便如此，我们现在所能见到的这些甲骨文仍然非常重要，它毕竟是反映商代后期王朝实际现状的第一手材料。通过这些文字的东西，它体现出来的不仅仅是物质的文明，而且更多地是体现在精神上，尤其是比较典型地透视出商代后期统治者所推行的制度以及体现出殷商时期世俗生活的方方面面。

殷墟甲骨文作为 20 世纪最重要的考古发现之一，它已与自己的发现地殷墟一道，在 2006 年 7 月 13 日的第 30 届世界遗产大会上，被正式列入《世界遗产名录》，成为我国的第 33 处世界文化遗产。在如今，甲骨学的研究方兴未艾。当代的甲骨学不仅是中国古文字学的一个重要分支，而且它已经交叉渗透在考古学、语言学、历史学、文献学、书法学、民族学及思想史、文化史、科技史等相关学科之间，成为探讨华夏古代文明和传统文化渊源的前沿窗口，是一门举世瞩目的国际性显学。在新的 21 世纪里，甲骨学的研究还必将在中国乃至世界学术史上再谱新的篇章。

河南是古文字资料的出土大省，也是中国文字学的发祥地，历史文化底蕴非常厚重。为了振兴民族精神，培育中原人民热爱汉字、热爱家乡的情结，2002 年，本人曾向当时的河南省政府领导李克强省长上书，建议在省内创建一座标志性的大型文化设施——河南文字馆，希望在政府的支持下，能够对中原历年出土古文字资料乃至几千年来的汉字文化遗产给予重视，希望给我们的汉字安一个家。当时的李克强省长曾及时将这一建议批转给了安阳市政府[1]。

目前，国家有关部门已正式批准在安阳市建设中国文字博物馆，中国文字博物馆的建设项目已于2006年底正式启动，这将是一项把文字遗产保护、陈列展示和科学研究融为一体的国家级文化工程。近年我们也曾组织有关专业人力，对包括中原汉字文化资源在内的几千年来的中华文字遗产进行了全面的整理[2]。我们希望新创建的中国文字博物馆是现代化知识信息型的，是一部让世人领略中华文明的景观式文字大典。它是河南的，也是中华的，更是世界的。它将以翔实的资料、严谨的布局、科学的方法辅以现代化的高科技手段，高品位地荟萃历代中国文字样本精华，揭示古今汉字的文化内涵；真切生动地讲解古汉字的演化和构形特征，展现汉字发生、发展的历史轨迹；同时注重反映河南出土古文字资源与中国文字研究的地域优势，精彩营造以古汉字符号为独特视角的东方华夏文明与以古汉字计算机信息开发成果为标志的现代社会文明的谐和氛围，使人们真切地感悟到先民的聪明和智慧，审视到汉字的历史和未来[3]。

本书的出版得到了河南大学黄河文明与可持续发展研究中心的经费支持，并一直承蒙贵中心丛书编委会和李玉洁先生的诚挚关怀。科学出版社宋旭、张懿璇、陈超女士为解决古文字材料排印的困难和本书的编辑出版做了大量工作，提供了很多帮助，值此谨表示衷心的感谢！

2009年10月1日

---

① 王蕴智. 2004. 关于创建河南文字馆的规划构想. 见：字学论集. 郑州：河南美术出版社. 479~492

② 王蕴智. 2008. 中原文化大典·古文字卷上、下册. 郑州：中州古籍出版社；又参见王蕴智主持编纂的《中国文字博物馆知识内容文本》甲编上、中、下册，2008年8月完成；王宁先生主持编纂的《中国文字博物馆知识内容文本》乙编上、下册，2008年7月完成

③ 王蕴智. 2005. 创建一座富有中华文明特色的文字博物馆. 郑州大学学报. 安阳·中国文字博物馆的建设问题专家笔谈，(5)：13~14；2006. 中国当代文博论著精编. 北京：文物出版社. 122~125

目　录

第一章

殷商甲骨文的发现、流传与研究

1899 年，作为中国有史社会重要凭信之一的商代甲骨文资料，在埋没了 3000 多年之后重见天日，被学人所鉴认。此后，中国的现代考古学也在 1928 年发轫于安阳市西北的小屯村。以小屯村方圆数公里为中心，商王朝后期所营建的鳞次栉比的宫殿、宗庙基址，规模宏大的王陵及祭祀遗址，肃穆庄重的青铜礼器及各种珍贵文物，伴随着大量的甲骨遗物而被发掘出土。这一系列的重大考古发现，揭开了让世人认识殷墟①、研究殷商文化和华夏早期文明的帷幕。

我们今天所见到的商代文字，其大宗材料即是指在殷墟出土的通行于商代晚期的甲骨文。甲骨文主要为商王室在龟甲材料上所做的占卜纪录，故一般把它们称之为卜辞。除了纪录日常的占卜之外，还有其他用途的甲骨刻辞，这包括殷人为训练写字所刻、所保存的书写材料，也包括一些为记事所刻的材料等。目前所发现殷墟甲骨的数量，已超过 10 万片以上。据《殷本纪·正义》引古本《竹书纪年》"自盘庚迁殷，至纣之灭，二百七十三年，更不徙都②"之记载，可断定殷墟甲骨文的时代，大致在公元前 14～公元前 11 世纪。

根据目前所见到的出土资料，与殷墟甲骨文最有渊源关系的应是在郑州商城遗址发现的牛骨刻辞。应该说，商代前期的甲骨刻辞遗物如今发现的还不多，今后在郑州商代早期都城遗址，尤其是在商王宫殿宗庙基址的中心地带一定还会有新的发现。

---

① "殷墟"这一概念最早出自《左传·定公四年》。该文献记载了周公分封诸侯的情况，其中说把康叔分封到殷的旧地，"命以《康诰》，而封于殷虚"。殷墟即今安阳小屯村一带。北魏郦道元《水经注》卷四记载了洹水，并引《竹书纪年》、《史记·项羽本纪》中对殷墟的记载，证明洹水南之殷墟是商代旧都

② 《殷本纪·正义》引古本《竹书纪年》的这段话在宋至清代诸刻本中多有出入，此引文出自清嘉庆间朱右曾所辑证的《汲冢纪年存真》

第一节　郑州商城遗址牛骨刻辞的发现

一、二里岗遗址牛骨刻辞的时代

1953 年 4 月和 9 月，河南省文物工作队分别在郑州市货栈街二里岗期遗存中发现两片刻字牛骨，其中前一片为牛肋骨刻辞，后一片为牛肱骨刻辞。该两片刻字牛骨发现之后最初被带到北京，由陈梦家先生进行研究鉴定，有关图像、拓本资料曾刊发在 1954 年的《文物参考资料》[1]和 1959 年出版的《郑州二里冈》一书[2]。牛肋骨刻辞的图像资料今可参照的还见于 1957 年的《考古学报》[3]和 1985 年出版的《河南考古》[4]一书。可惜 1953 年发现的这两片刻字牛骨实物今已下落不明，如今仅可从现存书刊中看到对它们的著录情况。请参见下揭图版：

（一）牛肱骨刻辞图像资料

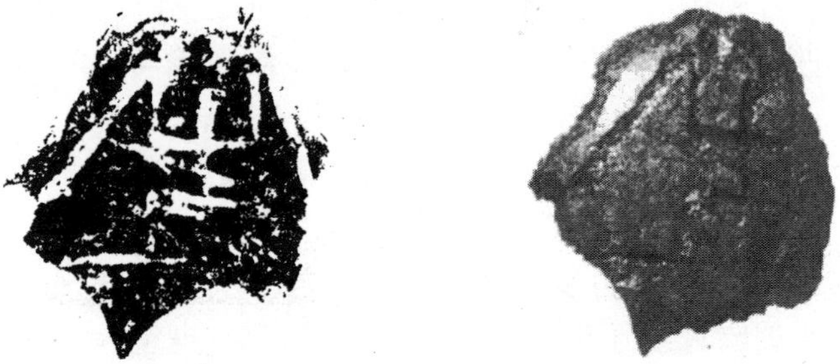

《郑州二里冈》图版叁拾：25（T30）、《殷虚卜辞综述》图版拾肆（下）

拓本　　　　照片

图 1-1　牛肱骨刻辞图像

（二）牛肋骨刻辞图像资料

上揭牛肱骨刻辞仅在骨臼位置刻写一“㞢”字，这个字在殷墟小屯村北系列甲骨中比较常见，一般读为“又”，用法上也和“又”字相当，后世不传。

---

① 陈梦家．1954．解放后甲骨的新资料和整理研究．图四（乙）拓本．文物参考资料，（5）：6；陈梦家．1956．殷虚卜辞综述．图版拾肆（下）、拾伍（上）．北京：科学出版社

② 河南省文化局文物工作队．1959．郑州二里冈．图版拾陆、图版叁拾、插图十二．北京：科学出版社

③ 河南省文化局文物工作队第一队．1957．郑州商代遗址的发掘．图陆．考古学报，（1）：69；杨育彬，袁广阔．1997．20 世纪河南考古发现与研究．郑州：中州古籍出版社；郑州市城市科学研究会，郑州古都学会．2004．古都郑州（上）．郑州：中州古籍出版社

④ 杨育彬．1985．河南考古．图 24．郑州：中州古籍出版社

下揭牛肋骨面上有一段刻辞(图 1-2)，陈梦家先生认为共有 10 个字，这些字不是卜辞，而是习刻文字，时代为殷墟时期[①]。由于这两片刻辞牛骨发现时失去了地层关系，所以起初学者多是根据字形，判断它属于商代晚期。直到 20 世纪 80 年代，裴明相先生指出这两片刻辞牛骨出自经过扰动的商代二里岗期的灰层中，这里“绝无郑州商代人民公园期及安阳殷墟晚期遗存”，故牛骨刻辞的时代应属于商代早期[②]，这一说法今已得到学术界的认同。

《文物参考资料》图四拓本

《郑州二里冈》图版拾陆：6 照片

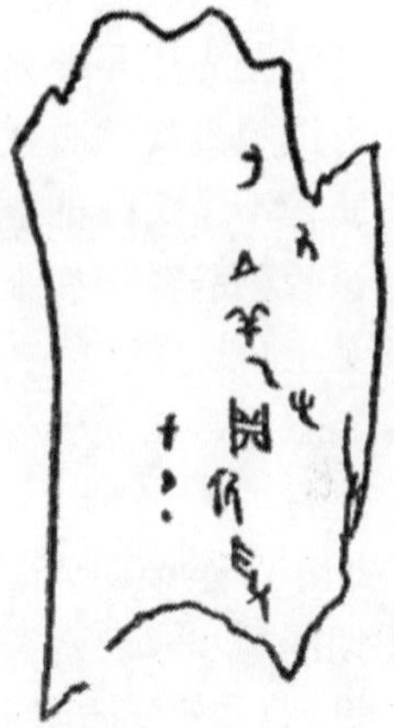

《郑州二里冈》插图十二摹本

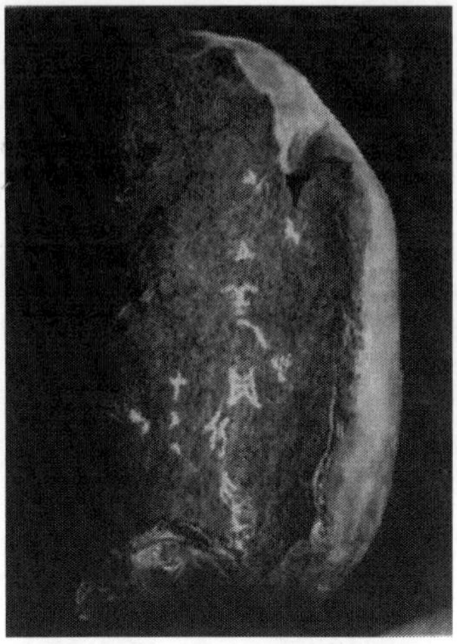

《考古学报》1957 年 1 期图版陆照片

《河南考古》图 24 照片

图 1-2　牛肋骨刻辞图像

---

① 陈梦家. 1954. 解放后甲骨的新资料和整理研究. 文物参考资料，(5)：6；陈梦家. 1956. 殷虚卜辞综述. 北京：科学出版社. 27

② 裴明相. 1985. 略谈郑州商代前期的骨刻文字. 载：胡厚宣. 全国商史学术讨论会论文集. 殷都学刊. 253

二、关于牛肋骨刻辞的释读及其性质

由于牛肋骨上的刻字笔画纤细，且限于当时的图像制作手段，该骨版的照片和拓片并不完全清晰。研究者因对照片和拓片上的文字判断、理解的不同，在具体释文上也有所出入。《郑州二里冈》考古报告执笔者当时释读为 10 个字：

又丑土羊乙贞从受十月

李学勤先生早年曾认为这是商王武乙或文武丁时的一件习刻，后来李先生认为该版刻辞的时代应该更早，该辞在内容上应是对社神的占卜记录，“二里岗肋骨不是实际的卜辞，也是摹写的卜辞，作为卜辞来理解是没有错的”。他把该版刻辞释作如下 3 行 10 个字[①]：

又土(社)羊

乙丑贞，从受……

十月

近年，李维明先生依据《郑州二里冈》的摹本，另据《考古学报》1957 年 1 期图陆和《河南考古》图 24 等照片资料，认为各家原释文中漏掉了《郑州二里冈》38 页插图十二摹本第 2 行开头的第 1 个“”字。于是他在肯定该刻辞性质属于卜辞的前提下，进一步认为该版实刻有 11 个字[②]，其释文为：

又

乇(亳)土(社)羊，乙丑贞，从受

七月

李维明先生把郑州出土牛肋骨刻辞上的”隶为“乇”，并将“乇”与“土”字连读，以为“乇土”读若“亳土(社)”，是指“郑州早期商都举行祭祀活动的场所”。由于缺少实物资料验证，且现已著录的各种摹拓图版包括照片都存在不同程度的失真，有几个刻迹模糊的字形实难准确隶释。经过仔细比勘审理，我们认为该肋骨上有可能刻的是 11 个字。但即便是把“”隶为“乇”，也不好读如“亳”字。

我们知道，殷墟甲骨文“亳”字习作形，本不从乇。商文字中的“乇”、和“亳”无论从构形来源上还是在用法上皆有区别，难以通作。再从性质上考察，该版刻辞还是应该定性为习刻。因为从骨料上来说，牛肋骨并不适合于占卜场合。迄今出土所见各种牛肋骨上，不仅没有骨版整治、钻凿、施灼

① 李学勤. 1956. 谈安阳小屯以外出土的有字甲骨. 文物参考资料，(11)：17；李学勤. 2001. 郑州二里岗字骨的研究. 载：中国社会科学院历史研究所学刊(第一集). 北京：社会科学文献出版社. 1～5

② 李维明. 2003-6-12. 郑州出上商代牛肋骨刻辞新识. 中国文物报，(7)；李维明. 2006-1-6. 郑州出上商代牛肋骨刻辞补识. 中国文物报，(7)

等痕迹，而且也不用来刻写真正的卜辞。殷墟出土的所有牛肋刻辞，尽管也会出现类似于卜辞的文句，仍都属于习刻演练的性质。如下揭诸版 1973 年小屯南地发掘出土的牛肋骨刻辞(图 1-3)，亦均属习刻例。

《屯南》4574　　《屯南》2685

《屯南》4571　　《屯南》2686　　《屯南》2687(2686 反面)

图 1-3　小屯南地出土牛肋骨习刻例

即便把二里岗牛肋骨刻辞定性为习刻，其学术意义也是不可低估的。作为商代前期唯一的一例排行多字的骨刻辞标本，尽管它不属于严格意义上的卜辞，但从刻辞的内容来看，显然是和占卜活动密切相关。这说明至少在郑州二里岗期，先民们已经形成在甲骨上刻写占卜纪录并有意在骨料上培养写字技能的风习。在牛肋骨上刻写比较成熟卜辞的内容，是甲骨占卜发展到一定程度的标志。

这也就是说，二里岗牛肋骨刻辞的发现，并不是一个偶然现象，它产生在具有一定甲骨刻辞意识和有着程式化卜辞文例的特定文化环境中。这也预示着今后在商代前期的都城级遗址中，还会有相当数量的甲骨文可望问世。

第二节　殷墟甲骨文的发现和发掘

一、殷墟甲骨文的发现及早期流传

19 世纪末叶，当时的古董商曾将一些有字的甲骨带到京津等地贩卖，引起了金石学家王懿荣、王襄等人的注意。王懿荣先生在 1899 年对有字甲骨做出了初步的鉴定，并先后从古董商人那里购得 1400 多片甲骨。1902 年，王氏长子王翰甫先生因还债将家中 1000 多片刻字甲骨全部转卖给刘鹗先生。刘氏本人也收藏了不少甲骨，二者归一，共约 5000 余片。罗振玉先生当年在刘家见到甲骨墨拓，劝其编印成书，且代为撰写序言。1903 年刘氏从中选拓 1058 片，编成《铁云藏龟》[①]，此书乃为殷墟甲骨文的第一本著录书(图 1-4)。

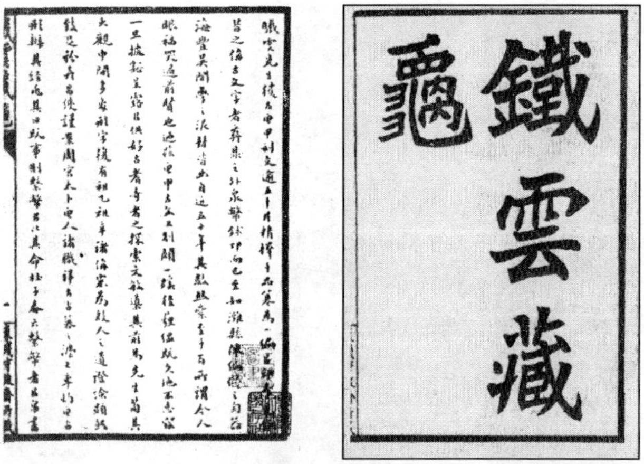

图 1-4　刘鹗《铁云藏龟》样页

翌年，孙诒让先生于 1904 年据《铁云藏龟》所公布的材料，著成《契文举例》，此为第一部研究殷墟甲骨文的著作[②](图 1-5)。

1906 年，罗振玉先生任学部参事官，也开始搜集甲骨。1910 年，罗发表《殷商贞卜文字考》，自序指出小屯甲骨实为殷商王朝的遗物。1911 年，他委

① 《铁云藏龟》取名于刘鹗“铁云”字号，该书分六册于 1903 年 10 月由抱残守缺斋石印。刘氏在自序里，最初把甲骨文称之为“殷人刀笔文字”。

② 《契文举例》上下卷写成后，其书稿直到 1913 年才被王国维发现，1917 年由罗振玉在上海印出(吉石盦丛书本)。孙氏考释甲骨文有草创之功。他对大部分甲骨文干支字以及近百个重要的字词，包括“去”、“乘”、“射”等难度较大的字形有正确的释读，但书中亦多见稚拙谬误之处

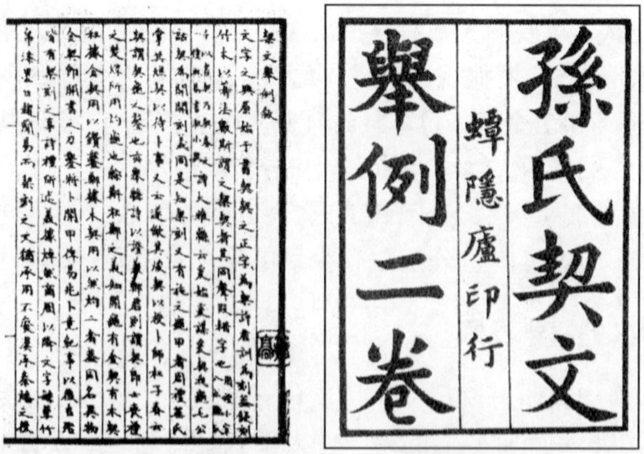

图 1-5　孙诒让著《契文举例》样页

派其弟罗振常等到河南踏查。1914 年，罗在《殷墟书契考释》中称殷墟包括的年代为武乙至帝乙三世。后来王国维先生在他的《古史新证》中修正罗说，“以为盘庚至帝乙皆宅殷墟”，肯定了小屯即殷墟所在。1915 年春，罗自日本返国后又亲自实地考察，以一人之力多方征集，共获甲骨 30000 余片，先后编印出《殷虚书契》(1912 年，即《殷虚书契前编》)、《殷虚书契菁华》(1914 年)、《殷虚书契后编》(1916 年)、《殷虚书契续编》(1933 年)、《铁云藏龟之余》(1915 年)和《殷虚古器物图录》(1916 年)等多种著录书，为甲骨文的搜集、拓印、流传和研究做出了重要贡献(图 1-6)。

王懿荣

罗振玉

王国维

图 1-6　著名早期甲骨学人照片

随着殷墟甲骨文的学术价值及收藏价值渐被世人重视，寻觅求购甲骨者日益增多，民间亦竞相挖掘。据董作宾、胡厚宣《甲骨年表》、董作宾《甲骨学五十年》和胡厚宣《殷墟发掘》等著作记述①，在 1928 年之前，民间私人挖掘甲

① 董作宾，胡厚宣. 1930. 甲骨年表. 载：中央研究院历史语言研究所集刊. 第二本二分册；董作宾. 1995. 甲骨学五十年. 台北：艺文印书馆；胡厚宣. 1955. 殷墟发掘. 上海：学习生活出版社

骨文达30年之久，重要的大致有9批。这些甲骨多经古董商之手转售，分别被王懿荣、王襄、刘鹗、罗振玉、黄睿、徐枋、刘体智以及加拿大明义士，美国方法敛，英国库寿龄、金璋，日本林泰辅等人购得，还有少部分转到政府部门。

今流散国外的甲骨，大多数是这个时期民间挖掘出土的，收藏量最多的是日本①，其次是加拿大②、英国和美国③，其他如苏联、瑞典、法国、瑞士、德国、韩国、新加坡等国也分别藏有少量甲骨，且多数已被著录出版④。

二、殷墟甲骨文的科学发掘

1928年，前中央研究院成立了历史语言研究所，研究所下成立有考古组，由李济先生任组长。当时他们的第一件大事就是计划科学发掘殷墟遗址（见图1-7）。当年秋天董作宾先生便来到小屯，这是官方首次派人考察甲骨出土地。

---

① 据胡厚宣先生统计，殷墟甲骨于20世纪三四十年代时多流入日本，现藏日本公私收藏家的甲骨约有12 400余片. 胡厚宣. 1984. 八十五年来甲骨文材料之再统计. 史学月刊，5. 日本松丸道雄先生估计他们本国所藏甲骨实际只有约8200片. 王宇信. 1989. 甲骨学通论. 北京：中国社会科学出版社. 261

② 在加拿大的甲骨数量计约8700余片，主要为旧时明义士和怀履光所藏。明义士原名詹姆斯·梅隆（James M. Menzies）是长老会传教士，1910年来华，1914年到安阳。他曾利用传教之便搜购甲骨。自称有50000片，实际约35000余片。1917年他石印出版《殷墟卜辞》一书，成为欧美学者出版的第一部甲骨著录书。明义士收藏的甲骨后多数留在中国国内，其余归入加拿大多伦多皇家安大略博物馆。参见许进雄编著《明义士收藏甲骨文字》，加拿大皇家安大略博物馆1972年出版。本书收录了明义士旧藏而现保存于安大略博物馆的甲骨3176片。另外安大略博物馆还收藏有怀履光（W. C. White）在开封购藏的甲骨，今收入《怀特氏等收藏甲骨文集》，1979年安大略皇家博物馆影印出版。另外，明义士所编《殷墟卜辞后编》收墨拓2812片（原甲骨在北京故宫博物院），1972年由许进雄编辑，在台湾艺文印书馆印行。参见胡厚宣《关于刘体智、罗振玉、明义士旧藏甲骨现状的说明》，《殷都学刊》1985年第1期

③ 1900年，居于山东青州的英国浸礼会代表库寿龄（S. Couling）开始购买甲骨，成为最早收藏甲骨的外国人。1903年至1908年间，库寿龄与居于山东潍县的友人、美国北长老会传教士方法敛（Frank H. Chalfart）共同收集一批甲骨。1908年英国驻华外交官金璋（Hopkins）也曾从方法敛手中购得甲骨。库、方二氏与金璋所收集的甲骨，后来分别归于美、英的几家博物馆和图书馆，其中大部分已经著录出版。见《库方二氏藏甲骨卜辞》，此书著录甲骨1687片（其中有较多伪刻品），1935年由商务印书馆石印。这些甲骨后分售与英、美四家博物院。库、方二氏的甲骨还有一部分转售与柏根（Bergen），著录于明义士编著的《柏根旧藏甲骨文字》，齐鲁大学国学研究所1935年出版。金璋收藏的甲骨著录于《金璋所藏甲骨卜辞》，1939年在美国纽约影印。另外美国还有部分甲骨见于周鸿翔的《美国所藏甲骨录》，加利福尼亚大学1976年出版

④ 这些国家收藏甲骨见于著录的主要出版物有：胡厚宣《苏德美日所见甲骨集》，1988年四川辞书出版社出版，此书以摹本著录甲骨576片。李学勤、齐文心、艾兰《瑞典斯德哥尔摩远东古物博物馆藏甲骨文字》，1999年中华书局出版，此书以照片及摹本方式著录甲骨108片。曹焕章《法国所藏甲骨录》，是书以照片著录59片，附有摹本，并用中、英、法三种文字作有释文，1985年中华书局出版；雷焕章又于1997年出版《德瑞荷比所藏一些甲骨录》，著录德国（库恩）、瑞士（巴塞尔）、荷兰（来登）、比利时（布鲁塞尔、玛丽蒙）所藏甲骨225片（含照片、摹本），另有荷兰阿姆斯特丹所藏三块无字镂刻花纹之牛骨。释文兼用中、英两种文字。据该书《序》云："本著录发表后， 欧洲只剩下《威尔次博士旧藏》未刊布。威尔次博士（Dr. Wirtz）于1909年在山东青岛购得280片甲骨。之后，他又陆续向其他古董商购买，最后携带总共711块甲骨返回德国。1912年6月，他将自己的所有收藏捐赠给柏林人种学博物馆。威尔次旧藏目前存放在该博物馆之远东部。"

董先生的调查结果是殷墟甲骨挖掘未尽，于是由他着手规划，同年 10 月开始组织第一次发掘(他先后 9 次参加、主持或监察殷墟科学发掘)，从此结束了私人任意盗掘的局面。

图 1-7　殷墟鸟瞰图

从 1928 年 10 月至 1937 年抗日战争爆发，当时的中央研究院历史语言研究所先后对殷墟进行 15 次大规模发掘。其中在小屯发掘 12 次，在侯家庄西北岗商王陵墓发掘 3 次，均有重大收获。15 次发掘发现了商王宫廷遗址、平民居住区、手工业作坊区、商王陵墓和较多的一般性墓葬，获得了大量的甲骨、青铜器、玉石器、陶瓷器、骨蚌器等珍贵文物，为探明殷墟布局、为以后的殷商考古和殷商文化的研究奠定了基础。殷墟遗址布局如图 1-8 所示[①]。

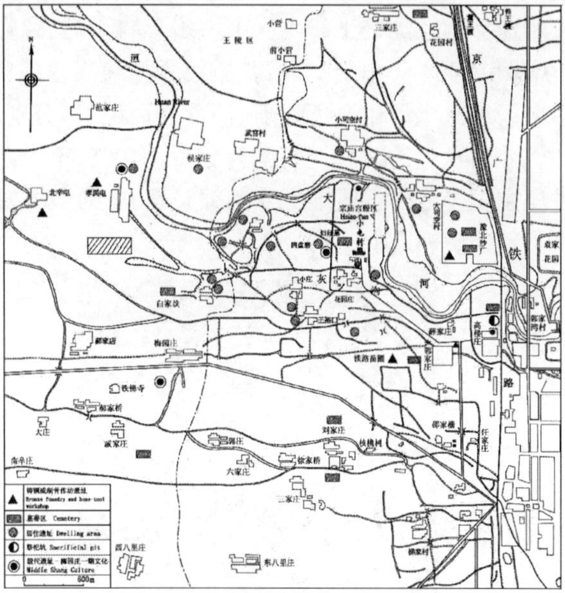

图 1-8　殷墟遗址分布示意图

① 杨宝成. 2002. 殷墟文化研究. 武汉：武汉大学出版社. 3

从出土甲骨来讲，1928 年 10 月至 1934 年的 4 月，历史语言研究所在殷墟先后发掘 9 次，共获得带字甲骨 6513 片。董作宾先生从中选出字甲 2467 片，字骨 1399 片，计 3866 片，编成《殷虚文字甲编》(简称《甲编》，1948 年印行)，这是第一部利用科学发掘资料而出版的甲骨文著录书(图 1-9)。

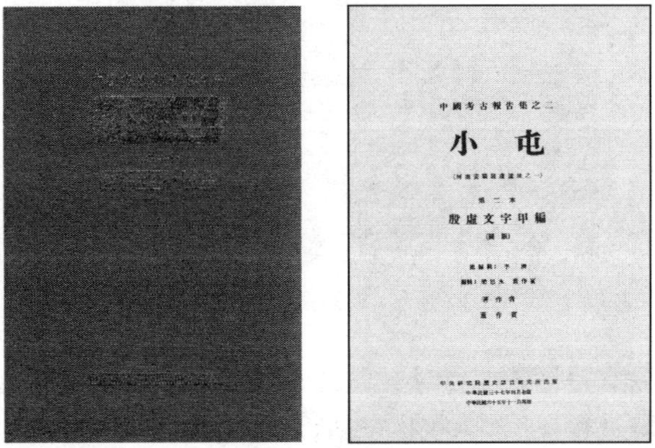

图 1-9　《殷虚文字甲编》的封面和扉页

从 1936 年 3 月至 1937 年的 6 月，由郭宝钧、梁思永、石璋如三位先生分别主持了殷墟第 13、14 和 15 次发掘。这 3 次发掘一共发现字甲 18 307 片，字骨 98 片，总计 18 405 片。第 13~15 次发掘有字甲骨的重要部分后来被董作宾先生编为《殷虚文字乙编》上、中、下三辑(简称《乙编》，收 9105 片，分别于 1948、1949 和 1954 年出版)。后张秉权先生将《乙编》残碎龟甲缀合，编为《殷虚文字丙编》上、中、下六册(简称《丙编》，分别于 1957、1959、1967 年出版)。继刊发《乙编》、《丙编》之后，1995 年，台湾历史语言研究所钟柏生先生还主编出版了《殷虚文字乙编补遗》，为殷墟发掘甲骨的缀合及研究工作提供了新的资料(图 1-10)。

图 1-10　《殷虚文字乙编》样本

在 1937 年以前的殷墟 15 次发掘中，一共有 12 次发掘获得了带字甲骨，总数达 24 902 余片。此时期出土的甲骨文都有明确的坑位和层位记载，并有伴出遗物，因此更具有极高的学术研究价值。这其中尤以 1936 年 3 月的第 13 次发掘最为重要。当时发现一个完好的 H127 窖藏坑，坑口径 1．8 米，底径 1.4 米，坑深 7.7 米。一共发现龟甲 17 088 片、牛骨 8 片，总计 17 096 片(图 1-11)。第 3 次发掘得大龟 4 版，第 9 次发掘得大龟 7 版，第 13 次发掘到完整的龟甲 300 多版，而且不少龟甲上刻满了卜辞，其中还见有用毛笔朱色墨书写出的文字，此实乃惊人的发现。其间，国民党河南省政府也于 1929 年 10 月和 1930 年 2 月组织两次发掘，共出土有字甲骨 3656 片。以上所及 28 500 多片在抗战之前发掘的有字甲骨，大都在 1949 年以前转运到中国台湾。

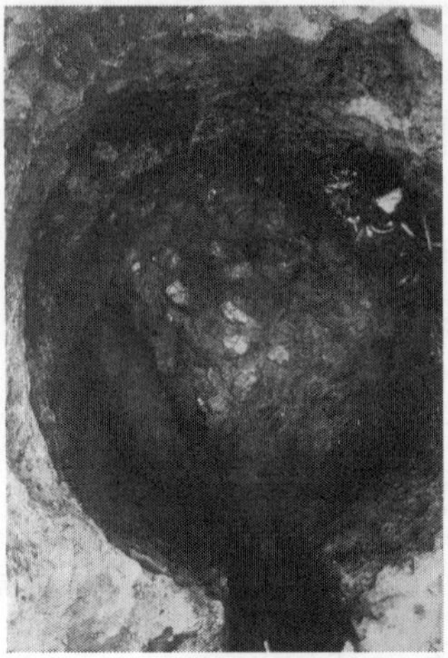

图 1-11　第 13 次发掘 H127 窖藏及甲骨装箱现场搬运时的情形

根据相关考古报告数据，1928~1937 年殷墟发掘出土刻辞甲骨的统计情况如表 1-1 所示。

新中国成立后，殷墟甲骨文的发掘和研究工作进入到全面发展的阶段。从1950年起，中国科学院(现中国社会科学院)考古研究所在小屯村设立了工作站，成为殷墟发掘、研究和保护的基地。此后中国社会科学院考古所与河南省有关文物考古单位先后举行30多次重要发掘，又取得了可喜的收获。

表1-1　1928~1937年殷墟发掘出土刻辞甲骨的统计情况

地点	出土时间/年	字甲/片	字骨/片	总数/片	发掘单位	资　料　出　处
小　屯	1928~1937	22710	2192	24902	中央研究院历史语言研究所	1948年《殷虚文字甲编》、1948~1953年《殷虚文字乙编》
侯家庄	1934	8	8	16	同上	同上
后　冈	1931		1	1	同上	1933年《安阳发掘报告》第4期
小　屯	1929~1930	2673	983	3656	河南省博物馆	1931年《殷虚文字存真》、1938年《甲骨文录》

在出土甲骨文方面，近50年来，除了小屯、后冈继续有所发现外，在四盘磨、大司空村、苗圃北地以及郑州二里岗等遗址都相继发现了商代甲骨文，但多属零星出土。1973年小屯南地发掘出卜骨、卜甲7150片。其中卜甲110片(有刻辞者60片)，卜骨7040片(有刻辞的4761片)，未加工的牛胛骨106片(有刻辞的4片)，刻辞牛肋骨4片，这是新中国成立以来出土数量最多的一次①。该批材料所见胛骨数量多，具有可靠的地层关系，并多与陶器等遗物伴出，其中出现许多新的刻辞内容，非常有助于深入进行甲骨文的分类、断代研究(详见本书第五章和第七章)。这批甲骨连同1971年出土的10片甲骨以及1975~1977年在小屯村西地一带零星采集到的10片甲骨，于1980年一并编入《小屯南地甲骨》一书(简称《屯南》)(图1-12)。

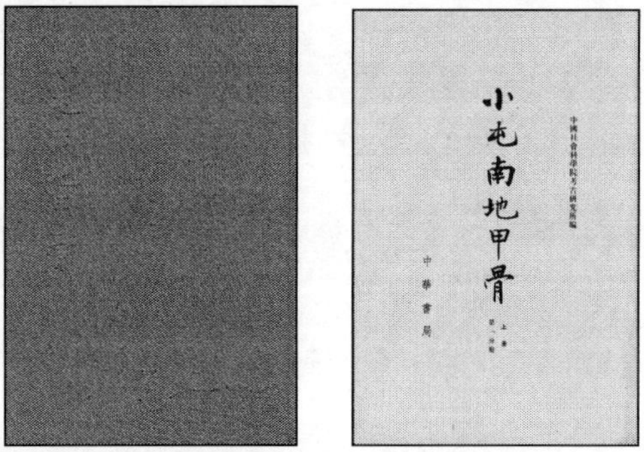

图1-12　《小屯南地甲骨》上编第一分册的封面和扉页

① 中国社会科学院考古研究所安阳工作队. 1975. 1973年安阳小屯南地发掘简报. 考古, (1): 27~46

1991 年，考古工作者为配合安阳殷墟道路建设，在殷墟花园庄东地发现了一个甲骨窖藏坑(编号为 H3，见下图 1-13)。该坑集中出土甲骨 1583 片(腹甲 1468 片、背甲 90 片、卜骨 25 片)。因发掘和保护措施得当，H3 坑甲骨以大版和完整的龟甲居多(达 755 版)。其中有刻辞的卜甲 684 片(含腹甲 659 片)，卜骨 5 片，一共 689 片。有刻辞的完整龟甲几近 300 版，占有字甲骨总数的 50%。半版以上的大块甲骨，也占总数的 80%。这是继 1936 年小屯北地 H127 坑和 1973 年小屯南地甲骨发现以来殷墟甲骨文的第三次重大发现，被评为 1991 年全国考古十大发现之一①。这批甲骨在内容与文例方面提供了许多以前难以了解的重要信息，具有非王卜辞的性质(另详见本书第九章第四节)。

花东 H3 第 14 层甲骨出土情况

花东 H3 第 15 层甲骨出土情况

花东 H3 整坑甲骨钉入木箱时的情况

花东 H3 发掘者刘一曼等先生在剔除卜甲表面泥土

图 1-13　花东 H3 甲骨情况

这批新资料后被编入《殷墟花园庄东地甲骨》(简称《花东》)(图 1-14)。另外，考古工作者当年还在花园庄南地墓葬(M99)填土中出卜骨 38 片、卜甲 22 片，其中在 5 片卜骨上刻有文字，属于午组卜辞②。

① 中国社会科学院考古研究所. 2003. 殷墟花园庄东地甲骨·前言. 昆明：云南人民出版社. 1

② 中国社会科学院考古研究所. 1993. 1991 年安阳花园庄东地、南地发掘简报. 考古，(6): 496~499

图 1-14　《小屯南地甲骨》和《殷墟花园庄东地甲骨》样本

根据各有关考古报告公布数据，20 世纪 50 年代以来殷墟考古出土甲骨数量如表 1-2 统计所示①。

表 1-2　20 世纪 50 年代以来殷墟考古出土甲骨数量统计表

地　点	出土时间/年	无字卜骨/片	字骨/片	无字卜甲/片	字甲/片	甲骨总数/片	资 料 出 处
小屯村中	1986		8			8	考古所安阳站资料
	1989		294			294	同上
小屯村一带	1967~1977		10			14	1980 年《小屯南地甲骨》上册
小屯村东南	1955	9	1		4	10	《考古学报》1958 年 3 期
小屯村西北地	1976~1985	6				6	考古所安阳站资料
	1985				2	2	同上
小屯村西地	1971	11	10			21	《考古》1972 年 2 期
	1972		3		1	4	考古所安阳站资料
	1958~1959	187		47	1	235	1987 年《殷墟发掘报告》
小屯村南地	1973	2279	4761	50	60	7150	1980 年《小屯南地甲骨》上册 《1973 年小屯南地发掘报告》

① 1986 年与 1989 年，中国社科院安阳工作站的考古人员在小屯村中进行发掘，获刻辞甲骨 305 片(缀合后为 291 片，293 号)。2002 年与 2004 年，安阳站的考古人员又分别在小屯村南发掘了 14 个殷代遗迹单位(甲骨出土位置多处于 1973 年发掘区的相邻东部)，新出土甲骨计约 600 余片，其中无字甲骨近 400 片，刻辞甲骨 233 片(缀合以后为 207 片，221 号)。所出的甲骨卜辞一部分属𠂤组、历组和无名组，也见有一部分午组卜辞。这批新材料尚未正式发表，故相关数据没有列入此表

续表

地　点	出土时间/年	无字卜骨/片	字骨/片	无字卜甲/片	字甲/片	甲骨总数/片	资 料 出 处
花园庄东地	1991	20	5	874	684	1583	《考古》1993 年 6 期
花园庄南地	1986~1987	11		3		14	《考古学报》1992 年 1 期
花园庄南地	1991	33	5	22		60	《考古》1993 年 6 期
四盘磨	1950	2	1			3	1951 年《考古学报》第 5 册
西区	1969~1971	1				1	《考古学报》1979 年 1 期
白家坟东北王裕口西（即水渠工地）	1958	49		40		89	1987 年《殷墟发掘报告》
白家坟西	1960	5		2		7	同上
孝民屯	1958~1961	14		6		20	同上
北辛庄	1959	2				2	同上
梅园庄	1958	1				1	同上
张家坟	1958	64		26		90	同上
苗圃北地	1958~1961	342	1	95	1	439	1987 年《殷墟发掘报告》
	1962~1964		2			2	《殷墟的发现与研究》科学出版社，1994 年
	1974				1	1	同上
	1985		1			1	同上
	1982~1984	50		400		450	《考古学报》1991 年 1 期
薛家庄南地	1957	39			1	40	《文物参考资料》1958 年 12 期，《考古》1963 年 4 期
后冈	1971		1			1	《考古》1972 年 3 期
	1991	2		4		6	《考古》1993 年 1 期
大司空村	1958~1961	82	2	15		99	1987 年《殷墟发掘报告》
	1953	15		45	2	62	1955 年《考古学报》第 9 册
	1986	1				1	《考古学报》1994 年 4 期
王裕口南地	1990	29		1		30	考古所安阳站资料
总　计	1950~1991	3254	5105	1630	757	10746	

根据历次发掘情况，殷墟考古发现甲骨文出土地分布位置如图 1-15 三角符号所示。

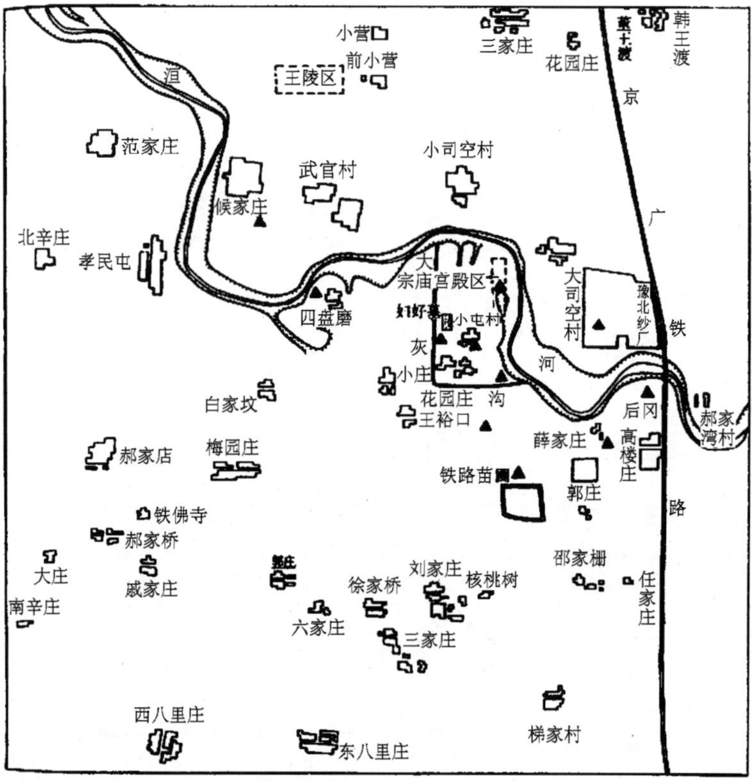

图 1-15　殷墟刻辞甲骨出土地示意图

应当注意的是，商代甲骨文今后不但仍有可能继续在郑州商城遗址、安阳殷墟遗址出土，而且也可能会在郑州、安阳以外的商代某诸侯方国之中心地带出土。早在新中国成立前，考古工作者就已经于河南浚县大赉店、永城黑孤堆、旅顺羊头洼、山东历城城子崖、济南城南郊、济南大辛庄、滕县安上村等地出土有卜用甲骨。建国后出土的卜骨还见于安阳四盘磨、大司空村、辉县琉璃阁、洛阳东关泰山庙、山东烟台、长岛等地，并且还在济南大辛庄商代遗址中出土了刻辞的龟甲。

济南大辛庄商代甲骨文是 2003 年 3 月 18 日陆续出土的，这批材料见于山东大学东方考古研究中心所著录的《济南市大辛庄遗址出土商代甲骨文》[①]。在该遗址 5B 活动面上分布有 14 片卜甲，其中有一版龟腹甲带刻辞，可识别

① 山东大学东方考古研究中心，山东省文物考古研究所，济南市考古所. 2003. 济南市大辛庄遗址出土商代甲骨文. 考古, (6)：3~6

的刻辞共 34 字。大辛庄甲骨不论是甲骨修整、钻凿形态，还是在字形、文法上，都与安阳殷墟卜辞属于同一文化系统，只是在行款和个别字的写法上存在着自身特点。根据文字和卜法特征，大辛庄甲骨文的年代大致是在殷墟文化二、三期之间。

另外，自 20 世纪 50 年代以来，考古工作者还不断在周原和西周遗址中出土刻辞甲骨。其中以陕西扶风、岐山周原遗址所出甲骨为大宗，在山西洪赵坊堆、陕西长安张家坡、北京昌平白浮、北京房山镇江营和琉璃河、河北邢台南小汪、河南洛阳等地西周遗址也有少量出土。值得关注的是，继 2003~2004 年冬春之际后，考古人员于 2008 年再次在陕西岐山周公庙遗址出土了周初甲骨。其中发现有数片刻有“周公”字样的卜甲，还有几片记载了周王的活动，周公庙遗址区发现的刻辞甲骨目前正在整理之中。迄今著录的周原和西周遗址有字甲骨达 300 余片，新出土的数量还在不断增加。这些不发现的西周早期甲骨资料，正是商代甲骨文的余绪。

第三节　甲骨文资料整理及大型著录书、字书编纂

一、甲骨文资料的基础整理与研究

在甲骨文发现之后的 20 余年间，以罗振玉、王国维为代表的一代学人运用“二重证据法”，分别在甲骨文释读及殷商王世、礼制、人名、地名的考定等方面取得了卓越的成就，罗、王二位也成为那一时期构筑甲骨文研究领域的奠基人[①]。在他们的躬亲努力和影响下，人们对甲骨文的认识进一步加深，从事搜集、整理、研究殷墟甲骨的有识之士越来越多(图 1-16)。随着 20 世纪 20 年代后期殷墟发掘工作的展开，甲骨文的考释、研究工作逐步纳入到了科学有序的轨道。从此在中华传统国学领域，又增添了一门既古老又年轻的学问，这就是甲骨学。此正如董作宾先生 20 世纪 60 年代所说：“甲骨学成为一种学问，也是新近的事。五十年以前，不但世界上没有甲骨学，连甲骨两字也不曾放在一起过。”[②]

---

① 罗、王之学的代表作参见罗振玉《殷虚书契考释》，1915 年王国维手写影印，后于 1927 年由东方学会石印该书的增订本；他在 1914 年刊行的《殷墟书契考释》中释出人、地名外的甲骨文字 485 个，至 1927 年出版的增订本中，考释文字增加到了 571 字。王国维 1917 年著《戬寿堂殷虚文字考释》，同年又著《殷卜辞所见先公先王考》、《殷卜辞所见先公先王续考》后载入《观堂集林》卷九，北京：中华书局，1959 年。王国维根据《殷虚书契后编》上 8.14 版与《戬寿堂所藏殷虚文字》1.10 版的缀合成果，发现了殷先公报乙、报丙、报丁的世次，并通过他的《殷卜辞所见先公先王考》、《续考》，大体上证实、订正了《殷本纪》的商王世系，他还利用甲骨文并结合传世文献去考证商代礼制、政治制度及都邑迁徙，从而开创了甲骨学与殷商史研究的学术领域。罗、王的学术成就另参见陈炜湛、曾宪通：《论罗振玉和王国维在古文字领域内的地位和影响》，《古文字研究》第四辑，北京：中华书局，1980 年

② 董作宾. 1965. 甲骨学六十年. 台北：艺文印书馆. 1

在甲骨文资料的著录方面，自20世纪初的《铁云藏龟》问世至30年代，胡厚宣先生曾参加殷墟第10~12次科学发掘，以后他协助董作宾先生对殷墟发掘的甲骨文进行整理与研究。他长期接触甲骨文原始资料，后来在殷商史研究和甲骨文资料搜集、整理和刊布方面做出有突出的成就。抗日战争胜利后，他收集流散在京、津 、宁、沪等地区战时出土的甲骨文拓本，编辑成《战后宁沪新获甲骨集》(1951年)、《战后南北所见甲骨录》(1951年)、《战后京津新获甲骨集》(1954年)、《甲骨续存》(1955年)等4部书，辑录有字甲骨达13 814片，这4部著录书在体例上采取了先分期再分类的办法，对后来甲骨著录书的编纂作出了示范[①]。

董作宾　郭沫若　于省吾　徐中舒

唐　兰　陈梦家　胡厚宣　张政烺

姚孝遂　饶宗颐　李学勤　裘锡圭

图1-16　著名甲骨学人照片

① 王宇信. 1982. 建国以来甲骨文研究. 北京：中国社会科学出版社. 37

继胡先生之后，在20世纪50年代，一些近世流传及新出土的甲骨也继续得到学人的整理刊布。如李亚农先生的《殷契摭佚续编》(1950年)、郭若愚先生的《殷契拾掇》(1951年)、《殷契拾掇二编》(1953年)、郭若愚、曾毅公、李学勤等先生的《殷虚文字缀合》(1955年)、胡厚宣、董作宾先生的《殷虚文字外编》(1956年)、陈邦怀先生的《甲骨文零拾》(1959年)等书相继出版，公布了不少重要的甲骨文资料。如今以各种形式出版的甲骨文著录书计有90余种之多。其中国内外诸多小部头的著录资料，包括近几十年来的一些甲骨缀合成果和新中国成立之前历次殷墟发掘的重要收获，后来大都被编辑到《甲骨文合集》、《甲骨文合集补编》之中。

甲骨文考释和相关材料的释读是一项最具基础性的工作，数十年来，经过海内外几代学人的不懈努力，这方面的研究工作硕果累累，前后有郭沫若、唐兰、于省吾、商承祚、孙海波、徐中舒、姚孝遂、裘锡圭、高明等几代学者为此做出了杰出的贡献。其中如郭沫若先生的《甲骨文字研究》、《卜辞通纂·考释》和《殷契萃编·考释》(图1-17)，唐兰先生的《殷虚文字记》、《古文字学导论》，于省吾先生的《甲骨文字释林》，裘锡圭先生的《古文字论集》(图1-18)，孙海波先生的《甲骨文编》，徐中舒主编《甲骨文字典》，姚孝遂、肖丁(赵诚)先生的《小屯南地甲骨考释》，高明先生的《古文字类编》等都是这方面的代表作[①]。

① 诸家代表作可参见郭沫若：《甲骨文字研究》，上海大东书局：1931年石印，又于1933年、1937年分别著有《卜辞通纂》(附考释)和《殷契萃编》(附考释)；唐兰：《殷虚文字记》，1934年据北京大学讲义本石印，中华书局1981年影印，又《古文字学导论》，1935年据北京大学讲义本石印，1981年齐鲁书社影印；于省吾《甲骨文字释林》，1979年中华书局影印；孙海波：《甲骨文编》，1934年哈佛大学燕京学社石印，又1965年中华书局再版增订影印；徐中舒主编：《甲骨文字典》，1989年四川辞书出版社影印；姚孝遂、肖丁：《小屯南地甲骨考释》，1985年中华书局影印，又姚孝遂：《甲骨文字诂林·按语》，1996年中华书局影印；裘锡圭：《古文字论集》，中华书局1992年影印；高明：《古文字类编》(初版)1980年中华书局影印，2009年又由上海古籍出版社出版高明、涂白奎先生合编的增订本

郭沫若借鉴清代朴学精神，在《卜辞通纂》、《殷契萃编》二书中共著录、释读甲骨文2500余片。先生在甲骨文字考释方面有许多慧眼独具的见解，如他的《释耤》、《释朋》、《释岁》等文，通过释读文字进而探索古代社会。又如在《殷契萃编》113版下，通过对3片甲骨的缀合，得到上甲以来周祭的顺序，证明、支持了王国维有关商代世系的推论，为揭示商王世系和祀谱奠定了基础。唐兰在他的《古文字学导论》提出考释古文字的三种科学方法，即对照法(与其他时代文字形体比较)、推勘法(将有关辞例与文献辞句相印证)和偏旁分析法，从而建立了科学考释古文字的系统理论。于省吾从20世纪40年代初期开始刊行了他的甲骨文考释成果(见《双剑誃殷契骈枝》初编、续编、三编)，后来进一步经过锤炼，严格从字形出发，悉心归纳总结古文字演变规律，共释得前人未识文字300多个，他的《甲骨文字释林》是先生后半生考释甲骨文字的结晶，为甲骨学领域考释文字最多的一代名家。裘锡圭在古文字研究的各个分支领域如甲骨学、金文、战国文字、简帛书等方面都有很深的造诣。他在甲骨学方面的一系列考释成果集中收入在他的《古文字论集》等著作中，另外他利用甲骨文材料在分期断代和殷商史研究方面都有经典性创获

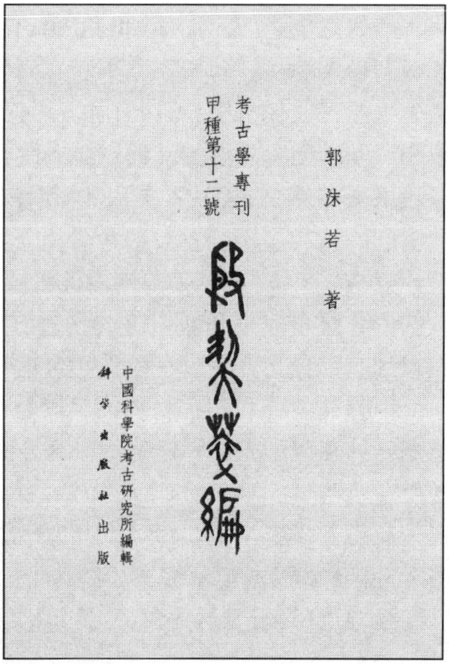

郭沫若《殷契萃编》扉页

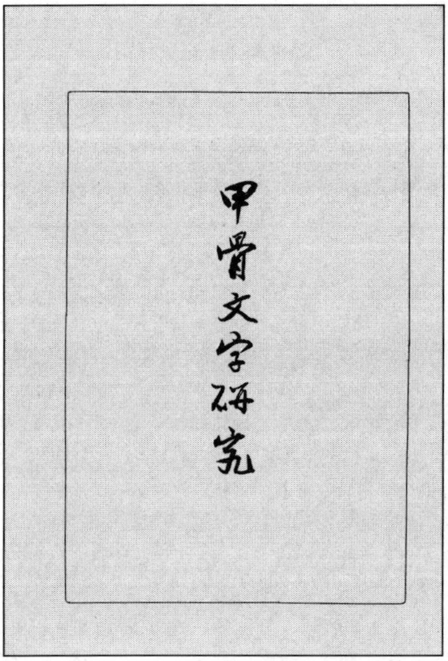

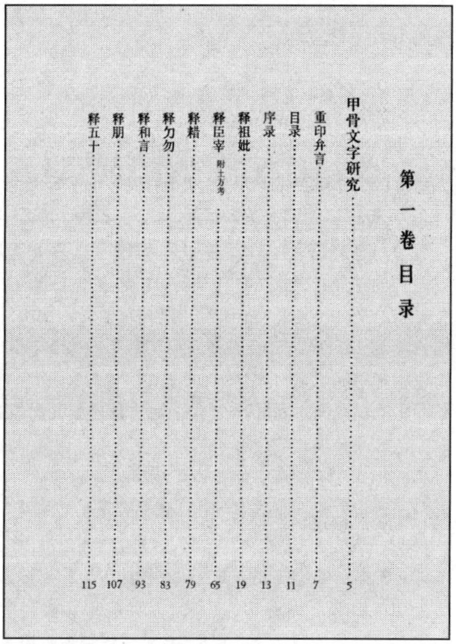

第一卷目录

郭沫若《甲骨文字研究》扉页和该书第一卷目录样页

图 1-17 郭沫若《殷契萃编》和《甲骨文研究》

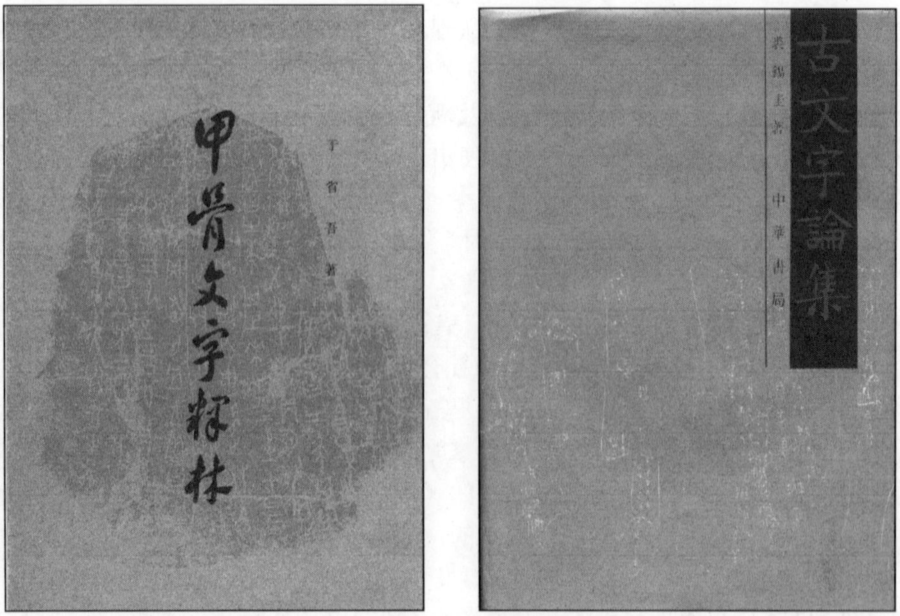

图 1-18　于省吾《甲骨文字释林》和裘锡圭《古文字论集》的封面

甲骨分类断代也是甲骨学上一项基础性很强的工作，最近数十年来取得了令人瞩目的成就。这方面工作的前提是要严格地将所有甲骨卜辞资料根据一定的标准先划分出若干组类，然后再根据断代的标准确定出每一类甲骨的期别和时代。分类和分期的可靠与否，将直接关系到甲骨文原材料的有效利用。分类断代工作发轫于 20 世纪 30 年代中期董作宾先生所提出的甲骨断代 10 项标准和 5 期说[①]。50 年代初期，陈梦家先生意识到简单把卜人集团、王世划分与甲骨期别相对应的办法是有缺陷的，同时他开始尝试以贞人组来区划卜辞的类型[②]。

20 世纪 70 年代中期以后小屯南地甲骨的科学发掘与整理，进一步刺激了分期工作的深入讨论。李学勤、林沄等先生强调把考古学的方法充分运用于甲骨的分期研究中，李先生更提出了殷墟王卜辞在演进上可以分为“两系”的新说，即认为小屯出土的王卜辞不是一系的，而是有村北和村中、南两系。为此近年来李学勤、彭裕商及黄天树等先生又分别出版有关这方面的专著，

① 参见董作宾 1933 年发表的《甲骨文断代研究例》，全文 10 余万言，刊于台北中央研究院历史语言研究所编印的《庆祝蔡元培先生六十五岁论文集》中

② 陈梦家：《殷虚卜辞综述》第 4、5“断代”两章，北京：科学出版社，1956 年。在此之前自 1951 年始，陈氏先后在《燕京学报》第 40 期，《中国考古学报》第 5 册，《考古学报》第 6 册，第 8 册上刊载《甲骨断代学》论文 5 篇

都极富创新和启发性[①]。两系说不论从理论上还是在实践上都大大推进了自董作宾先生以来的甲骨分期学说。它有助于把众多同时和不同时的卜辞按照分类的标准（主要是字形特征和贞人）及断代标准（主要是地层关系和卜辞间的内在关系）有机联缀排比起来，因而使出土原材料的整理更加贴近殷墟文化的实际。

在甲骨学与殷商史研究方面，因为甲骨占卜的内容非常广泛，涉及当时语言、宗教、礼制、天文、历法、气象、地理、方国、世系、家族、人物、职官、征伐、刑狱、农业、畜牧、田猎、交通、祭祀、疾病、生育、灾祸等各方面，所以甲骨卜辞又是研究殷商社会历史文化的资料宝库。从20世纪20年代以来，继罗振玉（字雪堂）、王国维（字观堂）、郭沫若（字鼎堂）、董作宾（字彦堂）“甲骨四堂”之后，更有陈梦家先生的《殷虚卜辞综述》、胡厚宣先生的《甲骨学商史论丛》、杨树达先生的《积微居甲文说》、丁山先生的《甲骨文所见氏族及其制度》、张政烺先生的《殷墟甲骨文中所见的一种筮卦》、严一萍先生的《甲骨学》、饶宗颐、沈建华先生的《甲骨文通检》，肖楠（刘一曼等）先生的《小屯南地甲骨的钻凿形态》、《1973年小屯南地发掘报告》、《殷墟花园庄东地甲骨坑的发现及主要收获》，陈炜湛先生的《甲骨文田猎刻辞研究》、许进雄先生的《甲骨上的钻凿形态的研究》、王宇信先生的《甲骨学通论》、杨升南先生的《商代经济史》、朱凤瀚先生的《商周家族形态研究》、常玉芝先生的《商代周祭制度》、《殷商历法研究》、宋镇豪先生的《夏商社会生活史》、张玉金先生的《甲骨文虚词词典》、王蕴智的《殷周古文同源分化现象探索》、沈培先生的《殷墟甲骨卜辞语序研究》、蔡哲茂先生的《甲骨缀合集》、《甲骨缀合续集》、刘桓先生的《殷契存稿》等重要论著[②]（图1-19）。另外近年来北京大学、吉林大学、中国社科院历史研究所、郑州大学、北京师范大学、首都师范大学、西南大学、台北“中央研究院”历史语言研究所、台中东海大学等海峡两岸部分高校、科研中心培养的一些博士生，也在甲骨学的基础研究方面颇有建树。

---

① 李学勤.1980.关于𠂤组卜辞的一些问题. 载：古文字研究（第三辑）. 北京：中华书局. 32~42; 李学勤. 1981. 小屯南地甲骨与甲骨分期. 文物，5; 肖楠. 1980. 论武乙、文丁卜辞. 载：古文字研究（第三辑）. 43~79. 裘锡圭. 1981. 论“歷组卜辞”的时代. 载：古文字研究（第六辑）. 263~321. 北京：中华书局；林沄.1984. 小屯南地发掘与殷墟甲骨断代. 载：古文字研究（第九辑）. 111~154. 北京：中华书局; 陈炜湛. 1985. 歷组卜辞”的讨论与甲骨文断代研究. 载：出土文献研究. 北京：文物出版社. 1~21

② 王宇信，杨升南. 1999. 甲骨学一百年. 北京：社会科学文献出版社.（该书对甲骨学百年来的学术成就进行了全面总结）；宋镇豪. 1999. 百年甲骨学论著目. 北京：语文出版社

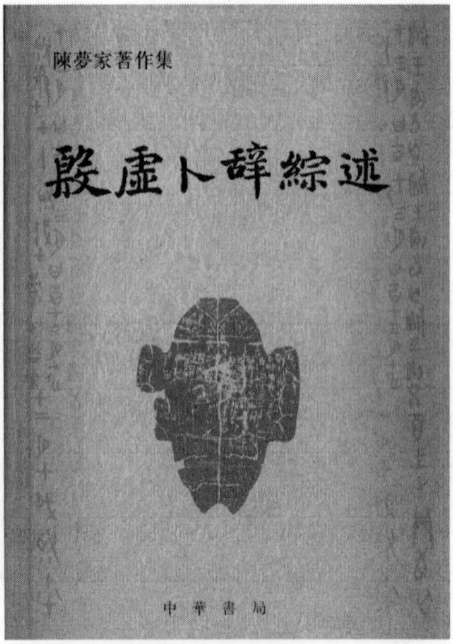

陈梦家《殷虚卜辞综述》

王宇信、杨升南主编的《甲骨学一百年》

郭若愚、曾毅公、李学勤《殷虚文字缀合》

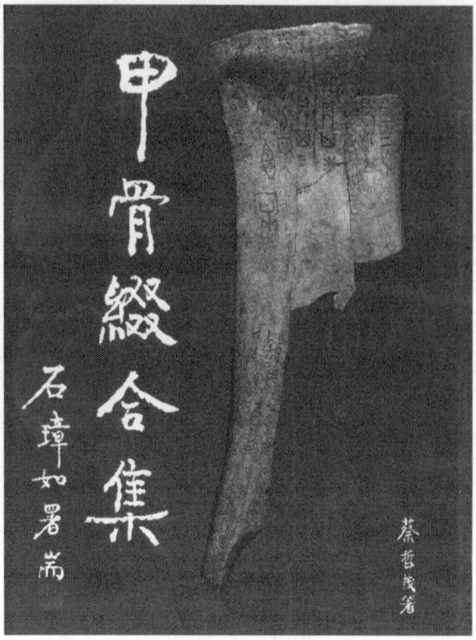

蔡哲茂《甲骨缀合集》

图 1-19　部分著作的封面

二、大型甲骨著录书、字书的编纂

目前以各种形式著录出版的甲骨文片数，排除内容重复者及采纳合理的缀合片以后，总数计 73 000 余片，其中经科学发掘而刊布的刻辞甲骨为 25 572

片[①]。如今散失在世界各处尚未著录的甲骨计约30 000片，一些有价值而旧未著录的甲骨近年偶亦有问世[②]，但藏于民间的大版材料已不多见。甲骨文的著录形式目前主要可分为三种，即照片、摹本和拓本，后者是我国传统的著录古器物及其铭文的方法，也是百年来在甲骨文传播方面应用最多的一种著录形式，照片和摹本则可以弥补拓本之不足。因为甲骨文字迹纤细，加之出土龟骨质地多有残损，纯拓本形式不可能反映出所有的文字信息，故理想的著录方式是拓本、摹本及照片并用，以便于鉴别比较、取长补短。如近年新出版的《殷墟花园庄东地甲骨》一书，便采用了这种三合一的著录形式，极大地方便了学人。

数十年来，在殷墟甲骨文的发现、流传过程中，几代学人都十分注重资料的基础整理和甲骨文工具书的编纂，这方面工具书的编纂是甲骨学的一项重要内容。根据编纂体例的不同，目前所见比较重要的甲骨文工具书主要有字典式、索引式等类型。

(一)甲骨文大型著录书

近20多年来，《甲骨文合集》、《小屯南地甲骨》、《英国所藏甲骨集》等大型甲骨著录汇编和《殷墟甲骨刻辞摹释总集》、《殷墟甲骨刻辞类纂》等大型摹释工具书陆续得以出版，新近完成的《甲骨文合集补编》亦值甲骨文发现百年之际隆重问世。后者大体上囊括了近20年间海内外其他著录的甲骨和缀合成果以及《甲骨文合集》所选剩下的过去诸种著录书刊上的重要资料。

1.《甲骨文合集》

《甲骨文合集》(简称《合集》)(图1-20)是新中国成立以后由国家制定的12年远景科研规划中的大型项目之一，由郭沫若先生主编，胡厚宣先生任总编辑，中华书局自1978年至20世纪80年代初陆续出版。全书共计13分册，按通行的董作宾先生五期分法编排，从国内外60多种著录书和未刊拓片

---

① 前中央研究院历史语言研究所1～9次殷墟发掘的有字甲骨共收入《殷虚文字甲编》3942号(片)，扣除正反片和缀合片的迭号，实收3866片；13～15次发掘的有字甲骨共收入《殷虚文字乙编》9105号(片)，加之1994年台湾史语所新编《殷虚文字乙编补遗》的7441号(片)，殷墟十五次发掘共著录刻辞甲骨20412片；1980年中国社科院考古所刊行《小屯南地甲骨》，共著录在小屯南地发掘的带字甲骨4589号(片)，并附录1971年在小屯西地发掘的刻辞卜骨10片；《殷墟花园庄东地甲骨》共著录刻辞甲骨561片；故迄今经考古发掘而著录的刻辞甲骨计25572片

② 近年新出版的比较重要的甲骨著录书还有：［韩］李鍾淑、葛英会编著的《北京大学珍藏甲骨文字》，著录甲骨2929片，2008年11月由上海古籍出版社出版。另由文物出版社2008年9月出版的《殷墟甲骨辑佚—安阳民间藏甲骨》，新收殷墟甲骨1008片，附录94片。该书为安阳焦智勤等先生多年搜罗流散甲骨的总辑，也是近年问世的著录民间收藏甲骨的一个重要成果

中精选著录甲骨 41 956 片(经过缀合和剔除重片后实为 39 200 余片)[①]。每期之下又按内容分为“阶级和国家”、“社会生产”、“思想文化”和“其他”4大类21小类,基本收入了当时甲骨文发现80多年来出土所见有价值的材料。1999 年又由中国社会科学出版社出版了《合集》一书的《释文》及《材料来源表》。

《甲骨文合集》及《甲骨文合集补编》样本

《甲骨文合集》第一分册的封面和扉页

图 1-20 《甲骨文合集》

① 蔡哲茂先生在他的《<甲骨文合集>重片号码表》中注明重片计 601 组，见《甲骨缀合续集》，台北：文津出版社，第 83～98 页

2.《小屯南地甲骨》

《小屯南地甲骨》(简称《屯南》)由中国社会科学院考古研究所编辑，中华书局在1980年、1983年分上册(含2分册)、下册(含3分册)出版，著录甲骨4612片。该书所收甲骨皆按出土单位著录，每片甲骨拓片均注明考古发掘单位(灰坑、房基址、墓葬)、原出土顺序号，标明层位关系，并附有不清晰的甲骨摹本。《屯南》还把能看出钻凿形态的甲骨作了类型划分和统计，对一部分钻凿甲骨进行了墨拓或画图(集中发表在下册第3分册中)，为研究甲骨整治和考察钻凿形态提供了宝贵资料。

3.《殷墟花园庄东地甲骨》

《殷墟花园庄东地甲骨》(简称《花东》)(图1-21)，2003年12月由云南人民出版社正式出版。《花东》一书共收录刻辞甲骨561片，其中卜甲556片(腹甲543片①、背甲13片)，卜骨5片。全书分为六册：第1册至第3册为拓片和摹本；第4册和第5册为照片，包括部分局部放大照片；第6册主要为

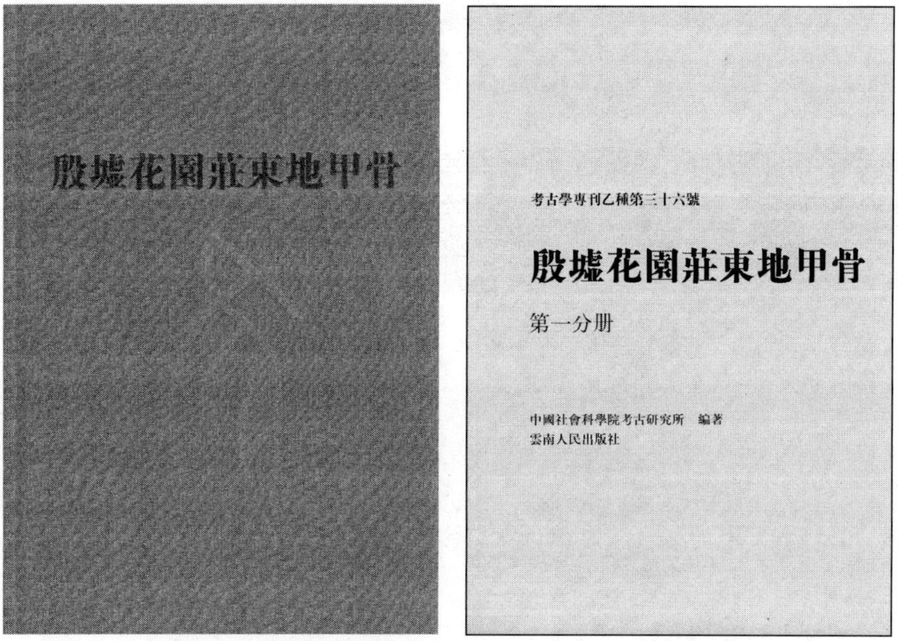

图1-21　《殷墟花园庄东地甲骨》第一分册的封面和扉页

① 《花东》第397号H3：1263A与第561号重出，第397号H3：1263B与553号重出。参见姚萱女士首都师范大学2005年博士学位论文《殷墟花园庄东地甲骨卜辞的初步研究》第7页。故除去第397号，《花东》实际著录560片

释文、花东 H3 甲骨的钻凿形态研究、索引、检字表等，释文部分也包括整理者对卜辞行款、字词等方面的考释。《花东》面世以后，得到学界的充分肯定。正如王宇信先生指出：“《花东》是第一部以甲骨拓本、摹本、照相‘三位一体’出版的甲骨著录书，是百年来著录甲骨的首创。”①

4.《怀特氏等收藏甲骨文集》

《怀特氏等收藏甲骨文集》（简称《怀特》）为加拿大籍华裔学者许进雄先生编纂，1979 年加拿大多伦多安大略皇家博物馆影印出版，全书共收入怀履光甲骨藏品中重要者及其他四家藏品 1915 片。

5.《英国所藏甲骨集》

《英国所藏甲骨集》（简称《英国》）（图 1-22）为李学勤、齐文心、艾兰先生编纂，中华书局 1985 年出版，收入英国现藏全部甲骨资料 2674 片。该书分上下两编，上编两册按董作宾先生的五期分法编排，其中包括库、方二氏与金璋旧藏甲骨的墨拓，而且收入了不少过去未曾著录的甲骨刻辞，最后的 2674 片为“家谱刻辞”，拓本外附及正反两面彩色照片；下编有释文、甲骨来源表和相关附录。

图 1-22　《英国所藏甲骨集》上编第一分册的封面和本书 353 号胛骨照片

① 王宇信. 2004. 代表当代甲骨学研究水平的著录书——《殷墟花园庄东地甲骨》. 载：中国图书评论，(6)：24～26

6. 日本《东京大学东洋文化研究所藏甲骨文字》等甲骨著录

《东京大学东洋文化研究所藏甲骨文字》（简称《东京》）为日本松丸道雄先生编纂，1983 年东京大学出版会出版，全书共收甲骨 1315 片。该书编纂体例与日本贝冢茂树先生所编《京都大学人文科学研究所藏甲骨文字》（1959 年出版图版篇，1960 年出版本文篇即释文，简称《京都》）一书相同，所著录甲骨均同时刊载正、背面拓片与照片，按内容加以编次，每一图版分别标明时期、事类，每一片标明是甲或骨，著录方法比较先进，尤便于读者。又日本伊藤道治先生 1987 年编纂出版《天理大学附属天理参考馆藏品甲骨文字》（简称《天理》）一册，著录甲骨 692 片，该书亦以照片与拓本并存，释文后或附以摹本。

7.《甲骨文合集补编》

《甲骨文合集补编》（简称《补编》）（图 1-23）为彭邦炯、谢济、马季凡先生编纂，语文出版社 1999 年 7 月出版。《补编》是《甲骨文合集》的璧合之作，成书体例与《合集》相同。该书全 7 册，最新整理汇编殷墟甲骨 13 450 片，基本囊括了近 20 年来海内外其他的甲骨著录（《小屯南地甲骨》、《英国所藏甲骨集》等书除外）和缀合成果以及《合集》所选剩下的过去诸种著录书

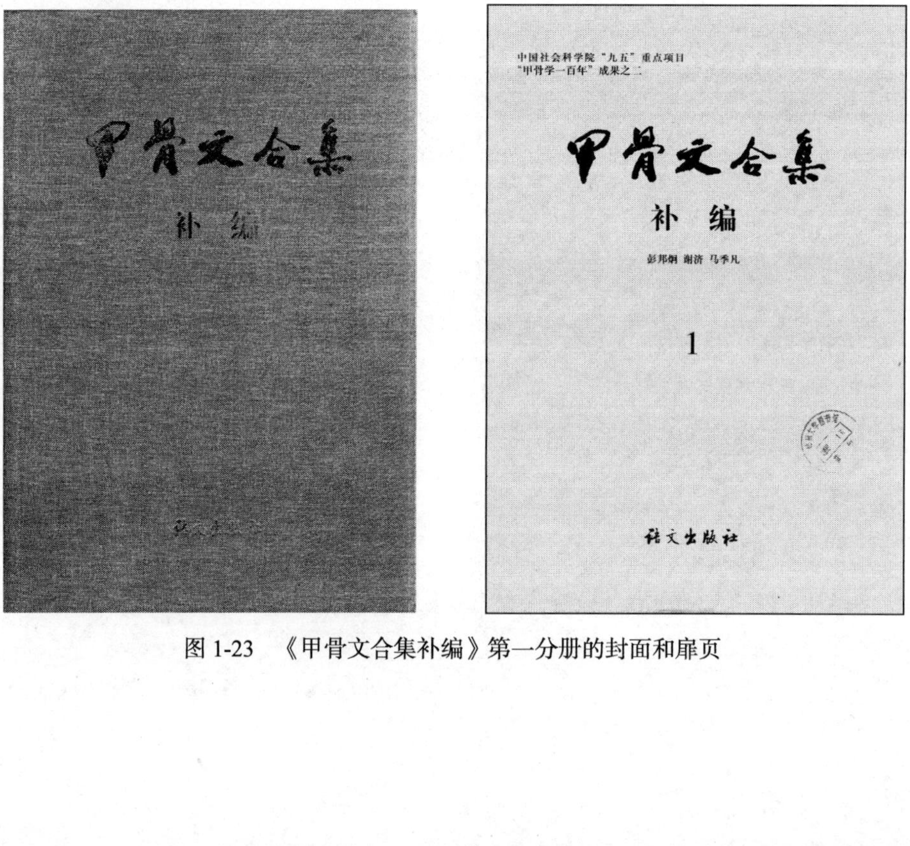

图 1-23 《甲骨文合集补编》第一分册的封面和扉页

刊。据我们在《〈甲骨文合集补编〉著录片校重》一文中的统计，《补编》中自相重复的著录片有 256 组，《补编》与《合集》、《英国》等著录书相重者计约 900 余组，另外还有 200 余组较之《合集》著录更有价值的重片①。

(二)甲骨文字典类工具书

甲骨文字典式工具书主要有两种情况。第一种是仅列举字形，不附考释，重在字形检索。或将“待考”收入不识之字，有时还兼释义并征引辞例，这种做法多为后来古文字字典所仿效。20 世纪 20 年代初王襄先生编著的《簠室殷契类纂》可称第一部甲骨文字典。另一种情况是汇编型字书，李孝定先生的《甲骨文字集释》首开这方面的编纂先例。

1.《簠室殷契类纂》

王襄先生编著，天津博物院 1920 年 12 月据王氏摹写本石印，线装 2 册。1929 年 10 月出版增订本。该书正编 14 卷，正编按《说文解字》(简称《说文》)部首编排，初版收可释字 873 字，重文 2110 个。增订本收可释字 957 字。超过罗振玉《殷虚书契考释》380 多字。每一字头后皆附原辞，但未注明出处，释读错误者较多。附编分合文一卷、存疑一卷、待考一卷，初版本存疑为 1852 字，待考 142 字，增订本存疑和待考共 1808 字。初版共收单字为 2867 字，增订本为 2776 字。所收甲骨文字皆据 1920 年前著录出版各书和编者自藏甲骨文拓本。

2.《甲骨学文字编》

朱芳圃先生编著，于商务印书馆 1933 年 12 月出版，摹写石印，线装 2 册。1934 年 8 月商务印书馆重印。该书共 17 卷：正编 14 卷、附录上下 2 卷、补遗 1 卷。共收甲骨文单字 925 字，正编 845 字，补遗 149 字，其中见于正编 69 字，新补 80 字。附录上卷收合文、分书和倒书。合文又分为：数名、人名、地名、常语、偶语等五类。所收甲骨文字是 1933 年前出版的 10 种著录书。正编按《说文》部首编排，每字下皆注明出处。

3.《甲骨文编》

孙海波先生编著，哈佛燕京学社 1934 年 10 月初版，石印线装五册。中华书局 1965 年 9 月刊行修订版(图 1-24)。该书初版正编 14 卷、合文 1 卷、附录 1 卷、检字 1 卷、备查 1 卷。按《说文》部首编排，共收单字 2116 字。其中已

---

① 王蕴智，齐航福．2003．《甲骨文合集补编》著录片校重(上)、(下)．殷都学刊，(1)：10~16, (2)：4~13

释字1006字、未释字1110字。修订本正编仍为14卷，合文1卷，附录分上下2卷，上卷收已释尚有争议之字，下卷收改订和新增字。共收单字4672字，正编1723字，见于《说文》者941字。合文370个，附录2949字。该书照原篆精心摹录，每字均注明出处，原是一本方便实用的甲骨文字典。但此书受当时条件所限，今天看来仍难免有不少摹写、释字上的错误，有待重新编写。1959年台湾艺文印书馆出版有金祥恒先生的《续甲骨文编》，全书正文收字2500个。

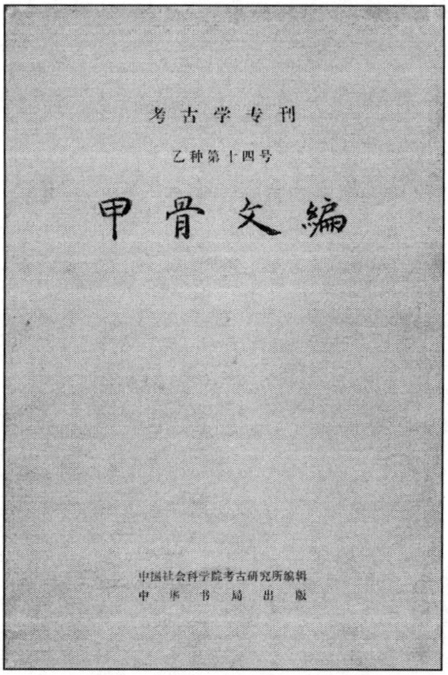

图1-24 《甲骨文编》的封面

4.《甲骨文字集释》

李孝定先生编著，平装十六册，台湾"中央研究院"历史语言研究所1965年手抄影印。1970年10月再版精装八册印行。该书依《说文》部首编排，正编14卷、补遗1卷、存疑10卷、待考1卷。正编收甲骨文单字1062个；其中重文75个，《说文》所无字567个，存疑收字136个，待考收字1612个。所收单字仿效《说文解字诂林》体例，字头下先摹写字形，次罗列各家解说，再加编者按语。

5.《甲骨文字诂林》

该书全4册，于省吾先生主编，1996年11月由中华书局出版(图1-25)。全书按《殷墟甲骨刻辞类纂》所列字头顺序，依次择入90年来各家关于文字考释的学说500万字，姚孝遂先生于每字撰写按语，《甲骨文字诂林》所收诸家解说较为齐备，按语简明而有独到见解，有助于有关研习甲骨者参考。

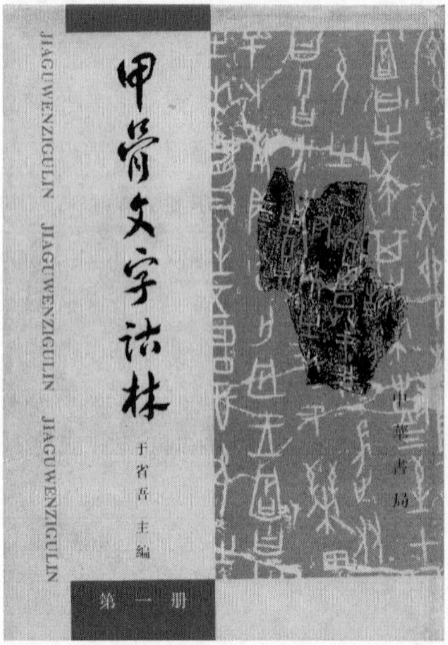

图 1-25　《甲骨文字诂林》第一分册的封面

6.《甲骨文字典》

徐中舒先生主编，四川辞书出版社 1988 年出版(图 1-26)。该书按《说文

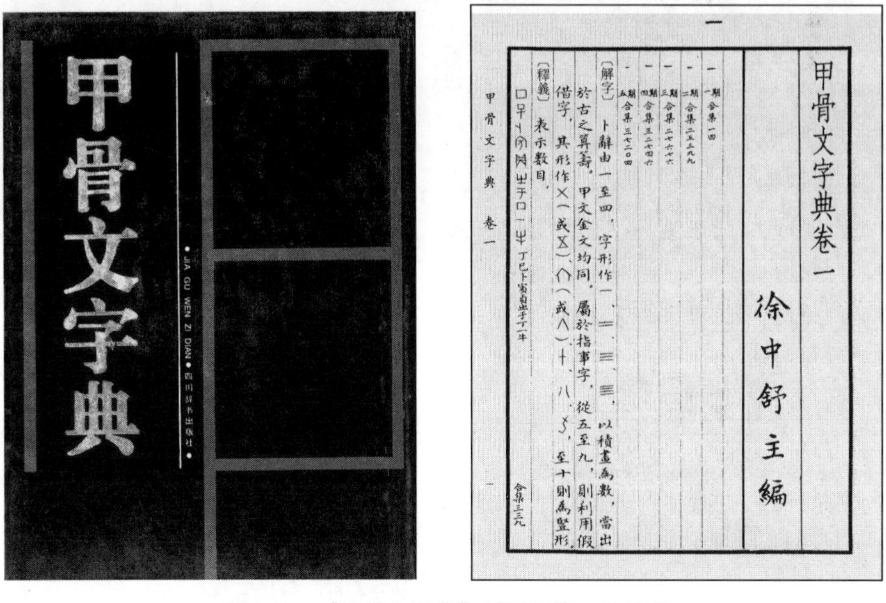

图 1-26　《甲骨文字典》封面及第一卷首页

解字》部首编为十四卷，共收单字 2852 个，其中重文 71 个，较《甲骨文编》新增释了近四分之一的字，纠正了前出字书的不少错误。在体例上兼释义并征引辞例，对以前的字典式编纂方式有较大突破，这部字典也还存在字形摹写和相关考释上的问题有待补苴。

以上字典(字编)类工具书所收甲骨文单字的统计情况，可如表 1-3 所示。

表 1-3　字典类工具书所收甲骨文单字统计表(单位：个)

簠室殷契类纂	甲骨学文字编	甲骨文编	甲骨文字集释	甲骨文字典
2776	925	4672	3377	2852

(三)甲骨文索引类工具书

20 世纪 60 年代中叶之后，日本岛邦男先生首次尝试将甲骨文字形体与卜辞内容相结合，按甲骨文字字头逐一检索卜辞文例，此在文字工具书编纂上可以说是一个创举，它使甲骨文的检索更为便捷有效，深受学者称道。

1.《殷墟卜辞综类》

《殷墟卜辞综类》(简称《综类》)(图 1-27)为岛邦男先生编纂，日本汲古书院 1967 年 11 月初版，1971 年 7 月出版增订本，1977 年 1 月出版重印增订本。共收单字 3324 个(除去庙号称谓名字)，在每一字头下收录有关刻辞，

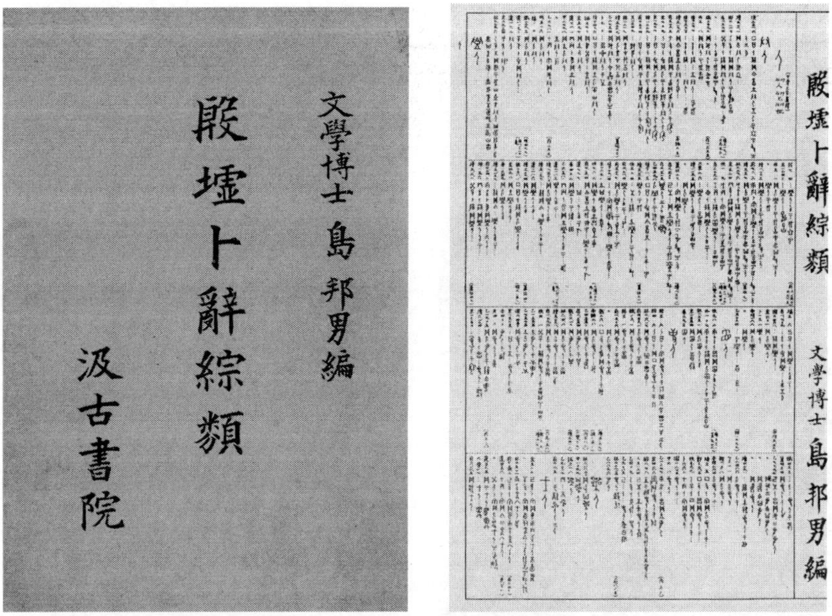

图 1-27　岛邦男《殷墟卜辞综类》封面与正文首页

相当于一套文甲骨引得，为此作者不囿于《说文解字》部首编字惯例，另外按照甲骨文字自身构形特点编制了部首表，并以此作为统系字头的纲目，书后还有多种附录和字形索引，便于学者快捷检字并索取甲骨文语辞。因该书成书较早，如今也难免存在诸多不足。

2.《殷墟甲骨刻辞类纂》

《殷墟甲骨刻辞类纂》（简称《类纂》）（图 1-28）为姚孝遂先生主编，1989年中华书局出版。全书分上、中、下 3 册，借鉴《综类》的编纂方法，共收单字 3548 个，依字头罗列甲骨文辞。该书作者首先将《合集》、《屯南》、《英

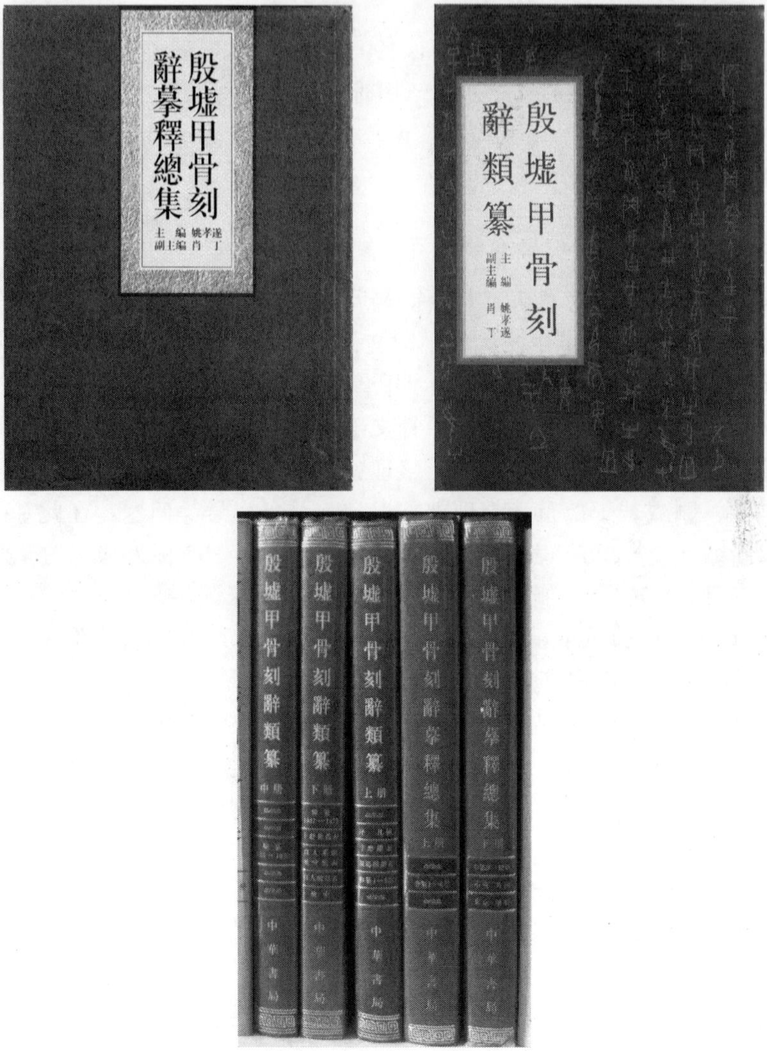

图 1-28　《总集》和《类纂》（上册）封面及《总集》、《类纂》两部书的样本

国》、《东京》、《怀特》等5部著录甲骨按片号摹出各辞，并于原篆下写出释文，编为《殷墟甲骨刻辞摹释总集》（简称《总集》）(图1-28)上、下两册，于1988年由中华书局出版。在《总集》摹释资料的基础上，再分别将各甲骨文辞列示在3548个字头之下。《类纂》无论从内容上、材料来源上还是在释字上都超越了《综类》。《类纂》的出版，极大地方便了学人，此亦为今后进一步借助计算机手段从事甲骨文信息处理开启了思路，奠定了资料基础。因《类纂》、《总集》这两部书成书时间紧迫，摹写中也不免存在遗漏和疏忽，且缺少近年新出版的《补编》和《花东》等著录资料，所以这方面的工作还有待后续。

3.《甲骨文字字释综览》

松丸道雄、高嶋谦一先生编纂，1993年由日本东京大学东洋文化研究所出版。该书共收单字3323个。每一甲骨文字均摹写原篆，备列截止于1988年底(个别至1989年)的诸家释字学说，书后详附文献出处，便于鉴别、了解甲骨文考释成果。

4.《新编甲骨文字形总表》

《新编甲骨文字形总表》（简称《新编字表》）为沈建华、曹锦炎先生编纂。1999年以来，香港中文大学中国文化研究所尝试将《甲骨文合集》等几部著录书释文输入计算机，拟建立“甲骨文全文数据库”。他们的研究工作主要分两个部分，一是整理、编辑甲骨文部首及字形总表，二是输入甲骨文释文。他们在《类纂》的基础上，新整理、编辑了甲骨文部首及字表，从而增设、归并、删减若干部首，整理部首误刊、重复字号等问题。在此基础上做成了《新编字表》，该字表编号为4071个，除去其中所标为合文的127个，则单字字目共3944个。此表作者后来在网上作了修订，据2003年9月29日网上(网址为www.chant.org)的统计，其字目编号共为3879个，除去其中所标为合文的125个，则修订后的单字字目为3754个。在《新编字表》字目整理的基础上，曹锦炎、沈建华先生还进一步对海内外已经出版的《合集》、《补编》、《屯南》、《花东》、《英国》、《东京》、《怀特》、《天理》、《苏德美日》等9种甲骨著录及释文进行多重校勘，并吸收学术界最新研究成果，编纂出版了集大成的殷墟甲骨文释文专著——《甲骨文校释总集》[①]。

第四节　新世纪甲骨学基础研究工作构想

20世纪末叶至新世纪之初，有不少学者曾先后撰文或著述，对殷墟甲骨

① 曹锦炎、沈建华. 2007. 甲骨文校释总集. 上海：上海辞书出版社

文发现百年和甲骨学研究进行了总结回顾①。各种学术纪念活动的成功举办，也使学术气氛空前高涨，甲骨学事业倍受世人瞩目。就甲骨学本身来说，它毕竟还是一门很年轻的学科，这方面的许多研究工作还只是初步的，有志者还需要像前贤那样潜下心来，为此再付出更多的辛勤劳动。就学科建设来考虑，甲骨学尚有待进一步拓宽领域，健全体系，增加研究的力度和深度，并逐步向高层次和多学科交叉契入的方向发展，从而使其在中国古代文明领域的研究当中充分发挥出学科中砥的作用。为了达到这一境界，目前的甲骨学除了继续要依靠考古发掘工作的积极促进之外，在很大程度上将取决于专业工作者对各种原始的资料的具体整理是否到位。这也就是说，甲骨学的健康发展，离不开眼下许多基础性工作的全面展开。基础整理工作的扎实与否，将事关未来的大局，不可忽视。因此在当前和今后的一个时期，专业学者所面临的主要任务就是要充分把握时机，争取时间，深入从甲骨数据千头万绪的内在关系入手，全方位地展开各种基础性的整理工作。大体上说，专业工作者至少可以从以下几个大的环节方面着手实施。

一、深化文字释读工作，量化整理、编纂新的字书，全方位构建大型的语言文字数据库

甲骨文考释是最具基础性的工作之一，该工作肇始于20世纪初叶孙诒让先生的《契文举例》，其后几十年来几代学者为此付出了不懈的努力。但这方面同时也存在着较大的漏洞和薄弱环节，这就是对以殷墟甲骨文为主体的商代语言文字的通盘整理工作还相对不足；对于数十年积累起来的科学考释文字的理论、方法及考释成果的总结推广还不够；有关字书的编纂与当今的专业释字水平之间尚有一定差距；另外在文字考释上还存在鱼目混珠、良莠不辨的情况。随着专业水平的提高和新资料的继续出土发现，今后必然还会再考释出一些难字，不过在数量上已不是大宗。故当前文字释读工作的重点，除了考字之外，还应该从下列几点来考虑。

（一）分别建立不同主题的文字字库案。这方面首先应详尽分析出文字系统中的基本构形符号和构字部件；其次还要根据出现频率的高低，对现有字形尤其

① 这方面可主要参见朱凤瀚：《近百年来的殷墟甲骨文研究》，《历史研究》1997年第1期，第115~129页；曹定云：《殷墟甲骨文研究百年回顾与展望》，《社会科学战线》1997年第5期；李学勤：《甲骨学一百年的回顾与前瞻》，《文物》1998年第1期，第33~37页；汪涛：《甲骨学在欧美—1990～1950》，《甲骨文发现一百周年学术研讨会论文集》，台北：台湾文史哲出版社有限公司，1998年；郑振香：《甲骨文的发现与殷墟发掘世纪回眸》，《殷都学刊》1999年第2期，第15~21页；范毓周：《甲骨文研究的历史、现状与未来展望》，《史学月刊》1999年第1期第7~8页和第2期第2~4页；王守信、杨升南主编：《甲骨学一百年》，北京：社会科学文献出版社，1999年；王蕴智：《抓紧甲骨文的基础整理工作—着手于新世纪的甲骨学研究》，《殷都学刊》，2000年第2期，第1~8页，又载人大语言文字复印资料2000年第10期

是常用字、可释字进行量化统计；根据辞例关系梳理文字间所存在的异文现象和同源现象；在字形分析和量化统计的基础上，还应着重进行文字断代与历时的排谱考察，最后全面揭示当时所客观存在着的种种文字构形特征和演化规律。

（二）在上述工作基础上着手系联、摹聚出土所见结体明确、具有分类分期特征和量化统计指针齐备的各种商代文字字形，从而尝试编纂出具有断代性质的商代文字汇编。

（三）在文字释读和综合分析辞例的基础上全面进行甲骨文语词汇释的工作，从而由此尝试编纂出相应的大型词典。

（四）根据大量较为确凿的文字谐声、通假、一字又音和文字同源等现象，进一步发掘搜集语言素材，从而由此探索并尝试构建可以追溯至殷商时代的上古音、上古汉语和汉语语源学系统。

（五）在通盘整理工作的基础上，可根据学科建设和推广普及的需要，再尝试编纂一批诸如甲骨文字形讲析、甲骨范文选读、商代文字通论、系列的字表、字谱从及与之相配套的古文字学教程等基础读物，这样或许对社会上那些不够严肃的所谓“破译”甲骨文的种种炒作，也将会起到相为消长的作用。

二、重视甲骨分期工作，严密、量化卜辞的分类整理

甲骨分期分期断代工作发轫于 20 世纪 30 年代中期，董作宾先生最早提出了甲骨文断代十项标准和五期说[①]，近 20 多年来李学勤等先生更提出了殷墟王卜辞在演进上可以分为“两系”的新说，两系说不论从理论上还是在实践上都大大推进了自董作宾以来的甲骨分期学说。不过，新的两系说目前只是理出了大致的头绪，一些认识还不是十分确切具体，尚有待依靠新的考古学证据和进一步严密、量化整理各类资料，以逐步完善其分期的理论和实践。至于其具体的整理工作，大致可以依次从以下几个步骤着手考虑。

（一）详实建立起历次殷墟考古发掘出土甲骨数据的数据库。这方面既包括对现已得到科学著录的 25 000 余片刻辞甲骨尽可能都再以原所出灰坑、探方、墓葬等地层单位分别统计建文件；也包括详细考察各出土单位的地层关系如区域、层次、坑内堆积及甲骨共存关系等情况，从而使之与甲骨数据相为配套[②]。

---

① 参见董作宾 1933 年发表的《甲骨文断代研究例》，全文 10 余万言，刊于中央研究院历史语言研究所编印的《庆祝蔡元培先生六十五岁论文集》中

② 殷墟发掘出土甲骨的坑位情况，可参见石璋如 1985 所著《小屯遗址的发现与发掘·丁编·甲骨坑层之一》（1986 年刊发 1～9 次发掘出土甲骨坑层之附图）；1992 年又出版《小屯遗址的发现与发掘·丁编·甲骨坑层之二》。另参见中国社科院考古所安阳工作队：《1973 年小屯南地发掘报告》，《考古学集刊》第九集，北京：科学出版社，1995 年。刘一曼：《殷墟花园庄东地甲骨坑的发现及主要收获》，《甲骨文发现一百周年学术研讨会论文集》，台北：台湾文史哲出版社有限公司，1998 年

（二）分别对不同出土单位的甲骨数据尤其是对过去集中出土甲骨的那些坑窖内涵再进行专门的整理，深入考察坑内的堆积、埋藏特点及原由，甲骨的整治使用情况，卜辞的组类及组类间的共出关系。

（三）把各不同出土单位的甲骨数据再根据分类标准、地层关系及卜辞间的内在关系(如相关称谓、事类、人物)等因素，排谱统计出各相同组类和相关组类卜辞的数量和出土情况，同时亦由此考察各组类的时代和相互承续关系。

（四）在上述工作基础上，再把所有现已著录的非经科学发掘的甲骨数据都尽可能按既定分类、分期标准梳理到相应的组类和组类数据库中。

（五）进一步对武丁时期各种非王卜辞的特性及其关系、对历组卜辞的分类断代、对各组类间的过渡关系，其中如宾组卜辞晚期与出组何组早期的交叉关系、部分何组、无名组与黄组早期卜辞的交叉关系以及对黄组卜辞的分类断代进行排比考察，由此尝试解决卜辞分期工作中的一些难点。

三、集中对甲骨刻辞的内容进行系列的排谱整理，多角度、多侧面地揭示其所反映出来的历史文化内涵

殷墟文明是商代乃至三代文明发展进程中的一个高峰，这通过数十年的考古硕果和 10 万余片刻辞甲骨已经有了很好的说明。勿庸置疑，考古发现和甲骨刻辞告诉我们的都只是很有限的东西。甲骨上没有记载的不一定就是商代社会所没有的；王室的占卜活动不可能代表王室活动的全部；许多祭礼和神事活动亦不见得都占卜。即使如此，现所见这些甲骨刻辞的内容就已经相当丰富，但它们又纷繁错综，难以明辨。如今很需要在当今文字释读水平和分类分期工作的基础上，再下功夫对此进行各专题的整理。在这方面，20 世纪 50 年代中期陈梦家先生的《殷虚卜辞综述》已经着手进行了全面性的整理工作(参见第 7~18 章)，只是那时候的数据和认识水平都还很有限。20 世纪 90 年代初，为了充实完备陈梦家的体系并促使甲骨文专题系列的整理工作推向深入，姚孝遂先生新拟申报了《甲骨学研究大系》的课题并列入国家“八五”社科重点学术规划①。惜先生积劳成疾，过早去逝，其宏愿当还有待来者去承继。如上所述，对于纷繁零散的原始资料，往往需要先用量化统计或排谱的方法来系联它们，对卜辞间所记录的各专项内容的考察亦应如此。过去学者在整理商王世系、周祭制度、商王田猎和征伐路线等专项工作中均已积累了很好的经验。另外这方面还应注意对众残片卜辞的缀合工作，也应留意和卜辞的分类、分期工作有机结合起来去做。这样才能把大量散乱而有内在关系的资料相对爬梳集中进来，使之成套成系而具有史料价值和较强的历史感。

①《甲骨学研究大系》本拟从文字、语词、语法、卜法、宗教祭祀、断代、先公先王、亲属称谓、世系、方国地理、礼仪制度、职官、战争、农业、曆法天象、田猎等专题分别做起，计划写作 20 分册约 200 余万字

关于这方面的工作，今大致可以从以下几点做起。

（一）分别对早晚各类卜辞中所见国族名、地名和贵族首领名称按其出现序次进行排谱统计，这一工作可同时结合有关商代城邑聚落考古资料和青铜器族氏符号进行综合整理。据我们初步统计，这方面可以建文件的甲骨文族地名数据计约 1050 种，商至周初金文族氏资料计约 1100 种，其中彼此约有 230 余种可相印合。另外相当一部分族地名数据具有多重内在的关联线索，还有不少可以直接取证于传世文献数据，其整理工作繁重且有待深入。

（二）在上述资料归纳取证工作和前贤研究的基础上，可由此再选定一批在卜辞、铭文中史料突出，断代和地域关系较为明确的方国、世族作为整理的重点。然后再以点带面，进一步考察殷商时期的国家形态特征、国族史迹源流、区域分布及其民族关系等史学问题。

（三）分别对早晚各类卜辞中所见王室宗族的称谓系统、王朝的职官系统以及各重要人物的活动线索进行诸项排比梳理。在此资料普查工作及前贤研究的基础上，再结合有关商周考古和文献材料，尝试进一步多角度对殷商时期的王室结构、亲属和宗法制度、社会政体等内涵进行深层次的探讨。

（四）分别对早晚甲骨文中所见、所卜诸典型事类做专门的排谱统计。这方面如军事征伐、农业生产、田猎擒获、使令贡纳、都邑邦鄙、天文气象、旬夕纪时、王妇生育、咎祸疾梦等等，可以立项的事类甚多。这些事类过去学者已多有述及，但还有待于细致和从严把握资料，从而由此深入考察殷商社会生活的方方面面。

（五）在现有对殷商贞人集团发展序列和卜辞组类划分的基础上，可尝试再分别对各个贞人和相关贞人的占卜内容、占卜习惯进行排谱系联，由此不仅可促使卜辞的分类分期工作趋于缜密，而且将有助于进一步考察卜人的职事分工以及卜官之间的相承和沿革关系。

（六）分别对早晚各类卜辞中所见祭名祭法进行量化统计和排谱梳理。据我们的初步统计，殷卜辞所反映祭名祭法的用语约达 160 余种之多，其内涵丰富而广泛，所见资料在殷卜辞全部占卜内容中占的比重最高。对于这一部分资料，目前除在周祭制度方面有重大突破之外，其他方面的整理工作还有待强化。这首先需要在统计和排谱的基础上，注意分析考察各祭名祭法的实际功用、含意以及与其相适应的祭祀典礼内涵、致祭方法，有关占卜方式，祭享对象，行祭的原因、目的、场所、时间，入祭的牺牲种类、数量以及诸祭名祭法间的配套组合关系等内在线索规律。当然，这方面也须结合考古和文献数据进行必要的考证，最后通过系统地归纳整理，从而由此寻绎揭示出具有殷商时期典型特征的宗教环境、政教关系、各种祭祀制度、礼俗、礼制观念及其递嬗沿革。

四、集中对早晚各类卜辞文例及其相关的各种占卜遗物进行系列的类型学分析，深入考究殷商至西周初期卜法系统、卜筮制度的演进以及那个时代的数术文化内涵

在全面整理甲骨文字资料的同时，与其融合共存的种种占卜术语、文例以及大量的甲骨实物材料，亦都蕴含着十分丰富的占卜文化信息，很需要专业工作者进一步与上述诸环节的工作有机配合起来，再系统地对当时的占卜过程和占卜背景进行综合的整理考察。我们知道，殷人频繁的占卜活动是商代原始宗教的重要内容和外在表现形式之一，这对当时社会的政治、经济、军事和文化生活等方面都产生了广泛而深刻的影响。在我国古代占卜体系中，甲骨占、筮占和星占对人世的影响都很大。也许是受地下发掘资料的限制，如今我们只能看到商代发达极致的甲骨占卜活动的那一面。殷人对占卜行为的重视程度、甲骨占卜程序之严密、卜法之讲究，上古中国的其他时代都不能与之相比。因此这也使商代能够涌现出像巫咸、箕子等这样一代代占卜经验丰富，且精通百科知识和治世之道的智者①。巫咸、箕子的智能在古代知识范畴中列属于数术之类，今所见大量的甲骨遗物即出自这些巫史之手。也正是经由一批批巫史神职人员长期不断的严守分工职掌和文化观念上的积淀浸透，才使形形色色的甲骨遗物都尽显出昔日占卜过程的繁文缛礼。实际上至少从殷墟时期直至西周立国以后，其占卜传统在主流上本是通贯的，但在卜法上则一直都有很多区别和变化，在甲骨占卜盛极的同时亦不乏筮数占卜的风气。关于卜法和卜制上的诸多问题，学术界从董作宾、陈梦家、胡厚宣等先生以来即不断有专家发凡其旨，收获极多②。然而其中的堂奥之处仍有不少，故很值得再从以下几点入手，亦在资料的基础整理上多下功夫。

（一）尽可能结合殷墟出土甲骨实物(包括有字和无字甲骨)，参考一定的地层关系，分别对各类较为整齐的龟甲、胛骨按其尺度、形制、整治方式、

① 传世文献中记有巫咸创筮或善筮之说，其记载可参见《世本·作篇》、《周礼·春官·筮人》、《吕氏春秋·勿躬》和《史记》之《天官书》、《殷本记》等典籍；箕子的事迹分别见于《史记》之《殷本记》、《周本纪》等篇，其政论和卜筮稽疑学说可参见《尚书·洪范》、《史记·宋微子世家》等篇。又巫咸在殷卜辞中写作“咸戊”，为商王武丁时期的祭祀对象。有关箕子家族的史迹在殷墟时期的甲金文中亦有反映

② 董作宾早在1929年即著有《商代龟卜之推测》一文(见《安阳发掘报告》第1册)，系统对殷人的龟卜之法进行了探讨；陈梦家在《殷虚卜辞综述》的第一章中亦专节讨论了甲骨占卜问题；胡厚宣早年著有《卜辞杂例》、《卜辞同文例》、《卜辞记事文字史官签名例》(分别发表于《中研院史语所集刊》的第八、第九、第十二本)等系列论文，专门讨论了占卜文例，占卜程序等问题；这方面的力作还如张秉权：《甲骨文的发现与骨卜习惯的考证》，载《中研院史语所集刊》第三十七本下册；刘渊临：《卜用甲骨上攻制技术的痕迹之研究》，台北：台北中华丛书编审委员会，1984年；许进雄：《甲骨上钻凿形态的研究》，台北：台北艺文印书馆，1979年；肖楠：《小屯南地甲骨的钻凿形态》，载《小屯南地甲骨》下册第三分册，1983年；宋镇豪《殷代“习卜”和有关占卜制度的研究》，《中国史研究》1987年第4期，《论古代甲骨占卜的“三卜制”》，载《殷墟博物苑苑刊》创刊号，1989年；彭裕商：《殷代卜法初探》，载《夏商文明研究》，郑州：中州古籍出版社，1995年

钻凿形态、兆枝走向、刻辞行款、序数变化、文字守兆情况、卜辞间和卜兆旁所示占卜术语等特征细划出型式。此工作的完成既便于为甲骨文的分期断代提供依据，亦便于从卜法的角度考察殷人占卜过程中的基本套路和制度。

（二）分别对不同组类甲骨的刻辞文例（主要指卜辞自身的结构）进行排比考察；同时亦应着意排比殷人一事多卜，对占卜和选占卜的各种成文格式、交叉关系及其格式、版式的变化情况；另外还应注意胪列各成套卜甲或卜骨之间、同版或同组之间、同版异组之间以及各占卜事类在龟甲或胛骨版面的位置、序次、省略等错综关系，这些其实也都是一定的卜法系统在文字记录上的具体表现。由此则有助于考察殷人在占卜过程中的另外一些套路，亦有助于归纳考察某一时期卜人或卜事上的特定联系。

（三）以殷墟各类卜用甲骨型式为坐标，进一步上下绳系、比较殷墟之前和西周早期所见各卜用甲骨类型的异同，同时结合有关考古依据和古书记载，从而系统揭示我国古代甲骨占卜文化的源流。

（四）分别对殷商至西周时期卜辞、铭文及有关出土器类上所反映出来的筮占和筮数数据进行综合整理。由此再结合文献记述和近些年出土所见战国秦汉简帛数据中的筮数实例，深入考察古人卜筮并用的传统以及“筮”与“易”的演进关系，进而使对古代中国影响较大的数术文化的内涵，得到更为客观理性的认识[①]。

上述四大环节计 20 个方面的内容，都是围绕甲骨数据本身所要深化展开的一些颇具基础性的工作，实际做起来显然还不能单纯立足于甲骨文和殷商文化这一个层面，专业思想和知识结构当要交叉在多学科之间。这除了应综合运用传统治学方法和现代考古学的方法之外，许多方面的工作还有待另辟蹊径。比如在数据库的建设和数据检索方面，势必要借助当代计算机信息处理技术及其他高科技手段。在分期断代问题上，可借助碳 14 加速器质谱仪测年和加热释光测年等技术，亦可借助现代天文学的研究成果推算有关天象、历法资料。利用科技手段所进行的环境及动植物考古、古人类基因关系研究等成果亦都可与有关卜辞资料相参比。关于殷商文明的各个方面，还很有必要把它放到世界古代文明的背景下去加以比较认识。总之，新世纪的甲骨学

① 对殷周筮占和筮数符号考释取得重大突破的是张政烺，请参见他的《试释周初青铜器铭文中的易卦》，《考古学报》1980 年第 4 期，第 1~8 页；《殷墟甲骨文中所见的一种筮卦》，载《文史》第二十四辑，北京：中华书局，1985 年。这方面还可参见李学勤：《谈安阳小屯以外出土的有字甲骨》，《文物参考资料》1956 年第 11 期；饶宗颐：《殷代易卦及有关占卜诸问题》，载《文史》第二十辑，1983 年；张亚初、刘雨：《从商周八卦数字符号谈筮法的几个问题》，《考古》1981 年第 2 期，第 155~163 页；曹定云：《殷墟四盘磨“易卦”卜骨研究》、《考古》1989 年第 7 期，第 636~641 页；蔡运章：《筮数易卦研究》，载中国第三届西周文明国际学术研讨会论文，1996 年；李零：《中国方术考》，北京：人民中国出版社，1993 年；又《中国方术考》（修订本），北京：东方出版社，2000 年，第 251~271 页

事业任重而道远，专业工作者尚需要耐得寂寞，切实从眼下的基础工作做起，这毕竟对学术史和民族文化都是大有裨益的。在此亦呼吁有关主管部门能够增加这方面学术课题的立项，争取早日创立有关甲骨学及古文字学研究领域的专业刊物，努力营建良好的学术氛围，加紧培养学术新人，使莘莘学子都能在今后的事业中尽其薄力。

第二章

鼎盛于商代的甲骨占卜系统

甲骨占卜是商代礼制的一种表现形式，也是商王室极为推崇的一种方术，它成为我国殷商时期原始宗教的重要内容之一，对当时社会的政治、经济、文化生活产生了广泛而深刻的影响[①]。在商代占卜体系中，甲骨占和筮占皆对人世发生过很大的作用，殷人把这些行为看成是沟通天人关系最灵验的方法。文献典籍中列有“术数”一类，曾对这些占卜方式有专门的记载。商代的筮占术尚受地下发掘资料的限制，目前我们所能认识到的商代占卜系统，唯数龟卜和骨卜术最为发达，也最有特色。

古人的各种占卜活动，其本质都是假托神的旨意来预测吉凶福祸，以趋利避害。发生于殷商时代的甲骨占卜活动，则是商王朝统治者用来卜以决疑、决策国事、巩固王位的有效手段。甲骨占卜方式本不是商代人的发明，其渊源当可追溯于史前时代先民的龟灵崇拜和先兆迷信。只是商代社会的统治者把甲骨占卜程序及其功能发展到了顶极，从而又浓郁地蒙着一层殷商时代的宗教色彩。

从出土情况看，古代中国龟骨并用的占卜风俗兴于郑州二里岗文化时期，至殷墟文化时期达到鼎盛。西周之后，王室最高统治者的甲骨占卜风习逐趋衰落，唯龟卜习惯仍流传及后世，记于古书。今所见古人频繁地使用甲骨进行占卜记事，最为突出地是表现在商代后期社会。

关于龟灵崇拜和龟甲占卜，目前我们所见最早的遗物是河南舞阳贾湖裴李岗文化遗址出土的随葬龟甲[②]。这些龟甲皆经过修治、钻孔和背腹甲剖分，或成套放置，其中还发现有刻画符号，时代大约在 8000 年前。另外在河南淅川下王岗仰韶文化一期的墓葬中，发现有龟灵崇拜的遗物[③]。经过施灼而用来

---

① 本章节选自王蕴智 1996 年 9 月结项的国家社科基金项目《商代宗教研究》之第二和第三章

② 河南省文物考古研究所. 1989. 河南舞阳贾湖新石器时代遗址第二至第六次发掘简报. 文物，(1)：1~14；张居中. 1991. 舞阳贾湖遗址出土的龟甲和骨笛子. 华夏考古，(2)：106~107

③ 高广仁、邵望平：《中国史前时代的龟灵与犬牲》，载：《中国考古学研究》，北京：文物出版社，1986 年

占卜的龟甲肇始于商代，迄今所见商代最早的龟卜遗物出于殷墟文化之前的郑州二里岗时期[①]（图 2-1）。其后中国上古社会一直流行龟卜，典籍多有记载[②]。

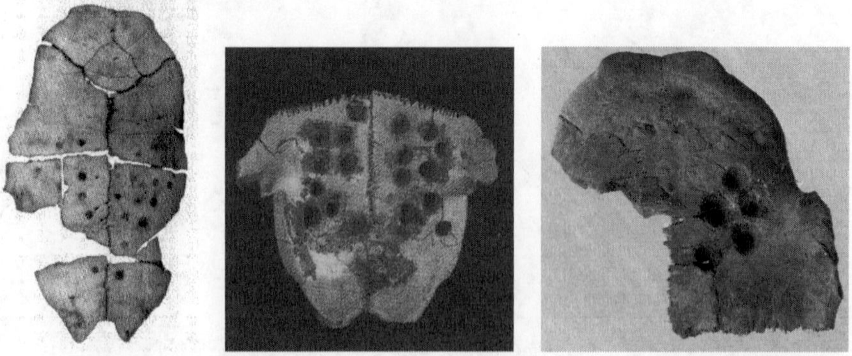

1　　2　　3

图 2-1　商代二里岗期卜甲

1 为南关外商代二里岗下层二期卜甲 C9.1H150：6，2 为南关外商代二里岗上层一期卜甲 C5.3H310:3，3 为郑州博物馆所藏二里岗期卜甲（采集）。

考古资料表明，早在商代使用甲骨进行各种占卜之前，远古时代还有一个使用兽骨占卜的漫长发展时期，目前所见最早的占卜遗物，是在内蒙古昭乌达盟巴林左旗富河沟门遗址出土的鹿（或羊）肩胛卜骨，距今约 5500 年[③]。其下在河南境内有淅川下王岗仰韶文化三期遗址所出卜骨，年代约在 5000～4500 年前，其类型与富河文化相同，皆有灼而无钻凿[④]。在距今约 3800～3500 年前的河南二里头文化遗址出土的卜骨，同样也只是有钻无凿，工艺简单。河南境内发现的早商卜骨主要有郑州南关外期、二里岗下层一期、二里岗下层二期、商代二里岗上层一期等类型（图 2-2）。

从商代前期王城遗址的出土遗物看，当时的卜用骨料占大宗者为牛胛骨，其次是龟甲，还有少数鹿、羊、猪、狗胛骨。占卜型态可分三种情况，一是仅施火的，以牛、猪骨为多；二是先钻后灼，以牛骨为多，龟甲次之；三是钻凿后的，以龟甲为多。其钻有单钻和双联钻，既深且密。

殷墟文化是在吸收、继承华夏先民远古文明的基础上建立起来的，其占卜传统当然也是沿袭前人而大大加以发挥。殷墟时期出土的占卜遗物，已经

① 河南省文化局文物工作队．1959．郑州二里冈．北京：科学出版社；河南文物考古研究所．2001．郑州商城——1953～1985 年考古发掘报告（上册）．北京：文物出版社．37

② 这方面可参见《周礼・春官・宗伯》、褚少孙补《史记・龟策列传》等文献

③ 中国科学院考古研究所内蒙古工作队．1964．内蒙古巴林左旗富河沟门遗址发掘简报．考古，（1）：3．图版壹・9

④ 河南省文物考古研究所．1989．淅川下王岗．北京：文物出版社

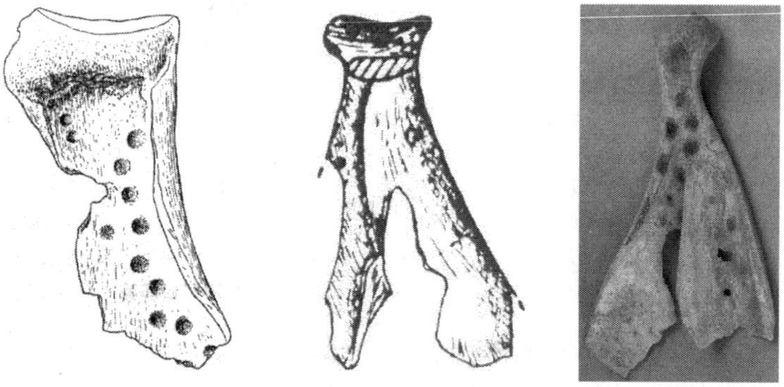

1　　　　2　　　　3

图 2-2　郑州出土早商卜骨

1 为郑州南关外遗址南关外期卜骨 C5T97④：40，2 为郑州小双桥遗址早商卜骨 VG3：21，3 为郑州博物馆所藏二里岗期早商卜骨(采集)。

基本上摆脱了原始占卜随意盲目的形态。这时的商代统治者，将自己的主观追求和人类生活经验都集中贯注在对甲骨占卜技术的改造以及对于兆象的解释之中，使占卜活动达到了史前和有史以来的最高水平。此时期不仅大量出土卜骨，而且龟骨并用，用龟的数量和品种，都是前所未及的。凡刮、削、锯、切、磨、修、穿孔以系等，已成为例行的整治公事，不同类型的钻凿形态又显示出相应的时代特色。当时的卜用甲骨，大都精心经过整治，钻、凿、灼兼施，并开始系统规范地刻写占卜记录与记事文辞。其对占卜的重视程度和占卜工艺之考究，上古中国任何一个时代都不能与之相比。

第一节　殷墟甲骨的整治和占卜

殷墟时期的龟甲占卜活动，有一整套专门的巫史神职人员进行统配管理，程式复杂而又严格。在正式占卜之前，各种准备工作井然就序。这方面包括频频招纳方国进贡，对所用甲骨品种加以选择、登记，对龟甲兽骨版面进行专门地修治、钻凿等一系列前期工作。

一、卜用甲骨的来源

从殷墟出土占卜实物材料分析，其所用龟甲，主要是龟的腹甲，偶亦间用龟背甲或改造过的背甲。其所谓骨，主要是牛的肩胛骨，间亦见少量的羊、鹿、猪的胛骨。少数非占卜性质的记事文辞，偶亦可在甲骨卜料上乃至人头骨、牛头骨、鹿头骨、虎肋骨等上面刻写。

殷墟时期所用牛骨材料，大概主要是就近养畜或收集解决，至于所用龟甲，则主要靠远方征纳。关于古代卜用龟甲的种类来源，古书记载主要产自南方和西方[①]。胡厚宣先生认为此与殷墟龟甲来源相合[②]。另据学者研究和生物学家鉴定，殷墟卜龟品种主要分为四类，即：(1)花龟(*Ocadia sinensis* 分布于我国的闽、粤、台和北印度支那)；(2)金龟(*Geoclemys reevsii* 分布于我国的冀、鲁、豫、陕、甘、川、滇、桂、粤和朝鲜、日本)；(3)水龟(*Clemmys mutics* 分布于我国南方和日本、越南)；(4)亚洲大陆龟(*Testudo emys* 分布于东南亚和马来半岛)[③]。殷墟卜用龟甲产地、品种不一，所需贡纳数量也大得惊人，没有对周围邦国强烈的震慑力、号召力和强烈的龟灵意识，便不足以保证进贡大龟的源源不断，当年商王朝的国力、经济、文化之强盛由此可见一斑。

因卜辞内容多言祭事，对龟的品名很少涉及。仅偶有例外，如商王武丁时期的一胛骨版的正面验辞和反面占辞分别记云(图 2-3)：

图 2-3　《合集》8996 正、反(拓片)

允至以龟，⿱雨黽八，鼍五百十。四月。/王固(占)曰：隹(唯)来……(《合集》8996 正、反)

甲骨文“以”字本象人手携物形，这里用其本义，表携带贡品，该条辞例明确记录了本次进贡的龟名有“⿱雨黽”和“鼍”两种，总数达 518 只[④]。

殷墟武丁时期的记事刻辞又每言“某入若干”，“某来若干”“某以若干”，等习语，“入”是贡纳的意思。“入”后面的数量词从个位到上千不等，这些记载一般都刻写在甲桥、甲尾和背甲等龟甲版面上的非占卜位置，它们应是

① 参《尚书·禹贡》：“九江纳赐大龟。”今本《竹书纪年》：“周厉王元年，楚人来献龟贝。”《庄子·秋水》：“吾闻楚有神龟。”《史记·龟策列传》：“神龟出自江水中，庐江郡常岁时生龟，长尺二寸者二十枚，输太卜官。太卜官因以吉日剔取其腹下甲。”《诗·鲁颂·泮水》：“憬彼淮夷，来献其琛，元龟象齿，大赂南金。”《逸周书·王会解》：“伊尹受命，于是为四方令曰…正西…龙角、神龟为献。”

② 胡厚宣. 1972. 殷代卜龟之来源. 载：甲骨学商史论丛(初集四册). 台北：大通书局

③ 李零. 1993. 中国方术考. 北京：中国人民大学出版社. 229

④ 新出的《花园庄东地甲骨》449 等版有“Ψ鼍”，应与上文的“鼍”字所指相同

方国和臣属贡纳龟甲的记录。据胡厚宣先生当初的统计，武丁时期商王所得贡龟之数总计有“一万二千三百三十四”[①]。

另外，在殷墟前期甲骨记事刻辞中还常有“乞自某若干屯”（见宾组骨臼刻辞）、“乞骨若干”，“乞骨若干自某”（见历组胛骨刻辞）等习语。“乞”在此表征集龟甲或牛骨之事。“屯”则为量词，用作“纯”，表示成双成对的胛骨或龟版。这一类辞例说明商王除了接受纳贡之外，还要定时派人下去征收，其中也包括采集骨版，以保证占卜材料的充足供应。

二、卜用甲骨的整治

殷墟时期用于占卜的甲骨，一律都需要经过专门的修治。即不论是龟甲还是牛胛骨都要按照一定的模式进行取材、锯削和刮磨，使之成为占卜所用的版式。修治是占卜之前的初步工序。

（一）龟腹甲

卜甲一般取材于纳贡生龟（图 2-4）。《周礼·春官·龟人》云：“取（选取）

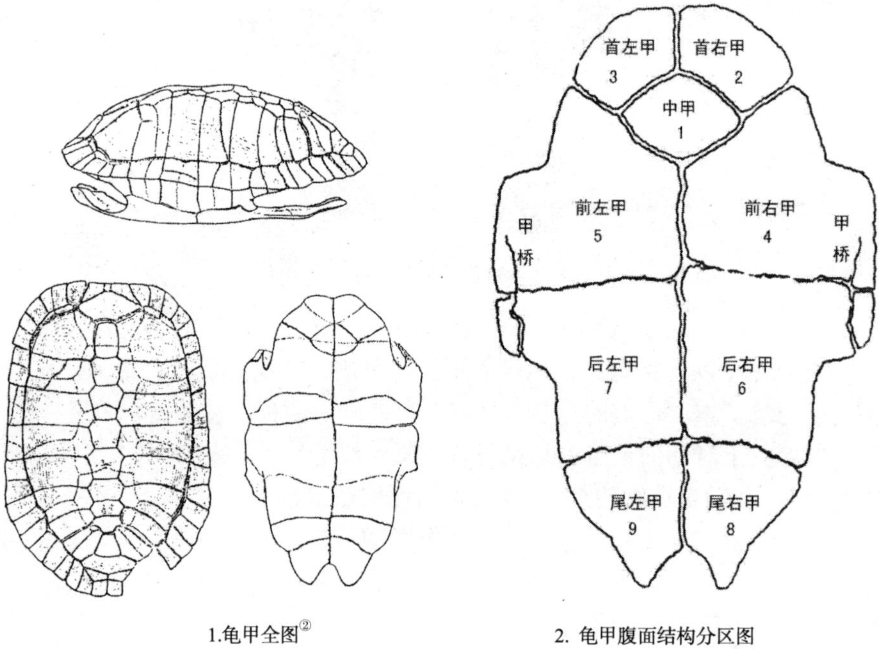

1.龟甲全图[②]　　2. 龟甲腹面结构分区图

图 2-4　龟甲及龟甲腹面

① 胡厚宣. 1972. 殷代卜龟之来源. 载：甲骨学商史论丛，初集四册. 台北：大通书局. 638

② 秉志. 1931. 河南安阳之龟壳. 载：安阳发掘报告，第 3 册

龟用秋时，攻(修治)龟用春时”，又云：“上春衅(杀)龟，祭祀先卜。”殷墟卜甲用量极大，盖不受此四时限制。

纳贡生龟经过衅杀解剖内脏，留下龟壳，龟壳包含腹甲以及与其上部相连的背甲部分。董作宾先生认为对殷墟生龟要经过燎、衅、祓祭礼，然后杀龟取其甲①。另据董作宾先生所记，在殷墟小屯村北，过去曾发现过一个储藏龟料之所，“大小数百只，皆为腹背完整之龟甲”②。

对于杀龟取得的龟壳，皆要将其腹背甲相连处(甲桥位)锯削分开，使两甲桥连属于腹甲，并修整甲桥的外缘，使之成规则的弧状，与腹甲构成以“千里路”为中心的对称平面，这是占卜所用的最主要也是最理想的材料。

1.《合集》5611 正

图 2-5　《合集》5611 正照片、拓片

① 董作宾. 1929. 商代龟卜之推测. 第三节“衅燎”. 安阳发掘报告，第 1 册；董作宾. 1977. 董作宾先生全集甲编，第 3 册. 台北：艺文印书馆

② 董作宾. 1929. 新获卜辞写本后记. 安阳发掘报告，第 1 册；董作宾. 1977. 董作宾先生全集甲编，第 2 册. 台北：艺文印书馆

该龟甲于 1936 年小屯村北出土(编号 13.0.1657)。原著录参考:《乙编》867。现藏台湾“中央研究院”历史语言研究所。

【释文】

(1)丙子卜，韋貞：我受年？ 一 二 三 四 二告 五 六

(2)丙子卜，韋貞：我不其受年？ 一 二 三 四 五 六

(3)貞：王其㞢(有)曰多［尹］？

(4)貞：勿(勿)曰多尹？

(5)貞：王其㞢曰：多尹若？ 一 二 三

(6)貞：卬？ 一 二 二告 三

(7)貞：史？ 一

【备注】该版 7 辞，前 4 辞两两对贞，在龟甲上处于相对称的位置。第 1、2 辞位于龟腹甲中线即“千里路”两侧，第 1 辞为肯定问句，居于卜甲的右侧，其所在的位置称为“前右甲”。第 2 辞为否定问句，居于卜甲的左侧，其所在位置称为“前左甲”。此二辞卜问商王是否会有好的年成。第 3、4 辞亦为正反句对贞，第 3 辞是肯定问句，所在的位置称为“右甲桥”，第 4 辞所在的称为“左甲桥”。第 5 辞所在位置称为“尾右甲”，其内容与第 3、4 辞相关。龟腹甲上的对贞卜辞通常刻写在左右对称位置，对贞卜辞为正反两问句，其主问句一般位于龟腹甲右侧。

2.《合集》10184

该龟甲于 1936 年小屯村北出土(编号 13.0.4908、13.0.14075、13.0.15528)。原著录参考:《乙编》2443＋6698＋无号碎甲，《丙编》370。现藏台湾“中央研究院”历史语言研究所。

【释文】

(1)辛卯卜，㱿貞：其黑(暵)？三月。 三

(2)辛卯卜，㱿貞：不黑？ 三

(3)壬辰卜，貞：亘亡𡆥(祸)？ 三

(4)貞：亘其㞢(有)𡆥？ 三

【备注】该版 4 辞，依龟腹甲纵向的中理纹(千里路)为中线，位置两两相对称。第 1 辞位于前右甲，第 2 辞与之对称，位于前左甲。第 3 辞跨右甲桥下端和后右甲，第 4 辞与之对称，跨左甲桥和后左甲。

此 4 辞两两正反对贞。前者大意是：辛卯日贞人㱿主持占卜，贞问是否会发生暵情(辞中黑字通暵，读若暵)。后者大意是：壬辰这天占卜，卜问亘这个部族首领是否没有灾祸。辞末有兆序“三”，表明这是同一套卜甲的第 3 版。

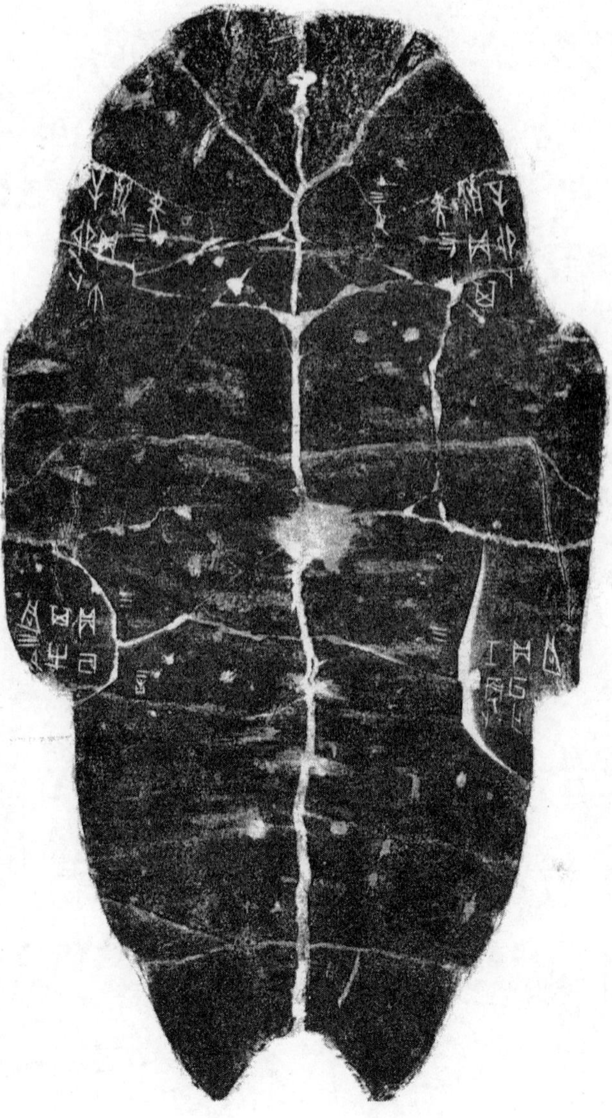

图 2-6　《合集》10184（拓片）

（二）改制龟背甲

龟壳除去腹甲之后剩下的拱形背甲部分，一般是在中脊处再对剖为二，使成为扇形状（图 2-7）。对于较小的背甲，则需另锯去“近中脊出凸凹较甚的部分和首尾两端，使成为鞋底形”[①]。

① 陈梦家. 1956. 殷虚卜辞综述·总论. 北京：中华书局. 10

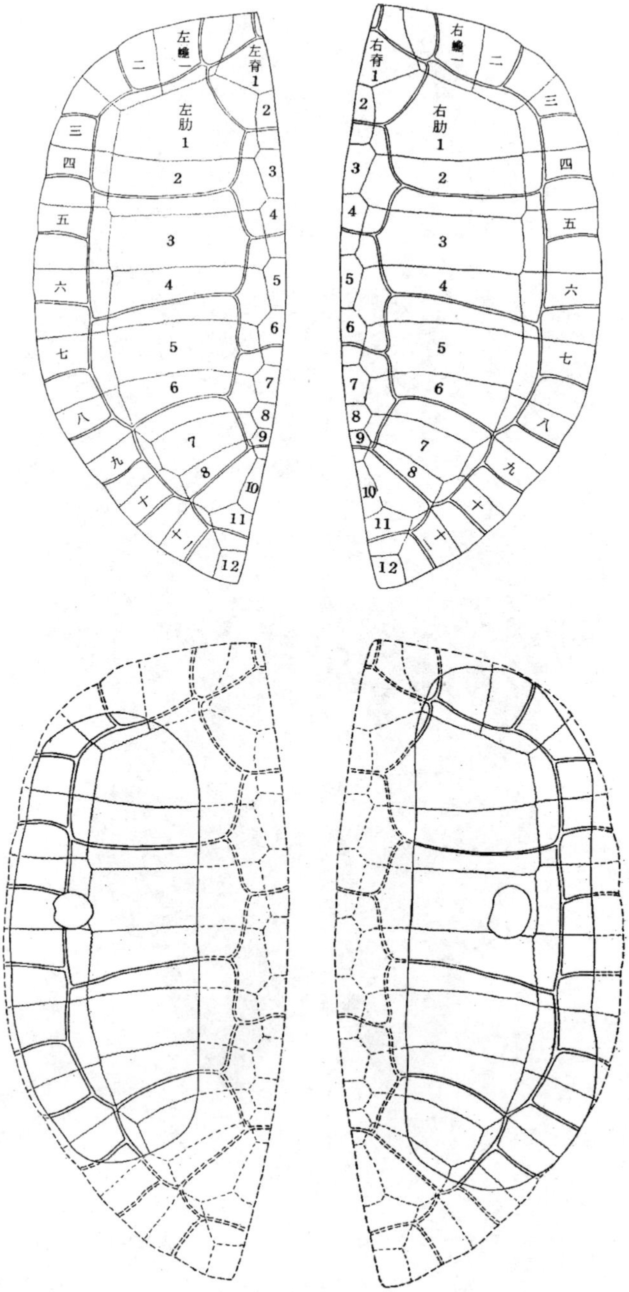

图 2-7　对剖的龟背甲各部分名称及改制左右龟背甲示意图

不论腹甲和改制的背甲，锯削之后还需加以刮磨，令其光泽平滑。腹甲尤需去其表面胶质鳞片，锉平正反两面高厚之处，使其均平便于钻凿刻辞。

1.《合集》1144

该背甲于 1936 年小屯村北出土(编号 13.0.10963)。原著录参考:《乙编》4747。现藏台湾“中央研究院”历史语言研究所。

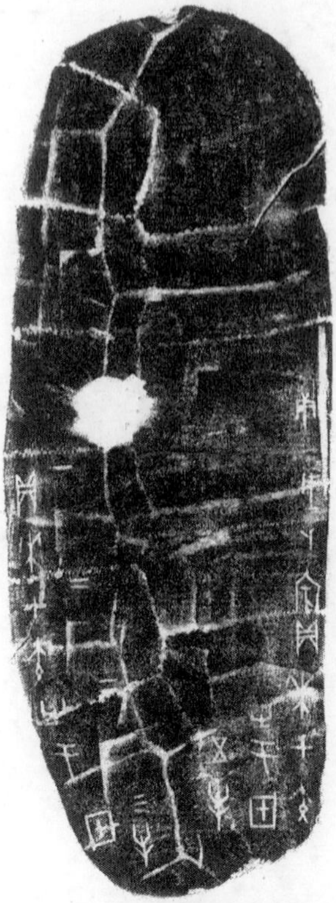

图 2-8　《合集》1144(拓片)

【释文】

(1)庚戌卜，宾貞：來甲寅㞢(侑)于上甲五牛？　一　二

(2)貞：來甲寅㞢于上甲三牛？　一　二　三

【备注】 该版为改制后的龟左背甲。即将对剖后的龟背甲首尾两端和两侧的弧形边缘进行切削、打磨，使之成长圆形。

此版两辞，对称分布于卜甲下方左右两侧的龟甲边缘，二者为选择贞卜辞，卜问来日甲寅这天用三头牛还是五头牛为祭牲向上甲致侑祭。

2.《合集》14707

该龟甲于 1936 年小屯村北出土(编号 13.0.10853)。原著录参考:《乙编》4683。现藏台湾“中央研究院”历史语言研究所。

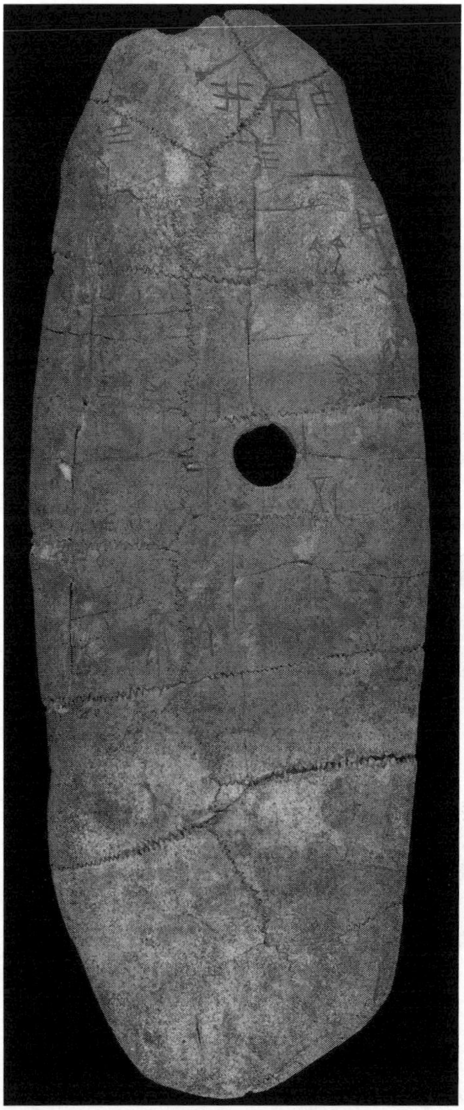
《合集》14707(照片)

《合集》14707(拓片)

图 2-9 《合集》14707

【释文】

(1)庚戌卜，㱿貞：蚰𡿧(蠢)我？五月。 三 四

(2)庚戌卜，㱿貞：蚰不我𡿧？ 一 〔二〕 三

【备注】此版外形修长，两端较圆，为改制后的右龟后背甲。上有两辞，位置不对称，对贞卜问虫害是否会蠢(危害)“我”。

3.《花东》297

《花东》297(照片)

《花东》297(拓片)

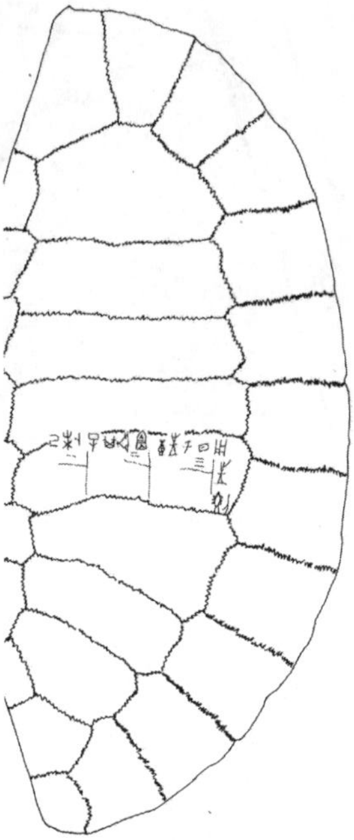

《花东》297(摹片)

图 2-10　《花东》297

该龟甲于 1991 年 10 月花园庄东地出土(编号 H3：886)。现藏中国社会科学院考古研究所。

【释文】

己未卜：子其尋宜(俎)，叀往于日？用。往𢦔。

【备注】该版为非“改制背甲”，即把完整的龟背甲对剖之后，不对上下端的尖端进行切削和打磨而成。

(三)牛肩胛骨、截锯式牛胛骨

卜骨的取材主要是牛的肩胛骨，从牛身上取下对称的两块，分左胛和右胛(图 2-11)。牛胛骨原料可直接从大量的牛牲祭品中取得，也可就近征集，

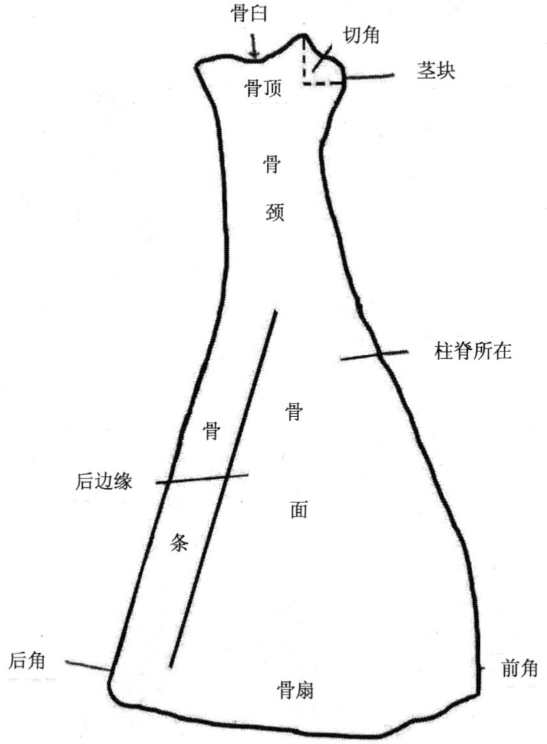

1.牛肩胛骨分区示意图①

图 2-11 卜用左、右牛肩胛骨示例

① 以此版形为例，从上向下依次是：骨顶、骨颈、骨面和骨条。所谓“骨顶”，即骨版最顶端的部分。“骨颈”，即骨顶之下较细长的部分，像卜骨的“颈部”。因为胛骨本身构造的原因，左肩胛骨之右侧较厚，右肩胛骨之左侧较厚，殷人多于这一部分施以钻凿并刻写卜辞，又因这个部位断裂后通常呈条状，故称“骨条”。“骨扇”，形象地说，因为骨版下边缘近似扇形，接近这一扇形轮廓的部分称为“骨扇”。骨颈之下、骨条以内、骨扇以上的部分则为“骨面”

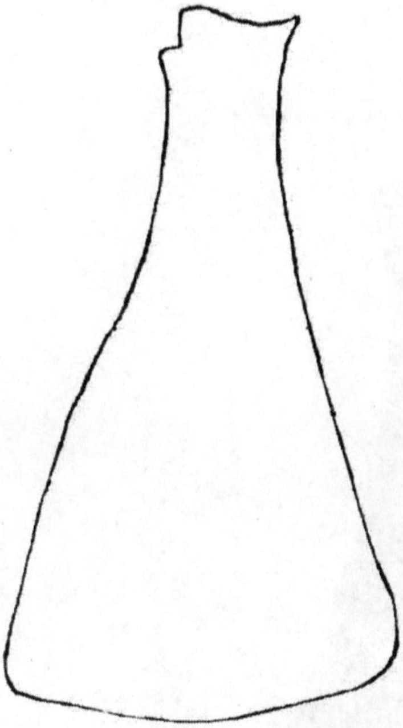

2. 修治过的左牛肩胛骨

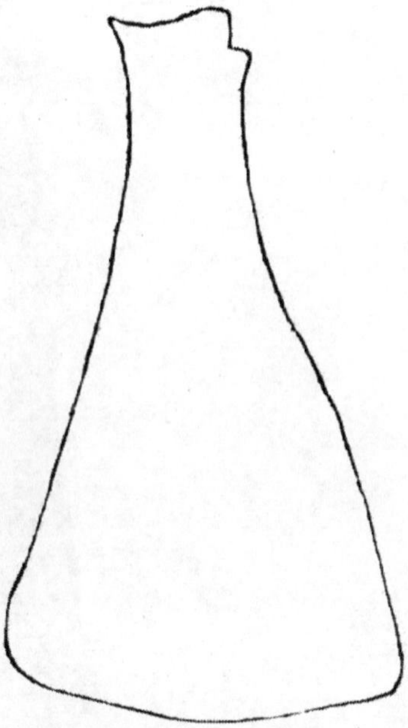

3. 修治过的右牛肩胛骨

图 2-11（续表）

殷墟 1973 年小屯南地发掘曾发现专以放置骨料为主的 H99 窖穴[①]。卜用左、右牛肩胛骨（包括少量的其他牲类胛骨）锯削的办法基本相同，具体步骤如陈梦家先生所说：①将骨臼（关节窝）部分从长的一面切去一半或三分之一，使之成为月牙形；②将臼角向下、向外切去，留下一个近乎直角的缺口；③将背面直立的脊背连根削去并打磨平整；④削平骨臼下部的隆起部分[②]。

另外在殷墟小屯村北所出的部分卜王卜辞和村南所出土的部分卜旬卜骨中，还有将左、右胛骨的左下或右下边缘整齐截锯的实例，以便存用[③]。胛骨不论左右，通常将无骨脊的一面称为正面，有骨脊的一面称为反面。经过锯削的胛骨，从正面看，凡右边切去臼角的为右胛骨，凡左边切去臼角的为左胛骨。成形的胛骨版式也要在锯削处以及骨版正反两面进行刮磨，使之平润，便于钻凿和刻辞。甲骨文中骨字初文作“冎”，正像锯去一边臼角的卜骨形，字中或加卜形，表示占卜后生出的兆坼。请看下揭卜骨。

① 中国社会科学院考古研究所安阳工作队. 1975. 1973 年安阳小屯南地发掘简报. 考古，(1)：37

② 陈梦家. 1956. 殷墟卜辞综述. 北京：科学出版社。10～11

③ 中国社会科学院考古研究所. 1980. 小屯南地甲骨・上册. 北京：中华书局. 50～51

1.《补编》1804 正

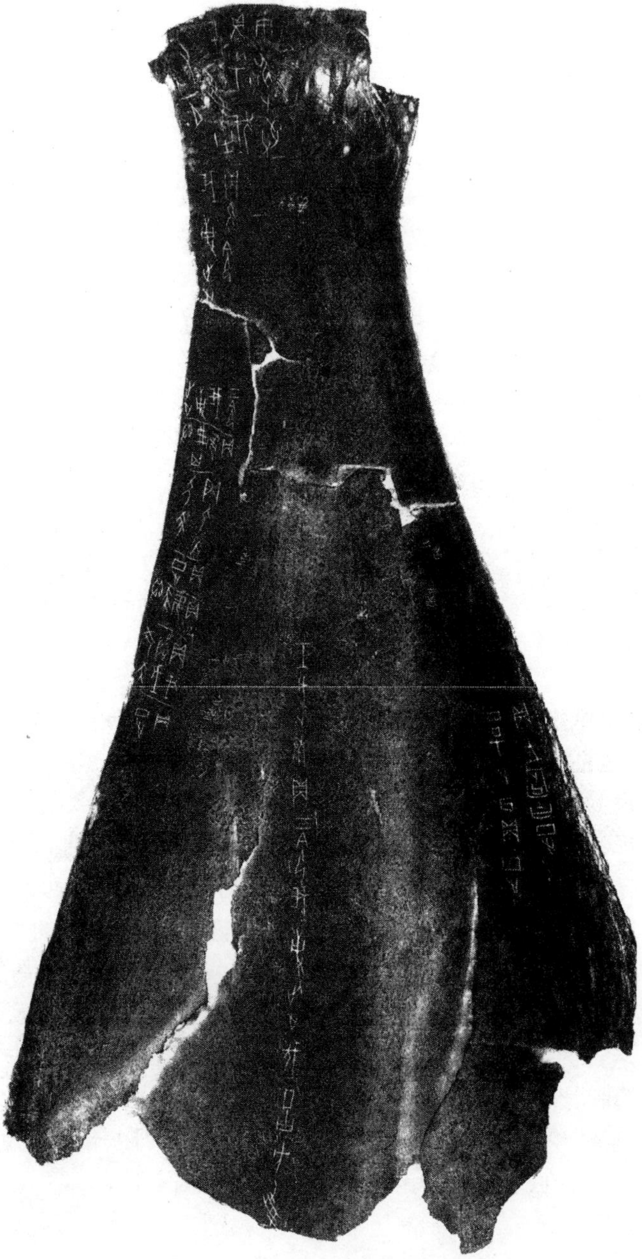

《补编》1804 正

图 2-12 《补编》1804(拓片)

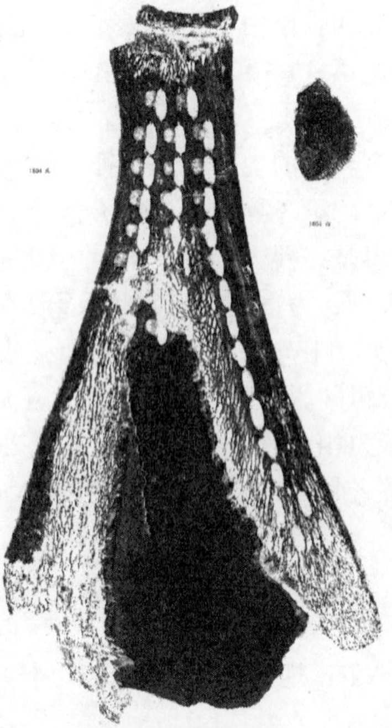

《补编》1804 反、臼

图 2-12（续）

该胛骨原著录参考：《历博》1.2 正。现藏中国国家博物馆。

【释文】

(1) 壬戌卜，㱿貞：乞令我史步，伐𢀛方，受…

(2) 丁巳卜，亘貞：正(征)？　一　二告　二告　小告

(3) 貞。王固(占)曰：正。

(4) 貞：正？　二

(5) 貞：戊陟、戊學求(咎)？　二告　二

(6) 貞：乎(呼)𤞷求㝵(得)？　一告　二

(7) 貞：正？

(8) 貞：匕(妣)癸允求？　二告　一

(9) 貞：𤞷弗其㝵？　二

(10) 乞令我史步？　一

(11) 貞：勿(勿)令我史步？　一　不𢀛黽　一

(12) 庚申卜，爭貞：乎伐𢀛，受㞢(有)又(佑)？一月。　一

【备注】该版的切角在骨版的右侧，可知此版为一完整右肩胛骨。前者为卜骨正面，后者为其骨臼及反面。所谓“骨臼”，是指卜骨顶部天然的凹坑，即动物的“关节窝”，整治过的骨臼通常呈半圆形，有时骨臼处有刻辞。正面

第1辞所在的位置跨骨面和骨扇中央。第2、3辞位置相近，它们位于卜骨切角一侧下方的骨外边缘。第4～10辞位于骨条。第11辞位于骨颈。第12辞位于骨顶。

第1辞卜问商王命令属下的史官行军出征以讨伐𢀛方，是否会受到祖灵的保佑。第2卜问是否征讨。第3辞省刻，除了有一个“貞”字外，还有占辞，为商王所做的占断，意思是：要去征讨。第4～10辞卜问数个内容，其中，第4、8辞系第2辞之省刻，为重复卜问。此版第5辞中有戊陟、戊学，是殷人祭祀的对象。前者在文献中与商代著名的巫师巫咸齐名，如《尚书·君奭》云：“在太戊时，则有若伊陟、臣扈，格于上帝，巫咸乂王家。”《史记·殷本纪》云：“帝太戊立伊陟为相。”指伊陟为商王太戊之辅相。第6、9辞为正反对贞。第10辞系第1辞之省刻。该版反面钻凿大体可以分为三列，骨条上的最多，其排列甚为整齐。有的钻凿外侧有占辞和卜辞，内容与正面卜辞相关。

2.《屯南》1128

该胛骨于1973年小屯南地出土(编号H24：427)。现藏中国社会科学院考古研究所。

【释文】

(1)己巳，貞：其𨿽且(祖)乙眔(暨)父丁？　一

(2)弜眔父丁𠚤？　一

(3)辛丑，貞：王其…獸(狩)，亡才(𢦏)？　一

(4)𠬪(擒)兕？　一

(5)不雨？　一

(6)其雨？　一

【备注】该版骨顶左侧有切角，知其为左肩胛骨。本版右侧有一条长长的纵向的断裂纹，该纹路向外直到骨版外侧边缘是本版的“骨条”，骨条形成的原因在于：这个部分通常较厚实，殷人习于在此处的背面制作一连串的钻凿，这些钻凿几乎穿透到骨版的正面，经过烧灼之后，这些钻凿形成卜字形的裂纹，即卜兆，其纵向的兆纹(即兆干)相连接即为前面所说的长长的断裂纹。此版所有的卜辞皆位于骨版右侧的骨条之上，就是因为其背面有相应的钻凿。

第1、2辞为正反问句，后者内容简省，此二辞卜问向商先王祖丁举行𨿽祭时是否同时向“父丁”即先王武丁致祭。第3～6辞卜田猎之事，它们在骨条上的位置亦相邻近。其中，第3辞卜问田猎是否会有灾祸，第4辞卜问是否会擒获兕，第5、6辞为正反对贞，卜问是否下雨。卜问天气情况是殷人田猎类卜辞中一项重要的占卜内容。

《屯南》1128（照片）

《屯南》1128（拓片）

图 2-13　《屯南》1128（照片）、（拓片）

3.《屯南》2606＋2475

图 2-14　《屯南》2606+2475（拓片）

该胛骨于1973年小屯南地出土(编号H85：54+T52：87、H58：35)。现藏中国社会科学院考古研究所。

【释文】

(1)癸酉卜，貞：旬亡𡆥(祸)？ 二

(2)癸未卜，貞：旬亡𡆥？ 二

(3)癸巳卜，貞：旬亡𡆥？ 二

(4)癸卯卜，貞：旬亡𡆥？ 二

(5)癸丑卜，貞：旬亡𡆥？ 二

(6)癸亥卜，貞：旬亡𡆥？ 二

(7)癸酉卜，貞：旬亡𡆥？ 二

【备注】该版为完整的截锯右肩胛骨，骨条下端、骨面以下被截断，截后的骨版边缘线条平直，明显有别于其天然形状。其上卜辞皆为卜旬辞。这样的卜骨称为“截锯卜旬卜骨”。此版行款整齐，各干支之间没有缺环，所有的卜辞皆刻写于骨条之上，这种作风常见于村南系列的无名组卜辞。

见于村南系列的截锯卜旬卜骨，总量超过40版，其中，右肩胛骨总量远多于左肩胛骨。且目前所见完整的右肩胛骨数量较多，而左肩胛骨未见完整大版。截锯卜旬卜骨所用左右肩胛骨不同，其书写风格亦有差异，这和无名组一类、二类的分别是一致的。即采用左肩胛骨者字形略大，直笔和折笔较多；用右肩胛骨者字形较小，用弯笔和弧笔较多，书风秀逸、俏丽。此版字形小巧，结构紧凑，用弧笔较多，属于无名组二类卜辞。

三、卜用甲骨的钻凿

在甲骨的背面施钻和施凿是占卜过程的前奏，这一工序对后来的灼兆及其占卜记录有着很密切的关系，殷人对此相当讲究。殷墟时期的钻凿技术比起早商的卜骨手续更加精细和规范化。关于钻凿的作用，董作宾曾指出：“凿之，所以使正面(腹甲外面)易于直裂也。钻之，所以使正面易于横裂也。钻凿之后，灼于钻处，即可使正面见纵横之坼纹，所谓卜兆者也。”[①]作钻凿之目的正在于使二者互为配合，控制兆纹的走向范围，以便使甲骨显示出规则的“卜”字形，从而容易效验卜兆的吉凶。当然，工艺精密而又考究的钻凿，同时也能减少占卜时灼兆的时间，提高甲骨版的的使用效率(占卜次数)。就钻凿形态、数量、分度、位置等具体情况而言，殷墟文化的不同时期存在着

---

① 董作宾. 1929. 商代龟卜之推测. 安阳发掘报告(第1册)

一定的差别[①]。甲骨钻凿形态研究，已成为甲骨学与殷商宗教贞卜文化中一项不可缺少的内容。

(一)龟甲上的钻凿

殷墟所见钻凿，早晚期有不同的形态，时代相近的组类，其钻凿也有相近似的特点，目前，这已经成为甲骨卜辞分组、分类标准中的重要参数。

所谓钻，就是占卜时施火灼烤处的圆形凹洞，洞槽径长 0.6～1.3 厘米不等，先用钻或刀挖刻而成(或用轮开槽技术制成)[②]。凹孔底部与甲骨正面仅留有薄层，以待施灼后显示兆枝(横出的兆纹)。

所谓凿，是指在钻孔旁或钻孔中间用刀、凿一类利器削出来的椭长形凹槽。槽深以不透过甲骨正面为限，底端多呈 V 字形，俯视可见 1.3～2 厘米左右的纵线，此即施灼后显示兆干(竖长的兆纹)的位置。

钻凿做好后的形状呈或形。经过特别处理后的钻和凿，成为龟甲或胛骨版中最为浅薄的地方，对着光线，可见钻凿处基本上出于半透明的状态(尤其是凿底纵向深处最显)。因为甲骨版面(特别是骨版)的厚薄不均，实际上的钻凿深度及其耗费功夫还存在一定的差别。为了符合规范，负责这方面的卜官们有时特在钻凿前，使用刀具在甲骨版上标出具体的位置[③]，以避免误差。今所见殷墟甲骨的钻凿处理方式，大体存在这样三种情况：一是钻凿并用；二是有凿无钻；三是有钻无凿(较少见)。

1．《屯南》4517 反

该龟甲于 1973 年小屯南地 T53 出土(编号 4A：166)。现藏中国社会科学院考古研究所。

【备注】此版为《屯南》4517 版之反面，上无文辞。此版的凿呈细瘦的枣核形，头尾有针尖状突出，钻为圆形。此版出自早期地层。所谓“钻”，是在龟甲背面钻一个圆形的槽。所谓“凿”，是在钻槽的一侧凿一个枣核形的凿穴。这种准备工作完成以后，便可以进行占卜。一般说来，出现在龟腹反面的钻和凿，基本上是以反面的中理纹(千里路)为轴，左右对称分布，凡右边

---

① 陈新雄. 1973. 甲骨上钻凿形态的研究. 台北：台湾艺文印书馆；刘渊临. 1984. 卜用甲骨上攻治技术的痕迹之研究. 台北：台湾国立编译馆，中华丛书编审委员会印行；许进雄. 1978. 凿钻研究述略. 载：屈万里先生七秩荣庆论文集. 台北：联经出版事业公司；许进雄. 1970. 钻凿对卜辞断代的重要性. 中国文字，37；肖楠. 1983. 小屯南地甲骨的钻凿形态. 载：小屯南地甲骨 • 下册(第三分册“钻凿”部分). 北京：中华书局

② 《小屯南地甲骨的钻凿形态》中关于轮开槽技术的论述，《小屯南地甲骨 • 下册》第三分册“钻凿”部分，北京：中华书局，1983 年，第 1494 页

③ 陈梦家. 1956. 殷虚卜辞综述. 附图版拾贰. 北京：科学出版社. 17

之钻，皆在凿之左侧；左边之钻，皆在凿之右侧。

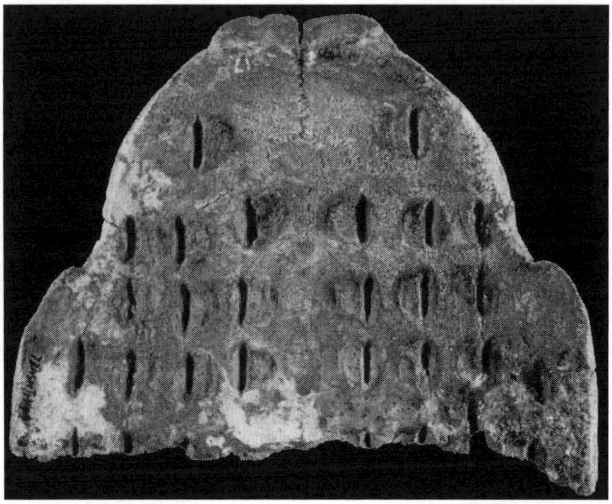

图 2-15　《屯南》4517 反（照片）

2．《合集》4264 正、反

《合集》4264 正（拓片）

《合集》4264 反（拓片）

图 2-16　《合集》4264

《合集》4264 正(照片)

《合集》4264 反(照片)

图 2-16 (续)

原著录参考:《续存下》442(正)、443(反),《历拓》8178 正、反。该龟甲现藏中国国家博物馆。

【释文】《合集》4264 正

(1)戊午卜,古貞:般其㞢(有)𡆥(祸)? 一 二 三 四 五 六

(2)戊午卜,古貞:般亡𡆥? 一 二 三 四 五 六 二告 七

【释文】《合集》4264 反

王固(占)曰:吉。亡𡆥。

【释文】此版正面两辞,为正反对贞,系戊午日贞人古所卜,卜问般这个部族首领是否有灾祸。辞末的数字为兆序,其中的"二告"是兆辞。此版的兆序和背面的钻凿能够一一对应。

3.《合集》9775 正

该龟甲于 1936 年小屯村北出土(编号 13.0.13536)。原著录参考:《乙编》6422。现藏台湾"中央研究院"历史语言研究所。

【释文】《合集》9775 正

(1)辛巳卜,爭貞:𢦔(悖)不其受年?一 二 三 四 五 六 七 八 一 二 三 四 五 六 七 八

(2)貞：罗不其受年？二月。一 二 三 四 五 六 七 一 二 三 四 五 六 二告 七 八

【备注】该版正面第 1 辞卜问悖地是否不会有好的收成。第 2 辞省刻部分前辞，卜问罗地是否不会有好的收成。该版反面记有朱书占辞和雀人贡纳龟版的记事刻辞。

该版正面第 1、2 辞辞末皆有一系列数字，即称为“兆序”。兆序的每个数字表示一次占卜，第 1 辞辞末有两组数字，皆从“一”到“八”，二者共 16 个数字，恰对应龟板反面左侧的 16 个钻凿，一个兆序对应一个钻凿，一个兆序也表示曾进行过一次占卜。第 2 辞辞末有“一”到“七”、“一”到“八”两组共 15 个数字，对应卜甲右侧的 15 个钻凿。

《合集》9775 正(拓片)

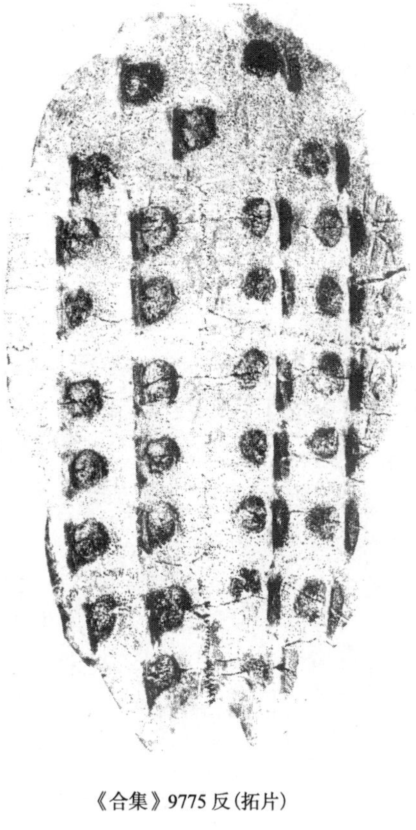

《合集》9775 反(拓片)

图 2-17 《合集》9775

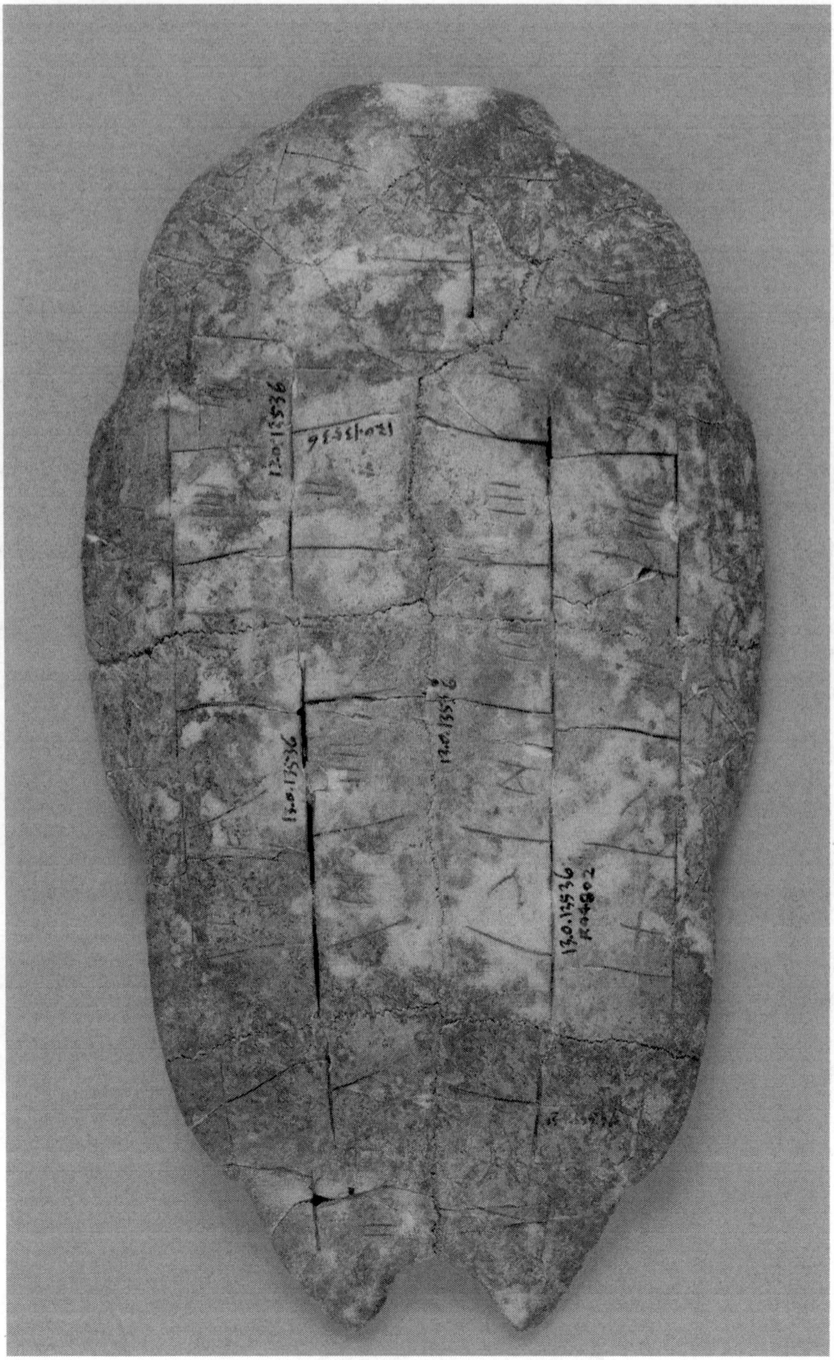

《合集》9775 正（照片）

图 2-17（续）

(二)胛骨上的钻凿

牛胛骨上所见钻凿，通常包括骨条上、骨面上、骨扇上三处。骨条部位的钻凿通常有较强的规律性，骨面上的钻凿规则性相对较差。骨扇上的钻凿通常排列较为集中而整齐，但有时不刻写相应的卜辞。一般在原中脊处钻凿分布凌乱。通常情况下，凡左胛骨的反面，钻孔多在凿之右侧；右胛骨的反面，钻孔多在凿之左侧。

1．《屯南》2542 反

该胛骨于 1973 年小屯村南出土(编号 H75：33)。现藏中国社会科学院考古研究所。

【备注】该版有两列整齐的凿，其中靠骨条外缘一列共 7 个凿，靠骨面外缘一列 4 个。此版有凿无钻，凿呈细长的条形，凿旁的黑色圆点是烧灼的痕迹。有的凿旁未经烧灼，如骨面外缘上部就有两个凿处未经施灼。有的钻凿处不经烧灼，即未进行占卜，故无卜辞。殷墟甲骨所见钻凿各有不同的形态，呈现出一定的规律性，这方面亦为甲骨卜辞分组、分类研究中一个重要环节。

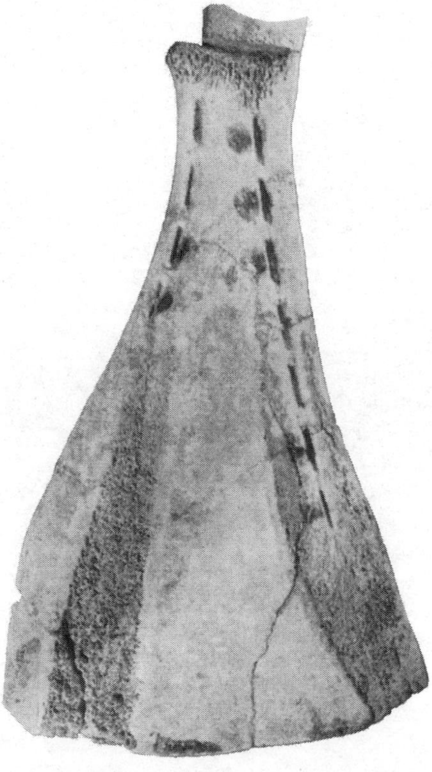

图 2-18 《屯南》2542 反(照片)

2．《合集》9758 正、反

该胛骨原著录参考：《前编》3.1.2(正，不全)，《善斋》8889 正、反，《通纂》9(正)，《综述》12.1(正)。现藏中国国家图书馆。

【释文】《合集》9758 正

(1)庚子卜：雈受年？　一　二　三　四　五　六　七　八　九　十　二告

(2)庚子卜：[?]［受］□？　一　二　不[?]　三　四

【释文】《合集》9758 反

丁[亥]…

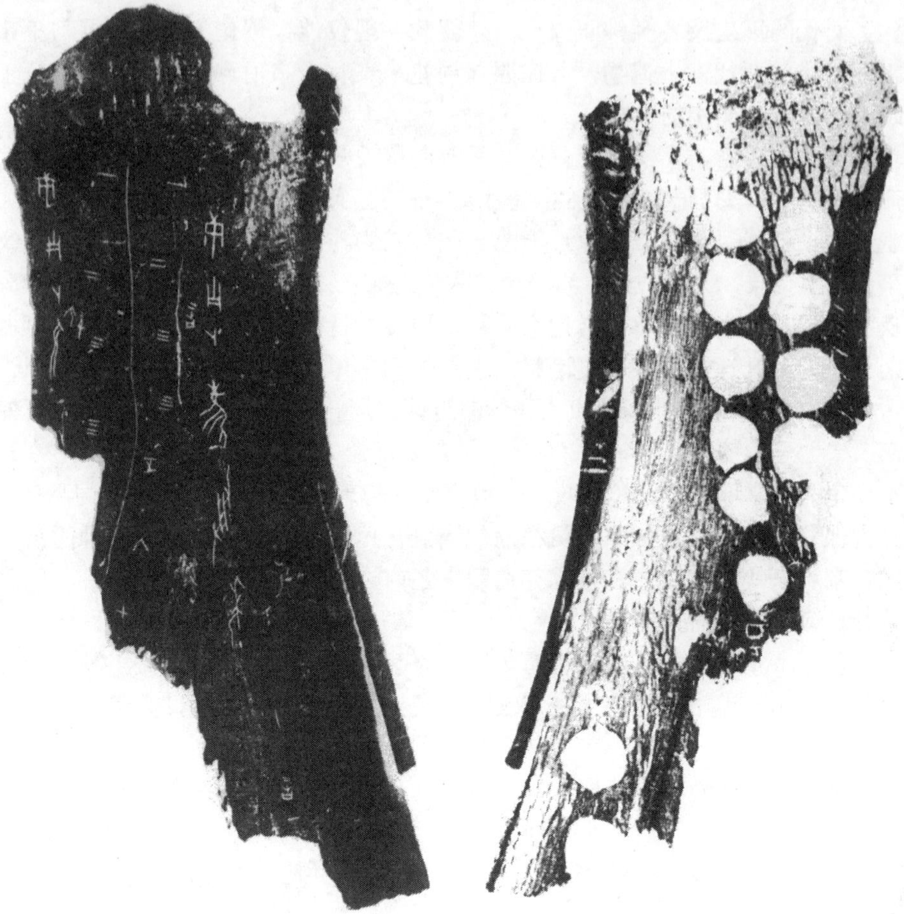

《合集》9758 正　　　　　　　　《合集》9758 反

图 2-19　《合集》9758(拓片)

【备注】《合集》9758 反是肩胛骨背面的钻凿拓片。其正面刻写 2 辞，辞末的系列数字是占卜的序数，前者从“一”到“十”，后者从“一”到“四”，皆与背面的钻凿一一相对。此版背面的大圆点状斑点即“钻”，一侧上下两端有不大明显的尖状突起，是施凿的痕迹。

四、甲骨占卜程序

通过甲骨实物材料所反映出来的殷人占卜活动，实际上包含了从贞告、灼兆、占断、刻辞等内容在内的一整套礼仪程式。这一套富有宗教色彩的占卜术，是由商王授权下的贞人集团分工主持完成的。贞人为具有巫史或巫祝性质的卜官，在当时发挥作用较大，通常的占卜仪式都由他们来主持，贞人的下属还有分掌卜事的各类神职人员。

商代的巫史及各类神职人员典籍阙载，现仅能根据作为沟通神灵与王事之间中介的商代占卜遗物，并比照《周礼·春官·宗伯》所载卜事职管分工及类别，进行初步的推断。

大卜：负责占卜制度及规则；易卦制度及规则；解梦制度及规则；主管命龟事宜(古书只记龟卜，骨卜无载)。将国之大事分为八类交由占卜决疑：一为征，征战讨伐；二为象，天象吉凶；三为与，赠与品物；四为谋，谋议事由；五为果，人事成败；六为至，人事往来；七为雨，降雨与否；八为瘳，疾病愈治。凡卜问大事，必躬亲验视龟甲，主持凿钻烧灼，并告命龟甲要贞之事，此外凡迁徙和旅、丧诸祭，也须告知龟甲贞问。大卜下属另有卜师、占人、筮人[①]诸职事。商代贞人职管略近同《周礼》大卜，势位则可能略要偏高。

龟人：掌取(选取)龟、攻(杀)龟事宜，管理各种龟类[②]，按其不同品色，分别保管。龟人一类神职人员在商代当兼管龟甲与兽骨，卜甲、卜骨的锯、削、刮、磨等整治工序和技术亦在职掌之内。从殷墟窖藏出土情况看，龟、骨管理应有分工而井然有序[③]。

菙氏：掌供燋契，即主管对龟甲(商代含兽骨)的燃料及有关工具，以备卜问时使用。占卜时先取火种点燃硬木炭棒，随后交给卜师，并帮助卜师完成灼兆。

卜师：掌作龟事宜，即主管对龟甲(商代含胛骨)行施钻凿。并亲举薪枝灼炙钻凿之处。占卜时卜师凭经验细审甲骨上下、左右、正反纹理，边吹边灼，直至灼出卜兆。然后拿来交付命龟(骨)人，并协助他完成占卜。

---

① 古人卜筮并用，商代盖亦如此

② 《周礼龟人》龟种分灵(玄色，祭天用)、绎(黄色，祭地用)、果(青色，春用)、雷(白色，秋用)、猎(赤色，夏用)、若(黑色，冬用)等六类；《史记·龟策列传》列八名龟：即北斗、南辰、五星、八风、二十八宿、明、九州、玉龟等八类

③ 石璋如. 1947. 殷墟最近之发现附论小屯地层. 中国考古学报，2

占人：掌占龟（商代含胛骨）事宜，即通过察视兆坼以判定卜问事类的吉凶。视兆时上下要员皆在场目验；君王从龟体看兆象，大夫从龟色看兆气，巫史从纵纹看兆干，卜人从横纹看兆枝。周人记有卜兆正体计120种，繇辞1200条[①]。这当是周代的解兆规则。商代的兆象定数不详，但释兆说法也决不会太简单。无论商或西周，占卜显兆之后一般还要由占人代笔写命辞和占辞。殷人占卜事后或再补写验辞，所有占卜记录皆刀刻于甲骨兆旁，后由占人统一收藏保管。从《周礼》占人职事及殷人甲骨刻辞真迹印证，占人一职商代必亦有之，品位当在贞人之下，但须具有较高的文化造诣尤其书法精妙者担当。

根据《周礼》所记卜事诸职及小屯甲骨本身的反映，陈梦家先生当年曾构拟了周人卜事的程式。并指出周制和殷人实际的卜事程式或相距不远。兹录之如下：

(1) 卜事准备：取龟、攻龟、治龟、钻凿、备灼具；

(2) 命龟：告龟以所卜之事；

(3) 灼龟见兆：龟对于所卜问的回答；

(4) 占龟：视兆坼定吉凶；

(5) 书辞：记录命龟之辞与兆象[②]。

文献所记的龟卜活动，可以说与繁文缛礼的商代很有些渊源关系，其中有不少成分及占卜程序应是来自殷商。卜骨的风习文献失载，倒是在我国西南地区的彝、羌、纳西等少数民族中，尤其是云南永胜县彝族（他鲁人），仍然有使用羊肩胛骨（或用牛、猪肩胛骨）的占卜习俗。他们的占卜程序大体是：①祷祝。祷祝词主要是由巫师赞扬羊骨的灵验，同时再由问卜者说出所要占问的事情。②祭祀。他鲁人主要是请羊（骨）吃米；羌族则烧青稞；纳西族人在骨上撒小麦。③灼骨。将艾叶或火草搓成颗粒放在骨上烧出裂纹，一般卜一事灼炙一处，羌族或要烧灼多处。④释兆。各巫师根据本族的释兆方法判断卜兆吉凶。⑤处理。把羊骨看成神物，集中埋葬或烧掉。这种使用动物肩胛骨进行占卜的习俗，实为我们研究殷商时期的骨卜提供了重要的佐证[③]。

（一）骨的贞卜和施灼

商代的占卜活动是在贞人主持下，首先从贞问所卜之事，并由卜师一类

---

① 据《周礼·春官》“大卜”、“占人”篇下所记。《占人》云：“凡卜筮，君占体，大夫占色，史占墨，卜人占坼。”郑玄注：“体，兆象也；色，兆气也；墨，兆广也（即兆干）”；坼，兆璺也（按即兆枝）。”

② 陈梦家. 1956. 殷虚卜辞综述. 北京：科学出版社, 17

③ 王宇信. 1999. 甲骨学通论. 北京：中国社会科学出版社, 124～125

官员在甲骨上灼兆而拉开序幕的。商代神职人员的官名文献不载，但占卜仪式的各个环节以及所需官人的数量绝不会少于《周礼》的规模。所谓贞人之名，本是从殷墟卜辞中卜事之辞(即命辞)的前面有“××(干支名)卜，某(贞人)贞”的“贞”(甲骨文借鼎为贞)字考证得出的[①]，但“贞”和贞人并不是官名。《说文解字》贞字下释作“卜问也”；《周礼·春官·天府》“陈玉以贞来岁之媺恶”郑玄注曰：“问事之正曰贞。”此可知贞是问事的意思。殷墟村北系王卜辞贞字之前习为人名，故甲骨学家把占卜仪式中主持向神灵问事的人通称为“贞人”。

贞人虽不属于官名，但实际身份相当明显，应属于王室中巫史的一类。因为早期的巫与史是不好区分的，有资历的卜官亦即史官[②]。贞人的职掌性质似近于周官“大卜”，而其职掌范围似比大卜还要大，尤其是商王武丁时期的贞人之职在朝中更显重要。

按程序惯例，占卜仪式开始后，贞人即进入主持人角色。在庄重神秘的气氛中，贞人先是向神灵行祷祝礼，接着是虔诚地向所祭对象贞告所要占卜的事情，同时也开始嘱命助手准备物具，对在这之前就已经修整钻凿好的龟甲或胛骨版进行灼兆。

在卜师由菙氏一类官员的配合下对龟甲施灼时，通常是手拿烧成炽炭的荆条(或硬木枝)放入钻孔中炙烧(甲骨无钻孔者，则灼于凿槽之左或右旁)，直至钻凿处发出“卜”裂之声。这时在施灼处相对着的甲骨正面，也就出现了形态近于“卜”字的兆纹。

因为甲骨的钻和凿具有一定的规则，施灼后的卜兆自然也呈现出一定的规律性。总的来说，如果是甲骨背面的灼钻点在凿槽的左旁，那么其正面的兆枝(卜兆横纹)必向右伸出；如果背面的灼钻点在凿槽的右旁，那么其正面的兆枝一定伸向左边。具体地说，凡龟甲正面的卜兆，无论腹甲还是背甲，皆以其中纹(腹甲为千里路，背甲为中脊)为界，左甲和右甲的兆纹横枝一律都向中缝或中脊；即凡在左甲的正面兆枝皆向右，右甲的正面兆枝皆向左。凡胛骨正面的卜兆，其兆枝一般都指向有脊骨并有骨臼切口的那一边；即凡左胛骨正面的兆枝皆向左，右胛骨正面的兆枝皆向右。殷墟所出胛骨的呈兆方向，偶也有少数例外，规则不如龟甲严格。

(二)骨的兆向占断

经加工处理后的甲骨，每块版面上的钻凿数量常常是从十几到一二百个

① 董作宾. 1931. 大龟四版考释. 安阳发掘报告，3

② 《国语·晋语一》：“献公卜伐驪戎，史苏占之”。韦昭注：“史苏，晋大夫，占卜之史也。”史掌占卜，当为古之遗制

不等，这与后世施钻有定数的文献记载不同[①]。钻凿的数量越多，其使用频率就越高。甲骨上的每一处钻凿都要经过灼兆的环节而后呈现出卜兆，每一卜兆的出现就意味它经历了一次贞占，代表着占卜仪式中贞人向神灵的一次祈告问事，也代表着一次问事者对兆纹吉凶的占断。

在殷人眼里，甲骨卜兆是人与幻想神灵世界最神圣的联系依据。当甲骨显示兆纹之后，下一步便是根据卜兆干支的“首”、“身”、“足”、“内”、“外”诸部位所出现的俯仰、曲直、长短、开敛、高低等兆象来预测吉凶[②]，这一环节古人称作“占”。《说文解字》占字下释云：“视兆问也，从卜、从口。”甲骨文占字从卜、从口、从冎(象胛骨版形，乃骨字初文)会意，占字本义正是观察卜兆，根据甲骨卜兆对所卜之事作出占断。

殷墟甲骨所见卜事，绝大多数都是以王室活动为中心内容(另有少量“非王卜辞”，详见第九章)，甲骨文的占断之辞每每是以商王的名义发布出来的，这表明殷王室的各项占卜活动尽管有贞人这样的专职人员来主持和谋划，但真正的授意者和占断人是商王。

迄今殷墟小屯都城区以外所出刻辞甲骨甚少，可见商代甲骨占卜的繁荣也只是局限在王权中心控制地区。这种精细繁复的占卜手续，对贞人巫师群体的供养和处处依赖，就足以形成王室贵族对甲骨占卜的垄断。这正如《史记·龟策列传》所说：“王者绝以诸疑，参以卜筮，断以蓍龟，不易之道也。”以王为主体的占卜之道，现在看来至少可以追溯到商代。在那种充满原始宗教气氛的社会，商王是凡俗下界的最高代表，所以也被认为最有资格接受和维护神的旨意。至于商王是否能够亲自参加所有占卜仪式的全过程，现已不得详考，不过这似乎并不重要。重要的是它反映出王室的占卜程式安排实际上是受王权控制的，这样的占卜活动无形中都是在凭借神灵的超人力量来强化王者的权威性。从甲骨的占断及刻辞还可看出，商王室所有的占卜结果，都要尽可能地与商王的意愿、尊严相附和一致。各级卜官们围绕甲骨占卜所从事的一系列神职使命，都是为着实现这一目的而做出的铺垫。在很大程度上已经作为王室附庸而且服务于王室的各级巫史，他们在倍受王权保护，具备优越条件的特殊供职中，一方面也确实在工艺上、知识上和神秘功能方面大大发展了占卜文化，有效地服务于王权。另一方面他们也通过这一专断性的职务，提高了自己的地位，直接或间接地参与了朝政。

---

① 古人记龟版施钻定数为七十二。如《庄子·外物》云：“乃刳龟，七十二钻而无遗策。”此当晚周之制，殷人钻凿无定数

② 殷人占法不详，《史记·龟策列传》记有汉人对兆象的解释，可凭参考

第二节　殷墟甲骨的刻辞文例

殷人在甲骨呈兆并做出占断之后，剩下的一道手续，就是委以专门的卜官刻写占卜记录。占卜记录的内容，具体来讲还应再划分出三个环节，首先是刻写兆序，其次是刻写卜辞，最后，如有必要，再加刻验辞。

所谓兆序，即在兆旁用数字刻出每个卜兆的顺序号，兆序数表明这卜甲或卜骨上每个卜兆在占卜过程中的序次。因为殷人习惯一事多卜，所以兆序是考察联系殷人数次占卜同一事项的线索和纽带。所谓卜辞，即在卜兆和兆序显示部位就近刻出来的占卜内容和占断结果，这是整个占卜过程的现场记录。

受占卜活动的时间和占卜材料的版面限制，殷人占卜记录中的卜辞部分，通常只用很精练的文字来表述，且其内容基本上皆遵循一套固定的格式来书写。所以尽管占卜事类千头万绪，反映到版面上则有条不紊，杂而不乱；反映到辞例上则句式层次分明，关键词画龙点睛；反映到刻写上则清晰可读，书法精美。从甲骨的整治工艺开始，直到占卜活动的最后一个步骤，都体现出商王朝贞卜巫史集团非凡的文化素质和管理水平。

一、前辞

按照贞人传统和前辈元老制定下来的惯例，当贞人协助商王对卜兆做出占断之后，即可命其助手掌刀刻辞。凡卜辞的刻写，首先是记叙占卜的时间(干支名)、地点和主持占卜的人名(贞人)，即遵循“干支卜，某(贞人名)贞”、“干支卜，某(贞人名)在某(地名)贞”、“干支卜”或“干支，贞”等句式，此可称作“前辞”(或称“叙辞”)，一条卜辞中的前辞在具体刻写过程中又因不同时期贞人集团的不同习惯，在用字上略有出入，有时或省略地名(在王都本地占卜则不写地名)和贞人名，但干支名一般不省。

1.《合集》5354

该龟甲于1936年小屯村北出土(编号13.0.16355)。原著录参考《乙编》7773。现藏台湾“中央研究院”历史语言研究所。

【释文】

(1)辛未卜，宾貞：王㞢(有)不正？　一

(2)貞：王亡不正？　一

【备注】第1辞中“辛未卜，宾貞”是前辞，其中“辛未”是干支字，“宾”是商王武丁时期的贞人名。第2辞中，“貞”字是前辞，因为此二辞是同日、同贞人所卜，所以第2辞承前省略了部分前辞。

图 2-20　《合集》5354(拓片)

2.《合集》33530

图 2-21　《合集》33530(拓片)

该胛骨原著录参考：《宁沪》1.373，《历拓》1502，《掇一》460，《京津》4421。现藏清华大学。

【释文】

(1)壬寅□，貞：…盂，□□？　一

(2)乙巳卜，貞：王其田，亡𢦔？　一

(3)戊申卜，貞：王其田牢，亡𢦔？　一

(4)辛亥卜，貞：王其田盂，亡𢦔？　一

(5)壬子卜，貞：王其田向，亡𢦔？　一

(6)乙卯卜，貞：王其田喪，亡𢦔？　一

(7)戊午卜，貞：王其田向，亡𢦔？　一

【备注】该版7辞的语辞格式大体一致，皆为“干支卜，貞：王其田某地，亡𢦔”，意思是某日貞卜，商王前往某地田猎是否有灾殃。各辞中“王”之前的字是该辞的“前辞”，此版的前辞包括干支、卜、贞4字，此版属于村南系列卜辞，该系列卜辞的特点之一就是辞例中没有贞人名。

二、命辞

在前辞末一字“贞(鼎)”的后面，通常是有贞卜者向神灵发出的一句问话。这句问话叫做“命辞”(或称“贞辞”)。通过命辞我们可以考察到殷人占卜的事出之由。其中最为常见的就是为了保佑商王和朝政的无恙而卜问祭祀之事。一方面，商王要严格按照宗庙格局不断地轮番祭祀祖先以及先王旧臣，另一方面也不敢怠慢天地之间的自然神祇，于是围绕祭祀对象、方法、日期、地点、祭品种类或数量等问题频频祈问，处处献疑。与此同时，商王还要经常为解决当前的各种问题如天气、战争、年成、天象、田猎、旬夕、疾病、梦幻、生育等而卜疑。总之，由命辞体现出来的种种贞卜活动，既表现出了商代统治者对神灵的无限虔诚，同时也反映出了他们积极有为的治国姿态和极近现实功利的那一面。

《合集》1100正

该龟甲于1936年小屯村北出土(编号13.0.10693)。原著录参考：《乙编》4606＋无号碎甲，《丙编》354。现藏台湾“中央研究院”历史语言研究所。

【释文】

(1)辛亥卜，宾貞：奔𤴓化以王係？　一　二　二告　三　四　五

(2)辛亥卜，宾貞：奔𤴓化弗其以王係？　一　二　三　四　五

【备注】该版卜辞的前辞为“辛亥卜，宾貞”。第1辞中“奔𤴓化以王係”、第2辞中的“奔𤴓化弗其以王係”为“命辞”。辞中“奔𤴓化”是武丁时期宾

组一类卜辞中的常见人物，多有征战、勤王等记录。此版正面二辞卜问其是否向商王贡纳“係”，“係”是用作人牲的俘虏。

《合集》1100 反(拓片)

《合集》1100 反(照片)

图 2-22　《合集》1100

三、占辞

命辞之后，以占断人的口气根据占卜兆象而做出的简明判断，这种判断用语叫做“占辞”。早期卜辞中，占辞最明显的辞例通常是写作“王固(占)曰：吉”、“某固曰：吉”；或是在“王固曰”下使用不吉利的语词，但这种情况比较少见。晚期卜辞中则仅在贞辞后面使用一些更简单的如“吉”、“大吉”、“引吉”、“兹吉”等占断之辞。

1.《合集》14138

该龟甲于 1936 年小屯村北出土(编号 13.0.6644)。原著录参考：《乙编》3090。现藏台湾“中央研究院”历史语言研究所。

【释文】

(1)庚子卜，㱿貞：帝及四月令雨？王固曰：丁，不叀(惠)辛。旬丁酉允雨。　一　二　三　四

(2)貞：帝弗其及今四月令雨？　一　二　三　四

【备注】第1、2辞为正反两问，卜问天帝是否使令下雨。此版的占辞位置在龟版正中的千里路左侧，大意是：商王视兆占断道，是丁日而不是辛这天(下雨)。左甲尾有验辞，大意是：下一旬丁酉这天果然下雨了。

图2-23　《合集》14138(照片)

2.《合集》37497

该胛骨原著录参考：《佚存》434，《历拓》3052，《邺初》下43.8，《京津》5284，北大2号21。现藏清华大学。

【释文】

(1)丁亥…田…亡災？

(2)戊子王卜，貞：田喪，往來亡災？王固曰：引吉。丝(兹)卬。隻(獲)犷(狐)。　一

(3)辛卯王卜，貞：田宫，往來亡災？王固曰：吉。

(4)壬辰王卜，貞：田䨓，往來亡災？王固曰：吉。

(5)…［往］來…［曰］：吉。

【备注】此版是晚商黄组田猎卜辞，由商王亲卜在丧、宫、䡴三地田猎事。除了第 1 辞之外，其余四辞辞末皆有占辞，占辞的内容较为简单，格式也较为固定。值得注意的是，第 2 辞末有“引吉”，第 3、4、5 辞末为“吉”，前者在程度上甚于后者，意思是“非常吉利”、“大吉大利”。卜辞“引吉”一语很早就已出现，如宾组中已经使用(合集 14002 正)，但直到后来的无名组晚期和黄组卜辞中，它才取代商王康丁时期的“大吉”而再次流行起来。

图 2-24　《合集》37497(拓片)

四、验辞

记写占卜后事情应验的结果，称作“验辞”。验辞往往是在事过之后由刻手取出原版补刻到卜辞之旁或该版反面的。验辞内容与卜辞的关系十分密切，因而通常也广义地把验辞看做是卜辞文例的一个组成部分。

1.《合集》6648 正

该龟甲于 1936 年小屯村北出土(编号 13.0.10872、13.0.11604)。原著录参考：《乙编》4701＋5106，《丙编》134。现藏台湾“中央研究院”历史语言研究所。

【释文】

(1)乙丑卜，古貞：… 𢦔？ 一 二 三 二告 四 五 六 七 八 九 告

(2)乙丑卜，古貞：旨弗其𢦔？ 一 二 三 四 五 六 七 八 二告 九

图 2-25　《合集》6648 正（拓片）

(3)庚寅卜，㱿貞：弇化𤰈𢦔，囗㚅隻（獲）？王固曰：叀（惠）既。三日戊子

允既𢦏，𢦏囗。一 二 三 四 五 六 七 八 九 二告 十 一 二

(4) 貞：奔化𤴓弗其𢦏？ 一 二 三 四 五 六 七 八 九 十 一 二

(5) 貞：王亡𡿧(𡆥)？

【备注】该版前 4 辞分为两组，两两为正反对贞，在卜甲上处于相对称的位置。第一组卜问旨这个部族首领是否能够重创敌方。第二组卜问奔化𤴓(它版又作奔𤴓化）这个将领是否能够打败𢍏部族。第 5 辞卜问商王是否会遭遇祸殃。

第 3 辞末有大字刻写的占辞和验辞，占辞意思是：商王视兆占断道，已经打败“𢍏”了。验辞大意是，三天前的戊子日(占卜日为庚寅，其前推三天为戊子日)果然已经打败了𢍏方国。此版的验辞耐人寻味，虽然是对未知事项的占卜，不过其时间较早。从这一点可以看出来，商王武丁具有非常丰富的作战经验，能够运筹帷幄、决胜千里。

2.《合集》10198 正(局部)

图 2-26 《合集》10198 正(局部)(拓片)

该龟甲于 1936 年小屯村北出土(编号 13.0.6192)。原著录参考：《乙编》2908。该龟甲现藏台湾“中央研究院”历史语言研究所。

【释文】

(1) 戊午卜，㱿貞：我獸(狩)𩵦𠬪(擒)？之日獸允𠬪。隻(獲)虎一、鹿卌、犷(狐)百六十四、麑百六十九、𢀛赤㞢友二，赤… 二 三 四 五 六

(2)二 三 四 [五] 六 七 八 九 二告

【备注】此版是龟甲之残。第 1 辞卜问商王在鰍地田猎是否会有擒获。辞后段允字后为验辞，记录商王此次田猎所获得的猎物，其品种、数量颇为丰富。殷墟卜辞中验辞辞首通常有“允”字，表示“果然”。

五、用辞

有时在命辞之后刻有“兹”、“兹用”、“用”、“吉用”、“不用”、“兹不用”、“兹卬”等语，表示实际采用或不采用所贞命的内容，这样的文辞称为“用辞”。

《怀特》1371

该胛骨现藏加拿大皇家安大略博物馆。

图 2-27　《怀特》1371(拓片)

【释文】

(1)辛未卜：中己歲(劌)，其戠日…

(2)弜戠日，其歲于中己？丝(兹)用。

(3)癸未卜：父甲李勿(物)牛？丝用。

(4)□勿？

【备注】第 1、2 辞为正反对贞，卜问对中己举行歲祭的时间，其中戠字是“等待”的意思①，第1辞卜问对中己致刿祭，是否等到祭祀中己的那一天(可能指下旬的己日，占卜的当日是辛日，本旬的己日已过去)。第2辞卜问是否不用等到那一天就可对其行祭，此辞后有用辞，说明商王选定了这一占卜。第3、4辞为成对卜辞，第4辞可能是第3辞的反问，补足之后为“弜勿(物)”。3、4辞卜问是否在夲时辰对父甲施用物牛为祭牲。第3辞末有用辞，说明商王选定了第3辞的占卜内容。

第三节　殷人的一事多卜及其辞式

殷墟出土甲骨分属不同的时代，其中不同时期、不同类型的卜辞在卜法上也体现出一定的差异，反映了商代晚期甲骨占卜制度的演进历程。在殷墟早期，占卜者对一件事习惯重复卜问，卜无定数，晚期则趋向于一事三卜。后来三卜制盛行于周代，向下延续至春秋时期。殷墟卜辞中已有“三卜”的记录，不过仍保留着商代的一些特点。

一、殷卜辞中的一事多卜

根据现所见到的甲骨占卜实物分析，殷人每次举行占卜活动，并不是每事一问一占那么简单处理，而是每一件事情都要在一版或一套(数版)相同材料的甲骨上连续施灼见兆，反复贞占。卜官每灼出一兆，通常还要在兆旁刻上一个序数字，序数字从一至十不等②，每一序数字都标志着殷人为某事卜问的次数或套数，这样不厌其烦，形成定式，此即所谓的一事多卜。在实际的占卜活动中，殷人的一事多卜则还存在着版式、辞例形式诸方面的差异及卜制上的变化。

殷墟卜辞见有三种基本辞式，一是单辞句式，即用单独一条卜辞来表达卜问的主题；二是对贞句式，即用正问和反问组成一对卜辞来表达所卜主题；三是选择句式，即用一组选择句来表达所卜问的主题。由于殷人习惯一事多卜，在实际占卜活动中，这三种辞式往往又演绎为单辞连卜、对贞连卜、选贞连卜等表现形式，连续用某一种或数种辞式反复进行卜问。

---

① 裘锡圭. 1996. 说甲骨卜辞中的“戠”字的一种用法. 载：庆祝王力先生诞辰八十五周年论文集；又载：甲骨文字诂林. 北京：中华书局. 2356

② 关于殷人纪兆序数，胡厚宣认为一至十后再从一起，“有多至十八卜者”，见《卜辞同文例》，载《历史语言研究所集刊》九本，1947年。张秉权认为“殷人贞卜一事最多只到十卜为止”，见《卜辞腹甲的序数》，载《历史语言研究所集刊》二十八本上册，1956～1957年。沈之瑜、濮茅左认为占卜序数有“十一”(《乙编》5399版)，见《卜辞的辞式与辞序》，载《古文字研究》十八辑，北京：中华书局，1992年，第2页

(一) 一事同版连卜

1.《合集》466

该龟甲于 1936 年小屯村北出土(编号 13.0.14119、13.0.4634)。原著录参考:《乙编》6742,《丙编》7。现藏台湾“中央研究院”历史语言研究所。

【释文】

(1)丙辰卜,古貞:其㞢(䏧)羌? 一

(2)貞:㞢羌? 二

(3)貞:㞢羌? 三 四 二告

(4)貞:于庚申伐羌? 一

(5)貞:庚申伐羌? 二

(6)貞:庚申伐羌? 三 四 二告

【备注】该版 6 辞,以千里路为分界线,左右各卜问一个问题,前 3 辞居右,从上向下开始卜问,内容相同,卜问是否“㞢羌”。后三辞居左,亦从上向下卜问,内容一致,卜问是否“伐羌”。这两组内的卜辞位置相近,内容相关,辞末的兆序自成序列,皆从“一”、“二”到“三 四”。

图 2-28　《合集》466(拓片)

殷人在占卜时因为贞问内容和用辞形式基本相同，辞例之间彼此或有省略互补等现象，但各辞所属兆序则有别，由此可以判定占卜活动的前后连属关系。殷人同辞卜问次数越多，其辞例形式越容易省简。殷人的贞卜次数通常要大大高于刻写卜辞的次数，在有些情况下，殷人在卜事之后，甚至在甲骨卜兆旁一条卜辞也未留下，一般是仅刻出记数字和很有限的记兆之辞(有的连兆序和纪兆辞也未刻)。有时候，殷人在连续贞卜后，不必分别具细记录同一卜事内容。例如：

2.《合集》18911 正

该胛骨于 1936 年小屯村北出土(编号 13.0.5189-13.0.5191、13.0.14946～13.0.14957)。原著录参考：《乙编》2571＋7133，《丙编》377。现藏台湾“中央研究院”历史语言研究所。

《合集》18911 正　　《合集》18911 反

图 2-29　《合集》18911 正、反(拓片)

【释文】

(1)壬午卜，韋貞。 一 二 三 四 五 六

(2)貞。 一 小告 二 三 小告 四 五

(3)貞。十二月。 一 [二] 三 二告 四 五 六 七 二告 八 九 一 小告 二 三 四 五 六 七 八

【备注】该版正面3辞，皆省刻命辞。第2、3辞中，杂处于兆序间有兆辞“小告”、“二告”。

3.《合集》13505 正

该甲骨于1936年小屯村北出土(编号13.0.6856)。原著录参考：《乙编》3212。现藏台湾“中央研究院”历史语言研究所。

【释文】

(1)丁酉卜，爭貞：乎(呼)甫秜于姐，受㞢(有)年？ 一

(2)甫耤于姐受年？ 二 三 二告

(3)受年？ 四

(4)貞：受年？ 五

(5)□酉卜，[爭] 貞：弗其受㞢□？ 一

(6)貞：弗其受㞢 [年] ？ 二 三 二告

(7)弗其受？ 四

(8)弗其受㞢年？ 五

(9)戊戌卜，[㱿] 貞：旃罘 [㱿] 亡… 一

(10)旃罘㱿？ 二

(11)旃罘㱿亡𡆥(祸)，凡告？ 三

(12)己亥卜，内貞：王㞢石才(在)产北東，乍(作)邑于之？ 一

(13)王㞢石才产北東，乍邑于之？ 二

(14)乍邑于产？ 三

(15)貞：桒于且(祖)乙？ 一 二

【备注】该版占卜内容可分为五个主题，其中第1～4辞卜问甫族人在姐地耕作是否会有好的年成[①]。第5～8辞卜问是否不会有好的收成。第9～11辞卜问旃和㱿这两位贵族是否没有灾祸。第12～14辞卜问商王在产地东北营造城邑的事宜。第15辞一辞两问，贞卜是否向先王祖乙致拜求之祭。这五组卜辞内部各辞的兆序数相接续，在甲版上的位置亦相互临近，各占卜主题分别在本版上被连续贞问了数次。

① 王蕴智. 2000. 商代甫族、甫地考. 郑州大学学报，(2)：101

《合集》13505 正(照片)

图 2-30 《合集》13505

《合集》13505 正(拓片)

图 2-30（续）

《合集》13505反(照片)

图2-30 （续）

（二）一事异版连卜

殷人在一日之内使用数版龟甲或胛骨就同一事类重复进行贞问，此可称之为异版连卜。异版连卜在语辞形式上与同版连卜大体相同，即每次都是用内容相同的同一句式向神灵贞问。所不同的是，它需要在数版相同的龟甲和龟胛骨上轮番施灼呈兆，最后分别在各版上刻出当日的占卜记录。殷人在不同骨版上进行同辞贞卜，又称作成套卜辞，今所见序数最高的记录为九，即一件事可同时在九版甲骨上配套占卜。

1.《屯南》3041、《合集》33271

《屯南》3041于1973年小屯村南出土(编号M13：150)。该胛骨现藏中国社会科学院考古研究所。

《合集》33271 原著录参考：《通纂》460，《历拓》4927，《续编》4.17.6。该该胛骨现藏故宫博物院。

【释文】《屯南》3041

己亥，貞：桒禾于河，受禾？　一

图 2-31　《屯南》3041（拓片）（左图），《合集》33271（拓片）（右图）

【释文】《合集》33271

己亥，貞：桒禾于河，受禾？　三

【备注】此二版均为卜骨的骨顶部分，卜辞、内容相同，行款、刻写位置则相反，兆序数分别为“一”、“三”。说明它们分别是成套卜骨中的第一和第三版，是商王在己亥日向河神祈求稼禾收成的第一卜和第三卜。不仅如此，像这样内容相同且同一兆序的卜辞往往还会一左一右正反成对地刻写在牛胛骨上。

2.《合集》6861、6862

《合集》6861 原著录参考：《殷虚》2330，《南博拓》1446。现藏南京博物院。《合集》6862 原著录参考：《续编》1.52.1，《历拓》5832。现藏北京大学。

【释文】《合集》6861

丁卯卜，㱿貞：王𦎫缶于𠬝？　七

【释文】《合集》6862

丁卯卜，㱿貞：王𦎫缶于𠬝？　九　二告

【备注】商王武丁时期与西方部族基方和缶曾发生战争有年，上辞为丁卯日殷人攻打缶国之前的占卜记录。由兆序可知它们是成套卜骨中的第七和第九版，当时商王至少连续在九版胛骨上贞问了九次。

3.《合集》300

该胛骨原著录参考：《簠帝》26＋《簠人》5，《历拓》10150，《续编》1.10.7，《佚存》873。现藏天津博物馆。

《合集》6861

《合集》6862

图 2-32 《合集》6861、《合集》6862（拓片）

【释文】

⑴贞：钔（禦）自［唐］、大甲、大丁、［且］（祖）乙，百羌、百宰？ 二告 三

⑵从笅？ 四

⑶贞：钔叀（惠）牛三百？ 三

【备注】第 1、3 辞兆序皆为三。二辞分别卜问向唐（即大乙）、大甲、大

丁、祖乙等先王致禳灾之祭，用一百个羌人和一百头圈养的羊为祭牲，还是用三百头牛为祭牲。

图 2-33　《合集》300（拓片）

（三）同版对贞连卜

殷人把同一事类的贞卜内容，往往再分出肯定和否定两种语气形式向神灵祈问。殷人在一日之内利用同版龟甲或胛骨以正反两问的方式连续贞卜，此即为同版对贞连卜。一般来说，殷人的对贞虽然都是出自同一事类，但问辞形式毕竟有别，彼此间相反成对，所以正反两问往往各占一卜，即各自独立成兆，同时又互为配套。

1.《合集》5637 正

该龟甲于 1936 年小屯村北出土（编号 13.0.10527、13.0.10529、13.0.10530、

13.0.10569）。原著录参考：《乙编》4506＋4536，《丙编》5。现藏台湾“中央研究院”历史语言研究所。

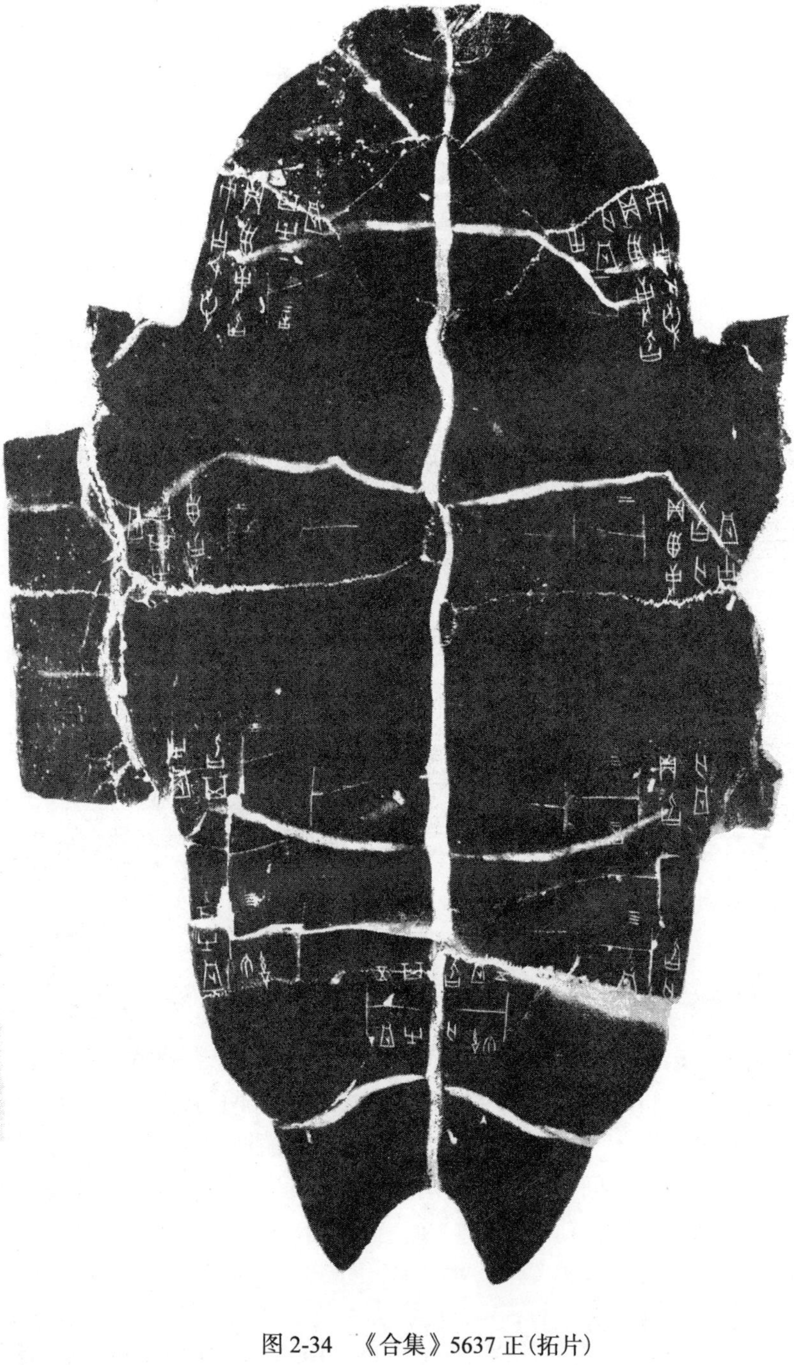

图 2-34 《合集》5637 正（拓片）

【释文】

(1)庚子卜，爭貞：西史旨亡囚(祸)，叶？　一

(2)庚子卜，爭貞：西史旨其㞢囚？　一　二告

(3)貞：西史旨亡囚，叶？　二

(4)西史旨其㞢囚？　二

(5)貞：旨亡囚？　三　二告

(6)貞：旨其㞢囚？　三

(7)旨亡囚？　四

(8)其㞢囚？　四　不𫹉

(9)旨亡囚？　五　不𫹉

(10)其㞢囚？　五

【备注】该版有五组对贞卜辞，正问居右，反问居左，围绕同一个占卜主题反复卜问"西史旨"是否有灾祸。"西史"是官职名称，卜辞中另见"大史"(《合集》24)、"小史"(《合集》32834)等职。这五组卜辞的兆序数前后相接，从"一"延续到"五"。每一组内部的两辞各为正反对贞，其兆序相同。如第1、2辞皆为"一"，第3、4辞皆为"二"，第5、6辞皆为"四"，第7、8辞皆为"四"。如此算来，商王对西史是否有灾祸这个问题反复共占卜了五组计10辞。

2.《合集》10171正

该龟甲于1936年小屯村北出土(编号13.0.16125、13.0.16127、13.0.16131、13.0.16133、13.0.16232、13.0.16233、13.0.16235、13.0.16238、13.0.16387、13.0.16523、13.0.16584等)。原著录参考：《乙编》7629＋7677＋7793＋7872＋7919＋《考文》(14＋15＋16＋22＋26＋28＋36＋40＋46＋49)，《丙编》627＋《考文》各片。现藏台湾"中央研究院"历史语言研究所。

【释文】

(1)甲辰卜，宾貞：乎(呼)凡丘？　一　二告

(2)貞：叀(惠)㑥乎凡丘？　一

(3)甲辰卜，㱿貞：我奏𢆶(兹)玉，黄尹若？　四　六　二告

(4)貞：我奏𢆶玉，黄尹弗若？　一　二　二告　三　二告四　七

(5)戊申卜，爭貞：帝其降我黑(熯)？　一月。　一　二　三　四　五　六　七　八　二告　九　十　一　二　三　四　五　六　七　八

(6)戊申卜，爭貞：帝不我降黑？　一　二　三　四　五　六　七　[八]　九　十　一　二　[三]　四　五　六　七　[八]

(7)丙辰卜，宾貞：𢍜疋化𢦏𢍏？　一　二　三　四　二告　五　六　七　八　九

图 2-35　《合集》10171 正(拓片)

(8)貞：弅正化弗其𢦏𢍰？ 一 二告 二 三 四 五 六 七 八 九

(9)貞：乎般？ 二 三 四 五 一 二 三 四 　一 二 三 四

(10)貞：乎尋册？ 一 二 三 ［四］五 六

(11)貞：弜(勿)𦔻乎尋册？ 一 二 三 四 五

【备注】该版第3、4辞，第5、6辞，第7、8辞，第10、11辞分别为对贞句，各辞的序数字表示依次进行了若干次占卜。如在该版右前和左前甲位的两边刻有第5、6两条对贞卜辞，纪兆数字占据了其中的主要空间，而且标刻也皆左右对称有序，即从中甲下方的千里路中缝两边兆旁起刻序数“一”后，分别横向再标出二、三至甲桥；第二横排兆序再接下面中缝起，标刻四到八至甲桥；第三横排兆序仍从下面中缝起，标刻九、十序号后，再由一到三至甲桥；第四横排兆序另从下面中缝起刻，由四到八至甲桥。这样，殷人对5、6辞实际上进行了18次对贞，即在前左、右甲部位完成了四排灼兆，总计正反36次贞问。商王室的一事多卜及对农稼气候的关注，由此可见一斑。

本版第5、6辞正反对贞卜问上帝是否降黑(英)，辞中黑字乃英字的同源母体，后于字形上部追加口旁分化出英字，或再加火旁作熯。昔唐兰先生读英为暵，认为即今旱字[①]。卜辞中的“降黑”、“降英”可读为“降旱”。不过，“降英”在此具有褒义，是殷人期望止雨的一种结果。“降英”、“不英”、“英我”、“不我英”、“无英”乃卜辞习语，这一类卜事与降雨之事正好相反。由此可见上帝同时掌握有遣令下雨和降旱的大权。第7、8辞卜问对𢍰部族的战事是否会获胜，涉及的人物是弅正化。此事本版连续对贞了9次，该事类在同一时期的卜甲上也有反映。

3.《合集》9671正

该龟甲于1936年小屯村北出土(编号13.0.10692)。原著录参考：《乙编》4604正。现藏台湾“中央研究院”历史语言研究所。

【释文】

(1)貞：王耶(聽)隹(唯)𡆥(孽)？ 一

(2)貞：王耶不隹𡆥？ 一

(3)辛卯卜，古貞：我受年？ 一 二 三 四 五 六 七 二告 八 九

(4)貞：我不其受年？ 一 二 三 四 小告 五 六 七

① 唐兰：《殷虚文字记·释英》下云：“卜辞英字，当读如暵，《周礼舞师》：‘教皇舞，帅而舞旱暵之事。’《女巫》：‘旱暵则舞雩’。《稻人》：‘旱暵供其雩敛’。均认为旱暵并言，暵亦旱也。盖久不雨，则恐天降以旱暵，故卜贞之也。”北京：中华书局. 1981年. 第85页

图 2-36 《合集》9671 正(拓片)

【备注】该版 4 辞，其中第 1、2 辞卜问商王的听力是否有疾患。第 3、4 辞卜问商王是否能获得好的收成，第 3 辞的兆序数从“一”到“九”，4 辞的兆序数为从“一”到“七”，表明商王曾就“受年”问题分别卜问过 9 次、7 次。这若干次占卜内容相同，但为避免繁琐，仅刻写一条卜辞。

在腹甲上的对贞，因为其所占位置对称而显得容易判断。有些甲版上经过重复对贞之后可以省刻卜辞。比如《乙编》7049、7081、6685 等片腹甲正面即仅有刻序数字和个别兆旁短语，通版无卜辞。以《乙编》7049 为例，该版以中缝为临界，右侧自中部下行刻有“一 二 三 四 五 二告”，左侧对称刻有“一 二 二告 三 四 五 ”。表明殷人在该版上对贞重复连卜了 5 次，但缺刻卜辞。殷人在占卜过后省刻或缺刻卜辞大概是因为占卜事类过于频繁琐细，而训练有素的刻工人手有限使然。另外的可能性或是因占卜内容毋须记录，或呈兆不祥，负责统管甲骨的卜官心中有数而使之缺刻。

殷人同版重复对贞，另一种表现的办法是直接在前辞中把贞卜序数表述出来，而且正反句前辞相同。例如下面两版𠂤组同文卜辞：

(1)丁巳卜，王貞四卜：乎(呼)比𤖗(征)方？允隻(獲)。 《合集》20451

(2)丁巳卜，王貞四卜：弗其隻(獲)，𤖗(征)方？ 《天理》305

上两辞版式有残缺而未能拼合，宋镇豪先生以为出自“同一龟腹甲之左右首甲”[①]。两辞申明为“四卜”，依据辞例可知商王武丁于丁巳日为征伐方国之事，至少正反对贞 4 次计 8 问。龟版的左、右首甲位经济地布排着钻凿，呈兆正好是两边各 4，可得 8 卜。

(四)异版对贞连卜

殷人在一日之内利用数版规格相近的龟甲或胛骨以正反问的方式对某事进行连续贞卜，此可称为异版对贞连卜。一般情况下，异版对贞连卜在各版上都有共同位置的兆象和对贞辞例，而且兆序相袭，彼此合为一套。若干辞例相同的卜辞在两版以上的腹甲(或胛骨)版上重复出现，通常可称为“成套卜辞”。成套卜辞所用的甲或骨即为“成套卜甲”或“成套卜骨”，其所示占卜序数即为套序。成套卜辞有的是由依次占卜活动或同一事类内容记录形成，而更多的则由多次若干事类占卜记录集合而成，如《合集》6482～6486 五版腹甲卜辞便是几次占卜活动的结果。成套卜辞的产生，一是殷人一事多卜的需要；二则为充分发挥甲骨占卜的使用效率，减少占卜材料的浪费；三乃照顾卜事之后保管存档的方便。整套连续占卜过程中于该版上占卜的组数，也是成套卜辞的共同序数。

1.《合集》6482 正、6483 正、6484 正、6485 正、6486 正

《合集》6482 正原著录参考：《乙编》2109＋3312＋3354＋3685＋7054＋7058＋7348＋7478＋8302，《丙编》12。《合集》6483 正原著录参考：《乙编》1923＋2662＋6743＋6986，《丙编》14。《合集》6484 正原著录参考：《乙编》1907＋6700＋7473，《丙编》16。《合集》6485 正原著录参考：《乙编》745＋2029＋2099＋2405＋7384，《丙编》18。《合集》6486 正原著录参考：《乙编》838＋522＋2553＋2555＋2644＋2700＋3737＋4608＋7987，《丙编》20。该套龟甲于 1936 年小屯村北出土，现藏台湾“中央研究院”历史语言研究所。

【释文】《合集》6482 正

(1) 辛酉卜，𡧊貞：今者王比望乘伐下危，受㞢(有)又(佑)？　一

(2) 辛酉卜，𡧊貞：今者王弜(勿)比望乘伐下危，弗其受㞢又？　一

(3) 辛酉卜，[𡧊貞]…　一

(4) 貞：王弜比沚戠？　一

(5) 辛酉卜，𡧊貞：王叀(惠)…戠…

(6) 辛酉卜，𡧊貞：王弜隹(唯)戠比？　一

(7) 貞：㞢(侑)犬于父庚，卯羊？　一

① 宋镇豪. 1989. 论古代甲骨占卜的“三卜”制. 载：殷墟博物苑苑刊. 创刊号. 北京：中国社会科学出版社. 104

图 2-37 《合集》6482 正(拓片)

图 2-38 《合集》6483 正(拓片)

图 2-39　《合集》6484 正(拓片)

图 2-40　《合集》6485 正(拓片)

(8)貞：衵以之疒齒，鼎贏？

(9)疒齒，贏？

(10)不其贏？

【释文】《合集》6483 正

(1)辛酉卜，[㱿] 貞：今者王比望乘伐下危，受㞢又？ 二

(2)辛酉卜，㱿貞：今者王勿比望乘伐下危，弗其受㞢又？ 二

(3)辛酉卜，㱿貞：王比沚戜？ 二 二 二 二告

(4)辛酉卜，㱿貞：王勿比沚戜？ 二 二 二

图 2-41 《合集》6486 正(拓片)

图 2-42　《合集》6484 正(照片)

图 2-43　《合集》6483 正（照片）

⑸辛酉卜，㱿貞：王叀沚戠比？　二　二
⑹辛酉卜，㱿貞：王弜隹［沚戠比］？　二　二
⑺貞：㞢犬于父庚，卯羊？　二　二
⑻祝以之疒齒，鼎贏？　二　二　小告
⑼疒齒，贏？　二　二　二　二
⑽不其贏？　二　二　二　二
【释文】《合集》6484 正
⑴辛酉卜，㱿貞：今者王比望乘伐下危，受㞢又？　三
⑵［辛］酉卜，㱿貞：今者□弜比望乘□下危，弗□［受］㞢又？　三
⑶貞：王比沚戠？　三　三　三
⑷貞：王弜比沚戠？　三　三　三
⑸辛酉卜，㱿貞：王叀沚戠比？　三　三
⑹辛酉卜，㱿貞：王弜隹沚戠比？　三　三

⑺貞：㞢犬于父庚，卯羊？　三　［三］

⑻祇以之疒齒，鼎甗？　三　三

⑼疒齒，甗？　三　三　三　三　三

⑽不其甗？　三　三　三　三　三

【释文】《合集》6485 正

⑴辛酉卜，㱿貞：今者王比望乘伐下危，受㞢又？　四

⑵辛酉卜，㱿貞：今［者］［王］弜比望乘伐下危，弗其受㞢又？　四

⑶辛酉卜，㱿貞：王比戠？　四　小告

⑷辛酉卜，㱿貞：王叀沚戠比？　四　四　四

⑸貞：㞢犬于父庚，卯羊？

⑹祇以之疒齒，鼎甗？

⑺疒齒，甗？　四

【释文】《合集》6486 正

⑴辛酉卜，㱿貞：今者王比望乘伐下危，受㞢又？　五

⑵辛酉卜，㱿貞：今者王弜比望乘伐下危，弗其受㞢又？　五

⑶貞：王比沚戠？　五

⑷貞：王弜比沚戠？　五

⑸辛酉卜，㱿貞：王叀沚戠比？　五　五

⑹辛酉卜，㱿貞：王弜隹沚戠比？　五　五

⑺貞：㞢犬于父庚，卯羊？

⑻祇以之疒齒，鼎甗？

⑼疒齒，甗？

【备注】这五版卜问内容相同，皆包含四个方面的主题，第一，卜问商王是否联合望乘去讨伐下危方。第二，是否联手沚戠。第三，是否向伯父盘庚致祭。第四，牙齿方面的疾患是否能够痊愈。其中除了第三个主题是单辞卜问外，其他三个主题皆用正反对贞的辞式。

上揭各版的第 3、4 辞和第 5、6 辞同卜一事，为两组对贞卜辞，在每一版上，这样的卜法可视为“同版对贞连卜”。在五版上接连进行这样的卜问，则可视为“异版对贞连卜”。

上揭各版中有的卜辞有 2、3、4 或 5 个相同的兆序数，如《合集》6486 版的第 5、6 辞有两个“五”，《合集》6485 版的第 4 辞有三个“四”，《合集》6483 版的第 9、10 辞有四个“二”，《合集》6484 版的第 9、10 辞有五个“三”，这些重复的兆序说明商王对这些卜辞进行了反复的卜问。

2.《合集》32187、《屯南》2534、《补编》10481

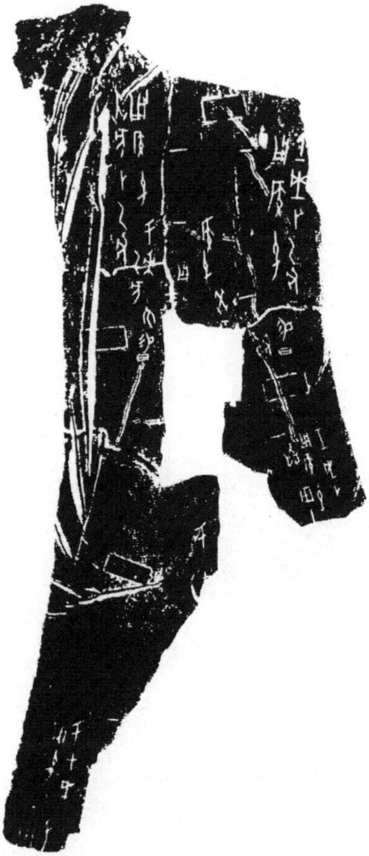

图 2-44 《合集》32187(拓片)

图 2-45 《补编》10481(拓片)

《合集》32187 原著录参考:《库方》1009+1128+1132+1153,《美国》34,《北美》4。现藏美国卡内基博物院。《屯南》2534 于 1973 年小屯南地出土(编号 H75:7)。现藏中国社会科学院考古研究所。《补编》10481 原著录参考:《彭缀》29(《合集》32188+32189+40867),《殷契》37+《库方》1053+1119+1121+1781,《北美》5。现分藏于北京大学、美国卡内基博物院、英国不列颠图书馆。

【释文】《合集》32187

(1)壬戌卜:用侯屯自上甲十… 一

(2)壬戌卜:乙丑用侯屯? 一

(3)癸亥卜:乙丑用侯屯? 一

(4)于甲戌用屯? 一

图 2-46　《屯南》2534(拓片)

⑸于來乙亥用侯屯？ 一

⑹于…

⑺于…用…

⑻癸［亥］…乙丑易日？

⑼不易日？

【释文】《屯南》2534

⑴壬戌卜：于七示[自]… 二

⑵壬□□：于[五示]… 二

⑶壬戌卜：用屯乙丑？ 二

⑷癸亥卜：用屯乙丑？ 二

⑸癸亥卜：用屯甲戌？ 二

⑹□亥卜：□來乙亥用屯？

⑺不易□？ 二

⑻甲子卜：易日乙丑？允。 二

⑼不易日？ 二

⑽甲子卜：乙丑易日？允。 二

⑾不易日？ 二

【释文】《补编》10481

⑴壬戌卜：乙丑用侯屯？ 三

⑵壬…自… 三

⑶…五示用侯屯？ 三

⑷于甲戌用屯？ 三

⑸于甲□用侯屯？

⑹于來乙□用屯？ 三

⑺于來乙亥用屯？

⑻…用侯屯？

⑼癸亥卜：乙丑易日？ 三

⑽不易日？

【备注】此三版卜骨上的卜辞内容大体相同，兆序分别是"一"、"二"和"三"，说明它们是一套成套卜辞中的第一、第二和第三版。也就是说，它们是商王所做的三次相同占卜的记录，兆序数是成套占卜的序次。这一套卜辞的主要占卜内容有三：①卜选致祭范围。备选的是为"十示"、"七示"和"五示"。②占选何时"用侯屯"。③乙丑这天是否"易日"即变天。对于第一、二个主题来说，如果它们仅刻写于同一胛骨上，这样的卜问可称为"同版选贞连卜"，若刻写于不同的胛骨上，则称为"异版选贞连卜"。对于第三个内容来说，它们若仅刻写于同一版胛骨上，这样的卜问可称为“同版对贞连卜”，若刻写于不同的甲骨上，则称为“异版对贞连卜”。多种卜法的连用，说明了商王对决断某事的审慎，如卜问乙丑日是否“易日”的卜问，从《屯南》2534 版来看，甲子日商王首先进行了正反对贞，之后又将这样的对贞卜问重复一次，最后才在三版上做同样的卜问，如此算来，对乙丑是否易日的占卜，商王先后要占卜 12 次之多。

这三版卜辞内容大致相同，指其占卜的事类相同，但其语辞、行款、字形和书风有一定区别。从语辞上来看，第二版残损不甚，但通版未见一个“侯”字。另两版虽残缺，但皆有“侯”、“屯”连用的例子，这说明它们语辞有别。从行款上来说，第一、三版骨顶位置有相对的两条卜辞，分别是“壬戌”、“癸亥”两日所卜，第二版骨顶位置则未刻卜辞，近骨颈靠上位置有一条卜辞，为“癸亥”日所卜，这说明它们的行款分布有别。从书写风格上来看，《合集》32187 和《补编》10481 属于𠂤历类字形，《屯南》2534 版属于历一类，不同组类的卜辞占卜同一内容，说明它们的时间相同而刻手不同。

（五）同版选贞连卜

殷人在同一卜甲或卜骨上就某一事类进行有选择性的反复贞问，可称为“同版选贞连卜”。

1．《屯南》624

该胛骨于 1973 年小屯南地出土（编号 H17：78）。现藏中国社会科学院考古研究所。

【释文】

(1) 辛亥卜：翌日壬旦至食日不□？吉。

(2) 壬，旦至食日其雨？

(3) 食日至中日不雨？吉。

(4) 食日至中日其雨？

(5) 中日至郭兮不雨？

(6) [中] 日至□ [兮其雨？]

【备注】这是由三组对贞形式构成的一版选贞卜辞，由下而上连续契刻在一右胛骨的左缘，贞问到了次日壬这一天时，从旦（早晨）至食日（上午）、中日（中午）、郭兮（下午）各时间段内是否下雨。占断的结果是第二天郭兮之前的各纪时段内均不会下雨，有利于做事，所以称吉。从辞例可以看出，该版卜问的主要句型结构仍是对贞，但三组问辞又相对独立，整体上形成了按时间段的推移来排列卜问的次序。

图 2-47 《屯南》624(拓片)

2.《合集》22046

图 2-48　《合集》22046(拓片)

该龟甲于 1936 年小屯村北出土(编号 13.0.12000)。原著录参考:《乙编》5399。现藏台湾“中央研究院”历史语言研究所。

【释文】

(1) 戊子卜:至子卯(禦)子庚羌、牢?　一　二　三

(2) 戊子卜:至子卯子庚羌、牢?　一

(3) 戊子卜:至［子］卯子庚?　一　二　三

(4)戊子卜：至子钔父丁白豕？ 一 二 三
(5)至［子］钔父丁？ 一 二 三
(6)戊子卜：虫(侑)、彳、歲(劌)父戊艮？用今戊。 一 二 三 四 五 六
(7)戊子卜：叀(惠)今戊用？
(8)戊子卜：弜至來戊廼用？ 一 二 三
(9)戊子卜：用六卜？用。
(10)用。
(11)壬辰卜：弜至日？ 一 二 三 四 五 六 七 八 九 十 一
(12)壬辰[卜：至日]？一 二 三 四 五 六 七 八 九 十 一

【备注】这是一组武丁时期的午组卜辞，以非商王的口气占卜，全辞分别刻在一腹甲的首甲、前甲和后尾甲处，后尾甲处残断，辞例不全。从仅有辞例看，其中心内容是为了禳除贵族成员“子”的灾祸而选择如何对子庚、父丁或父戊等其中的一位施行禦祭，以及行祭时间应安排在当日还是七天以后才合适。该版第五辞下有占断之语，说明最后的贞卜结果是在当日戊子这天以彳和刿杀牺牲的方式侑祭父戊。因腹甲下部残失，加之兆序凌乱，该事的具体占卜次数不详。不过其中第 9 辞有“用六卜”之问，此表明卜事者以纪卜序语词代替了贞辞内容，尽管铺排多问，但头绪不乱。

(六)异版选贞连卜

殷人在数版卜甲或卜骨上就同一事类进行有选择性的多项贞问，可称为“异版选贞连卜”。异版选贞的问辞形式与同版选贞相同，可以是由于某事类相关的若干组合单句构成，也可以由数种对贞形式构成。后者如前所举《合集》6482 正～6486 正五版上面辛酉日关于商王武丁联合沚戠征伐下危的三组对贞，最后的目的即在于选择其中的一位协同出征。相类内容的贞问于宾组卜辞中还有数例，如《合集》32 正有乙卯日武丁命贞人㱿的贞问：

1．《合集》32

该龟甲于 1936 年小屯村北出土(编号 13.0.3922＋13.0.3938＋13.0.3940＋13.0.3941 ＋ 13.0.4001 ＋ 13.0.4119 ＋ 13.0.5328 ＋ 13.0.5329 ＋ 13.0.14345 ＋13.0.14415＋13.0.15243＋13.0.15317＋13.0.15835＋13.0.15836)。原著录参考：《乙编》1873＋1884＋1925＋1986＋2615＋2616＋6859＋6888＋7237＋7275＋7486(正)，《丙编》22(正)。现藏台湾“中央研究院”历史语言研究所。

【释文】
(1)乙卯卜，㱿貞：王比望乘伐下危，受虫(有)又(佑)？ 四
(2)乙卯卜，㱿貞：王比望乘伐下危，弗其受又？ 四

图 2-49　《合集》32(拓片)

(3) 貞：王比望乘？　四
(4) 貞：王弓(勿)比望乘？　四
(5) 貞：王叀沚䤄比［伐］…　四
(6) 貞：王弓比沚伐巴？　四
(7) 叀䤄比？　四
(8) 弓隹比䤄？　四
(9) 丁巳卜，𣪊貞：王䍃(教)衆伐于𢀛方，受㞢又？　四
(10) 丁巳卜，𣪊貞：王弓䍃衆𢀛方，弗其受㞢又？
(11) 王叀出循？　四
(12) 王弓隹出循？　四
(13) 庚申卜，𣪊貞：乍(作)宊？　四
(14) 庚申卜，𣪊貞：弓乍宊？　四

【备注】上14辞包含了七组对贞卜辞，主题是商王欲协同望乘攻伐下危国，协同沚䤄攻打巴国。这应是由一系列对贞辞式组合起来的选贞卜辞，各辞卜兆旁皆附刻有序数四，表示该版是成套卜甲的第四版。此知商王武丁至少在四版以上的大版腹甲上为同一内容进行过贞问。殷人的成套选贞卜辞，更多的是见于卜骨。

2．《屯南》1105和《屯南》665

《屯南》1105于1973年小屯村南出土(编号H24：405)。该胛骨现藏中国社会科学院考古研究所。《屯南》665于1973年小屯村南出土(编号H17：140＋H85：66)。该胛骨现藏中国社会科学院考古研究所。

【释文】《屯南》665
(1) 癸酉貞：其又(侑)匚(报)于高[且(祖)]？　一
(2) 叀(惠)辛巳酚？　一
(3) 于辛卯酚？　一
(4) 辛巳貞：雨不既，其尞(燎)于亳土(社)？　一
(5) 弜尞，𢼄(啓)？　一
(6) 辛巳貞：雨不既，其尞于𢆶？　一
(7) 弜尞，𢼄？　一
(8) 其雨？　一
(9) …高且亥，卯于上甲羌…且乙羌五、□牛，亡𡆥(䖵)？

【释文】《屯南》1105
(1) 癸酉貞：其又(侑)匚(报)于高且？丝(兹)用。　一
(2) 叀(惠)辛巳酚？不用。　一

图 2-50　《屯南》665(拓片)

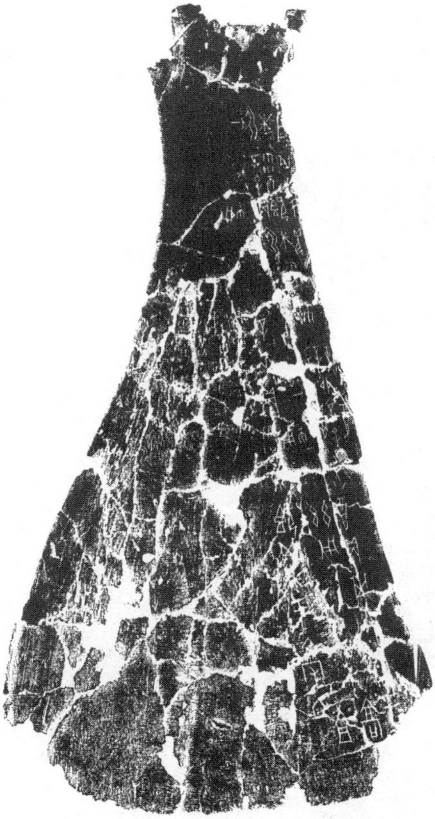

图 2-51 《屯南》1105 (拓片)

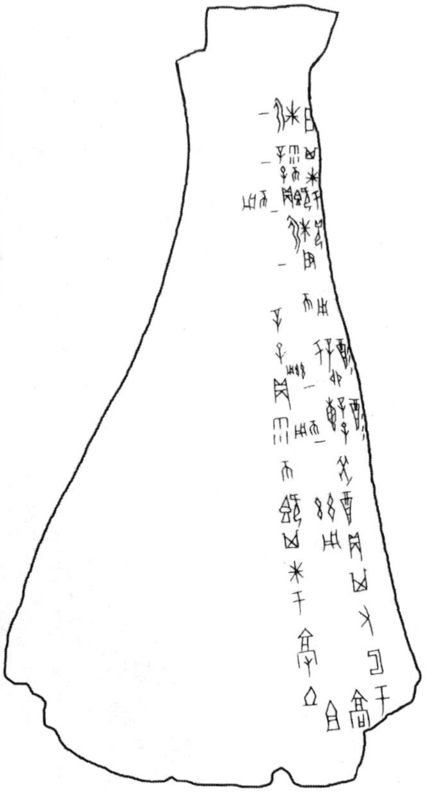

图 2-52 《屯南》1105(摹本)

(3)于辛卯耏？兹用。

(4)辛巳貞：雨不既，其尞(燎)于亳土(社)？不用。 一

(5)弜尞，攺(啓)？ 一

(6)辛巳貞：雨不既，其尞于[illegible]？不用。

(7)弜尞，攺？ 一

【备注】上揭两版分别为成套卜骨中的左肩胛骨和右肩胛骨，又因其兆序一致，称之为“成对卜骨”。这两版的内容不完全一致，首先，《屯南》1105为完整大版，有7条卜辞，《屯南》665版残断，卜辞数目却是9条，后者的第8、9辞不见于前者。其次，《屯南》1105版多条卜辞附刻用辞，《屯南》665版皆无用辞。有时商王用卜骨进行占断，并不刻意追求使用成双成对的卜骨。今所见成套卜骨，或全部采用同一方向的胛骨，如《补编》10493、10687、《合集》32851、32852、34357和《屯南》4052六版为同文卜辞[1]，其皆为右肩胛

① 蔡哲茂. 1999. 甲骨缀合集. 台北：乐学书局. 189

骨，《补编》10639、《屯南》1062 和 4249 三版同文，其皆为左肩胛骨，《合集》34214、《屯南》2584 和《补编》10633 三版同文，其皆为右肩胛骨。

此二版的共有内容包括两个占卜主题：第一，向高祖王亥致侑报之祭。第二，卜选向𢆶神还是亳社神致燎祭。第二主题包括两问，由两组对贞卜辞构成，分别卜问是否向𢆶神、社神致燎祭。这两问又构成了选择贞。

3．《屯南》2366

该胛骨于 1973 年小屯南地出土(编号 H57：142)。现藏中国社会科学院考古研究所。

图 2-53　《屯南》2366(拓片)

【释文】

(1)庚午貞：王其告[1](祰)自且(祖)乙、毓且乙、父丁？　二

(2)于大乙告？　二

(3)乞日彰？　二

(4)于日□彰？　二

(5)叀(惠)乙巳彰？　二

(6)叀乙卯彰？　二

(7)叀乙丑彰？　二

(8)叀乙亥彰？　二

(9)叀乙酉彰？　二

(10)叀乙未彰？　二

(11)叀乙巳彰？

【备注】上文11辞连续刻在一右胛骨上，盖为商王祖庚为了举行祰祭选择吉日，祭祀对象则是在庙号称乙的先王及自己的父亲武丁等中间进行选择。该版前10次旁边的套序号皆为二，说明这是举行同类内容占卜的第二版，也即成套卜辞中的第二版，说明商王于庚午日至少在两版以上的胛骨上连续进行过贞问。

二、殷墟甲骨所反映的三卜制

殷人的甲骨占卜手续繁复，一事多卜，它成为商王室决断日常行动的重要依据，也是整个殷墟文化时期以王室贵族为主体的奉行时尚。透过这种一事多卜的风气，殷人的甲骨卜法还有什么规则可循呢？那就是它们在卜不胜卜的运作中逐渐积累经验，周全占卜程式，由原来比较任意的多卜演进为比较规范的一事三卜，成套卜骨亦然。今所见殷墟出土甲骨的兆序乃至套序，盖以三为常。因此可以认为甲骨的三卜制，形成于殷而承续于周，文献所见周人的三卜之礼，盖缘自殷制。

（一）文献中所见的三卜制

商代的占卜盛况及其遗制，因为历史上缺少专门的整理，加之当时受书写材料的限制，未能有传世的记载。今文献上仅存有西周至春秋时期王侯上层社会利用龟甲占卜的史料，而且都基本遵循三卜之制，其卜法习惯相同。文献所记占卜事，主要见于《尚书》和《春秋传》。

《尚书》中占卜要事集中在于周初，皆以周公所使命，其事有三见。一

---

① 《屯南》2366版有“告”字前有一□形，形似“告”字，疑其为“告”字之误刻，后一“告”乃正字。且从文例来判断，亦未曾见此二字连用者

为周武王罹病，周公“卜三龟，一习吉”[①]；二在武王卒后，周公相成王摄政，作《诰》云“朕卜并吉[②]”；三乃周公营建成周洛邑，于河朔黎水、涧水之间和瀍水之西、瀍水之东等三个地方卜选城址[③]，可见当时的天子朝政大事也都离不开龟甲占卜，卜数皆为三。

周以后的列国诸侯，决断大事多习惯交并运用龟卜和筮占两种法术，其中的龟卜以三占为常制。如《左传·哀公九年》所记宋伐郑国一事，晋国大臣赵鞅欲救郑而主持占卜，先龟卜而后筮占。进行龟卜时“占诸史赵、史墨、史龟”，赵、墨、龟分别为三位史官的名号，三人当各卜一龟，同卜一事，正合三卜之制。《公羊传·僖公三十一年》云：“三卜，礼也，求吉之道三。”注云：“卜筮不过三，是其旧典之遗存。”又注云：“三卜，吉凶必有相奇者可以决疑，故求吉必三卜。”三卜为古之遗制，典籍中多有记载，而且在言及这种卜法习惯时，古人还常用箕子的一句话为据：“立时人为卜筮，三人占则从二人之言[④]”。箕子为著名的殷商遗臣，古人所记的三卜制虽然未必尽合殷人，然而古人能将此制溯及殷臣之口，三卜制亦必有历史渊源可循。

(二)卜辞中所见一事三卜

甲骨一事多卜的风气兴盛于商代殷墟文化时期。最初似有些纵意无定，一事常常少至二、三卜，多到十几卜不等。凡遇征伐、祭祀要事，占卜手续尤显得琐细繁复。在商王武丁时期，同一事类使用同版或成套甲骨反复占卜三次以上，十次以内者较为多见。武丁时期的一事多卜风习，也包含、孕育着一事三卜习惯的形成。

殷人的一事多卜，有时常会把表占卜次数的用语直接记述在卜辞中，这些辞例有助于我们判断了解殷人当时占卜的实况。如上节所举武丁时期宾组卜辞有“二卜”(《合集》17669、17670)。𠂤组卜辞有“四卜”(《合集》20451)。午组卜辞有“五卜”(《合集》22075)，有“六卜”(《合集》22046)等，即是当时某事占卜次数的实录。与此同时，武丁时期甲骨贞命之辞中也不乏见有“三卜”的用例。例如：

(1)乙卯卜，宾貞：三卜，王往  于阸京，若？六月。《合集》8039 宾组

(2)貞：三卜，雀以…　　《合集》9034 宾组

(3)□□卜，□［貞]：三卜…占曰…　　《续存》下 381 宾组

(4)…貞：三卜，余𡆥(祸)？　　《英国》1608 宾组

① 事见《尚书·金滕》，事记又见《史记·龟策列传》，王充《论衡·卜筮》等

② 事见《尚书·大诰》，郑玄为此注云：“卜并吉者，谓三龟从也。”

③ 事见《尚书·洛诰》，孔颖达为此疏云：“此言所卜三处，皆一时事也。”

④ 见《史记·宋微子世家》，又见《尚书·洪范》，引箕子言作“立时人作卜筮，三人占则从二人之言”；《左传·成公六年》引作“《商书》曰：三人占，从二人。”

(5)丙辰卜，貞：余用卜三？ 《合集》22123𠂤组

(6)…貞：三卜… 《合集》21404𠂤组

(7)戊寅卜，貞：三卜，用血三羊、𠕋伐廿、鬯卅、牢卅、𠬝(服)三多于妣庚？ 《合集》22231子组

(8)癸酉，𣪘(歷)貞：旬三卜亡𡆥(祸)？ 《合集》32826历组

(9)癸□，𣪘［貞：旬］三卜［亡𡆥］？ 《合集》41501历组

(10)癸丑，𣪘貞：旬三卜亡𡆥？ 《怀特》1621历组

(11)癸亥，𣪘貞：旬三卜亡𡆥？ 同上

(12)癸卯，𣪘貞：旬三［卜亡𡆥］？ 《怀特》1622历组

(13)癸亥，𣪘貞：旬三卜亡𡆥？ 同上

上揭卜辞主要出自武丁在位期间，唯历(歷)组卜辞在时间上略比𠂤组、子组和宾组稍晚，或出自武丁后的庚甲时期，它们皆可视为殷墟早期甲骨一事三卜的实例。同样是在武丁在位前后的这一历史阶段，尽管在卜辞中也见有“二卜”、“四卜”、“五卜”、“六卜”的用例，但“三卜”之例似乎出现更多一些。由此可见武丁时期在盛行一事多卜的同时，日常的贞卜活动就已经初步养成了三卜的习惯。武丁之后或者说从武丁后期的卜辞计起，所有的贞辞或命辞中，凡见有记录占卜次数的用语，皆为“三卜”，不再有“二卜”，“四卜”、“五卜”、“六卜”等用例。如相当于商王庚甲时期的出组卜辞有下揭辞例：

甲戌卜，大貞：弜(勿)羊？用三卜。 《合集》25020

相当于廩康时期的何组卜辞有下揭辞例：

甲［辰卜］，狄貞：□三卜？叙𠩺。 《合集》30757

与何组时代相当的无名组卜辞有下揭辞例：

(1)…兹三卜，亡若？ 《合集》31676

(2)…其用三卜？非鸣。 《合集》31677

上面的举例表明，殷人的甲骨占卜习惯，以武丁在位后期至祖庚祖甲时期为界，一度发生了重要的变化。即这个时期已经从早期的卜无定则和一事多卜作风开始向三卜制过渡。商王庚甲以后，殷人盖以三卜为常制，以不合三卜者为例外。今所见屯南系列的同文卜辞总数为 280 余组，其中相当于武丁晚期到祖庚时期的历组卜辞有 200 多组，约占总量的 80%。其较早的历一类卜辞偶见兆序为“四”和“五”的(如《屯南》4027 版兆序为“四”，《合集》33290 版兆序为“五”)。历二类的则通常以三版为一套，兆序数目极少超过“三”。

宋镇豪先生认为三卜本指“元卜”、“左卜”、“右卜”。商王以显赫的地位担任“元卜”，在占卜时位置居中，主持并影响着占卜的全过程和占卜结果。

“右卜”为第二卜，左卜为第三卜，此可备一说[①]。宋先生还列举了有关殷人“三卜”的 8 例卜辞：即《合集》23390(“用元卜”)、31675(“習元卜”)见有元卜，《合集》25019(出组)、《合集》28974(无二)、《京津》2539 见有右卜，《合集》15836(出组)、《屯南》930(历组)有左卜。除此之外，我们还可举出《屯南》4526(无名组)和《补编》9724 反(无二，即《安明》1778 反)二例。此二版皆为无名组字体，皆有“又(右)卜”二字[②]。

村南系列的无一类、无二类卜辞除了书风、选用肩胛骨的方向有别之外，其称谓、事项、人物、方国、习语、钻凿等有共同的特点。除此之外，二者另有 17 例同文卜辞[③]，它们是同时代遗物。至于二者书风、选骨有别的原因，学界有两种解释，一是刻手的书风不同而致[④]。二是左卜、右卜的区别所致[⑤]。我们认为，无一、无二类产生的根源就在于左卜、右卜之别。如果没有两组卜人同时占卜一事，就不会有这些同文卜辞(无名组中同文卜辞总量为 44 组，无一和无二类同文者占其总量的 38.7%，其他的多为同组类卜辞同文)。

无名组见有“右卜”，即《合集》28974 反、《屯南》4526 和《补编》9724 反三版。“右卜”并非无名组首见，前文已述，“左卜”、“右卜”反复出现于宾、出、历等早期的组类中。“右卜”在无名组中再次出现，应是卜制的传承。无一、无二类不仅有严格的书风差别，亦有严格的用骨区分，即无二类只用右肩胛骨，无一类多数用左肩胛骨。如果仅仅是刻手的书风不同而没有占卜制度上的特别规定，无一、无二类可能就不会有选骨的差别。这种选骨的做法不仅见于康丁时期的无名组卜辞，帝乙帝辛时期的黄组卜辞中也有类似现象。据门艺博士考察，黄组卜辞中，商王亲卜之辞常用右骨，非王亲卜则用左骨(参见第八章第一节)。看来选骨的差别是有定制的。

今所见殷墟武丁晚期之后直至乙辛时期的卜辞及卜用甲骨，除了极少数相当于庚甲时期的部分出组卜辞占卜次数多超过三之外，其他一概卜不过三。也就是说，自武丁之后直到帝辛纣亡国的整个商代晚期阶段，殷人就已经确立了一事三卜的占卜制度。在远古先民的数理意识中，“三”本是多的意思。

---

① 宋镇豪. 1989. 论古代甲骨占卜的“三卜”制载：殷墟博物苑苑刊(创刊号). 北京：中国社会科学出版社. 142~145

② 《补编》9724 反“又(右)卜”二字上方也有空间但没有其他文字，此二字显然是某一语辞之首，“又(右)卜”为句子之主语，指人物。《补编・释文》释为“口丑卜”不妥，此字形和“丑”有别。《屯南》4526 有“又(右)卜口”三字(此处的口字读为曰，同类例子如《合集》32962 之“王曰衛”写作“王口衛”)，《屯南・释文》释为“又⿱卜凵”，《摹释》释为“有占”，其实卜字和口字中间距离较大，二者不能合为一个字，姚孝遂、肖丁先生《小屯南地甲骨考释》释为“右卜曰”三字是正确的。此版之“右卜”可以视为卜人之称

③ 刘风华. 2007. 殷墟村南系列甲骨卜辞的整理与研究. 郑州大学博士学位论文. 259~263

④ 林沄. 1986. 无名组卜辞中父丁称谓的研究. 载：古文字研究(第十三辑). 北京：中华书局. 25

⑤ 林宏明. 2003. 小屯南地甲骨研究. 台湾政治大学博士论文. 282

殷人之所以渐次由多卜调整到三卜，恐怕这也是对三这一概念认识深化的结果。故在武丁时代以后，凡完成一种占卜，通常三卜即可决断吉凶。孔子云："周因于殷礼。"文献中所记的周人卜用三龟，当是承袭殷人的遗制。

（三）考古所见卜用三骨

通过对出土所见整个殷墟文化时期甲骨卜辞的整理，大致可以看到殷人从一事多卜向三卜制发展的趋势，并可由此找到我国先秦占卜制度的上水之源。目前除了卜辞本身的材料之外，还有数则商代考古所见的卜骨实物，可从另一侧面用来印证商代晚期三卜制度的存在。

早在 1950 年春，中国科学院安阳考古工作者曾在殷墟四盘磨村西地发掘了一处殷人居住的遗址，伴出遗物中见有"大卜骨三块"①，这三块大小质地相近的卜骨正好构成了一套占卜所需的基本资料。

1971 年底，中国科学院安阳考古站在殷墟小屯村西地发现了一堆完整的牛胛卜骨，共 21 枚。这些卜骨全部经过整治，有凿、灼而少钻，其中有 10 版刻有卜辞。这些卜骨及其伴出器物被商代晚期的地层叠压，同出陶器约属于商代晚期前半叶（相当于商王康丁、武乙时期）。值得注意的是，这批卜骨以三为公约数重叠堆放有序，很可能是当时有意识存的数套卜骨。郭沫若先生当年曾记述云："骨臼大多向东，只有三枚向北。叠压的情况大致分为三组，西南一组三枚，东南一组六枚，北面一组十二枚。"郭老认为其中三枚卜骨方向上的不同可能是上层堆积压力所使，估计当初卜骨的方向当一致朝东。他还进一步推断云："卜骨或卜龟甲是以三枚为一组，一次卜用三龟或三骨，卜毕后贮存。"②这一推断是很有道理的，该批卜骨的发现，为研究殷人的占卜制度提供了新的实物依据。

关于商代卜用三骨的考古实例，在安阳殷墟之外，20 世纪 70 年代前叶也曾在河北藁城台西村商代遗址中有发现。在 1973～1974 年的两次发掘中，考古工作者分别在 M14、M56、M103 等三座贵族墓地里发现了三枚一组的完整牛胛骨。这三墓所见随葬卜骨，"出土位置都在二层台上，而且骨臼都朝一个方向，当初可能是用绳捆扎在一起的。"③台西村所出三墓卜骨，也都是三版合为一套有意配置的。这是目前在殷墟之外发现的卜用三骨仅有的三例。它们在时代上约与殷商文化前期阶段相当，但无论是卜骨的整治还是在占卜方式上都显然不如殷墟的占卜文化先进。不过这样的考古发现也足以说明，古人卜用三骨（或三龟）的习惯，至少是可以溯源到殷商时代后期的。那时以殷墟文化为中心，经过

① 郭宝均. 1951. 一九五零春殷墟发掘报告（图版壹：2）. 中国考古学报，5：55～56

② 郭沫若. 1992. 安阳新出土的牛胛骨及其刻辞. 考古，(2)：2~6

③ 河北省文物管理处台西考古队. 1979. 河北藁城县台西村商代遗址发掘简报. 文物，(6)：40

大量的卜事实践和经验总结，其占卜制度逐渐影响渗透到邻近的若干文化影响区，所以在一定区域内，都有可能留下甲骨三卜的历史遗存。

当然，由于商代的甲骨占卜早已为王室贵族所专断，其使用范围往往仅限于王朝大事(如征伐、祭祀、田猎、年成等)和王室贵族少数成员所有重要事情的决疑，这就决定着甲骨占卜只能在很有限的权力中心区。加之受占卜材料、技术、所花费时间精力、对所需贞卜神职人员的配备和供养等等，甲骨占卜决不会过于普及流行。在王权统制区和少数政治文化中心地区之外，即使见有个别甲骨占卜的遗迹遗物，都是相对落后的，各方面都不可能与殷墟王室占卜制度相提并论。

第四节　甲骨文所见商代筮占

商代统治者在崇尚甲骨占卜的时候，也同样推行筮占。甲骨占卜和筮占是他们共同使用过的两种方术。我国的文献典籍在涉及先秦占卜文化时，也多有龟甲占卜和蓍筮占卜并用的记载。在古人看来，龟卜主表“象”，筮占主表“数”[①]，两种占卜同时又具有“象”、“数”互补关系。故古人卜事，二者常常交替进行，通过甲骨卜兆和演算蓍策两种方式来进行预测未来，决断吉凶，此即谓卜筮并用。从另一方面看，因为甲骨占卜程序复杂，卜用材料、占具以及所需占卜机构皆为王室贵族所垄断，这种占卜相对会受到时间、占卜物具、卜事者身份以及其他各种条件的限制。而筮占则往往不受这些条件的限制，更利于在更大的范围内频繁使用。

商代的甲骨占卜及其卜法实况，今通过考古发现的大量占卜材料，已经初步理出了头绪。至于像文献所记以换算蓍策之类的草茎(或小竹、木棍)数列来决疑的筮占之法，在商代是不是也确实存在，并有迹可循呢？如今的回答是肯定的。尽管筮占的实况现在已不如甲骨实物那样容易保留下来，但种种迹象表明，商代上层社会在隆重举行各种甲骨占卜仪式的同时，也注重以其数爻之学为基础的筮占相辅助，也许筮占的运用还要更加广泛。不仅如此，殷人的筮占也像他们的其他文化一样，最终也被融入周人的传统，并由数字卦演进为后来以阴阳符号为主体的易卦，成为中国古代占卜文化的又一支上水之源。

---

① 龟卜与“动物之灵”的崇拜有关，蓍占则与“植物之灵”的崇拜有关。《太平御览》卷931和997引《洪范五行传》云：“龟之言久也，千岁而灵，此禽兽而知吉凶者也。蓍之为言耆也，百年一本，生百茎，此草木之俦知吉凶者也，圣人以问鬼神焉。”蓍俗称锯齿草，古人习用其茎作为算数的工具，因为多年生长而与乌龟灵性相附会，如《史记·龟策列传》云：“闻蓍生满百茎者，其下必有神鬼守之，其上有青云覆之。”作为算具的蓍草茎又被称为“神策”或“神蓍”

一、殷人筮占渊源

殷人蓍占的渊源可能源出自早期的数爻之学，相传创自商代的著名巫师巫咸。殷墟甲骨卜辞中曾见有致祭巫咸、学戊的文例，卜辞中也有一些使用蓍占的记录。

（一）筮法源自数爻之学

中国古代以天文历算、各种占卜等内容为主体的数术之学，是在通过不断掌握和开发基本的数理演算功能的基础上建立起来的。有关资料表明，早在新石器时代，我国各地尤其是在黄河流域以及长江中下游流域，就广泛出现了许多刻划符号，其中在不同地区都普遍使用着一些性质相近的记数符号①。华夏原始先民们对数的认识应该说产生得很早，也很发达。到了进入文明社会的商代，这方面更有许多突破性的进展。由甲骨刻辞可知，当时人们常用的计算单位，已经有了百、千、万等较大的概念，而且也形成了以三为多，以一、三、五、七、九为奇数，以二、四、六、八、十为偶数，以五、十为重要换算变数等用于超越具体的一系列抽象认识。因此，殷人虽然仍旧袭用从原始时代以来就频繁使用着的一至十这些基本纪数符号，但在功能上已经进行了特别的开发。

殷人在数理应用方面最具功利性的开发就是发明筮法，以便直接服务于那个时代的占卜活动。根据古书记载，所谓筮法，实际上就是通过一定数量的如筮策一类的草茎做算具②，逐次按照一定的方法加以布置换算(古人称揲蓍)，最后将剩余的十以内的单数转化成特定的卦爻。位于不同卦爻中的奇偶数字分别代表着一定的卦名，象征着事情的不同结果，因而这些卦数也就具备了占断的功能③。

---

① 王蕴智. 1994. 史前陶器符号的发现于汉字起源的探索. 华夏考古，(3)：95~105

② 使用蓍草进行筮占是周人的传统，商王用不用不一定，但不管是用草用木用竹，或是用别的东西来作算具，其性质和功用都是一样的。其他如民间流行的投掷茭牌占卜法(见蒋伯潜：《十三经概论》，上海：上海古籍出版社，1983 年，第 51～52 页)，又如四川凉山彝族的“雷夫孜”占卜法(见汪宁生：《八卦起源》，《考古》1976 年第 4 期，第 243 页)等，筮占性质也都大体相类，故可推殷人的筮占也与此相差不远

③ 演算蓍策的方法，《周易・系辞上》(见中华书局《十三经注疏》上册第 80 页,1980 年影印版)有这样的记载：“大衍之数五十，其用四十有九。分而为二，以象两；挂一，以象三；揲之以四，以象四时；归奇于扐，以象闰；五岁再闰，故再扐而后挂。”“是故四营而成易。十有八变而成卦，八卦而小成。引而伸之，触类而长之，天下之能事毕矣。”显然，这套演算方法是就周易八卦而言的，并不符合商代实际。商代的数占演算不可详考，只能据此再加以推测

（二）善筮者巫咸说

关于我国筮法的起源，若按传统的说法，通常是把它和伏羲氏“始作八卦”联系在一起的[①]。传统的八卦是由阴阳两种符号迭合三次而组成的八种排列法，每一卦都由三爻构成，称作单卦。八卦中的单卦再彼此重叠组合，即得六十四卦，于是就产生了《易》。据古书所记，《易》分夏《易》、商《易》和周《易》。夏《易》和商《易》后世又习惯上称之为《连山》和《归藏》，它们和周《易》都是同一内容的筮占经典用书，只是在易八卦的编布体例上也就是在具体筮法上略有些出入。伏羲氏毕竟是遥远传说时代中的人物，后人附会的成分较多，夏、商之《易》后世又失传，仅存周《易》，故又有周文王演《周易》说[②]。古代曾有把筮占之源推及商代的，把筮法的发明者归于商王大戊时期的巫咸[③]。或也有“庖牺（伏羲）氏作卦始有筮，其后殷时巫咸善筮”的说法[④]。巫咸创筮说或善筮说，在历史上并不怎么受人注意，倒是近几十年新发现的出土资料，使我们对这个问题重新进行思考。

（三）卜辞中所见咸戊

在殷墟卜辞中，有一个叫“咸戊”的先王旧臣，常常被当做祭祀对象。例如：

(1)…告（祰）于咸？　　《英国》86 反宾组

(2)丁巳卜：㞢（侑）咸戊？　　《合集》19946 正𠂤组

(3)咸戊𡆥（舝）王？/咸戊弗𡆥王？　　《合集》10902 宾组

(4)貞：咸允𠂇（佐）王？/貞：咸弗𠂇王？　　《合集》248 正宾组

(5)甲辰卜，㱿貞：下乙㝉（宾）于[咸]？/貞：下乙不㝉于咸？/貞：咸㝉于帝？/貞：咸不㝉于帝？/貞：大甲㝉于咸？/貞：大甲不㝉于咸？　　《合集》1402 正宾组（见下图[⑤]）

(6)丁未卜，疒：㞢（侑）咸戊、學戊乎？/丁未，疒：㞢咸戊牛不（否）？/丁未卜，疒：㞢咸戊？　　《合集》20098𠂤组

卜辞中的“咸戊”又可简称作“咸”，在殷人的心目中地位很高，商王时常专门为他举行祰侑之祭。不仅如此，从上揭卜辞可知，咸戊的神灵还有伤

① 见《周易·系辞下》，载《十三经注疏》上册，中华书局，1980 年影印版，第 86 页

② 晋·皇甫谧《帝王世纪》云：“庖牺氏作八卦，神农重之为六十四卦。黄帝、、舜引而申之，分为二易。至夏人因炎帝曰《连山》，殷人因黄帝曰《归藏》。文王广六十四卦，著九六之爻，谓之周易。”

③ 见《世本·作篇》，又如《说文》卷五巫字下云：“古者巫咸初作巫。”见中华书局 1963 年影印版《说文解字》，第 100 页。巫乃筮之本字，故此应理解为巫咸初作筮

④ 见《太平御览·方术部》引三国谯周《古史考》佚文；又战国《诅楚文》有“丕显大神巫咸”之称

⑤ 该龟甲于 1936 年小屯村北出土，原著录参考：《丙编》39（正）、40（反）。现藏台湾中央研究院历史语言研究所

害商王的权能，有辅佐、佑助商王的神力，他甚至有资格到上帝那里参加配享。在向他致祭时，或需邀请先王(如大乙、大甲)的神灵来宾陪他。咸戊虽然不在先王之列，但已被尊崇为具有特殊地位的神。

卜辞中的咸戊，应是后人所追记的那个筮占创始人或善筮人巫咸。因商周时期戊和巫字读音接近，加之后人传诵有误，“咸戊”到古书里就变成了“巫咸”。汉代《白虎通·姓氏篇》则把他写作“巫戊”[①]。又因商代政教合一，

图 2-54 《合集》1402 正(拓片)

图 2-55 《合集》1402 反(拓片)

① 陈梦家：《殷虚卜辞综述·先公旧臣》第 365 页云：“咸戊一名，罗、王(指罗振玉、王国维)均以为是《君奭》的巫咸。《白虎通·姓氏篇》作巫戊，《经义述闻》三因谓今文作巫戊，古文作巫咸。王国维则说‘今卜辞无巫咸，有咸戊，疑今文当作咸巫。《书·序》作《咸乂》四篇，亦当作《咸戊》四篇，犹《序》言作《臣扈》、作《伊陟》也。”北京：科学出版社，1956 年

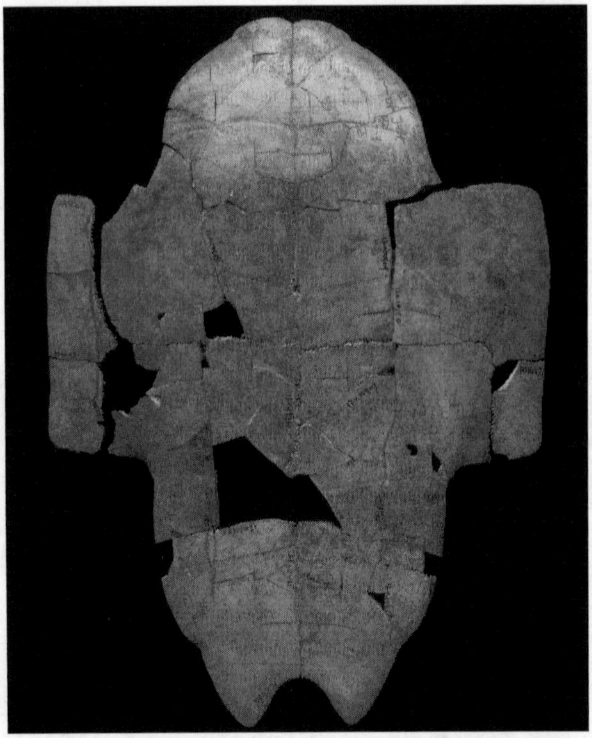

图 2-56　《合集》1402 正(照片)

善筮者巫咸既发明筮法，又是治国重臣，如《尚书·君奭》说：在太戊时期，有卿相伊陟和臣扈辅助商王，还有巫咸帮助管理王室活动[①]，当时巫咸很可能是以巫师的身份参与治理国家朝政，而且取得了显著的政绩。

像巫咸这样的巫师，在当时无疑是最有文化学识的人了。在那个相对蒙昧幼稚，万事依赖占卜决断的时代，多么需要能上观天文，俯察地理，把握四时代谢，精通数理逻辑，通谙神秘哲学的智者，并运用他们的综合知识去创制筮法，以推占未来，教人趋吉避凶。巫咸就是在这种特定的历史条件下所造就出来的能够沟通神人关系的一位巫师，在殷人眼里，他不是神也近乎神。作为神的代言人，连商王也要慕敬几分。巫咸正是以他那充满多种成分(包含科学的、迷信的)的混沌知识系统，启迪人们如何凭借知识的力量进行占卜、处事。透过卜辞中有关对他的祭祀、典籍里对他的记述，以及考古所见殷人的占卜遗物，都将有助于再度塑立起他的形象。

① 《尚书·君奭》云："在太戊时，则有若伊陟、臣扈，格于上帝，巫咸乂王家。"(见《十三经注疏》上册，中华书局，1980 年影印版，第 223 页)另据《史记·殷本纪》称伊陟为太戊之相

二、殷人的“爻”、“学”概念

商代有数爻之学，代表的是一种对天文历数及各种占卜数据进行推演的学问。殷墟甲骨文中有“学”字，该字本是指时人对数理的教授和学习。殷人的教学场所同时也是推演数爻、举行各种占卜活动的场所，这在卜辞中多有体现。从文字学的角度来讲，“爻”、“学”、“教”三者也有同源分化的关系，它们的出现似与远古的数爻之学有一定关系。

(一)卜辞中所见学戊

在上揭第 6 辞所引祭祀巫咸的文例中，与“咸戊”并列的还有一人，名叫“学戊”。学戊显然也是一位先王时代的巫师，当年都曾是乞灵于神、作为神的代言人而参与指导王事的人物。从卜辞祭祀情况看，学戊的地位略低于咸戊，未见其配享于对上帝或先王的祭祀。学戊其人不见于后世文献记述，他的情况现仅能利用甲骨文稍略有所了解。

值得注意的是，殷墟卜辞中在称呼学戊的时候，学字又往往写成“爻”字。例如：

(1)㞢(侑)于爻(學)戊、咸戊？　　《合集》7862 宾组

(2)貞：㞢(侑)于爻(學)戊？　　《后下》4.11 宾组

(3)…爻(學)戊？　　《合集》3512 宾组

就文字构形来分析，爻这个字出现很早，爻字是由两个“五”上下排列而成，表卦爻之意，这是一个很典型的通过数字符号的组合而产生的字形，所表达的字义也很耐人寻味。它似乎象征一种基础数字的演算，或是一种数的布筹，提示着在与算术发生关系。需要指出的是，卜辞中“学戊”又写作“爻戊”，此不是笔误所致，而是“学”和“爻”的同源通用关系使然。从古文字同源分化的角度来考察，甲骨文中的爻字除了用表卦爻之爻以外，它还是“学”和“教”的本字。古文字字形、辞例表明，“学”、“教”与古爻字在构形、读音、语义、语源诸方面，都属于孳乳分化的关系。这也就是说，爻是教、学二字的同源母体。爻字初表卦爻义的同时，又生发出教、学二义。最初的教与学还只是象𦎫(郭字初文，表城郭)与𩫖(墉，表城垣)、受与授、印与印等同源字一样，同表一个意义比较混沌的意义场。教与学的意义场开始也只是通过爻字而表现，时人为了表达概念更为清晰，随后才在爻字本体上追加新的偏旁符号而产生出“教”与“学”。

和后世文字所对应的“教”字在甲骨文中从爻、从攴，即在爻字基础上再追加一只操持鞭具的手。和后世文字所对应的“学”字在甲骨文从爻、从六即在爻的两个五字下方再写一个数字六，或在“爻”的左右上方再加两只

手，表示持手演习筮数，布筹算具的意思。我们知道，后来的教与学分别表示施教和受教，典籍中或曰“教學半”，说的是教与学一分为二的意思[①]。

在殷周古文中，教与学起初并没有明确的界分，它们在当时还只能是异体的关系[②]，甚至它们与其所从出的同源母体爻字也瓜葛未断，彼此之间还时时出现通用现象。再从音义关系上来说，从爻字滋生出的数、学二字，还都保持着“爻”的读音，并与卦爻之爻的古义存在着内在的联系。这也就是说，“教”、“学”的古义，最早表示的应该是数爻之学。卜辞中与巫咸一并作为祭祀对象的那位先王旧臣，不管他名爻戊，还是名学戊，皆是他善筮身份的标志。

所谓数爻之学，实际代表的就是一种包括天文历数、各种占卜在内的数术文化。它的源头可以追溯到商以前，而使它构成体系、总结规律，且通过占卜规则去积极地参与人神交往的，恐怕还得在商代出现了像巫咸、学戊这样的著名巫师以后。到了商王武丁时期，国力昌盛，占卜文化兴旺发达，这时的王朝统治者依然重视巫咸、学戊的业绩，所以也要频频祭祀他们。

（二）卜辞中的“爻”、“学”及“大学”

考察殷墟卜辞还可以看到，殷人的学制已经形成了规模。他们特别设有专门的学馆和活动场所，而且建有大学。上至商王，下至贵族及其子弟，都可以入学，并举行多种与数爻之学有关的活动。请参见下面诸辞：

(1) 于又(右)卣爻(學)？　　《合集》30518 无名组

(2) 丙…多万入爻(學)，若？　　《英国》1999 无名组

(3) 丁酉卜：今日丁万其𦥯(學)？吉。/于来丁廼𦥯？/于又(右)朿𦥯？吉。/若冋于𦥯？吉。　　《屯南》662 无名组

(4) 不其𢓊(延)𦥯？　　《屯南》4035 无名组

(5) 丙子卜，貞：多子其𢓊𦥯(學)，疛不冓(遘)大雨？　　《合集》3250 宾组

(6) 丙子卜，充貞：翌日卯王其爻(學)，不冓雨？　　《合集》12570 宾组

(7) 丁巳卜：又𦥯(學)…　　《合集》20101 𠂤组

(8) 貞：翌庚辰𦥯(學)？　　《怀特》997 宾组

(9) 于大𦥯(學)尋？　　《屯南》60 无名组

上1、2和6辞中的爻字，依据辞例文意，皆应释读为“学”。第1辞中的“右卣”和第3辞中的“右朿”都是指学馆的具体称名及位置。第2、3辞中的“多

---

① 《礼记·学记》引《尚书·兑命》曰“学学半”，今本《尚书·兑命》篇作“教学半”。此处“教”字表教育义，但它仍是一个古学字，字见《说文》“学”字下重文

② 如《合集》32正云：“丁巳卜，㱿貞：王學眔伐于𢀛方，受㞢(有)又(佑)。”此处的学字即应释为施教的教字

万”、“万”，第5辞中的“多子”，第6辞中的“王”都是入学对象。这几例或是为商贵族多万入学的顺序与否而向神灵贞问，或是为他们的入学时间和所学之事进行占卜选择，或在阴雨季节为王室子弟因故延续学时而贞问天气。第6、9辞更透露出商王要驾临学馆，于是提前预测雨晴。第9辞见有“大学”一名，此表明商代已有大学，《礼记王制》云：“天子命之教，然后为学。小学在公宫南之左，大学在郊。”郑玄注曰：“此小学、大学，殷之制。”

既设大学，当然也会有小学。1973年发现于小屯南地的该版卜辞，印合了郑玄的说法。殷人的大学设在郊外，是集商王政教活动为一体的重要活动场所。第6辞中之“学”，似也是指大学，因为从王宫到大学尚有一段路程，加之天气情况不佳，所以才有保佑商王于往返大学途中不遘雨的祈问。

（三）卜辞中的“寻”、“巫”和筮占

上揭第9辞中见有寻字，这个字在殷墟卜辞中很常见。字形本象双手持簟席状，后来又可省写作双手持丨。卜辞中的寻字除了用作地名外，一般都是用来表示一种行动，而且与祭祀活动有关。考察卜辞辞例，寻这个字基本上不用作祭名，殷人使用它仅是在表示一种具体的占卜行为。

从我们前文的分析可知，殷人的教学内涵尚不能简单与后世的学习、教育的意义划等号，它在很大程度上反映的是具有浓重原始宗教色彩的数爻之学，即筮数占卜。“寻”在卜辞中很可能指的就是施用筮法。盖殷人在甲骨占卜的同时，还准备辅以筮占，于是就先通过甲骨占卜进行决断。自巫咸发明筮法后，殷人理应存在卜筮并用的习惯，在卜辞记录中也会有所披露。过去研究甲骨，很少考虑筮占的因素。其实在殷人的学馆，除了传授数爻之学，同时也是一个研习卜法的宗教活动中心。在殷人的许多祭祀场所，甲骨占和数字占是并行不悖的，在祖丁庙坛、王廷祭坛以及大学学馆中，都有可能实施殷人特有的筮数占。

在甲骨文中，与古人筮法存在一定联系的还有一个巫字，字形习作⊕。巫字大概是一种表上下左右或四方方位的巫具之象，从文字源流来说，巫就是筮的本字。这就象“爻”与教、学的关系一样，“巫”是“筮”的同源母体，筮则是巫的孳乳字。最早关于巫术、巫史、筮者、筮法诸概念，原都可以写作巫。西周以后为了区别概念，才在本字基础上追加竹旁而别出筮字[①]。因二字属于同源关系，故古巫字在一些实际辞例中多用作筮。如《说文》巫字下云：“古者巫咸初作巫”，其中后一巫字，即用为筮字。甲骨文巫字已是一个常用字，其中在一些辞例中，当亦应该读为筮。例如：

(1)貞：再以巫？/貞：再弗其以巫？　　《合集》946正宾组

① 周金文史懋壶见有筮字，字从竹、从巫另加双手形会意，周以后字盖从竹、从巫，巫亦为声

(2)甲子卜，㱿貞：妥以巫？/貞：妥不其以巫？　　《合集》5658正宾组
(3)乙亥，𠂇：用巫，今興母庚？允史(使)。　　《合集》19907𠂤组
(4)貞：弗求，王叀(惠)巫？　　《英国》1957出组
(5)☐午才(在)𡨦：其用巫，桒且(祖)戊，若？　　《合集》35607黄组

如果说甲骨文中寻字常常作为动词，表示某一种具体的与筮占有关的行为，那么甲骨文的巫字则往往作为名词，直接表示“筮”这一概念，如上文1、2、3、5诸辞中的巫字。其中第1、2辞中的“以”字作为动词，在辞例中相当于“用”字。“用巫”当为使用筮法之意。第4辞中的巫字则名词活用为动词，也应是“以巫”、“用巫”的意思。关于甲骨文“巫”与“筮”的关系，前贤杨树达、唐兰、张亚初、刘雨先生等都发表过自己的见解，极富启发性[①]。上举诸辞反映出从殷墟早期武丁时期到商末乙辛时期，殷人都有通过甲骨占卜来决定是否选用筮占术。可见至少在整个殷墟文化时期，殷人筮占便已形成习惯，具有一定的延续性，此亦表明古书上所讲的先秦卜筮并用的传统，并不是起于周人，而可溯于商代。近几十年来，我国学者在商周考古实物上相继发现了一系列数爻符号(见下文)，这些符号最早显然都是出自殷人的，其后又得到了周人的推广和发展，这一重要发现不仅进一步印合了卜辞记录，而且也成为古书所记殷人创筮或善筮说的有力见证。

1.《屯南》60

该胛骨于1973年小屯南地出土(编号H2：50＋800)。现藏中国社会科学院考古研究所。

【释文】
(1)弜尋？
(2)王[②]叀(惠)癸尋？
(3)于甲尋？
(4)于且(祖)丁旦(壇)尋？
(5)于㕑(廳)旦尋？
(6)于大𦥑(學)尋？

【备注】该版是就何时何处进行筮占所作的一系列贞问。首先是占卜是

① 杨树达：《积微居甲文说》据《乙编》7801片卜辞“貞：周以巫”(按：原误释“以”为“氏”)释云：“巫即筮字，指为占卜所用之蓍草及用蓍草占卜之人。”唐兰《天壤阁甲骨文存考释》(北平辅仁大学影印本，1939年)第12页、48页有巫字说，唐先生认为甲骨文⊕“即巫咸的巫字，筮也。”张亚初、刘雨《从商周八卦数字符号谈筮法的几个问题》一文认为殷人至少在武丁时代已经使用筮法，并且指出“‘巫’、‘筮’形义相近，声音相同，后世才分化为二字”，《考古》1981年第2期，第158页

② 本版第2、3辞“王”、“甲”字缺刻横笔，参见白于蓝：《殷墟甲骨刻辞摩释总集校订》，福州：福建人民出版社，2004年，第300页

图 2-57　《屯南》60（拓片）

否“寻”(第1辞)，然后是何时寻(第2、3辞)，接着是卜问在何处寻(第4、5、6辞)。后一辞中的“大学”，应是商王举行有关礼仪活动的场所。

2.《合集》28086

图2-58　《合集》28086(拓片)

该胛骨原著录参考：《宁沪》1.441＋1.442，《掇一》397＋《清华》。现藏中国国家图书馆。

【释文】

(1)壬戌卜：王其尋二方白(伯)？ 大吉。

(2)弜尋？

(3)王其尋二方白于㠯辟？

(4)[于]南[門]尋？

【备注】该版第1、2辞为正反对贞，卜问商王是否需要就两个方国首领之事进行蓍占，第2、3辞卜选举行蓍占活动的地点，备选地点是“㠯辟”(指殿堂的旁侧①)和“南门”。由3辞可知，第1、2辞占卜的结果是肯定的，即需要进行蓍占，只有这样才会有接下来卜问在哪里进行蓍占的卜问。

3.《合集》33286

图2-59 《合集》33286(拓片)

该胛骨原著录参考：《南明》453，《历拓》4973。现藏故宫博物院。

【释文】

(1)乙…

(2)乙巳貞：叀(惠)𠂤先伐？

(3)庚戌貞：𠦪禾于示壬？

(4)癸丑貞：尋𠦪禾于河？

① 裘锡圭. 1992. 释殷墟卜辞中与建筑有关的两个词——“门塾”与“㠯”. 载：古文字论集. 北京：中华书局. 191

(5)□［丑貞］：尋□禾□[高]且(祖)？

【备注】第3～5辞卜问向先王示壬和河神求年之事。高祖王亥、示壬、河、岳、夒等祖灵是卜辞中多见的求年对象。第5辞中有“尋”字，表示一种具体的占卜行为，可能指的就是殷人的筮法。

三、数爻符号与易卦源流

数爻符号指的是使用一至十以内的数字所组成的一种卦象，它是我国商周时期筮占的主要表现形式。由于这种数字形的占卦从不见古代经传，也不曾有过民间传说，所以过去人们对古人筮法的认识仅停留在《周易》阴阳八卦的基础上，不知道《易》的前身到底是什么情况。

(一) 数爻符号的发现和研究

数爻符号的出土发现已是很久以前的事了，但一直未被世人所认识。早在北宋重和元年(1118年)，湖北孝感地区就出土了一套西周初期的青铜器，共6件，又称“安州六器”，主要器名或称“南宫中鼎”。器铭主要记录周昭王时代一位名“中”的将领受命南征、立功受赏的经历。其中一件方鼎铭文的末一行“隹(唯)臣尚中臣”的后面，就铸有一些符号(参下图)，与通常的古文字构形特征迥异。宋代学者在作著录时将它们或释为“赫赫”(薛尚功释)，或释为“十八大夫、八大夫”(王俅释)[①]。这以后，还有几件传世的周代器铭末处出现类似的符号，但均不被认识。

图2-60　中鼎铭文末的数字符号

20世纪30年代，郭沫若先生在编纂《两周金文辞大系图录》时，对中鼎铭文中的奇怪符号提出见解，认为这大约是器物主人的族徽号[②]。随着我国考

① 薛尚功. 1985. 历代钟鼎彝器款识. 卷十南宫中鼎铭之一. 辽沈书社. 179；王俅. 1983. 啸堂集古录. 北京：中华书局. 26；王黼. 博古图. 载：金文文献集成. 第1册. 2006. 316. 香港：香港明石文化国际出版有限公司

② 郭沫若. 1957. 两周金文辞大系图录・考释. 北京：科学出版社. 16；另参见东京文求堂1935年版图47，录6

古工作的长足进展，自 20 世纪 50 年代以后，考古工作者在商周遗址和遗物中相继发现了更多近于中鼎铭文中的那种符号，特别是安阳殷墟卜骨、陕西西周卜骨等上面都有重要的发现，从而引起了学者的进一步关注。早在 1956 年，李学勤先生就曾根据安阳四盘磨出土卜骨上面的符号，首先提出它们可能与《周易》的九、六之数有关的重要推断[①]。翌年，唐兰先生把当时所能见到的 13 例符号集中起来，认为这类符号是由数字组成的，但他却把这些符号看成是由数目字当做字母所组成的一种少数民族文字[②]。

对殷周遗物上这些数字符号的考释，取得重大突破的是张政烺先生。1978 年底，张政烺先生在长春召开的中国古文字学首届会议上做了《古代筮法与文王演周易》的演说，随后他又先后发表了一系列有关学术论文，较为全面地阐发了他的研究成果[③]。张先生认为，殷周卜骨和器物上的这类数字符号实际上就是《周易》卦体的前身，是迄今所见到的较为原始的易卦符号，这种符号商代只用了一、五、六、七、八等数字，周人增加九，省去二、三、四，而且以一、六最为多见；奇数常常归并于一(如三归一)，表示阳爻，偶数常常归并于六(如二、四、六)，表示阴爻并由此演进为后世《易经》的阴阳二爻；殷周数卦通常是由三个数字或六个数字组合而成，三数者表三爻的单卦，单卦合之则为六爻的重卦，商代另有四爻卦，乃是用四个数表示两个三爻的互体。先生还按照奇数为阳爻、偶数为阴爻的原则，将他所搜集到的 62 例数爻符号分别与《周易》中的单卦和重卦相对勘，并逐一译出了它们与今本《周易》的对应卦形和卦序。

张政烺先生的研究成果，对于揭示我国古代筮法渊源和易卦源流具有划时代的意义。自 20 世纪 80 年代以来，受张政烺学说的启发，加之新的材料不断发现和公布，学术界相继对古代数字卦展开了深入的讨论。在普遍肯定张氏学说的同时，对其中的有关问题提出了重要的补充，如李零先生在《中国方术考》一书中，对近年数字卦的研究进行了归纳总结，也对张氏学说作了补充修整。李文主要提出以下五点内容：① 现已发现的数字卦，尚未发现早于商代晚期的材料。②现已发现的商代数字卦，其用数包括一、五、六、七、八，据新发表的小屯南地数字卦卜甲(按：新发现的卜甲为当地群众采集所得，具体出土地不详)，还有九这个数。③西周青铜器铭文末尾的数爻符号，包含宋代出土的中鼎铭末“唯臣尚中臣”后面的符号，郭沫若、唐兰、张政

① 李学勤. 1956. 谈安阳小屯以外出土的有字甲骨. 文物参考资料，11

② 唐兰. 1957. 在甲金文中所见的一种已经遗失的中国古代文字. 考古学报，2

③《吉林大学古文字学术讨论纪要》，载《古文字研究》第一辑，第 3 页。另见张政烺：《试释周初青铜器铭文中的易卦》，《考古学报》1980 年第 4 期，第 403~415 页；《殷墟甲骨文中所见的一种筮卦》，载《文史》第二十四辑，1985 年；《易辨——近几年根据考古材料探讨<周易>问题的综述》，载《周易纵横录》，武汉：湖北人民出版社，1986 年

烺先生等都认为是用作族氏徽号，张亚初、刘雨先生已指出中鼎器铭的数字卦应与前面的文字分读，李学勤先生更指出铭文“唯臣尚中臣”是占问昭王赐褔臣于中的命辞，后面的两卦即占筮所得[①]。故可推知，铜器铸卦可能皆与占问铸器之由有关，而与族徽无涉。④张政烺先生所引用的天星观楚简数字卦例，用数为一、六、七、八、九，大体同于商代和西周。⑤张政烺先生曾根据数爻符号使用频率的统计，形成古人用数似一、六为主的说法似应作修正。汉代马王堆帛书《周易》是用一表示阳爻，八表示阴爻，新发现双古堆汉简《周易》的阴爻比马王堆帛书《周易》更明显是用“八”字表示，所以可以推测易卦阳爻是源于“一”，阴爻是源于“八”[②]。

（二）商代数字卦选释

从现有资料看，至少从殷墟文化时期到西周时期，人们推演出来的筮占卦象都是数爻，即数字卦。至于这些数字卦象的象征意义，也就是即《易》书里所讲的卦体名称、排列次序及其对它们的解释，现在还很难详考。这些资料可以按照奇数为阳、偶数为阴的原则演换成《周易》卦象。二者有对应关系，后世的《周易》可能是建立在商代筮法基础之上的。如果要溯源追根的话，现在最早的筮占实例就是商代的数字卦，这些实例包括了商代卜骨及铜器、石器等上面的数爻符号近30种，此是研究早期筮法的第一手资料。兹谨择举甲骨数卦如下。

1.《屯南》4352卜骨

图2-61　《屯南》4352卜骨数爻符号

【备注】该卜骨上的数字卦象倒刻，读为“八七六五”，属廪康时期。以张政烺先生“互体法”演之，顺读为“八七六七六五”，参经卦上坎下离，别

① 张亚初，刘雨. 1981. 从商周八卦数字符号谈筮法的几个问题. 考古，(2)：162；李学勤. 1990. 中方鼎与〈周易〉. 载：文物研究(总第六辑). 合肥：黄山书社

② 李零. 1993. 中国方术考. 北京：人民中国出版社. 241～242

卦即济。或倒读为“五六七六七八”，参经卦上离下坎，别卦未济[①]。

2. 殷墟四盘磨卜骨

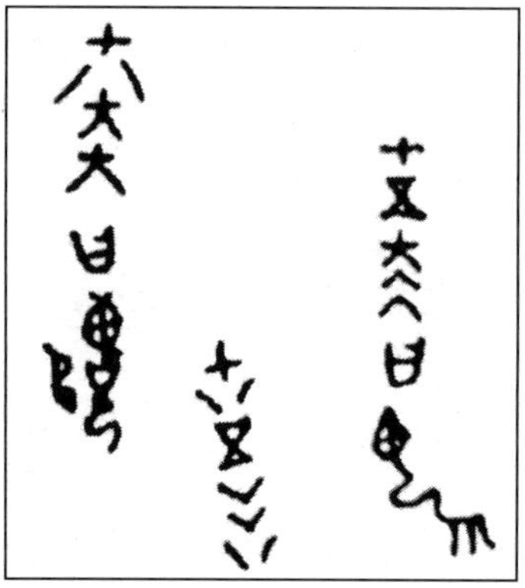

图 2-62　殷墟四盘磨卜骨数爻符号

【释文】

(1) 七八七六七六　(末一六字下刻有占辞“曰叀□”)

(2) 八六六五八七

(3) 七五七六六六　(末一六字下刻有占辞“曰□□”)

【备注】1950 年，殷墟四盘磨出土卜骨上见有三例数卦[②]，数卦与占辞在骨面上呈纵行三列，其中第二与一、三例刻辞方向互倒。属商末帝辛时期。第一例参经卦上离下坎，别卦未济；第二例参经卦上坤下离，别卦晋；第三例参经卦上乾下坤，别卦否。

3. 殷墟卜甲数卦

【释文】

(1) 九　六　　(位于中甲)

(2) 七七六七六六（位于左前甲，数卦左下方刻有占辞“贞吉”）

(3) 六七八九六八（位于右前甲）

(4) 又　又　　(位于左甲桥下部)

(5) 六七一六七九（位于右后甲位）

① 张政烺. 1985. 殷墟甲骨文中所见的一种筮卦. 文史，24；李棪. 1995. 早周骨甲所刻易卦筮符综说. 载：第二届国际中国古文字学研讨会论文及续编. 香港：香港中文大学. 42

② 郭宝钧. 1951. 1950 年安阳四盘磨 SP11 出土字骨拓文. 中国考古学报, 5. 图版肆壹；曹定云. 1989. 殷墟四盘磨“易卦”卜骨研究. 考古，(7)：636~641

【备注】20 世纪 80 年代初，考古工作者在殷墟采集到一版卜甲[①]，见有五例数卦符号。其中 2、3、5 例为纵行刻写，第 1、4 例符号及辞式为初次发现。从该版的字形特征、书写风格、卜甲攻治、钻凿形态等方面来看，与周人用甲习惯比较相近，时代应属于商代末期。第三辞参经卦上巽下艮，别卦家人；第三辞参经卦上坎下艮，别卦蹇；第五辞参经卦兑(重卦)。

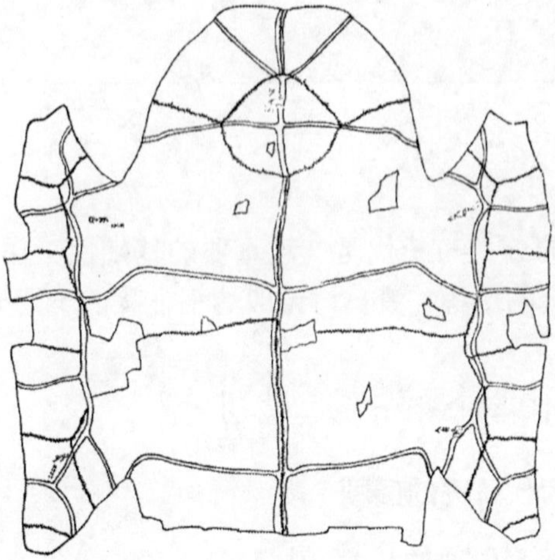

卜甲正面

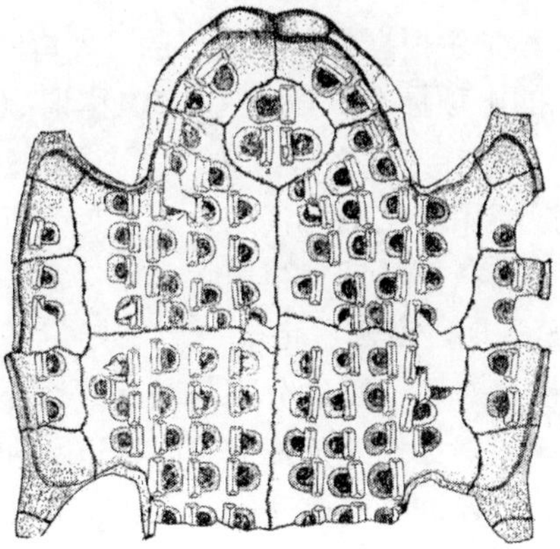

卜甲背面

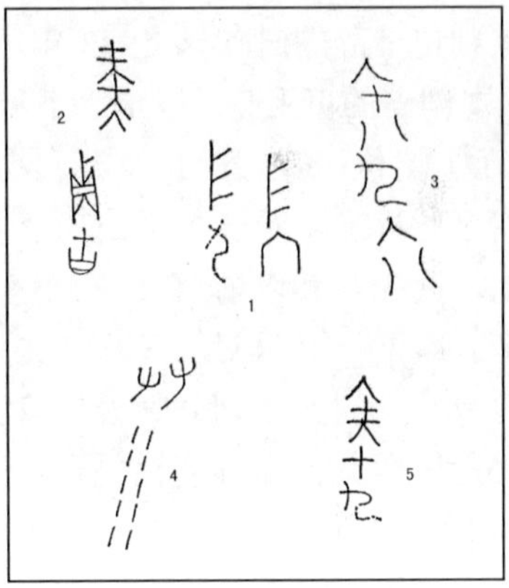

数卦摹本

图 2-63　殷墟卜骨数爻符号

① 肖楠. 1989. 安阳殷墟发现“易卦”卜甲. 考古，(1)：66~70；曹定云. 1993. 论安阳殷墟发现的“易卦”卜甲. 殷都学刊，(4)：17~24

第三章

殷墟王卜辞·𠂤组类

殷墟甲骨卜辞的分类与断代是一项重要的基础性工作。本章简要回顾殷墟甲骨分类断代研究的历程，着重讨论殷墟王卜辞的早期类型——𠂤组卜辞。

第一节　殷墟甲骨卜辞的类型划分

一、殷墟卜辞分类断代研究的回顾

长期以来，伴随着殷墟的科学发掘，学术界一直没有间断对殷墟甲骨卜辞分类与断代的研究。1917 年，王国维先生最早曾利用卜辞中所见的先人称谓来判定卜辞的时代[①]。1933 年，董作宾先生根据他早年发表的《大龟四版考释》中创立的贞人说，拟定了卜辞断代的十项标准：① 世系；② 称谓；③ 贞人；④ 坑位；⑤ 方国；⑥ 人物；⑦ 事类；⑧ 文法；⑨ 字形；⑩书体[②]。根据这些标准，董氏把当时所著拓的殷墟甲骨文的时代划分为五期，即：第一期，武丁及其以前(盘庚、小辛、小乙)；第二期，祖庚、祖甲；第三期，廪辛、康丁；第四期，武乙、文丁；第五期，帝乙、帝辛。

董先生的五期划分学说极富开创性，对于卜辞的分类与断代研究至今仍具有指导意义。但五期说也存在一些问题，如他的一部分第四期卜辞和第一期的卜辞在内容上多相关联，董氏为了解释这些难以理解的现象，曾提出晚商“文武丁复古”的论点，此说未能令人信服。另外他把甲骨卜辞类型的划分和王世的推断对应了起来，现在看来也并不那么简单。

第一个提出卜辞“分组”概念的是陈梦家先生。1951 年，陈梦家先生根据“卜人”(即贞人)系联和字形特征，将所谓“文武丁卜辞”分为𠂤组、午组、子组等几组不同的卜辞，从发掘坑位和卜辞关系上论证了其时代应属于

---

① 王国维. 1959. 殷卜辞中所见先公先王考. 载：观堂集林(卷九). 北京：中华书局

② 董作宾 1931 年 6 月发表《大龟四版考释》，见：《安阳发掘报告》第 3 期；他的《甲骨文断代研究例》刊于《中央研究院历史语言研究所集刊》外编第一种《庆祝蔡元培先生六十五岁论文集》上册，1933 年

武丁时期[①]。日本学者贝冢茂树也较早地注意到了这个问题，并将其划为武丁时代[②]。陈先生还对董氏的五期说加以改造，提出初分三期细分九期的推断。陈梦家先生有关卜辞分组分期的学说，至今仍是研究殷墟卜辞的重要文献。

李学勤先生也是较早涉足卜辞分类与断代的学者之一，并在这方面有很重要的建树。1957年，李先生撰文指出："卜辞的分类与断代是两个不同的步骤，我们应先根据字体、字形等特征分卜辞为若干类，然后分别判定各类所属时代。同一王世不见得只有一类卜辞，同一类卜辞也不见得属于一个王世。"1981年，李学勤先生又撰文阐述了他的观点，强调把甲骨卜辞的分类与断代分开来做。他的意见引起学术界的重视[③]。此间裘锡圭先生和林沄先生也曾各自撰文，分别阐述了他们自己的学说[④]。

在1986年的第六届中国古文字年会上，李学勤先生宣读了《殷墟甲骨分期的两系说》一文。李先生通过对殷墟甲骨出土地点及分类特征的考察，认为有的甲骨组类主要出于小屯村北，有的组类主要出于小屯村中和村南。故殷墟甲骨的发展可能同时存在两个系统：一个系统是村北系列，另一个是村南系列[⑤]。随后李学勤、彭裕商先生又发表了《殷墟甲骨分期新论》、《殷墟甲骨分期研究》等专著[⑥]，黄天树、彭裕商先生也各有著作阐述"两系"说[⑦]。两系说将殷墟王卜辞划分为七个大的组类，此即陈梦家先生所分出的𠂤组、宾组、出组、何组、黄组，再加上李学勤先生提出来的历(歷)组和无名组，各甲骨分组的内部还可以再划分出若干小类。这些卜辞的分组"都是甲骨组，不是卜人组，只是在命名上大多数的组借用了卜人集团中一个卜人的名字，如宾组、𠂤组等。历组只有一个卜人历，所以称为历组，意即历所卜的一组甲骨，并不是一人成为一组。无名组和非王无名组则全无卜人"[⑧]。

两系说深化了自董作宾以来的甲骨分期学说。它有助于把众多的原始材料按照分类的标准和出土情况进行有机联系，从而使相关的研究工作更加切

---

① 陈梦家：《甲骨断代学》，《燕京学报》第40期，1951年；《考古学报》第5、6、8期，1951～1954年. 后收入《殷虚卜辞综述》，北京：科学出版社，1956年，第135~206页

② 贝冢茂树. 1946. 中国古代史学的发展. 日本东京弘文堂书店

③ 李学勤. 1957. 评陈梦家殷墟卜辞综述. 考古学报，(3): 124；李学勤. 1981. 小屯南地甲骨与甲骨分期. 文物，5

④ 裘锡圭. 1984. 论"歷组卜辞"的时代. 载：古文字研究(第六辑)，263~321；林沄. 1984. 小屯南地发掘与殷墟甲骨断代. 载：古文字研究(第九辑). 北京：中华书局. 111~154

⑤ 李学勤. 1992. 殷墟甲骨分期的两系说. 1986年中国古文字研究会第六届年会论文. 载：古文字研究(第十八辑). 北京：中华书局. 26~30

⑥ 李学勤，彭裕商. 1990. 殷墟甲骨分期新论. 中原文物，3；李学勤，彭裕商. 1996. 殷墟甲骨分期研究. 上海：上海古籍出版社

⑦ 黄天树. 1991. 殷墟王卜辞的分类与断代. 台北：文津出版社；黄天树. 1994. 殷墟甲骨断代. 北京：中国社会科学出版社

⑧ 李学勤，彭裕商. 1996. 殷墟甲骨分期研究. 上海：上海古籍出版社. 27

合实际。目前的两系说只是理出了大致的框架，还不能算十分成熟，尚有待依靠基础整理工作的全面展开及新老出土资料的进一步检验。

二、对殷墟卜辞组类划分的基本认识

对卜辞组类的划分是进行殷墟甲骨断代的基础。这方面的工作不仅要通过外在的文字书写风格来区分不同组类的卜辞，也更需要通过排谱、缀合、校勘及量化整理的方法来梳理卜辞的内容，同时兼顾出土甲骨的地层、坑位及伴出器物的时代关系。近些年来，我们尝试把所有现已著录的科学的和非经科学发掘的甲骨，尽可能按上述要求进行一次综合性的基础整理。随着新材料的不断出土，过去对甲骨文分期断代上的一些认识正在不断得到补充、修正。

经我们对科学发掘以及非科学发掘甲骨著录资料的考察，目前甲骨著录的总数约为 76 000 片，排除内容重复者及采纳合理的缀合片以后，实际数量为 73 000 余片。其中村北系各组类的王卜辞著录计约 59 300 片：含自组 3500 余片(包括自宾间类和自历间类)，宾组约 39 200 余片，出组 5100 余片，何组 2600 余片，黄组约 7900 片。村南系各组类的王卜辞数量计约 10 800 余片：含历组 5300 余片，无名组 5400 余片。另外还有约 2200 余片为不同类型的非王卜辞。

根据今本《竹书纪年》记载，盘庚、小辛、小乙在位时间分别是 14 年、3 年和 10 年。这一记载虽不一定准确，似乎也相差不远。今所见殷墟甲骨卜辞，早于商王武丁的材料尚嫌匮乏，可考者从武丁执政的早期晚段以后形成风气，从此直到商代末年未有间断。殷墟时期各类型甲骨卜辞的发展进程及所处时代盖如表 3-1 所示。

王卜辞乃是不同时期以商王为中心所作出的占卜记录，这是整个殷墟甲骨文的大宗。根据甲骨出土情况、卜法文例、书写风格及占卜内容等特征，整个王卜辞从自组类甲骨开始，又大致演绎出两条线索。一是小屯村北出土的甲骨，它由自组的自宾间类发展到宾组、出组、何组、黄组。另一条线索是小屯村中、村南出土的甲骨，它由自组的自历间类发展到历组、无名组。黄组是整个殷墟甲骨的共同终结。在商王武丁至帝乙、帝辛晚商 200 余年间，各类殷墟王卜辞的发展线索可简单地列如下式：

(村北)自组→自宾间组→宾组→出组→何组→黄组

↘　　　　　　　　　　　　　↗

(村南) 自历间组 →历组 →无名组 →无黄间组

表 3-1　殷墟卜辞各组类演变及断代简表

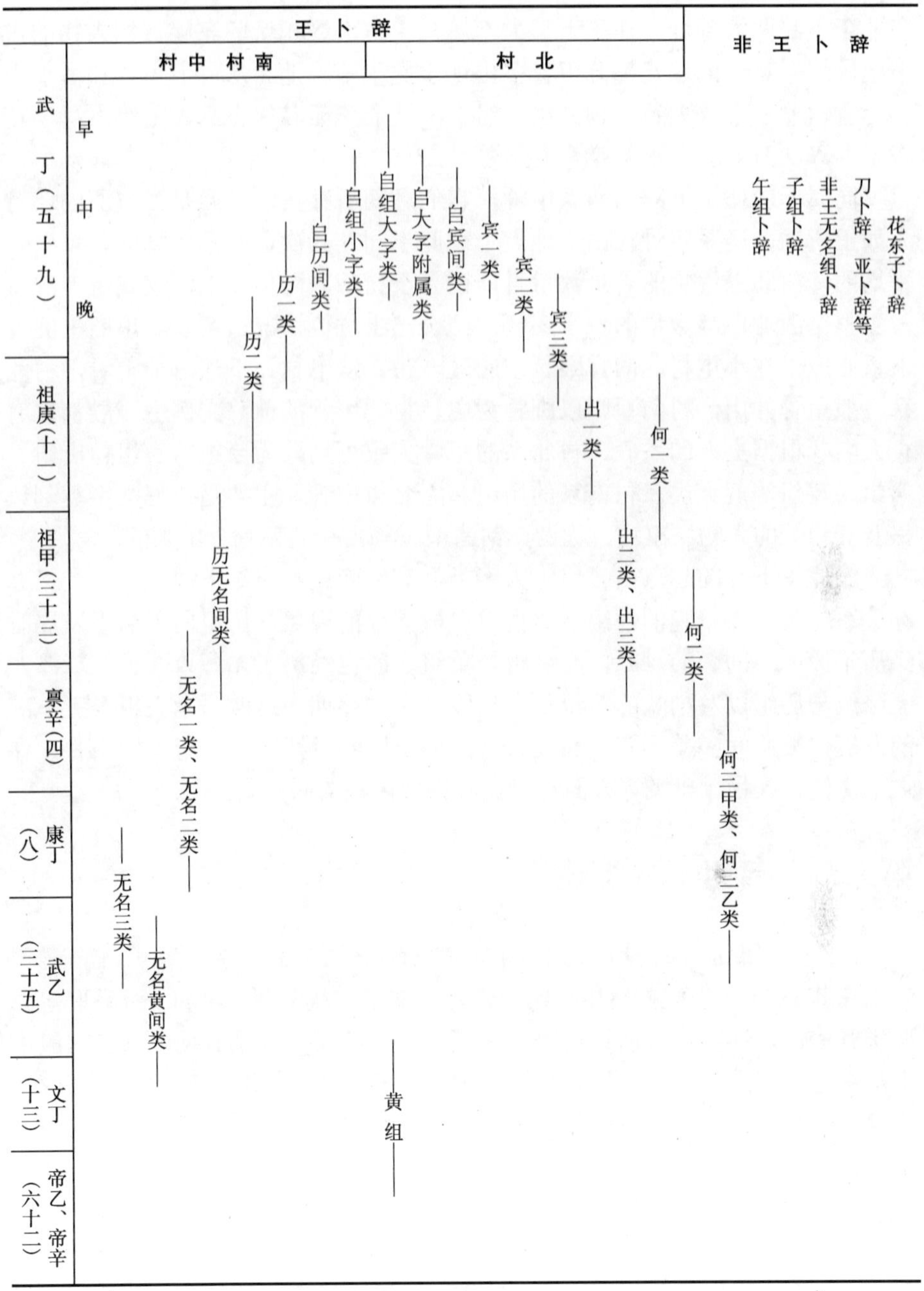

注：表中有关王卜辞的部分参考了黄天树先生《殷墟王卜辞的分类及各类所占年代总表》[1]，商王世系及在位年数参考了《今本竹书纪年》。本表里各类卜辞前后连线的长短不代表出土卜辞数量的多少。

如表 3-1 所示，从甲骨占卜的性质上来区别，殷墟甲骨大致可划为王卜辞

① 黄天树．2007．殷墟王卜辞的分类与断代．北京：科学出版社．9

和非王卜辞两大部分。非王卜辞大都属与王室血缘相亲的家族首领人物的占卜记录，今见到的这一部分甲骨多出现于武丁中晚期。从占卜主体和占卜内容上看，非王卜辞大致可划分出子组卜辞、非王无名组卜辞、午组卜辞、花东子卜辞、刀卜辞、亚卜辞等主要类型。

同属于殷墟王卜辞的两系甲骨，它们之间所存在的差异是多方面的。首先如上所述，两系甲骨在出土地点上彼此不同。其次，两系甲骨的数量不是平均的，村北系甲骨的著录数量目前已高于村南系四倍以上，仅宾组卜辞就占了整个殷墟卜辞数量的一半还多。结合出土坑位情况，可以看出商王的占卜重心应是在小屯村北的宫殿、宗庙区一带。从卜材、卜法习惯上看，村北系一般龟骨并用，村南系则以胛骨为主。村北甲骨的前辞文例中一般都署有贞人名，根据贞人的系联，村北系的甲骨大致可划分为𠂤组、宾组、出组、何组、黄组等五大类。村南系的历组和无名组甲骨，主要是依据文字契刻风格及其相关的人物、事项、称谓、钻凿型态等内在关系划分出来的。

殷墟王卜辞的起点出自𠂤组大字类，宾组晚期与出组卜辞有一段交叉并存关系，甚至与较晚的何组卜辞也有一段并存的现象。历组向无名组发展时经历了历无名间类的过渡，无名组与黄组之间也经历了无名黄间类的过渡，无名组与历组以及稍晚的黄组都有一段交叉并存期。这两系七大组类王卜辞的发展，彼此间参差不齐、相互叠合。处于同一时期的不同组类的甲骨，在占卜文例、人物、事类等方面都存在着许多内在的联系。

第二节　𠂤组卜辞综述

𠂤组卜辞即最早由董作宾先生提出的所谓的“文武丁卜辞”。后来陈梦家先生在其 1951 年发表的《甲骨断代学》一文中，从发掘坑位和卜辞系联等方面进行论证，证明这些所谓的“文武丁卜辞”应属于武丁时期，并在《殷虚卜辞综述》中首次根据贞人组定名为“𠂤组卜辞”[①]。依据贞人、坑位、文法、书体、字形及占卜内容等特点，𠂤组卜辞大致可分为以下五个亚类：𠂤组大字类，𠂤组大字附属类，𠂤组小字类，𠂤宾间类，𠂤历间类。经我们统计，目前见于各家著录的计约 3500 余片。

从一部分发掘所得的材料来看，𠂤组卜辞主要出土于小屯村北，在村南与村中也有少量出土。关于𠂤组卜辞的时代，1973 年在小屯南地发现有 8 片（缀合后为 6 片）𠂤组卜甲，出土于殷墟一期 T53(4A)层，这为𠂤组卜辞时属武丁时代提供了证据。与此后各组类卜辞相比，𠂤组卜辞在语辞、文例、卜法、字形及行款布局等方面表现出较多的早期性。其中𠂤组大字类应是殷墟时代

① 陈梦家．1956．殷虚卜辞综述．北京：科学出版社

最早的甲骨卜辞，其时代大致在武丁执政的前期。大字附属类卜辞与大字类有同版现象，二者有一段重合的时间，另外大字类在人物以及占卜事类方面与小字类的联系相对多一些。自宾间类和自历间类直接继承了自组类的一些作风，又分别与村北系的宾组一类和村南系的历组一类卜辞相衔接。自组卜辞的下限不晚于武丁中期或中期偏晚。

一、自组大字类

今著录所见自组大字类有280多片，主要出于小屯村北，有少量在村中、村南出土。占卜材料以骨为主，兼用龟甲。前辞形式主要有“干支卜”和“干支卜，某”。本类卜辞的主要贞人是扶，有时也见商王亲自占卜。另有“癸未卜，𢀛卜”（《合集》21405）的辞例，推测“𢀛”可能也是贞人。该类卜辞记月或作“某月卜”（《合集》21407、21408）。用辞写作“用”（《合集》19813正）、“不”（《合集》19883），“不用”（《合集》21267）。

本类卜辞在龟甲以及骨版上的分布疏散，行款参差环绕，不甚整齐，且不够规范。卜辞间多见半包围状或封闭状界栏，如《合集》19829、19911、19929、20015、20234、20463反等，此界栏主要是用于区分卜辞。验辞多与前辞、命辞分离，独立成行或成列。如《合集》20624为一完整龟版，上刻有4辞。第1辞呈布局，第2辞呈布局，第3辞呈布局，第4辞则呈布局[1]。这些较多地表现出卜辞的早期性特征。该类甲骨字形稍大，笔画圆润，多施以肥笔。其特征字形如下所示：

庚《合集》19777 子（地支名）《合集》19946反、《合集》20236 子（假为巳）《合集》19921 子《合集》20045 卯《合集》19798 未《合集》20015 申《合集》20088 酉《合集》20980正 戌《合集》19907 叀《合集》19945 方《合集》20441 王《合集》21305、《合集》20088 宰《合集》20045 扶《合集》19883 且（祖）《合集》20045 鼎（贞）《合集》20577 㞢《合集》21120 父《合集》19945 用《合集》21405 足《合集》20441 雨《合集》20980反 次《合集》19945 止《合集》20346 史、事《合集》20088 不《合集》20468

① 张世超. 2002. 殷墟甲骨字迹研究. 长春：东北师范大学出版社. 149～153

本类的占卜内容主要是关于祭祀方面的，也见有少量的战争、田猎、求雨类卜辞以及个别卜旬辞(如《合集》21324)。本类有关祭祀卜辞见有130片，祭祀对象主要为先公、先王、先妣，如：季(《合集》21120)、王亥(《合集》19812反)、示壬(《合集》19813正)、示癸(《合集》19812正)、上甲(《合集》19804)、大乙(《合集》19812 正)、大丁(《合集》19813 正)、鲁(阳)甲(《合集》19908)、般庚(《合集》19798)、祖乙(《合集》19761)、祖丁(《合集》20980正)、祖辛(《合集》19812反)、父乙(《合集》19760)、父辛(《合集》19921)、父癸(《合集》19947)、妣己(《合集》19883)、妣癸(《合集》19903)、母庚(《合集》19907,《合集》21148作庚母)、兄丁(《合集》19907)、兄戊(《合集》19761)等，其中对父乙的祭祀次数最多。祭祀方式多见㞢(侑)和钔祭，常见祭法有彳、伐、歲、酢 尞、酉、彡、舞、奏等。入祭的牺牲有毛牲和人牲。毛牲见有牛、羊、豕、宰、牢、彘、勿牛、牝、豕、马等；人牲见有羌、艮等。先王用牛、羊、宰较多，诸母受享的多为羊和豕类。其中《合集》19917记㞢祭般庚时用牲数量很大，一次多达百宰。

本类卜辞所见氏族或族长名有白(伯)絣(《合集》20088)、𢍰(《合集》20577)、甫(《合集》20234)、𠀠(《合集》21405)、卩(《合集》19858)、罢(《合集》20233)、何(《合集》20278)、虎(《合集》20463反)、秉(《合集》20646)、子弜(《合集》20042)、子𣏗(《合集》20045)、𡴭(《屯南》4429)、𠁁(《合集》20345)等。常见作战对象是“方”(《合集》20463)，参与作战的人物主要有𢍰(《合集》20462)和虎(《合集》20463反)。

二、自组大字附属类

自组大字附属类的卜辞数量很少，目前见有80余片，多出于小屯村北，以骨为主，偶用龟甲，与大字类有同版现象(《合集》19946正反、20576正反、《怀特》1588正反)。在内容上或与大字类有同卜一事(《合集》19957)。此类卜辞最早在1929年的第3次发掘中被发现，集中出土于小屯村北大连坑以及附近的横十三丙北支，另有少部分未见出土坑位。其前辞主要作“干支卜”和“干支卜，贞”，未见贞人。记月形式作“某月”，未见占辞、验辞、用辞和署辞。

本类的行款布局较大字类稍加规范，但形式仍然多变，习见“下行而右”和“直下行”式[①]，骨版上习见倒刻。本类字形大而草率，多曲笔，刻痕粗细不均，与大字类有较大差别。其特征字形举例如下：

庚《合集》19773 子(假为巳)《合集》19952、《合集》19957反 未《合

① 张世超. 2002. 殷墟甲骨字迹研究·自组卜辞篇. 长春：东北师范大学出版社. 188

集》19957反 申《合集》19970正 酉《合集》19956、《合集》20558 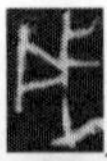戌《合集》19828 又《合集》19838 钔《合集》19844 牛《合集》19844 𤰔《合集》19957正 㞢《合集》19828、《合集》20074 亡《合集》20074 父《合集》22193 母《合集》19957反 𤰔《合集》20074 伐《合集》19957

本类占卜内容主要涉及祭祀、战争与田猎，另见少量的天气类卜辞。本类共见祭祀类卜辞20余片，祭祀对象主要有大甲、大乙、大丁、祖辛、祖乙、父戊、咸戊、母戊、母丙、母壬、母癸、萑母、匕母甲、匕母己等。其中匕母甲(《合集》19956)、匕母己(《合集》19958)是将“妣甲”与“母甲”、“妣己”与“母己”称谓合在一起的写法。祭祀方式主要为㞢祭、钔祭，常见祭法有酉、酘 𠦪等。入祭先王的人牲有奚和芻人，母辈祭祀对象所用卜料多为牛胛骨，常用“盧豕”为祭牲。《合集》19828版卜辞记录拟在壬申日㞢祭大甲三十牢；《合集》19773为牛胛骨，其中记对大乙举行㞢祭时，一次拟用牲“三十奚”。

本类战争卜辞多于大字类，主要人物有弜(《合集》19956)、雀(《合集》20576正)、豖(《合集》20400)、𠂹(《合集》19773)、多冒(《合集》20576正)、疋(《合集》19956)等。作战地点主要见有“桒”地和商王国的“南土”。作战对象除了见于大字类的“方”国外，还有“𢀛”(《合集》20576正)、𦍌(《合集》19773)、𦍒(20403)、芻方(《合集》20397)等。

三、𠂤组小字类

𠂤组小字类龟骨并用，主要出于村北，数量明显多于𠂤组大字类，今著录所见近1600片。其前辞主要作“干支卜”、“干支卜，贞”、“干支卜，某”和“干支卜，某贞”。占卜人除扶(《合集》19817)与王(《合集》19771)以外，还有𠂤(《合集》19799)、叶(《合集》20028)、卜(《合集》20426)、彴(《合集》21221)等人。其中贞人“扶”的卜辞见有118片，出现频率最高，贞人“𠂤”的卜辞见有78片，贞人“卜”有49片，“叶”有38片，“叶”作为贞人仅见于𠂤组小字类。

本类王贞卜辞较多，并见有占辞，习作“余曰”(《合集》20411、20965、《怀特》1496)或“叶𠧢曰”(《合集》20153、20534、20535)，未见“王𠧢曰”形式的占辞。本类出现较多背甲刻辞，甲尾署辞也明显多于𠂤组大字类。常见有“某入(纳)”、“某来”等形式的署辞，如“弜(𢎗)来”(《合集》20053)、“弜入”(《合集》20733)、“卜入”(《合集》21221)、“𢆶入”(《合集》2167)、

“㕯入”（《合集》20036）等。有兆辞“二告友”（《合集》20927）、“二告”（《合集》20185、20492、20611、20715、20927）、“小告”（《合集》20757、21305）、“不乞（⿱）”（《合集》6905）和“不𢆶黿”（《合集》20228），其中“二告”最为常见。辞末常出现语气助词“乎”（《合集》19815、19817、19891、19954、20098）、“印”（《合集》799、20757、20805）、“執”（《合集》799、19778、19784、20411）等。有习惯用语“冎凡㞢疒”（《合集》21035）、“冎凡又疾”（《合集》21052）、“㞢疒冎凡”（《合集》21050）、“𠁣凡疾”（《合集》21053、21054）。新见有“允某”形式的验辞，如：“允不”（《合集》20572）、“允雨”（《合集》20960）、“允𢼄”（《合集》20900）、允雈（《合集》19781）等。

与大字类以及大字附属类卜辞相比，𠂤组小字类卜辞的行款布局比较规整，其行款多以下行而左和下行而右为主。本类见有对贞卜辞，如《合集》21052版为一龟版之残，上有如下两条卜辞：

(1)癸酉卜：自今至丁丑其雨？不。

(2)自今至丁丑不其雨？允不。

第2辞省略前辞，两辞皆作下行而左状，走向一致。此版上的两条卜辞不像宾组常见在龟版上处于对称位置的对贞卜辞，应该是对贞卜辞的早期形式。此类卜辞还可见于《合集》19890、20415、20990、21387等片。

该类字形一般都比较小，笔画细，结体上也不尽相同，一个字往往有多种写法。据此我们还可将其分为两小类：一类多斜笔和曲笔，另一类则多见横笔和折笔。其特征字形举例如下：

乙《合集》19816 辛《合集》20036 庚《合集》6906 子《合集》20054 子（地支名）《合集》20409、《合集》20084 丑《合集》20037 卯《合集》20070 申《合集》20408 酉《合集》54、《合集》20297 戌《合集》6906、《合集》20180、《合集》20070 鼎（貞）《合集》6906、《合集》20899 《合集》19816 𡰥《合集》6906 㞢《合集》19817、《合集》20153 牛《合集》20055 冎《合集》20075、《合集》20293 叀《合集》20083 亡《合集》20084 方《合集》20418、《合集》20450 夨《合集》20619 不《合集》54

本类祭祀卜辞计约350片，受祭对象主要有夒、季、示壬、上甲、大乙、大戊、大甲、大丁、中丁、卜(外)丙、祖乙、祖丁、祖戊、父甲、父乙、父戊、父庚、父辛、兄丁、兄戊、兄己、小王、妣丙、妣戊、妣己、妣庚、妣辛、妣壬、大母、母戊、母己、母丙、母庚、母壬等。见有先臣咸戊、学戊。自然神有河（《合集》21112）、岳（《合集》21115）、土（《合集》21075）、四

方(《合集》21103)、東(《合集》21084)、風(《合集》21080)、云(《合集》21083)、巫帝(《合集》21074)等。此外见于《合集》19863、19864、19992、20276、20333、20367、20950、《补编》6570诸版上的“后”，《合集》19890一版中的“后母”，《合集》20029版中的“龔后”(《合集》20116版又作“龍后”)，皆指时王已去世的母辈。

本类的战争卜辞计约220余片。主要方国有见于自组大字类的“方”，还有土方(《合集》20392)、马方(《合集》20407)、刃方(《合集》6659)、亘方(《合集》20838)、羌(《合集》19754)、三羌(《合集》19755)等。除了战争与祭祀卜辞外，本类还有一些生育卜辞与天气卜辞。

本类主要人物有弜(《合集》6906)、雀(《合集》19822)、甫(《合集》19799)、豕(合集》20739)、白(伯)㝬(《合集》20532)、子㝉(《合集》20028)、子宋(《合集》20032)、子辟(《合集》19964)、子戠(《合集》20036)、白㝅(《合集》3414)、戉(《合集》20549)、多冒(《合集》20450)、𢀛白(《合集》20084)、宋白歪(《合集》20075)、竹(《合集》20333)、鼓(《合集》20075)、医(《合集》20199)、亷(㠯)侯(《合集》20066)、叕侯(《合集》3319)、青和攸侯(《合集》20072)、龍侯(《补编》6732)、犬(《合集》21053)、帚(婦)鼠(《合集》13960)、帚娘(《合集》6905)、帚白(《合集》20083)、后娥(《合集》21067)等。其中多见武丁为帚鼠、帚娘、后娥贞娩的记录，同时期卜辞还见有帚兀、帚姪、帚㴊、帚嫘、帚妾等贵妇。

婦(妇)鼠为商王武丁早期的一位重要配偶，本类有关她的卜辞计15片，主要内容是占卜生育、禳除疾患及为其子祈福。弜(㢸)是当时最为重要的部族首领之一，有关他的卜辞在自小字类中见有43片，所涉内容广泛，经常跟从武丁参加战争、田猎以及多种祭祀活动。雀应是和弜同时期的另一位重要人物，与其相关的卜辞还见于自大附类、自宾间类、自历间类与宾组。

卜旬辞在自大字类中很少见，卜辞内容仅记“貞：旬”二字(见《合集》21324)。自组小字类中的卜旬辞见有30余片。其完整辞式为“干支卜(貞)：旬亡囗(祸)”，实际辞例多省作“干支卜(貞)：旬”，占卜日期必在癸日。本类卜旬辞后或记有验辞(《合集》21021)，有占辞“吉”(《合集》21124)，部分后面跟有兆辞与月份。有时会与天气卜辞同版。本类卜夕辞的辞式是“干支卜(貞)：夕亡囗”，或省作“干支(卜)：夕”，卜夕辞的日期一般不固定。

四、自宾间类

自宾间类约1220余片，出于小屯村北，龟骨并用。前辞作“干支卜”、“干支卜，贞”、“干支卜，王”和“干支卜，王贞”等，前一种形式最为常见。占卜者除王以外，只有贞人“𧊒”(《合集》3357、10514)，未见自组的其他卜人。

本类见有甲桥刻辞19例，甲尾刻辞30例，主要记述龟甲的来源。甲尾署辞多数作“某入”，如“弜入”（《合集》117）、“𢀛入”（《合集》2886、6852）、“𠬝入”（《合集》10514）等语。另有“某某入”（如《合集》9381“𦎫紷入”），“某入若干”（如《合集》9334“弜入二百廿五”）等式。其中“弜入”和“𢀛入”也见于小字类。龟甲贡纳者主要有：凰、敀、竝、㔾、弜、吹、㕭、雀、畫、𢀛、𡘋、春、罗、各、罡、𣅀、貯、𠬝等。本类有常见于𠂤组小字类的语气辞“乎”（《合集》10514）。兆辞有“二告”（《合集》53、423、6708）、“不𢆉”（《合集》5945正、9758正）。有占辞“吉”（《合集》15422），用辞主要为“用”（《合集》1616）。特殊语辞有“叀燕吉”（《合集》12523）、“𣎴叀吉”（《合集》12937），这种习惯语辞还主要见于花东卜辞及宾三、何一类贞人史的卜辞。

本类卜辞书风秀逸，字形偏长，用笔工饬。一些字的结体开阖适度，婉转流畅。𠂤宾间类特征字形举例如下：

戌《合集》7055 子（假为巳）《合集》4676 子《合集》3091 未《合集》13727 申《合集》117 酉《合集》7015 亥《合集》6846 父《合集》2140 受《合集》8644 《合集》0981 王《合集》2301 鼠《合集》2804 其《合集》6999 鼎（貞）《合集》53 余《合集》2804 冥（娩）《合集》14020 宰《合集》4324 来《合集》6560 伐《合集》6562 羌《合集》6599 者《合集》6689 出《合集》6714 且（祖）《合集》7026 取《合集》7063 虫《合集》2140

本类的占卜内容包含有战争、祭祀、求年、田猎、天气、卜旬及王妇、休咎、祛疾等方面。敌对方国名出现较多，常见者有𢀛（《合集》6960）、𡭍（《合集》6559）、𢀜（《合集》7024）、羌（《合集》187）、𡿭（《合集》6835）、刃（《合集》6659）、𢍰（《合集》7002）等。重要人物有弜（《合集》22102）、雀（《合集》5793）、㐭（《合集》10471）、白𡨦（《合集》3421）、子𩂣（《合集》2943）、子效（《合集》3091）、子衛（《合集》3207）、更（《合集》10951）、望（《合集》6984）、𢦏（《合集》6991）、帚鼠（《合集》14020）等。其中有关弜的卜辞共见56例，与雀有关的卜辞多达70例，与㐭其相关卜辞见有30余例，内容涉及战争、祭祀、田猎、受年、疾病等方面。所见族邑名有“周”（《合集》6782）、沚（《合集》7001）“大邑”（《合集》6783）、“雈”（《合集》6785）、“何”（《合集》6789）、𡨧（《合集》6841）、㞢（《合集》6842）、㝦（《合集》6846）、𣪊（《合集》7012）、𣲙（《合集》7017）、𠭴（《合集》7048）、𠧢邑（《合集》7077）、𧊒（《合集》8135）、襄（《合

集》8268)、(《合集》8134)、(《合集》8265)等。

本类田猎卜辞见有 140 余片，其语辞格式灵活多样，有时或同版卜问天气，常附有验辞。主要记录捕获猎物的方式、种类和数量。常见逐(《合集》3243)、毕(禽《合集》6979)、隻(獲《合集》10200)、网(《合集》10514)、射(《合集》10694)等狩猎方式。所见猎物有鹿(《合集》3243)、豕(《合集》10230)、(《合集》6979)、虎(《合集》10200)、狐(《合集》10253)、麋(《合集》10374)、兔(《合集》10458)、兕(《合集》10433)、雉(《合集》10514)、猱(《合集》8984)、鱼(《合集》10471)等。

本类祭祀卜辞分别见有 140 余片。受祭对象主要有王亥(《合集》14756)、大甲(《合集》8425)、大乙(《合集》4325)、羌甲(《合集》8984)、祖乙(《合集》1575)、祖丁(《合集》1829)、祖辛(《合集》7026)、父甲(《合集》4324)、父庚(《合集》12980)、父乙(《合集》21065)、父戊(《合集》2300)、兄丁(《合集》3202)、兄戊(《合集》40829)、妣庚(《合集》2473)、妣癸(《合集》2504正)、母庚(《合集》2550)、母萑(《合集》3277)、黄尹(《合集》7865)等。自然神有岳(《合集》377)、河(《合集》12853)、三云(《合集》13401)等。祭祀方式最常见的为㞢祭，其辞例表现为“㞢+于+祭祀对象”的格式。另外还见有钔、𠦪、𠕋等祭礼，常见祭法有酉、酉彡、伐、尞、卯、彳、歲等。祭牲种类主要为毛牲宰、牛、羊、犬，人牲有𡴫和羌(《合集》377)。

五、自历间类

自历间类卜辞主要出于小屯村中与村南，龟骨并用，卜辞不署贞人名，今见有 310 余片。前辞作“干支卜”或“干支卜，贞”。本类未见占辞，验辞比例稍高，多作“允某”，如“允雨”(《合集》33838)、“允易”(《合集》34576)、“允受㞢(佑)”(《合集》20525)等。验辞的位置或在兆序下方(《合集》33834)，或在命辞下方(《合集》33838)。有的卜辞附记地名，如“才(在)商”(《合集》33127)、“才来”(《合集》20907)等，还有的附记占卜时间，如“一月”(《合集》20606)、“十月”(《合集》20215)等。本类与自组甲骨有同坑出土的记录，有与自组格式相似的甲尾刻辞，二者的钻凿形态近同，有同时、同事、同卜等现象[①]。如甲尾署辞“入”(《合集》9374)亦多见于自组小字类与自宾间类。

本类有成套占卜的现象，如《合集》20038、20039 同文，22421 反与 22422 同文，34120(兆序为“三”)、34121(兆序为“二”)与 34122(兆序残失)同文，《屯南》2534、《合集》32187、《补编》10481 同文，《合集》33309、33311、33312 是三版同文的龟甲。有的成套卜辞兆序数字达到“七”，如《合集》20578(《屯南》4514)。常见于自组小字类的句末语气辞以及“二告”、“小告”

---

① 李学勤，彭裕商. 1996. 殷墟甲骨分期研究. 上海：上海古籍出版社. 77~78

等兆辞，在本类卜辞中则很少见到。本类还见有一例中甲署辞[①]（《屯南》4516，即《合集》33069）。

本类与历组卜辞也有密切的联系，并存在共版现象。如《合集》32491版正面为本类字形，反面为历一类字形；《合集》34011版骨颈两辞，右侧为本类字形，左侧属历一类；《合集》32187、《补编》10481、《屯南》2534三版同文，为成套卜骨，皆卜问“用侯屯”事，前二者属本类，后一版属于历一类。本类有些用字习惯与历组卜辞一致，如求年用“禾”（《合集》33311）不用“年”；祭祀动词多用“又”（《合集》32402）不用“㞢”等。还有一些卜辞字形与历一类近似，不易区分。

在书写风格上，本类有些字与𠂤组大字附属类比较较近，字形潦草而多曲折之笔；笔画柔润含蓄，与历组一类卜辞的书写风格比较接近。其特征字形举例如下：

庚《合集》20516、《合集》22136 、辛《合集》20039 子（地支名）《合集》22421正、《合集》32226 子（假为巳）《合集》20516 未《合集》20510、《合集》34010 酉《合集》33082、《合集》20524 亥《合集》20383 伐《合集》899 又《合集》20530 ⿴囗卜《合集》22404 牛《合集》20530 鼎（貞）《合集》33074 且（祖）《合集》32504 雀《合集》20384、《合集》33071 王《合集》33082、《合集》33083 雨《合集》33838 易《合集》34010

本类卜辞以祭祀、战争类卜辞为多，另外还见有卜天气、出行及卜旬辞。本类见有祭祀卜辞60片，祭祀对象除了常见的先公、先王、先妣、先母外，还有对自然神祇的祭祀。所祭祖神有王㚇（《合集》34295）、上甲（《合集》32080）、三匚（《合集》22422）、二示（《补编》8725）、大乙（《合集》32404）、大甲（《合集》32472）、大庚（《合集》32491正）、大戊与中丁（《合集》34121）、祖乙（《合集》899）、祖辛（《合集》32205）、祖丁、祖戊、丩甲（《合集》22421反）、父乙（《合集》32226）、母庚和己母（《合集》21032）、妣己（《合集》20038）、小卜辛（《合集》20398，即《屯南》4513＋4518）等。自然神见有岳和山（《合集》34205），河（《合集》34295），瀶（《合集》20612），帝、山、土（《合集》21078）等。本类在对先人的称谓上存在日名在前的现象，如：甲大（《合集》33180）、乙大（《合集》32559）、丁祖（《合集》34010）、庚妣（《合

① 曹锦炎. 1999. 中甲刻辞——一种记事刻辞. 东南文化，(5): 109~110

集》22136)等，此亦见于村南系列的早期卜辞和武丁时期的非王卜辞。

本类所见重要人物有：雀(《合集》20526)、弜(《合集》20399)、子䜌(《合集》639)、般(《合集》32812 甲)、侯告(《合集》32812 甲)、子妥(《合集》20038)、貯(《合集》20060)、侯専(《合集》20065)、𠂇侯(《合集》20067)、夫(《合集》20166)、目(《合集》20173)、亘(《合集》20175)、臣(《合集》9374)、𢀛侯(《合集》33071)、啚和沚或(《合集》33074)等。所见方国主要有𢓊(《合集》20399)、尸方(《合集》33038)、缶(《合集》20524)、戋(《合集》20394)、𢀜(《合集》20530)、歸(《合集》20502)、亘(《合集》20383)、𢀛(《合集》33081)、獋(《合集》33077、33083)、𠦪(《合集》20510)等。其中亘和戋是与商王朝亦敌亦友的方国。

在本类有一些天气卜辞中，习见𠦪雨(《合集》33949)、𦏲雨(《合集》34295)、尞雨(《合集》34205)、烄雨(《合集》33949)、"巫宁风"(《合集》33077)等语。本类占卜商王出行的卜辞约 30 余片，主要用语有"王步"、"王入"、"王涉"、"王省"(如《合集》20038、20262、20578、32956、33125、34153、34154，《补编》6699)等辞。有些"王入"卜辞与卜旬、卜天气、卜疾、祭祀等卜辞同版，在卜事上存在一定的联系。其中"王涉"(《合集》20273)应是王出行时的一种渡水方式。"王步"又可与"易日"同辞，习作"王步，干支易日"的辞式(如《合集》32941、32942、34012、34013、34014 等)，类似的辞式亦见于历一类卜辞。

本类有卜旬辞 14 片，多用牛胛骨，所见兆序最大者为"三"。通版在骨条、骨面处刻写卜辞。骨面卜辞常并行数列，行款无定式，或作不等长的两列，或作三列。前辞、命辞在骨面上或分隔两处，习作╝形布局(如《合集》34991)。本类卜旬辞常见干支中断、漏隔的现象，这是早期卜旬辞常见的作法。如《合集》34991 骨条上的干支分别为癸卯、癸丑、癸酉、癸未、癸巳、癸亥，第二、第三个干支之间漏癸亥，第五、第六个干支之间漏癸卯、癸丑。因为干支隔漏中断，加之同版卜辞密集，本类卜旬辞的时间跨度通常较大。如《合集》22404 通版 10 余条卜辞，有"十二月"、"一月"、"二月"、"三月"、"四月"、"五月"等 6 个记月。《合集》34991 版残，仅有部分骨条和骨面，上有卜旬辞 18 条，同版有"七月"、"八月"、"九月"等三个记月，至少跨三个月份，这在较晚的历组二类、无名组、何组卜骨上是少见的。

第三节　自组卜辞选释

1.《合集》19813 正

该胛骨于 1937 年小屯村北出土(编号 15.2.35、15.2.39)。原著录参考:《乙编》9087+9092。现藏台湾“中央研究院”历史语言研究所。

图 3-1 《合集》19813 正(拓片)

【释文】

(1)丙申卜,𫳅:延(延)爯(稱)工,馬用大丁? 三

(2)庚寅卜，[扌大]：二牛示壬？
(3)辛卯卜，[扌大]：示壬二牛？

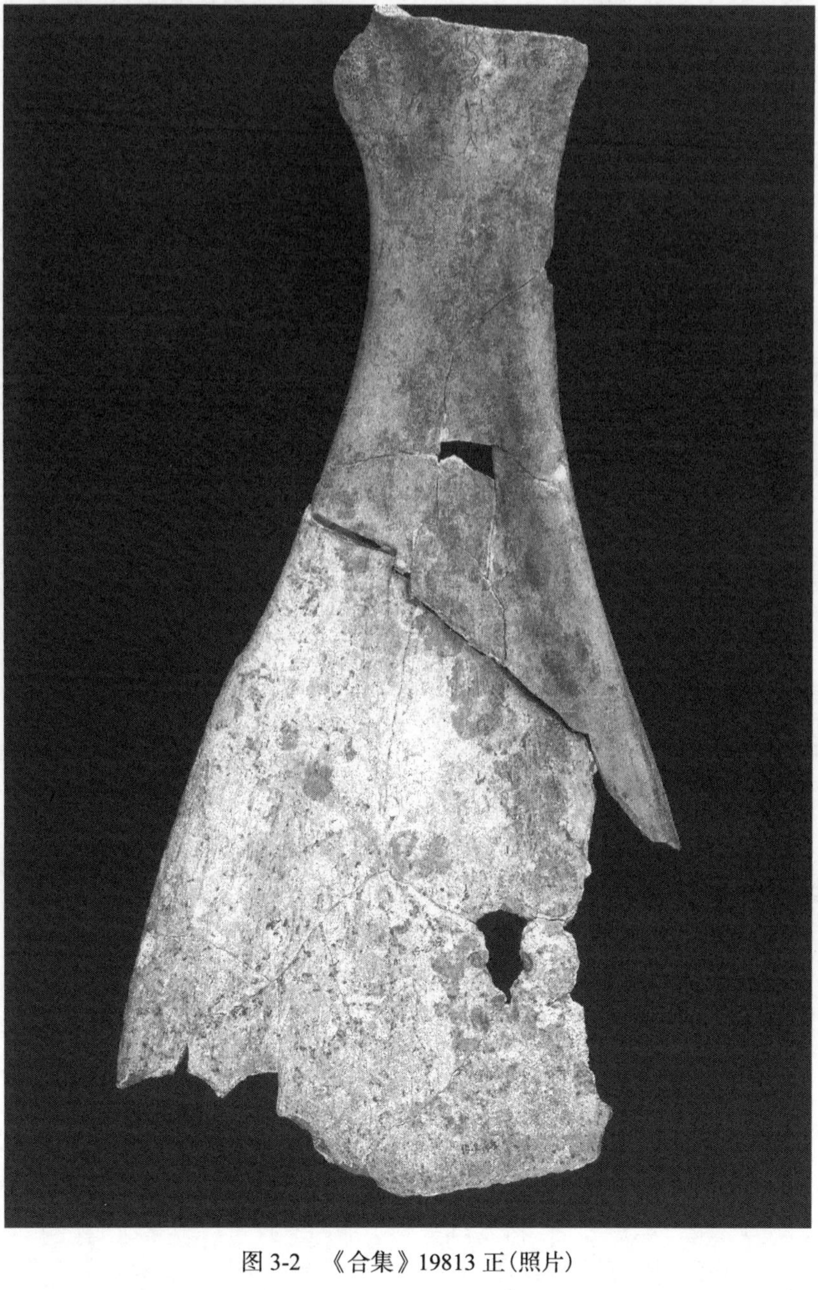

图 3-2　《合集》19813 正(照片)

【备注】此版为一较完整的牛肩胛骨，骨臼部分未作切口。骨面上文字稀疏，行款排列无序，所见爯、馬、[彳止]诸字象形性较强，表现为殷墟早期卜辞的特征。其中如“卯”字两竖笔外侧的封闭性笔画近乎方形，“丁”字作圆形，“申”字主干笔画勾曲圆转，是𠂤组大字类多见的写法。

第1辞卜问是否延迟举行“稱工”的典礼，并向先王大丁献马牲为祭。第2、3辞干支相连，卜问内容相同，皆贞问是否用两头牛牲向商先王示壬致祭。

2.《合集》19777

该甲骨原著录参考：《京都》3044。现藏日本京都大学人文科学研究所。

【释文】

图3-3 《合集》19777(拓片)

(1)庚午卜，王：方至今日？

(2)己巳卜…

(3)己巳卜…

(4)己巳卜，王：㞢（侑）㞋后以丙？

【备注】此版诸字用笔柔润、浑厚。其中的“午”字作肥硕的串珠之形。“方”字作[古文字]形，“王”字作[古文字]形，其中表示斧钺的结构作填实状，“㞢”字作[古文字]形，这些写法仅见于早期𠂤组大字类。

本版系商王亲卜，第1辞问当日敌方是否来侵。第4辞卜问是否把丙族人贡纳的人牲㞋向过世的王后致以侑祭，“丙”是当时身世显赫的贵族首领，目前计约160件商代青铜器铸有此族氏名。

3.《合集》19956

该胛骨原著录参考：《佚存》392(不全)，《历拓》2946，《邺初下》36.4(不全)。现藏清华大学。

【释文】

(1)庚午卜：㞢(侑)匕(妣)母甲盧豕？(此辞倒刻)

(2)癸酉[卜]：疋弜于入[古文字]刃比？

(3)癸酉[卜]：自弜疋弜？

(4)癸酉卜：疋于枼[古文字]？

(5)小鹿。

【备注】此版书风为𠂤组大字附属类。其字形较大，用笔曲折而散乱，稍欠规整。如㞢字作[古文字]形，两外缘笔画顶端向内转折，中竖顶部和底部皆有横笔，底端短横中部略凹陷；酉字作[古文字]形，束腰、鼓腹、锥底；弜字作[古文字]形，笔画的折度较大；鹿字象形意味较强。

第1辞卜问是否向妣母甲奉献“盧豕”（一种猪牲）。第2～4辞的主人公是“疋”，事关对其行程和驻扎地的安排。“疋”为商朝的一个部族，在本组小字类中有为其在妊地狩获猛虎的贞辞（《合集》20706），另在宾组中也见有其与商王一起参加战争的占卜记录。“枼”是地名，“𠂤”在此用作动词，表示疋率领的队伍拟驻扎在枼地[①]。

图 3-4　《合集》19956(拓片)

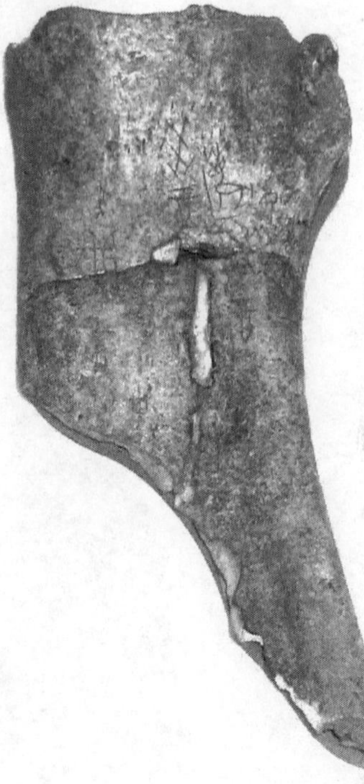

图 3-5　《合集》19956(照片)

4.《补编》10436

该胛骨原著录参考：《裘缀》1（《合集》32385＋35277），《佚存》986，《甲释》87，（《佚存》256）（《美国》418）＋《甲编》2282。《甲编》2282 于 1929 年小屯村北横十三丙北支出土（编号 3.2.0056、3.2.0063、3.2.0077、3.2.0120）。各部现藏台湾“中央研究院”历史语言研究所。

【释文】

(1) 辛酉卜：無(舞)今日…

(2) ［辛］未卜：𠦪上甲、大乙、大丁、大甲、大庚、大戊、中丁、且(祖)乙、且辛、且丁十示率𤘘？

(3) ［壬］申卜：…从大乙、大丁、大甲、大戊、大庚、［且］丁、中丁、

① 王蕴智. 2004. 枼字谱系考——兼说商代的枼族. 载：字学论集. 郑州：河南美术出版社. 233

且辛、且丁、率□示…
(4)…雨自上甲、大乙、大丁、大甲、大庚、大戊、中丁…
(5)辛未…申雨自…(刻字不成辞)

图 3-6　《补编》10436(拓片)

【备注】此版第 1 辞卜问是否行舞以求雨。第 2、3、4 辞向上甲以下十位直系先王祈雨，“率䍧”指全部使用公羊为祭牲。经过缀合后的此版卜辞虽然仍有残缺，但它与《殷本纪》上甲以下十位商王直系庙号相印合，是考察、印证商王世系的重要资料。

5.《合集》14116

图 3-7　《合集》14116(拓片)

该胛骨原著录参考:《邺初》下 40.5,《续存》上 1041。现藏地不明。

【释文】

(1)貞:帚(婦)鼠冥(娩),余弗其子?四月。

(2)壬申卜:多冒無(舞),不其从雨?

【备注】此版属于𠂤组小字类。其字形小巧端正,书风清秀。其中如貞(鼎)字方耳而高足,申字左右两侧的笔画作斜向的短直笔,不字无上横,字形下部形似植物根状的三画作曲折的弯笔。

第 1 辞卜问妇鼠生育。第 2 辞卜问"多冒"们举行舞蹈的祭仪,是否会求得顺雨。贞卜生育在此类卜辞中较为多见。

6.《合集》12819

该龟甲于 1931 年小屯村北 E16 出土(编号 4.0.0135)。原著录参考:《甲编》3069。现藏台湾"中央研究院"历史语言研究所。

【释文】

(1)庚寅卜:辛卯桒,無(舞)雨?　一

(2)…壬辰桒、囗雨?

(3)庚寅卜:癸巳桒,無雨?　一

(4)庚寅卜:甲午桒,無雨?　一

(5)…桒…乙…六羊土?

【备注】第 1～4 辞内容相类,是庚寅日卜选在辛卯、壬辰、癸巳或甲午四日中的某一天举行桒祭,拟行舞以求雨。第 5 辞残,"六羊土"即六只公羊,此指举行桒祭的用牲。

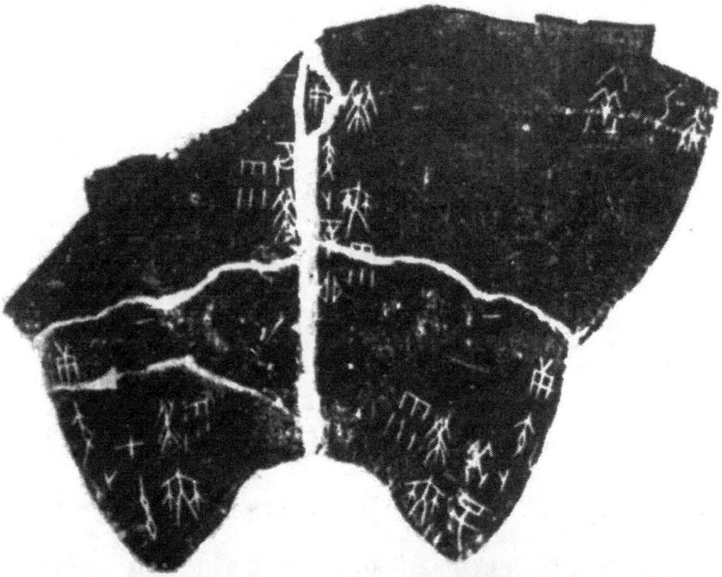

图 3-8　《合集》12819(拓片)

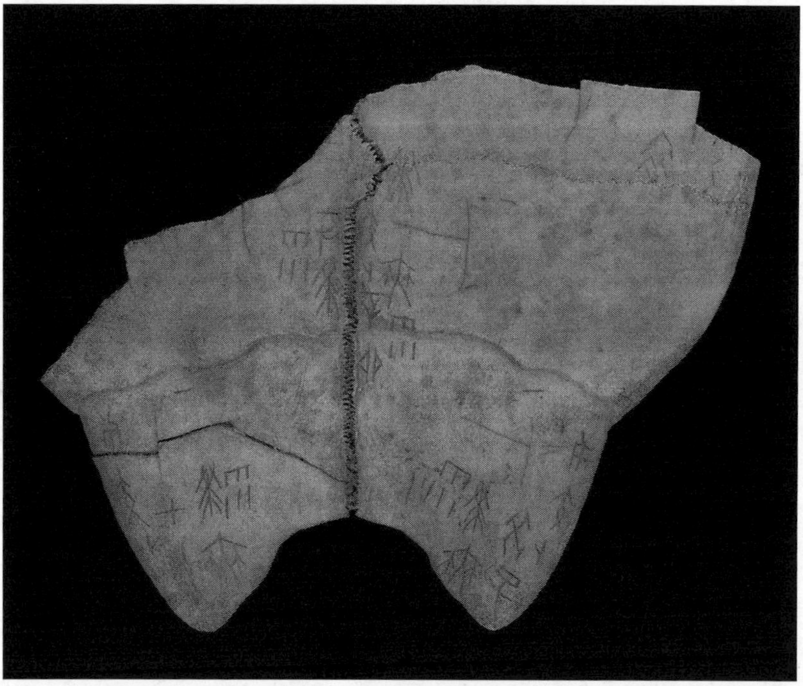

图 3-9　《合集》12819(照片)

7.《合集》10951

该龟甲原著录参考：《乙编》3208＋3214＋7680 与《考文》7＋12＋17＋18＋32 缀合。《乙编》3208＋3214＋7680 于 1936 年小屯村北出土(编号13.0.6837、13.0.6840、13.0.6841、13.0.6857、13.0.6859～13.0.6862、13.0.6864、13.0.6865、13.0.16222～13.0.16227)。各部现藏台湾"中央研究院"历史语言研究所。

【释文】

(1)壬午卜：王其逐才(在)萬［鹿］隻(獲)？允隻五。 一 二 二告

(2)壬午卜：王弗其隻才萬鹿？ 一

(3)壬辰卜，王：我隻鹿？允隻八豕。 一

(4)壬辰…不其…

图 3-10 《合集》10951(拓片)

(5)丁未卜：王其逐，才蚰鹿隻？允隻七。一月。 一
(6)戊午卜：更𠳋𡆥（擒）？允𡆥二…二月。 二 五 七 八
(7)戊午卜：更𠳋弗其𡆥？ 一 二

【备注】此版属于𠂤宾间类。用刀简洁明快，笔画刚中带柔，其书风为宾组卜辞所沿承。卜辞涉及田猎之事，田猎时间从第 1、2 辞的“壬午”、第 3 辞的“壬辰”、第 5 辞的“丁未”到第 6、7 辞的“戊午”，历时 36 日。所涉猎物为鹿和豕，狩猎方法包括逐、𠳋（设陷阱）两种，所涉田猎地名有萬和蚰。参与田猎的除了商王之外，另有部族首领更。

8.《合集》20510

该胛骨于 1929 年小屯村中斜一支出土(编号 2.2.0287)。原著录参考:《甲编》709。现藏台湾“中央研究院”历史语言研究所。

【释文】
(1)壬子…甲寅[易日]?
(2)癸丑…不(否)? 三
(3)辛未卜：王一月辜徝(通)，受又(佑)? 三
(4)乙亥卜：生月王辜徝，受又? 二 三
(5)丙子卜：王二月辜徝，受又? 三

图 3-11 《合集》20510(拓片)

【备注】此版属于自历间类。第 1 辞残，卜问是否变天，殷墟早期战争类卜辞中多有卜问天气之辞。第 3～5 辞卜选商王攻打通方的时间，三辞的占卜时间依次是辛未、乙亥、丙子日。

9.《合集》34010

该胛骨原著录参考：《佚存》38，《遗珠》678。由白川一郎收藏。

【释文】

(1) 丁丑卜：口丁且(祖)一牢？

(2) 辛巳卜：王步，壬午易日？

(3) 不易日？

(4) 辛巳卜：王步，乙酉易日？

(5) 不易日？

(6) 壬午卜：王步，癸未易日？

图 3-12　《合集》34010(拓片)

(7)癸未不易日?

(8)...易日?

【备注】第1辞卜问是否向祖丁贡纳一头圈养的牛为祭牲。"丁祖"是"祖丁"的倒称，这种写法在𠂤历类、历一类及同时期的非王卜辞中都可见到。后几辞两两对贞，卜问翌日商王行军时是否会变天。"王步，干支易日"是此类和历一类卜辞常见的句式。

第四章

殷墟王卜辞・宾组类

宾组类甲骨主要出土于小屯村北，出土层位翔实的有殷墟第 1、4、13 次等发掘记录。其中在 1936 年第 13 次发掘的 YH127 大圆坑内，十分之九出的是宾组卜辞。宾组中所见贞人多，跨越时间长，记录内容丰富，主要为商王武丁中后期时的甲骨遗物。该类甲骨占殷墟出土甲骨卜辞总数的一半以上，在殷墟王卜辞中占有十分重要的地位。依据文字的契刻风格及相关的人物、事项、称谓、钻凿型态等内在关系，宾组卜辞可再划分为宾一、宾二和宾三等三个亚类。宾组卜辞甲骨并用，所见甲骨大版和长辞较多。其中宾一类约 8900 余片，宾二类 24 000 余片，宾三类 5700 余片。

宾组卜辞的主要祭祀称谓有祖乙、父甲、父庚、父辛、父乙、兄丁、母庚等。其中父乙、母庚是时王武丁对先父小乙及已故母亲的尊称。在自组卜辞中所见的昜(陽)甲、盘庚称谓，在宾组中多称父甲、父庚。习见于自组的兄丁、兄戊在本组也比较常见。

从卜辞所见人物来看，宾一类的人物多与自宾间类相同，有些人物如子商、雀、弜、白𠂤、妇鼠等还见于自组小字类卜辞。宾二类中也见有一些与自宾间类、自小类、宾一类相同的人物，另有些人物则只与宾三类相同。宾一类与武丁中期偏早时的自宾间类有一段并存期，其下限与武丁中晚期的宾二类也有一段交叉现象，一部分宾三类卜辞与后来的出组一类、何组一类相衔接。宾组类内部及与其相关组类之间的时代关系，可简要用下图表示：

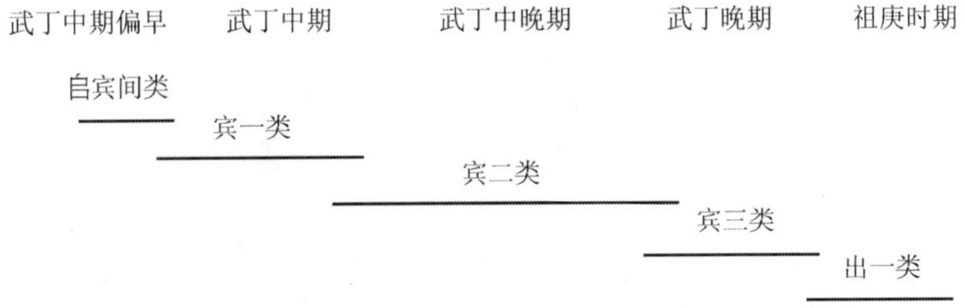

第一节　宾组一类

一、宾组一类卜辞综述

宾一类卜辞发掘单位主要在小屯村北，龟骨并用而以龟卜为多。仅《合集》著录的该类甲骨就有5300余片，卜辞的前辞形式多为“干支卜，某贞”。此外还有“干支卜，某”、“干支卜，王”、“干支卜，贞”、“贞”等辞式。贞人主要见有㱿、宾、争、内，另有少量卜辞为贞人古、亘、𠬝(随㱿、宾、争、内等人一同卜旬)、永、韋、𣳠(后三人见于卜雨)所卜。本类以㱿的卜辞最为多见，㱿与宾、争、内等贞人或同见于一版。如《合集》536有贞人内、争、㱿，《合集》4121有宾、㱿，《合集》5516有争、宾，《合集》6572见有争和内，他们彼此共时而且都是颇具影响的占卜主持人。

在卜法上，本类一事数卜、正反对贞的辞例较𠂤组更为常见。YH127曾出土一组经过改制的背甲(参见《合集》118、1144、3461、8492、8591、9733正反、13759正反、14707、14488等版)，这些背甲卜辞均属于宾一类。本类还发现有削锯甲桥的例子(如《合集》2002正反等)，出现有甲桥署辞。本类常见的甲尾刻辞有“某入”、“某来”等语。右甲桥部位习见“某入若干”(如《合集》14209反“雀入百五十”)之辞，此用以记录某族人贡纳龟版的数量。

本类的文字契刻风格大致比较接近，其中刻在骨版上的字形稍大，用笔整饬，直笔较多(如《合集》318、5758、12974等)；刻在龟版上的字形略小，多折曲之笔，笔画瘦挺而内敛(如《合集》14364正、536、776正等)。本类特征字形如下揭所示：

甲《合集》4121 丙《合集》4519 丁《合集》360 庚《合集》360 辛《合集》6959 壬《合集》7137 癸《合集》16562 子《合集》13140 丑《合集》13109 寅《合集》16562 卯《合集》16562 辰《合集》4121 子(巳)《合集》2940 午《合集》1027 未《合集》13140 申《合集》13140 酉《合集》6570 戌《合集》7137 亥《合集》7137 㝊(宾)《合集》4121 㱿《合集》4121 爭《合集》776 内《合集》13109 鼎(貞)《合集》2940 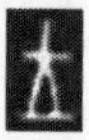王《合集》6641 㞢《合集》776 𡆥《合集》16562 且(祖)《合集》1623 

告《合集》7084 吉《合集》734 雀《合集》4121、《合集》6959 乍(作)《合集》6570 以《合集》14198 正 方《合集》6570 我《合集》6570 自《合集》6571 叀《合集》10950 不《合集》6460 酻《合集》536 伐《合集》6937 来《合集》7137 翌《合集》13109 牢《合集》360 亡《合集》16562 今《合集》16562 若《合集》14198 正 帝《合集》14198 正

宾一类中见有诸子、诸妇、部族首领、侯伯等不同身份的人物。诸子者如子𩰫(《合集》536、2940)，子𡚸(《合集》3186、728)，子𨚔(《合集》536)，子𧊒(《合集》5758)，子畫(《合集》5785)，子𨺅(《合集》13109)，子宊(《合集》5758)等。子𩰫、子𧊒、子畫等为当时的王室要人，其地位显贵，在卜辞中经常参与商王室的重大活动，享有祀神祭祖的权利与义务。多子族的族长们一般拥有自己的属地，对商王朝有出兵、贡纳的义务。商王武丁对他们也非常关心，经常会为他们的事情进行占卜。

本类卜辞中的王妇主要有“帚鼠”(《合集》40854 正反)、“帚娘”(《合集》2786、2787)、“帚婞”(《合集》6905)等。卜辞中的诸“帚(婦)”具有很高的贵妇人地位，除了备受商王关注的生育之事，她们也常常听命并参加有关商王的活动。婦鼠是较早见于卜辞的商王配偶之一，她曾出现在𠂤组小字类、𠂤宾间类卜辞中，常见商王为其贞娩。宾一类不见对其贞娩，却见有问她是否“来”的卜辞。在历一类卜辞中有“帚鼠亡冎”(屯南 3847)的占卜，可见这个阶段商王更为关心婦鼠的健康，宾三类另有两片是卜问“丧帚鼠”于某地。通过系联相关卜辞，盖可推知婦鼠于武丁在位的中期偏早之时生育，于武丁晚期去世。本类还见有商王为婦婞贞娩的辞例(《合集》6905)，也多见有为婦娘禳灾(《合集》2787)的记录。

本类卜辞所见的部族首领主要有雀(《合集》4121)、弅𤴓化(《合集》6648 正)、釆弅(《合集》4209)、沚戠(《合集》914 正)、𠬝(《合集》6937)、弜(《合集》6905)、望乘(《合集》237)、甫(《合集》10349)、逆(《合集》270 反)，𠂤般(《合集》5785)、戣(《合集》13675 正)、𠣋(《合集》5758)、㫃(《合集》10964 正)、贮(《合集》10964 反)、弙(《合集》6834)、屯(《合集》14201)以及白𡆥、昜白、侯告等侯伯。商王经常会为各部族的安危以及是否来朝进行卜问。卜辞中所见族名、首领名、地名往往是重合的，这方面一般还需要结合实际辞例来加以判断。

比起𠂤组卜辞，宾组类所记载的战争卜辞明显增多，这一方面表现为商王武丁不断地向外扩张势力范围，另一方面也受敌对方国的侵扰。本类卜辞

中常见的方国部族有马方(《合集》6664)、基方(《合集》6571)、𠂤、缶、不(《合集》6834)、𢍰(《合集》6648)、興方(《合集》270)、戈(《合集》6959)、亘(《合集》6959)、壴(《合集》6959)、𢀛(《合集》6959)、桑(《合集》6959)、尸方(《合集》6460正)、下危(《合集》6498),𢀛方(《合集》6641)、獯(《合集》6931)、衖(《合集》6896)等,经过多年的战争,一些方国俯首称臣,或者被消灭,商王国的政权逐渐巩固并强大起来。

武丁对獯(𤞷)方的战事涉及的部族首领有雀、亯和沚(如《合集》6931、6937、6926),商王曾反复卜问是自己亲自前往,还是派其他将领讨伐獯方。对基方作战的主要人物既有子𡧊,又有雀,战事发生在当年的四五月间。雀这位部族首领还曾指挥对亘和𢀛的战争(如《合集》6959)。有关对𢍰的战事,指挥作战的将领是奔𢓊化,卜辞中曾多次贞问是否会重创𢍰部族(如《合集》10171正)。这些战事在卜辞中所涉及的出征将领、作战方式各有不同。一些时候商王是同时在与几个敌国进行交战,如对基方、缶以及和𠂤的战争就是这样。

在祭祀祖神时,该类卜辞具有代表性的称谓是"祖乙"(《补编》111正),"父辛"(《合集》2163),"父乙"(《合集》969、2211、2940、3186),"兄丁"(《合集》2163、3186、10344正反),"母庚"(《合集》2549)等,其中又以"父乙"、"母庚"、"兄丁"在本类卜辞中最为常见。"父乙"、"母庚"是时王武丁对先父小乙及已故母亲的尊称,"兄丁"则是武丁对同辈兄长的称谓。

本类卜辞中所见祭品既有羌、妾等人牲,也有牛、羊、豕、牢、宰等毛牲。其中用羌人入祭先人的现象比较常见,对自然神祇也或以人牲致祭,而且在㬜告时所报毛牲和人牲的数目有时很大。本类还多见求受年、降熯以及祈雨的卜辞,商王为农作物收成每每向河、岳、社神以及商族的先公先祖举行祭祀。该类卜辞亦习见与农事有关的"告麦"(《合集》9620～9626)的占卜和祭礼。

本类有为数不少的卜旬、卜夕辞,辞式繁简不一。卜旬辞一般作"干支卜,某贞:旬亡囚"的辞式,或简省作"干支贞:旬"。卜夕辞多数作"干支卜,某贞:今夕亡囚",或省作"干支贞:夕"。本类还出现成套的甲骨。如《合集》16569为贞人㱿主持的卜夕记录,骨版中各辞的卜序皆为"一",为成套卜夕辞的第一版。《补编》4733骨版的卜夕辞为贞人宾主持占卜,序辞皆为"二",应是成套卜辞的第二版。《合集》6571由贞人㱿主持占卜,主题是征伐基方和缶人。该龟版中各辞的兆序皆为"三",此为成套卜甲的第三版。

二、宾组一类卜辞选释

1．《合集》1623 正

该龟甲于 1936 年小屯村北出土(编号 13.0.11381、13.0.11386、13.0.12507、13.0.12508、13.0.12509、13.0.12574、13.0.12448、13.0.12580、13.0.12587、13.0.13593、13.0.13615、13.0.13601、13.0.13611、13.0.13784)。原著录参考：《乙编》4968＋5736＋6451＋6460，《丙编》483。现藏台湾“中央研究院”历史语言研究所。

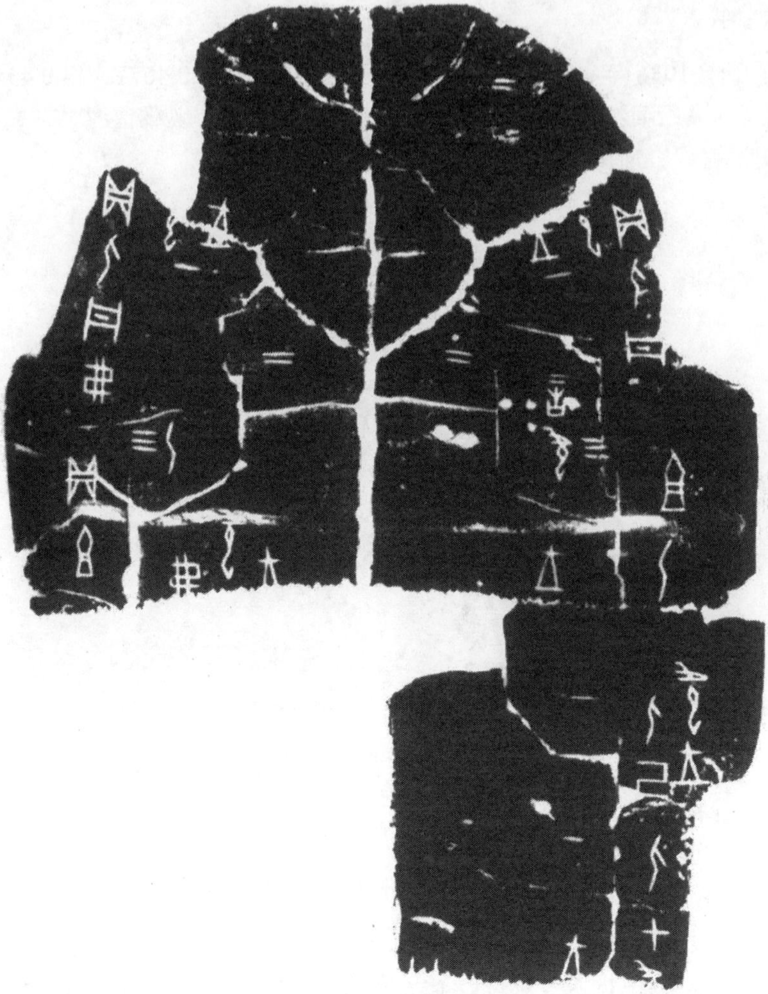

图 4-1　《合集》1623 正(拓片)

【释文】

(1) 貞：匕(妣)丹盅(蠢)王？　一

(2) 貞：匕丹弗盅王？　一

(3) 且(祖)乙盅王？　一　二　二告　三

(4) 貞：且乙弗盅王？　一　二　三

(5) 匕己盅王？　一

(6) 匕甲［盅］王？　一

【备注】此版用笔严谨，书风整饬。卜问妣丹、祖乙、妣己、妣甲是否为蠢(害)于商王。

2.《合集》728

该龟甲于1936年小屯村北出土(编号13.0.3532、13.0.4077、13.0.4536)。原著录参考：《乙编》1670＋1957＋2249，《丙编》512。现藏台湾“中央研究院”历史语言研究所。

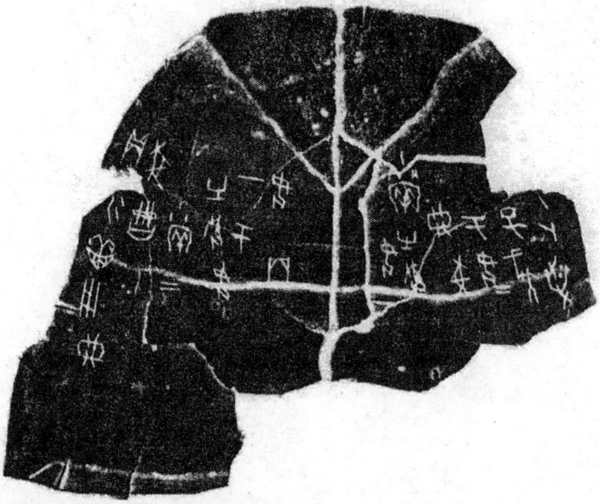

图4-2　《合集》728(拓片)

【释文】

(1) □□卜，爭［貞］：子䵻于女(母)㞢
　　𣪘、小宰，㞢(侑)𠬝女一？

(2) 貞：弜𣬛用㞢𣪘，𠕁小宰二，㞢𠬝女
　　一于女(母)丙？

【备注】本版由贞人争主持占卜祭祀母丙事。卜辞行款工整，布局谨饬，为典型的宾一类风格。其中子字方首、斜臂、躯干略弯。爭字中部的凵形笔画作尖底状。“㞢”字的中竖出头较少。貞字耳形瘦尖，两足较高。

3.《合集》14201

图 4-3　《合集》14201（拓片）

该龟甲于 1936 年小屯村北出土（编号 13.0.4060～13.0.4062、13.0.4064、13.0.4065、13.0.14125）。原著录参考：《乙编》1947＋6750，《丙编》93。现藏台湾“中央研究院”历史语言研究所。

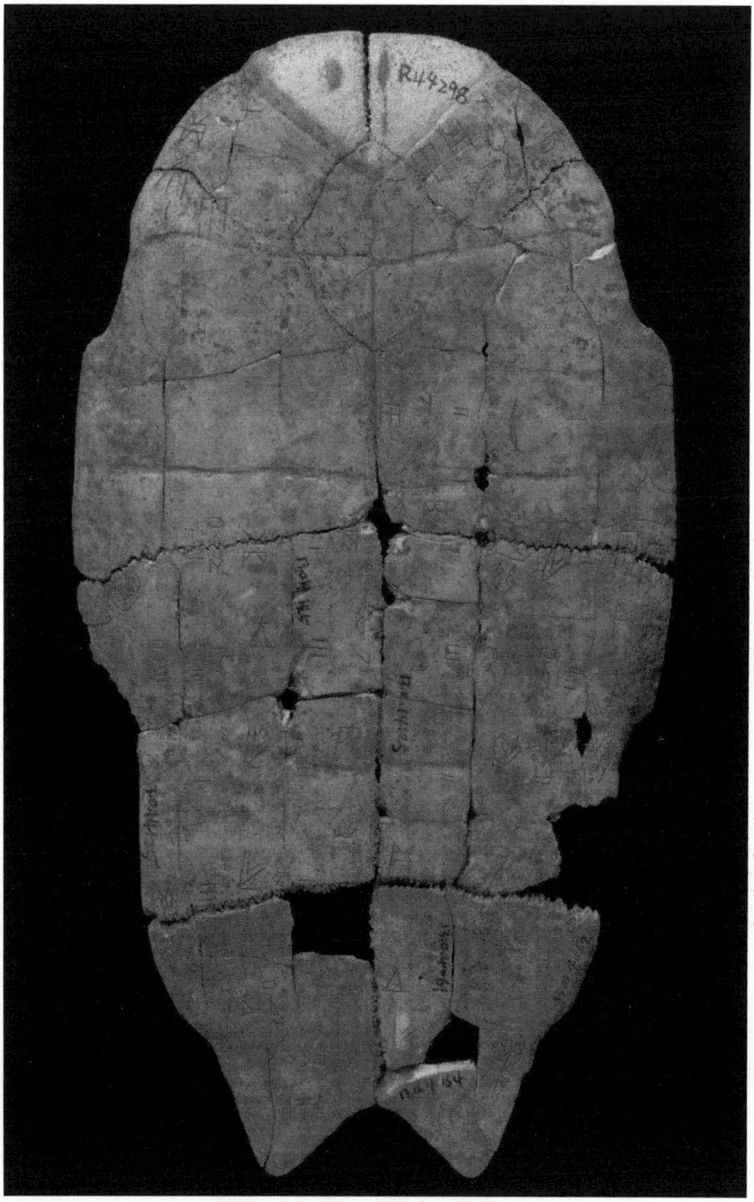

图 4-4 《合集》14201(照片)

【释文】

(1)戊辰卜，爭貞：其雨？ 一

(2)貞：不雨？ 一

(3)庚午卜，内：屯乎(呼)步？八月。 一 二

(4)庚午卜，内貞：王乍(作)邑，帝若(诺)？八月。 一 二 三 四 二告

(5)庚午卜，内貞：王弜(勿)乍邑𢦏(在)丝(兹)，帝若？　一　二　三　四

(6)貞：王乍邑，帝若？八月。　一　二　三

(7)貞：弜乍邑，帝若？　一　二　三　［四］　五

【备注】第4～7辞系贞人内所卜，卜问商王武丁营造城邑，是否会得到上帝的嘉许。由庚午卜辞兆序和反面钻凿可知，作邑之事在该版被反复占卜。

4.《合集》14198正

图4-5　《合集》14198正(拓片)

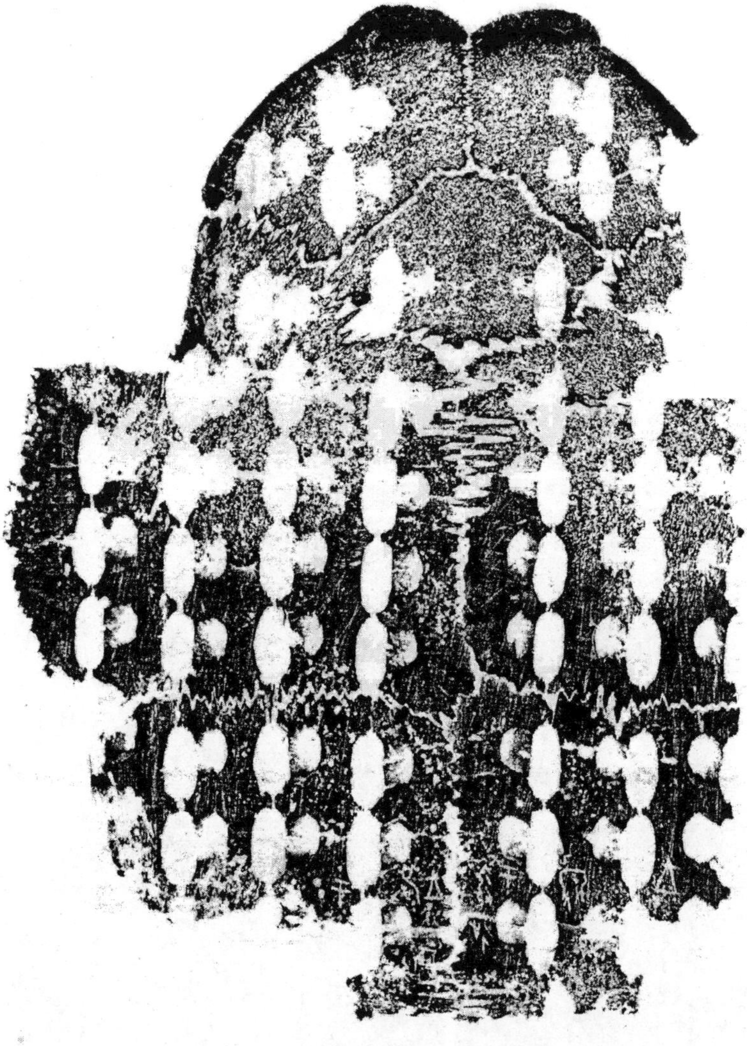

图 4-6 《合集》14198 反(拓片)

该龟甲于 1936 年小屯村北出土(编号 13.0.12591、13.0.12746、13.0.747)。原著录参考:《乙编》5786+5896,《丙编》237。现藏台湾"中央研究院"历史语言研究所。

【释文】

(1)貞:…雨… 一 一 二

(2)其… 一 一 二

(3)翌辛弜(勿)虫(侑)且(祖)辛? 一 一 二 三 四 一 二 三

(4)辛丑卜,㱿貞:帝若(诺)王? 一 二告 一 二 三 四 五 六 七 八二

告

(5)貞：帝弗若王？ 一 一 二 三 四［五］二告 六 七 八 二告

(6)辛丑卜，㱿貞：乎(呼)比來取㞢兄以？ 一 二 三 四

(7)辛…以？ 一 二 三 四

【备注】第3辞卜问是否不向商先王祖辛致侑祭。第4、5辞为正反对贞，卜问上帝是否“若”王，帝若(诺)王是殷人赋予上帝诸神性中的一种。

5．《合集》14209正

图4-7 《合集》14209正(拓片)

图4-8 《合集》14209反(拓片)

该龟甲于1936年小屯村北出土(编号13.0.15116～13.0.15118、13.0.15255)。原著录参考：《乙编》7171，《丙编》71。现藏台湾“中央研究院”历史语言研究所。

【释文】《合集》14209正

(1)丙辰卜，㱿貞：帝隹(唯)其冬(終)𢆶(兹)邑？ 二

(2)貞：帝弗冬𢆶邑？ 二

(3)貞：帝隹(唯)其冬𢆶邑？ 二

(4) 貞：帝弗冬丝邑？ 二
(5) 翌庚申𢦏于黄奭？ 二
(6) 貞：我無(舞)雨？ 二
【释文】《合集》14209 反
雀入百五十。

【备注】本版前 4 辞系丙辰日由贞人㱿所卜，反复贞问上帝是否终结某城邑。在殷人的心目中，天帝有无所不摧的神能，终邑和疾邑是殷人赋予上帝诸神性中的一种。第 5 辞卜问来日庚申这天是否向黄尹(可能为商先臣伊尹的别称)的配偶黄奭施祭。第 6 辞卜问商王是否举行舞仪以祈雨。背面甲桥上有署辞，记录雀这个部族首领向商王贡纳了 150 版龟甲。该龟甲是殷人成套占卜的第二版。

6.《合集》14360

图 4-9 《合集》14360(拓片)

该胛骨原著录参考：《前编》4.17.5，《通纂》772。现藏中国国家图书馆。
【释文】
(1) …一豕…
(2) 貞：帝(禘)鳥三羊、三豕、三犬？
(3) 丁巳卜，貞：帝鳥？
(4) …弜(勿)…七月。
【备注】本版卜问是否用三只羊、三头去势的猪以及三只犬向鸟神行施禘祭，4 辞署记的时间是在七月。

7. 《合集》6571 正

图 4-10　《合集》6571 正(拓片)

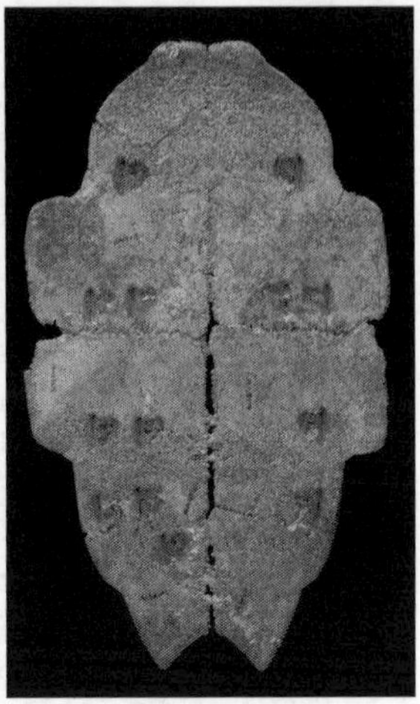

图 4-11　《合集》6571 反(照片)

该龟甲于 1936 年小屯村北出土(编号 13.0.4492、13.0.14071、13.0.14371～13.0.14377)。原著录参考:《乙编》2218＋6692,《丙编》302。现藏台湾“中央研究院”历史语言研究所。

【释文】

(1) 辛丑卜，㱿貞：今日子𩠹其𡨦基方、缶，𢦏？五月。 三

(2) 辛丑卜，㱿貞：今日子𩠹其𡨦基方、缶，弗其𢦏？ 三

(3) 壬寅卜，㱿貞：自今至于甲辰［子］𩠹弗其［𢦏］基方？ 三

(4) 壬寅卜，㱿貞：自今至于甲辰子𩠹𢦏基方？ 三

(5)壬寅卜，㱿貞：尊雀叀𠂤𡩂基方？ 三

图 4-12 《合集》6571 正(照片)

(6)壬寅卜，㱿貞：子𠭯不𧧍𢦏基方？ 三
(7)壬寅卜，㱿貞：曰，子𠭯𡆥癸𦎫(敦)？五月。 三

(8)曰子商于乙𦎫？　三

(9)曰冎甲𦎫？　三

(10)貞：自今壬寅至于甲辰子商𢦏基方？　六

(11)甲辰卜，㱿貞：翌乙巳曰子商𦎫，至于丁未𢦏？　三

(12)貞：曰子商至于丁㞢乍火，𢦏？　三

(13)弜(勿)曰子商至于丁㞢乍火，𢦏？　三

【备注】此版由贞人㱿主持占卜，主题是征讨、打击基方和缶人，各辞的卜序皆为“三”，此为成套卜辞的第三版。第 1、2 辞拟派子商用“豙”的战术攻击对方。第 5 辞提出拟派雀和亯两个部族首领讨伐基方。第 3～11 辞卜问内容相类似，卜选子商攻击敌方的时间。其中第 7、9 辞中的“冎”字用为介词，读若“于”，其后跟“癸”、“甲”日干名。

8.《合集》6654 正、反

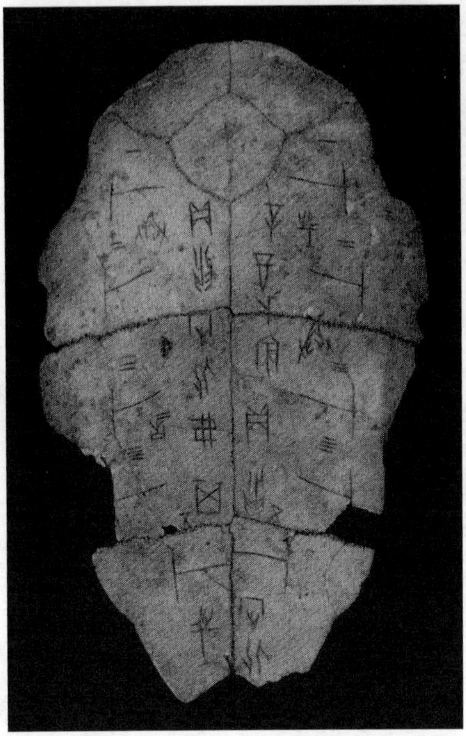

图 4-13　《合集》6654 正(照片)

图 4-14　《合集》6654 反(拓片)

该龟甲于 1936 年小屯村北出土(编号 13.0.6827、13.0.15254)。原著录参考:《乙编》3196＋7243(正)3197＋7243(反)，《丙编》69(正)70(反)。现藏台湾“中央研究院”历史语言研究所。

【释文】《合集》6654 正

(1)辛酉卜，宾貞：弅𢀛化𢦔𢍰？ 一 二 三 四 五

(2)貞：弅𢀛化弗其𢦔𢍰？ 一 二 三 二告 四 五

【释文】《合集》6654 反

奠(鄭)来十。

【备注】此版由贞人宾主持占卜，正面两辞对贞反复占卜了五回，卜问弅𢀛化这个将领是否会重创“𢍰”部族。委命弅𢀛化攻打𢍰的战争一度是商王武丁关注的焦点，相关的占卜频频见于宾一类卜辞。本版反面右侧甲桥上有记事刻辞，大意是鄭(郑)人向商王贡纳十版龟甲。

9.《合集》6655 正

图 4-15 《合集》6655 正(照片)

图 4-16 《合集》6655 反(照片)

该龟甲于 1936 年小屯村北出土(编号 13.0.14996～13.0.15020)。原著录参考：《乙编》7150。现藏台湾“中央研究院”历史语言研究所。

【释文】

(1) 口丑卜，宾貞：㚔𢦏［夯］正化？　一　二　三　四　五　六　七

(2) …夯正化弗𢦏㚔？　一　二　三　四　五　六

(3) 庚午卜，古貞：王夢隹(唯)𢼸(摧)？一　二　三　四

图 4-17　《合集》6655 正(拓片)

(4) 貞：王夢不隹𢼸？　一　二　三　四

(5) 貞：夯正［化］來？　一　二　三　四　二告　五

(6) 貞：夯正化來？　一　二　三　四　五

10.《合集》6834 正

该龟甲于 1936 年小屯村北出土(编号 13.0.3986、13.0.4149、13.0.4737、13.0.4774、13.0.4892、13.0.6928、13.0.7164、13.0.5527、13.0.14079、13.0.15297～13.0.15316、13.0.16388)。原著录参考：《乙编》1915＋2000＋2358＋2388＋2434＋2696＋3377＋7795，《丙编》1。现藏台湾“中央研究院”历史语言研究所。

【释文】

(1) 壬子卜，爭貞：自今日我𢦏亩？

(2) 貞：自五日我弗其𢦏亩？

(3)癸丑卜，〔爭〕貞：自今至于丁巳我𢦏𤰈？王固(占)曰：丁巳我母(毋)其𢦏，于來甲子𢦏。旬㞢(又)一日癸亥𠂤弗𢦏，之夕皿甲子允𢦏。 一 二
(4)癸丑卜，爭貞：自今至于丁巳我弗其𢦏𤰈？ 一 二
(5)庚申卜，王貞：余伐不？三月。 一
(6)庚[申卜]，王貞：余弜(勿)伐不？一 二告
(7)庚申卜，王貞：余伐不？ 一
(8)庚申卜，王貞：余弜伐不？ 一
(9)[庚]申卜，[王]貞：隻(獲)缶？ 二告
(10)庚申卜，王貞：雀弗[其]隻缶？ 一
(11)雀弗其隻缶？

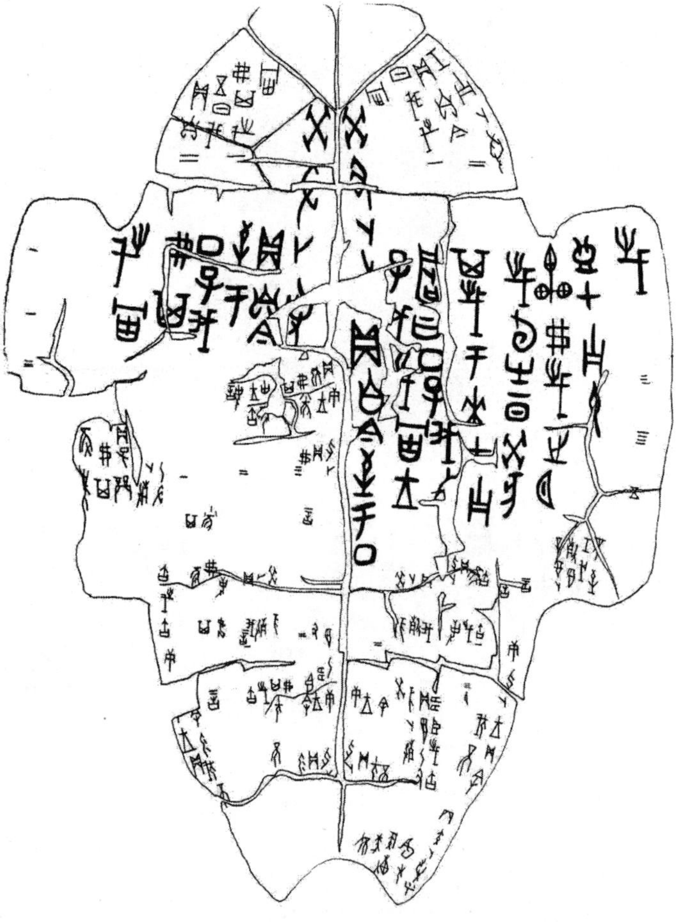

图 4-18 《合集》6834 正(摹本)

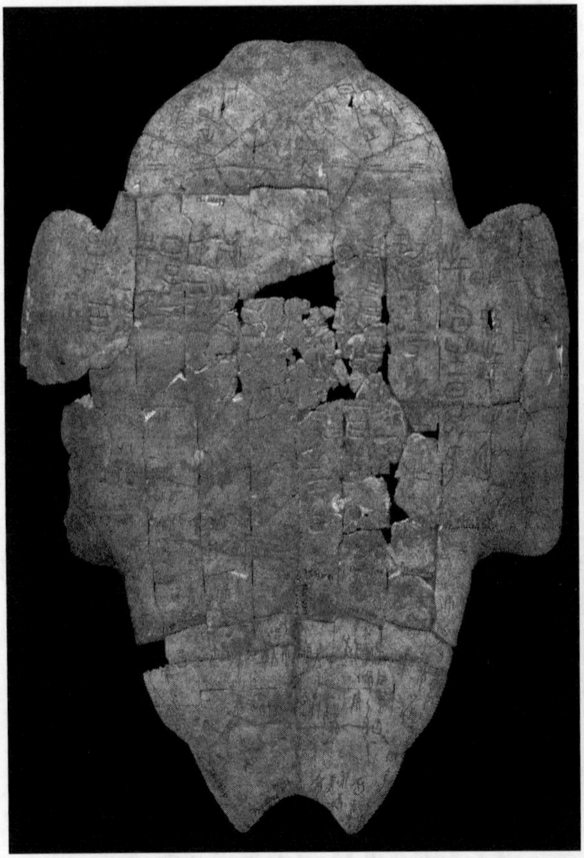

图 4-19　《合集》6834 正(照片)

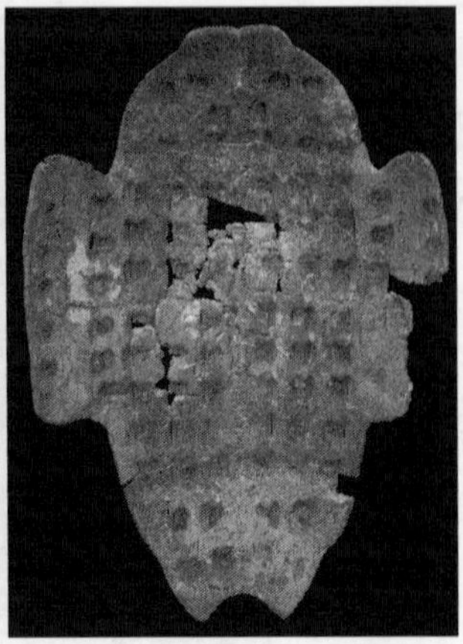

图 4-20　《合集》6834 反(照片)

(12) 辛酉卜，𣪕：翌壬戌不至？二告。

(13) 癸亥卜，𣪕 貞：我史𢦏缶？　二告。

(14) 癸亥卜，𣪕 貞：我史女(毋)其𢦏缶？　二告。

(15) 癸亥卜，𣪕 貞：翌乙丑多臣𢦏缶？

(16) 翌乙丑多臣弗其𢦏缶？

(17) 乙丑卜，𣪕 貞：子𦣻弗其隻先？二告。

(18) 丙寅卜，爭：乎龍、𦎫(敖)、侯専求(咎)𡆥？

(19) 貞：弜弗其叶王事？二告。

【备注】此版卜辞皆与战争有关。第 1、2 辞卜问从壬子当日开始，商王的军队是否五天之后能够打败𠂤方。第 3、4 辞卜问从当天癸丑到来日丁巳是否能够打败𠂤。第 3 辞辞末的占辞和验辞内容很长，占辞为商王所作的占断，大意是：从当天癸丑到丁巳不能打败𠂤人，在未来的甲子日能够打败𠂤方。验辞表明在此后一旬的癸亥日，商王的军队没有取胜，但当天晚上到次日甲子，真的战败了𠂤方。此辞为大字涂朱，表明是商王特别授意而作，以示纪念。

本版 5～19 辞分别由商王、㱿、争等人主持占卜，讨伐对象还涉及“不”（亦作㕚）、“先”和“缶”，拟委派参战者有犾、史、多臣、子䇂、𩵦、敖、侯專、雀等将领。

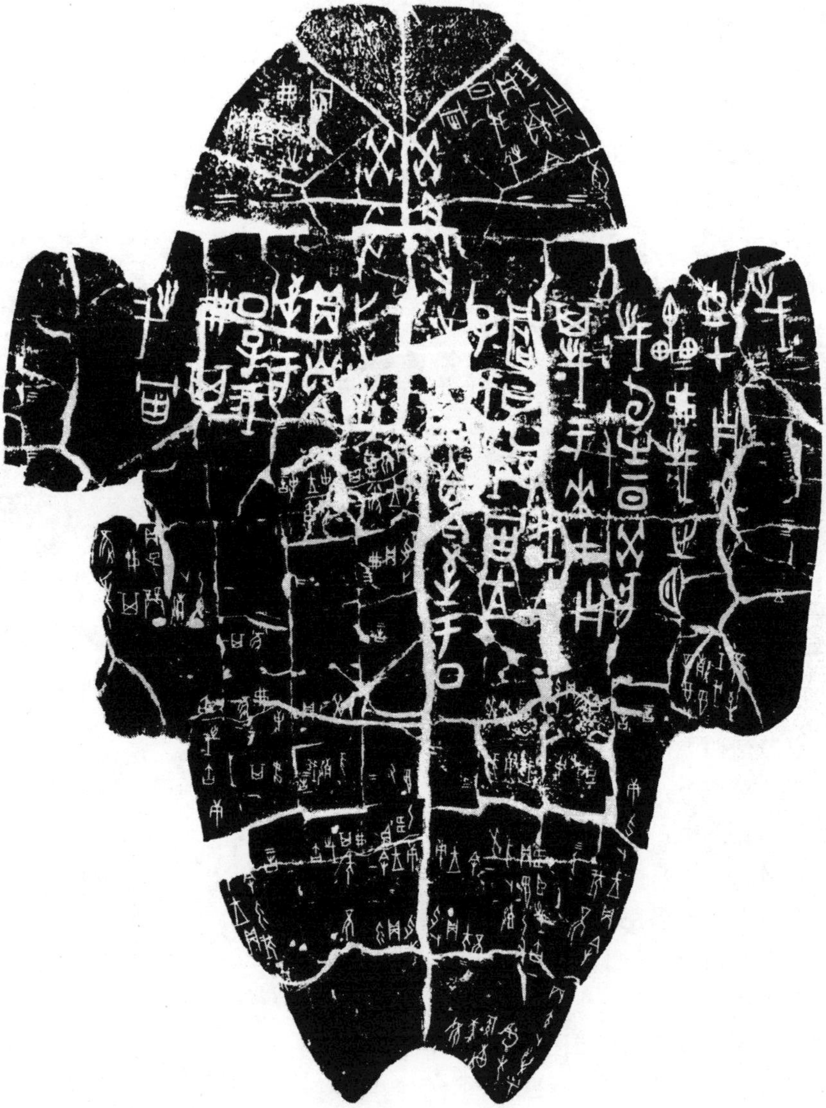

图 4-21 《合集》6834 正（拓片）

11.《合集》10950

该龟甲于 1936 年小屯村北出土（编号 13.0.1634～13.0.1638、13.0.1644、

13.0.1645、13.0.1651、13.0.1883、13.0.1893、13.0.2244、13.0.2249、13.0.2257、13.0.2259、13.0.2581、13.0.2582、13.0.2587、13.0.2588、13.0.2583、13.0.2584～13.0.2586、13.0.3383、13.0.3411、13.0.3417、13.0.3437、13.0.3397、13.0.3444、13.0.3802、13.0.1316、13.0.1317、13.0.1319、13.0.1320、13.0.1322～13.0.1324、13.0.3178、13.0.3181、13.0.3185、13.0.3207）。原著录参考：《乙编》861＋989＋1138＋1240＋1241＋1242＋1243＋1585＋1599＋1809，《丙编》323。现藏台湾“中央研究院”历史语言研究所。

图 4-22　《合集》10950（拓片）

【释文】

(1)甲…鹿，隻(獲)？允隻十。蚰。二月。

(2)甲子卜，王：不其隻鹿？ 一

(3)乙丑卜，王：其逐鹿，隻，不往？ 二

(4)乙丑卜，王：不其隻鹿，不往？ 二

(5)［乙］丑［卜，王：］其逐鹿，隻？

(6)乙丑卜，王：不其隻鹿？ 二告

(7)…其隻…

(8)戊辰卜，王…

(9)戊［辰］…隻…一

(10)［己］［巳］卜，王：隻才(在)呆兕？允隻。

(11)己巳卜，王：弗其隻才呆兕？二月。 一

(12)癸酉卜，王：其逐鹿…

(13)癸酉卜，王：不其逐鹿？ 一 二告 二

(14)我隻［鹿］？

(15)我不其隻鹿？ 一

(16)丙戌卜，王：我其逐鹿，隻？允隻十。 一

(17)丙戌卜，王：不其隻鹿？ 一

(18)丁亥卜，王：我叀卅鹿逐？允逐，隻十六。一月。 一

(19)我叀七鹿逐，七鹿不𣃔？

【备注】本版由商王亲自占卜到蚰、呆等地逐猎之事，卜问日期是在某年二月的甲子、乙丑、戊辰、己巳、癸酉、丙戌、丁亥等日。捕猎的对象包括鹿和兕，其中第 10 辞末的验辞说明商王抓获了兕，第 16 辞末的验辞表明捕获了 10 头鹿，第 18 辞的验辞说捕获了 16 头鹿。

12.《合集》12436

该胛骨原著录参考：《簠天》66，《历拓》10110，《佚存》52。现藏天津博物馆。

【释文】

(1)丙戌…一

(2)戊子卜，氺：翌己丑其雨？ 一

(3)戊子卜，氺：翌己丑不雨？ 一

(4)己丑卜，氺：翌庚寅其雨？ 一

(5)己丑卜，翌庚寅不雨？ 一

(6)庚寅卜，氺：翌辛卯不雨？ 一

(7)翌辛卯其雨？　一

图 4-23　《合集》12436(拓片)

【备注】此版卜雨辞由贞人氺主持占卜，是成套卜骨的第一版。卜辞的契刻顺序是从上向下，同一日的占卜横向并列，每列之间标有界划。

13.《合集》776 正

该龟甲于 1936 年小屯村北出土(编号 13.0.11842、13.0.13194)。原著录参考：《乙编》5265＋6190，《丙编》203。现藏台湾“中央研究院”历史语言研究所。

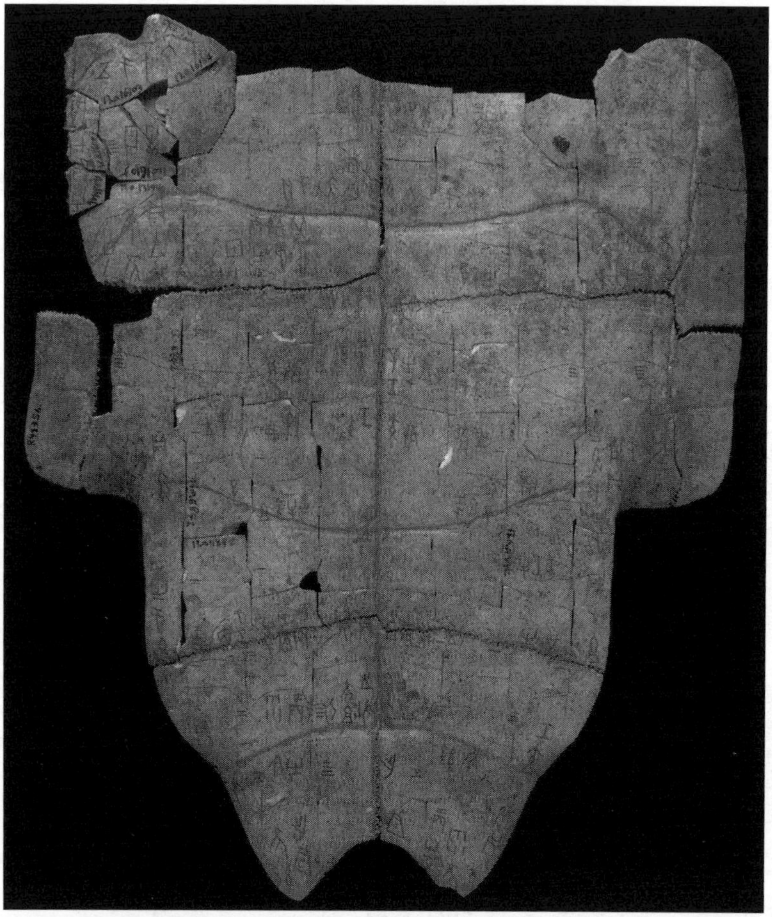

图 4-24 《合集》776 正(照片)

【释文】《合集》776 正

(1)己丑卜，㱿貞：王夢，隹(唯)且(祖)乙？ 一

(2)貞：王夢，不隹且乙？ 一

(3)己丑卜，㱿貞：王夢，隹且乙？ 一

(4)貞：王夢，不隹且乙？ 一

(5)己丑卜，㱿貞：𢦏于丘商？四月。 一

(6)貞：弜(勿)𠂤𢦏于丘商？ 一

(7)翌辛卯㞢(侑)于且辛？ 一

(8)貞：㞢于且辛三宰？ 一

(9)翌辛㞢于且辛一牛？ 一

(10)一牛于且辛？　一
(11)㞢于且辛宰？　一
(12)貞：于且辛㞢？　一
(13)㞢于且乙？　一　二　二告
(14)㞢于示壬二牛？　一
(15)壬辰卜，㱿：㞢于示壬宰？　一　二
(16)□午□，㱿□：𠬝□三𡚬？
(17)□午□，㱿□：弜…

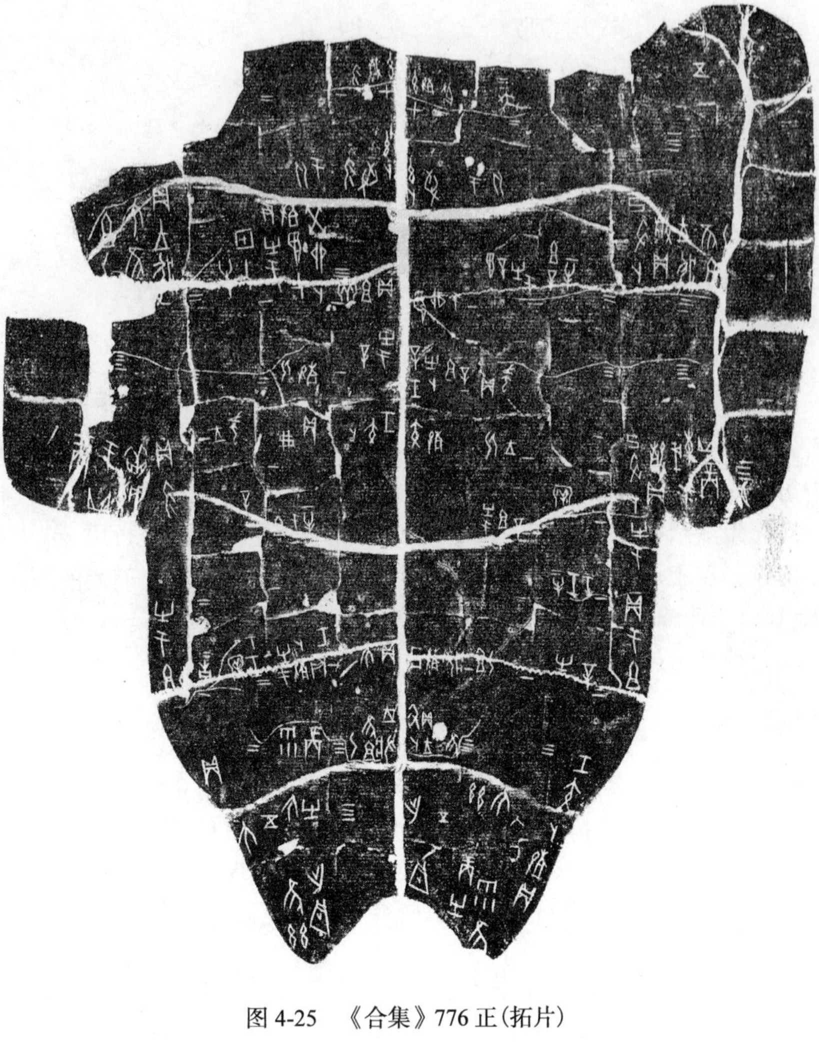

图 4-25　《合集》776 正(拓片)

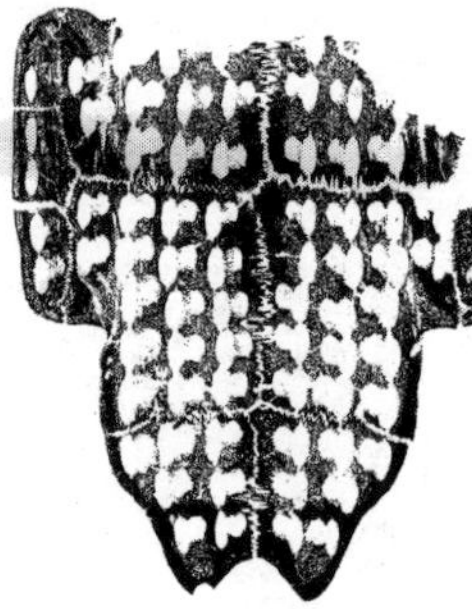

图 4-26 《合集》776 反(拓片)

(18)甲午卜，爭：于河？ 一 二 三 四 五

(19)甲午卜，爭：㢮于河？ 一 二

(20)壬寅卜，㱿貞：河𢀛(荤)王？ 一 □ 三 四

(21)壬寅卜，㱿貞：河弗𢀛王？ 一 二 三 四

(22)壬寅卜，㱿貞：不雨，隹𢆶(兹)商㞢乍𡆥(祸)？ 一 二 三 四 五 六

(23)貞：不雨，不隹𢆶商㞢乍𡆥？ 一 二 三 四 五

(24)癸卯卜，㱿：翌甲辰㞢于上甲十牛？ 一 二

【释文】《合集》776 反

㞢(侑)匕(妣)辛一宰？

【备注】此版第 1～4 辞反映出商王受梦事惊扰，卜问是否因先王祖乙降害所致。第 5、6 辞卜问是否于丘商举行𢦔祭。第 7～12 辞卜问向祖辛致侑祭。其中第 8～11 辞卜选用何种祭牲。第 13 辞卜问是否向祖乙致侑祭。第 14、15 辞卜问向先王示壬致侑祭所用祭牲。第 24 辞卜问翌日甲辰是否用十头牛向上甲致侑祭。以上诸辞的卜问规律是某个特定的日子向某位先王致侑祭，辛日祭祀祖辛，壬日祭祀示壬，甲日祭祀上甲。第 18～21 辞卜问是否向河神致祭，并卜问河神是否施害于王。

14.《合集》536

该龟甲于 1936 年小屯村北出土(编号 13.0.10948、13.0.10949、13.0.10951、13.0.10952、13.0.10954、13.0.10955、13.0.11560、13.0.12299、13.0.12300、13.0.12302、13.0.12303)。原著录参考：《乙编》4737＋4739＋5071＋5605＋5606，《丙编》264。现藏台湾“中央研究院”历史语言研究所。

【释文】

(1)辛卯卜，内貞：王㞢乍(作)𡆥(祸)？ 一 二 三 四 五 六 七 八 二告

(2)辛卯卜，爭貞：王亡乍𡆥？ 一 二 三

(3)辛卯卜，爭：弜(勿)乎(呼)取(娶)奠(鄭)女子？　一　二　二告
(4)辛卯卜，爭：乎取奠女子？　一　二
(5)…［乎］取奠女子？　一　二　三　四
(6)辛卯卜，爭貞：甲酌尞(燎)？　一　二　三　四
(7)庚子卜，㱿貞：令子鬳先涉羌于河？七月。　一　二　三四五六七　八
(8)庚子卜，㱿貞：弜令子鬳先涉羌于河？　二告　一　二　三　四　五　六　七　八
(9)辛丑卜，爭貞：取子𫹉？　一　二　三
(10)辛丑卜，爭貞：弜取子𫹉？　一　二　三
(11)…七月。　一　二
(12)一　二

图 4-27　《合集》536(照片)

图 4-28 《合集》536(拓片)

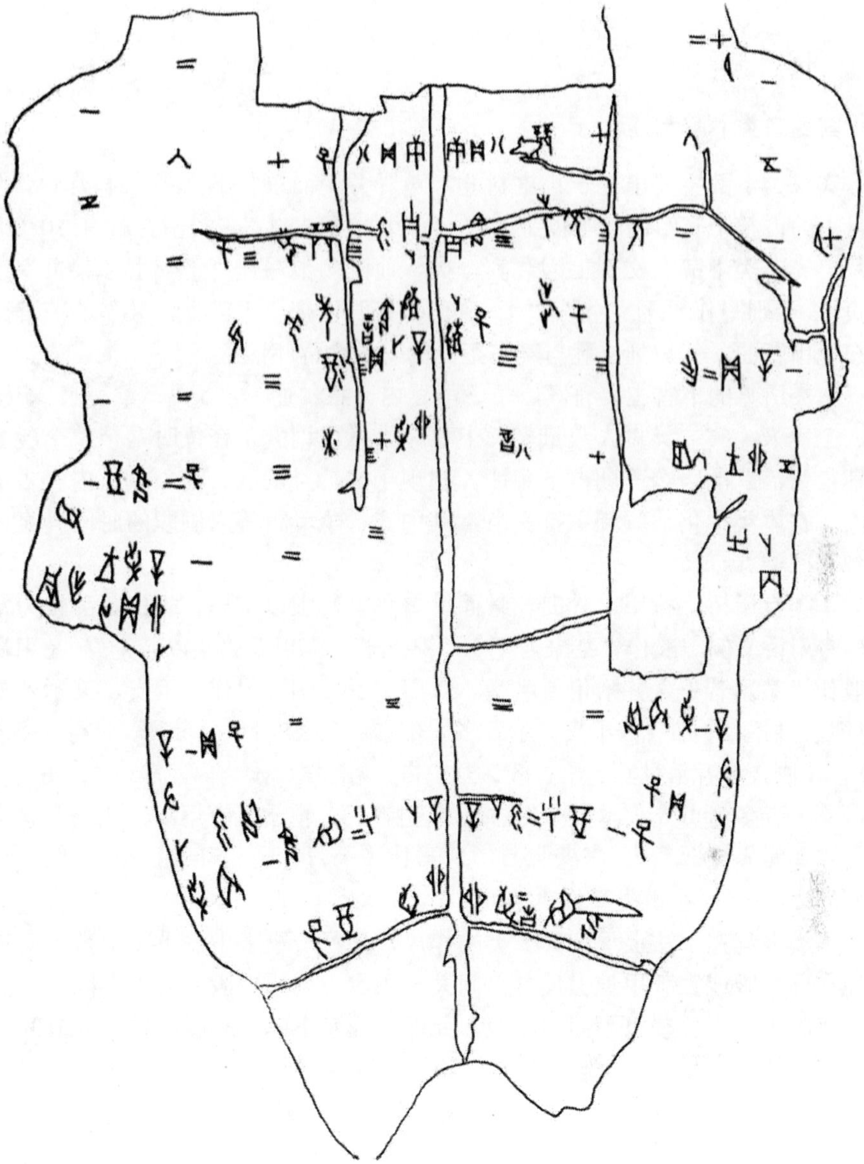

图 4-29 《合集》536(摹片)

【备注】此版第 3～5 和第 9、10 辞卜事相类，为贞人争主持占卜。前者系在辛卯日卜问商王是否娶鄭地的女子。后者系十天之后的辛丑日所卜，对贞卜问是否迎娶子𡚬。根据本版贞人争卜事的内容，知子𡚬也应是女子称名。

第二节　宾组二类

一、宾组二类卜辞综述

宾二类卜辞主要出土于小屯村北，龟骨并用而以骨卜为多。本类卜辞在数量上约占整个宾组的一半以上，仅《合集》著录的宾二类甲骨就有 10 000 余片。宾二类卜辞在文例上因袭宾一类，前辞多数写作“干支卜，某贞”或“贞”，个别写作“干支卜”、“干支贞”。有时仅把“干支卜，某”的前辞刻写在龟甲背面，其契刻位置与刻在正面的有关命辞相照应。

本类所见的卜官主要有宾、争、㱿、内、亘、⿰彳止、古、㠱、韋、永、⿰口叔、箙、宁等人。宾二类贞人数量多，卜事频繁，可谓武丁在位时乃至整个殷墟时期最为活跃的一个王朝占卜集团。出现于宾一类的㱿、宾、争、内、古等贞人，在本类中仍然频频主持占卜，其中宾、争、古等人供职的时间一直延续到宾三类。

本类有甲桥、背甲、骨臼、骨面等署辞。其中以甲桥、骨臼刻辞较为常见。右甲桥文例一般作“某来若干”、“某入若干”以及“某以若干”。左甲桥一般作“某示若干”并附记署名者。骨臼刻辞文例一般作“干支，某示若干屯(纯)。某”，个别省去干支。示者多署帚(婦)名(如帚妌、帚寶、帚冎、帚[illegible]等)。其他署名者常见宾、争、㱿、亘、古、㠱、韋、永、内、箙、叡 史、⿰口叔等，署名者多为贞人。本类多见占辞“王𡆥曰”，也常见有用辞，兆辞有“小告”、“二告”、“三告”，主要记月形式写作“某月”。自宾间组与宾一类常见的兆辞“不𢆉”，在本类写作“不𢆉鼄”。

本类卜辞在卜法上承续宾一类的作风，盛行一事多卜，卜无定数。商王往往在同一版或数版甲骨上反复贞问某一主题。当用数版甲骨占卜同一事类时，每版甲骨上各署以不同的序数，此即为成套卜辞。有时还在不同时间为同一主题反复进行占卜，如《合集》1051 记有贞人㱿在壬辰与壬寅两日贞问“雀”对“祭”人的战事，该骨版上所署记的月份皆为“三月”，前后整整相隔了一旬。

与宾组其他两亚类相比较，本类所见刻辞可谓宾组时期的经典范本。其书风雄健大气，用笔宽阔疏朗，布局严整有度，骨版所契字形稍大于龟甲。其特征性字形举例如下：

丙《补编》2491 丁《补编》449 戊《合集》559 正 庚《补编》2491 辛《合集》6174 癸《合集》2496 子《合集》559 正 丑《合集》

1965 乙 辰《合集》559 正 子(巳)《合集》559 正 午《合集》177 未《合集》6174 申《合集》11482 酉《合集》302 戌《合集》13271 、 亥《合集》12814 方《合集》14294 不《补编》449 亘《补编》4、 《英国》149 㱿《合集》1965 宾《合集》11423 隹《补编》1516 王《合集》559 正 才《合集》10406 正 㞢《合集》175 来《合集》5445 正 宜《合集》15888 宰《合集》779 以《合集》8985 正 旬《合集》7139、 《合集》559 正 叀《合集》10080 羌《合集》185 翌《合集》175 𡆥《合集》6057 鼎(貞)《补编》449 令《合集》175 雨《合集》14575 隻《合集》185 告《合集》559 正 若《合集》559 正 月《合集》559 夕《合集》2164 我《合集》6057 自《合集》6057 伐《合集》6174 争《合集》7139 乍《补编》1516 弓《补编》1516

通过考察本类祭祀卜辞，大抵可以梳理出商王朝所信仰的神祇系统。殷人供奉的神灵主要可归纳为四类：①帝，即最高的综合神；②自然神，含上帝的天庭属臣及日、月、山、风、云、雷诸神；③宗祖化性质的自然神，如河、岳、土(社)、东母、西母等神；④祖先神，含与商王有同宗关系的庙主及无血缘关系的王朝旧臣庙主。日常中商王及王室贵族对以上诸神进行着频繁的祭祀。

本类祭祀卜辞常见的先人称谓有：唐(《合集》1330)、父乙(《合集》712、《英国》149 正)、下乙(《合集》897)、祖乙(《合集》1594)、上甲(《合集》

1162)、祖辛(《合集》14198 正)、父甲(《合集》1330)、大甲(《合集》1330)、羌甲(《补编》2491)、祖丁(《合集》9862)、兄(《合集》14198 正)、黄尹(《补编》523 正)、南庚(《补编》2491)。其中以父乙、祖丁在本类卜辞中最为常见。宾二类所见的人神除有高祖、先公、先王、先妣之外，还见有与时王同辈的兄丁以及功勋旧臣。

卜辞中的帝又称作上帝，是周人心目中的那个拥有无限权威性、至高无上的天帝形象的前身。关于帝在商代的权能，也就是他的神性统辖范围，陈梦家早年根据殷墟卜辞资料，一共归纳为 16 种[①]。今稽诸宾二类及宾一类卜辞，对陈说逐加核实修订，兹将上帝权能归纳为如下 13 种：①令雨；②令风；③令雷；④降𦰩；⑤降祸、作祸；⑥降摧；⑦降永；⑧降若；⑨帝若(诺)；⑩受(授)又(佑)；⑪授年和害年；⑫终邑和疾邑；⑬左(佐)王、咎王。

宾二类卜辞中有“壬申夕月食”(《合集》11482)，“癸未夕月食”(《合集》11483)，“甲午夕月食”(《合集》11484 正)，“乙酉夕月食”(《合集》11485)，“己未夕皿庚申夕月食”(《合集》40610 反)等五次关于月食的记录，多年来受到学者的关注。关于这些月食发生的年代，近年完成的《夏商周断代工程年阶段成果概要》在《商代后期年代学的研究》中说明，“宾组卜辞五次月食的时间依序定为癸未(前 1201)、甲午(前 1198)、己未夕皿庚申(前 1192)、壬申(前 1189)和乙酉(前 1181)”[②]。

本类卜辞还较多反映了有关如风、雨、雷、电、云、虹、雾、雹、雪、朝、夕、“新大星”、“大骤风”、“四方风”等天象信息，记录有旦、食日、中日、昃等时段专称。这些都是当年殷人对于自然生活环境认知的披露。如卜辞有“各云”、“三穑云”、“四云”、“六云”[③]等云名。诸云神不仅能致雨，还具有能致雷、致大风、致晴启等神性。本类卜辞中见有“出虹”、虹“饮于河”(《合集》10405 反)的记录，这些卜辞则与后代《释名》所言“啜饮东方之水气”的描述相仿佛。又如《合集》13443 版：“庚寅卜，古贞：虹不隹(唯)年？庚寅卜，古贞：虹隹(唯)年？”由此可见在殷人心目中，虹也有预示年成丰收的神性。

本类卜辞中还多见商王对东土(《合集》9735)、南土(《合集》9738)、西土(《合集》9742 正)、北土(《合集》9745)受年情况的关注，为此往往举行一系列祭祀活动，希望求得神的保佑。这些关于四土受年的占卜，多由征、亘、宾、宁等贞人主持，卜辞多用正反对贞的形式，卜问庄稼是否能获得丰收。除四土之外，也多见贞卜其他农业区域的受年，这些农业地名主要有我、

① 陈梦家. 1956. 殷虚卜辞综述·宗教. 北京：科学出版社. 561～571

② 夏商周断代工程专家组. 2000. 夏商周断代工程年阶段成果概要. 文物，(12)：56

③ 见《合集》10405、13399、13401、13404 等片

奠(《合集》9768)，𦎫、隹(《合集》9783 正)，𢾅、㚘(《合集》9791 正)，𠥓(《合集》9810 正)，㛸(《合集》13505 正)等。该类卜辞亦习见与农事有关的“立黍”(《合集》9525)的占卜。与农事有关的祭礼主要有𠬝、侑、禘、告、禦等，并多见施以𢼄、宜(俎)、燎等祭法。致祭的对象有自然神祇、远公高祖以及先王旧臣等。

本类卜辞所反映的重大事件仍是以战争为主，占卜的内容多是关于作战的对象、手段、时间、出征人数、将领调遣以及是否取得胜利等。宾二类对敌作战的将领除了见于宾一类的雀、𠥓、㚘正化、望乘、沚戠、子𢀛等人之外，此时出现较多的人物还有𠂤、戉、𢀛侯虎、侯告、𠬝、妇好、妇姘等。征伐的方国有𢀛方、土方、巴方、下危、虎方、湔方、興方、𢀛方、𢀛方、周、龍、马方、羌、尸(夷)方等。如本类有关羌人的卜辞主要涉及征羌、获羌、執羌、追羌、以羌、来羌等内容，出现的将领和人物有戉、射、𠂤、光、戈、自、青、子𢀛、多冒、𠬝、多臣、众等。对方国的作战多有商王亲征的记录，如“王伐𢀛方”、“王伐𢀛”(《合集》6543)，“王往伐𢀛”(《补编》522)。协同伐𢀛的臣属有沚戠、妇姘、戉、自般(《补编》522)、多臣(《补编》1828)等。《合集》537～562 诸版反复卜问商王是否命令多𢀛伐𢀛方。如对殷之劲敌土方的作战，《合集》6409 记载商王召集五千人讨伐土方，当时对土方作战的主要将领是沚戠，另有戉(《合集》6452)、妇好(《合集》6412)等人也曾率兵参战，并曾卜问是否命令“五百𢀛”人也去征伐土方。本类卜辞还记载有商王亲征下危、巴、尸的作战，对这三个方国的征伐大致是在同一时期。涉及征伐下危的将领是望乘，伐巴的主要是沚戠，此外还有妇好，伐尸的有妇好、侯告等人。

像宾一类一样，在本类战争卜辞中，也经常见到商王国或同时开辟几个战场，讨伐数个敌对方国。如《合集》6427 有“今者王伐土方，受㞢又”和“今者王叀下危伐，受㞢又”两辞，前者卜问当前商王是否讨伐土方，后者卜问是否讨伐下危，由此可窥见商王朝当时众敌环伺的处境以及武丁力图征服天下的雄心。

宾二类卜辞常见的人物众多。多子族的成员主要有子渔、子央、子𢀛、子畫。本类常见的部族族长主要有：光(《合集》94)、奠(《合集》151 反)、唐(《合集》892 反)、竹(《合集》902 反)、邑(《合集》2895)、行(《合集》8985 正)、𢀛(《合集》6342)、𠂤(《合集》263 正)、我(《合集》5480)、犬𢓊(《补编》1246)、望乘(《合集》6482)、自般(《补编》1246)、𠬝(《合集》264 正)、戉(《合集》177)、射㚘(《合集》5749)、沚戠(《合集》6163 正)、𢀛(《补编》1322 甲)、攸侯(《合集》3330)、侯豹(《合集》10080)、杞侯、(《合集》13890)、侯告(《合集》6480)、甫(《合集》13505)、𢀛(《合集》

9055)、旉(《合集》13505)、𠤳侯虎(《合集》6553)、䜌(《合集》13505)、𡰥(《合集》13750 正)等。本类有时同版涉及几位部族人物，如《合集》177 版三项卜事，多为正反对贞。从卜序看，此为成套卜骨的第四版，先卜问𡗜是否协理王事，再卜问是否命令𠂤先行向河神致禦礼和燎祭，最后又卜问戉是否能够抓获羌人。

本类也见有商王的辅助大臣“多尹”(《合集》5611)及其他臣僚，主管农业生产的职官有“小耤臣”(《合集》5603)。承担农业生产的“众人”归“小眔人臣”(《合集》5597)管理，“小眔人臣”又称“小臣”(《合集》12)，主管收割的农官被称作“小刈臣”①，畜牧生产劳动者被称作“芻”(《合集》142)，负责畜牧之官被称作“牧”②(《合集》493)。负责军事的职官有“射”(《合集》5749)、“多马”(《合集》5712)、“多马亚”(《合集》564 正)、“多马羌”(《合集》6761)、“史”(《合集》914)、“大史”(《合集》24)、“犬”(《合集》5665)、“𠂤”(《合集》36)等。

宾二类卜辞常见的田猎形式为獸(狩)、田并用。称“獸”者一般用于商王的田猎活动，且往往附记田猎所获禽兽的数目和品种。称“田”者则一般为商王命其臣属田于某地，均不记所获。商王举行田猎的日期，早晚期也有不同之处。大体说来，早期卜辞于日期无所侧重，每日均可田猎。宾二类卜辞的田猎日无定期，这与此后较有规律的现象有所不同。商王田猎活动的地名，前后也有所变化，一些早期的田猎地名，到了晚期逐渐被其他一些地名所替代。可知商王的猎区是随着时代而有所转移的。

本类卜辞中记载有众多的禽兽名称，不少禽兽名还有待考证，可以确释的主要有：鹿、麑、麋、狐、兕、虎、豹、象、兔、豕、獿、旨、鵪、燕、雉、鳳、鱼等。《合集》10222 版从残存的内容来看，主要是卜问能否捕获大象，本版另外卜问是否降雨，验辞记载当天晚上果然下雨。商王田猎活动时，经常会这样关注天气的变化。《合集》10307 是一块卜甲残版，为丁卯日所卜，辞末为验辞，记录此次田猎所获猎物的品种、数量等，其中有 162 只鹿，又记载有 114 只其他猎物及 10 头野猪等。《合集》10386 卜问多子族的成员逐猎麑鹿，是否会有所擒获。《合集》10500 验辞记录此次猎获 10 只燕鸟、1 头野猪和 1 只麑鹿。《合集》10903 是卜选命令臣属从西、北、东、南的某一方向外出田猎。《合集》10921 卜问商王外出田猎，是否从融京出发，验辞记载果然捕获麑鹿两只，雉鸡 17 只。《合集》10970 版正面两辞为正反对贞，卜问第

① 裘锡圭. 1989. 甲骨文所见的商代农业. 全国上史学术讨论会论文集. 载：农史研究(8 辑)；又载：1992. 古文字论集. 北京：中华书局

② 裘锡圭. 1983. 甲骨文所见“田”、“牧”、“卫”等职官研究. 文史，19，又见古代文史研究新探. 1992. 江苏古籍出版社. 354

二天丁卯日商王去敝地的山麓打猎，是否会有所擒获。本类卜辞还记载有商王的“渔猎”（《合集》10475）活动，商都濒临洹水，洹水流域的水产资源也为商王提供了得天独厚的便利条件。

宾二类出现过的地名有嵛、箙（《合集》9741 正），朿（《合集》861），沚（《合集》9572），苒、罗（《合集》9774 正），隹（《合集》9783 正），萬（《合集》9812），邑（《合集》9813），名（《合集》9503），雀（《合集》9763），宜（《合集》9537），林（《合集》9741 正），𢾊伯（《补编》1246），㐭（《合集》9810 正），𥁕（《合集》6347），奠（《合集》9768），𣲦（《合集》6131 正），𡘅（《合集》9536），犬（《合集》9793），戉（《合集》9807），龍囿（《合集》9552），羊（《合集》9792），龐（《合集》9771）、龏（《合集》9770）、龍（《合集》10075 正），義京（《合集》390 正），斧（《合集》6131 正），井（《合集》1339），𢓊（《合集》9055），另外还见有敝、雩、歸、通、戎、弁、巽、疐、逆、陟等地。

本类卜辞所见诸妇主要有帚妌（《合集》14008 正）、帚好（《合集》14006）、婦嫀（《合集》13716）、帚竇（《合集》6451）、帚丙（《合集》9671 反）、帚[illegible]（《合集》6177）、帚喜（《合集》390 臼）、帚[illegible]（《补编》1804 臼）等人。宾二类有更多关于“帚（婦）某冥（娩）”的占卜记录，在诸多王妇中，妇好的生育计有五次之多。其中的四次见于宾二类（见《合集》154，14003，14001 正、14002 正，14005 正诸版，有三次贞娩卜辞出于 H127 坑），另一次见于宾一类。在妇好的五次贞娩卜辞中，只有一例无月份记载，其中在甲寅、癸巳日分娩的结果都是“隹（唯）女”，武丁占断为不吉利。

在本类和宾一类卜辞中，商王对婦嫀有过三次关于生育的占卜[①]。婦嫀是武丁时期比较常见的诸妇名之一，为葉地宗族之女而许配于王室者，她应是迄今有文字可考的最早的葉族人。与武丁的几位重要王妇相比，她在卜辞中反映为较之婦鼠、婦娘等稍晚而大约与婦好、婦妌同时。据《合集》717 正贞娩卜辞，可推知婦嫀大概于某年的二月庚申日前后生下了由此版所记录下来的第一胎。从字形特征、辞例内容来考察，我们还可以把婦嫀分娩卜辞再梳理出两组。一组为从四月丙午到四月甲子日的占卜；另一组为从七月丙戌至庚子日的占卜。其中在庚子日所占卜龟版的反面，还刻写有武丁占断婦嫀分娩的具体时间，即认为在四天以后的甲辰日生育最为吉祥。就所用占卜材料来说，在四月卜的这一组主要使用的是牛胛骨，而且与《合集》7860、《合集》7859 正的两版还出自一套同文卜辞，在七月卜的这一组则主要使用龟腹甲。

① 王蕴智. 1998. 说“枼”. 见：吉林大学古籍所建所十五周年论文集. 长春：吉林大学出版社；王蕴智. 2003. 甲金文所见商代葉族及其有关史迹. 纪念甲骨文发现一百周年国际学术研讨会论文（安阳，1999 年 8 月）. 又名商代葉族考. 载：2003. 华夏考古. (1): 74

这两组甲骨很可能就是妇媟在第二和第三次生育时的占卜遗存。根据《合集》2777、《合集》14019正诸版的卜问内容，可知武丁在妇媟分娩之前，曾计划向母庚(武丁父小乙之配)、唐(商汤大乙)、兄戊(武丁之兄)和父庚(盘庚)等先人分别施用禦祭，借以禳除妇媟在临产时所可能出现的不测之祸。

与上揭辞例具有同版关系的还有一些其他的卜辞，它们从不同侧面可约略反映出当年在为妇媟贞娩期间所发生的有关事类。如与四月占卜有同版关系的背景资料有“㱿貞：洹其乍(作)兹(兹)邑𡆥(祸)？洹弗乍兹邑𡆥？”(《合集》7854正)“洹弗乍兹邑𡆥？其乍兹邑𡆥？四月。”(《合集》7859正)“弗乍兹邑𡆥？其乍兹邑𡆥？四月。”(《合集》7860)这三版卜辞分别与《合集》7854正、《合集》7860、《合集》7859正同版，所卜事类都是关于洹水是否危害“兹邑”的对贞。辞中的兹邑当是指“大邑商”，即殷都和王室的所在地。这里反复贞问洹水作祸的问题，显然是与水灾有关。故殷人在妇媟四月临产前贞娩的同时，亦反复记下了这一系列向神灵告急的祷词。我们知道，卜辞中的九月、十月称春[1]，从十月至来年的一、二、三月均出现过打雷这种在春分之后和仲秋之前才会有的气象记载[2]。由此推算，殷人的三、四、五月应属四季中的秋天，四月乃为仲秋时节。根据上揭四月卜辞的内容来分析，看来洹水的秋汛还没有过去，当时似仍处在水患之中。

宾二类还多见有占卜疾病的卜辞，疾患所涉及的对象有商王本人、王妇以及其他商族贵族成员。卜辞对所患疾病多言“疒某”，这方面的占卜用语多见有：“疒耳”(《合集》13630)、“疒自”(《合集》11506正)、“疒目”(《合集》13628)、“疒首”(《合集》13614)、“疒民”(《合集》13629)、“疒舌”(《合集》13634正)、“疒疋”(《合集》13693)、“疒止(趾)”(《合集》13689)、“㞙(臀)其㞢疒”(《合集》13750正)、“言其有疒”(《合集》13637)等。宾二类还见商王为诸王妇、王子疾患行占卜之事。如《合集》13633卜问妇好身体是否“出疒”。《合集》13716对贞卜问妇媟是否“[illegible]疒”。在占卜这些病患时，时常要举行禳疾的㐭(禦)祭。

宾二类所见的卜旬辞数量多，有的省刻了贞人名，有的一连数月卜旬(《合集》11545)，辞式雷同。有的或附记占辞和验辞，辞末有的记月。还有一些胛骨骨面卜旬辞，习惯在命辞后面再长辞记述一旬之内所发生的事情，而且屡屡实录含有“其有来艱”之类的占辞和验辞。如《合集》7139一版由贞人争连续在三个癸日卜问来旬是否有灾祸。商王视兆皆占断会有灾咎到来。商

① 《合集》9652：“壬子…貞：今屯(春)受年？九月.”《合集》18：“戊寅卜，争貞：今屯众有工？十月.”

② 《合集》13406版：“…雨雷？十月.”《合集》14127正：“帝其及今十三月令雷？”《合集》14128正：“癸未卜，争貞：生一月帝其弘令雷？”《合集》14129正：“貞：及今二月雷？”《合集》11501：“大采各云自北，西單雷…三月.”

王的将帅沚𢦔曾向商王报告了某事。其中有一条占辞记述癸丑日后的第九天辛酉要发生某事。在癸亥日卜旬验辞中，记述了五天后的丁卯，王在狩猎时果然车辆出了故障。

二、宾组二类卜辞选释

1.《合集》559 正、反

该胛骨原著录参考：《前编》7.9.2＋《京津》1255(正)1256(反)，《历拓》10334 正，反，《通纂》27(正)。现藏天津博物馆。

图 4-30　《合集》559 正(拓片)

图 4-31　《合集》559 反(拓片)

【释文】《合集》559 正

(1)□子卜，𣪘貞：五百𠈍□？

(2)貞：五百𠈍弜(勿)用？

(3)□丑卜，𣪘貞：五百…

(4)癸丑卜，𣪘貞：五百𠈍用？旬壬戌㞢用𠈍百。三月。

(5)甲子卜，𣪘貞：告，若？

(6)戊辰卜，𣪘貞：王徝土方？

(7)癸巳卜，亘貞：戋？七月。

(8)癸巳卜，亘貞：曰…

(9)小告

【释文】《合集》559 反

(1) 王固(占)曰：其用。

(2) 王固曰：丙戌其雨，不[吉]。

【备注】此版诸辞直书下行，书风雄伟硬朗，用笔舒展流畅。其中如贞、嗀、旬、辰、巳(子)、丑、戊、戌和地支子字等皆为宾二特征字形。

本版由贞人嗀卜问商王是否命令“五百𠂤”征伐土方。有关令“多𠂤”征伐𢀛方的卜辞还可参见《合集》537～562 诸版。

图 4-32 《合集》8806(拓片)

2.《合集》8806

该胛骨原著录参考：《前编》3.30.4，《历拓》6587。现藏山东博物馆。

【释文】

(1) 貞：弜(勿)乎(呼)取牛？

(2) 貞：我不其受年？

(3) [貞]：乎 [取] 牛 [于 𡗜] ？

【备注】此版字形方正而俊美，笔力刚健，结构匀称，为典型的宾二类风格。本版第 1、3 辞正反卜问是否命人向 𡗜 人征取牛牲。第 2 辞卜问“我”这个族地是否能够获得好的年成。

3.《合集》301、《合集》302

《合集》301 原著录参考：《后上》28.3，《通纂》168。该胛骨现藏地不明。《合集》302 原著录参考：《佚存》543，《北图》527，《文捃》520。该胛骨现藏中国国家图书馆。

【释文】《合集》301

(1) 丁亥卜，嗀貞：昔乙酉箙旋卬(禦)… [丁]、大甲、且(祖)乙，百鬯、百羌、卯三百…

【释文】《合集》302

(2) …貞：昔乙酉箙旋 [卬(禦)] …乙百鬯、百羌，卯三百宰…

【备注】《合集》301、《合集》302 版为成套的同文卜辞，由贞人嗀主持占卜。互补两版同文卜辞，可知当时为给商王的臣属箙旋禳除灾祸，计划向“囗丁”、大甲和祖乙等先王致祭。祭品为一百单位的鬯酒、一百个羌俘，并剖杀三百只圈养的羊牲。

图 4-33　《合集》301（拓片）

图 4-34　《合集》302（拓片）

4.《合集》1051 正

该龟甲于 1936 年小屯村北出土（编号 13.0.11896）。原著录参考：《乙编》5317（正）5318（反）。现藏台湾“中央研究院”历史语言研究所。

【释文】《合集》1051 正

(1) 己丑卜，爭貞：亦乎（呼）雀尞（燎）于云犬？　一　二

(2) 貞：弜（勿）乎雀尞于云犬？　一　二告　二

(3) 乎雀用三牛？　一　二

(4) 二牛？　三　二告

(5) 翌庚寅不其雨？　一　二　二告　三

(6) 貞：翌庚寅王告（祰）？　一

(7) 貞：王聑（聽）隹（唯）母告？　一　二告

(8) 貞：王于甲午告？　一

(9) 㞢（侑）于父乙？　一

(10) 㞢于𠳋卅人？　一

(11) 貞：㞢于𠳋十人？

(12) 㞢王矢伐一、卯宰？　一　二

(13) 㞢王矢伐三、卯宰？　一　二　三

(14) 㞢王矢伐五、卯宰？　一　二

图 4-35　《合集》1051 正(拓片)

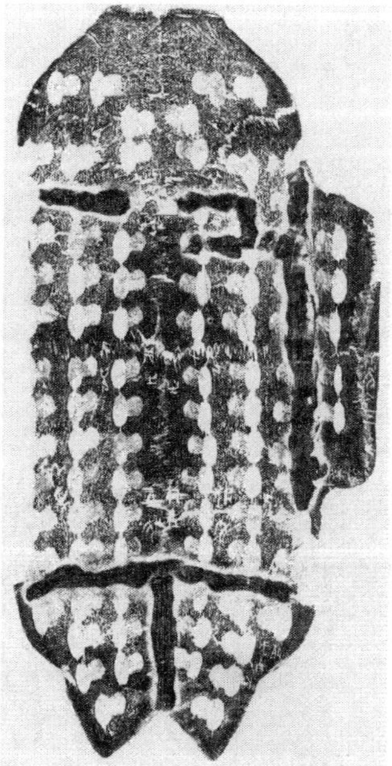

图 4-36　《合集》1051 反(拓片)

(15)貞：于王夨？ 一 二 二告

(16)壬辰卜，貞：于王夨？ 一

(17)輱(剛)于黃奭？ 一

(18)□□卜，爭貞：翌壬令雀？ 一 二 三 四

(19)壬辰卜，㱿貞：雀𢦏祭？ 一 二 三

(20)壬辰卜，㱿貞：雀弗其𢦏祭？三月。 一 二 二告

(21)…𢦏？三月。 一 二

(22)壬寅卜，㱿：雀弗其𢦏祭？三月。

(23)貞：[illegible]于涉[illegible]？ 一 二 三

(24)[illegible]弓于涉[illegible]？ 一 二 三

【备注】此版主要卜问祭祀，也涉及战事。第 1～4 辞内容相关，卜问是否命令雀用犬牲向云神致以燎祭。并卜选三头牛或两头牛为祭牲。第 6、7、8 辞卜问是否在庚寅日或甲午日先母致祰祭。第 9 辞卜问是否向父乙致侑祭。第 10、11 辞卜问是用三十人还是十人为祭牲向“昌”这个祖神致祭。第 12～16 辞内容相关，卜问有关向王矢致侑祭之事，这其中的第 12～14 辞卜问对王矢的用牲情况。第 17 辞卜问是否向黄尹的配偶黄奭致祭。

本版第 18～24 辞还涉及战事。如第 18 辞卜问拟在来日壬向雀授令，第 19～21 辞卜问雀是否能够打败祭这个部族。本版反面另有贞梦和祭祀先公[illegible]的卜辞。背面右甲桥刻有“雀入三”的署辞。

5.《合集》203 正

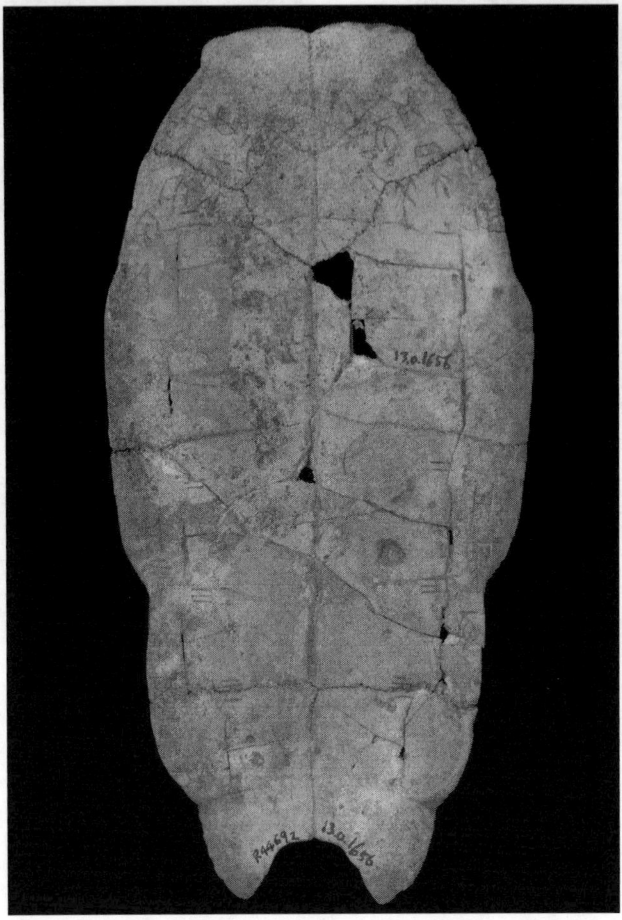

图 4-37　《合集》203 正(照片)

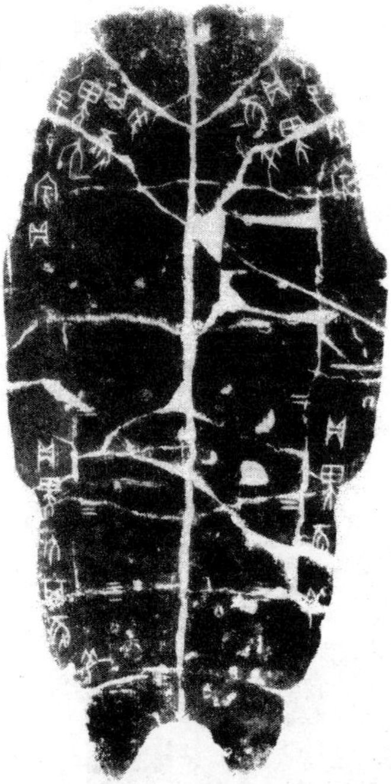

图 4-38　《合集》203(拓片)

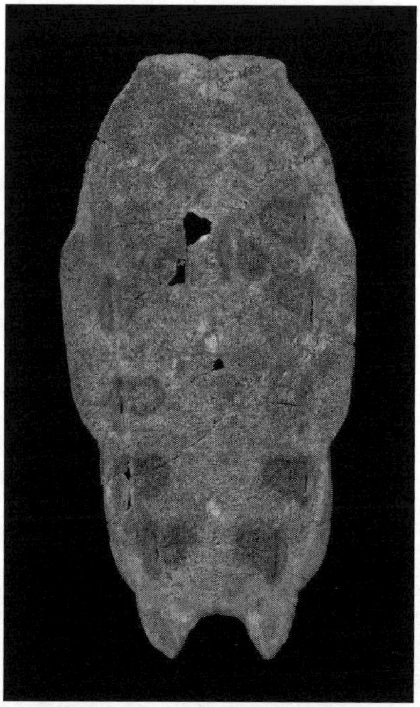

图 4-39　《合集》203 反(照片)

该龟甲于 1936 年小屯村北出土(编号 13.0.1656)。原著录参考:《乙编》865(正)、866(反)。现藏台湾“中央研究院”历史语言研究所。

【释文】

(1)乙巳卜，宾貞：昗隻(獲)羌？一月。　一

(2)乙巳卜，宾貞：昗不其隻羌？　一

(3)貞：昗隻羌？　一　二　三　四

(4)貞：昗不其隻羌？　一　二　三　四

【备注】本版是两组同一内容的正反对贞，宾组多见“某隻羌”的卜辞。殷商晚期羌人是人牲的主要来源之一。

6.《合集》5445 正

该龟甲于 1936 年小屯村北出土(编号 13.0.11285、13.0.11292、13.0.11600、13.0.12824、13.0.13283、13.0.13394、13.0.1168、13.0.11567、13.0.11596、13.0.11955、13.0.13461)。原著录参考:《乙编》4923＋5100＋5955＋6230＋6315,《丙编》583。现藏台湾“中央研究院”历史语言研究所。

【释文】

(1)丁酉卜，亘貞：吾叶王事？　一　二　三　四　五　六　七

(2)貞：王曰，吾來？　一　二　二告　三　四　五　六

图 4-40　《合集》5445 正(拓片)

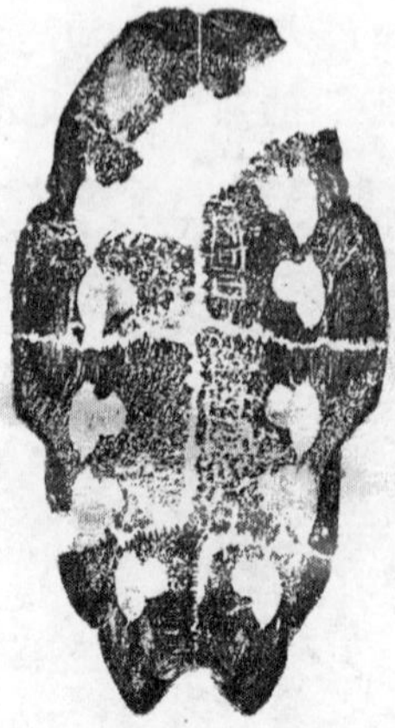
图 4-41　《合集》5445 反(拓片)

【备注】第 1 辞卜问吕人是否勤劳王事，第 2 辞卜问吕人是否前来。宾组卜辞中吕多见为商王的敌对方，本版披露出吕人与商王朝非战争的那一面。

7.《合集》6057 正

该胛骨原著录参考：《菁华》1.1。现藏中国国家博物馆。

【释文】《合集》6057 正

(1) 王固曰：虫(有)求(咎)，其虫來媗(艱)。气(迄)至七日己巳，允虫來媗自西。𢦏友角告曰：吕方出，㑴(侵)我示𣋡田七十人五。

(2) 癸未卜，𡖊[貞：旬亡囚(祸)]？　一

(3) 癸巳卜，𡖊貞：旬亡囚？王固曰：虫[求]，其虫來媗。乞至五日丁酉，允虫來[媗自]西。沚𢦏告曰：土方𡧊于我東啚(鄙)，[𢦔]二邑。吕方亦㑴我西啚田。

(4) 癸卯卜，𡖊貞：旬亡囚？王固曰：虫求，其虫來媗。五日丁未允虫(有)來媗，𡆥𢍏(御)，[𢍜]自𠳋圉六[人]…　一

(5) □□卜，□[貞：旬亡囚]？五月。

【释文】《合集》6057 反

(1) 王固曰：㞢求，其㞢來嬉。乞至九日辛卯允㞢来嬉自北。𢦔𡚲妥告曰：土方𠭯我田十人。

(2) …㞢来［嬉］…㞢来［嬉］…乎…东啚，𢦏二邑。王步自𨙶，于𨚔后…夕㞢壬寅王亦冬(終)夕𡆥。

【备注】此版是一牛胛骨的骨扇部分。最早著录于罗振玉的《殷虚书契菁华》一书，在《合集》6057 中著录了完整的拓片和照片。此版为贞旬卜辞，命辞后多附占辞和验辞(反面也刻有占辞和验辞)。从此版内容来看，商王正逢多事之秋，其中的验辞主要反映了商王朝与土方国和𢀛方国之间的冲突。宾二类的一些骨面卜旬辞习惯附记较长的占辞和验辞，而且多用带有“其㞢來嬉(艱)”的熟语，附记不吉祥的事情。

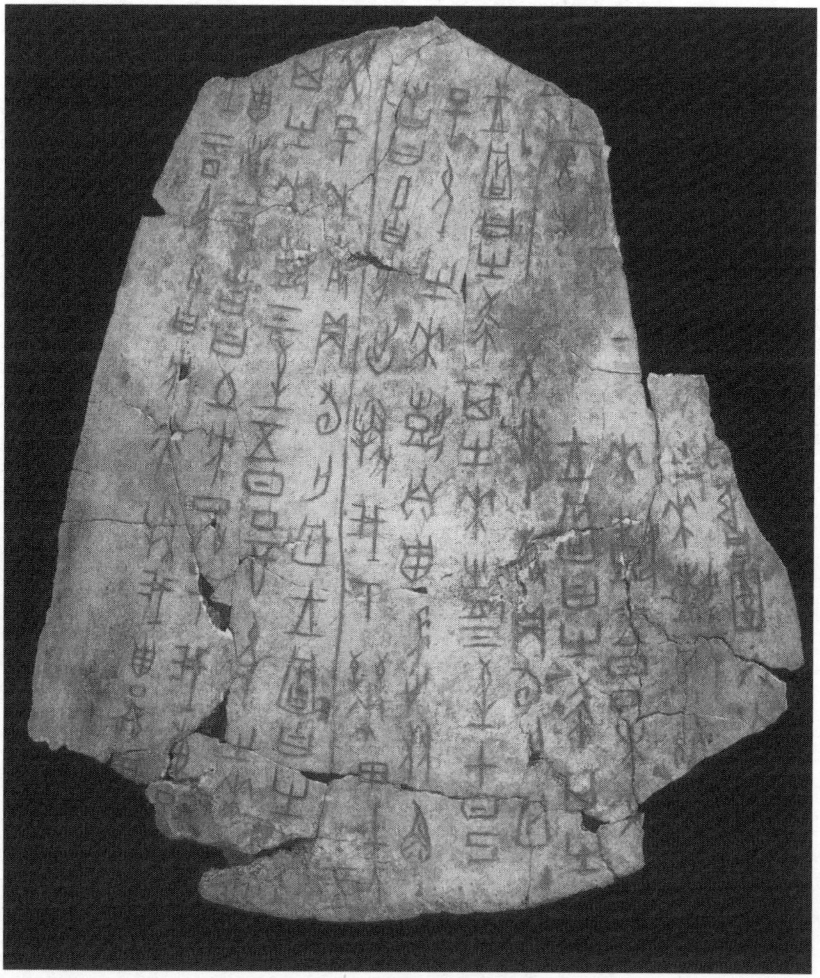

图 4-42　《合集》6057 正(照片)

图 4-43　《合集》6057 正(拓片)

图 4-44　《合集》6057 反(拓片)

图 4-45 《合集》6057 反(照片)

此版正面第 1 辞中记己巳日㪤友角这个人前来报告，说𢀛方出动兵力，侵犯了商王的“示𥞤田”，掳掠走七十五个人。第 3 辞中，沚𢦔这个部族首领过来报告说：土方侵犯商王的东部疆界，摧毁了两个邑落；𢀛方亦同时出动，侵犯了西疆的领土。第 4 辞记丁未这天𡆥地的牢狱中有六人逃亡。所有发生的这些盖为“㞢來嬉”之事，故特意铭刻并涂朱，以图日后雪耻。

8.《合集》137 正、反

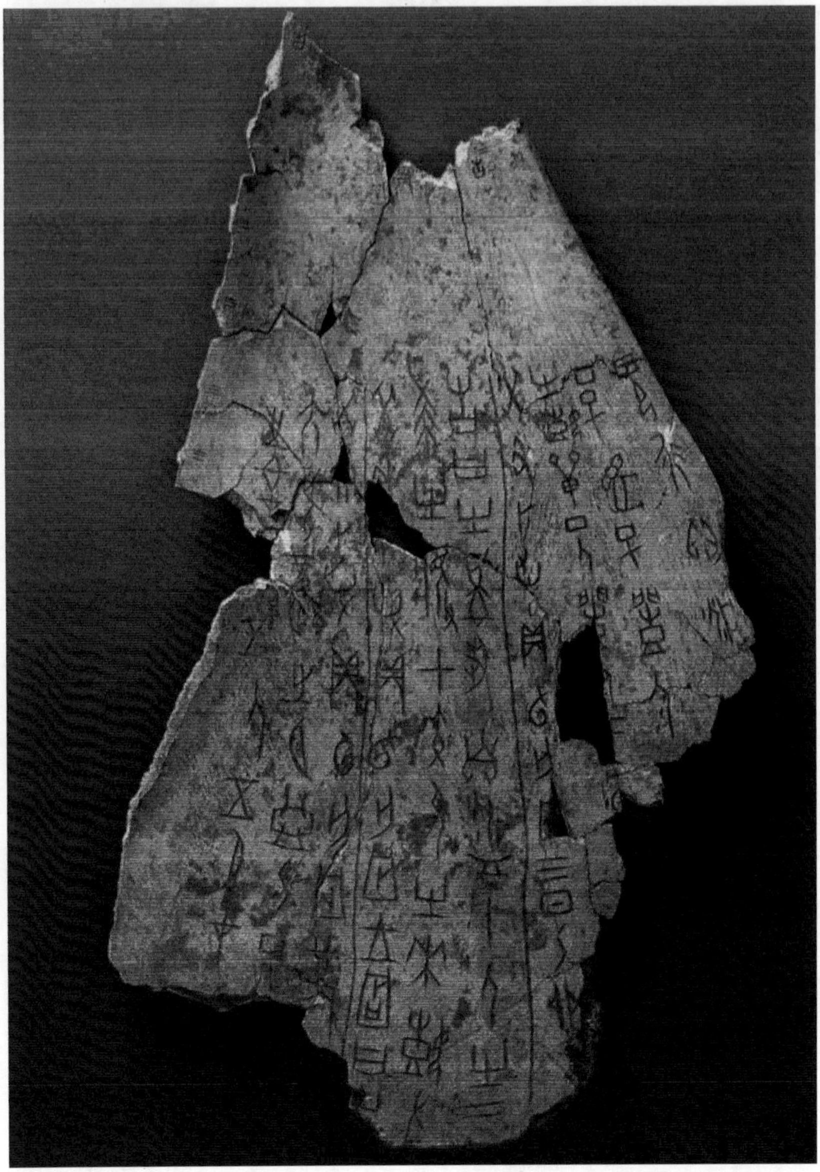

图 4-46　《合集》137 正（照片）

图 4-47 《合集》137 反(照片)

该胛骨原著参考：《菁华》5.1(正)6.1(反)，《历博拓》179正反，《通纂》430(正)513(反)。现藏于中国国家博物馆。

【释文】《合集》137正

(1)癸卯卜，爭貞：旬亡𡆥(祸)？甲辰，…大掫(骤)风，之夕㞢乙巳…㚔□五人。五月在□。

(2)癸丑卜，爭貞：旬亡𡆥？王𠧞曰：[㞢(有)]求(咎)，㞢夢。甲寅，允㞢來嬄(艱)。左告曰：㞢㞢芻自㞢十人㞢二。

(3)癸丑卜，爭貞：旬亡[𡆥]？三日乙卯…㞢嬄。單丁人㞢于录…丁巳，㲋子㞢…鬼亦㝵(得)疒。

(4)□□卜，□貞：□亡𡆥？

(5)二告　小告　三　三　三　三　三

【释文】《合集》137反

(1)四日庚申，亦㞢來嬄自北。子[㜑]告曰：昔甲辰方𢀛于蚁，俘(俘)人[十㞢]五人。五日戊申，方亦𢀛，俘人十㞢六人。六月才(在)…

(2)甲子，允㞢来自东…亡于㚄。

(3)…𡆥？王𠧞曰：□求，□夢，其□來□。七日己丑，允□來□[自]…止戈化乎[告]：方𢀛于我示…

【备注】此版亦是刻于骨扇上的贞旬辞，正反两面附刻占辞和验辞。正面三辞比较完整，中间以竖线为界隔开。在骨的左面和上面有卜兆和兆序的残留。此版兆序多为三，似是成套刻辞之第三版。反面亦三辞，第3辞旬内有“七日己丑”，应是癸未日所卜。第2辞是癸亥日卜；第1辞见有“五日戊申”，应是癸卯日贞卜的验辞。

9.《合集》11482正、反

该胛骨原著录参考：《簠天》2，《簠拓》2。现藏天津博物馆。

【释文】《合集》11482正

(1)癸…旬…

(2)辛卯。

(3)癸丑貞：旬亡𡆥？

(4)癸亥貞：旬亡𡆥？

(5)癸酉貞：旬亡𡆥？

(6)癸卯貞：旬亡𡆥？

【释文】《合集》11482反

旬壬申夕，月㞢(有)[食]。

【备注】此版正面为卜旬辞。反面刻写有验辞，此辞大意是：在本旬壬申这天的晚上，天上发生了月食。除本辞之外，今知宾二类卜辞中还见有“癸未夕”（合集 11483），“甲午夕”（合集 11484 正），“乙酉夕”（合集 11485），“己未[illegible]庚申夕”（合集 40610 反）等月食记录。

图 4-48 《合集》11482 正(拓片)

图 4-49 《合集》11482 反(拓片)

10.《合集》11485

图 4-50 《合集》11485(拓片)

图 4-51 《合集》11485(摹片)

该龟甲于1929年小屯村北横十三、二五乙、大连坑出土（编号3.0.0431、3.0.0475、3.0.0672、3.0.1408、3.0.1468）。原著录参考：《甲编》1114＋1156＋1289＋1749＋1801。现藏台湾“中央研究院”历史语言研究所。

【释文】

(1)癸亥卜，爭貞：旬亡囚？一月。 三

(2)癸未卜，爭貞：旬亡囚？二月。 三

(3)癸卯卜：旬亡囚？二月。

(4)□卯□，□貞：□亡［囚］？五月。

(5)癸未卜，爭貞：旬亡囚？三日乙酉夕月㞢食，聞。八月。

(6)□未卜…旬□囚？三

【备注】此版为成套卜旬辞的第三版，辞末的记月持续时间较长。第5辞末附有验辞，大意是：占卜的当日癸未日之后第三天，即乙酉这天发生了月食现象。占卜时间是当年的八月。

11.《合集》14129正、反

图4-52 《合集》14129正(照片)

图4-53 《合集》14129反(照片)

该龟甲于1936年小屯村北出土(编号13.0.739、13.0.14048)。原著录参考:《乙编》529+6666(正)530+6667(反),《丙编》65(正)66(反)。现藏台湾“中央研究院”历史语言研究所。

【释文】《合集》14129正

(1)壬申卜,古貞:帝令雨… 一 二告 二 三 四 五 六 七 八 九 一 二 三 二告 四 五 六 七 一 二 三 四 五 六 二告 七 八 九

(2)貞:及今二月雷? 一 二 三 四 一 二 三 四 二告 二告

(3) 一 二 三 四 五 六 七

(4)…卜,韋貞:王往从之? 一 二 三 四 五

(5)貞:王弜(勿)往𠂤□? 一 二 三 四 五 六 七 一 二 三 四 五 六 七

【释文】《合集》14129反

图4-54 《合集》14129正(拓片)

图4-55 《合集》14129反(拓片)

(1) 貞…帝不其令…(朱书)

(2) 貞：弗其今二月雷？(朱书)

(3) 王固曰：帝隹今［二］月令［雷］。其隹丙不［吉］，羽隹庚吉。(书而后刻，朱痕尚存。后一“吉”字书而未刻)

(4) 王固曰：吉。其雷。(朱书)

(5) [庚午卜，古]貞：乎戉王女來？(书而后刻，朱痕尚存)

(6) 王固曰：吉。其乎。(朱书)

(7) 貞：庚午。

(8) 貞：王弜往从之？

(9) 貞：屮屮于龐？(书而后刻，朱痕尚存)

(10) ［⿰］入二，才(在)芦。

(11) 㱿。

【备注】此版为龟背甲的右半部，正反面多有对贞卜辞，如正面第 1 辞和反面第 1 辞，正反卜问上帝是否命令下雨。正面第 2 辞和反面第 2 辞卜问当年的二月份(上帝)是否令雷公打雷，反面第 4 辞占断为吉祥，天要打雷(占辞用毛笔朱色书写)。正面第 4 辞和反面第 8 辞卜问商王是否应从当地出行。第 5 辞卜问商王是否不屯兵某地。正面各辞下皆布满兆序，一事多卜。

12.《合集》10222

该胛骨原著录参考：《前编》3.31.3，《通纂》377。现藏地不明。

【释文】

(1) …隻(獲)象？

(2) …今夕其雨？

(3) …其雨？之夕允不雨。

图 4-56　《合集》10222(拓片)

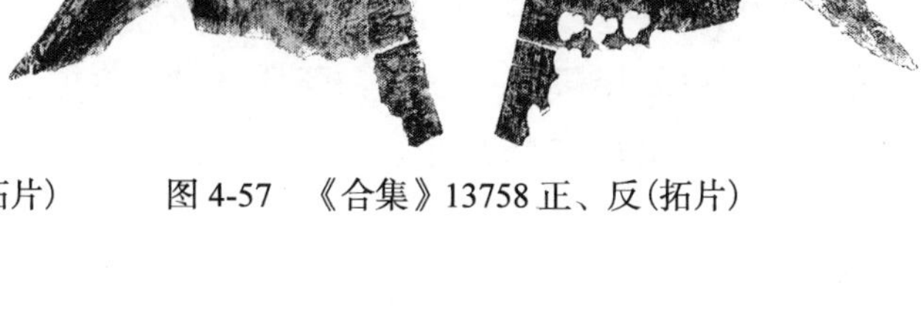

图 4-57　《合集》13758 正、反(拓片)

【备注】此版残，第 1 辞有关于捕获大象的占卜。甲骨文“為”字即作手执象状，卜辞和文献都有商王捕获和豢养大象的记载，殷墟考古发掘曾出土有象骨骸，象胛骨卜辞，这些都反映出殷商时期中原一带所存在的人与大象的生态关系。请参见上图《合集》13758 正、反。

13.《合集》10475

图 4-58 《合集》10475(拓片)

该龟甲原著录参考：《前编》6.50.7，《通纂》748。现藏地不明。

【释文】

…王漁？十月。

【备注】此版的漁字从水、从四鱼，用为动词，表“打鱼”、“渔猎”。

14.《合集》10405 正、反

该胛骨原著录参考：《菁华》3.1(不全)，《历博》正，《传古》2.8(缩小，不全)，《通纂》735(缩小，不全)。现藏中国国家博物馆。

【释文】《合集》10405 正

(1)癸酉卜，㱿貞：旬亡囚(祸)？王二曰：匄。王固(占)曰：餘，㞢(有)求(咎)，㞢夢。五日丁丑王窡(宾)中丁𠂢阾才(在)㾗(廳)阜。十月。一

(2)癸未卜，㱿貞：旬亡囚？王固曰：㞢乃丝(兹)㞢(有)求。六日戊子子[illegible]因？一月。

(3)己卯媚子寅入宜(俎)羌十？

(4)癸巳卜，㱿貞：旬亡囚？王固曰：乃丝亦㞢求，若偁。甲午王往逐兕。小臣叶[illegible]馬硪，粤王車，子央亦[illegible]。

(5)癸巳。一月。一

(6)…亡…八日…來媗(艱)。

【释文】《合集》10405 反

(1)癸亥卜，㱿貞：旬亡𡆥？王𡆥(占)…其亦㞢來媗(艱)。五日丁卯子[illegible]。[illegible](毋鼄)。不𡆥。

(2)王𡆥曰：㞢求。八日庚戌㞢各云自東[illegible]母，昃亦㞢出虹，自北飲于河。□月。

(3)王𡆥曰：乃若偁。

(4)王𡆥曰：㞢求…

图 4-59 《合集》10405 正(照片)

图 4-60 《合集》10405 反(照片)

【备注】《合集》10405、10406 二版为同文卜辞。因前者内容较齐备，兹择取前者。《合集》10405 版的正面属卜旬辞，占辞中附记发生在旬内有关祭祀、田猎的一些事情。其中第 4 辞末记录了商王行猎活动中发生的一次“车祸”：癸未这天卜问下一旬是否有灾祸，商王认为兆象不佳。下一旬首日甲午这天，商王外出逐猎兕，小臣叶为商王驾车，车轴断裂，连人带马翻了车。

《合集》10405 版的反面第 2 辞为某辞的占辞和验辞。验辞记录了一则天象。大意是：在八天后庚戌日，有彩云从东方女神处飘来，下午人影偏斜的时候，有彩虹从北方驾到河边饮水。

图 4-61 《合集》10405 正(拓片)

图 4-62　《合集》10405 反(拓片)

15.《合集》9525 正

图 4-63 《合集》9525 正(拓片)

该龟甲于 1936 年小屯村北出土(编号 13.0.4491、13.0.4493、13.0.14613)。原著录参考:《乙编》2217+6964,《丙编》81。现藏台湾“中央研究院”历史语言研究所。

【释文】

(1)庚戌卜，㱿貞：王立黍，受年？

(2)貞：王弜(勿)立黍，弗其受年？

(3)貞：王立黍，受年？一月。 二

(4)…立黍，弗其受年？ 二

(5)貞：𦘔来牛？

图 4-64　《合集》9525 正(照片)

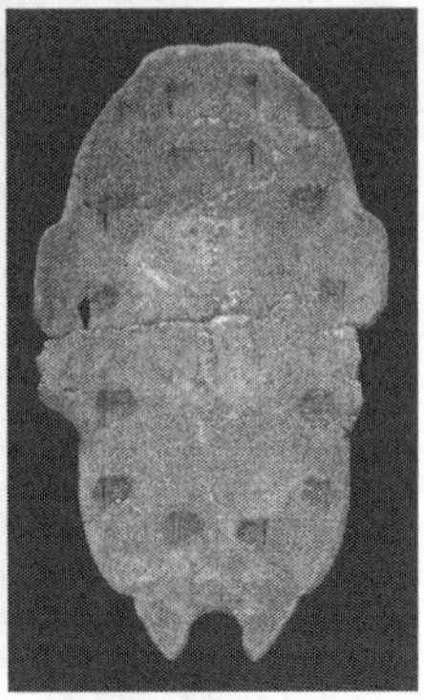

图 4-65　《合集》9525 反(照片)

(6) 貞：畫弗其来牛？

(7) 貞：畫来牛？　二

(8) 弗其来牛？　二　二告

【备注】此版第 1～4 辞卜问“立黍”(种植黍)和是否“受年”(有好年成)，第 5～8 辞卜问畫这个人是否“来牛”(向商王贡纳牛)。该卜甲是成套占卜过的第二版。

16.《合集》9735

图 4-66　《合集》9735(照片)

该龟甲于1936年小屯村北出土(编号13.0.7034)。原著录参考:《乙编》3287。现藏台湾"中央研究院"历史语言研究所。

【释文】

(1)甲午卜，𢓊貞：東土受年？　一　二　三　二告　四　五　六　七

(2)甲午卜，𢓊貞：東土不其受年？　一　二　三　四　二告　五　六

图4-67　《合集》9735(拓片)

【备注】此卜甲上两辞，在千里路两侧正句卜七次，反句卜六次，祈问东土的庄稼是否能获得丰收。此版卜问东土，另有他版卜问南土(合集9738)、西土(合集9742正)、北土(合集9745)"受年"者。商王很重视四方疆域的年成，有时还在同一版上逐一对四方的年成进行卜问(如《合集》28258、33244)。

17.《合集》9791 正、反

该龟甲于 1936 年小屯村北出土(编号 13.0.10797、13.0.10799、13.0.10800、13.0.10803、13.0.10805、13.0.10806、13.0.10809、13.0.10813、13.0.10821、13.0.10822、13.0.10824、13.0.10825、13.0.10827、13.0.10832、13.0.10880、13.0.10903、13.0.10910)。原著录参考:《乙编》4658(正)4659(反),《丙编》373(正)374(反)。现藏台湾“中央研究院”历史语言研究所。

图 4-68 《合集》9791 正(照片)

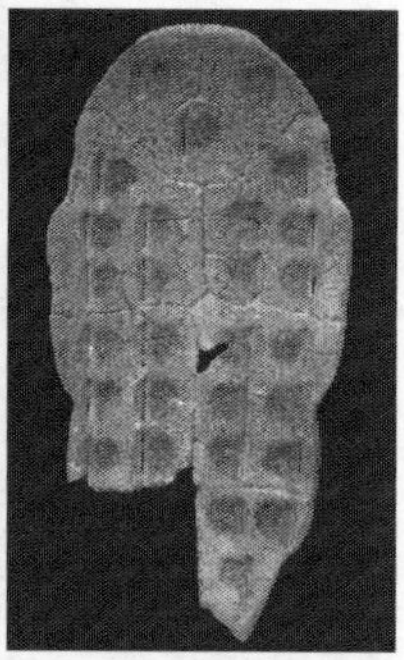

图 4-69 《合集》9791 反(照片)

【释文】《合集》9791 正

(1) 貞：戠不其受年？　一　二　二告　三　四　五　六　七　八

(2) 貞：弇不其受年？　一　二　三　四　五　六　七　二告　八

(3)　一　二　三　四　五　六　七　一　二　三　四　五　六

【释文】《合集》9791 反

(1) 貞：戠受年？

图 4-70　《合集》9791 正(拓片)　　图 4-71　《合集》9791 反(拓片)

(2) 貞：弇受年？

(3) …年？

(4) 辛巳卜：宾。　(朱书)

(5) 雀入二百五十。

【备注】正面二辞卜问戠和弇地是否会有好的收成。卜辞中的族名、部族首领名和地名往往互见，“戠”和“弇”又是卜辞中常见的族长名。反面第 1、2、3 辞亦卜问年成。第 5 辞为署辞，记录雀这个人贡纳占卜所用的龟甲的数量。商王武丁关注各地年成，除戠和弇地外，还多次对隹、臺(《合集》9783)，亩(《合集》9810)等地卜问受年。

18.《合集》376 正

该龟甲于1936年小屯村北出土(编号13.0.2681～13.0.2684、13.0.2691、13.0.2692、13.0.2694～13.0.2697、13.0.3975、13.0.9171～13.0.9174、13.0.9179～13.0.9181、13.0.9185、13.0.9187～13.0.9193、13.0.9195、13.0.9196、13.0.9200、13.0.9201、13.0.9203～13.0.9209、13.0.9211～13.0.9213、13.0.9216～13.0.9218、13.0.9221～13.0.9223、13.0.14383～13.0.14397、13.0.16485、13.0.16820、13.0.16821、13.0.5573)。原著录参考:《乙编》1277＋1905＋4071＋6879＋7834＋8063,《丙编》96。现藏台湾“中央研究院”历史语言研究所。

图4-72 《合集》376正(照片)

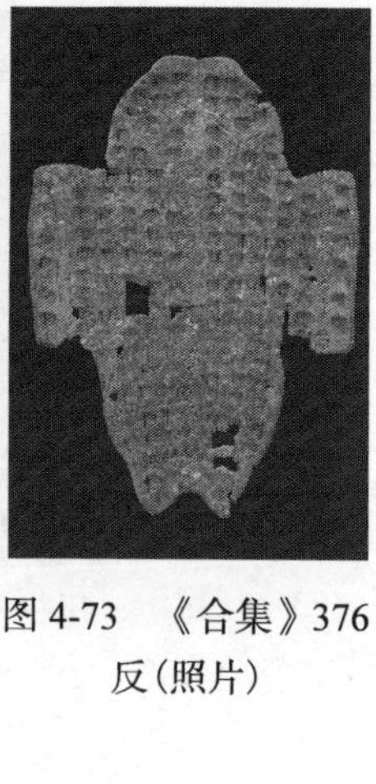

图4-73 《合集》376反(照片)

【释文】

(1)乙丑卜，㱿貞：甲子㞢乙丑王夢牧石麋，不隹(唯)囚(祸)，隹又(佑)？ 一 二告

(2)貞：甲[子]㞢乙丑王夢牧石麋，不隹囚，隹又？三月。 二

(3)王隹㞢不若？ 一

(4)王不隹㞢不若？ 一

(5)貞：王其疒㖯？ 一 二 三 四 五

(6)貞：□□夢，乎(呼)余钔(禦)㖯？ 一 二

(7)貞：王㞢夢，不隹乎余钔㖯？ 一 二

(8)貞：今般取于𡱝，王用若？ 一

(9)貞：我受黍年？ 一

(10)不其受黍年？ 二

(11)貞：于來乙巳𡏳？ 一

(12)弜(勿)于來乙巳𡏳？ 一

(13)庚申卜，古貞：王使人于陕，若？王固(占)曰：吉，若。 一 二 三 四 五 六

(14)貞：使人于陕，不若？ 二告

(15)貞：乎(呼)𢑴𢦏入人？ 一 二

(16)貞：王又(侑)三羌于俎，不又(有)若？ 一 二

(17)貞：王有三羌于俎，不又若？ 二

(18)庚子卜，㱿：帚(妇)媟冥(娩)，妫(嘉)？ 一 二 三

(19)貞：帚媟冥，不其妫？ 一 二 三

(20)翌乙亥(启)？ 一 二告

(21)翌乙亥不其攼？ 一

(22)來乙未弜𡏳？ 一 二告

(23)乎竝□？

(24)弜乎竝斧？

(25)乙巳卜，㱿貞：㞢疒身，不其羸？ 一 二告 二 三 四 五

(26)乙巳卜，㱿貞：㞢□身，羸？ 一 二 二告 三 四 五

(27)王固(占)曰：𠂤其言肹，隹辛令。

(28) 一 一 二告 一 一 二 一 一 一 一 二 一 二 一 二 一 一 一 一 一 一 一 二告 一 一

【备注】此版内容头绪繁多，大体包括如下占卜主题：①为梦幻解忧(第1、2、6、7辞)；②卜问祸福(第3、4辞)；③发布王命(第8、13、14、15、23、24、27辞)；④卜问年成(第9、10辞)；⑤祭祀(第7、11、12、16、17、

22 辞)；⑥妇媟生育(第 18、19 辞)；⑦天气变化(第 20、21 辞)；⑧疾患(第 5、25、26 辞)。

卜问商王做梦的有四辞，其中第 1、2 辞为重复卜问，后者省刻了部分前辞，其大意是，在甲子和乙丑之间的一个时间段商王做了一场打猎的梦，卜问这预示着灾祸还是预示着祖灵给予的保佑。第 6、7 辞亦为卜梦，商王试图禳除自己的疾患。

图 4-74 《合集》376 正(拓片)

19.《合集》11506 正、反

图 4-75　《合集》11506 正(照片)

该龟甲于 1936 年小屯村北出土(编号 13.0.13510)。原著录参考：《乙编》6385。现藏台湾“中央研究院”历史语言研究所。

【释文】《合集》11506 正

(1)一　二　三　一　二　二告　三　一　二　三

(2)甲寅卜，殻貞：翌乙卯易日？　一

(3)貞：翌乙卯乙卯不其易日？　一（乙卯二字刻写重复）

(4)貞：㞢(有)疒自(鼻)，隹㞢𡆥(孽)？　一　二　［三］　四

(5) 貞：㞢疒自，不隹(唯)㞢𡆥？ 一 二 三 四

【释文】《合集》11506 反

(1) 王固(占)曰：之日勿雨。乙卯允朝霍(霧)，气(迄)𠧟 食日大星(晴)。

(2) 王固曰：

(3) 王臣固曰：☐達首，若。

【备注】本版正面第 2、3 辞为正反对贞，卜问翌日乙卯是否变天。本版反面还有关于当日天气的朱书占辞，占辞已漫漶不清。第 4、5 辞卜问鼻子有疾患。“自”字本象鼻形，许慎《说文解字》释自云“鼻也”。此版“疒自”一语可证“自”字本义的确是“鼻子”。

图 4-76 《合集》11506 正(拓片)

图 4-77　《合集》11506 反(照片)

20.《合集》13648 正

图 4-78　《合集》13648 正(拓片)　　图 4-79　《合集》13648 反(拓片)

该龟甲于 1936 年小屯村北出土(编号 13.0.10535)。原著录参考:《乙编》4511。现藏台湾“中央研究院”历史语言研究所。

【释文】《合集》13648 正

(1) 貞：來庚寅其雨？ 一

(2) 不其雨？ 一

(3) 貞：疒齒… 一 二 三 四 五 六 七

(4) 貞：疒齒，不隹(唯)父乙𡿧(䜌)？ 一 二 三 四 五 六 七

(5) 貞：疒齒，隹南… 一 二 三 四 五 六 七 八 九

(6) 貞：疒齒，不隹… 小告 一 二 小告 三 四 五 小告 六 七 八 九

【备注】此版第 1、2 辞卜问来日庚寅是否下雨。第 3～6 辞卜问有关“疒齒”，即牙齿生病的事情。第 3、5、6 辞残，根据常见文例，推知第 3、4 辞和第 5、6 辞为两组对贞，分别卜问牙疾是否为父乙和南庚所䜌(害)。

21.《合集》6948 正

该龟甲于 1936 年小屯村北出土(编号 13.0.4692、13.0.13382)。原著录参考:《乙编》2333＋6310(正)6311＋2333(反)，《丙编》249(正)250(反)。现藏台湾“中央研究院”历史语言研究所。

图 4-80 《合集》6948 正(拓片)

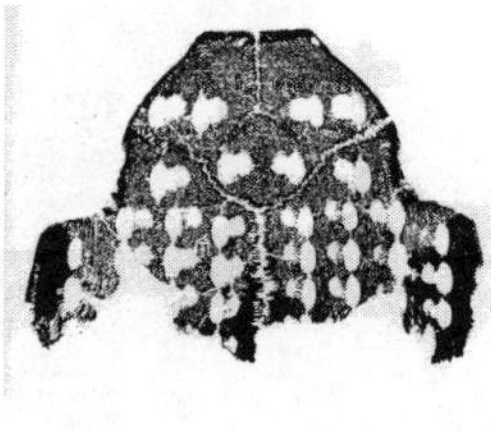

图 4-81 《合集》6948 反(拓片)

【释文】

(1) 辛丑卜，㱿貞：王夢㫃隹(唯)又？ 一

(2) 壬寅卜，㱿貞：帚(婦)好冥(娩)，妨？壬辰㞢癸巳冥，隹(唯)女。 一

(3) 貞：帚好冥，不其妨？ 一

(4) 癸卯卜，㱿貞：乎(呼)雀衒伐亘，𢦏？十二月。 一 二 三 四

(5) 弜乎雀衒伐亘，弗其𢦏？ 一 二

(6)弓…雀… 一
(7)貞：翌丁未王步？ 一 二告 二
(8)丁未卜，㱿…日𠦪于…且(祖)乙… 一
(9)弓…于… 一
(10)于…庚㞢？
(11)辛亥卜，㱿貞：鼓以？ 一
(12)辛…貞…先？ 一

【备注】第 1 辞卜问商王做梦梦到“𣄰”，是否得神灵保佑。第 2、3 辞为对贞卜问㛸(妇)好生育是否顺利。第 2 辞末有占辞，大意是：壬辰到癸巳之间生育，是个女婴。第 4、5 辞为正反对贞，卜问是否命令将帅雀𢓊征讨亘方，此举是否能够打败它。第 7 辞卜问翌日丁未商王是否行军。

22.《合集》14001 正

该龟甲于 1936 年小屯村北出土(编号 13.0.10939)。原著录参考：《乙编》4729。现藏台湾“中央研究院”历史语言研究所。

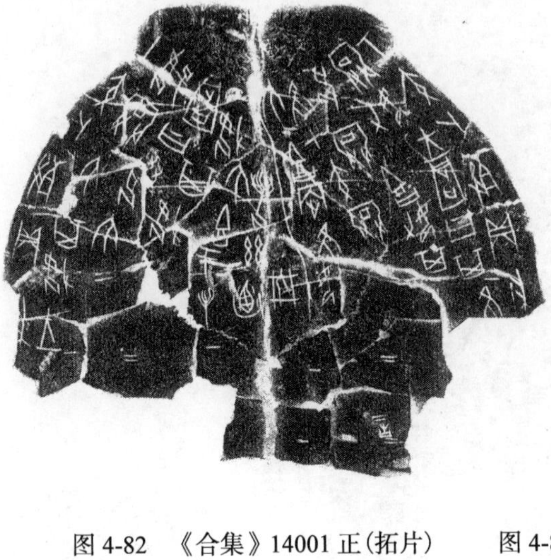

图 4-82 《合集》14001 正(拓片)

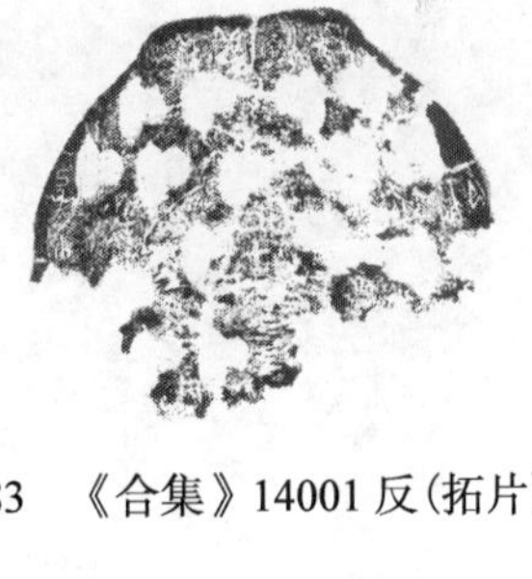

图 4-83 《合集》14001 反(拓片)

【释文】
(1)壬寅卜，㱿貞：帚(婦)[好]冥(娩)，妨(嘉)？王固曰：其隹(唯)[戊]申冥，吉、妨；其隹甲寅冥，不吉，𠕋隹女。 一
(2)壬寅卜，㱿貞：帚好冥，不其妨？王固曰：𠃬不妨；其妨，不吉。于𣎵若，丝(兹)廼囚。 一
(3) 一 二 一 一 二 一 二告 二

【备注】此版围绕妇好的一次分娩进行占卜，刻辞位于首甲两侧，由外向内做正反对贞。两辞末皆记有商王武丁的占辞，说明他对妇好的分娩非常关心，这样的做法是不多见的。前一占辞的大意是：妇好在戊申日分娩吉利，在甲寅日分娩不吉利，甲寅这天会生下一个女婴。后一辞的占、验结果是：此次生育可能不顺利，或者顺利但不吉祥。孩子出生后便夭折了。

23.《合集》14002 正、反

该龟甲于1929年小屯村北出土（编号13.0.16249、13.0.16307、13.0.16395）。原著录参考：《乙编》7691＋7731（正）7692＋7732（反），《丙编》247（正）248（反）。现藏台湾“中央研究院”历史语言研究所。

【释文】《合集》14002 正

(1) 甲申卜，㱿貞：帚（婦）好冥（娩），妫（嘉）？王𡆥（占）曰：其隹（唯）丁冥妫；其隹庚冥引吉。三旬㞢（又）一日甲寅冥，不妫，隹女。 一

(2) 甲申卜，㱿貞：帚好冥，不其妫？三旬㞢一日甲寅冥，允不妫，隹女。一

(3) 一 二告 二 三 四 五 六 二告 一 二 三 四 五

图 4-84 《合集》14002 正（拓片）

图 4-85 《合集》14002 反（拓片）

图 4-86　《合集》14002 正（照片）

图 4-87　《合集》14002 反（照片）

【释文】《合集》14002 反

(1)其㞢不…

(2)王曰：其隹丁冥㓜，其庚引吉，其隹壬戌不吉。

(3)弗其㚔(執)？

(4)母庚㚔臣十？

【备注】此版正面第 1、2 辞正反卜问妇好分娩是否顺利。前者占辞的大意是，妇好在丁日分娩会是顺利的，在庚日分娩更好。此二辞的验辞相同，大意是，此后第 31 天为甲寅日，妇好产下一个女婴，不嘉。反面第 2 辞亦为占辞，商王占断道：丁日分娩顺嘉，庚日更好，但在壬戌这天不吉利。其与正面第 1 辞的占辞内容相似，在表述上略有差别。

宾组卜辞中有关妇好的生育计有五次之多。上揭 6948，14001、14002 属于宾一与宾二间过渡型卜甲，上面有妇好两次生育的贞娩记录，均出于著名的 H127 坑。

24.《合集》14019 正

该龟甲原著录参考：《乙编》4480+4630(正)，《历拓》1149 正，反，《双图》下 32.2(反)。现藏中国国家博物馆。

【释文】

(1)丙戌卜，争貞：帚(婦)媟冥(娩)，㓜？七月。

图 4-88 《合集》14019 反(局部照片)

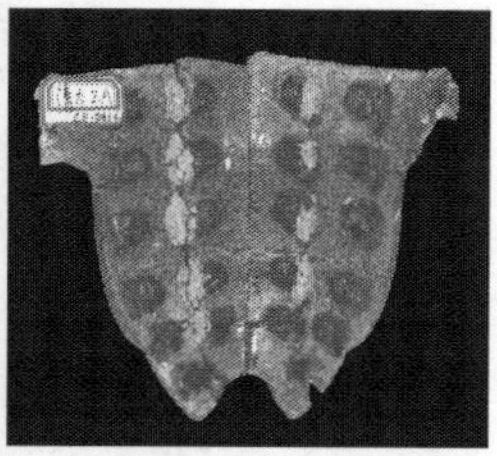

图 4-89 《合集》14019 正(局部照片)

图 4-90　《合集》14019 正(拓片)

(2) 貞：帚嫀冥，不其妿。七月？

(3) 貞：帚嫀冥，妿，隹卒？　一　二　三　二告　四

(4) 㞢(侑)兄戊？　一

(5) 弜(勿)㞢？　一

(6) 㞢父庚？　一

(7) 勿㞢？　二　二告　三　二　三　四

【备注】此版由贞人“爭”为帚(婦)嫀占卜分娩。与武丁的几位重要王妇相比，婦嫀在卜辞中反映为较之婦鼠、婦娘等稍晚而大约与婦好、婦妌同时。武丁宾组卜辞今见有“帚枼”，“帚嫀”之称 40 余例。“嫀”为族名之“枼”(葉字初文)的女化字。枼(葉)族之女婦嫀为商王武丁所宠幸的王妇之一，当时曾有三次关于她生育的占卜记录。其中使用龟甲进行的占卜记录，多见于 1936 年出土的 YH127 坑卜辞，此即为其中的一版卜甲。

第三节　宾组三类

宾三类卜辞主要出于小屯村北，龟骨并用，所见残版较多。宾三类上承宾二类，并有一段交叉并存现象。其时间下限与部分出一类、何一类、历一类亦有重合关系。宾三类卜辞前辞常见有“干支卜，某贞”，“干支卜，贞”两种形式，另外也见有不少王贞卜辞。本类卜辞除见有以往的争、宾、古等贞人之外，新见贞人有“史”（《合集》1251）和“充”（《合集》3876）。其中一部分贞人史的卜辞在字形、事类上与出组、何组早期一些卜辞存在较多的联系。

本类不见宾二类常有的占辞，但有验辞(如《合集》1667、9572)。宾三类所见兆辞也不是很多，在宾一、宾二类常见的“不乇”、“不乇鼄”的兆辞，本类基本不用。本类卜辞还见有宾一、宾二类常见的“二告”(如《合集》1424、2636)，未见有“小告”。本类用辞的位置都刻于辞末，从不单刻(《合集》293、326)，用辞与贞辞之间有时刻写有月名。本类的署辞主要有骨面刻辞(《合集》16755 反)与骨臼刻辞(《合集》6768 臼、6769 臼)。

相对宾二类而言，宾三类字形较小、刻写稍嫌拘谨。其书写风格大致可归为两种情形：一种是龟骨并用，字形稍大，笔画锐利，凸显棱角，个别字迹略显草率(可见著名的大龟四版《合集》339、9560、557、《缀新》10 以及《合集》5450、1878、8554、9572 等)[①]。另一种是用龟不用骨，字形较小，笔画工整(可见《合集》10048、12643、15826、14829、4762、14581、04064 等)。以上两种字形常常见于同版，甚至同卜一事，关系比较密切。此时还有一些卜辞不记卜人，前辞作“干支卜，贞”。如《合集》319、320、3127、4052 等，其字形介于宾三类和出一类之间，如果贞人不具名，则很难分辨究竟是宾三类还是出一类。宾三类的特征性字形如下揭所示：

丙《合集》12643 丁《合集》12643 戊《合集》9572 辛《合集》14375 癸《合集》16685 子《合集》557 丑《合集》557 子(巳)《合集》2543 午《合集》12643 未《合集》12643 申《合集》1424 酉《合集》1626 戌《合集》1520、《合集》1520 亥《合集》557、《补编》95 弖《合集》1251 鼎（貞）《合集》1520、《补编》95 叀《合集》14375 不《合集》557 自《合集》557 隹《合集》557 酌《合集》14375 吉《合集》5251 令《合集》6049 宾《合集》1487 且（祖）《合集》1520 翌《合集》9570 王《合集》1251 旬《合集》16685 允《合集》9572 用《合集》12643

宾三类卜辞中所见的祭祀对象有上帝、天地间自然神祇和祖先神。与宾组前两类类似，本类卜辞所见的上帝具有超自然神的色彩，先公、先王、先妣是商王祭祀的主要对象，入祭的牺牲多用宰(《合集》1487)、牢和牛牲。祭

① 黄天树. 2007. 殷墟王卜辞的分类与断代. 北京：科学出版社. 9

祀卜辞中较为重要的称谓有祖乙(《合集》1626、2636 正)、唐(大乙)(《合集》557、1292、《补编》95)、大甲(《合集》1424、《补编》95)、大庚(《合集》1487)、母庚(《合集》2543)、上甲(《合集》8093)、六元示(《合集》14829)、大示至于多毓[①](《合集》14851)、小示(《补编》184 正)、丁等称名。

从称谓上看，本类卜辞中，祭祀“大乙”多以“唐”称名。身为武丁法定配偶之一的“帚好”(《合集》8093)，此时已成为致祭的对象。本类很少有关对父某的占卜，偶有祭祀“父乙”的卜辞(《合集》1487)，“丁”则是本类常见的祭祀称名，此二称谓是宾三类祭祀卜辞的一个显著特征。值得注意的是，出一类中对“丁”的祭祀也较多，并且与宾三类中对“丁”的祭祀卜辞出现同卜的现象，如《合集》14974(宾三类)与《合集》22580(出一类)，两版卜日、祭日的干支都相同，很显然两位卜人分别在同一日为祭祀“丁”进行占卜。又如《合集》1928(宾三类)、《合集》23059(出一类)，两版的卜日都是“乙亥”选卜祭祀“丁”究竟用牛牲还是用宰牲。以上两组卜辞证明宾三类与出一类所祭祀的“丁”系同一人，应是指商王武丁[②]，此时商王武丁已经下世。

宾三类有不少卜辞与历、出、何组卜辞之间存在着密切的联系。如有一组关于贞人“史”连卜“□叀吉”的例子，见于《合集》5250～5281、15829～15831 等片，辞例如《合集》5250：“贞：王□叀吉，不冓雨？[贞]：王□[叀吉，不]冓[雨]？”这些卜辞多数与出行和卜雨有关。同样的卜事还见于何一类有彘、何等贞人的卜辞，如《合集》27830：“壬辰卜，何贞：王□叀吉？”“贞：王□叀吉，不冓雨？”

宾三类的卜旬辞在内容上较显单一，除了卜旬外，很少带上占辞、验辞、用辞，一般也不附记地名，多数有记月。同版卜旬辞行款大都较为整齐，如《合集》16665 版，本版干支接续(癸未、癸巳、癸卯、癸丑、癸亥、癸酉)，皆由贞人宾主持占卜，命辞均为“旬亡囚”三个字。

本类卜辞中除方与周外，其他方国名比较少见。与早期征伐“方”的情况不同，宾三类多见的“方”已经归顺商王国，卜辞反映“方”常受商王之命从事与王室有关的活动，如“方其大出”(《合集》6702)，“方不大出”(《合集》6768)，“弜(勿)令方归”(《合集》6769)，“令鸣罘方”(《合集》6768)等。本类有一组“𡩜周”的卜辞，如“令多子族比犬侯𡩜周，叶王事”(《合

① “甲文中百余例‘毓’及金文之数例毓字多用表君王义，‘毓’为君王之专称，一般限于特指距时王最近的先王，兼含最近的先妣，而时王、父王以及远祖皆不称‘毓’. 毓应是时王对近祖先王的尊亲之称.”王蕴智. 1996. 殷周古文同化现象探索. 长春：吉林人民出版社. 68～69

② 黄天树. 2007. 殷墟王卜辞的分类与断代. 北京：科学出版社. 80～82

集》6812、6813)，“令𠂤以多子族[illegible]周，叶王事”（《合集》6814、6815)。[illegible]，唐兰先生释作“璞”。此读如戮，击也。可见在武丁晚期，周人也曾与商王国为敌。

本类卜辞中的人物可大致分为子名、部族首领名、侯伯名等。其中子名见有子、子央、子䧿、子𠱠等。侯名有“犬侯”、“𦎫(侯)”、“匡侯”等。所见的部族首领名有参(《合集》557)，卓(《合集》4078)，𡗞(《合集》557)，𦏲(《合集》6816)，𢀛(《合集》9570)，䬱(《合集》12643)，𣎵(《补编》184正)等。另外，本类卜辞中所出现的地名有卓(《合集》557)，瀧(《合集》3755)，𦎫(《合集》9570)，沚(《合集》9572)，岳(《合集》12864)，䙶(《合集》14375)，我(《补编》95)等。还见有奠(鄭)、戠、邑、并、犬、戉、光、戈、青等部族名。从人物方面来看，宾三类常见人物子𠱠、匡侯、卓、犬征等也见于出一类。如“卓”是武丁时期的一个将领，曾率领众人讨伐吾方，此将领与吾方国在出一类卜辞中仍有出现，《合集》24145有辞云：“丁酉卜，出貞：卓[illegible]吾方”。由此可见出一类卜辞的上限也在武丁晚期。

本类卜辞的典型片可见《合集》6、339、557、1251、1292、1424、1487、1520、1626、2543、2636、2799、3123、3755、4078、5250、5251、5359、5581、5393、6050、8039、9570、9572、10111、11546、12643、14375、14829、14851、16665、16685、16712以及《补编》95、184、2406、4939等。

第五章

殷墟王卜辞 · 历组类

1973 年，考古工作者在小屯村南地的甲骨发掘取得丰硕成果，这是新中国成立后经科学发掘出土数量最多的一次。小屯村南甲骨的卜料主要是用牛的肩胛骨，少用龟甲，在其前辞文例中一般不署贞人名(历组仅有 20 多片署名为“歷”的贞人)。这批新著录甲骨的每一版皆有明确出土地、出土坑位、地层关系，除少数片子外，它们大都属于殷墟小屯村南系列的王卜辞。

今所见殷墟村南系列的甲骨卜辞，大致可以归纳为两部分。第一部分是 1973 年经科学发掘出土的甲骨，著录于《屯南》一书，总共为 4589 片。另外发掘者在《屯南补遗》[①]中新补 206 片(残片)。如果将其中的正反两面、骨侧有刻字者相整合(73 片)，并考虑到后来缀合的情况(125 片)，《屯南》与《屯南补遗》一共实际著录甲骨 4594 片。第二部分是非经科学发掘的甲骨，这部分主要见于《合集》、《补编》、《怀特》、《英国》诸大型著录书中。

第二部分的甲骨数量远多于《屯南》一书，其同样属于屯南系列。首先，从内容上来看，两部分卜辞所记录的称谓、人物、事项、方国、地名等有大量相同的地方，可相系联的卜辞比比皆是。其次，二者的文字书写风格是相对应一致的。另外二者有大量同文的例子，据我们统计，《屯南》一书和《合集》、《补编》、《英国》、《怀特》等著录书之卜辞同文者百余片，彼此可缀合者有 20 余例。这些非经科学发掘的甲骨竟然能够与《屯南》一书中的骨版同文或相缀合，证明前者与小屯村南甲骨出自同一占卜系统。

上述一些非经科学发掘的甲骨大多出土地不明，仅有部分材料可从旧著录中寻到蛛丝马迹。如 1928 年之前，小屯有村民在村南私掘甲骨 6 次，1924、1926 年所得多归加拿大人明义士[②]。明义士 1928 年将其未收入《殷虚文字》的甲骨文拓片编为《殷虚文字后编》。此书明义士生前未刊印，1972 年由许进

① 中国社会科学院考古研究所安阳工作队. 1995. 屯南补遗. 载：1973 年小屯南地发掘报告. 考古学集刊(第 9 集). 北京：科学出版社. 89~117

② 陈梦家. 1956. 殷虚卜辞综述. 北京：科学出版社. 35

雄先生编印付梓。《甲骨文合集》出版时，曾收录了其中相当大一部分，即《合集来源表》中称为"《安明》"者，这部分甲骨中就有相当比例的历组和无名组卜辞。过去许进雄先生著有《从长凿的配置试分第三与第四期的卜骨》一文[①]，其所用材料即明义士所藏甲骨。旧著录中的骨版是否与《屯南》一书的卜骨有相同的钻凿形态，仅凭当时的著录是无从考察的。许进雄先生对于明义士旧藏甲骨钻凿的考察，则提供了很重要的对比资料。如他对旧称第三期和第四期卜骨长凿的考察统计，与《屯南》一书的有关数据是吻合的，说明二者的钻凿形态基本一致。《屯南》有30多片截锯卜旬卜骨，《合集》和《补编》中也有少量此类卜骨，字形特征皆属无一和无二类，说明二者的卜骨攻治也是一致的。

因为在小屯村南胛骨的前辞文例中一般不署贞人名，所以对"历组"和"无名组"两大类胛骨卜辞的界定，并不像村北系卜辞那样，主要是依据贞人名来系联，而是依据文字契刻风格及其相关的人物、事项、称谓、钻凿型态等内在关系划分出来的。

出土于屯南系列的甲骨大致可划分为历组和无名组两大类。其中历组卜辞又可细分为历组一类、历组二类，无名组卜辞则可细分为历组无名组间类、无名组一类、无名组二类、非典型无名组二类、无名组三类和无名组黄组间类(下文分别简称为历一类、历二类、历无类、无一类、无二类、非典型无二类、无三类、无黄类)。据我们的统计，今著录所见屯南系列各组类甲骨的数量是：历一类近900片，历二类4000片，历无类近400片，无一类3000余片，无二类近1900片，非典型无二类近100片，无三类210片，无黄类不足300片[②]。

历组卜辞主要包括有"历一"和"历二"两个亚类。历一类卜辞中有"父乙"称谓，这是商王武丁对其先父小乙的尊称。历二类习见有"父丁"称谓，当是武丁之子对其先父武丁的称呼。该类卜辞中也偶见"兄庚"的称谓，盖为商王祖甲称其兄王祖庚。历一类卜辞的时代大致属于商王武丁的晚期，历二类卜辞的时代大致在武丁晚期后段且延至祖庚、祖甲时期，但也有一些例外，历一和历二类不是简单的顺承关系。如历一、历二类卜辞中皆有"丁"这一祭祀对象，历二类卜辞中有生人武丁，同版卜辞或兼出历一和历二两个组类的字形，同文卜辞或兼出历一和历二两个组类的字形等。另外在历二类卜辞中偶有"父乙"、"父辛"或生人"妇好"称谓，说明部分历二类卜辞是商王武丁时期的遗物，则这部分卜辞的时代要早于有称"丁"的历一和历二

① 许进雄. 1973. 从长凿的配置试分第三与第四期的卜骨. 载：中国文字(第四十八册). 台北：艺文印书馆

② 刘风华. 2007. 殷墟小屯村南系列甲骨卜辞的整理与研究. 郑州大学博士学位论文. 另有部分相关著录骨版残断或者字迹漫漶，难以确定组类，暂时不计数

类卜辞。故历一、历二类卜辞之间实际上存在有共时的部分，二者的时代关系可简单用下图来表示：

武丁晚期　　　　祖庚祖甲时期

历一

历二

第一节　历组卜辞综述

一、历组一类

历一类卜辞最有代表性的称谓是“父乙”(《合集》32879)、“兄丁”(《合集》32730)。本类的前辞多作“干支卜”(《屯南》2282)或“干支贞”(《合集》32839)。多见有用词，习作“兹用”(《屯南》2282)、“不用”(《补编》10605)、“不”(《屯南》2282)、“用”(《补编》10471)、“幺用”(《合集》32253)等。历一类有骨面署辞，其主要的特点是倒刻，刻辞位置或在骨版切角一侧下端，或在此处的背面。署辞句式的完整结构通常是：干支＋矦＋乞(眗)骨＋数量＋自某地＋眗。有验辞的卜辞数目不足50片，多数记录天气状况和田猎擒获情况。验辞多数以“允”字开头或单用一个“允”字，多数刻写于卜辞之末。历一类卜辞附记月份，其多录于卜辞之末尾，作“某月”、“才(在)某月卜”、“才某地，某月(卜)”等形式，其中“某月”的方式稍多。历一类有成套卜辞，每套卜辞的数目多数不超过三，偶见有兆序为“四”(《合集》32762)和“五”(《合集》33290)的骨版。

在几近900片的历一类著录胛骨资料中，主要包括有祭祀、卜雨、卜旬、商王田游等占卜内容。此类卜辞中有大量卜问天气的内容，包括易日、启、雨、𢓊雨、风等，有些与祭祀内容同卜。如《合集》32757版之“丙午卜：丁未又(侑)歲(劌)中丁廿牢，易日”等。有些同版卜辞既向祖神求年、求雨或舞雨，也卜问天气尤其是卜问下雨与否，这是围绕求雨活动所作的占卜。

历一的祭祀类卜辞大致可分为两种情况，其一为有求告目的的祭祀，另一则为无求告目的的祭祀。求告目的主要有两个方面，一是和自然界有关，如风、雨、宁风、宁雨、求雨、求年、告秋、告日戠、告月戠等；二是人事方面的内容，如𠦪賔[1]、𠦪生、𠦪其步、告其田、告其步、告方等。历一类有

① “賔”指“化解疾苦、使病情好转的意思”，参见王蕴智：《出土资料中所见“賔”和“龙”》，载《字学论集》，郑州：河南美术出版社，2004年，第269页

求告目的神祇多见河（《合集》34240）、岳（《合集》33291）、土（社）（《合集》34279），先公□（《合集》34275）、贼（《合集》33272）、夒（《合集》33337）等，另有□（《合集》32294），先王如王亥（《合集》34279）、上甲（《屯南》4362）、示壬（《合集》33314）等。本类的羌字多见用表人牲名和贡纳对象，村南系列祭祀卜辞中对先王多人牲、毛牲并用，对自然神和先公则多数只用毛牲。从这一点看，商王对先王、先公和自然神的礼遇是有区别的。

历一类中还有较多征讨召方的卜辞，此时的召方是商王国的主要敌人，相关内容见于《屯南》1049、81、2605、2634＋2638 正反、《屯南》4103＋《合集》33021、《合集》33106、33018、33022、33023、33024、33035、33055、33058 等版。

本类有少量田猎卜辞，如《屯南》663、664、961、2658、3014、《合集》28788、33381、33384、33385、33389、《补编》10537、10643 等。历一类之田猎称为兽（狩）（《合集》28788）、出兽（《合集》33384）、田兽（《屯南》3014），具体的田猎手段见有兽（《补编》10537）、逐（《屯南》664）、□（《屯南》663）等，用表擒获的动词用□（擒）（《补编》10537）、離（《屯南》664）。参与田猎的有商王及其将帅，后者如亚□（《屯南》961）。田猎地名较少，仅见聂（《屯南》663～664）、雈（《合集》33384）、云（《合集》33374 正反），其中聂地也见于宾组和花东子卜辞。

本类的卜旬辞在内容上除了卜旬外，有时还占卜祭祀、田猎、王步、方国来征、卜问天气等内容。卜旬辞有时带有占辞、验辞、用词，有时附记地名和时间。其行款不甚整齐，并有干支不连贯的现象。历二类、无名组中大有改观。

本类卜辞中的人物名大致分为职官名、部族首领名、侯伯名、王妇名、子名等。所见的部族首领名较多，如雀（《合集》32839～32843），𠂤般（《补编》10654），沚或（《屯南》2564、《合集》33202），伯或（《合集》32814），亚□（《屯南》1051），望乘（《补编》10485），弅（《补编》10487），□（《合集》32836），疛（《屯南》1049），刚（《合集》32770＋32901＋32773＋《屯南》134），冎（《合集》32770），壴（《屯南》3762），微（《合集》32014），敖、商、曼、豆、口（《合集》32906＋《屯南》740），目、宓（《合集》32929），□（《屯南》3565），戉（《屯南》附 12）等。称侯的人物有侯□（《合集》32813）、侯告（《合集》32812）、□侯（《合集》33208）、侯（《合集》32929）等。其中有的侯伯名又见于𠂤历类或宾组卜辞。

本类见有妇鼠、妇好、妇井三位王妇，妇鼠仅见于（《屯南》3847）。本类关于妇好的卜辞稍多，如《合集》32756、32759、32761、32762 正反和 32757 等。其中 32757 版卜问“□帚好祀”，此时妇好已经成为祭祀对象，显然已过世。《合集》32763 版有"婦井"，残辞为"…亥帚(婦)井毓…"，毓字的初谊是表示生育，卜辞中曾用来表记贞娩之事[①]，本版就是卜问婦井生育情况的。

本类的子某包括：子戠(《合集》32775)，子黄(《合集》32783)，子戈(《合集》32779)，子渔(《合集》32781)，子效(《合集》32782)，子□(《合集》35227)，子畫(《合集》32770＋32901＋32773＋《屯南》134)，子□(《合集》32777)等。

本类卜辞中所出现过的地名大概有 60 多例，如 □、兮、□、□(《屯南》100)，邕京(《屯南》108)，悖(《屯南》147)，□、□、□、壴(《屯南》2100)，章和□(《屯南》2305)，兮(《屯南》2348)，□(《屯南》2369)，龐(《屯南》2782)，□(《合集》32051)，北、濘、□(《合集》32278)，尤(《合集》32782)，朿(《合集》32962)，□(《合集》33129)，朝、□(《合集》33130)，□(《合集》33137)，敖(《合集》33149)，酒(《合集》33159)，□、多(《合集》33162)，微(《合集》33173)，□(《合集》33176)，云(《合集》33375)，□(《合集》33958)，丧(《合集》34480)等。

从行款布局来看，历组一类大致有如下四个特点：第一，历一类卜辞较少省刻，各辞在胛骨上的分布多作"条块状"。每条卜辞大都刻写在大致呈条块形的特定范围之内。第二，骨条上的卜辞分布比较繁密。第三，历一类有较多的骨顶、骨扇、骨面乃至骨背面卜辞。第四，本类胛骨卜辞多呈现"跳跃式"的刻写次序。根据书写风格及卜事的不同，历一类又可细分为甲、乙两种情况。

(一)历一甲类

历一甲类的前辞形式多写作"干支卜"，间作"干支贞"。该类字形较历一乙类稍小，笔画间使用弯笔和弧笔较多，用刀柔润细致，书法含蓄温婉。历一甲类的特征字形举例如下：

乙《合集》32403 庚《合集》34054 子《合集》10485 卯《合集》34158

辰《合集》34158 未《合集》32403 申《合集》32214 、酉《合集》33291

戌《屯南》2534 王《补编》10485 又《合集》32323 日《屯南》2534

步《合集》34158 隹《合集》33291 叀《补编》10485 弜《补编》10485

夕、月《合集》32216 鼎(貞)《屯南》739、《合集》32262 不《屯南》2534

① 王蕴智. 1991. 甲金文毓、后二字的用法及其关系. 郑州大学学报，(5)：91

尞(燎)《合集》34275 羌《屯南》739

上揭例字中，乙字作近乎“S”形的弯弧笔，曲而不折。庚字作平肩状，字体中竖偏长，内部笔画写作一横笔。表地支名的子字笔画柔和，两足较矮且外撇。卯字两中竖外侧的封闭性线条方中见圆。辰字末笔略向外弯曲。未字上部两侧之间的连笔写作一平画。申字的主要转折性笔画均用流畅的圆笔。酉字两种形体互见，酒器轮廓颈部或作斜笔，下部皆作直壁形。戌字刃部作弧笔状。日字作横向的扁圆形，无明显折角。步字所从的趾形平伸而上举。隹字的鸟首平仰而膺部写作圆弧形。夕与月乃同源字，皆作婉转半月形。鼎(假借为贞)字的上部方耳与尖耳互见，两外侧竖笔短促，字形方正，框内两斜笔互不抵触。不字两侧用不对称弧笔，并以流转的折笔贯穿中部。

(二)历一乙类

历一乙类有些字的结体和历一甲类相近，多数字形稍大而偏长，契刻力度比甲类略重，较多使用直笔和折笔，结体方正硬朗，章法上讲究文字大小错落、疏密有致的布局意图，此对后面历组卜辞的书写风格有较大影响。本类的前辞形式有“干支贞”和“干支卜”，个别作“干支卜，贞”。历一乙类的特征字形举例如下：

乙《合集》32535 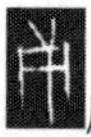庚《合集》34720 子《合集》32176 卯《合集》32751 辰《合集》34189 未《合集》32648 酉《合集》34229 、戌《合集》34229 鼎(貞)《合集》32535 不《合集》3422 其《合集》34229 叀《合集》34291 步《合集》32725 尞《合集》32535冎《合集》34189 《屯南》783 又《合集》34291 隹《合集》32535 雨《合集》34229 弜《合集》34229 、夕《合集》34720

历一乙类的有些字如庚、未、酉、步等字的写法与历一甲类近同。从书写风格来看，两者之间亦有差别。如上揭所举鼎(贞)字作方耳形，两侧竖笔取长势。不字两侧和中部皆作折笔状。其字结体扁方，上部竖笔向外有折角。叀字的外廓呈散漫三角形，下部表底座的轮廓线条则圆转而紧缩。冎(骨)字上部单独勾勒，突出表骨臼的部分。隹字表膺、翅处的线条多取纵向性折笔。夕字兼用加点和不加点的两种字形。

二、历组二类

历组二类在村南系列卜辞中所占数量最多。其中常见称谓是“父丁”，卜辞的前辞作“干支贞”、“干支卜”或“干支卜，贞”形式，以“干支贞”为多。

历二类多见用辞，通常作“兹用”或“不用”，其或单刻于卜兆旁边，或附于命辞之后。有时后跟不带“允”字的验辞(如《补编》10639)。历二类的署辞多正刻于卜骨有切角一侧的卜骨下端边缘，沿骨边缘竖行。其完备的句式为“干支＋𢍰＋乞＋䀗＋骨＋若干＋自某地”，偶作“干支𢍰乞□骨若干”(如《屯南》700)。历二类附记占卜时间和地点的记录不太普遍。多见成套卜骨，其兆序数目最大的通常是“三”，偶见“四”(《合集》33020)。一套卜骨中有兆序相同者(如《屯南》665和1105)，有整套卜骨皆用同一方向者(如《补编》10639、《屯南》1062和4249)。

本类中祭祀类卜辞的比重远大于其他占卜内容。祭祀卜辞大致可分为两种情况：一是有求祭目的的卜辞，另一是纯粹的祭祀。有求告目的的施祭对象包括自然神、先公、先王、先妣和先臣。主要见有河、岳、夒、贼、□、土、高祖、上甲、示壬、祖庚、大甲、父丁、高妣丙(大乙奭[①])和妣庚(示壬奭)、伊尹、伊奭等神祇。

本类也有较多的方国、战争类卜辞。卜问内容包括：一，方国侵扰(《合集》33014)。二，卜选将帅(《屯南》2558)。三，“雋众”或“收众”，即征集人马(《合集》31995)。四，告祭于祖灵，即将方国侵扰之事告知祖神，祈求得到其保佑。五，对敌作战。卜辞中主要的攻伐动词如伐、弁伐、弁、衔(御)、伐、𦎫、㚔(執)等。历二类卜辞中的人物和部族主要有沚或(《合集》33020)，𠂤(《合集》31973)，犬祉(《合集》33033)，般(《合集》31987)，釆(《合集》33034)，三族(《补编》10519)，王族(《屯南》190)等。竹方是商的属国，有贡纳召方俘虏的记录(《屯南》1116和4317)。本类关于对召的战争卜辞数量较多，近年出版的《花东》非王卜辞也披露出这方面的战争信息(《花东》237、275、449)。

卜辞中的羌人多被用为贡纳品和祭牲，本类对羌的战争卜辞数量较少，但涉及羌俘的卜辞数量远多于历一类。本类向商王贡纳羌俘的将领较多，并多见卜问是否使用某将帅贡纳来的羌人作为祭牲。羌牲和毛牲经常搭配使用，有时用羌数量较大，三十羌、五十羌很常见，七十、百羌亦有使用。此外，该类卜辞另见土方(《屯南》994、1015)、盧□(《合集》33086)、人方(《合集》32834)、井方(《合集》33044)、□(《合集》33043)、衍(《屯南》491)、

① “奭”指男性祖神的配偶

马方（《屯南》7）、旟(㫃)（《屯南》776）、冗（《屯南》1050＋1719＋2865）、龍（《合集》31972）等，这些是商王打击和攻伐的对象。像周（《合集》32885）、竹（《屯南》1116、4317）、沚方（《屯南》4090）、㽙方（《屯南》869）、旁方（《屯南》918）、大方（《屯南》1209）等方国，多是商的与国。

本类田猎卜辞数量不多，田猎称为獸、田、往田，参与田猎活动的除了商王之外，还有个别将领，如𠂤（《合集》33396），利（《合集》33526）等，偶见犬官（《合集》33359）。田猎地总量不多，且出现频率较低。田猎日期分布较广，十个干日皆可，有一定的倾向性。田猎多见与祭祀类卜辞同版，记录捕猎结果的验辞不多。

本类的卜旬辞有如下特点：第一，和历一类同样存在行款紊乱、干支缺环的现象，不过数量已减少。第二，卜辞除了分布于骨条上之外，骨面上通常也有较多卜旬辞。第三，时代较早的卜辞有时附记地名。此三点和历一类卜辞有共同之处而与无名组有较大差别。

本类卜辞中所见地名较多，按照其所在卜辞的内容，可大致分为战争类（包括卜旬辞类）[①]、祭祀类、𡙇[②]类、田猎类、耕田类、署辞类等。出现于战争类卜辞的地名有 30 多例，出现于祭祀类卜辞中的地名有近 20 例，田猎类的有 10 多例，𡙇类的、耕田类的不足 10 例，出现于署辞中的仅有数例。因卜辞省刻或卜骨残断的原因，有 10 例地名难以归类。这其中多数地名仅出现于某一种类别的卜辞中，不重复出现于其他类别。

历二类卜辞所见人物可分为族氏首领类、族类、侯伯类、职官类、工役类、贵族妇女类等。族氏首领类按照活动内容，可分为战争类、贡纳类、祭祀类、省廩类、耕田类、被“𡙇”类、叶王事类、被烄之人等。有贡纳、耕田或省廩记录的人物，多同时见于战争类卜辞，如𢀛、𠂤、竝、宁壴（《合集》33237）、马（《屯南》539）等。由此可知历组卜辞中，军事将领的职能往往不是单一的。参与祭祀类的、被“𡙇”类、叶王事类、被烄之人所见不多。

本类卜辞中见有王族（《合集》34131）、三族（《合集》34134）、多子族（《屯南》4026、《屯南》1132）、一族（《合集》34136）等名。侯伯之合称为“多侯”（《屯南》3396），单称作“侯某”或“某侯”，如侯商（《屯南》1066）、郭侯（《合集》32805）、𡕥侯（《屯南》586）、犬侯（《合集》32966）、亚侯（《合集》32911）、𠙵侯（《合集》32811）等。

根据职官名组成的特点和卜辞中出现频率的高低，其可分作三类：集合

① 有些卜旬辞附记地名，这样的地名和“王步”卜辞一样与战争有密切的关系，故将卜旬辞中的地名归于战争类

② “𡙇”是“商人处置服属者的一种方法”．见裘锡圭《说殷墟卜辞中的“𡙇”——商人处置服属者的一种方法》，原载《中央研究院历史语言研究所集刊》第 64 本 4 分，1993 年

名称类、牧类、其他较少出现的职官类。有的官名之前缀以“多”字，表示集合称谓。此类职官名见有多奠(《屯南》2933)、多尹(《合集》31981)、多马(《屯南》4029)、多田亚(《合集》32992反)、多亚(《屯南》2174)、多射(《屯南》7)等，他们分别从事征战、巡视仓廪、耕田、建筑宫寝等活动。此外本类卜辞还见有三牧(《屯南》1024)、右牧和中牧(《合集》32982)、二史[①](《合集》32949)、左卜(《屯南》930)、小臣(《合集》32978)、衛(《屯南》4521)等职官。

本类工役类人物见有众(《合集》31973)、多羌《合集》33213)、多工(《合集》32981)、众右工(《屯南》599＋682)、我工(《合集》32967)、多𠂤(《屯南》857)等称呼。

本类卜辞中所见的贵族妇女有妇好(《合集》35190＋35212＋32760)、亚侯妇(《屯南》502)、望乘妇(《补编》10484)。三者皆很少出现，妇好同时又是祭祀对象，可知历二类卜辞中，生人妇好的活动时间不长。

历二类的卜辞主要分布于骨条、骨面和骨顶，刻写于卜骨背面的相对较少。历二类骨条上卜辞的行款较有规律，有些位置相邻的卜辞之间存在内在的逻辑联系。历一类骨条卜辞“跳跃式”的刻写方式在历二类较少。骨条卜辞有两个特点：第一，通常有“首刻卜辞”。所谓“首刻卜辞”指整个骨版上最早刻写的卜辞，位置固定于骨条最下方，一般内容完整、不省刻，作单字单列竖行的行款，如果字数多则另起一行或沿着骨扇下方边缘横向契刻。其上方其他的诸辞，多数内容简省，不具前辞，与首刻卜辞为对贞或选贞关系。首刻卜辞是这些省刻卜辞的领辞，后者是其附属卜辞[②]，它们共同组成一个占卜主题。第二，骨条上其他主题的行款与首刻卜辞所领的一套卜辞相似而有差别，相同之处在于领辞同样结构完整、不省刻，附属卜辞亦不具前辞。不同之处在于，作为领辞，首刻卜辞的位置居于骨条最下方，而其他占卜主题的领辞，则不必定在骨条上。因领辞不省刻，字数往往较多，多见转刻到与钻凿对应、与兆坼相邻近的骨面上。因此，考察卜辞之间的关系，背面钻凿有非常重要的作用。

本类骨面卜辞有如下特点：第一，骨面卜辞数量较多。第二，有些从骨条上“溢”到骨面上的卜辞。这些卜辞的占卜次序需要参考卜骨背面的钻凿。第三，历二类常见数条卜辞并列从骨版中段下行的做法，历一类和无名组这样的例子较少，同时期的宾组多见，出组亦有。第四，骨面卜辞次序杂乱。历二类之行款与时代较早的历一、时代较晚的无名组卜辞有同有异，其既有对早期卜辞行款特点的继承，也对其有发展，同时又开启了较晚卜辞的布局

① 历二类卜辞中有大史和小史(《屯南》2260＋2804)，此处的“二史”有可能是大史和小史的合称

② 林宏明. 2003. 小屯南地甲骨研究. 台湾政治大学博士论文. 29，41

特征。

今所见4000多片历二类著录胛骨资料，根据刻写风格和卜事的不同，又可细分为甲、乙、丙三种情况。

（一）历二甲类

历二甲类的文字结体内敛狭长，契刻者奏刀简洁工整，挺劲有力，笔画线条不论曲直，首尾粗细相当，均停浑厚，其书法风格缘出自历一乙类。本类和上面的历一乙类卜辞有不少共时的因素，如彼此都有一些相同的称谓，存在同版、同卜或同文现象，文字结体和刻写风格也有相似之处。历二甲类的特征字形举例如下：

庚《合集》34716 子《屯南》2836 辰《合集》32360 酉《合集》33273、《屯南》56 子（巳）《屯南》1062 未《屯南》56 、贞《屯南》1074 、酉彡《屯南》1062 步《屯南》2845 冎《合集》34722 自《合集》33157 王《合集》33017 又《屯南》3798 尞《屯南》2836、《合集》33273 夕《合集》34722、夕《合集》34717 隹《合集》33273 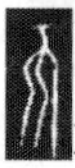不《合集》33115

上揭所举庚字的肩部用作斜笔，外框内繁作两横笔。辰字用笔流畅，着意拉长了两条向下的笔画。酉字两壁或作收腹状、小弧底，或作尖锥底。假为地支名之“巳”的子字两臂习作弧笔上举状。未字上部两侧的笔画由历一的“凵”式改写作“◡”形。鼎（贞）字或作尖耳、或作方耳形，两足下端习累加短促的横笔。酉彡字所从的酉形或作收腹状，或作倒三角状。步字结体狭长，所从止旁中表脚趾的笔画作上扬之势。冎字作外形呈瘦高的梯形，两侧内斜且向上延伸。尞字的前一写法和历一类近似，后者则是历二类的特征字形。该类中偶有个别夕字在月形轮廓内加点，不过“月”和“夕”混而不分的字例仍占多数，说明这两个字尚未完全分化。

（二）历二乙类

历二乙类所见字形仍然偏大，结体稳重，用笔刚健峻峭，书风率真自然，粗犷豪放。此种卜辞的数量在历二类中所占比重较大，代表片可见《合集》32018、32021、32044、32054、32089、32090、32166、32211、32212、32229、32308、32418、32669、32675、32677、32682，《屯南》38、190、243、611、866、1050、1090、2861等。历二乙类特征字形举例如下：

戊《屯南》1050、《合集》32760 庚《合集》33698、《屯南》1111 子《屯南》1111 辰《屯南》190、《屯南》9+25 子(巳)《屯南》1050、《屯南》3736 未《屯南》56 申《屯南》523 酉《合集》34115、《屯南》171、《屯南》9+25 又《合集》32896 羌《合集》32057、《合集》33693、《屯南》9+25 歲《合集》32677 贞《合集》33698、《合集》32044、《合集》32935 叀《屯南》424、《屯南》9+25 、 酢《合集》34115 不《屯南》1111、《屯南》423 步《合集》32677 冎《屯南》523 望《合集》32896 弜《合集》32653、《屯南》80 受《屯南》423 河《合集》34246 尞《合集》33001 翌《屯南》1050、《合集》31970 自《屯南》80、《屯南》9+25 、 其《合集》33698 上甲《屯南》80 夕《合集》33916

如上揭所举，戊字表柲部的上下端短画或作锐折状。庚字作斜肩状，外廓内部或作两对称交连的短斜笔，或作一横笔。辰字尾部笔画恣意下拖，上部作勾曲状。子(巳)字首部作扁方形，或作较规则的圆形。申字笔画连接处皆用折笔。贞字或作尖耳、高足状，或作半方耳、高足状，下方两斜书互相接触。酉字或作掐腰的小弧底状，有的作斜壁、尖锥状底。又、不、弜等字的弯折笔画写作折笔形。望字所从臣(本作竖目形)旁的笔画分别从眼角处向上向下拉长。受字修长，所从舟旁作竖立状。河字所从的丂旁(柯字初文，本乃曲折状的斧柄形，为古斤字所从，亦为甲骨文河、可诸字的声旁)作横折状。尞字突显中竖，状似“米”形。其字口沿处横笔或有或无，二形同版互见。此类也偶有加点的夕字，不过大多情况下月和夕仍然不区分字形。

(三)历二丙类

历二丙类字是历二乙类书写风格的再发展，本类字形可大可小，或严整遒劲、或急就草率，契者用刀率性恣肆，不拘一格。本类占卜内容以祭祀、田猎为主。此类骨版卜辞集中于骨条上，亦有骨面卜辞，骨顶和骨扇卜辞较少。有长段的卜辞，如《合集》32087 版，一辞多达 32 字。本类典型片可参考：《合集》32313、32421、32558、32615、32616、32617、32623、32625、32632、32636、32695、32790、32915、32935、33422、33429、33430，《补编》10589、10598，《屯南》48、2414、2295等。历二丙类特征字形举例如下：

庚《合集》34501 辰《合集》34501 子(巳)《合集》34511  酉《合集》32374、《合集》32513、《合集》32020 午《合集》32087 戌《合集》34638 弜《合集》32615 鼎(贞)《合集》34638、《合集》33417 王《合集》32026、《合集》33417 叀《合集》32020、《合集》32615 比《合集》32615 祖《合集》32087、《合集》32308 冎《合集》34773 雨《合集》32308 𢦏《合集》33430 羌《合集》32020+34638

上揭所举庚字肩部两侧下斜，与字体内部的两斜笔相呼应。辰字两外侧的下垂笔画拖得较长，末笔上下两端还作勾曲状。子(巳)字首部作不规则的圆形，顶部起笔处有折角。酉字外形作倒三角状，或为尖底，或为小弧底，二者同版互见。贞字或尖耳、或方耳，高足，中部两横笔距离较近。这两种形体的贞字有时也同版共见。午字竖画的中下部作两圆珠状。王字上部或羡加一横为饰。冎字外形作瘦高的梯形状，口沿内有平行的两横笔。叀字底部或作菱形，或作三角形。弜字所从的两弓形写作基本并行的下折笔。比字所从人形的臂处作并行上扬状。且字呈圭形或三角形，字形不追求对称。𢦏字所从的声旁才中竖下拖，与戈旁的横笔相交叉。羌字所从的幺形折作直三角形状。

第二节　历组卜辞选释

图5-1　《合集》32727(拓片)

1.《合集》32727

该胛骨原著录参考：《粹编》1039，《善斋》14264。现藏中国国家图书馆。

【释文】

(1)癸丑貞：王步乙卯？

(2)丙辰貞：王步丁巳，于朝？

(3) 丙辰貞：王徃？允。丁巳涉。

(4) 辛酉卜：剛于父乙…

【备注】此版字形端庄，书风属于历一类。第 3 辞附有以“允”字开头的验辞。内容涉及王步(出行)，其中见有“刚”祭，该祭祀多和军事、田猎活动相联系。

2.《合集》33835

该胛骨于 1929 年小屯村中斜二北支坑出土(编号 2.2.0427)。原著录参考：《甲编》812。现藏台湾“中央研究院”历史语言研究所。

【释文】

(1) 乙未卜：其雨乙巳？乙巳不雨。 二

(2) 丁酉[卜]：乙巳其雨？

(3) 丁酉卜：己亥其雨？ 二

(4) 丁酉口：己… 二

【备注】此版字形小巧，婉转，温雅，是成套卜辞的第二版。卜辞从上向下刻写，与村南系列常见刻写顺序相反，这种做法多见于历一类卜辞。

图 5-2 《合集》33835(拓片)

3.《屯南》663

图 5-3 《屯南》663(拓片)

该胛骨于 1973 年小屯南地出土[编号 H17:(138+178)+M13:(12+355+543)正]。现藏中国社会科学院考古研究所。

【释文】

(1)□子卜：今日，王逐？ 一

(2)乙酉卜：才(在)𣏂，丙戌，王𨛫，弗正？ 一

(3)乙酉卜：才(在)𣏂，丁亥王𨛫？…又四十八。

(4)丙戌卜：才(在)𣏂，丁亥，王𨛫？允罕(擒)三百又四十又八。 一

(5)丁亥□：𨛫[罕(擒)]？允。

(6)…骨三㖃…

【备注】此版第 5 辞验辞反映商王陷麋的收获情况，共捕获三百四十八头麋鹿，是目前村南系列所见最大的数目。

4.《合集》32762 正、反

图 5-4 《合集》32762 正(拓片) 图 5-5 《合集》32762 反(拓片)

该胛骨原著录参考:《邺三下》43.8(正甲),《历拓》6356 正(甲),《掇一》444 正(乙)、反,《宁沪》1.492(正乙)1.493+1.624(反)。现藏北京师范大学。

【释文】《合集》32762 正

(1) 丙戌貞:帚(婦)好亡𡆥(祸)? 四

(2) …帚好𠭁?

(3) 不雨? 一

(4) …雨?

【释文】《合集》32762 反

(1) 癸未。丙。 三

(2) 弗𢼸(擒)? 甲。 三

(3) 丙戌貞:帚(婦)好亡𡆥(祸)?

(4) …亡𡆥?

【备注】此正反版主要是为了祛除婦好的疾患而举行的占卜。正面中部有残缺,第 1、2 辞分别卜问婦好是否“亡祸”和是否“𠭁”。“𠭁”在这里用作动词,指“化解疾苦、使病情好转的意思”。第 1 辞的兆序数目为“四”,表明当时至少进行了四次同类的占卜。反面第 3 辞卜问婦好是否“亡祸”,第 4 残,可能和第 3 辞同卜一事,皆卜问婦好是否无灾祸。《合集》13712 正亦见有宾组卜辞为婦好祛除疾患的占卜记录。

5.《屯南》740+《合集》32906

图 5-6 《屯南》740+《合集》32906(拓片)

该胛骨中《屯南》740 于 1973 年小屯南地出土(编号 H23：87)，现藏中国社会科学院考古研究所。《合集》32906，原著录参考：《后下》36.6。现藏地不明。

【释文】

(1)一

(2)乙…叀… 一

(3)乙巳卜：叀西隹(唯)匕？ 一

(4)乙巳卜：叀北隹匕？ 一

(5)乙巳卜：叀芐(敖)令？ 一

(6)乙巳卜：叀口令？ 一

(7)乙巳卜：叀曼令？ 一

(8)乙巳卜：叀豆令？ 一

(9)乙巳卜：叀商令？

(10)乙巳卜：叀商令？隹丙令？ 一

(11)丁未卜：隹[商]令沖？才(在)兹(兹)且乙宗。 一

【备注】此版为乙巳日商王选择用人的占卜记录，涉及向𠂤、口、曼、豆、商、丙诸多将属颁发命令。

6.《屯南》2384

图 5-7 《屯南》2384(拓片)

该胛骨于 1973 年小屯南地出土(编号 H57：179)。现藏中国社会科学院考古研究所。

【释文】

(1)庚辰貞：其陟□高且(祖)、上甲， 兹(兹)□…王咼(占)…兹□。一

(2)庚辰卜：王。 一

(3)庚辰卜：王。 二

(4)庚辰卜：王。 三

(5)庚辰卜：王。 四

(6)庚辰卜：王。 五

(7)庚辰卜：王。

(8)庚辰卜：王。

(9)庚辰卜：王。

(10)庚辰□：王。

【备注】此版有祭祀和卜王卜辞两种内容。卜王卜辞格式一般固定作“干支卜＋王”，这种辞式往往在同版上卜问多次，前辞基本一致，省略命辞，有不同的兆序。此类卜辞多见于出组，有些用截锯型胛骨做卜料。和卜王辞同版有时还见有祭祀、卜雨或王出行卜辞。此版诸辞为同日所卜，其中第 1 辞为历二类卜辞，卜问对高祖(王亥)和上甲的祭祀之事，辞末占辞已残。该版是两种类型卜辞同版占卜的典型例子。

7.《合集》32087

图 5-8 《合集》32087(拓片)

该胛骨原著录参考：《南明》477，《历拓》4681＋《安明》2452。现藏故宫博物院。

【释文】

甲午貞：乙未酌高且(祖)亥…大乙羌五、牛三，且(祖)乙［羌］…小乙羌三、牛二，父丁羌五、牛三，亡盅(鲞)？丝(兹)［用］。

【备注】此版仅有一辞，其字数较多，是村南系列卜辞中不多见的长篇卜辞。此辞卜问是否在乙未向诸先王致祭，祭祀对象中有大乙、祖乙、小乙，三者的庙号皆为“乙”，和祭日“乙”相对应。另有先王高祖王亥和先父武丁，此二者的祭日不为“乙”，他们的用牲数量为“羌五、牛三”，多于小乙的“羌三、牛二”。辞末有用辞，说明商王实施了这一占卜。

8.《合集》33417

图 5-9　《合集》33417(拓片)

该胛骨原著录参考：《佚存》988，《续存下》807。现藏旅顺博物馆(残)。

【释文】

(1)戊申貞：王往田，亡𢦏？一

(2)不雨？　一

(3)其雨？　一

(4)辛酉貞：王往田，亡𢦏？　一

(5)不［雨］？

(6)壬辰貞：王往田，亡𢦏？ 一

(7)［不］雨？ 一

【备注】此版诸辞卜问两个内容：一，商王前往打猎，是否无灾殃。二，是否下雨。卜问天气状况是为商王的田猎服务的。历二类的田猎卜辞通常不记录田猎地名。无名组田猎卜辞记录地名的比例较高。历二类的田猎日期分布较广，10个干日皆可行猎，其中甲、丙、己、庚、癸田猎记录偏少，乙、丁、戊、辛、壬日稍多，壬日为最，戊日紧随其后，其次为辛、乙、丙日，似有一定的倾向性。此版的田猎日为戊、辛、壬四日。在时代稍晚的何组、无名组中，田猎时间多集中于乙、戊、辛、壬四日。

9.《合集》33694

图 5-10 《合集》33694(拓片)

图 5-11 《合集》33694(照片)

该胛骨原著录参考：《簠天》1＋《簠人》1，《佚存》374，《双图下》34.2。现藏天津博物馆。

【释文】

(1)□□[貞]：…三[牛]…

(2)癸酉貞：于上甲？

(3)于南兮？

(4)于正京北？

(5)癸酉貞：日月又(有)食，隹(唯)若？

(6)癸酉貞：日月又食，﨤(非)若？

(7)乙亥貞：又(侑)伊尹？

(8)乙亥貞：其又伊尹二牛？

(9)…王…出…

【备注】第 5、6 辞有“日月又食”，食，蚀也。此二辞卜问这一现象是吉利(“唯若”)还是不吉利(“非若”)。此版和《合集》33695、《屯南》379“日月又食”的占卜记录互见，且均为同日所卜。

10.《合集》34136

图 5-12　《合集》34136(拓片)

该胛骨原著录参考：《宁沪》1.506，《历拓》3911。现藏清华大学。

【释文】

(1) 乙酉卜：叀(惠)三百□令？ 三

(2) 乙酉卜：王枼(葉)令？ 三

(3) 弜枼令？ 三

(4) 叀三族馬令？ 三

(5) 眔(暨)令三族？ 三

(6) 叀一族令？ 三

(7) 乙酉卜：于丁令馬？ 三

【备注】此版为成套卜骨的第三版。诸辞中包含"枼(葉)"、"一族"、"三族"、"三族馬"等部族称名，其中"三族馬"有可能是附属于"三族"的武装力量。此是研究商代社会组织和构成的珍贵资料。

11.《屯南》9+25、《屯南》636

《屯南》9+25 和《屯南》636 于 1973 年小屯南地出土。该胛骨现藏中国社会科学院考古研究所。

【释文】《屯南》9+25

(1) 癸卯貞：…𠘧(釁)至于… 二

(2) 癸卯貞：[射]𢍏以羌，其用叀(惠)□乙？ 二

(3) 甲辰貞：射𢍏以羌，其用自上甲𠘧至于□□，叀乙巳用伐□？

(4) 丁未貞：𠂤以牛，其用自上甲𠘧大示？ 二

(5) 己酉貞：𠂤以牛，其用自上甲三牢𠘧？ 二

(6) 己酉貞：𠂤以牛，其用自上甲，𠘧大示叀牛？ 二

(7) 己酉貞：𠂤以牛，[其]□自上甲五牢，𠘧大示五牢？

(8) [庚]戌，□：[𠂤]…牛…叀…

【释文】《屯南》636

(1) □□[貞]：射𢍏以羌其用自上甲𠘧(釁)至于父丁，叀(惠)甲辰用？ 一

(2) 一

(3) 甲辰貞：射𢍏以羌其用自上甲𠘧至于父丁，叀乙巳用伐卌？ 一

(4) …𠂤以牛，□用自上甲五牢，[𠘧]大示五牢？

【备注】《屯南》9+25 和《屯南》636 为同文卜辞，均属于历二类，前者的兆序为"二"，后者为"一"。

上文诸辞中的"以"字是贡纳、致送的意思，多指商王的部属、臣属方国等向其进贡物品。第 2、3 辞中的"射𢍏以羌"是射𢍏这个将领贡纳的羌俘，第 4～7 辞中的"𠂤以牛"是𠂤这个将领贡纳来的牛牲，皆用作祭牲。该版多见的𠘧字是祭祀动词，意思是取牲血以祭祀。《屯南》9+25 版第 1 辞残。第

2 辞卜问使用射弁贡纳的羌俘的时间。第 3、4 辞干支不同，但皆用以卜问祭祀的对象。第 4～7 辞卜问用部族首领𠂤贡纳的牛牲向上甲为首的先王致祭，另用数量不等的牛或牢举行𠘧祭(取牲血以祭)。此版右侧有两列卜辞竖行后横行，这种刻写方式，也偶见于宾组和出组。

图 5-13　《屯南》9 + 25(拓片)

图 5-14　《屯南》636(拓片)

图 5-15 《屯南》636(照片)

12.《屯南》1116、《合集》34293

《屯南》1116 于 1973 年小屯南地出土(编号 H24：416)。该胛骨现藏中国社会科学院考古研究所。《合集》34293 原著录参考：《安明》2309。现藏加拿大皇家安大略博物馆。

【释文】《屯南》1116

(1)辛巳卜，貞：來…王夒(亥)尞(燎)十牛、卯［十］牢，上甲尞十牛、卯十牢？ 一

(2)辛巳卜，貞：王夒、上甲即宗于河？ 一

(3)辛巳卜，貞：王宔河尞？ 一

(4)弜宔？

(5)辛巳卜，貞：王宔河尞？ 一

(6)弜宔？

(7)庚寅卜，貞：辛卯又(侑)歲(劌)自大乙十示…［牛］…羊？ 一

图 5-16　《屯南》1116(拓片)

图 5-17 《合集》34293(拓片)

(8)癸巳貞：又上甲歲？ 一
(9)弜又歲？ 一
(10)甲午卜，貞：其𠙵又歲自上甲？ 一
(11)弜巳又？ 一
(12)甲午卜，貞：又出、入日？ 一
(13)弜又出、入日？ 一
(14)乙未卜，貞：召來，于大乙征(延)？ 一
(15)乙未卜，貞：召方來，于父丁征？ 一
(16)己亥卜，貞：竹來以召方，于大乙束？ 一

【释文】《合集》34293

辛巳卜，貞：來…王䧿(亥)尞(燎)十…尞十…

【备注】《屯南》1116 是整套卜骨的第一版，《合集》34293、34294 诸残片与《屯南》1116 的第 1、2 辞同文。《屯南》1116 第 1～6 辞内容相关。其中第 1 辞卜问对河神、先王王亥和上甲致祭之事，对河神与对王亥、上甲用牲情况相同，但祭法有别。第 2 辞卜问是否请二位先王到河神的宗庙中去接受祭祀。第 3、4 辞为正反对贞，卜问商王是否宾享于对河神的燎祭。此 6 辞说明生王对河神的高度重视。

在殷卜辞中，商王在占卜活动中尊称“高祖”次数最多的人物是王亥。盖王亥是殷民族从传说时代走向信史时代的重要过渡人物，人们追记他为殷民族成文历史之前的先祖代表，从而确定了他在殷民族发祥过程中的历史作用及其与后世商王的血统关系。根据《殷本纪》和有关古书记载，高祖王亥是卜辞所见第一个使用日干名作为庙号的殷先公上甲微的父亲(此为传说，不可信)，王亥的“亥”名于卜辞中格外突出地冠以鸟形。此辞中“䧿”字从隹、亥声，是商高祖王亥的专用名，可与《山海经・大荒东经》中王亥“两手操鸟，方食其头”之记载相印照，亦与商人以鸟为图腾的说法相一致。王亥及其传说的确认是地下出土材料和地上材料相结合的典范。

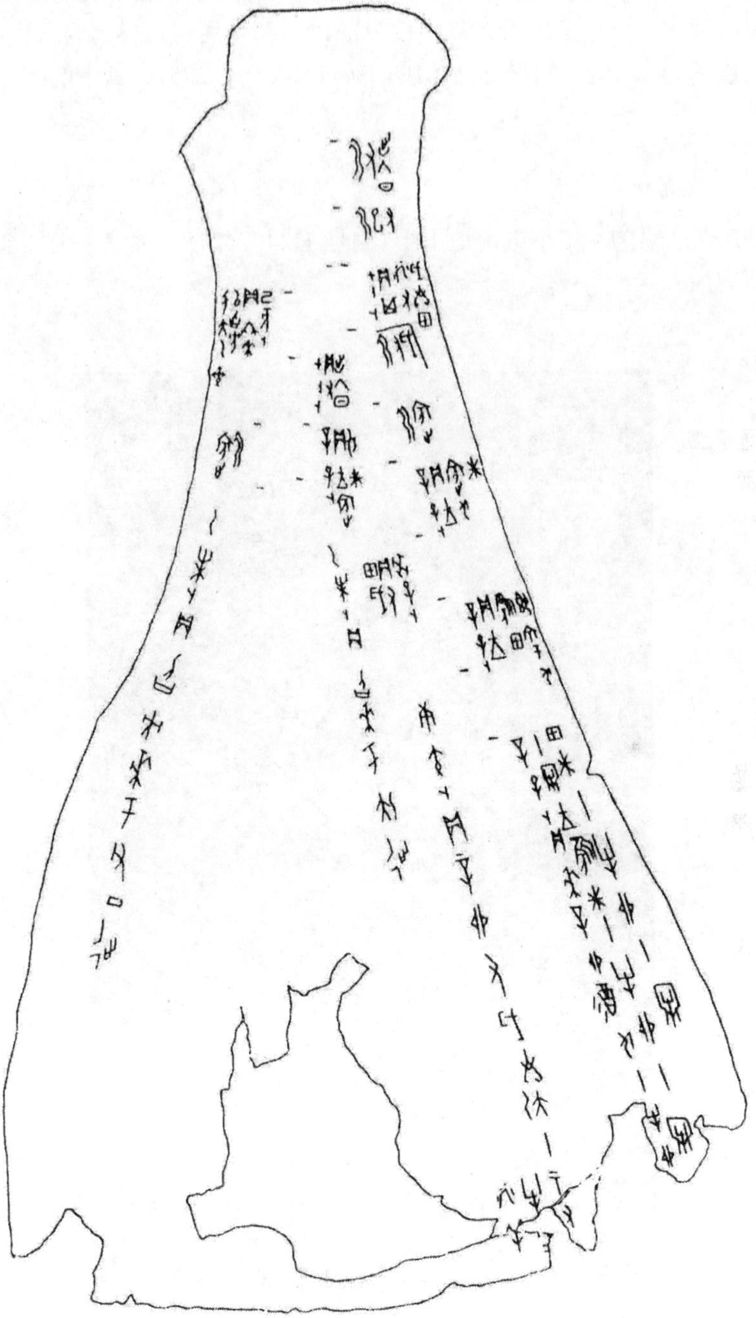

图 5-18　《屯南》1116(摹本)

第12、13辞正反对贞，卜问是否同时祭祀出日(朝日)、入日(落日)。出日和入日是分立的祭祀对象(《合集》34163版“出日”、“入日”对举，不用合称)。第14～16辞为选贞关系，卜选祭祀对象，所用祭品为竹方贡纳给商王的召方俘虏，这也是历组卜辞中仅见的进贡和使用召方俘虏为人牲的例子。近年出版的花东子卜辞中有相类似的卜问(《花东》275)，其中的卲方即历组的召方。

13.《屯南》1128

该胛骨于1973年小屯南地出土(编号H24：427)。现藏中国社会科学院考古研究所。

图5-19 《屯南》1128(照片)

图 5-20　《屯南》1128(拓片)

【释文】

(1)己巳貞：其雋且(祖)乙眔(暨)父丁？ 一

(2)弜眔父丁劊？ 一

(3)辛丑貞：王其…戰(狩)，亡才(𢦏)？ 一

(4)𢍰(擒)兕？ 一

(5)不雨？ 一

(6)其雨？ 一

【备注】该版骨顶左侧有切角，知其为左肩胛骨。本版右侧有一条长长的纵向的断裂纹，该纹路向外直到骨版外侧边缘是本版的“骨条”，骨条形成的原因在于：这个部分通常较厚实，殷人习于在此处的背面制作一连串的钻凿，这些钻凿几乎穿透骨版的正面，经过烧灼之后，这些钻凿形成卜字形的卜兆，其纵向的兆纹(即兆干)相连接即成为一个长断裂纹。此版所有的卜辞皆位于骨版右侧的骨条之上，且与其背面的钻凿相对应。

第1、2辞为正反问句，后者内容简省，此二辞卜问向商先王祖丁举行雋祭时是否同时向“父丁”即先王武丁致祭。第3～6辞卜田猎之事，它们在骨条上的位置亦相邻近。其中，第3辞卜问田猎是否会有灾祸，第4辞卜问是否会擒获兕，第5、6辞为正反对贞，卜问是否下雨，卜问天气情况是殷人田猎类卜辞中一项重要的占卜内容。

14.《合集》34165

该胛骨于1929年小屯村中斜一支出土(编号2.2.0570)。原著录参考：《甲编》903。现藏台湾“中央研究院”历史语言研究所。

【释文】

(1)…令…酉…

(2)丁丑貞：[其]㞢彳、歲(劌)于大戊三牢？丝(兹)用。

(3)己巳貞：王其烝南囧米，叀(惠)乙亥？

(4)己巳貞：王米囧其烝于且(祖)乙？

(5)戊子貞：其尞(燎)于洹泉大三牢，宜(俎)牢？ 三

(6)戊子貞：其尞于洹泉三宰，宜宰？ 三

【备注】第3辞大意是：商王(向祖灵)进献南囧这个地方所产的米，卜问在乙亥日举行“烝”祭是否可行。第4辞与前者内容相关，卜问举行该仪典的对象为祖乙是否合适。此二辞语辞有一定差别，后者将“米”字置于其定语“囧”字前，将谓语动词“烝”字置于宾语“米囧”之后，若无第3辞为参照，很容易造成误解。第5、6辞内容相关，卜问向洹神致祭的用牲方案。其中第5辞中的“大三牢”为“三大牢”之倒置。这些不规范的文辞往往是

书家一时应急率性或笔误所致。

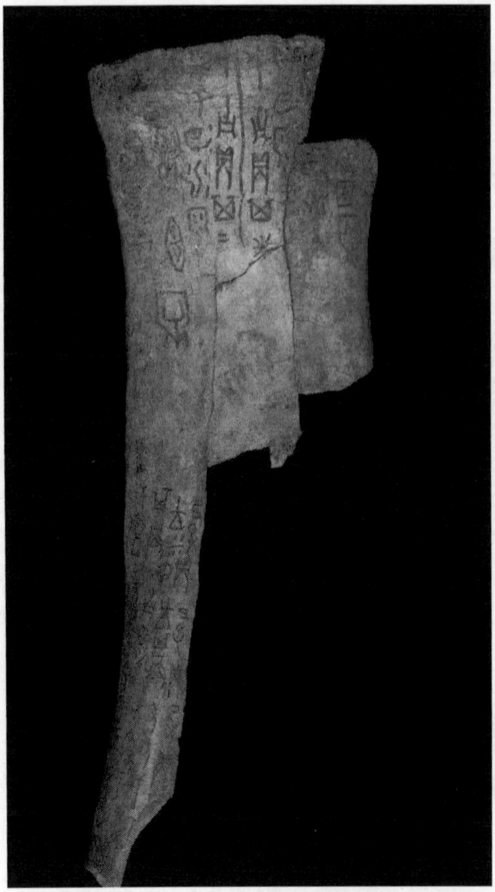

图 5-21　《合集》34165(照片)

图 5-22　《合集》34165(拓片)

15.《补编》10639、《屯南》1062

《补编》10639 原著录参考：《许缀》1.8（《合集》33273＋41660），《后上》22.3＋22.4＋《续编》4.21.10＋《金璋》399，《通纂》259。《合集》33273 部现藏地不明，《合集》41660 部现藏英国剑桥大学。

《屯南》1062 于 1973 年小屯南地出土(编号 H24：346＋380＋542 正)。该胛骨现藏中国社会科学院考古研究所。

【释文】《补编》10639

(1)不雨？

(2)酌于□？丝(兹)用。

(3)丙寅貞：又(侑)于⺓小宰，卯牛一？　三

(4) 丙寅貞：尞(燎)三小牢，卯牛一于[illegible]？　三

(5) 丙寅貞：又[illegible]、歲(劌)于伊尹二牢？　三

图 5-23　《补编》10639(拓片)

(6)丙寅貞：叀(惠)丁卯酢于[illegible]？　三
(7)丙寅貞：于庚午酢于[illegible]？　三
(8)丁卯貞：于庚午酢尞于[illegible]？　三
(9)戊辰卜：及今夕雨？　三
(10)弗及今夕雨？　三
(11)己巳貞：非(非)冎(祸)？
(12)己巳貞：庚午酢尞于[illegible]？
(13)庚午：尞于岳，又(有)从才雨？　三
(14)尞于岳，亡从才雨？　三

图 5-24　《屯南》1062(拓片)

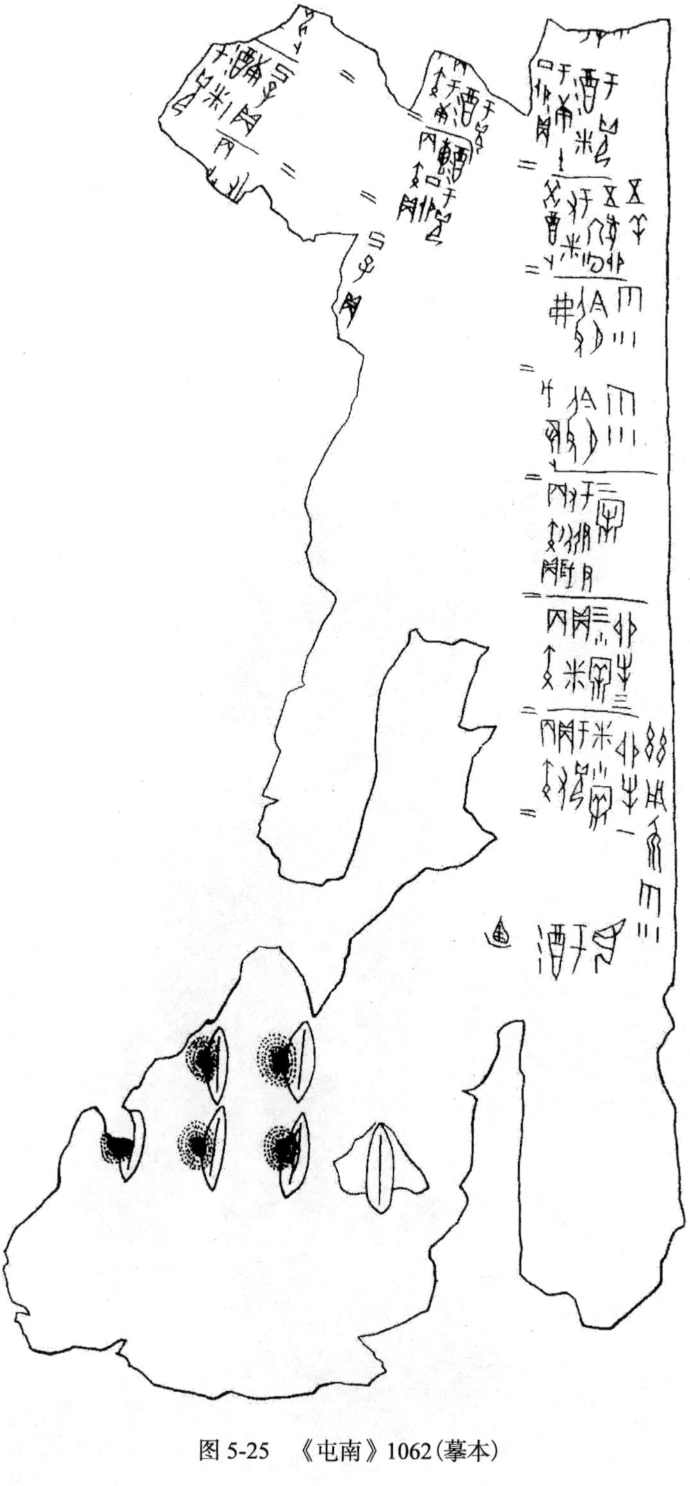

图 5-25 《屯南》1062（摹本）

(15)壬申貞：桒禾于夒？　三

(16)壬申貞：桒禾于河？　三

(17)壬申：剛于伊奭？　三

(18)癸酉卜：又尞于于六云五豭，卯五羊？　三(此辞重复刻写一“于”字。)

(19)癸酉卜：又尞于六云六豭，卯羊六？　三

(20)隹(唯)其雨？

(21)今日雨？　二

【释文】《屯南》1062

(1)迺耏于夒？　一

(2)丙寅貞：又于⌇，尞(燎)小宰，卯牛一？丝(兹)用。不雨。　二

(3)丙寅貞：尞[三小]宰，卯牛三？　二

(4)丙寅貞：又彳、歲(劌)于伊尹，二牢？　二

(5)丙寅貞：叀(惠)丁卯耏于⌇？　二

(6)□寅[貞]：于庚□耏□于⌇？　二

(7)丁卯貞：于庚午耏尞于⌇？　二

(8)戊辰卜：及今夕雨？　二

(9)弗及今夕雨？　二

(10)[己]巳貞：[非冎]？　二

(11)己巳貞：庚午耏尞于⌇？　二

(12)□申卜…　二

(13)癸酉卜：又尞于六云，五豕，卯五羊？　二

(14)…[雨]…　二

【备注】《补编》10639版内容相对完备，该版的刻写顺序较杂乱，如对先公⌇的卜问共6辞，其中第3、4、6、7辞的干支一致，但分置两处；又如对“六云”的卜问，包括18、19二辞，其一辞置于骨条中段，另一辞与骨顶部位的切角平齐；又如第11、12辞，二者干支一致，但其一在骨面正中，另一在卜骨左侧边缘等。如此次序杂乱的现象在历组卜辞为数不少。

此二版的祭祀对象包括夒、⌇、六云、河、岳、伊尹、伊奭，其中除了“六云”之外，其他祭祀对象较常见。村南系列卜辞不仅有祭祀对象“六云”(上文两版)，还有“五云”(《屯南》651＋671＋689)，宾组卜辞另有“四云”(《合集》13401)。宾组卜辞《合集》13385、13386、13649等版有“兹云其雨”，《合集》13392有“兹云其征雨”，意思分别是此云彩是否可带来雨水、是否可使降雨延长。卜辞另多见卜问祖灵是否“蚩(害)云”(《合集》33249、《屯南》2105)。

第六章

殷墟王卜辞·出组、何组类

第一节　出组类

出组是因本类甲骨卜辞所见贞人群中的卜官“出”而得名。该组类甲骨主要是商王祖庚、祖甲时代之物，过去董作宾先生曾按“五期分法”将它们划为第二期。出组卜辞多为非科学发掘所得，有少部分出于殷墟科学发掘，皆出自村北，少见于村南。如1928年第1次在村北发掘得出组甲骨24片，1929年第3次发掘在村北得出组甲骨82片。该组卜辞属于继宾组之后的又一种村北系王卜辞类型。

根据字形、贞人、称谓和事项等特征，出组卜辞可分为三个亚类：出组一类(简称“出一类”)、出组二类(简称“出二类”)和出组三类(简称为“出三类”)。在数量上，出一类最少，有800片左右。出二类约有1000多片。出三类所占比重最大，约有3300多片。此三类在贞人、称谓、事项和字形等方面既存在连续过渡的情况，又存在各相邻类型之间的共存现象。

出一类和出二类共见的贞人是“出”和“大”，出二类和出三类共见的贞人是“即”和“旅”。从称谓上看，出组一、二、三类卜辞中都有“父丁”、“母辛”的称谓。从字形、人物等方面来看，出一类又和宾三类接近，二者还有同卜之例，所以其上限可能在武丁末期。出一类未见“兄庚”称谓，说明其下限可能未及祖甲时期。出二类常见“兄庚”的称谓，这是祖甲对其故兄祖庚的称呼，可知这些甲骨是商王祖甲之遗物。出二类有些卜辞用字习惯和出一类相同，如二者都用“㞢”而不用“又”字。出三类也多见“兄庚”的称谓，内容上有系统的周祭卜辞，字形偶有几版和出一类相近，如有些“王”字写法和出一类相同(合集23376)，但和出二类明显不同。出三类有些字形和时代较晚的何组周祭卜辞相近，其时代晚于出一和出二类，大致在祖甲晚期。由此可知出一类、出二类和出三类之间是顺承关系，出二和出三类之间有相互交叉的部分，它们的时代关系可用下图来表示：

武丁末期　祖庚时期　祖甲时期

出一类

出二类

出三类

一、出组卜辞综述

(一) 出组一类

出一类出于小屯村北，龟骨并用，多用骨。前辞主要作“干支卜，某贞”，少数作“干支卜，贞”。贞人有出(《合集》22537)、大(《合集》23711)、兄(《合集》26627)、祝(《合集》23708)、逐(《合集》23659)等五人，前四人较为多见。此类卜辞有骨面署辞，如《《合集》》24432 反、《英国》2032 反[①]。此类卜辞的署辞是承宾三类而来的，出一类仅有骨面署辞，未见宾三类的骨臼署辞。出组卜辞中，骨面署辞呈逐渐减少的趋势。本类偶见占辞(《合集》24917)，但验辞较多，而且多在卜雨辞中出现。有少量兆辞“二告”。记月形式主要作“某月”，少数作“才(在)某月”，偶见有“十三月”(《合集》25025)。否定词弜(《合集》25352)、𢎀(《合集》26766)并用。

本类行款布局比较整齐，文字结体矜持、有折角。一些字形接近宾三类写法。出一类特征字形举例如下：

癸《合集》26588 子(巳)《合集》26588 申《合集》23712 酉《合集》23708、《合集》25042 子《合集》23608 申《合集》23712 亥《合集》26582 夕《合集》24939 月《合集》24983 㠯(以)《合集》22537、以《合集》23705 祝《合集》26588 出《合集》26588 贞《合集》26643 翌《合集》23717 羊《合集》25020 自《合集》24610 不《合集》24718 叀《合集》25938 用《合集》25020 㞢《合集》25034 王《合集》22823 亡《合集》26654

上揭字例中，“贞”(鼎)字耳形明显，根部不连写，两足较高。“王”字无上横，表示斧钺刃部的笔画作平画。酉字表酒器颈部、腹部的笔画连写，肩部的横笔较长，突出到字形之外，字形大体作粗颈、直壁、锥底之形。地支子字两足较矮，上部的三画作竖笔，中间一笔甚高。“申”字主干笔画及上

① 黄天树. 2007. 殷墟王卜辞的分类与断代. 北京：科学出版社. 76

下部分附着的笔画皆作折笔形。“月”、“夕”二字有所区别，中部带点的字为“夕”，月亮之形者为“月”。“以”字有省去人形和不省去人形两种写法，这两种写法兼顾了宾组、历组等组以字的作风，出组以后多见不省去人形的“以”字。翌字不从日，字形顶部的斜笔向下方拖垂。羊字角部用折笔，下端向内弯。不字字形中部有三角形的笔画，字形下部写作垂直的三个折笔。“叀”字字形结构内敛，下方无表示纺砖底座的圈状笔画。此类卜辞用“㞢”而不用“又”字。

出一类卜辞与宾组三类无论在内容上还是时代上的联系都非常紧密。本类卜辞的主要内容有祭祀、战争、田猎、气象、旬夕、农业等，其中祭祀类卜辞最多。本类中的祭祀卜辞约为 200 片，其中残辞较多。祭祀内容可分别包括对人神的施祭和对自然神的施祭。对先王先妣的祭法主要是㞢(侑，《合集》22543)、㝵(禦，《合集》23619)、歲(劌，《合集》23429)、𠦪(《合集》23431)、𣪊(《合集》23340)和酌(《合集》23432)等。用牲多是牛(《合集》23063)、宰(《合集》22825)、羌(《合集》22559)。致祭对象主要有高祖(《合集》23717)、上甲(《合集》22620)、匚(報，《合集》25937)、唐(《合集》22742)、大戊(《合集》22824)、祖乙(《合集》22913)、祖辛(《合集》22960)、祖丁(《合集》22911)、般庚(《合集》23105)、兄(《合集》25029)、三兄(《英国》1976)、四兄(《合集》23526)、兄己(补编 7051 正)、兄庚(《合集》02920 正)、妣庚(《合集》23340)、母辛(《合集》23429)、龔㚸(《合集》24951)，元示(《合集》25025)、大示(《合集》25026)等。祭祀地点主要有南室(《合集》22543)、大室(《合集》23340)、宗(《合集》26010)、盟室(《合集》24942)、𩰫室(《合集》24945)等。自然神有河(《合集》22594)和洹(《合集》24413)，祭祀方式主要是㞢(《合集》24413)，沈、燎(《合集》22594)，用牲有牛(《合集》22594)，犬、豕(《合集》24413)等。

本类祭祀卜辞在用料上龟骨并用，而且胛骨上的祭祀刻辞大都在骨版的上部。其中“大乙”称为“唐”，商王武丁常称“丁”，偶有称“父丁”(《英国》1957)，二者都是本类常见的祭祀对象。出一类对武丁的称谓承袭了宾三的“丁”，此时“丁”为最常见的祭祀对象。《合集》2920 正记有对“兄庚”的祭祀，这一称谓为出一类卜辞可下延到祖甲时期提供了例证。《合集》23526 见有“㝵于四兄”一辞，这是商王祖甲拟向他的四位兄长施禳灾之祭。我们知道，武丁的儿子相继为王的有三人：除了祖庚、祖甲之外，还有小王父己(《合集》28278)。此版有“四兄”称谓，那么除了“兄己”、“兄庚”之外，祖甲似乎还有两位亡兄。

出一类关于战争的卜辞不到 20 片，所见方国有𢀛方(《合集》24145)和方(《合集》24149)，战争动词主要有𢦏、伐、射、𦍒。战争卜辞中有很多是关于气象的，可知天气因素对战争很有影响。

出一类卜旬辞剔重后约有 160 片。主要是由贞人大、出、祝占卜，其中占卜最多的是出，其次是祝，再次之是大、兄。贞人逐只有两片，而且都是和出一类中最常见贞人同版占卜。本类卜旬辞多用骨，偶有截锯卜骨，且为成套卜辞。卜旬辞中多见兆辞“二告”。辞末有记月，且同版月份跨度有 5 个月的，如《《合集》》26680 版有“七月”、“八月”、“九月”、“十一月”。本类除了单纯的卜旬内容外，有些同版还有祭祀、田猎等卜辞。本类还有少量卜夕、王出行、求年和疾病等内容。

求年卜辞大多是以“今岁受年”、“商受年”、“受黍年”、“南土受黍年”的形式出现。求年卜辞同版有问是否下雨和是否会有水灾的内容。农作物见有黍(《合集》24431)、麥(《合集》24440)等。

本类中有少量的田猎卜辞，不足 20 片。田猎动词主要有“獸”(《合集》24444)、“逐”(《合集》24445)，表擒获的动词用“𢍰”(《补编》7266)。参与田猎的只有商王，田猎处是在木(《合集》24444)地。

有关气象的卜辞，主要卜雨(《合集》24146)、风(《合集》24934)、启(《合集》23532)、易日(《合集》25934)等，有些卜辞与祭祀类卜辞同版(《合集》23715)。本类还有一些“今日𩵋，益𦉥”格式的卜辞，可能与水患有关[①]，这种格式的卜辞多有验辞。

出一类中重要的人物有犬征(《合集》23689)、竝(《合集》23439)、𠂤(《合集》24145)、𠬝(《合集》24116)、保(《合集》25038)、叶白(《英国》1977)、𦼥白(《英国》1978)、小臣(《英国》2032 反)、宁(《合集》23534)等。子某有子甗(《合集》23536)、子𠮷(《合集》23532、23717)等。

(二) 出组二类

出二类甲骨出于小屯村北，龟骨并用，卜骨相对较多。前辞作“干支卜，某贞”和“干支卜，贞”。除商王亲卜之外，常见贞人有旅(《合集》24161)、即(《合集》24756)、出(《合集》24460)、大(《合集》24180)、吴(《合集》24132)、喜(《合集》24765)、澤(《合集》25283)𢍰(《合集》25281)、中(《合集》24892)等。贞人“陟”(《合集》24839、24393～24397)见有 6 片，而且都是卜夕辞，贞人𠂇(《合集》24166、26810)和𠀀(《合集》25975、26698)都只有两版卜辞，𡌢(《合集》26424)、𣍰(《合集》26805)、屰(《合集》23702)等贞人只各见一版。另外有些“干支，王”卜辞，系商王亲卜。

---

① 李学勤，彭裕商. 1996. 殷墟甲骨分期研究. 上海：上海古籍出版社. 131

本类卜辞有骨面署辞(如《合集》23680 反)[①]，不过数量很少，骨面署辞趋于消失。本类有少量的占辞，作“王固曰”(《合集》24117 反、24118)或“王曰”(《合集》23805、41249)[②]。还有少量的用辞和验辞。记月方式作“某月”(《合集》24765)和“在某月”(《合集》24232)。“一月”(《合集》24882)和“正月”(《合集》24109)并用。

出二类和出一类在字形特征方面有较大的差别。本类字形笔画纤细，用折笔较多，单字或大或小，文字结构略显松散。出二类特征字形举例如下：

癸《合集》26664 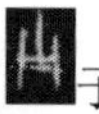子《合集》22708 丑《合集》25376 未《合集》26707 酉《合集》23492、《合集》25786 子(巳)《合集》22583 亥《合集》26673 又《合集》22610 鼎(貞)《合集》22744、贞《合集》26664 亡《合集》22744 尤《合集》22744 兄《合集》23492 即《合集》22744 兄庚《合集》23481 其《合集》23481 父丁《合集》22583 王《合集》22583 且《合集》22583 戌《合集》23492 翌《合集》23492 辛《合集》23805 旬《合集》26707

如上揭字形所示，地支“子”字顶部中间的一笔较长，与下方的两个横笔相交叉。“丑”字取折笔，表爪指的短斜笔较长。“又”及“尤”字所从的又旁亦取折笔。酉字有两种写法，一是表酒器颈部的部分较粗，腹部微鼓，作尖底之形，字外框呈倒三角之形。第二种写法与第一种相近，只是颈部略内敛。“贞”(鼎)字表鼎腹的两横笔间距较近，表鼎耳的两个斜笔与之亦相贴近，有时两足较高，略外撇，字形结构有些散漫。亡字右侧的半包围形结构取折笔，下端下倾。“兄”、“即”等字表人形臂部和首部的笔画连写，表躯干的笔画附着其上。“其”字扁方，两侧竖笔上方的短横较长。

出二类卜辞的主要内容包括祭祀、战争、田猎、气象等。其中祭祀卜辞最多。重要称谓有毓祖乙(《合集》22870)、父戊(《合集》25204)、丁(《合集》22747)、父丁(《合集》23173)、母辛(《合集》23419)、母壬(《合集》23456)、兄庚、兄己(《合集》23477)、兄壬(《合集》23520)等。

本类祭祀卜辞剔除重片后约有 570 片，其中“王宾”卜辞约 330 片。所谓“王宾”，是指由商王陪享于某种祭祀。王宾卜辞的主要文例格式是“干支卜，某贞：王某宾祭”，辞末常常附缀占卜用语“亡𡆥”或“亡尤”。这两个占卜习语常常同时出现，前者用于语辞完整的领辞中，后者出现于内容简省的附

① 黄天树. 2007. 殷墟王卜辞的分类与断代. 北京：科学出版社. 76

② 李学勤，彭裕商. 1996. 殷墟甲骨分期研究. 上海：上海古籍出版社. 134

属卜辞中。

本类卜夕辞和卜旬辞数量都不多。和出一类相比，出二类同样多用骨，而且大多是截锯卜骨(《合集》26360)，不过很少成套卜辞。卜旬辞剔除重片后有60片，卜夕辞有170片。此外还卜启(《合集》24185)、易日(《合集》24930)、风(《合集》24935)、卜雨等卜辞。卜雨辞大多和王出入卜辞、战争卜辞同版占卜，且多有验辞。

出组甲骨中有一种特殊的以商王名义占卜的刻辞。其文例中往往舍去命辞，只有前辞，一日或数日间往往反复占卜，兆序一般从“一”向上累积，最大的达到“十”(《合集》23960)。卜王辞龟骨并用而多用骨，在骨板上通常是由下向上刻写，如(补编 8373、合集 22884、23823)等。卜王辞的一般辞式为：“干支卜，王”，少量卜辞作“干支，王卜”。辞后或附记月份和地点，少数后面跟占辞“吉”。例如：

甲午卜，王。才(在)十二月。才褱卜。一/甲午卜，王。二/甲午卜，王。三/甲午卜，王。四/甲午卜，王。五/［甲］午卜，［王］。［六］　　《合集》24237

这种卜王辞较多出现于出二和出三两个亚类中，一共计有650余片，其中有50片为截锯式卜骨[①]。有些卜王辞后面可以跟“某祉”，如《合集》25928“癸酉卜，王。大祉”，《合集》23667“丙午，王卜。大祉”，《合集》23061“甲戌，王卜。逐”。“祉”前的“大”、“逐”为出组卜辞中的贞人名，“祉”为动词，读为延。

值得注意的是，在出组所见“干支卜，王”，或“干支，王卜”的辞式中，有时也会出现一组比较完整的命辞，其辞式为“干支卜，王(曰)贞：+命辞”。例如：

(1)甲寅卜，王。一/甲寅卜，王。二/乙卯卜，王。一/乙卯卜，王曰貞：翌丙辰王其步自隻？/［乙］卯卜，王曰貞：于丁巳步？　　《合集》24346

(2)乙丑卜，［王］曰貞：今日［至］于翌不［征 雨？/貞：其雨？/乙丑［卜］，王。/乙丑卜，王。　　《合集》24333

(3)庚申卜，［王］貞：妣庚歲其牡？才七月。/貞：牝？才七月。/庚申卜，王。/［庚申］卜，［王］。　　《合集》23364

上揭“干支卜，王”的卜王辞中，都出现了带有命辞的卜辞，命辞内容涉及商王出行、天气和所要举行的祭祀活动。这种卜王辞和完整命辞同版的情况表明，与卜王辞同版的完整命辞应是“干支卜，王”的领辞形式。所谓出组甲骨中的卜王辞，盖是和商王出行、祭祀活动相关且又省略掉命辞内容的一种文例形式。这些卜王辞和同时期以贞人行、尹等人主持占卜的有关商王巡游的事类大致相同，彼此可以有机系联。出组卜王辞有时还可以和非商

① 张怡．2009．殷墟出组卜辞的整理与研究．郑州大学硕士学位论文．52～57

王名义占卜的卜辞同版。具有同版关系的多为祭祀(《合集》22884、23061)、王出行(《合集》24425)、卜雨(《合集》24665)和田猎(《合集》24449)等内容的卜辞。

据我们统计，出组卜王辞中所见的占卜地点有25个，所见地名有自允(《合集》24253)、自虞(《合集》24256)、自奠(《合集》24259)、自敂(《合集》24261)、自殿(《合集》24264)、自逾(《合集》24267)、自木(《合集》24271)、自賓(《合集》24274)、自畿(《合集》24281)、自褮(《合集》24284)、褮(《合集》24333)、自喜(《合集》24336)、自澅(《合集》24339)、臺(《合集》24232)、襄(《合集》24235)、夾(《合集》24239)、収(《合集》24350)、沚(《合集》24351)、□(《合集》24352)、□(《合集》24366)、析(《合集》24359)、□(《合集》24370)、丹(《合集》24386)、潦(《合集》24423)等。卜王辞后出现最多的地点是“自某”，这里的“自”盖指屯兵、驻扎之所，和“自”有关的地点可能与军事活动有关。卜王辞中出现最多的地名是“自褮”，此应是商王频繁出入之地。

本类仅见的方国名为“方”(《合集》24157)。战争类卜辞或卜“王步”(《合集》24399)，其中所见的地名有尋(《合集》24399)、宰(《合集》24229)。此类卜辞有时同版卜问气象情况，这和出一类一样。本类的田游卜辞不多，参与田猎的只有商王，田猎动词有隻(獲，《合集》24448)，田猎卜辞中出现的地名有剢(《合集》24460)、兂(《合集》24464)。本类还有少数卜王“出”(《合集》23373)、“往”(《合集》24425)的卜辞。出二类还见有“今夕王西言”，“今夕西言王”等卜辞习用语。本类涉及的人物较少，可见到的只有上絲(侯)、倉侯(《合集》23560)、□(《合集》23702)、小臣(《合集》24138)等。官吏有多生(《合集》24141)、多尹(《合集》23560)、多君(《合集》24132)等。

(三)出组三类

本类甲骨出于小屯村北，龟骨并用，卜骨相对较多。前辞作“干支卜，某贞”，少数作“干支卜，贞”。贞人有旅(《合集》23403)，行(《合集》23468)，即(《合集》23473)，尹(《合集》24759)，冎(《合集》23399)，豖(《合集》26420)，涿(《合集》26419)，逐(《合集》24879)，□(《合集》26423)，坙(《合集》24410)，黄(《合集》26662、26663)等人。贞人黄只见到两版，贞人逐在出一类中也出现过，但都不多见。本类有用辞“兹用”、“兹不用”(《合集》24402)，“不用”(《合集》24548)。有兆辞“告”(《合集》22782、24773)、“三告”(《合集》24664)。卜雨辞常见验辞。

本类的“卜王”辞较多，计有400多片。有些卜王辞有占辞(《合集》24027)。

本类记月形式主要是“某月”（《合集》24769）和“在某月”（《合集》24478）两种，见有“十四月”（《合集》22847）。“正月”和“一月”（《合集》24411）并用。与出二类相同的是，此类卜辞均有今夕王西言（《合集》26726），今夕西言王（《合集》26725）等习惯辞例。

本类的字形规整、对称、方正，笔画秀逸，使用圆笔、弧笔较多。出三类特征字形举例如下：

辛《合集》22646 癸《合集》26624 午《合集》24662 卯《合集》26624 子（巳）《合集》25274 酉《合集》25274、酉《合集》26624 戌《合集》22630 歲《合集》23144 午《合集》24662 王《合集》22630 又《合集》22554 尤《合集》25274 叙《合集》25274 上甲《合集》22630 且（祖）《合集》22554 兄《合集》22560 即《合集》22554 翌《合集》22554 翌日《合集》22669 鼎（貞）《合集》22646 酌《合集》22669、《合集》22646 羌《合集》22554 父丁《合集》22701 冎《合集》26624 亡《合集》26624

如上揭字形所示，辛字有上横，字形左右对称严整。“巳”（子）字方首，臂部连写为斜置的直笔。“戌”、“歲”等所从戈旁的柲部笔直，上下端的柲冒、柲鐏部分写作较长的短横笔，刃部亦作竖直笔画，字形外部轮廓呈四方形。“午”字中竖下方的圈状笔画上小下大，字形结构左右对称、匀亭。“王”字有上横，字形较高。“又”字及“尤”、“叙”等字所从的又旁取弯笔。“上甲”合文中，“上”字底部较长的笔画取弯笔。“且”字较矮，字形结构左右对称。“兄”、“即”等从人旁的字中，首部和表人形躯干的笔画连写，而非与表臂部的笔画连写。酉字中表酒器颈部的部分较粗，腹部微鼓，底部为尖锥之形。“酌”字中，表酒液的点状笔画位置靠下。“羌”字背部有幺形笔画。此类卜辞中的合文字多作上下结构，如“翌日”、“父丁”、“上甲”等。

本类的祭祀卜辞约有1730片，其中“王宾”卜辞计约1100片，和出一类祭祀卜辞相比，不仅数量增加了，内容也丰富了很多，如开始出现系统的王宾卜辞、周祭卜辞。

王宾卜辞中商王配享的祀典有翌、祭、𩼈、𠂤、彡、叙、日、歲、戠、禘（酉）、夕禘、𩼈禘、龠叙、烝等。祭祀对象有先王上甲、匚乙、匚丙、匚丁、示壬、示癸、唐（大乙）、大丁、卜丙、大甲、大庚、小甲、大戊、雝己、中丁、卜壬、戔甲、祖乙、毓祖乙、祖辛、羌甲、祖丁、南庚、阳甲、𠂤甲（《合集》22569）、小辛、小乙、小丁、父丁、父戊、兄己、兄庚，其中对父丁、兄庚的祭祀卜辞最多，先妣有妣甲、妣丙、妣戊、妣己、妣庚、妣辛、妣壬、妣癸九位先妣。母辈有母己、母辛二母。

出组“王宾”卜辞辞末常常附缀占卜用语“亡囚”或“亡尤”。这两个占卜习语常常同时出现，前者用于语辞完整的领辞中，后者出现于内容简省的附属卜辞中。此种辞例格式有两种。

第一种：

干支卜，某贞：王宾+祭法(翌、祭、𣪘、𠭰、彡、𥙯(酉)、戠等)+亡囚？一

贞：亡尤？二

第二种：

干支卜，某贞：王宾+先王名+祭名(翌、祭、𣪘、𠭰、彡、戠、酉等)+亡囚？一

贞：亡尤？二

上举王宾+祭法中的翌、祭、𣪘、𠭰、彡是周祭五祀典。作为周祭五祀典之一的“彡”常和夕、𥙯一起使用，作彡𥙯、夕彡；祭名“𥙯”常和𢀛、夕一起使用，作𢀛𥙯、夕𥙯；祭名“酉”常和𢀛一起使用，作𢀛酉。出组王宾卜辞中，还有另一种成对卜辞的辞例格式，这种成对占卜的卜辞又有以下四种格式。

第一种：

干支卜，某贞：王宾+先王先妣+祭名(翌、祭、𣪘、𠭰、彡、日、歲等)，亡尤？

干支卜，某贞：王宾𠬝，亡尤？

第二种：

干支卜，某贞：王宾+先王先妣+祭名(歲、彳伐)+祭牲，亡尤？

干支卜，某贞：王宾𠬝，亡尤？

第三种：

干支卜，某贞：王宾+祭名(歲)+亡尤？

干支卜，某贞：王宾𠬝，亡尤？

第四种：

干支卜，某贞：王宾+祭名(歲、伐)+祭牲，亡尤？

干支卜，某贞：王宾𠬝，亡尤？

出组卜辞也不全是单纯的“王宾”后跟祭名祭法，有些用“王其宾、其宾、余其宾”的形式。“王其宾”的位置不一定放在“干支卜，某贞”后的命辞中，其后面有时可不带占卜用语。出组王宾卜辞中的祭祀对象有合祭和分祭两种。所谓合祭卜辞，即是对数个祖先一起进行某种类别的祭祀，“宾”后所跟的祖先名大都是从上甲开始，以“自上甲至于多毓(也有从其他祖先开始的)”和“某某眔某某”二者为主要的表现形式。出组中所见合祭卜辞的数量并不是很多。

出三类祭祀卜辞中的一重要内容为周祭，计约 330 片左右。所谓“周祭”，是指以翌(日)、祭、𣪘、𠭰(日)、彡(日)五种祀典对先王、先妣进行循环祭

祀。周祭卜辞是研究殷商周祭制度的重要资料，自董作宾先生发现商王室的这种有规律的祭祀制度后，不少学者都对此进行了不同程度的研究，今据常玉芝先生的研究，兹将出三类周祭文例分为如下几种辞式①：

第一种，“王宾”辞式下的周祭卜辞。如：

(1) 乙丑卜，即貞：王宾唐翌日，亡尤？三月。　《合集》22744

(2) 口[巳]卜，口貞：王口中丁𦎫，口雨？　《合集》22866

(3) 甲戌卜，行貞：王宾大乙彡(肜)夕，亡口？　《合集》22727

(4) 乙亥卜，尹貞：王宾大乙祭，亡囚？　《合集》22630

(5) [甲]申卜，即貞：王宾大[甲]翌亡尤？才四月。　《合集》22779

(6) 辛亥卜，涿貞：王宾翌日秅自上甲衣至于毓，亡尤？　《合集》22621

(7) 己巳卜，行貞：王宾祖乙奭匕(妣)己𦎫，[亡尤]？　《合集》23314

由上揭辞例可以看出，王宾祭日的天干名与被祭先王先妣的庙号相一致。第 1 例是特殊的卜辞，先王名不是记王的日干名，而是记王的美称，即不记大乙而记“唐”，可能是周祭制度还不成熟、不严格的表现。第 3 例辞末不卜问“亡尤”、“亡囚”而问是否下雨，异于常例，不是严谨的周祭卜辞。第 6 例是祭上甲及以后诸王的合祭卜辞。第 7 例是以五祀典祭祀先妣的卜辞，此辞文例与黄组周祭先妣的卜辞文例相同，妣名前有所配之先王名，其祭日的天干日也与先妣的日干名一致。

第二种，周祭卜辞中五祀典名后接连卜问秅祭的卜辞。如：

(1) 庚戌卜，王貞：翌辛亥乞酌彡(肜)秅自上甲衣(卒)至于多毓，亡𡆥(𡆥)？才(在)十一月。　《合集》22646

(2) 庚辰卜，尹貞：翌辛巳乞酌彡秅自上甲衣至于毓，亡𡆥？[才]口[月]。　《合集》22647

(3) 癸丑卜，口貞：翌…乞酌彡[秅自]上甲[衣至于多毓，亡𡆥]？　《合集》22649

(4) 庚辰卜，尹貞：翌辛巳乞酌翌秅自上甲[衣至于多毓，亡𡆥]？　《合集》22670

(5) 辛亥卜，涿貞：王宾翌秅自上甲衣至于毓，亡尤？　《合集》22621

上揭诸例皆于五祀典后接连卜问秅祭，所祭对象皆为上甲和以后诸王，祭日则皆于辛日开始行祭。上甲在辛日被祭，时间与其干名不一致，此不符合五种祭祀的规律，可能与“秅”祭有关。

第三种，卜旬辞后附记的周祭卜辞②。

① 常玉芝. 1987. 商代周祭制度. 北京：中国社会科学出版社. 17

② 常玉芝. 1987. 商代周祭制度. 北京：中国社会科学出版社. 19

(1)[癸酉卜]，□貞：旬亡囚(祸)？才(在)四月。甲戌工典其酢彡(肜)。

《合集》22675

(2)癸亥卜，尹貞：旬亡囚？才十二月。乙丑翌小乙，丁卯翌父丁。 《合集》23244

(3)癸未卜，王貞：亡囚？才八月。甲申彡戔甲。 《合集》22885

(4)[癸卯卜，□貞]：旬亡囚？示癸魯，甲寅小甲壹，大甲㑹魯。 《合集》22717

(5)癸酉卜，尹貞：旬亡囚？甲戌酢祭于上甲。才□[月]。 《合集》24280

卜旬辞中的周祭卜辞，祭祀的天干日也与被祭先王先妣的庙号相一致。(1)例在五种祭祀卜辞中，于每种祀典举行之前，也即在祭上甲的前一旬，都举行工典祭。

第四种，卜问次日祭祀的卜辞[①]。如：

(1)…貞：翌乙巳祭于小乙，亡壵(羍)？才(在)九月。 《合集》23128

(2)甲辰卜，王貞：翌乙巳王其宔祖乙壹亡壵？ 《合集》22779

以上二例中“翌”字，不是五祀典之一的“翌”祭，是记时的，指次日，即指卜日的第二天。

第五种，田猎卜辞后附记对先王致周祭的卜辞。如：

乙酉卜，旅貞：王其田于□[②]，往來亡巛(災)？才一月。之乙酉彡(肜)于且(祖)乙，又… 《英国》2041

此辞辞末的周祭是用来记录时间的，这种形式的卜辞仅见一例，在周祭卜辞比较发达的黄组卜辞中亦未见，不过黄组的记事刻辞中有类似的用法，详见本书第十一章“非占卜性记事文辞”。

此外还有些特殊文例也属于周祭卜辞，但与上述五种周祭辞式不同[③]，例如：

(1)□丑卜，即貞：翌乙巳魯于且(祖)乙，其冓㞢(侑)[彳歳(劌)]羌十，卯五宰？

《合集》22554

(2)甲子，王卜曰：翌乙丑其酢翌日于唐，不雨？ 《合集》22751

(3)甲午卜，王貞：亡囚(祸)？才(在)八月，大甲魯。 《合集》22782

以上各辞所卜问的事类散杂无序，如第 1 例不仅涉及用牲，还卜问是否下雨，这样的内容不见于成熟的周祭卜辞，这也是当时的周祭制度尚不成熟的表现。

除了周祭外，本类还有大量非周祭卜辞。致祭对象主要是先王和先妣，先公仅见“夒”(《合集》24961、24962、24965、24966)，有时同版祭祀自然神“河”、“岳”(《合集》24960)。入祭的牺牲主要是牛(《合集》22550)、

① 常玉芝. 1987. 商代周祭制度. 北京：中国社会科学出版社. 20

② 此处的田猎地名空刻，即留有刻写空间，但不刻写地名

③ 常玉芝. 1987. 商代周祭制度. 北京：中国社会科学出版社. 22~23

羊(《合集》22852)、宰(《合集》22549)、羌(《合集》22544)，豭(《合集》22775)、豕(《合集》23462)等。所见祭名和祭法主要有𦎫、彡(肜)、祭、翌、𩁹、日、戠、夕禫、禫(酉)、龠𠬝、烝、𠬝、彳、歲(刿)、㞢(侑)、戠、酌等。祭祀场所有母辛宗(《合集》23520)、父丁宗(《合集》23265)。有些祭祀卜辞后附有占卜地点，其占卜地点多和卜王辞中的地名相重合。

有关气象的卜辞，主要是卜雨辞，并且多有验辞，还有卜风(《合集》24369)、启(《合集》24913)等内容的卜辞。有些卜雨辞与卜夕辞、卜王辞、祭祀卜辞内容同版(《合集》24803、24665、24769)。

本类田游卜辞共约有300片，分别以四种占卜方式表现：① 王出亡𡆥；② 王其田亡災；③ 王其步自某地于某地；④ 王其往于某地，亡災。其辞例格式与出二类同。田猎卜辞中见有左马(《合集》24506)、右马(《合集》24507)。田猎动词有剢(《合集》24506)和隻(《合集》24391)。田猎地点主要是：𠂤、麥(《合集》24228)，𠂤析(《合集》24262)，浥、𡊀泉(《合集》24426)，斿(《合集》24465)，𢀛(《合集》24452)，䧿(《合集》24453)，阢(《合集》24457)，朱(𣎳)(《合集》24458)，剢(《合集》24461)，宫(《合集》24462)，火(《合集》24466)，谷(《合集》24471)，𧊒、䟴(《合集》24472)，杞(《合集》24473)，慶(《合集》24474)等。田猎卜辞或与卜夕辞、卜雨辞、卜王辞同版。

本类的卜夕辞，同版内容有田猎卜辞、卜雨辞、战争卜辞。所见占卜地点𠂤攸(《合集》24260)，自賓、自𧙕(《合集》24276)，㫃、𠃰(《合集》24361)，丘雷、剢(《合集》24367)，蠱(《合集》24393)，危(《合集》24395)，河、雇(《合集》24420)，鰻(《合集》24382)等。本类卜辞卜王出行的，其占卜地点有河(《合集》24609)，滳(《合集》24608)。本类卜旬辞剔除重片后约有140片，同版卜旬辞卜辞一般沿着骨条底部开始向骨颈方向刻写。本类卜旬辞后附记有占辞、用辞，偶有附记地点，大都附记月份。内容除了单纯的卜旬外有些同版还有祭祀、田猎卜辞等内容的卜辞，尤其习惯附记周祭卜辞。

本类的战争卜辞也不多，主要卜问“今日亡来艱”、“王步”等内容。战争卜辞见到的地点有𡧊(嘉)、𠨘、雇、麥、𠂤雇(《合集》24347)，隻(《合集》24346)，商(《合集》24228)襄、丹(《合集》24238)等。所见到的方国有方(《合集》24148)、𢀛方(《合集》22758)等。

图6-1　《合集》23712
(拓片)

二、出组卜辞选释

1.《合集》23712

该胛骨原著录参考：《簠人》4＋8，《簠拓》531。现藏天津博物馆。

【释文】

(1)丙申［卜］，出貞：⿰牜乍(作)小⿰羽刂日叀(惠)癸？八［月］。

(2)丁酉卜，祝貞：其品后才(在)丝(兹)？八月。 一

(3)貞：其品后于王出？ 一

(4)戊申卜。

【备注】此版字形方正，笔画刚健。特征字如贞(鼎)字体略宽，鼎腹及其下方的两个斜笔有一定间距。叀字结构对称，底部无表示纺砖底座的构件。王字无上横，字形较矮。于字中竖笔直。其字微高，两侧的竖笔上方有两个短笔横跨其上。凡封闭性线条皆作方形，凡转角处皆用折笔。从内容上看，本版见有为已故王后小⿰羽刂(又称龏⿰羽刂、后⿰羽刂)择选干日庙号，时间在当年的八月，此卜事还可与相关材料(如《合集》23717等)进行系联。

2.《合集》26766

图6-2 《合集》26766(拓片)

该胛骨原著录参考：《历拓》6026。现藏北京大学。

【释文】

(1)□亥…其…洹…

(2)丙寅卜，出貞：翌丁卯魚，益冐？不魚。 一

(3) 貞：弜(勿)？

【备注】此版属于典型的出一类书写风格。其中如贞(鼎)、丁、丙、其、洹、弜、不等字的写法都很有特色。出组一类中多见有一些如“某日𩵦，益𠭯”辞式的卜辞，可能与占卜水情有关，这种辞式的卜辞或再附刻验辞。

3.《怀特》898

图 6-3　《怀特》898（拓片）

该胛骨现藏加拿大皇家安大略博物馆。

【释文】

(1) 貞：彳…歲(劌)酌…十三月。

(2) 貞：二元示五牛，它示三牛？ 一

【备注】第 2 辞中“元示”即大示，二元示指商王祀谱中的两位直系先王，第 3 辞中的“它示”为小示，属旁系先王。该卜辞还提出了对两类先王的用牲方案。

4.《合集》23717

图 6-4　《合集》23717(拓片)

该胛骨原著录参考：《遗珠》397＋《龟甲》1.26.7。现藏日本书道博物馆。

【释文】

(1) 己酉卜，祝貞：𠦪年于高且(祖)？四月。

(2) 辛卯卜，大貞：洹引，弗𦎫邑？七月。

(3) 丁酉卜，□□：…小𢀛老？八月。二告

(4) 己巳卜，大貞：翌辛未𩵋，益𤔲？

(5) 甲申卜，出貞：翌□□子𠬝其㞢(侑)于匕(妣)辛冎歲(劌)，其…

(6) □巳。

【备注】第 1 辞卜问是否向高祖致求年祭。所占卜的时间“四月”正值当时的秋季[①]。第 2 辞卜问洹水之事，卜问是否会冲毁邑落，可能跟秋汛有关。第 4 辞是出组卜辞常见的占卜内容，或认为与卜问水患有关[②]。

图 6-5　《合集》23492(拓片)

5.《合集》23492

该胛骨原著录参考：《续存上》1511，《历拓》5993。现藏北京大学。

【释文】

(1) 己酉卜，[旅] 貞：翌庚戌兄庚歲(劌)…

(2) …旅…

【备注】第 1 辞卜问翌日庚戌这天是否向兄庚致刿祭。被祭祀者的庙号与祭日的天干相一致，皆为“庚”。此版的兄、旅、酉、翌、歲和戌等字皆具有出二类的书写特征。

6.《合集》23957

该胛骨原著录参考：《上博新拓》49。现藏上海博物馆。

【释文】

(1) 癸…

(2) 癸巳卜，王。　二

(3) 癸巳卜，王。　三

(4) 癸巳卜，王。　四

【备注】此版为典型的出三类卜王辞。其中的特征字如：癸字四角的短斜笔画匀亭而对称。“巳”(子)作方首，臂部斜置。“王”字有上横，字形规整而挺拔。

① 王蕴智. 2004. “枼”字谱系考. 载：字学论集. 郑州：河南美术出版社. 239

② 李学勤、彭裕商. 1996. 殷墟甲骨分期研究. 上海：上海古籍出版社. 131

图 6-6　《合集》23957(拓片)

7.《补编》6963

图 6-7　《补编》6963(拓片)

该龟甲原著录参考：《彭缀》2（《合集》22723＋25274），《存真》1.2＋《粹编》176＋《文录》268＋《存真》1.3，《文录》467。各部现藏台湾历史博物馆。

【释文】

⑴乙巳卜，尹貞：王宾大乙彡(肜)，亡尤？才(在)十一月。

⑵丁未卜，尹貞：王宾大丁彡，亡尤？ 一

⑶甲寅卜，尹貞：王宾大甲彡，亡尤？才正月。

⑷庚申卜，尹貞：王宾大庚彡，亡尤？ 一

⑸丁丑卜，尹貞：王宾中丁彡，亡尤？

⑹乙酉卜，尹貞：王宾且(祖)乙彡，亡[尤]？

⑺[辛]卯卜，尹[貞]：王宾且辛彡，亡[尤]？

⑻丁酉卜，尹貞：王宾且丁彡，亡尤？才二月。 一

⑼丁酉卜，尹貞：王宾叙，亡尤？

⑽乙卯卜，尹貞：王宾叙，亡尤？

⑾丁巳卜，尹貞：王宾父丁彡，亡［尤］？才三月。 一

⑿丁巳卜，尹貞：王宾叙，亡尤？ 一

⒀□□[卜]，尹[貞：王]宾□，亡尤？

【备注】此版皆为“王宾”卜辞，卜问商王是否宾享于某祭典，商王拟宾临的祭典有“肜”和“叙”两种。本版第8、9，第11、12辞为成对卜辞，二者在卜甲上处于相对称的位置。这是一种有规律的卜问。首先，成对卜辞的前一辞卜问商王是否宾临某先王的祭典，后一辞卜问是否宾享于“叙”祭，后一祭名通常固定不变。其次，占卜日与被祭祀对象的庙号一致。第三，辞末附缀占卜用语“亡尤”。第四，成对卜辞在卜甲或卜骨上的位置相对称或者相邻近，卜骨上也有类似的现象。

8.《合集》24501

该龟甲原著录参考：《京都》1460。现藏日本京都大学人文科学研究所。

【释文】

⑴丁丑卜，□曰貞：翌戊□其田，亡巛(災)？往不萀雨？

⑵丁丑□，□曰貞…

⑶庚寅卜，王。 七

⑷□申卜，王□貞：翌辛酉其田，亡巛？

⑸□□卜，王曰□：…田辛…

【备注】此版主要占卜田猎事，由商王亲自主持占卜。诸辞末的“亡巛(災)”是田猎卜辞的习惯用语，何组、无名组中的田猎卜辞辞末或作“亡戋”。

图 6-8　《合集》24501(拓片)

9.《合集》24502

该胛骨原著录参考：《邺初下》40.1，《历拓》2949，《京津》3454。现藏清华大学。

【释文】

(1)庚午卜，王曰貞：翌辛未其田，往來亡巛(災)，不冓囚(祸)？丝(兹)用。

(2)庚午卜，王曰貞：母(毋)田？

(3)…卜…翌…田…用。

【备注】第 1、2 辞为对贞卜问，系商王亲卜，前者内容齐备，刻写内容包括次日辛未外出打猎、来往过程中是否顺利无灾殃、是否不会碰到不吉利之事。第 2 辞为反问，用辞简省。

图 6-9　《合集》24502(拓片)

10.《补编》7257

该胛骨原著录参考：《白简》39(《合集》24248＋24377＋24478)，《佚存》271＋《甲编》2854＋2828，《美国》425。《甲编》2854、2828 于 1929 年小屯村北大连坑出土(出土编号 3.2.0797、3.2.0770)。各部现分藏于美国哥伦比亚大学、台湾“中央研究院”历史语言研究所。

图 6-10　《补编》7257(拓片)

【释文】

(1)癸丑卜，行貞：今夕亡𡆥(祸)？才(在)〓。　一

(2)癸丑卜，行貞：王其步自〓于〓，亡巛(災)？　一

(3)甲寅卜，行貞：王其田，亡巛？才二月。才𠂤(師)〓。　一

(4)乙卯卜，行貞：今夕亡𡆥？才二月。　一

(5)乙卯卜，行貞：王其田，亡巛？才…

(6)辛亥卜，行貞：今夕亡𡆥？才□。　一

(7)壬子卜，行貞：王其田，亡巛？才二月。　一

(8)壬子卜，行貞：今夕亡𡆥？才□月。才〓。　一

【备注】此版有三种主题。第一种是卜夕，即第 1、4、6、8 辞卜问当日夜晚是否没有灾殃。第二种内容是第 2 辞的王步。第三种内容是田猎卜辞，即第 3、5、7 辞，卜问田猎是否没有灾祸。这三种卜辞干支交错且相接续，可知卜夕辞、王步卜辞、田猎卜辞这三种主题是相关联的，此亦知商王从事的一些田猎和军事活动是交替展开的。

11.《补编》8098

该胛骨原著录参考：《蔡缀》46(《合集》26267＋26275)，《存真》4.39＋《文录》40＋《合集》26275，《文录》41。《合集》26267 部现藏台湾历史博物馆，《合集》26275 来源与现藏地不明。

【释文】

(1)癸□□，□貞：□□亡□？[才(在)]十[一]月。

(2)甲寅卜，行貞：今夕亡𡆥(祸)？才十一月。

(3)乙卯卜，行貞：今夕亡𡆥？才十一月。　一

(4)丙辰卜，行貞：今夕亡𡆥？[才]十[一]月。　一

(5)丁巳卜，行貞：今夕亡𡆥？才十一月。　一

(6)戊午卜，行貞：今夕亡𡆥？才十一月。　一

(7)己未卜，行貞：今夕亡𡆥？才十一月。　一

(8)庚申[卜]，旅貞：[今]夕[亡]𡆥？　一

(9)…十一月。　一

(10)…亡𡆥？

【备注】此版 10 辞，第 1~8 辞干支相连，没有缺项，占卜当晚是否不会发生祸殃。各辞末的兆序“一”说明此版是成套卜辞中的第一版。

图 6-11 《补编》8098(拓片)

12.《补编》8113

该胛骨原著录参考：《彭缀》21(《合集》26312＋26314)，《续存上》1664＋《粹编》1345。各部现皆藏于中国国家图书馆。

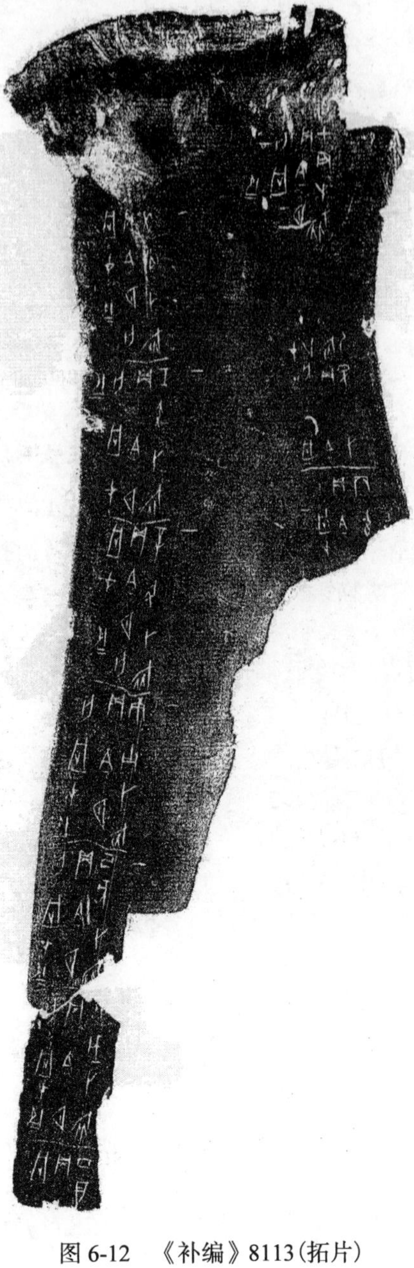

图 6-12　《补编》8113(拓片)

【释文】

(1)丁酉□，□貞：□□□𡆥(祸)？

(2)戊戌卜，旅貞：今夕亡𡆥？才(在)十
二月。 一

(3)己亥卜，旅貞：今夕亡𡆥？才十二月。 一

(4)庚子卜，旅貞：今夕亡𡆥？才十二月。 一

(5)辛丑卜，旅貞：今夕亡𡆥？才十二月。 一

(6)壬寅卜，旅貞：今夕亡𡆥？才十二月。 一

(7)癸卯卜，旅貞：今夕亡𡆥？才十二月。 一

(8)甲辰卜，旅貞：今夕亡𡆥？才十二月。

(9)乙巳卜，旅貞：今夕亡𡆥？才十二月。

(10)丙午□，□貞：今□亡𡆥？才□□□。

【备注】此版诸辞干支相连，无一缺漏，皆卜问当晚是否有祸殃发生。各辞末相同的数字“一”是兆序，表示这是成套卜辞中的第一版。

13.《补编》8197

该胛骨原著录参考：《蔡缀》1.49(《合集》26628+26630)，《历拓》7372+《续编》4.42.5(不全)+6.25.4(《佚存》942)，《历拓》10134。各部现分藏于山东博物馆、天津博物馆。

【释文】

(1)癸巳卜，兄貞：旬亡𡆥(祸)？

(2)癸巳卜，貞：旬亡𡆥？ 二

(3)癸卯卜，貞：旬亡𡆥？ 二

(4)癸丑卜，貞：旬亡𡆥？ 二

(5)癸亥卜，兄[貞]：旬亡𡆥？十一月。□告。 二

(6)癸酉卜，兄貞：旬亡𡆥？十二月。二告。 二

(7)癸酉卜，兄貞：旬亡𡆥？九月。二告。 二

(8)癸巳卜，兄貞：旬亡𡆥？ 二

(9)癸丑卜，兄貞：旬亡𡆥？十月。 二

(10)癸□[卜]，兄[貞：旬]亡[𡆥]？

(11)癸亥卜，兄貞：后龏(龔)… 二 二

【备注】本版由贞人兄主卜旬，是成套胛骨的第二版。第1至10辞属卜旬辞，第11辞残，乃为“后龏(龔)”而卜。“后龏(龔)”或作“龏后”(如《合集》14814)、“龐后”(如《合集》795)等，应是出自龏氏部族的一位王后[1]。

① 王蕴智. 1996. 殷周古文同源分化现象探索. 长春：吉林人民出版社. 76. “毓、后考辨”

图 6-13　《补编》8197(拓片)

14.《英国》2041

该胛骨原著录参考：《合集》40957，《金璋》123。现藏英国剑桥大学。

图 6-14　《英国》2041（拓片）

【释文】

(1) 乙酉卜，旅貞：王其田于□，往來亡巛？
才一月之乙酉彡于且乙……

(2) □未卜，旅貞：王其田于□，來亡巛？才
二月。

【备注】此版为田猎卜辞，但田猎地名空刻，即留有刻写空间，不刻写地名。此辞辞末的周祭是用来记录时间的，这种辞式仅此一例，在周祭制度比较发达的黄组卜辞中亦未见。不过商末的记事刻辞中倒有类似的用法。

15.《英国》2119

该胛骨原著录参考：《合集》40363（不全），《金璋》466+669。各部现藏于英国剑桥大学。

【释文】

(1) 戊辰卜，祝貞：翌辛未其㞢（侑）于𥁕（盟）室十大宰？七月。

(2) 戊辰卜，祝貞：翌辛未其㞢于𥁕室五大牢？七月。

(3) 戊辰。　三

(4) 己巳卜，祝貞：其柰于𥁕室叀小宰？

(5) 庚午卜，祝貞：其□伊史亡𠂇？九月。

【备注】此版第 1、2 辞为选贞卜辞，卜问在盟室举行侑祭用牲的品种和数量。第 4 辞为次日所卜，卜问在盟室举行𠦪（柰）祭用牲的品种。

图 6-15　《英国》2119(拓片)

第二节　何组类

“何组卜辞”是由该组多见的贞人“何”而得名的，陈梦家先生在《殷虚卜辞综述》一书中首次使用这一名称[①]。何组卜辞主要出于小屯村北，龟骨并用，多用龟甲。今所见何组著录材料中，除了私人盗掘的一部分外，其余大部分为1928年10月至1937年抗日战争爆发前，由前中央研究院历史语言研究所在殷墟进行的科学发掘所得。何组卜辞在村南仅有零星发现，如《甲编》3638版即是在村南F3出土。1973年小屯南地发掘时出有两片(《屯南》4327、《屯南》4447)。何组卜辞上承出组卜辞，下接黄组卜辞，与村南系列的无名组卜辞时代大致相当。何组卜辞依据称谓、字形、贞人等特征大致可划分为“何组一类”、“何组二类”和“何组三类”(下文分别简称为“何一类”、“何二类”、“何三类”)三个亚类。关于何组及其三个亚类的时代问题，李学勤、彭裕商先生在《殷墟甲骨分期研究》中有较详细的论述[②]。大体说来，何一类卜辞可上溯到武丁晚期，下及廪辛时期；何组二类卜辞大致是在商王祖甲晚期和廪辛时期，何组三类卜辞为何组卜辞中时代最晚者，其大致在廪辛、康丁至武乙中期。何组的三个亚类卜辞在时间上并不是简单的顺承关系，其中何组一类与何组二类有共时关系，何组二类与何组三类有共时关系，其时代关系可粗略用下图来表示：

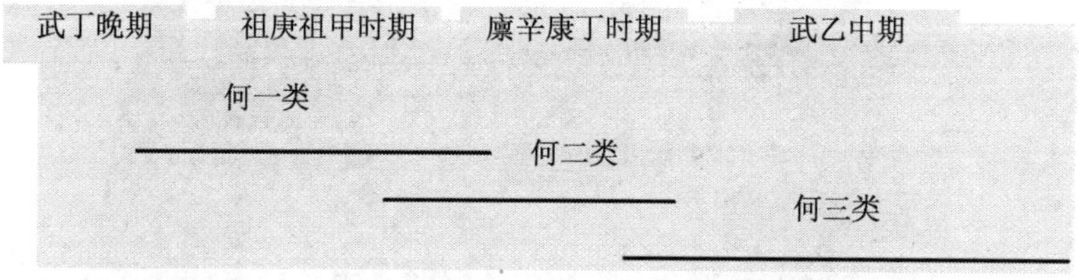

一、何组卜辞综述

(一)何组一类

何一类有420余片，多用龟甲，前辞形式一般为“干支卜，某贞”，贞人有何(《合集》27832)、彘(《合集》27861)、卯(《合集》27841)、彭(《合集》28450)、口(《合集》31575)、習(《合集》31547)、専(《合集》27874)、纵(《合集》27714)等，其中以何的卜辞为最多，其次是彘、卯、彭，其他人少见。因见有“何”与宾组贞人“史”同版占卜的现象，两组都有“王[illegible]叀吉”(怀特

① 陈梦家. 1956. 殷虚卜辞综述. 北京：科学出版社. 194

② 李学勤，彭裕商. 1996. 殷墟甲骨分期研究. 上海：上海古籍出版社. 153~169

389)的文例，这亦成为何组卜辞时代可上及武丁晚期的明证之一。

本类卜旬、卜夕辞中有兆辞“告”（《合集》29727）、“二告”（《合集》31636）、“三告”（《合集》31350），此乃宾组和出组兆辞的孑遗，无名组及后来的黄组不见这样的兆辞。部分卜辞附记月份，其月份多记于卜辞之旁，作“某月”（《补编》9539），或“才(在)某月”（《合集》31343），两种记月形式有同片互见的情况(《合集》31331)，有合文“十三月”（《合集》29730）。本类未见“王固曰”的占辞，似有占辞“吉”（《合集》27152)和占辞“燕”（《合集》27850)。占辞“燕”仅见于“[illegible]叀吉”的祭祀卜辞中。本类有极少数验辞以“允”字开头，刻写于卜辞之末，此多见于天气类的卜辞(《合集》30110)。本类有成套卜辞，多见于卜旬辞，兆序最大者为“三”（《补编》9986 正)，祭祀卜辞亦见有一组成套者，该套至少有三版胛骨(见《合集》27153、《合集》27150+30532[①]、《合集》30531)。

何一类字形多折笔和圆笔，少数早期写法近于宾组及出组一类字形，本类特征字形举例如下：

丙《合集》28434 丁《合集》27866 庚《合集》27677 辛《合集》29363 子《合集》28434 寅《合集》27861 子(巳)《合集》27064、《合集》30529 戌《合集》30732、《合集》27715 酉《合集》27841、《合集》31304 叀《合集》307不《合集》27865、《合集》3092732 鼎(貞)《合集》27861 冓《合集》30079 㞢《合集》27150 吉《合集》27846 何《合集》31304 巛(災)《合集》28443、《合集》27797 上甲《合集》27064 王《合集》27862、《合集》27081 雨《合集》27864 旬《合集》31310、《合集》31300

上揭字例中，丙字左右竖画用直笔、上画用圆笔。丁字折笔与圆笔并用，近于多边形。子字(假为巳)所从人形头部呈较端正的菱形，手臂作斜置的曲笔或直笔。酉字简洁象形，作鼓腹、锥底之形，肩部的横笔突出到字形之外。叀字结构内敛，底部无表示纺砖底座的圈状笔画。“王”字无上横或竖笔穿破上横。“冓”字似两鱼吻部上下对接状。“贞”(鼎)字较方正。“雨”字未追加上横，表雨水的三短竖多平行分布。“吉”字上部构件如圭形器，与下部口旁

① 《合集》27150+30532 由张军涛先生缀合，参见张军涛. 2009. 殷墟何组卜辞的整理与研究. 郑州大学硕士学位论文. 81

的横笔不连。“何”字突出人的肩部所负之物，手形处明显，肩部所荷处的下拉笔画不甚长。

何一类卜辞的占卜内容主要有卜旬、卜夕、祭祀、田猎、卜问天气等，其中卜旬、卜夕辞几乎占本类总量的一半。

何一类祭祀卜辞不多，计约70余片，多用甲，少用骨。贞人有何、彘、彭、卯、口、専，何的卜辞占绝大部分。其中彘（《合集》27866、《补编》9539）、彭（《合集》30537）与何同片共贞祭祀事，《怀特》389见有宾组贞人史和何组贞人何同片共卜。致祭对象有唐（《合集》27150、27152、27153）、上甲（《合集》27064）、匚乙（《合集》27081）、甲（《合集》30529）等，皆为祖先神。本类有个别“周祭”祭名，如“祭”（《合集》27081）、“𠦪”（《合集》27152）等，未见系统的周祭卜辞。

本类有田猎内容的近40片，以骨为主，极少用龟。贞人有何、彭，以何为主。文例多作“干支卜，某贞：王其田，亡災”，“干支卜，某贞：王其往于田，亡災”，“干支卜，某贞：王其田，往来亡災”，以第一种辞式居多。一般仅卜问是否有灾祸，偶附记月份（《合集》27778），未见占辞、验辞、兆辞。田猎地名仅见斿（《合集》27778）和桑（《合集》29362、29363），田猎占卜日期多为乙（6条）、戊（4条）、辛（8条）、壬（7条）、丁（5条）日，偶见丙（1条）、癸（1条）日，不见甲、己、庚三日。田猎动词有射（《合集》27255）、壴（《合集》29368）。除商王外，未见其他人参加田猎，亦未见狩获方面的信息。

本类有卜天气内容的约80片，多为甲，少为骨，贞人有何、壴、専、彭四人，何占绝大部分。卜问内容包括雨（《合集》30110）、啟（《补编》9563）等。卜天气辞或与祭祀（《补编》9539）、田猎（《合集》29368）、卜夕（《补编》9563）等内容同片，盖有意为上述活动提供气象预测。故这80片所在的整版甲骨不一定主题就是卜天气的，他们可能是以祭祀、田猎、卜夕等为内容的整版甲骨的残片。

本类卜旬辞约100片，多用骨，少用甲（《合集》27714、29721、31467、31469、《补编》13367等）。不似宾组卜旬辞有占辞和验辞，也不似出组、黄组卜旬辞附记地点。本类卜旬辞绝大部分记贞人，作“干支卜，某贞：旬亡囚”。贞人有何、卯、専、纨、彭五人，何占绝大部分，其中见有卯和纨同片共贞（《合集》27714）。刻写于同片胛骨上的两条以上的卜旬辞多自下而上逐旬刻写，中间没有缺环。今所见一些片子，或因为左边、或右边的卜旬辞残掉，故使旬与旬之间有缺。倒是同片龟甲上的刻辞，旬与旬之间时断时续。同片卜旬辞偶见刻写方向不一致的情况，如《合集》31345+31354[①]，共有7条卜旬辞，其中1条卜旬辞右行，其他6条皆左行。

① 此片由白玉峥先生缀合

本类卜夕辞剔除重片后近 80 片，绝大部分为甲，极少为骨(《补编》9854)。见有贞人何、卯、彘、口、彭、罟六人，以前三者居多。除单纯卜夕者外，有卜夕同时卜问天气的。此种情况下，卜夕辞多为第一卜，卜问天气者多为第二、三卜。卜问天气的卜辞多承前省去前辞(如《补编》9563)。

(二)何组二类

何二类多用骨，在何组中数量最少，约 220 余片。前辞作“干支卜，某贞”，贞人有何(《合集》26953)、宁(《合集》27042 正)、口(《合集》28589)、貴(《合集》28196)、壴(《合集》27694)，以何的卜辞为最多。记月形式作“在某月”(《补编》8718)，《英国》2367 版记月为“在十月二”，形式较为特殊。多见“亡尤”(《合集》30544)、“亡囚”(《合集》30546)等占卜用语。有习语“叙孷”(《合集》26975)，多用于命辞。有少量占辞“吉”(《合集》27114)，均出现于卜辞之末，非单刻于辞旁。未见“大吉”、“引吉”，也未见验辞、用词及“王固曰”式的占辞。《合集》27148、28238 兼有何二类和何三类的刻写风格，这是两类卜辞有共时关系的明证之一。

何二类字形修长，笔画粗细均匀，多不出锋，布局比较规整。部分较大卜骨正反两面皆有刻辞(《合集》26907，27042 等)。本类特征字形举例如下：

戌《合集》27205 戌《合集》27456 正 庚《合集》26975 辛《合集》26975 子《合集》27424 丑《合集》27263 辰《合集》27042 正 子(巳)《合集》27564 申《合集》27221 酉《合集》27221 亥《合集》27086 王《合集》27138 鼎(貞)《合集》27086 又《合集》30469 卿《合集》31041 歲《合集》27424 叀《合集》30775 宔《合集》27042 正 翌《合集》27221、《合集》27726 用《合集》26953 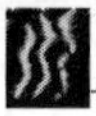巛(災)《合集》27928 羌《合集》26953 吉《合集》27458 何《合集》27148 以《合集》26953 宰《合集》27138 不《合集》27722 上甲《合集》27042 正 父庚《合集》27430 夕《合集》29956

上揭例字中，“辛”字上方有饰横。巳(子)字所从人形头部方大，手臂部作向上斜笔。“申”字狭长，左右竖笔平行对称。酉字狭长，尖底，稍束腹，颈部两竖笔平行。“戌”字柄部直，刃部竖直，与柄部平行。“贞”(鼎)字中

间两横画几乎重叠，表鼎之耳、足、腹部不明显。“卿”字中间构件的底部呈楔形，跪跽人形的足部较大，笔画婉转流畅。“歲”字所从戈形柲部上下两端的柲冒、鐏部的短横笔较长。叀字底部的封闭性笔画呈锥形。“何”字人形所负之物后部的下拉笔画较长。“宰”字左右外框近竖直。“上甲”合文上部有饰横。“父庚”合文呈上下组合之形。“遘”字追加意符止或辵旁。

何二类卜辞以祭祀为主，另有少部分田猎、卜旬、卜夕、卜问天气等内容的卜辞。何二类祭祀卜辞近 120 片，绝大部分为骨，少部分为甲。致祭对象多为先公、先王及先妣，亦有少数自然神。先公有上甲(《合集》27042 正反)、匚乙(《合集》27877)、匚丙(《合集》27042 反)、示癸(《合集》27086)；先王有父甲(《合集》27042 正)、帝甲(《合集》27437)、帝丁(《辑佚》548 正)、父庚(《合集》27424)、大戊(《合集》27042 反)、大乙(《合集》27088)、中丁(《合集》27177)、祖乙(《合集》27205)、祖丁(《合集》27205)、小乙(《合集》27221)、毓祖丁(《合集》27321)、祖甲(《合集》27336)、中己(《合集》27385)、小丁(《补编》9622)、小甲(《补编》8781)。先妣有母壬(《合集》27719)、后母(《合集》27607)、妣辛(《合集》26975)、妣癸(《合集》27574)、小乙奭妣庚(《合集》27456 正)、毓妣辛(《合集》27456 正)、妣庚(《合集》27535)、妣甲(《补编》9622)。自然神有河(《合集》27877)、日(《合集》27456 正)。先臣只见伊尹(《合集》27134)。其中有时代意义的称谓有毓祖丁、父甲(帝甲)、帝丁、父庚、毓妣辛、母壬。

所见祭法有钔(《合集》26953)、禣(《合集》27042 正)、侑(《合集》27263)、𣪘(《合集》27042 正)、翌(《合集》27086)、劦(《合集》27645)、祊(《合集》27438)、戠(《合集》30546)、歲(《合集》27336)、彳歲(《合集》27424)、烝(《合集》27456 正)、祰(《合集》27282)、宜(《合集》27725)、𣪊(《合集》30549)、酌(《合集》30775、《英国》2367)、䙴(《合集》30987)、凡(《合集》31128)、桒(《合集》27236)、彡(《合集》27178)、尞(《合集》30775)、祝(《合集》27456)、隮(《合集》30373)等。

祭品有宰(《补编》9681)、小宰(《合集》29669)、羊(《合集》27321)、牛(《合集》31041)、牢(《合集》27336)、豕(《合集》27456 正)、鱼(《合集》27456 正)、鬯(《合集》30572)、㲋(《合集》27456)、人(《合集》27456 正)、䰣(《合集》26975)等，多以宰、牛献祭。本类有较多王宾卜辞，祭祀习语多见“亡尤”(《合集》27042 等)。其中部分类似周祭，有周祭祭名翌、𣪘、劦、彡等，因其数量有限，不能确认有系统的周祭。此时出现有祊祭，辞式上与黄组的祊祭近同。

何二类所见人物有亚旁(《合集》26953)、亚新(《合集》27727)、小臣刺(《合集》27885 正)、自贮(《合集》28195)、黄(《合集》28196)、辰(《合集》28196)等，无名组亦可见到小臣剌(《合集》27884)和自贮(《合集》28089正)。本类中方国仅见危方(《合集》28001)，为敌对方。在无名组卜辞中也可见到危方(《合集》28092)。本类有5片贞人 貫 卜问入马的卜辞(合集27720～27723、28195、28196、29418)，或认为是卜问马的某种品质之辞[①]，涉及人物有右史、口子、自贮、黄、辰等。

何二类田猎卜辞极少，除卜问王亲自田猎外(《补编》9177)，还有一组卜问亚田猎的卜辞(《合集》27928、27929、27933)。田猎地名有涵(《补编》9209)；又《合集》27930为一骨条残辞，其中部分字形缺刻笔画，似有田猎地函、宫二名。

何二类卜旬辞仅见有《合集》31481、31497、《英国》2390等片，《合集》31481为贞人貫所卜，附记月份，《合集》31497似为王亲卜，《英国》2390残，未见贞人。卜夕辞的主要形式有“干支卜，某贞：今夕亡囚”(合集31614)和“干支卜，某贞：今夕亡尤”(合集31617)两种，皆为贞人貫(合集31614)或商王(合集31611)所卜。

(三)何组三类

何三类约有1980余片，在何组中数量最多。本类前辞作“干支卜，某贞”，少数为“干支卜，贞”。贞人以狄为主，贞人何在本类少见。本类所见验辞很少，且较简短(《合集》28332)。本类卜辞的记月方式作“在某月”或“某月”，但多数卜辞不记月。十二月作“在十月又二”(《合集》26907正)，偶作合文“十二月”(《合集》29729)。有习语“叙𢽹”(《合集》27678)，用于命辞之中，这与何组二类相同。占辞“吉”(《合集》28569)较何二类多见，开始出现“大吉”(《合集》27159)，但未见“引吉”，它们多单刻于辞旁(《合集》28491)，少数刻于卜辞之末(《合集》26882)。本类有占卜习语“于之若”(《合集》27202)、“王受又”(《合集》27463)、“王受又=”(《合集》27215)、“又正”(《补编》8766)、“弗每”(《合集》31273)、“湄日亡灾”(《补编》9840)、“亡戋”(《合集》28466)等，这些占卜习语未见于何一、何二类。本类有尾甲刻辞，仅刻一贞人名狄(《合集》27459、28011等)，与早期记事刻辞有别。有成套卜辞，兆序不大于“三”，此与何一类相同。

依据书写风格、贞人、卜用材料等不同，何组三类卜辞又可细分为何组三甲类和何组三乙类两种。何组三甲类110余片，多用骨，极少用甲。贞人有何、彭、壴、口、狄等，以彭的卜辞较多。其特征字形如下所示：

庚《合集》27542 王《合集》26907正 丑《合集》26907反 申

① 李学勤，彭裕商. 1996. 殷墟甲骨分期研究. 上海：上海古籍出版社. 146

《合集》27166、《合集》27939 酉《合集》27382 戌《合集》27107 亥《合集》26907 正 王《合集》26907 正 犾《合集》26907 反 鼎(貞)《合集》26899 又《合集》27875 雨《合集》27382 叀《合集》27264 宰《合集》26907 正 自《合集》27302 巛(災)《合集》28325 疐《合集》27166 吉《合集》27382、《合集》27269

此类卜辞所见字形较大而潦草，布局不够规整，时有倒刻的现象，有时整条卜辞倒刻(《合集》27220、27255)。如“庚”字平肩，中竖贯通。“辛”字有上横，字形倾侧，结构亦不对称。“申”字呈下伏形，主干笔画两端上附着的短笔作勾曲状。酉字短颈、鼓腹、锥底，表酒器肩部的笔画上耸。“王”字笔画较粗，有上横，字形倾斜。“宰”字内部的羊旁除了中竖和表羊角折笔之外，无其他笔画，是很有特点的写法。叀字底部有表示纺转底座的圈状笔画。“雨”字有上横，下方表示雨滴的三个点状笔画竖行平列。“疐”字上方宀旁左右两侧的竖笔弯曲，二者不平行，底部止旁的三个上举笔画方向无定，该字与其他字一样显得书写随意，笔力涣散。

何组三乙类卜辞约1850片，在何组中数量最多。本类龟骨并用，多用龟甲。贞人见有犾、彭、壴、口、卯、貴、眣、大、教、逆、弔、徉、乇等，未见贞人何。本类字形较小、结构较为规整，笔画稍粗而出锋，偶见倒刻的情况，如王字倒刻(《合集》27382)等。其特征字形举例如下：

戌《合集》28469 庚《合集》27079、《合集》27948 辛《合集》27948 子《合集》27376、《合集》28477 辰《合集》28892 子(巳)《合集》27283、《合集》28472 酉《合集》28011、《合集》27739、《合集》28227 戌《合集》28011 亥《合集》27136 王《合集》26882 犾《合集》26881 又《合集》26933 又=《合集》27079 鼎(貞)《合集》27181、《合集》28469 歲《合集》27005 叀《合集》27146、《合集》26955、《合集》27011 遣《合集》27950 雨《合集》30121、《合集》27948 自《合

集》27074  巛(災)《合集》28466、《合集》28466、《合集》28459 
受《合集》27283  羌《合集》26933  吉《合集》27245、《合集》28569、《合集》27069  不《合集》27840、《合集》27684  其《合集》29324

上揭诸字笔画稍粗、字形较小，笔端出锋，结构紧凑。其中“庚”字上部有两重中形结构，中竖不贯通。或使内部下方的横笔下凹，与肩部的平画构成不规则的椭圆形。地支字“子”头部单独书写，作扁圆之形，下方两足外撇，取弧笔。地支字巳作方首直臂或方首折臂形，首部作不规则的方形。“戌”、“歲”字较矮，所从戈旁的柲部弯曲，柲部一端或两端饰加短促的斜笔。“又₌”中第二个又字用省文符号代替，这种作法又见于同时期的无名组晚期卜辞和黄组卜辞。“雨”字顶部有上横，下部的三个点状笔画或呈品字形排列。“災”字或与前两类写法相同，亦见有从水、才声的災。“吉”字上部写作两个上下重叠、交错的三角形。

何三类内容丰富，以祭祀、田猎、卜旬、卜夕为主，还有少量卜问疾病(《合集》30010、31822)、占梦(《合集》27253)等方面的卜辞。

本类有著名的“大龟七版”，系1934年4月2日至5月31日前中央研究院历史语言研究所第9次发掘所得，出土于王陵区HS20。此七版大龟保存基本完好，其中有龟腹甲6版(《合集》27146、27459、28011、30439、30757、31549)，龟背甲1版(《合集》29084)。这些版皆刻满文字，有5版龟甲为田猎卜辞，为贞人狄所卜，涉及田猎时间、地点、天气、田猎者、田猎物等。1版为战争卜辞(《合集》28011)，为贞人狄所卜，内容涉及“遘方”、“及方”、“方出”、敌方来犯地点、选将、战争是否顺利等。还有1版(《合集》31549)为卜夕辞，为贞人狄和口所卜，卜辞排列有序，为连续26天的占卜。这七版大龟上的卜辞干支接续、内容相关，出土地点一致，它们当系同时之遗物。

何三类祭祀卜辞近590片。祭祀对象以先公、先王、先妣等人神为主，有夒、王亥、上甲、大甲、小甲、羌甲、大乙、小乙、大丁、中丁、小丁、大戊、中己、大庚、十示又二、示壬、示癸、中宗、豕辛、毓多、祖甲、祖乙、中宗祖乙、毓祖乙、祖丁、毓祖丁、三祖丁、高祖、祖己、祖庚、祖辛、中子、多子、父、多父、父庚、父甲、父乙、父己、父辛、兄癸、三兄、母、母戊、三母、妣甲、妣丙、妣丙大乙奭、妣戊、妣己、妣庚、妣辛、大口奭妣辛等。另有少量自然神，如河、岳、土(社)、帝、火等。

祭法有钔(《合集》26907)、又(侑，《合集》26933)、舌(《合集》26935)䄂(《合集》31090)、酌(《合集》26957)、歲(《合集》26899)、彳歲(《合集》27149)、彳伐(《合集》27005)、祝(《合集》27080)、𠦪(《合集》27548)、禣(《合集》

27115)、栅(《合集》27155)、告祭(《合集》27168)、卯(《合集》27163)、沈(沉，合集30436)、竞(《合集》27337)、万(《合集》27468)、乡(《合集》27472)、毌(《合集》28088)、鼓(《合集》30388)、告(《合集》30596)、蠹(《合集》30987)、霾(《合集》31037)、飨(《合集》31043)、、酘(《补编》8864)、餗(《补编》9336)、叙(《补编》9637)、劦(《合集》30282)、翌(《合集》27264)、衣(《合集》32663)、祭(《合集》27223)、烝(《补编》9643)、執(《补编》9753)、戠(《合集》30547)等。其中彡、劦、翌、祭、衣为周祭祭名，含有周祭祭名的卜辞很少，此与何组二类情况相似。

祭品有牢(《合集》31108)、牛(《合集》27515)、白牛(《合集》29506)、黄牛(《合集》29507)、宰(《合集》27391)、羊(《合集》27163)、豕(《合集》28208)、黑豕(《合集》29544)、豚(《合集》31192)、犬(《补编》9293)、羊(《合集》27342等毛牲。田猎卜辞中偶见以兕隹祭享神灵(《合集》27146)；人牲有羌(《合集》26954)、虎方伯(《合集》28087)、人(《补编》09695)、𢦏(《合集》26983)等；另有鬯(《合集》27362)、卣(《合集》30917)、豊(《合集》31047)、牛石(《合集》31830)、矢(《补编》8726)等。

何三类田猎卜辞近 400 片，卜问内容包括是否有灾祸、田猎时间、田猎地点、参加人员、田猎方法、猎物类别、是否擒获、天气情况等。卜辞格式多样，主要有“干支卜，某贞：王其田，亡灾”、“干支卜，某贞：王其田，往来亡灾”、“干支卜，某贞：王其田叀某时，亡灾”、“干支卜，某贞：王其田某地，亡灾”等。所见田猎日期多为乙、戊、辛、壬四日。所见田猎动词有毕(擒，《合集》27948)、逐(《合集》28368)、射(《合集》28820)、獸(狩，《合集》28773)等。所捕猎物有兕(《合集》30439)、鹿(《合集》28332)、麑(《合集》28388)、麇(《合集》27459)、虎(《合集》28302)、大豕(《合集》28308)、犷(狐)(《合集》28322)等。见有犬官，如犬(《合集》30643)、犬言(《合集》27922)、虘犬(《合集》28892)等，他们负责向商王汇报猎物信息、随王田猎等。本类田猎卜辞多不记捕获的猎物及其数量。偶见有田猎验辞，如“允毕”(《合集》28332)。有同版卜问田猎，兼及卜问天气、祭祀、卜夕等内容者。田猎地名见有 45 个，依据出现频率依次为盂、宫、牢、虘、斿、喪、盄、㲋、麦、利、向、㯃、獣、虞、襄、䝨、梌、涵、录、門、𣎆、滴、執、豆、雍、𥝩、叡、㖩、𩰫、淒、哭、𧆣、𡆥、䟫、𩊭、𡦹、㳄、㳄、雞、柏、阢、𦍒、㴇、成等。

本类有 50 余片战争卜辞，此以《合集》28011(“大龟七版”之一)为最典型。其他战争卜辞涉及卜问是否“雉眾”(《合集》26881)、祈求祖先保佑(《合集》27983)、献俘(《合集》26925)等。方国有羌方(《合集》27983)、大方(《合集》27882)、𢦏方(《合集》27962)、䖒方(《合集》27993)、虎方(《合集》

28087)、危方(《合集》28088)等，其中𩲸方、𢽾方、危方亦见于无名组。战争动词有伐(《合集》27986)、𢦔(《合集》27962)、弅(《合集》28081)、及(《合集》28011)、執(《合集》28011)、𩰫(《合集》28011)等。

本类所见人物较多，有亚𣄰(《合集》28011)、小臣杏(《合集》27879)、小臣𠤎(《合集》28011)、犬言(《合集》27922)、𤞷犬冎(《合集》28892)、牢犬(《补编》9096)、(犬)𢀛(《合集》28146、28147)、戍逐(《合集》26881)、戍冎(《合集》26882)、戍㑴(《合集》28042)、(戍)辟(《合集》27009、28005)、(戍)㽙(《合集》28332、28822)、(戍)杏(《合集》27681)、危方美(《合集》28088)、𩲸二方伯(《合集》26925)、𣬉方伯習(《合集》28087)、(卢伯)漅(《合集》28096)、㑴(《合集》28074)、尹(《合集》27011、28074)、㫃(《合集》28073)等。

本类的祈年卜辞多卜问是否"受年"(《合集》28215)、"受禾"(《合集》28234)。祈年求助的神灵包括人鬼和自然神，如祖丁(《合集》28275)、河(《合集》28262)、岳(《补编》10314)等。天气类卜辞有 150 余片，主要卜问雨(《合集》29084)、风(《补编》9570)、启(《合集》28620)等。除单独卜问天气的卜辞外，在何三类的祭祀、田猎、卜夕、农业等卜辞中都可见到同时卜问天气的情况，其中农业卜辞中的卜问天气多是为了求雨祈年。

本类卜旬辞有 200 余片，多用骨，或记贞人(《合集》31371)，或不记贞人(《合集》31511)，未见附记占卜地名者。卜旬辞中可见成套卜辞，如《合集》31382 每条卜辞的兆序都是"二"，其为成套卜辞之第二套。卜夕辞有近 200 片，或记贞人(《合集》31556)，或不记贞人(《合集》31657)。卜夕辞中也可见成套卜辞，如《合集》31549 是一版龟腹甲，上面所刻卜辞全为卜夕辞，共 26 条，兆序皆为"一"。

二、何组卜辞选释

1.《补编》9539

该龟甲原著录参考：《蔡缀》32(《合集》27861＋27862＋27863＋27864)，《簠天》81＋《历拓》10074＋6069＋《龟甲》1.19.11，《簠拓》62，《续编》4.14.7。各部现分藏于天津历史博物馆、北京大学，《合集》27864 部现藏地不明。

【释文】

(1)丙寅卜，㚸貞：王往于夕𥙊，不冓雨？𠂤叀(惠)吉？　一

(2)𠂤叀吉？□往于夕𥙊。允不冓雨。四月。

(3)丁卯卜，何貞：王往于夕𥙊，不冓雨？允衣(卒)不冓。　一

(4)貞：王往于夕禘，不冓雨？[illegible]叀吉？ 二

(5)己巳卜，何貞：王往于日，不冓雨？[illegible]叀吉？允雨，不冓。四月。

(6)…允不冓雨。四月。 二

(7)□□□，何貞：□往于夕□，□冓雨？

(8)…冓雨？往于夕禘。允不冓雨。四月。

图 6-16 《补编》9539(拓片)

【备注】 此版诸辞卜问商王参与“夕禘”(夜晚举行的禘祭)和祭日时是否遇到下雨。此版用笔劲瘦，折笔及棱角婉转，布局密集、紧凑，为何一类典型书写风格。

2.《合集》26975

该胛骨原著录参考：《佚存》255＋《甲编》2803，《美国》416。《甲编》2803 于 1929 年小屯村北大连坑出土(编号 3.2.0735)。各部现分藏于美国哥伦比亚大学、台湾“中央研究院”历史语言研究所。

图 6-17　《合集》26975(拓片)

【释文】

(1)庚戌…辛亥…　一

(2)庚戌卜，何貞：匕(妣)辛歲(劌)，其敹𢼸？　二

(3)庚戌卜，何貞：其于來辛酉？三

(4)庚申卜，何貞：翌辛酉𩋀其隹？一

(5)庚申卜，何。　二

(6)庚申卜，何。　三

(7)庚申卜，何。 四

(8)庚申卜，何。 五

(9)甲申。乙酉。丙戌。丁亥。戊子。己丑… 六

(10)乙巳。丙午。丁未…

【备注】此版是较为典型的何组二类卜辞，诸字形精美、规矩。其中的典型字如：何字肩后部的下拉笔画向下长伸，不再摹写人形手部。“辛”字有上横，字形结构左右对称。酉字作细颈、宽肩、直壁、锥底之酒器形。“申”字作纵向之形，其字主干笔画上附着的短笔取折笔，外侧取平行竖笔，字形轮廓近长方形。“來”字中竖上部有斜向的短斜笔为饰。该版骨面中部纵列刻有练习性干支字。

3.《合集》31290

【备注】该胛骨于1929年小屯村北大连东出土(编号3.2.0602)。原著录参考：《甲编》2699。现藏台湾“中央研究院”历史语言研究所。

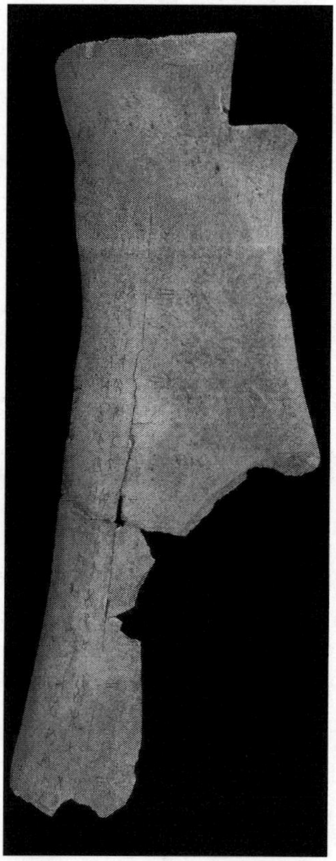

图6-18 《合集》31290(照片)

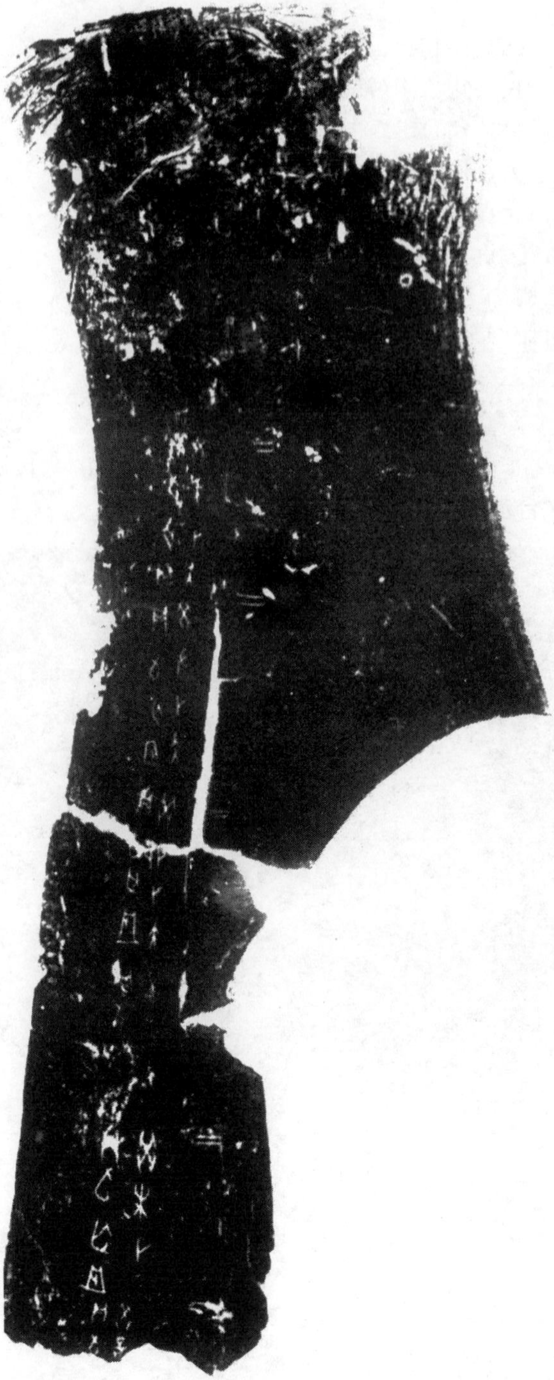

图 6-19　《合集》31290(拓片)

【释文】

(1)癸酉□，□貞：旬□□？ 二

(2)癸未卜，貞：旬亡𡆥(祸)？ 二

(3)癸巳卜，貞：旬亡𡆥？

(4)癸卯卜，大貞：旬亡𡆥？ 二

(5)癸丑卜，大貞：旬亡𡆥？ 二

(6)癸亥卜，大貞：旬亡𡆥？ 二

【备注】此版为卜旬辞，其干支相连，计六旬。殷人旬末癸日卜旬多为成套占卜，此版兆序“二”，为成套卜旬胛骨的第二套。

4.《合集》27459

该龟甲于1934年侯家庄南地HS20出土(编号9.0.0445)。原著录参考:《甲编》3918。现藏台湾“中央研究院”历史语言研究所。

图6-20 《合集》27459(照片)

【释文】

(1)壬子卜，[犾]貞：王其口[illegible]？

(2)壬子卜：王其田？

(3)戊午卜，貞：王其田，往來亡巛(災)？

(4)庚申卜，貞：王叀(惠)麥麋逐？

(5)庚[申]卜，貞：王[叀]利南麋[逐]？

(6)庚申卜，犾貞：王叀斿麋用？吉。

图 6-21　《合集》27459(拓片)

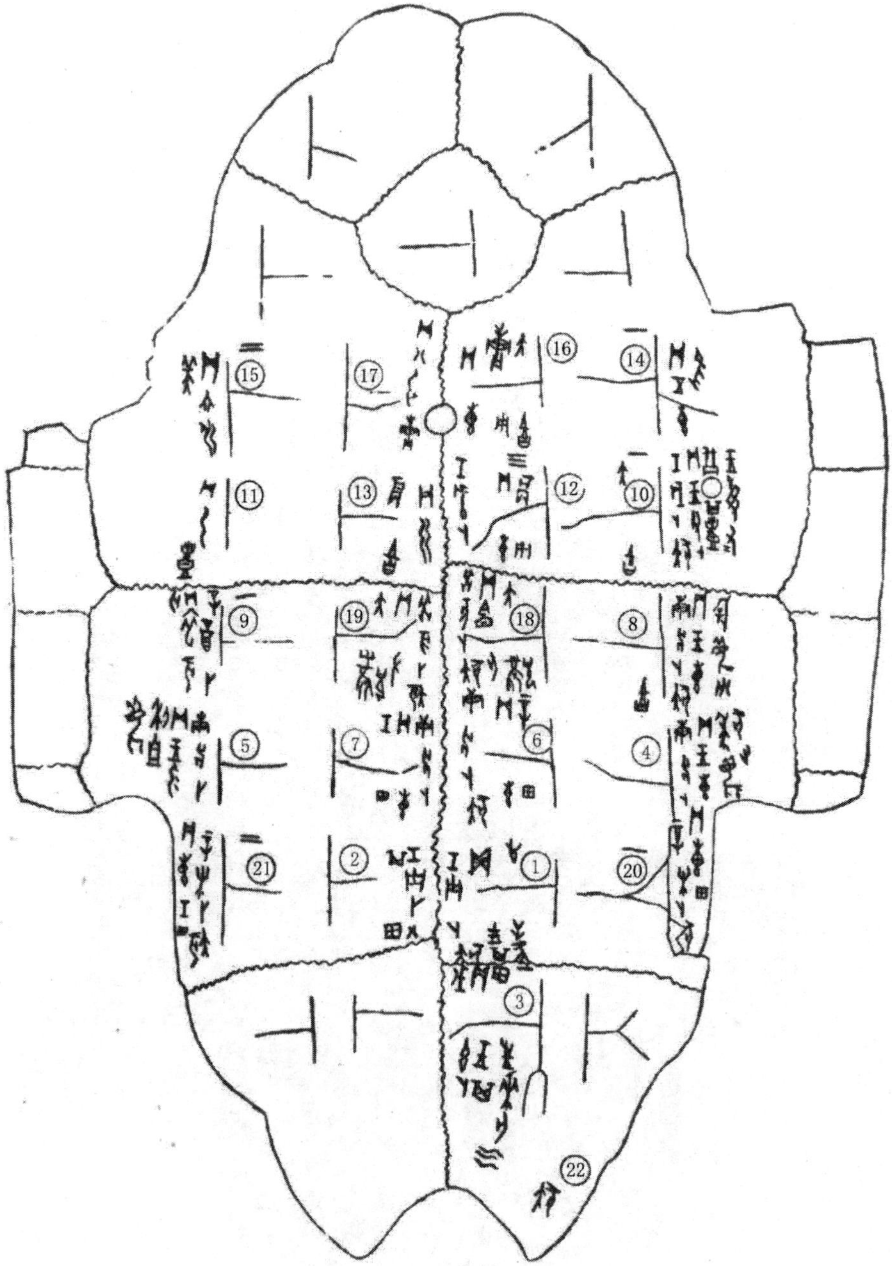

图 6-22 《合集》27459(摹本)

(7)庚申卜，犾貞：叀辛田？

(8)庚申卜，貞：叀壬田？

(9)辛酉卜，貞：衣犬亡？

(10)壬戌卜，狄貞：王父甲□□其豊，王受又(有)又(佑)？大吉。
(11)貞：引(勿)豊？
(12)壬戌卜，[貞]：叀𠧞用？
(13)貞：弜𠧞？吉。
(14)貞：五叀隹？　一
(15)貞：弜美？　二
(16)貞：叀庸(镛)用？大吉。　三
(17)貞：引庸？
(18)癸亥卜，狄貞：今日亡大颱？
(19)癸亥卜，狄貞：又(有)大颱？
(20)辛未卜，□貞：叀田？　一
(21)辛未卜，狄貞：叀壬田？　二
(22)狄。

【备注】此是1934年殷墟第9次发掘时在侯家庄王陵区所得的“大龟七版”之一。其中腹甲6版，背甲1版。这些龟版卜辞主要由贞人狄主持占卜，其内容相关、时间接续、字形相同。此版涉及田猎和祭祀两个方面的内容。第10、11、16、17辞属于祭祀类卜辞。其中卜问是否使用奏庸(镛)钟以致祭。田猎类卜辞卜问内容包括是否前去田猎(第1、2辞)，田猎是否顺利无灾殃(第3辞)，卜选田猎地(第4～6辞)、田猎时间(第7、8辞)、随从人员(第9辞)及卜问天气情况(第18、19辞)。

5.《合集》27146

该龟甲于1934年侯家庄南地HS20出土(编号9.0.0441)。原著录参考:《甲编》3914。现藏台湾“中央研究院”历史语言研究所。

【释文】
(1)戊午卜，狄貞：隹(唯)兕于大乙𩁹？大吉。
(2)戊午卜，狄貞：隹兕大丁𩁹？吉。
(3)戊午卜，狄貞：隹兕于大甲𩁹？
(4)戊午卜，貞：王穷(宾)？
(5)[戊]午□，[狄]貞：王弜穷？吉。
(6)乙丑卜，狄貞：王其田，衣(卒)入亡巛(災)？　一
(7)己巳卜，狄貞：王其田，亡巛？　一
(8)己巳卜，狄貞：[王其]田不冓雨？　二
(9)己巳卜，[狄]貞：其冓雨？　三
(10)己巳卜，狄貞：王其田叀(惠)辛亡巛？　一

(11)己巳卜，狄貞：王其田叀[壬]亡災？
(12)己巳卜，狄貞：王其田叀乙亡災？ 三

图 6-23 《合集》27146(拓片)

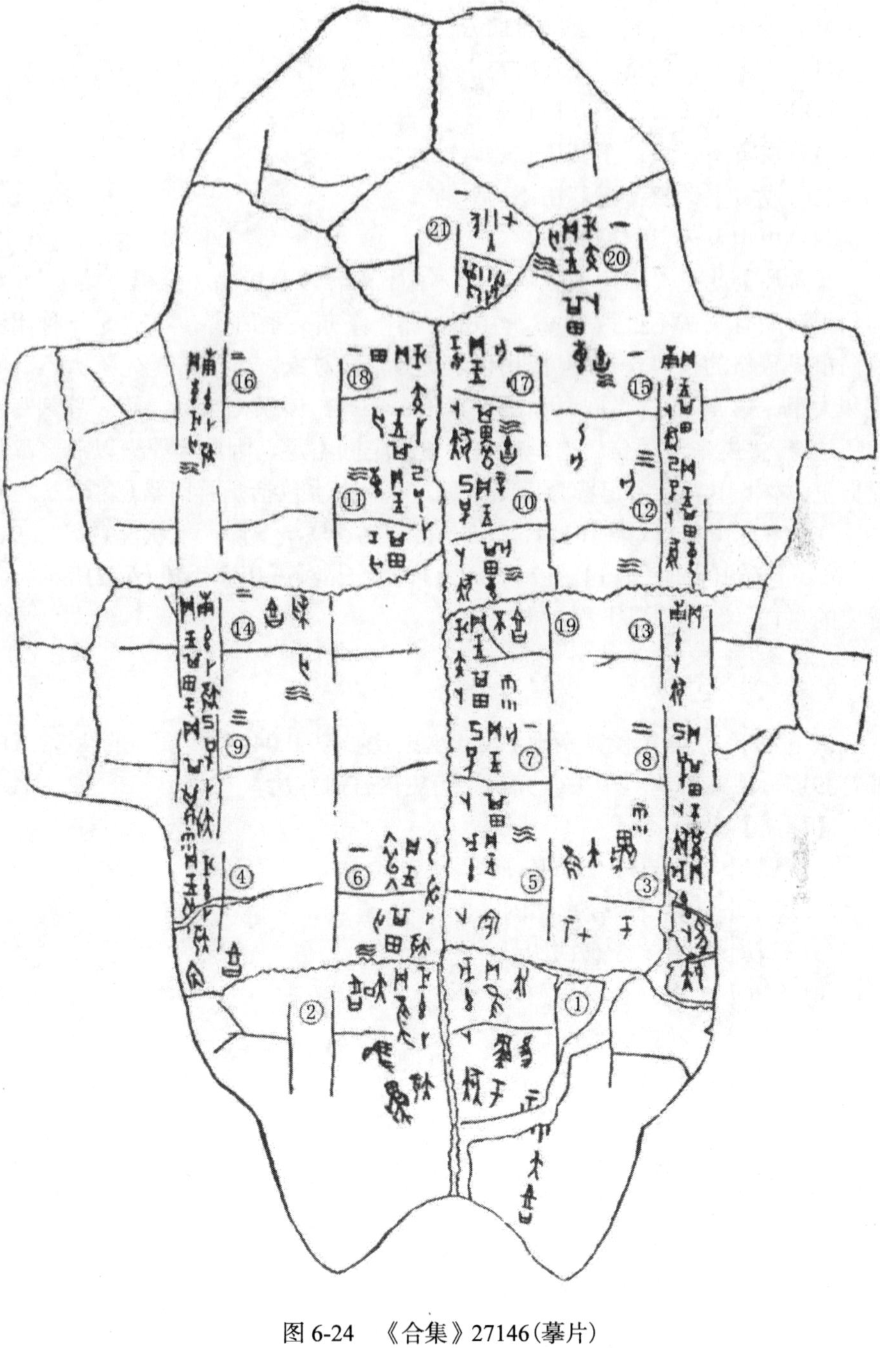

图 6-24　《合集》27146(摹片)

(13)庚午卜，狄貞。

(14)庚[午卜，狄]貞：王其田[于]利亡巛？吉。 二

(15)庚午卜，狄貞：王其田叀乙亡𢦔？吉。 一
(16)庚午卜，狄貞：叀[戊]亡𢦔？ 二
(17)壬申卜，狄貞：王其田衣亡𢦔？吉。 一
(18)戊寅卜，貞：王其田亡𢦔？ 一
(19)戊寅卜，貞：王其田亡𢦔？ 一
(20)戊寅卜，貞：王其田不雨？吉。
(21)甲申卜…[逐]麋？ 一

【备注】此是“大龟七版”之一，占卜内容涉及田猎和祭祀。第1～5辞与祭祀活动有关，不过第1～3辞中的“𩁹”祭亦关系田猎。“𩁹”是一种用猎物向祖灵致祭的仪典，1～3 辞用以卜选致𩁹祭对象，卜选的是先王大乙、大丁和大甲。第4、5辞卜问商王是否宾临于祭典，该祭祀缺刻。第3辞刻写在龟甲边缘，“戊”至“隹”由里向外，边缘空间不足，因此“兕”以后之辞折而向里。本卜甲其余所记皆为田猎卜辞，卜问内容包括是否田猎（第6、7、18、19辞），卜选田猎日（第10、11、12、15、16辞），卜问天气状况（第8、9、20辞），卜选田猎地（第14、17辞），卜问猎物品种或田猎手段（第21辞）。各辞末的“亡𢦔”是田猎卜辞占卜习语。

6.《合集》31549

该龟甲于1934年侯家南地HS20出土（编号9.0.0444）。原著录参考：《甲编》3917。现藏台湾“中央研究院”历史语言研究所。

【释文】
(1)己亥卜，狄貞：今夕𡆥(祸)？ 一
(2)庚子卜，狄貞：今夕亡𡆥？ 一
(3)辛丑卜，貞：今夕亡[𡆥]？ 一
(4)壬寅卜，貞：今夕亡𡆥？ 一
(5)癸卯卜，狄貞：今夕亡𡆥？ 一
(6)甲辰卜，狄貞：今夕亡𡆥？ 一
(7)乙巳卜，貞：今夕亡𡆥？ 一
(8)丙午卜，貞：今夕亡𡆥？ 一
(9)丁未卜，狄貞：今夕亡𡆥？ 一
(10)戊申卜，口貞：今夕亡𡆥？ 一
(11)己酉卜，狄貞：今夕亡𡆥？ 一
(12)庚戌卜，貞：今夕亡𡆥？ 一
(13)辛亥卜，狄貞：今夕亡𡆥？ 一
(14)壬子卜，狄貞：今夕亡𡆥？ 一

(15)癸丑卜，狄貞：今夕亡囚？　一
(16)甲寅卜，狄貞：今夕亡囚？　一
(17)乙卯卜，狄貞：今夕亡囚？　一
(18)丙辰卜，狄貞：今夕亡囚？　一
(19)丁巳卜，狄貞：今夕亡囚？　一
(20)戊午卜，口貞：今夕亡囚？　一
(21)己未卜，狄貞：今夕亡囚？　一

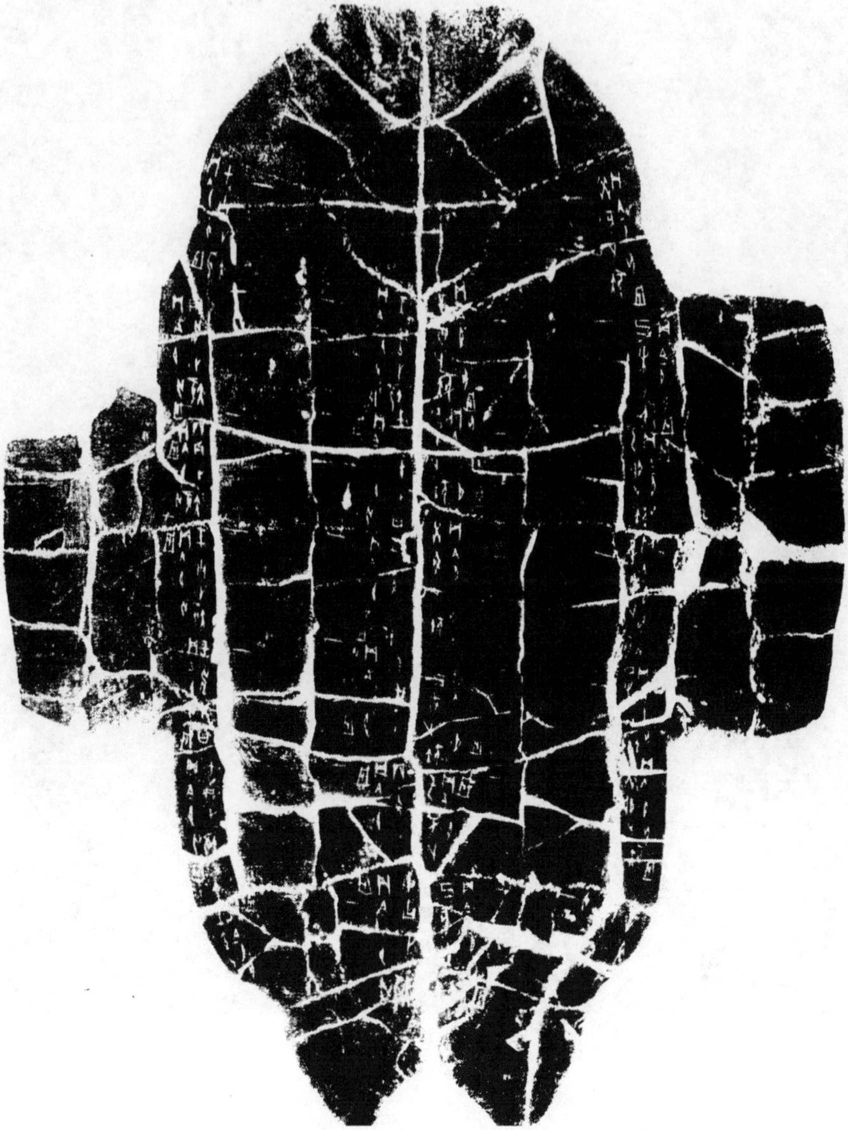

图 6-25　《合集》31549(拓片)

图 6-26 《合集》31549(照片)

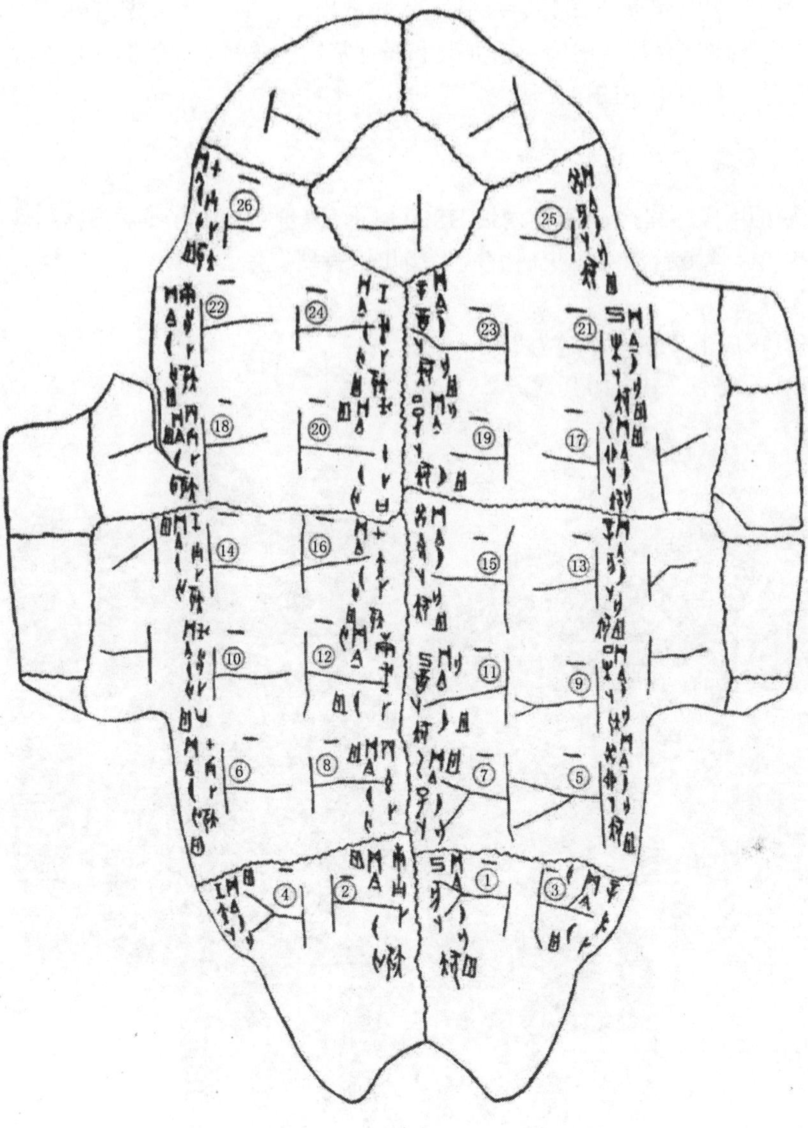

图 6-27 《合集》31549(摹本)

(22)庚申卜，犾貞：今夕亡囚？ 一

(23)辛酉卜，犾貞：今夕亡囚？ 一

(24)壬戌卜，犾貞：今夕亡囚？ 一

(25)癸亥卜，犾貞：今夕亡囚？ 一

(26)甲子卜，犾貞：今夕亡囚？ 一

【备注】此是“大龟七版”之一。大龟七版卜事见有田猎、战争者，此版则卜夕。无名类、黄类卜夕辞均见有与商王军事、田猎活动同版占卜的例子，此版与另外诸版卜田猎、战争卜辞同坑出土，且各版干支、时间、贞人一致，说明此卜夕辞与田猎、战争类卜辞有密切的关系。此版的兆序为“一”，说明它是一套卜甲中的第一版。

7.《合集》28011

该龟甲于1934年侯家庄南地HS20出土(编号9.0.0440)。原著录参考:《甲编》3913。现藏台湾“中央研究院”历史语言研究所。

【释文】

(1)壬戌卜，貞：不遘方？ 一

(2)壬戌卜，狄貞：其遘方？ 二

图6-28 《合集》28011(拓片)

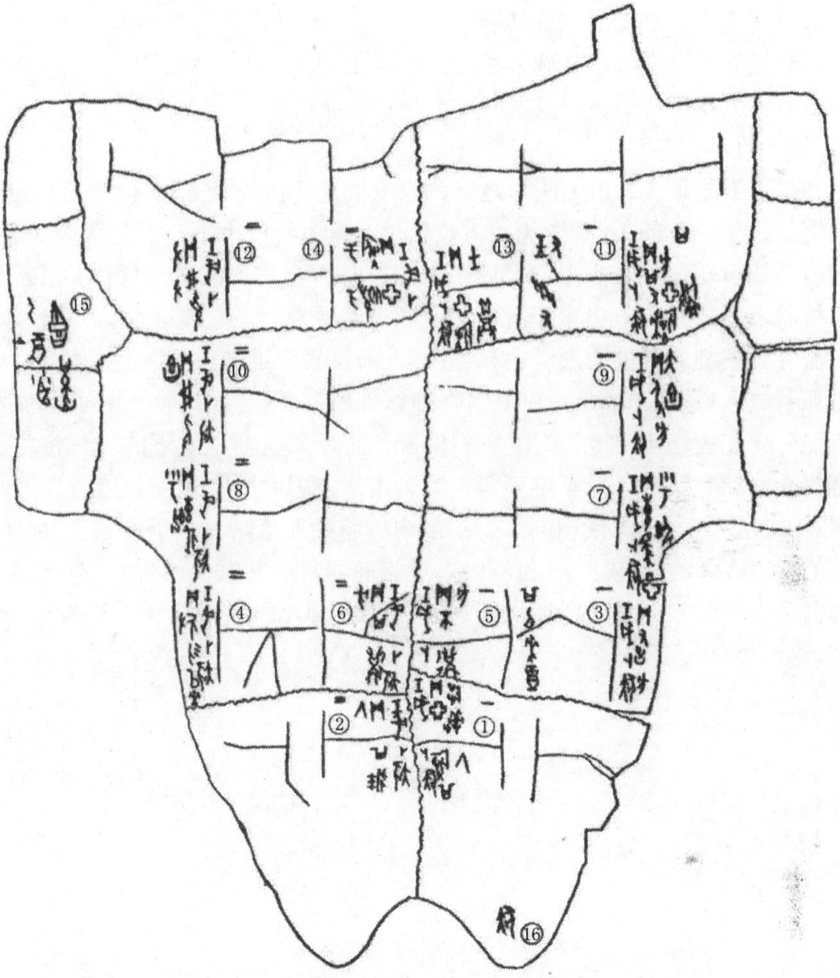

图 6-29　《合集》28011(摹片)

(3)壬戌卜，狄貞：又(有)出方，其以來奠？　一
(4)壬戌卜，狄貞：叙勿以來？　二
(5)壬戌卜，狄貞：叀(惠)馬亞乎(呼)執？
(6)壬戌卜，狄貞：叀戍乎執？　二
(7)壬戌卜，狄貞：及方？大吉。　一
(8)壬戌卜，狄貞：弗及？吉。　二
(9)壬戌卜，狄貞：其又(有)來方，亞旋其[illegible]，王受又(有)又(佑)？　一
(10)壬戌卜，貞：弗受又又？　二
(11)壬戌卜，狄貞：亞旋囗[illegible]？
(12)壬戌卜，貞：亞旋从受于方？

(13) 壬戌卜，犾貞：亞旌其陟遷入？ 一

(14) 壬戌卜，犾貞：其球入？ 二

(15) 乙酉小臣[illegible]熯。

(16) 犾。

【备注】此是“大龟七版”之一，除位于左甲桥的15辞、位于右甲尾16辞为署辞之外，其他14辞皆为贞人犾于壬戌日主持的占卜，所记内容关系到小规模的战事。该版首先卜问了商王外出时是否会与敌方遭遇(第1、2辞)。商王接着卜问这次敌方出来侵扰，是否胁迫着“奠”(第3、4辞，“奠”本指商王派驻到王都之外的附属势力)。接着卜问是否派遣“马亚”还是派遣“戍”官去抓获敌人(第5、6辞)，还卜问将帅亚旌是否“[illegible]”、“[illegible]”，卜问亚旌是否和“受”一起去迎击“方”(第9～12辞)。“受”是商王属下的另一位将领，《合集》26884版有“受不雉王眾”，《合集》28014版有“受其追方”，此二版属无二类，与本版时代相同。上揭辞中的将帅亚旌则另见于侯家庄M1004出土的“旌”铭胄(《集成》18.11889)。旌铭商器目前共发现5件，“旌”作为族氏称名及首领名，亦见于殷墟卜辞(如《合集》301、《屯南》917等版)。

第七章

殷墟王卜辞·无名组类

无名组类是继历组类之后出现的又一村南系甲骨卜辞类型。该组类除了卜旬辞和晚期田猎卜辞的前辞作“干支卜，贞”或“干支贞”外，其前辞格式皆作“干支卜”，未见贞人。占卜内容包括祭祀、田猎、征战、卜旬等主题，尤以田猎卜辞的比例为高。

按照称谓系统、字形特征、钻凿形态、占卜事类等特征，无名组又可细分为历无类、无一类、无二类、非典型无二类、无三类、无黄类等亚类型[①]。其中历无类卜辞是历组和无名组之间的过渡。无一和无二类有相同的称谓系统、钻凿形态、人物和事类、同文卜辞、习语等，其多数属商王康丁至武乙时的遗物。无一类多数使用左肩胛骨，卜字中表兆枝的笔画左行，占辞吉字多作吉形。无二类习用右肩胛骨，卜字中表兆枝的笔画右行，吉字多作吉形。无一和无二类卜辞的差异可能出自左卜、右卜不同分工的刻写习惯。非典型无二类卜辞的字形特征、文例特点与典型的无二类有一定的差别，可能是无二类刻手的早期作品。因其数量较少，本章不单独列出。无三使用肩胛骨的方向、卜和吉字的写法没有定规。无三和无黄类的占卜内容以田猎为主，主要是商王武乙的遗物。无名组内部亚类型之间的时代关系可用下图来表示：

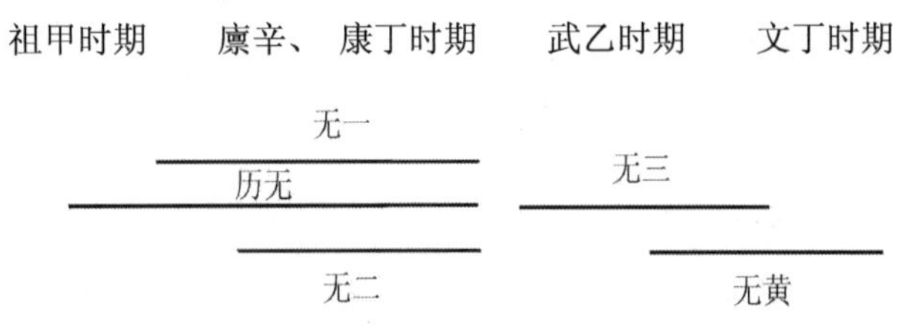

① 有关无名组类甲骨资料的研究成果可参见刘凤华：《殷墟村南系列甲骨卜辞的整理与研究》，郑州大学博士学位论文，2007 年

第一节　无名组卜辞综述

一、历无类

历无类甲骨390余片，该类卜辞前辞用“卜”不用“贞”（卜旬辞除外），不署贞人，有诸多特征介于历组和无名组两类之间。历无类所见用辞比例较高，约占20%的卜辞记有用辞，辞例形式多作“丝(兹)用”，一般刻写于卜辞之末。历无类有些占卜用语和无名组其他组类是一致的，如“叀𢆶祝”（《合集》33425）、“叙”（《合集》27415、27616、31667、31843、31854、31858）等。不过，历无类“叙警”二字的写法就和其他无名组的写法不同[①]。历无类未见占辞“吉”、“大吉”或“引吉”，也很少附刻验辞。

本类卜辞主要有三套称，其中第一套的主要称名是“父丁”(《合集》32448)和“兄己”（《合集》27615）、“兄庚”（《合集》27620），应是商王祖甲之称呼其父武丁及其二位兄长孝己、祖庚。第二套称谓系统以“父己”（《补编》8748）、“父庚”（《合集》27415）、“父甲”（《合集》27455）、“父戊”（《合集》27485）、“母己”（《合集》27340）、“毓祖丁”（《屯南》2364）、“兄辛”（《合集》27364）等为标志，应该是商王康丁之称呼其父、母、祖父武丁及其兄廪辛。这一套称谓系统的时代明显晚于前面一套。第三套称谓系统有中宗祖丁和祖甲、父辛（《屯南》2281），或见于同版，是武乙之称其曾祖武丁、祖父祖甲、父亲廪辛，《合集》33431版有祖辛，有可能是商先王祖乙之子、祖丁之父，似乎不可能晚到商王文丁之称其祖父廪辛。这三套称谓系统说明该类卜辞所跨的时代分属祖甲、廪康[②]、武乙三代。

历无类卜辞总量较少，祭祀是其中的重要组成部分，其大致的卜问规律是，当日卜问是否祭祀庙号与当天干日一致或相接续的先王、先妣。如甲日卜祭祀羌甲、高祖乙、毓祖乙、大乙等，其庙号为甲或乙，丁日卜祭祀祖丁、小丁、父丁、大戊等，其庙号为丁或戊。本类使用的祭法有：又(侑)、𠯑、𠂤、歲(劌)、侑劌、㠯与陟、𠚤、𢀛𡿬侑𠯑、𡿬、烝𣄰彡、𢀛夕劌、𢼸与劌、侑𡿬、侑𡿬与𢀛、𢓊、𢀛劌、𡴎、𠚤与㠯、祝、烝、𢓊戠等，其最为常见的祭法是劌，劌又可与侑、侑彳、𢀛、𢼸等相结合，构成祭名组合，历无类的𢀛、𡿬、𠂤等祭法也很有特点。

本类田猎卜辞数量较少，文辞简单，田猎动词以“田”为主，较少卜问田猎方式、田猎日和田猎地等，这一点近于历二类。田猎时间有一定的倾向性，相对集中在乙、戊、辛、壬日，以壬日最多，其田猎地包括白（《屯南》

① 李学勤，彭裕商. 1996. 殷墟甲骨分期研究. 上海：上海古籍出版社. 274

② 历无类中属于商王廪辛的卜辞数量很少

1094)、𠔁(《合集》29400)、𪲙(《合集》32077 反)、斿(《合集》33399)等地，多数见于其他无名组类卜辞。田猎卜辞中有犬官(《合集》28598)。其占卜内容有两种情况，一是同版既占卜祭祀又占卜田猎，或者在正面占卜祭祀，在反面占卜田猎(如《合集》28593)，这一点同于历二类。二是整版皆卜田猎，同于无名组。

历无类的方国名不多，仅有“龍”和“㣈方”(《合集》33189、33190)。“㣈方”又见于历二类卜辞(《屯南》491)，曾与𢀛方一并为商王讨伐的对象。作为国族名的“羌”，只是作为战俘和人牲而出现。

历无类卜辞的行款和历组有诸多共同之处：①骨版上常见数列卜辞单字竖行者，如《屯南》629＋647、2364、3210、2745 等，这种情况历二类多见，无名组相对较少。②反面卜辞相对无名组其他组类为多，如《合集》27331 反、28593 反、32077 反、32586 反、《屯南》1124 反、2364 反、2745 反等，这一点和历组相近。③有些卜骨正面和反面所卜事项不同，此与历组相似。有时即使同版占卜事类也不尽相同(如《合集》27620、33431)。典型的无名组通版内容常较为单纯，卜祭祀则通版为祭祀类卜辞，卜田猎则通版为田猎类卜辞。这是历无类卜辞与无名组的差异之处。历无类有些字的书写风格或介于历组、无名组之间。其特征字形举例如下：

戌《屯南》3794 庚《合集》33425、《合集》30303 辛《屯南》2290 辰《合集》32454 申《屯南》68 戌《屯南》1123 卜《合集》32454 又《合集》33425 歲《合集》32454 且(祖)《屯南》68 禾《合集》28281 尞《补编》10547、尞《屯南》1123 羌《合集》32077 正 用《屯南》3794 叀《屯南》3794 競《屯南》3629 来《屯南》3629 烝《屯南》68 弜《屯南》68 牢《合集》32454 罘《屯南》68 酌《屯南》68 翌《屯南》2290 雨《屯南》2290 不《屯南》2290 弗《屯南》2290 毕(擒)《屯南》2290

历无类有些字形独具风格，如庚字斜肩，与内部两斜笔形成封闭笔画，两侧的竖笔略向中部收拢，字形内敛而规整。或将中部写作封闭的椭圆形。又字中部折笔先向右下行接着折向左下方，字形略显拘谨。戌、歲等字所从戈形的柲部作直笔形。戌字中表戈柲和表刃部的笔画相交。牢字写法和无二类相似，但字形较大，风格较后者硬朗。

历无类有些字的书写和历组一致，如羌字所从的三角形笔画和无名组的幺形笔画有别。历无类用“禾”不用“年”，同于历组。历无类尞字有两种写法，第一种作米字形，笔画之间或有小点，和历二类写法一致。历无类罘字所从的目形上下眼角分别向上和下方各延伸出一短竖笔，无名组无此二短竖。历无类“不”字作上横笔下伸出三条曲折笔画，颈部无三角形笔画。“翌”字不加立或日旁，此亦与历组写法相同。

二、无一、无二类

无一类约 3060 片，无二类近 1900 片，它们是无名组卜辞的主体。此二类卜辞除了使用肩胛骨的方向和字形风格有显著差别之外，称谓系统、钻凿形态、人物和事类等方面都有共同之处，故将无一、无二类卜辞放到一起来考察。

无一、无二类卜辞有两套称谓系统。第一套出于商王康丁，如无一类卜辞所见庙号称谓有：父甲、祖丁、妣辛(《合集》27368)，父庚和父己(《合集》27396)，母己(《合集》27340)，母戊(《合集》27583)，中己(《合集》27393)，中宗祖乙(《合集》27240)，祖乙(《合集》27231)，毓祖丁(《合集》27318)，兄辛(《合集》27625)等，无二类所见庙号称谓有：父庚(《合集》27310)，父甲(《合集》26976)，父己(《合集》27401)，祖丁(《合集》26930)，母己(《合集》27454)，母戊(《合集》27040)，兄辛(《合集》27622)等。

第二套称谓系统出于商王武乙，如见于无一类的称谓例子有：父丁(《合集》32223)、祖甲(《合集》27335)，无二类的称谓例子有：父丁(《合集》32390)、祖甲(《合集》30328)，父丁和祖甲有时见于同版(《合集》32655)。从称谓系统来看，商王武乙称其先父康丁(父丁)的卜辞数量较少，无一、无二类卜辞时代范围大致是康丁至武乙时期。

除了卜旬辞、少数晚期田猎类卜辞之外，无一、无二类卜辞前辞皆作“干支卜”，不署贞人名。占辞有“吉”、“大吉”或“引吉”，通常刻写于卜辞的首端靠上的位置。有些卜辞未见兆序。无一、无二类卜辞的署辞仅仅刻写干支，偶作“干支乞”(《屯南》2330)、“数字。干支”(《屯南》2709)形式。署辞常竖行，刻写于卜骨背面、卜骨切角一侧的下边缘。左肩胛骨上正向刻写，右肩胛骨则倒刻。用辞作“丝(兹)用”或“用”，位于卜辞末或卜辞内侧的骨面上。其使用占卜习语的现象较为突出，常见的包括“永王”(《屯南》699、2341)、“弗每”(《屯南》495)、“亡𢦏”(《合集》27781、27799)、“于之若”(《屯南》210、2429)、“又正”(《合集》26990、27041)、“于之又正”(《屯南》2557)、“叀□至”(《屯南》2363)、“叀□祝”(《屯南》3240[①])、“□□”(《合集》26931)等，偶亦用“亡尤”(《屯南》2636、4181)等语。

无一类、无二类的占卜内容包括祭祀、田猎、战争、卜雨、卜旬等。祭

---

① 历二类偶见使用占卜用语“叀□祝”，如《合集》32418

祀是主要的占卜内容之一。村南系列卜辞中，求告对象通常包括自然神、先公、先王和先妣、先臣四类。无一和无二类的卜辞中有求告目的占卜数量不甚多，但向近祖求告的比例较高，近祖求祭对象主要有父甲（《合集》27348、26976），父己（《合集》27395、27398），母己（《合集》27595、27454），毓祖丁（《合集》27183、《屯南》23597，小乙（《屯南》287、《合集》27341），妣辛（《合集》27367、27541）等。对其他先王、先妣的祭祀多无显见的功利性目的。自然神、先公、先臣见有河（《合集》29532、30412），岳（《合集》30329、30414），土（《合集》28109、30525），帝五臣（《合集》32443、30391），夒（《合集》30318、30398），𡆥（《合集》30445、30444），伊尹（《合集》27288、27654）等，对其祭祀多以求年、求雨为目的。不过此类卜辞数量不多。

无一和无二类的祭祀动词有侑（《合集》27329、28182），彳（《合集》30971、26973），侑、彳、伐（《合集》27004、26994），侑、彳、劇（《合集》27097、26999），舌（《合集》30323、27116），𡠝（《补编》9017、《合集》27366），祝（《合集》27445、27598），告（《合集》27320、27432），烝𡨦（《合集》27349、30980），侑𣅂（《合集》28296、27489），虩（《屯南》610、《合集》30808），钔（《补编》9015、《合集》28203），刚（《补编》10334、《合集》29755），伐（《合集》26997、26996），𣃔（《合集》27602、30405）等。无名组卜辞中常见“王宾”（《合集》30467、《补编》9627）、“伊宾”（《屯南》1088）之语，指商王、先臣伊尹配享于有关先王先妣祭祀。无一、无二类卜辞多见使用人牲羌，其卜选的数量通常为五人、十人、十人又五、廿人或卅人等。有时使用豚（《合集》29999、31191）、犬（《合集》30411、31191）求雨的例子，为历组卜辞所罕见。

无一、无二类的田猎卜辞约占这部分卜辞总量的 30%。卜问内容包括田猎时间、地点、方式、手段、参与的人物、是否擒获、行止住宿、具体某时段的天气变化等。田猎方式有田、戋、省、獸等，具体的田猎手段有逐、焚、射、陷阱、网罟、渔等。无一、无二类卜辞中的田猎地名多有重合，二者共有 100 多个，数量远远多于历组卜辞。常见的如：盂、丧、宫、敝、𠷎、梌（榆）、向、烈、鼓、目、权、牢、𥁃、𩫏等。无一、无二类最多见的田猎时间亦大致相近，前者为壬、戊、乙、辛，后者为戊、辛、壬、乙。参与田猎活动的人物主要有马、多马、犬官、戍、万等，其中共见犬官名 20 多个。

战争类卜辞内容包括方国是否来侵、任命将帅、是否“𨾏眔”（即丧众[①]）、发动进攻的时间、是否实施祭祀、战争中的天气情况、是否能够追及敌方、是否重创敌方等。所见方国、方伯有：方（《合集》28000）、羌方（《合集》27982）、𢦏方（《合集》27990）、辔方（《合集》27990）、危方（《合集》28092）、

① 于省吾. 1979. 释𨾏. 载：甲骨文字释林. 北京：中华书局. 63

盧伯（《合集》27041）等。

战争类卜辞中所见的人物和职官有戍（《合集》28000）、亞（《合集》28013）、多马田（甸，《合集》27943）、戍马（《合集》27966）、可伯和罍（《合集》27990）、[illegible]（《合集》27985）等。其中“戍”官不见于历组卜辞，无名组中则有戍屰、戍黹、戍冎、戍逐、戍何（《补编》08982），戍官（《合集》28032），戍⺈（《补编》08972），戍岳（《屯南》3107），戍多、戍徝（《合集》28058），戍求（《合集》28045），戍屖（《合集》26895），戍𦉪（《合集》27968），戍毌（《合集》27975），戍甲（《合集》27995），戍从（《合集》27996），戍[illegible]（《合集》27975），戍[illegible]（《合集》27987），[illegible]戍（《合集》26898），戍𡆥（《合集》28052），戍衛（《合集》26888），戍興（《合集》28000），戍马（《合集》27966），戍永（《合集》28038），戍马冒（《合集》27881），戍㲋（《屯南》0942），戍干（《合集》28059），戍得（《合集》28094），戍雋（《合集》26883）与戍𠑹（《合集》26892 戍雋和戍𠑹为同一人）等 30 多位。

村南系列卜辞中有少量截锯卜骨，多数的做法是将骨条一侧的下边缘和切角一侧中部以下的部分卜骨截断为直边，这类卜骨专门用于刻写卜旬辞。截锯卜骨曾见于出组卜辞。此类卜骨也存在将不同书风的字形和不同方向的卜骨相对应的做法，这与无一、无二类的习惯如出一辙，即右肩胛骨上的字形风格细腻，字形俊秀，笔触婉转柔美，左肩胛骨上的字形多用折笔，字体较方正，书风略显粗犷。

比起历组卜辞，无名组的行款相对较为简单，其主要特征是：第一，骨条上卜辞较多，骨面、骨扇和骨顶部位较少。有些骨面卜辞是从骨条上“溢出”到骨面上来的，这样的卜辞通常是某一个占卜主题的领辞，因为内容较为完整、字数较多，骨条上的书写空间容纳不了，有些领辞就不得不转刻到骨面上。该卜辞与骨版背面其钻凿的位置多相对应。第二，骨条上的卜辞多富有条理。无名组同一占卜主题的卜辞在骨条上的位置多相邻近，不同占卜主题的卜辞通常不交错刻写。根据书写风格及卜事的不同，无一类又可细分为甲、乙、丙三种情况。

（一）无一甲类

庚《屯南》637、《屯南》1055 辛《屯南》2341 子《屯南》1055 未《屯南》2268 酉《屯南》2341 叀《屯南》2341 不《屯南》614、《屯南》637 其《屯南》657 雨《屯南》2268 于《屯南》614 翌《屯南》637、《屯南》2341 屯《英国》2303 日《屯南》637 王《屯南》637 歲《合

集》27057 吉《屯南》614、 吉《屯南》657 毕(擒)《补编》9082 又《屯南》657 父《屯南》1055 且(祖)《屯南》657 弜《屯南》657

无一甲类字形大小不一，书风稍显涣散，字迹比较凌乱、孱弱，有些习刻的味道。庚字有两种写法，前者中上部位的封闭形呈多边形，后者呈较规则的菱形，有时二形同版，写法不定。辛字无上横，中竖左右两画位置偏上。地支子字左右两竖笔倾侧，一足略上举。叀字下部三角形的底部宽大。不字有两种写法，一是横笔下无三角结构的笔画，下部的曲折笔画方向一致，写法近于历组；或于横笔下有三角形笔画，下方笔画分为三个方向，两侧作折笔，中部为竖笔，此写法多见于无名组。其字两侧的竖笔较高，顶端各有外伸的短画，字形内部靠下位置有横笔封口。雨字无上横，下部的雨点状笔画作三个平列的短竖。于字的中竖笔画写作折笔形。翌字有从形旁日和从声旁立两种写法。大字高足，两下肢一作直笔，一作折笔。歲字柲部作婉转笔画，刃部竖笔倾侧。吉字顶部士形顶端和底部的口形下端皆有突尖。弜字所从的两弓形作折笔状。

(二) 无一乙类

戊《合集》28997、 《屯南》6 庚《合集》27313 子《合集》29658 午《屯南》692 子(巳)27393 歲《合集》30736 翌《屯南》692 其《合集》28997 用《合集》29643 大《合集》28997 雨《屯南》6 田《屯南》692 日《屯南》6 弜《合集》28997、 《合集》31964 叀《合集》31964、 《合集》28997 吉《屯南》692、 《屯南》6 酌《合集》30812 又《合集》30812 正《合集》30812 征《屯南》6 宰《合集》30736 至《合集》30736 于《合集》27305、 《合集》27368 且《合集》27305 罘《合集》27305 每《合集》28997 亡《合集》28997 𢦏《合集》28997 王《屯南》692

上揭午字中竖上的圆点状笔画线化为短横笔。卜字表兆枝的笔画通常向下方倾斜。叀字中部封闭性构件内部有横笔，底部倾斜作三角形。牢和宰字外框上部和下部笔画有短斜笔相连，一气呵成，中间有转折而无顿挫和断笔。又字的两个笔画均用折笔。弜字所从的弓形笔画上部用折笔，下部收笔处用弯笔。其字上方有两横笔跨于左右两侧的竖笔上端，字形呈扁方形。亡字外部的半包围形外框用折笔，内部的短横略有倾侧。𢦏字所从的才旁与其下方戈形的横笔相交叉。日字或作棱角略圆转的方形，或作较周正的圆形。王字有上横，底部作平笔。

(三) 无一丙类

戊《补编》9278 庚《屯南》676+678 辛《补编》8994 子《屯南》676+678 丑《补编》9278 申《合集》29699 亥《合集》28563 翌《补编》9278 日《补编》8886 王《补编》8886 王《合集》29699 吉《屯南》676+678 亡《屯南》676+678 𢦏《屯南》676+678 其《合集》29699 大《合集》29699 人《补编》8706 弜《补编》8706 且《补编》8734 于《屯南》676+678 雨《屯南》2713 不《屯南》676+678 引《补编》9278 用《屯南》676+678 受《补编》8734 又《补编》8734 每《合集》28563

无一丙类卜辞用直笔和折笔较多，笔端多出锋。如庚字斜肩，字形内部中竖两侧有两个对称的斜笔。申字字形中部笔画作折笔形，附着在其上下两端的笔画作锐折状。丑字由上下两个交叉的笔画组成，上部的笔画起首处连有下垂短竖。戊字中表柲部的笔画微弯，其上表柲冒的笔画下移，表柲鐏的笔画上提，写法另见无三、无黄类。辛字有上横。地支子字表两足的笔画作外撇形。日字作不规则的四边形，中部有短横笔。王字有两种写法，皆有上横，下部或作弯笔，或作横笔。吉字上部作三角形，其底部的横笔和下部的口字的平画平行，略向一侧倾斜。亡字的外围笔画锐折，内部的横笔倾斜。𢦏字所从的才旁和戈旁的横笔相交叉。雨字有上横而两侧的竖笔稍外展，下方表雨滴的三个短竖笔呈倒品字形排列。且(祖)字两侧作平行的竖笔。每、毓等从女的字跪跽人形的腿部或作曲折的竖笔。

(四) 无二类

庚《合集》28507 戌《合集》28507 亥《合集》27925 叀《屯南》8 东《屯南》2170 弗《屯南》2169 于《合集》30552 方《屯南》2170 乎(呼)《合集》29163 罕(《屯南》2170 牢《合集》26936 宰《合集》29659 人《屯南》4004 大《屯南》42 弜《合集》30552 亡《合集》28654 𢦏《合集》28772 酌《合集》29988 受《合集》30412 又《屯南》75 每《屯南》8 其《屯南》2170

且(祖)《合集》26930 冎《合集》35074 至《屯南》132 不《屯南》8 ⿱囟匕《合集》27347 日《合集》28507 歲《合集》27271 王《合集》28806 田《合集》28654 鹿《屯南》2169 隻《屯南》2169

无二类卜辞中的叀、庚、東字中部封闭性轮廓内部的横画习作斜笔。弗、于、方和乎字的横画也习作斜笔。罕字上方所从的网形外侧笔画写作对称的两弧笔，下方的柄部作略弯的竖笔，其中部有羡增的斜笔。牢和宰字外部的半封闭性外框中部转折处的笔画单独书写，作短横笔，其末端延伸到字形之外。人、大、亥、弜、亡字下端笔画末端纤锐。𢦏字所从的声旁才浮于下方戈字的长横笔上，二者不交叉。酉和酌字所从的酉旁上部习作略长的封闭性三角形，其与表器腹的三角形轮廓上下相叠。又字和受字所从的又旁，上部笔画弯向左侧，其弯曲弧度自然流畅，直笔中寓弯转笔意。每字笔画疏密相间、开阖有度。其字字形外侧两竖笔上方有较长的横笔，其与竖笔相拈连而外展，不向内侧伸展。且字作匀直的柱状，底部横笔较长。冎、至、不、⿱囟匕字形左右对称，笔画轻灵。日字作不规则的多边形，字形较小。歲、戌等从戈旁柲部外撇而不作竖直的笔画。王和田字底部略作带弧度的弯笔。隻字字所从的隹和鹿字用笔灵巧，形象生动。

三、无三类

无三类 210 余片，卜辞数量不多，其前辞形式与无一、无二类相同，亦未见贞人。占卜事类主要有田猎、祭祀、战争、卜旬等。其中祭祀类卜辞仅有 10 多例，主要是向河、岳、方、(历组作)求年，如《合集》28244、28258、30609、30685、《屯南》2388 等。

无三类的田猎卜辞数量约占三分之二，田猎方式仅见迖和田两种。其中卜问迖的卜骨有近 60 例，卜问田的仅有 10 余例。无三类和无黄类时代相近，二者的田猎卜辞应是互补的关系，无三类专门卜问"迖"，无黄类专门卜问"田"，二者的"分工"不同。无三类田猎卜辞中人物很少。有些地名及地名组合少见于或不见于无一和无二类卜辞，如"安"(《合集》29378)、"𦎫"(《合集》28916)、"𣆪"(《屯南》49)、"義"(《屯南》2179)等。

本类卜"迖"的卜辞格式较为固定，其领辞为"干支卜：王其迖于某地，亡𢦏"。其附属卜辞常有数辞，多数省为"于某地亡𢦏"。此类卜辞的领辞一旦缺失，内容简略的附属卜辞到底是占卜迖、田还是其他的田猎方式则不好确认。无三田猎卜辞中这样的残断卜骨较多，有 37 例，多数仅余"于宫亡𢦏"、"于[illegible]亡𢦏"等形式的卜辞，似亦卜问迖。这样算来，无三类卜问迖的卜骨数量就达到了 97 例，占所有无三田猎卜辞的 70. 8%，至于何以出现这种情况，我们认为有可能是同时代不同类别的卜辞各有分工，即无三类主要占卜“𢦏”，无黄类可能是占卜“田”的。

无三类的战争类卜辞数量较少，所见方国有封方、人方、见方、𣪕方、戎等。参与战争的人物和组织有王、王族、叩、右旅和左旅、在廾牧、右牧𠂤、戍執、左戍、中戍和右戍。涉及的地名包括戉、、、瀘等。卜辞中所见的攻伐动词包括𦎫、宄、𢦏、弃、罕(擒)等。战争类卜辞中表灾殃的字用“𢦏”，卜问内容包括卜选战将、进攻的时机、是否损折兵力、方国的动向等。

本类卜辞的凿有四型和五型两种，五型数量不是太多。书写行款和无名组多数卜辞的特征大致相近。值得注意的是，偶有将占卜地点单独刻写于卜辞前方一侧的做法。如《屯南》2320版，该版为右肩胛骨，第一辞右侧的骨面上，近于卜辞前辞的位置刻写有“才(在)瀘”二字，为占卜地点的记录。无三类特征字形举例如下：

乙《屯南》49 癸《屯南》2139 丑《屯南》2139 辰《屯南》2181＋4301 酉《屯南》2139 戌《合集》28954 亥《屯南》2139 王《屯南》49 吉《补编》8988、《屯南》2181＋4301 亡《合集》28954 𢦏《合集》28954 翌《屯南》49 日《屯南》49 叀《合集》28244 、其《合集》28244 盂《补编》8988 巛(災)《补编》8988 牢《合集》28244 旬《屯南》2139 冎《屯南》2139 皿《屯南》49 年《合集》28244

无三类很多字形写法和无二类近似，字形小巧，结构紧凑，善用折笔，笔画较粗、笔端常出锋。如戌字表刃部的笔画作弯折笔，写法和无一丙类、无黄类近似。癸字下部两侧的斜笔及附着其上的短斜笔相互交叉。酉字颈部的笔画不伸入下部的封闭形结构，或作两个外撇的短斜笔。王字有上横，底端略作圆笔。吉字有两种写法，字形结构精巧，其下部所从的口形底边皆作折笔形。亡字外部的半包围形笔画作折笔，内部的横笔下倾，与外框的下边平行。𢦏和巛字并用，前者所从的才旁浮于戈形的横笔上方。牢和宰字外框中部的横笔单独刻写，并伸出字形之外，与无二类写法相近，但字较后者更小巧而有力。冎字作左右对称的结构。年字的人形下肢笔画作直笔。总的来说，无三类结体匀称精巧，但缺少无二类的飘逸柔美，多出几分阳刚。

四、无黄类

无黄类卜辞270余片，主要出于小屯村南，用骨。它在无名组中时代最晚，是无名组向黄组过渡的一小类卜辞。无黄类卜辞亦未见贞人，前辞作“干支卜，贞”或“干支贞”，这一点和其他无名组类有别，后者仅在卜旬辞的前辞中写有“贞”字。本类卜辞总量不多，田猎类约占总数的 75.7%，其次是卜旬辞，祭祀卜辞的数量不足 10 片。祭祀类卜辞中可供断代的称谓有数例，如《屯南》3564 有“翌日于且(祖)乙，其祏于武乙宗，王受又₌”，《屯南》4343 有“奠其奏庸，叀舊庸，大京，武丁……”。其中“武乙”和“武丁”这两称谓中的“武”是评价性的称呼，此“称呼只能见于文丁之后”[1]。和无三类卜辞相同的是，无黄类卜辞有时将占卜地点刻写到骨条内侧的骨面上，如《屯南》2182 的“才(在)黄餗”。

无黄类田猎地名有两个特点，一是有些地名不见于无一和无二类卜辞，如㷃(㷃，《合集》33545)、宊(《合集》33568)、鰻(《合集》33574)、昷(《合集》33561)、安(《合集》33550)、泓(《屯南》2263)等，其中鰻、昷、安见于无三类卜辞，昷地很少见于无一和无二类卜辞。二是有较多的地名组合不见或少见于无一、无二类卜辞，其中四个和五个地名的组合较多，还见有一例六个地名同版的卜辞(《补编》9034)，这是无名类卜辞中唯一的一例。

根据字形特征，本类卜辞可分为无黄一类、无黄二类两个亚类。简要地说，贞字两侧为平行的竖笔者为无黄一类，两侧竖笔呈外撇状者为无黄二类。两类卜辞的占卜内容大体是一致的，皆主要卜问“田”，个别骨版有“迖”，未见其他田猎动词如省、戰等。这两小类的卜辞句式一致，皆作“王其田，亡𢦏”形式。仅不足一半的卜辞附带田猎地名。无黄一类兼用“𢦏”和“災”，无黄二类以“災”为主。较前者而言，后者的字形特征与黄组卜辞更为接近。

从书写风格来看，无黄一类卜辞又可分为甲、乙、丙三种情况。其中甲类最多，风格上和无一乙类相近。乙类数量次之，字形风格和无二类相近。丙类较少，字形风格和无三类、无黄二类相近。无黄一类亦存在字形不同而选用左、右肩胛骨的习惯[2]。无黄一甲类卜辞共见 70 余例，典型片如《合集》33512、33529、33530、33531、33534、《屯南》2703、2756、3609 等。其特征字形举例如下：

戌《合集》33542 子《合集》33530 丑《屯南》2703 辰《屯南》2703 酉《屯南》2756 亥《合集》33530 贞《合集》33542 亡《屯南》2756、亡《合集》33460 𢦏《屯南》2703 王《合集》33542、《屯南》2703 其《合集》33542 卜《合集》33542、《屯南》2756 亹《屯南》2727

本类的字形特征和无一乙类相近似，其字形较大而长，多呈长方形，习

① 李学勤，彭裕商. 1996. 殷墟甲骨卜辞分期研究. 上海：上海古籍出版社. 305

② 刘风华. 2007 殷墟村南系列甲骨卜辞的整理与研究. 郑州大学博士学位论文. 108

用折笔，字形结构不甚紧凑。上揭字例中，戊字柲部作竖直笔画，柲鐏为短横笔。辰字首尾的笔画作散漫的折线形。丑字的主干笔画从首端短画中点起笔，作折笔形。亥字的竖笔分作两段，上段向右下方倾斜，下段向左下方倾斜。贞字作尖耳形，两足较高。亡字外部半包围形的笔画作折笔形，下端转折部分下倾。𢦏字所从的才旁和下方戈形的横笔相交叉。王字有上横，底部作横直笔画。其字扁长，两侧的竖笔上端各有一短横横跨其上。卜字中表兆枝的笔画伸向左方。本类卜辞的字形多数同于无一乙类，其亦多见选用左肩胛骨，此与无一类相同。无黄一乙类典型片可参考《合集》28449、28454、33442、33443、33444、33510、《补编》9038、9053、《屯南》224、592＋602、634、2642、3022、3830 等。其特征字形举例如下：

辛《屯南》634 亥《合集》33444 戊《屯南》592＋602 戌《合集》33508 未《屯南》224 子《屯南》592＋602 申《屯南》592＋602 巳《屯南》634 丑《合集》33442 辰《合集》28454 貞《合集》33442 王《屯南》28 其《合集》33508 田《屯南》634 亡《屯南》28 𢦏《合集》28454 卜《屯南》28、《屯南》634

本类字形结构紧凑，用弧笔较多，有些字的写法和无二类相似，如亥字的中竖作直笔，末端细微而略向内弯。戊、戌字中表柲部的笔画作微弯的竖笔，底端的柲鐏作与之垂直的短横。辰字首笔作直笔，尾笔作婉转的折笔。丑字两个主干笔画皆作弧线形。贞字尖耳，两足较矮。其字细瘦，两侧的竖笔上端附着有外展而较长的短横笔。田字底端的横笔或作向下方突出的弧笔。亡字外框的半包围形结构作竖笔，末端略向内弯。𢦏字所从的才旁与下方戈字的横笔相接触而不交叉。卜字中表兆枝的笔画伸向右方。本类卜辞许多字形近于无二类，其亦多见选用右肩胛骨，做法同于无二类。无黄一丙类卜辞近 40 版，其典型片可参考《合集》33482、33507、33532、《补编》9097、9098、《屯南》607、660、2136、2157、2172＋2178 等。本类特征字形举例如下：

戊《合集》29087 戌《屯南》2640 子《屯南》660 辰《屯南》2640 丑《合集》33532 午《合集》29087 辛《屯南》2640 申《屯南》2640 貞《合集》33482 无黄 王《屯南》2640 不《屯南》660 亡《合集》33507 𢦏《合集》33507 其《屯南》2640 巛(災)《屯南》2640 亶《屯南》660

上揭字例中，戊和戌字中表戈柲的笔画写为弧笔状，表柲鐏的笔画附着于柲部下端，作长斜笔，表柲冒的笔画下移，写法近于无三类和黄组卜辞。有的地支子字下端外展而略向上勾。午字或作虚心的串珠状。王字有上横，

底端的笔画作弧线形。不字下方三画皆作直笔而呈对称的放射状。亡字的外框作折笔形。𢦏字所从的才旁上浮于戈形的横笔上方。并用“巛”、“𢦏”。亯字所从的叀旁中部笔画写作斜笔。无黄二类特征字形举例如下：

戊《屯南》648 庚《屯南》2157 辛《屯南》648 癸《合集》34735 子《合集》33523 丑《合集》34735 寅《屯南》648 辰《屯南》4474 子(巳)《屯南》648 未《屯南》648 申《屯南》648 酉《合集》33522 酉《屯南》2536 戌《合集》33522 亥《屯南》648 贞《屯南》4474 王《屯南》4474 其《屯南》648 巛(災)《屯南》648 冎《合集》34735

上揭多数字形具有更多的“晚期特征”。如癸字四角的斜笔相交叉，主干笔画末端出头，这种写法在花东子卜辞中即已经出现，晚期的黄组卜辞中较多。说明这样的写法早期主要流行于部分非王卜辞中，直到晚期才被王卜辞吸收。庚字上方的中形结构书写两重，写法近于黄组。戊、戌等所从的戈旁柲部做弯折笔，上方的柲冒部分下移，下方的柲鐏部分上提。申字主干笔画上下方附着的笔画作勾曲状。巳(子)字首部做尖角向上的菱形，表幼子手臂的两个短斜笔相对称，中竖底端向一侧弯曲。寅字中笔上附加短横笔和口形为饰。酉字做长颈、宽肩、短腹、锥底之形。辰字上方有短斜笔为饰。贞字两足较高而向外撇，呈梯形。其字上方有横笔封口，字形底部较窄，字形外轮廓呈倒置的梯形。王字底端的笔画取下凸的弧笔。本类卜辞多用“災”而不用“𢦏”。无黄二类典型片可参考：《合集》33522、33523、33524、34735、37793、《屯南》648、2157、2536、3740、4474、4476等。

第二节　无名组卜辞选释

1.《合集》30812

该胛骨原著录参考：《宁沪》1.295，《历拓》3908。现藏清华大学。

【释文】

(1)弜乙亥酌？

(2)乙亥其酌，又(有)正？

(3)弜乙亥酌？

(4)叀乙未酌，又正？吉。

(5)弜乙未酌？

(6)叀乙未酌，又正？吉。

(7)弜乙未酻?

图 7-1 《合集》30812(拓片)

【备注】此版为左肩胛骨之残，属于无一乙类，卜问举行酌祭的具体时间。无一、无二类卜辞在左、右肩胛骨方向的选择，书写风格上有一定的对应规律。无一类用左肩胛骨，字形大，笔画匀直，用折笔较多，吉字多做形，顶端尖锐。叀字多做形，中部取横笔，底端取平画。无二类用右肩胛骨，字形较小，书风秀逸，笔画末端略出锋，吉字多做形，叀字多做，字形中部和底部的横笔斜置。

2.《补编》8982

图 7-2　《补编》8982(拓片)

该胛骨原著录参考：《蔡续》14.1（《合集》26879＋26880＋26885＋28035），《邺三下》38.2＋《南辅》94＋《邺三下》39.10（不全）＋《南辅》81（不全）＋《宁沪》1.508，《历拓》1333＋1341＋3476。各部现分藏于北京师范大学、清华大学。

【释文】

(1) □丑卜：五族戍，弗𫹚（雉）王［衆］？吉。

(2) 戍屰，弗𫹚王衆？

(3) 戍𪓐，弗𫹚王衆？

(4) 戍冎，弗𫹚王衆？

(5) 戍逐，弗𫹚王衆？

(6) 戍何，弗𫹚王衆？

(7) 五族其𫹚王衆？

(8) 戍屰，其𫹚王衆？

(9) 戍𪓐，其𫹚王衆？

【备注】无名组卜辞中多见“雉众”、“雉人”、“雉王众”之语，于省吾先生认为“是贞问戍守或征伐时众人有无伤亡之义”。此版戍屰、戍𪓐、戍冎、戍逐、戍何等五名戍官应该就是第1和7辞中的“五族”之戍。无名组卜辞中，戍官数量有30多名，又可分为左、中、右戍。

图 7-3 《合集》30447（拓片）

3.《合集》30447

该胛骨原著录参考：《宁沪》1.141，《掇一》455，《京津》3926。现藏清华大学。

【释文】

(1) 弜巳□？

(2) 其告（祰）于高且（祖）王𩁹（亥）三牛？

(3) 其五牛？

【备注】此版第2、3辞卜问是用三头牛还是五头牛向高祖王亥致祰祭。“𩁹”是商先公王亥的专用字。

4.《补编》8886

该胛骨原著录参考：《天理》B570，《合集》28751。现藏日本天理大学附属天理馆。

【释文】

乙卯卜：今日巿王其戈，亡□？大吉。

图 7-4　《天理》B570(照片)

图 7-5　《补编》8886(拓片)

【备注】此版的“市”字有时也作“市日”，“是一个排在‘日中’后的记时之称”，指“太阳开始偏西的一段时间”[①]，此辞卜问这个时间商王出行某地(达)，兆辞为大吉。

5.《屯南》2320

该胛骨于 1973 年小屯南地出土(编号 H57：77)。现藏中国社会科学院考古研究所。

【释文】

(1) 甲辰卜：才(在)爿牧征𢓊(攺)又…邑…才𤀽。引吉。(末四字刻在辞首一旁)

(2) 弜每？吉。

(3) 癸酉卜：戍伐，又(右)牧𠂤𢓊人方，戍又(有)𢦏？引吉。

(4) …𢦏？引吉。

(5) 中戍又𢦏？

① 王蕴智. 2004. 释甲骨文“市”字. 载：古文字研究(第廿五辑). 北京：中华书局. 26~28；又载：2004. 字学论集. 郑州：河南美术出版社. 353~354

图 7-6 《屯南》2320(拓片)

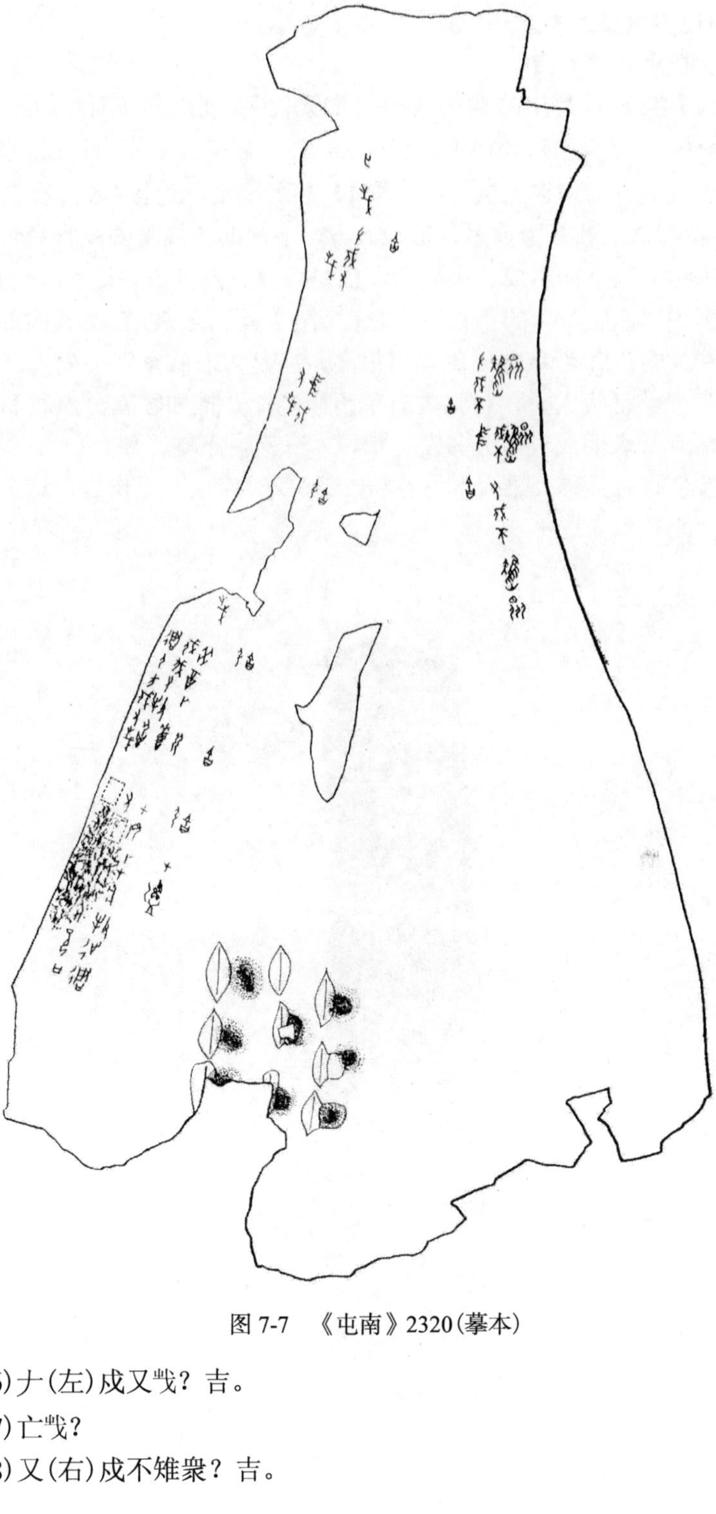

图 7-7　《屯南》2320(摹本)

(6)ナ(左)戍又𢦏？吉。

(7)亡𢦏？

(8)又(右)戍不雉衆？吉。

(9) 中戍不雉衆？吉。

(10) 𠂇戍不雉衆？吉。

【备注】第 1、3 辞中的𢼄为攺（启）的繁化字。此处的𢼄字和历组卜辞中的“叀沚或攺”（《屯南》0019＋0717）的“攺”，皆指商王为出征而选派前军，这里指为讨伐人方而调遣先头部队。第 1、2 辞卜问是否让“才廾牧”出征讨敌，第 3 辞拟派右牧𠂤为前军，征伐人方，卜问商王属下的戍官是否会遭遇不测。第 5～10 辞卜问右戍、中戍和左戍是否会受到打击并遭受人员损失。

第 3 辞中“右牧𠂤”的“牧”是职官名，“𠂤”是该牧官所属的部族名。历组卜辞中“𠂤”作为将帅出现频率很高，应是“右牧𠂤”的先人，此二辞中的“牧”能够征伐人方，可知具有军事职能，并推知牧官分左牧和右牧两僚。第 5～10 辞表明戍官可分为左、中、右三支，下辖“眔(众)”。第 8～10 辞的“雉眔”有时又称“雉人”，指戍守或征伐时族众有无伤亡，这个意思历组卜辞称“丧眔”。

6.《屯南》224

图 7-8 《屯南》224（拓片）

该胛骨于1973年小屯南地出土(编号H2：418)。现藏中国社会科学院考古研究所。

【释文】

(1)戊辰卜，貞：王其田，亡𢦏？

(2)辛未卜，貞：王其田，亡𢦏？

(3)□□卜，□：[王]其□，□𢦏？

【备注】此版诸字小巧，结构紧凑，笔画婉转而秀逸，属于无黄一乙类。本类卜辞有一批字写法近于无二类，如：卜字表兆支的笔画右行。亡字右侧的半包围形笔画写作底部内弯的直笔。𢦏字所从的才旁浮于下方戈旁的长横笔之上，二者不相交叉。其字两侧竖笔顶端有外展的短横笔。王字底部的笔画写作弧笔。戊字的柲部、辰字的两个下拉笔画皆呈曲笔，与无二类相同。

7.《合集》33522

该胛骨原著录参考：《粹编》965，《善斋》6637。现藏中国国家图书馆。

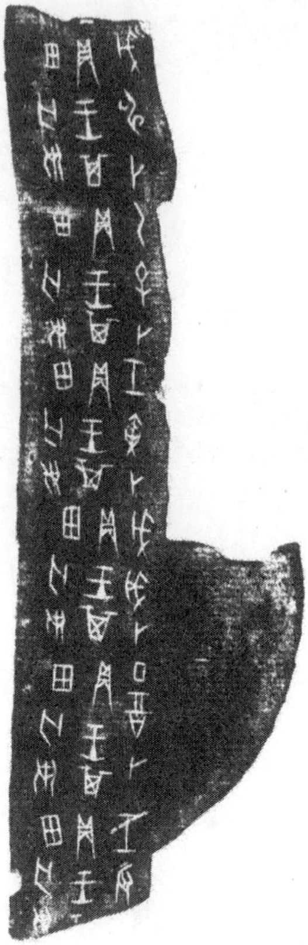

图7-9　《合集》33522(拓片)

【释文】

(1)壬辰□，貞：王□田，亡巛(災)？

(2)丁酉卜，貞：王其田，亡巛？

(3)戊戌卜，貞：王其田，亡巛？

(4)壬寅卜，貞：王其田，亡巛？

(5)乙巳卜，貞：王其田，亡巛？

(6)戊申卜，貞：王其田，亡巛？

【备注】上6辞干日包括壬、丁、戊、乙，跨三旬共17天。此版属于无黄二类卜辞，其中的贞字两足外撇，尖耳短足。其字口沿处有横笔封口。戊、戌等字所从的柲部用弯笔，柲冒部分下移，柲鐏部分上提。辰字上部有饰笔。此类卜辞多用巛而不用𢦏。

第八章

殷墟王卜辞·黄组类

“黄组”乃由该类胛骨卜旬辞中的贞人“黄”而得名。过去董作宾先生曾用五期划分法，把这一类卜辞断在第五期，即商王帝乙、帝辛时期。从我们对材料的整理情况来看，原认为第五期的黄组卜辞并不限于帝乙、帝辛两王。一部分黄组卜辞的时代，最早可上溯至文丁时期。黄组甲骨进一步吸收、融合了村南、村北两系的占卜传习，在占卜制度、刻辞文例、书写风格等方面都在何组和无名组卜辞的基础上有明显的发展，它也成为延续了数代的殷墟王卜辞的终结。

第一节　黄组卜辞综述

该类卜辞材料比较容易辨识，它是殷墟甲骨王卜辞的最后一种类型。过去董作宾先生在《甲骨文断代研究例》中曾指出这一期的书体“严整”，并说“第五期文字记载的比较繁缛，而行款的排列，字形的匀整，都是这一期的特点。这是我们一望可知的，无论他是祭祀、征伐、遊、田之辞，那结构比较齐整、严密、而又有方正的段，匀直的行，细小的字的甲或骨，不用问便是第五期之物，你如果再仔细去看，那其间一定会有一贯三的‘王’字，后期的干支字，特别的词句之类，使你觉到判然别于其他的四期[①]”。董先生对黄组卜辞特征的总结非常精辟。

黄组记贞人的卜辞很少，王亲贞卜和不带贞人的情况则很多。黄组中的贞人除黄以外还有“永”、“𢓊”、“⺈”等人，这些贞人之间没有同版关系。因为这些甲骨卜辞都具有董作宾先生所概括到的那些特征，无论是分期还是分组类研究，原判定为第五期的甲骨基本上都可以划入黄组。

---

① 董作宾. 1993. 甲骨文断代研究例. 载：纪念蔡元培先生六十五岁纪念论文集(上册)，中央研究院历史语言研究所集刊外编第1种. 423

一、黄组甲骨的出土和著录

黄组甲骨出自科学发掘的比较少。如今所见《甲编》和《乙编》里著录有科学发掘的黄组甲骨约130片。其中《甲编》中著录114片，含卜甲65片，卜骨 49 片。据石璋如先生《殷虚文字甲编的五种分析》①，科学发掘获黄组甲骨最多是在第一次发掘的第一区第9坑(E9)，有甲46片，骨11片；其次是第三次发掘大连坑(B 区)和横十三(E 区)中各有零星出土，有甲 6 片，骨18片。其他诸如村东北的C区和D区，村中和村南，以及侯家庄南均为零星出土。《乙编》中仅有10余片黄组甲骨，出土坑位主要有H006南井和H17。

黄组甲骨材料以非科学发掘出土居多，今于《合集》、《补编》、《英国》等大型著录书所见黄组甲骨有6700多片。除《合集》及《补编》的《来源表》中注明《历藏》、《历拓》的片子我们无从知晓收藏者之外，据两书《来源表》中所记，刘体智的《善斋甲骨拓本》(简称《善斋》)旧藏最多，有630片②；其次是罗振玉著录的《前编》、《后编》与《续编》③，三书共有549片；以日本所藏甲骨为对象的《遗珠》、《龟卜》、《东京》、《东文》、《关西》、《京都》、《日见》、《日汇》④等书也有五六百片；据明义士收藏著录的《安明》和《殷虚》⑤各有 200 多片，此外还有王襄的《簠室殷契征文》⑥。从以上记述可推知早期非科学发掘时可能有整坑的黄组甲骨，其出土地点也大多是在村北的B区和E区，出土后多归刘体智、罗振玉、王襄、明义士等人。

---

① 石璋如. 1982. 殷墟文字甲编的五种分析. 载：《中央研究院历史语言研究所集刊》第53本3分

② 有关黄组甲骨资料的研究成果可参见门艺：《殷墟黄组甲骨刻辞的整理与研究》，郑州大学博士学位论文，2008年

③《前编》、《后编》和《续编》均为罗振玉著录出版.《殷虚书契前编》1911年《国学丛刊》三期三卷石印本，又1913年影印本，又1932年重印本，又1970年台湾艺文印书馆重印本；《殷虚书契后编》1916年3月影印本，又《艺术丛编》第一集本，又重印本，又1970年台湾艺文印书馆重印本；《殷虚书契续编》1933年9月影印本，又1970年台湾艺文印书馆重印本

④《殷契遗珠》(简称《遗珠》)，为金祖同收集日本河井荃庐氏、中村不折氏、堂野前种松氏、中岛蚝叟氏、田中救堂氏、三井源右卫门氏等所藏甲骨，1939 年 5 月上海中法出版委员会，又 1974 年台湾艺文印书馆重印本.《龟卜》为金祖同收录河井所藏，1948 年 1 月上海温知书店.《东京》即《东京大学东洋文化研究所藏甲骨文字》，《东文》即《东洋文库所藏甲骨文字》，《关西》即伊藤道治《关西大学考古学资料室藏甲骨文字》，1977年《史泉》51号，又收入1977年7月《日本所见甲骨录》.《京都》即贝冢茂树《京都大学人文科学研究所藏甲骨文字》，1959年写真印刷株式会社.《日见》即饶宗颐《日本所见甲骨录》，1956年《东方文化》第三卷第1期.《日汇》即松丸道雄《日本散见甲骨文字搜汇》，1959～1980年《日本甲骨学》

⑤《殷虚》即明义士自编《殷虚卜辞》，上海别发洋行石印本，1917年.《安明》为许进雄所编《加拿大皇家安大略博物馆藏明义士收藏甲骨文字》，加拿大皇家安大略博物馆，1972年

⑥ 王襄所出版的甲骨著录《簠室殷契征文》简称为《簠室》，1925 年天津博物院石印本. 在编辑《甲骨文合集》时，王襄又提供有未著录的新拓，来源表中为《簠拓》

二、黄组卜辞文例及书写特征

黄组甲骨刻辞在占卜习语、辞例、用料、契刻等方面表现出很强的规整性。如“亡𡆥”、“亡𡿧(災)”、“亡尤”这三个占卜习语，使用频率很高且有规律。“亡𡆥”用于卜旬、卜夕的辞中，“亡𡿧”用于田行卜辞中，而“亡尤”则出现在祭祀类卜辞中，三词各有所指，从不混用。这三类卜辞占黄组甲骨总量的90%以上。此外黄组中还有“今囗巫九备”、“不曹𢦏”、“亡徃才𡆥”、“自上下于𣪘示余受又=”、“亡每”、“弗𢦏”、“雉眔”等习语，出现在卜辞中的位置及卜辞事类也极有规律。

通过考察黄组中的占卜事项、占卜习语及其文例形式，我们将黄组卜辞的内容大体分为旬夕、祭祀、田行、征伐、其他等不同的主题。与黄组卜辞具有共时关系的还有一些非占卜性质的文辞，如干支表，兽骨、人骨上的记事刻辞等，我们统称为“非占卜刻辞”（这方面的内容详见第十章）。下面以简表(表 8-1)的形式先概括说明黄组刻辞的主要事项与基本辞式(部分小类仅标示著录号举例)。

表 8-1　黄组刻辞的主要事项与基本辞式

大事项	小事项	基本辞式或典型片著录号
1.旬夕	卜旬	癸某卜，贞：王旬亡𡆥？ 癸某王卜，贞：旬亡𡆥？
	卜夕	干支卜，贞：王今夕亡𡆥？ 干支卜，贞：今夕自亡𡆥？
	卜月	干支卜，贞：才(在)某，天邑商公宫，衣丝(卒兹)月亡𡆥？寧。
2.祭祀	王宾	干支卜，贞：王宾祖先祭名，亡尤？ 干支卜，贞：王宾祭名，亡尤？
	祊祭	干支卜，贞：祖先(宗、升)祊其牢？ 其牢又一牛？ 叀物？ 叀羊？
	受又	如《合集》36168、36350、38289、38228 等
3.田行	田	干支卜，贞：王田某，往来亡災？ 干支王卜，贞：田某，往来亡災？
	步	干支卜，贞：王步，亡災？ 干支卜，在某贞：王步于某，亡災？ 干支王卜，在某贞：今日步于某，亡災？
	𨑨	干支卜，贞：王𨑨于某，往來亡災？
	省	干支卜，贞：王省，往來亡災？
4.征伐	战争祭祀	如《合集》36344、36482、36511、36522 等

续表

大事项	小事项	基本辞式或典型片著录号
4.征伐	战斗	如《合集》35345、35346、36346等
	官员	如《合集》36418、36419等
5.其他	气象	如《合集》37727、38116、38186、38191等
	受年	如《合集》36975、36976、36978、36979等
	生育	如《合集》38243、38244、38245、37855等
	干支卜	如《合集》39401、39410、39411、39412等
6.非占卜刻辞	田猎记事	如《合集》36534、37743、37848正反等
	征伐记事	如《合集》38758、38759、38760等
	干支表	如《合集》37986、38006、38058、38076等
	其他记事	如《合集》35406、35673、36481、35362等

黄组卜辞大部分为王亲卜之辞和不记贞人之辞，记贞人的卜辞很少。王亲卜和各位贞人往往同时就同一件事情进行占卜，前辞形式大都为“干支卜，(某)贞”、“干支王卜，贞”。前辞中有时记地点如“干支卜，才某地(某)贞”者，这种形式的大都为非王亲卜之辞，在全辞末附记地点的多为王亲卜之辞，如《合集》36620、36625。王亲卜之辞记占辞“吉”、“引吉”或“大吉”。

在黄组田猎卜辞中还常有验辞，即记此次田猎猎获的动物种类和数量，在验辞之前往往有“丝(兹)卬”。祊祭卜辞中有用辞“丝(兹)用”。占辞、验辞、用辞均缀于辞末，作为整条卜辞的一部分。黄组卜辞没有“小告”、“二告”等兆辞，一般有兆序，刻写于纵兆的上端，通过兆序可以考知占卜的先后顺序、成套卜辞的卜法及卜事间的关系。卜旬、田猎等同版之上的兆序都是一致的，兆序为一的卜辞均比较详细，而兆序为二、三的则比较简略，如《合集》36537和36917、36851即兆序分别为一、二、三的成套卜辞。在祊祭卜辞中也是通过兆序，使我们了解其选牲情况及卜事的细节。

在占卜用料方面，黄组龟骨并用。如卜旬和卜田行的数量最多，即是龟腹甲和牛胛骨并用，而且骨的数量要多于龟的数量，但在龟版上记录的内容则一般都较骨版要多。刻写同一事类的卜辞时基本上不掺杂其他的占卜内容。各事项卜辞在占卜用料上呈现出一定的规律：卜夕辞大都用龟腹甲，龟背甲上仅有零星发现；卜月辞全用骨；王室卜辞大都刻于龟背甲上，有少量在龟腹甲上；祊祭全用龟腹甲；征伐卜辞大都用骨；其他各项中也是以骨为主。卜旬辞的占卜用料区分最为严格，王亲卜用右胛骨，贞人黄、𠂤用左胛骨，贞人永、𠂇仅用龟[①]。

黄组的契刻行款整齐统一，刻辞顺序为先下后上。由于用龟和用骨的不同，刻辞在龟和骨上的位置不同，其左行和右行也不同。牛胛骨上的刻辞位置均是在骨条上，即与骨臼切口相对的骨边缘地带，骨条以外的位置很少刻卜辞，有一些在骨面上刻写干支表，如《合集》38111、《补编》11038 等。但是卜“𡆥不𩃡”和“王步”的牛胛骨，在与骨臼切口相对的骨条以外地方也有刻辞，如《合集》36434、《英国》2562 等。骨条上的卜辞由内走向边缘，故而“在左胛骨之右，右胛骨之左”[②]。由于是由内外边缘契刻，所以有到边缘还没有刻完的情况，这时就会转至骨的背面，在相应的钻凿旁边刻写余下的字。如下面的《合集》35581 正、反便属于这种情况。

图 8-1　《合集》35581 正、反(拓片)

黄组的腹甲刻辞以千里路为中心，分左右两半，左半左行，右半右行，皆迎兆而刻。根据占卜日期可以看出龟腹甲上的卜旬辞契刻顺序为先右后左，先内后外，先下后上。因此在同一半边上的卜旬辞，其占卜日期不是相邻的，而是间隔一旬，有每半边三卜和两卜的区别。故每半边的卜旬日期是成组出现的，一组为癸酉、癸巳、癸丑，另一组为癸未、癸卯、癸亥，两组日期不相混杂。了解这个规律有助于我们利用占卜日期，对残碎的龟腹甲卜旬辞进行缀合，并校对以往的缀合成果，正确的释读卜辞。

我们知道，何组和无名组分别是村北和村南系发展的后段。何组的时代

① 门艺. 2008. 殷墟黄组甲骨刻辞的整理与研究. 郑州大学博士学位论文. 49

② 董作宾. 1936. 骨文例. 载：中央研究院历史语言研究所集刊(第 7 本 1 分)

横跨祖庚、祖甲、康丁、武乙等几个王世，无名组主要是康丁、武乙至文丁时物，黄组的上限也在文丁之世。现在看来，这三组甲骨在商王文丁时期有一个交汇点。在此时期，何组和无名组的末段已经有合流的倾向，在新出现的黄组材料中，则体现出进一步吸收、融合村南、村北两系占卜传习，在祭祀制度、占卜方式、刻辞习惯等方面都有明显的时代交叉和新的发展。

在占卜内容方面，黄组与何组、无名组有相同的事件和人物。关于这些事项的共同之处，李学勤、彭裕商、黄天树等先生已经举了很多例子进行了论证①，如共见的人物有右牧𠂤、小臣醬、犬弁等，方国有危方、羌方、𢼸方等，还有“田于雞”等田猎语。

从卜辞辞式上看，黄组对以前各组类辞例形式均有所继承。如黄组卜旬辞附记周祭、王室的周祭占卜很显然是从村北的出组、何组一脉相承而来的。占卜军队在外时的安全情况的“今夕𠂤不㞢”，为黄组和无名组所共有(无名组习作“亡㞢”)；黄组田猎的“衣(卒)逐亡災”之卜语，何组中有类似的占卜；黄组的“王省亡災”辞例，是在何组和无名组同类卜辞基础上的演化，黄组田猎卜辞中也有个别的卜问省掉地点的，如：

(1)戊午卜，貞：王田，往来亡災？ 《合集》37801

(2)戊申卜，貞：王其田，亡災？ 《合集》37800+37812

这种辞例在黄组中非常少见，除此两片之外，仅《合集》37799、37804、37805数片有之。无名黄间组的田猎卜辞多为此种类型，这几片的主要特征字体虽为黄组，但呈现出的是黄组中比较早期的特征，应是无名黄间组向黄组过渡期的产物。在战争辞例中，黄组和无名组也有极其相似的，如：

(1)癸亥卜：王其𦎫封，叀(惠)戊午王受又₌，𢦏？ 《屯南》2279无名组

(2)壬寅卜，才𠛱貞：其𦎫歛美口受又₌，𢦏？ 《补编》10941黄组

此外，殷人在卜旬时用“亡𡆥”，卜田用“亡災”，卜祭事用“亡尤”，这些贞卜习惯自无名组已经开始形成，发展到黄组便成为固定辞例。

在词语方面，有些常用于无名组、何组中的词语或表达方式在黄组中还在继续使用。如“每”、“湄日”等用语都是在无名组中比较多见的，黄组中仍有类似的词语及用法。黄组中常见“不𢀛𢦏”一词，多用于与征伐相关的卜辞中，该语词其实是在无名组卜辞(如《屯南》2613)中开始出现的。“兹卩”为黄组所多见，其在无名组晚期的卜辞中也已经在使用了。

在月份的表达方式上，十一月和十二月在宾组等组类中大都作合文，何组开始出现“十月又一”或“十月又二”的表达方式，有些还作“十月一”或“十月二”，这些月份的表达方式都是后来黄组的常例。无名组中常见“𣪊𠭰”

① 李学勤，彭裕商. 1996. 殷墟甲骨分期研究. 上海：上海古籍出版社. 176~184；黄天树. 1991. 殷墟王卜辞的分类与断代. 台北：文津出版社. 279～297

一语，何组中也有用例。黄组中虽然没有此语，但有“征嫠”之语。黄组的“征嫠”应该就是何组、无名组“叙嫠”一语的另一种表现形式。

再从文字的书写上来看，自无名组和何组晚期开始，殷人书家大都奉行谨饬工整、纤巧精细的书写作风。黄组卜辞的书风与上一章我们分析到的无黄类及部分何组三类之间有明显的传承关系。如《屯南》648、2157、2703、《合集》33512、33529、37570、37793、《补编》9038、9097、11329、11376、《英国》2553 等版，在书写风格上表现出了由无名组向黄组的过渡特征。黄组中的一些字形也有何组的痕迹，如《合集》37464、37404、37439、36569、37440、364734、《补编》11296 等片中的“巛”( )字的写法；又如何组晚期的 (来《合集》26899) (雨《合集》27019)“其”、“用”等字也表现出了近乎黄组的风格。

黄组甲骨字形细致精巧，书写风格比较接近，兹谨将常见黄组特征字形举例如下：

乙《合集》37431 辛《合集》37431 戊《合集》37431 午《合集》37434 子《合集》35657 丑《合集》37431 未《合集》38950、《合集》36846 酉《合集》37373、《合集》38950 申《合集》35402、《合集》37448 辰《合集》38295、《合集》35542 寅《合集》35631、《合集》35452 癸《合集》38950 亥《合集》38628、《合集》38499 吠《合集》36959 囿《合集》37362 尤《合集》36129 隹《合集》37853 戈《合集》36944 田《合集》37431 亡《合集》38950、《合集》37431 雨《合集》38172 宔《合集》38381 巛《合集》36944 羊《合集》38740 升《合集》38740 宗《合集》36093 丝(兹)《合集》35845 叀《合集》36985 旬《合集》36491、《补编》12741 今《合集》36442 不《合集》36442 歷《合集》36442、牢《合集》36149、《合集》36132 翌《合集》38172、《合集》38249、《合集》35645 往《合集》36944、《合集》37431 鼎(貞)《合集》35631、《合集》36093 王《合集》36442、《英国》2538、《合集》36129 吉《合集》37448、《合集》37898 其《合集》37853、《合集》37086 用《合集》37361、《合集》37087 《合集》36596、《合集》37471 夕《合集》36442 月《合集》36846、《合集》37634、《英国》2510

在上揭黄组特征字中，加犬的“吠”仅见于黄组；加了声符才的“巛(災)”写得容易与“用”字混淆；黄组中的“月”和“夕”已经完全区分，月形中加短竖画的为“月”，仅有月形的为“夕”。“翌”在其他组类既可以表示翌日，也可以表示祭名，在黄组中表示翌日的“翌”则须追加声符“立”。黄组典型片还可参考《合集》35347、35399、35406、35446、35530、35641、35644、35706、35767、35812、35818、35858、35931、36032、36123、36168、36222、

36346、36377、36395、36426、36422、36461、36507、36511、36518、36537、36639、36846、36975、37138、37362、37408、37462正反、37514、37619、37849、37896、37904、37953、37986、38134、38178、38454、38731、38861，《补编》10942、10943、10970、11038、11337、12869、12927，《英国》2532、2538等版。

三、黄组卜辞的主要内容

黄组甲骨卜辞中比较突出的内容有周祭、祊祭、田猎、战争等事类，兹简述如下。

(一)周祭

黄组中的周祭材料非常丰富，周祭“是商王及王室贵族用翌(日)、祭、壹、劦(日)、彡(日)五种祀典对其祖先轮番和周而复始地进行的祭祀”。黄组中的周祭主要反映在祭上甲至多毓的合祭卜辞、附记甲名先王五祀的卜旬卜辞、王宾卜辞中[①]。

卜旬辞中所附的对甲名祖先的五祀不是卜辞的一部分，而是对下一旬甲日祭祀的安排，严格说来应该是一种记事刻辞。根据黄组卜旬辞中附记的周祭，可以排出甲名祖先的祭祀次序、五种祀典举行的先后顺序和每种祀典的祭祀周期，我们用表六至表八来表示这些附记周祭卜旬辞所反映出来的祭祀规律[②]：

表8-2 翌祀

1	2	3	4	5	6	7	8	9	10	11
工典	上甲	○	大甲	小甲	○	戋甲	羌甲	鲁甲	○	祖甲

表8-3 祭、壹、劦祀

12	13	14	15	16	17	18	19	20	21	22	23	24
工典	上甲	○	大甲	小甲	○	戋甲	羌甲	鲁甲	○	祖甲		
	◎	上甲	○	大甲	小甲	○	戋甲	羌甲	鲁甲	○	祖甲	
		工典	上甲	○	大甲	小甲	○	戋甲	羌甲	鲁甲	○	祖甲

表8-4 肜祀

25	26	27	28	29	30	31	32	33	34	35	36
工典	上甲	○	大甲	小甲	○	戋甲	羌甲	鲁甲	○	祖甲	×

---

① 常玉芝. 1987. 商代周祭制度·前言. 北京：中国社会科学出版社. 1

② “○”表示此旬内没有甲名王祖先受祭。表二由上到下的三行分别为祭、壹、劦，其中壹祭是否有工典祭由于没有明确的材料证明，故以“◎”表示。第36旬为休息旬，以“×”表示

黄组周祭周期有36旬型和37旬型两种，多出来的一旬被安排在翌、祭或彡的工典祭之后和祀上甲之前，如《合集》37867、35407、35397等片中所反映的工典祭与祀上甲之间的关系就是37旬型的代表。

周祭还反映在王宾卜辞中，这是一类辞例中有“王宾”的甲骨卜辞，是对当日或次日以某种形式对祖先举行的祭祀活动是否顺利的占卜。黄组王宾卜辞比较多，有1700多片，2000余条，大都刻于龟背甲之上。王宾卜辞中所涉及的祭名有将近20种，五种祀典即周祭翌、祭、壴、劦、彡是其中的一部分，其余比较常见的祭名还有歲、𣪊、穫、桒、𣪕、禘等。在黄组王宾卜辞中辞例为“贞：王宾𣪊，亡尤”的数量特别多，从比较完整的甲片来看，此种辞例的卜辞常与有其他祭名的卜辞成对出现；而“贞：王宾禘，亡尤”的卜辞则常与“彡夕”卜辞成对出现。王宾卜辞对单个祖先逐一进行祭祀占卜，据此我们可以得知商代先王的世系以及各先王之配的庙号和祀序。

黄组中还有对先王的合祭卜辞，请看下面两种辞例：

(1)癸丑卜，貞：王宾幼自上甲至于多毓，衣(卒)亡尤？/癸亥卜，貞：王宾乇自上甲至于多毓，衣亡尤？　　《合集》35437

(2)癸未王卜，貞：酌彡(肜)日，自上甲至于多毓，衣亡𡆥自𡆥？才(在)四月。隹(唯)王二祀。　　《合集》37836

这两种形式的合祭在现有材料中并不多见，所用祭名在王宾合祭卜辞中有桒、乇、幼、歲、執等5个。在“衣亡𡆥自𡆥”的合祭卜辞中仅有“翌”和“肜”两种。

在商代晚期甲骨文和金文中有对某事件叙述完之后以周祭日来记时的现象，如《寝孳方鼎》在叙述完作鼎原因之后，记道“才(在)十月又二，遘祖甲劦日，唯王廿祀”，黄组甲骨中也有类似语句，如：“不劢。才正月，遘小甲彡夕，隹九祀”(《合集》37855)等。可见周祭应是有固定安排的祭祀，所以才能够来记时。

(二)祊祭

黄组中关于祊祭的卜辞比较特殊，这种卜辞在黄组以外的各组中很少见(祊祭卜辞偶见于何组，如《合集》27438)。今著录所见黄组祊祭卜辞共有800多片，大都为残碎的小片，卜料全为龟腹甲，其基本辞例为：

干支卜，贞：祖先(宗或升)祊其牢？

黄组祊祭卜辞可具体通过下揭典型文例来认识：

(1)丙寅卜，贞：武丁祊其牢？/癸亥卜，贞：且甲祊其牢？一 /甲子卜，贞：武乙祊其牢？丝(兹)用。　　《合集》35818

(2)甲寅卜，贞：武乙升祊其牢？　　《合集》36002

(3)甲子卜，贞：武乙宗祊其牢？丝用。 《合集》36076

(4)甲戌卜，贞：武且(祖)乙宗祊其牢？丝用。一 《合集》36080

(5)甲子卜，贞：武且乙升祊其牢？丝用。 《合集》36103

(6)丙午卜，贞：康且丁祊其牢？丝用。 《合集》35837

(7)丙寅卜，贞：康且丁祊其牢？羊？丝用。一 《合集》35965

(8)丙午卜，贞：文武丁宗祊其牢？ 《合集》36094

(9)丙午卜，贞：文武丁升祊其牢？一 《合集》36115

(10)壬戌卜，贞：母癸祊叀羊？ 《合集》35935

(11)癸卯卜，贞：且甲祊叀羊？ 《补编》10998

(12)丁未卜，贞：父丁祊其牢？才(在)十月又一。丝用。隹(唯)王九祀。 《合集》37853

(13)…[才]喜…乙祊其牢？ 《合集》36075

(14)癸亥卜，贞：且甲祊其牢？一 /其牢又一牛？二 /叀羊？/叀物？ /叀羊？丝用。/叀物？ 《合集》35818

(15)癸巳卜，贞：且甲祊其牢？丝用。一 /其戠牛？三 /叀物？五 《补编》11044，见图 8-3

由上举各例可以看出，黄组祊祭卜辞的辞例主要包含前辞和命辞，有时于命辞之后加用辞“兹用”，或再附序数辞。上揭第 12 例同时附有记年和记月之辞，辞例比较少见。类似的记月之辞还有《合集》35850、35969、37281、37356(可与《合集》36325 缀合，参看本文缀合第 4 组)、37361、38755 等例。此外在《合集》36048 和 36325 残辞中都存有表记月的介词“才(在)”，知辞中阙失了记月字。经我们考察，祊祭卜辞的记月之辞大都刻于右甲尾的部位。

上揭第 13 例前辞已残，值得注意的是辞中有一“喜”字。“喜”是黄组中最常见的一个地名，商王曾多次客居此地。此片反映出祊祭卜辞或可以在前辞中加入地名状语，也说明商王在出游外地时，仍可举行这样的祭祀活动。

上揭例 14 是一组比较完整的祊祭卜辞。其中有序数为一的“干支卜，贞：祖先祊其牢”，也有序数为二的“其牢又一牛”，这种辞序组合关系还可参见《合集》35931(图 8-2)：

该版除左半靠近中甲部位有一条王宾卜辞之外，其余内容均是祈问是否施用“牢”牲或其他祭牲，属于祊祭卜辞。其中在腹甲千里路左右两半，位置相对应的卜辞分别为：

癸巳卜，贞：且甲祊其牢？一 /其牢又一牛？二

叀羊？一 /叀物？二

叀羊？一 /叀物？丝(兹)用。二

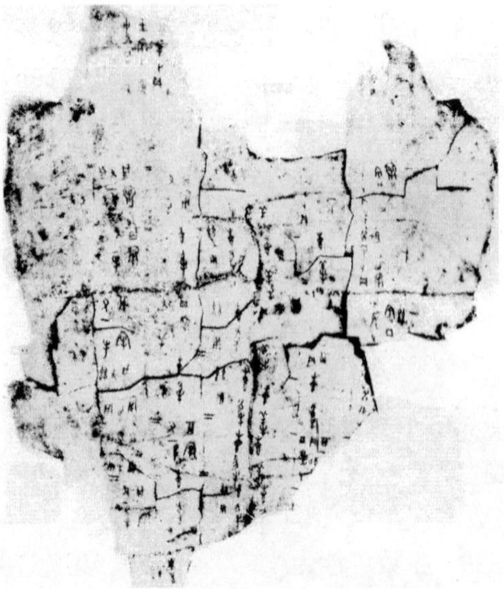

图 8-2　《合集》35931(反转片)

图 8-3　《补编》11044(拓片)

上揭诸辞在千里路左半部的行文皆左行，右半部各辞的行文皆右行，在相应的兆干之侧迎兆而刻。兆序位于兆干的正上方，因此右半卜辞的兆序位于卜辞的右上方，而左半卜辞的兆序均位于卜辞的左上方。"其牢又一牛"承第一卜而省刻前辞和命辞中的专有名词，仅记录了占卜的主体事项即选祭牛牲及其数量。其同版的"叀羊"、"叀物"与"其牢又一牛"一样，均省略了前辞和命辞部分的"癸巳卜，贞：且甲祊"。而且"叀羊"、"叀物"的占卜序数又重新从一开始计，旨在选择"羊"或"物"这两种毛色不同的牛牲，这与"其牢"和"其牢又一牛"的占卜侧重点有所不同。据此可以看出，一套完整的祊祭卜辞在占卜程序上大致应该包括两层占卜主题。一是占卜选用祭牲品种(牢、牢又一牛等)及数量，二是卜选择祭牲的毛色。其辞式为：

(1)
- 干支卜，贞：祖先(宗或升)祊其牢？(兹用)　　一
- 其牢又一牛？(兹用)　　二
- 叀羊？(兹用)　　一
- 叀物？(兹用)　　二

上揭 15 例(图 8-3)共有 8 条卜辞，卜材为右下腹甲，处于胸盾和腹盾中间的位置。其中有兆序"一"、"三"和"五"，与其相对的左腹甲位置本应有兆序为"二"和"四"的卜辞，今已散失。兆序为一的依然是前辞、命辞齐全的"其牢"之卜，兆序为三的为"其戠牛"，兆序为五的为"叀物"。在这里，关于祭牲种类和数量、祭牲毛色的占卜并没有分成两组，而是连续的占卜计数，进一步证明上文所说卜"羊"、"物"与卜"牢"、

“牢又一牛”是同一套祊祭卜辞。同时也说明祊祭卜辞在文例上仅第一辞刻写齐全，其余各辞均承第一卜省略。由图一的《合集》35931 可知，祊祭的第一卜全在右腹甲，第二卜全在左腹甲。据此我们还可推断祊祭卜辞的第二种辞式为：

(2)
干支卜，贞：祖先(宗或升)祊其牢？(兹用)　一
其牢又一牛？(兹用)　二
其戠牛？(兹用)　三
叀羊？(兹用)　四
叀物？(兹用)　五

在祊祭卜辞中，我们尚未发现完整卜辞的序数是一以外其他数字的，而“其牢又一牛”的序数也几乎全是“二”，“三”以后的序数很少见。通过我们的整理发现，“其戠牛”的序数大都是“三”(如《合集》35995、36002、36081 等)，也有“其戠牛”位于左甲，序数可能为“二”者(如《合集》37007、37090)。序数为“四”和“五”的卜辞大部分残断，序数“四”大都位于左腹甲，序数“五”却无法判断，既有位于右腹甲的，如《补编》11044，又有位于左腹甲，与序数“四”、“二”等在一起的，这只是少见的变例。因此上揭所示第 1 种应是常见辞式，第 2 种则是一种变式。根据这两种辞式可以看到，祊祭卜辞的占卜程序是先右后左，契刻规律是从外到内的[①]。

在黄组有关祭祀的卜辞中，除一些特别的祭仪如“彡夕”等是在王日名前一天进行之外，其他祭祀均在王日名当天进行。祊祭卜辞的占卜日绝大多数是在先王日名的前一天。祊祭卜辞中诸如“叀羊”、“叀物”的占卜内容，大部分情况下都是有关选择用牲毛色的简省卜问。偶也见有一些前辞、命辞齐全的“干支卜，贞：祖先祊叀羊”的文例(如例 11)，这一类辞例中的祖先名除例 11 的祖甲之外，还有武丁(《合集》35848)、武乙(《补编》13131)，仅此三位。说明在某段时期内，祊祭中有关选择不同毛色牺牲的占卜也可以有不省略的辞式。祊祭卜辞是一种选牲之卜，卜问祭祀先祖时用“牢”或“牢一牛”，用“物”或“羊”、“戠牛”等。祊祭卜辞只祭祀武丁以后的数位直系先王，即武丁、祖甲、康丁、武乙、文丁以及母癸。其中对武乙的称谓有“武乙”和“武祖乙”的区别，“武乙”常与“武丁”、“祖甲”、“母癸”同版，如《合集》35829＋35935＋35837 部分[②]；而“武祖乙”则常与“文武丁”同版，如《合集》36115。这两种同版关系的卜辞字形区别较为显著，又加上“武祖乙”和“武乙”称谓上的区别和“文武丁”的出现，因此这两组称谓应为两

① 王蕴智，门艺. 2008. 关于黄组祊祭卜辞性质的考察——附祊祭甲骨缀合六例. 郑州大学学报，(3)：124

② 此片为蔡哲茂先生所缀合。《合集》35837 亦为缀合片，但显系误缀，因而本文只采《合集》35837 的一部分

个王世之物。

除周祭和祊祭之外，黄组卜辞还反映了其他祭祀的情况。有用“又彳”方法对武乙和文武丁的特祭，如《合集》35356、36123 等；有用“祏”的方式祭祀祖先的占卜，如《合集》38228、《补编》11046 等；有就征伐事宜向各种神祇以及大邑商求得保佑的祭祀占卜，如《合集》36482、36511 等。

黄组的祭祀对象大多为祖先，包括先王和先妣，没有其他组类常出现的自然神和先公，仅在有关征伐的占卜中，有“上下𣪘示”、“告于大邑商”等，“上下”、“大邑商”似乎也应是祭祀和求告的对象。黄组祭祀的祭品多为牲畜，也有用人牲和酒鬯的。

(三)田猎与出行

黄组田猎卜辞数量较多，著录所见将近 600 片，当时对田猎的占卜主要是询问田猎过程有无灾祸。由于常记田猎地点，因而这些材料对于考察商代晚期的地理非常重要。在田猎卜辞中，今共见有 62 个地名，其中叀是最频繁出现的田猎地点，其次还有疐、丧、榇、宫、雝、盂、𩫖等。黄组的田猎卜辞反映的田猎手段主要有“逐”(《合集》37532)、“射”(《英国》2566)、“罝”(《合集》37392)，其中“罝”主要是用来对付兕的一种狩猎方法。在田猎卜辞的验辞中，以“隻(獲)”来表示狩猎有所得，而在占问某次田猎是否会有收获时则用“毕”，如《合集》37395，37418 等。黄组卜辞几乎全是围绕王的活动的占卜记录，因而反映田猎参与者不多，仅《合集》37392 中有“犻告曰”，“犻”亦见于无名组，在无名组中为“犻犬”或“犬犻”(《合集》29297、33397)，可见这个“告曰”的犻应为犬官。此外在黄组中还有“迖”、“步”、“省”等出行方式。

关于“迖”字，各家对“迖”所释不一，裘锡圭先生认为“迖”即“䟫”，为巡行镇抚之义[①]。黄组中卜“王迖往来亡災”之辞有 360 多条，其中比较完整的 250 条中，有近 200 条都是“迖盥”的。其他零星出现的地名比较多，但出现频率较低，有些还是比较常见的田猎地，如雝(《合集》36560)，疐(《合集》36561)，叀(《合集》36619)，𩫖(《合集》36559)，宫(《合集》36566)，喪(《合集》36640)等。

“步”是行军。通过有关辞例可以看出，“步”字一般出现于某次征伐开始时“告”于大邑商的前辞中，如《合集》36482 有辞云：

甲午王卜，貞：拃余酌朕𠦪酉，余步，比侯喜正(征)人方。上下𣪘示受(授)余又₌(有佑)？不𢀛𢦏，冎。告于大邑商，□□才(在)𡆥。

上例中有“余步，比侯喜正(征)人方”，说明“步”的目的为“正人方”。

① 裘锡圭. 1992. 释柲. 载：古文字论集. 北京：中华书局. 20～21

黄组卜步辞中所行经的地点及占卜时间大都能与附记战事卜旬辞的地点与时间相系联，最为突出的为从商往征伐人方途中的行经之地。如《英国》2564癸未日在“舊”贞步于“洲”，在附记征人方的卜旬辞中也有十二月癸未在“舊”的占卜。

黄组田猎有比较明显的诹日倾向，而“步”则不受日期的限制，在十个干日中每天都可以行动。黄组有关“步”的卜辞数量比较少，又多有残断，在这些有限的材料里，有两片比较重要。一是《合集》36567，一为《合集》36501。这两片中均有“商”地名，从商地出发的下一站不相同。《合集》36567为亳，《合集》36501的下一站为樂。我们发现，这两片分别为十祀征人方的往程与归程所卜，往来均途径商地。

“省”在殷墟甲骨文中均是省视、视察之义，黄组的“省”未说明出行的目的，仅仅占卜王在某一天省，往来是否顺利亡灾(如《合集》36815等)。

(四) 战争与方国

黄组卜辞所反映出来的战争对象多为人方，其次是盂方。另外见于黄组的方国还有四封方、叡方、羌方、羞方、辔方(《合集》36528反)、三封方(《合集》36530)、林方(《合集》36968)等称名。

征人方主要反映于附记大事的卜旬辞中。这些卜旬辞中的征人方记录，跟卜旬辞中的附记周祭性质相同，都是记事的，而不是卜辞的一部分。由于在这些卜旬辞中，大都记录了占卜地点，因此可据以考见征人方的往来路线。除卜旬辞外，还有一些卜辞反映了人方和商王的行动，如《合集》37852占卜“人方不大出”，此为王九祀二月之事，很可能为王十祀征人方的原因。在十祀的九月，王就“侯喜”征人方一事进行过占卜，《合集》36482、《合集》36483残辞是一组与此事相关的同文卜辞。今所见一些卜旬辞和相关地点的卜夕辞、卜王步都是王在征人方行军途中的例行占卜，如贞人黄跟随商王出征伐人方，留下了卜旬的占卜记录(如《合集》36484)。

黄组征人方的材料比较丰富，我们参资新缀合的有关卜辞，兹对十祀征人方日程、事件排列简表如表8-5所示[①]：

① 由于表格的限制，表中只将所用到的新缀片以某片后缀“+”的形式，在这里将这些缀合片予以统一说明：“《合集》36567+”即《合集》36555、36830与《前编》2.9.6、《补编》11115的缀合，参见孙亚冰《〈合集〉36567的重新缀合》，中国社会科学院先秦史研究室网站，www.xianqin.org。“《英国》2564+”即《英国》2664与《合集》36968的缀合，参见董作宾先生《殷历谱》。“《英国》2562+”即《英国》2562正与《合集》37475、36957、《补编》11141的缀合，参见门艺《黄组卜步辞补缀》，中国社会科学院先秦史研究室网站，www.xianqin.org。“《合集》36501+”即《合集》36501与《合集》36752、37410、36772的缀合，亦参见门艺文

表 8-5 十祀征人方日程、事件简表

时间			地点	事件	资料来源	
					片号	类型
十祀	九月	甲午，上甲壹		步从侯喜征人方告于大邑商	《合集》36482,《合集》36483	祭祀
	九月	癸亥	雇	征人方	《合集》36485 《合集》36487 (《补编》11234)	卜旬 卜旬黄
		庚[午]	勭		《合集》36841	夕
		壬申	勭		《合集》36840	夕
	十月	癸酉	勭	征人方	《合集》36504	卜旬
	十月	癸未		征人方	《合集》36502	卜旬
		乙酉	香		《合集》36553	夕
		丁亥	喪		《合集》36553	夕
		己丑	樂		《合集》36553	夕
		辛卯	冒		《合集》36553	夕
	十月	癸巳	冒	征人方	《英国》2524 《合集》36553	卜旬 夕
十祀	十月	甲午	冒	从东，征人方 弌	《合集》37856 《合集》36549	弌 夕
		乙未	冒		《合集》36553	夕
		丙申	𠯑		《合集》36549	夕
		[丁酉]	□		《合集》36533	夕
		己亥	慶		《合集》36533	夕
		[庚子]	□		《合集》36933	夕
		辛丑	商		《合集》36533	夕
		[壬]寅	商		《合集》36549	夕
	十一月	癸卯	商	征人方	《英国》2524 《合集》36553	卜旬 夕
		己酉	古		《合集》36553	夕
		辛亥	古		《合集》36553	夕
		□□	商	步于亳	《合集》36567+	步
	十一月	癸丑	亳	征人方	《英国》2524	卜旬
		甲寅	亳 𨾊	步于𨾊	《合集》36567+ 《合集》36565	步 夕

续表

时间			地点	事件	资料来源	
					片号	类型
		乙卯	堆 䰙	步于䰙	《合集》36567+ 《合集》39464	步 夕
		丁巳	䰙	步于娽	《合集》36567+	步
		己未	娽	這于亳西	《合集》36567+	步
		庚申	娽	延這从自东	《合集》36567+	步
		辛酉	娽	步于雈	《合集》36961	步
	十一月	癸亥	雈	征人方 步于危	《英国》2524 《合集》36961	卜旬 步
		甲[子]	[illegible]		《补编》11142	步
	十二月	己巳	危	步于攸	《补编》11142	步
	十二月	癸酉	[攸]	征人方	《英国》2524 《合集》36494	卜旬 卜旬永
		丙子			《合集》36606	夕
		己卯	□	其斧…	《英国》2564+	步
		辛巳	 舊		《英国》2564+ 《合集》36607	步 夕
		壬午	舊	王今夕不歷	《合集》36442 《合集》36606	夕 夕
	十二月	癸未	舊	征人方 步于泧	《补编》11232 《合集》36484 《英国》2564+	卜旬 卜旬黄 步
		甲[申]	泧		《前》2.16.5	夕
		乙酉	泧	步于淮	《英国》2564+	步
		丙戌	淮	步于滆	《英国》2564+，《英国》2563	步
		庚寅	滆師	斧林方	《英国》2564+，《英国》2563 《前》2.16.5	步 夕
		壬辰	滆	至于黹旨藿沮師	《英国》2564+，《英国》2563	步
	十二月	癸巳	滆 滆師	征人方	《补编》11232 《合集》36484 《合集》36494	卜旬 卜旬黄 卜旬永
	十二月	甲午彡日	滆師	步于龏	《英国》2564+，《英国》2563	步
十一祀	正月	丁[酉]	□師	[這]从……	《英国》2563	步
		己亥	芚師	步于淩	《英国》2563	步

续表

时间		地点	事件	资料来源	
				片号	类型
正月	庚子	溇𠂤	步于濮獲狐十又一	《英国》2562+	步
	辛丑	濮𠂤	步于杲	《英国》2562+	步
	壬寅	杲𠂤	步于永	《英国》2562+	步
正月	癸卯	永 永𠂤 温	来征人方 步于□	《补编》11232 《合集》36484 《合集》36490 《英国》2562+ 《补编》12424	卜旬 卜旬黄 卜旬永 步 夕
	乙巳	温	步于攸	《英国》2562+	步
正月	丙午	攸	执胄人方𩠳焚，来征人方	《合集》36492	
	己酉	攸		《补编》12424	夕
	辛亥	攸		《补编》12424	夕
正月	癸丑	攸	来征人方	《补编》11232 《合集》36484 《合集》36494	卜旬 卜旬黄 卜旬永
	乙卯	攸		《补编》12424	夕
	丁巳	攸		《补编》12424	夕
	己未	攸	田元	《补编》12424 《英国》2562+	夕 步
正月	癸亥	攸	来征人方	《补编》11232 《前》2.16.5	卜旬 夕
	乙丑	攸	𢦏从攸东	《英国》2562+ 《前》2.16.5	步 夕
二月	癸酉	攸	来征人方	《补编》11232 《合集》36494	卜旬 卜旬永
	乙亥	攸	步于□	《英国》2562+	步
	丁丑	□	步于戠	《英国》2562+	步
	戊寅	戠	步于危	《英国》2562+	步
	庚辰	危	步于叉	《英国》2562+,《合集》36901	步
	辛巳	叉	步于沚	《英国》2562+,《合集》36901	步
	壬午	沚	步于杧	《英国》2562+,《合集》36901	步
二月	癸未	嫊	来征人方	《补编》11232	卜旬
	丙戌	卜亘	步于□	《合集》36751	步

续表

时间			地点	事件	资料来源	
					片号	类型
		庚寅	婚	步于杞	《合集》36751	步
		壬辰	杞	步于[illegible]	《合集》36751	步
	二月	癸巳	[illegible]雷季商 啚 [illegible]	来征人方 达[illegible]，于自北	《补编》11232 《英国》2525 《合集》36751	卜旬 卜旬永 步
		甲午	[illegible]	步于剢	《合集》36751	步
	三月	[癸卯]	㠯	来征人方	《补编》11232	卜旬
		乙巳	□	田□，来征人方	《合集》36501+	步
		丙午	商	步于樂	《合集》36501+	步
		己酉	樂	步于喪	《合集》36501+,《英国》2565正	步
		庚戌	喪	步于香	《合集》36501+,《英国》2565正	步
		辛亥	香 豪	步于豪	《合集》36501+,《英国》2565正 《合集》36954	步 夕
	三月	癸丑	豪		《英国》2525	卜旬永
		甲寅	豪	步于奠	《合集》36501+,《英国》2565正	步
		丙辰	奠	步于兓	《合集》36501+,《合集》37434	步
		丁巳	兓		《合集》36954	夕
		戊午	兓	田舊	《合集》37434	步
		己未	兓	步于僼	《合集》37434	步
		庚申	僼	勭	《合集》37434	步
		□□	□	□□淮	《合集》37434	步
	[四月]	癸酉	云奠河邑	来征人方	《英国》2525	卜旬永

黄组卜辞中仅有10余条涉及盂方，大多数属于征伐之前告于大邑商的占卜，如《合集》36511、36513、36514、36519、36521、《补编》11241、11242等。《合集》36518中记“盂方收人其出，伐屯㠯高”，此可能是商王伐盂方的原因。在几片卜旬辞中也有附记王征盂方的，如《合集》36509、36516、36520等。《合集》37398 是一片牛头骨田猎记事刻辞，其辞为“…玗(于)倞□隻白

兕，𣪊于…才二月，隹王十祀，彡日，王來正(征)盂方白□”，这应是王征盂方行军途中的一次田猎记事。

黄组中还有征伐在溽地的“㲋”(《合集》36537)，这次征伐声势浩大，是附属于卜旬辞的征伐记事。每次卜旬均注明“王᠎于上𩵦”，行军超过了一个月，而征伐却在一旬之内就完成了，征伐以后王又回到了“上𩵦”，这次事件是发生在五月到七月之间。记地名的卜旬辞和卜夕辞中，王在上𩵦均有廿祀(《合集》37862、37863)的记录，王在上𩵦的卜夕大约有两个月的时间，卜旬辞中的记月却有正月、二月(《补编》12820)，四月(《合集》37906)、七月(《合集》36537)、九月到十一月(《合集》36846)，《合集》36537 显示王在“上𩵦”的时间为七月癸酉至癸巳三旬。由时间推算，王在征“㲋”之后，在“上𩵦”可能一直居留到第二年的四月。

第二节　黄组卜辞选释

1.《合集》35706

该胛骨原著录参考：《续存下》964，《历拓》10674。现藏辽宁博物馆。

【释文】

(1)癸丑卜，貞：王旬亡𡆥(祸)？才(在)八月。甲寅彡(肜)羌甲。一

(2)癸亥卜，貞：王旬亡𡆥？才八月。　一

(3)癸酉卜，貞：王旬亡𡆥？才八月。　一

(4)癸未卜，貞：王旬亡𡆥？才九月。　一

(5)癸巳卜，貞：王旬亡𡆥？

(6)癸卯卜，貞：王旬亡𡆥？才九月。　一

(7)癸丑卜，貞：王旬亡𡆥？

【备注】此版为一完整的左胛骨卜旬辞。黄组卜旬辞分别刻写于牛肩胛骨和龟腹甲上，卜用甲骨有比较严格的区别。一般来说，商王亲卜者用右骨，非王亲自占卜者则用左骨或龟腹甲。非王亲卜的黄组卜旬辞一般不记贞人名。黄组中只在某段时期内的少数卜旬辞里才记有几个贞人的名字。

此版卜旬从八月开始到十月上旬，历时 70 天两个多月，第 1 辞还附记有周祭安排。黄组卜旬辞附记的周祭为我们了解商代的祭祀制度以及商代世系起到了非常重要的作用。此版仅有这一条卜旬辞附记周祭，系联其他附记周祭比较系统的卜旬辞可以得知，本片癸丑之后接下来的一旬要用肜祭的方式来祭祀羌甲到下一旬𩵦甲之间的各位先祖和先妣。由兆序看，此版为第一卜。在黄组其他的卜旬辞中，有些兆序为二或三，但没有超过三的，故每次卜旬

所用占卜材料应该是三骨或三甲。

图 8-4 《合集》35706(拓片)

2.《补编》11038 正反

该胛骨原著录参考：《蔡缀》5(《英国》2512＋2513)。各部现分藏于英国大不列颠图书馆、英国剑桥大学图书馆。

图 8-5 《补编》11038 正(拓片)

【释文】《补编》11038 正

(1)癸卯王卜，貞：旬亡畎(祸)？才(在)二月。王固(占)曰：大吉。甲辰祭且(祖)甲，𣪊魯甲。 一

(2)癸丑王卜，貞：旬亡畎？才二月。王固曰：大吉。甲寅壴且甲。 一

图 8-6 《补编》11038 反(拓片)

(3)癸亥王卜，貞：旬亡畎？才三月。王固曰：大吉。甲子𣪊且甲。 一

(4)癸酉王卜，貞：旬亡畎？才三月。王固曰：大吉。 一

(5)癸未王卜，貞：旬亡畎？才三月。王固曰：大吉。甲申彡(肜)上甲。 一

(6)甲子。乙丑。丙寅。丁卯。戊辰。己巳。庚午。辛未。壬申。癸酉。

(7)甲戌。乙亥。丙子。丁丑。戊寅。己卯。庚辰。辛巳。壬午。癸未。

(8)甲申。乙酉。丙戌。丁亥。戊子。己丑。[庚]。

【释文】《补编》11038 反

…丙寅。丁卯。戊辰。己巳。庚。

【备注】这是一版比较完整的牛右胛骨。由商王亲贞的卜旬辞刻写于甲骨左边缘骨条处。卜旬时间在某年的二月下中两旬和三月共 50 日之内，并附记有周祭安排。其中第 4 辞没有记周祭计划，从《补编》11002 等附记周祭卜旬辞推知，此旬为肜祭的工典祭，此片显示了“𣪊”与“肜”两个祭期之间

的衔接关系。骨面上部以及骨的背面中央均刻写有干支表，干支表的书写显得比较生涩，与卜旬辞的流畅美观相比显然不是同一个人的手笔，又干支表并未刻写完整，甲申行的“庚”字仅刻写了一半，当为习刻。骨面上的大字为伪刻。

3.《合集》36484

该胛骨原著录参考：《南明》786，《历拓》5442。现藏故宫博物院。

【释文】

(1)癸…王…又…隹(唯)…

(2)癸巳卜，黄貞：王旬亡畎？才(在)十月又二。隹正(征)人方，才瀉。

(3)癸卯卜，黄貞：王旬亡畎？才正月。王來正人方，才攸侯喜啚(鄙)永。

(4)…畎？才正月。王來人方，才攸。

图 8-7 《合集》36484(拓片)

【备注】这是一版由贞人黄占卜的卜旬辞，所谓黄组即是由此贞人而得名。实际上记有“黄”的卜辞非常少，除此版外，仅有《合集》36823、《补编》11234、11237 等三版为贞人黄所卜。该三版均附记有征人方之事，黄乃为十祀征人方时主持占卜的一位重要贞人。联系相关卜辞，可知在这次征人方过程中，与“黄”同一时间和同一地点卜旬的记录还有《补编》11232(王卜贞）和《合集》36494（永贞）。通过这些附记大事和地点的卜旬辞，可以使我们了解当时的一些重大事件，并由相关卜辞之间的排谱联系，推演事件发生的大致过程。

4.《合集》36848

图 8-8　《合集》36848（拓片）

该甲骨原著录参考：《簠地》13，《簠拓》626，《续编》3.19.7。现藏天津博物馆。

【释文】

(1)癸卯□，才（在）上䨓貞：王□亡□？才十… 一

(2)癸亥□，□上䨓□：王旬□□？才十□又□。 一

(3)癸未卜，才上䨓貞：王旬亡畎（祸）？才正月。

(4)癸卯卜，才上䨓，永貞：王旬亡畎？才二月。

【备注】相比贞人黄来说，记有贞人永的卜辞比较多，大约有 29 片，均是刻于龟腹甲上的卜旬辞。由永主持贞卜的卜旬辞有些还附记周祭，如《合集》35658、37867、《补编》10951、11003 等。贞人永曾跟随王征人方，与王和黄同时卜旬，贞人永还跟随王到上䨓。黄组中有大约 33 片记地点在上䨓的卜旬辞，有刻写在右胛骨上的王亲卜贞之辞（《合集》36872），有刻写在左胛骨上的不记贞人之辞（《合集》36846），也有刻写于龟腹甲上的不记贞人和零星记永贞之辞（《合集》36874）。应该与十祀征人方的卜旬相同，由王和两位贞人同时卜贞，贞人永仍用龟，由于左胛骨在上䨓的卜旬辞上从来不记贞人，因此不知这位贞人还是否为黄。有一些在上䨓的卜旬辞和卜夕辞后有“王廿司”（《合集》37863），“司”或为“祀”的借字。如果这样解释正确的话，估计这次到上䨓发生在王二十祀到二十一祀之间。从附记大事的卜旬辞《合集》36537 来看，王一路行进到上䨓，目的是对𣪕进行征伐战争，并在上䨓驻留了相当长的一段时间。

5.《补编》12828

该胛骨原著录参考：《蔡缀》62（《合集》38949＋38960），《吉博》58＋《历拓》6794。各部现分藏于吉林博物馆、山东博物馆。

图 8-9 《补编》12828（拓片）

【释文】

(1)癸亥卜，衜貞：王旬亡畎(祸)？ 三

(2)癸酉卜，衜貞：王旬亡畎？ 三

(3)癸未卜，衜貞：王旬亡畎？

(4)癸巳卜，衜貞：王旬亡畎？

(5)癸卯卜，𠈰貞：王旬亡𡆥？

(6)癸丑卜，𠈰貞：王旬亡𡆥？

(7)癸亥卜，𠈰貞：王旬亡𡆥？

【备注】黄组中的贞人还有𠈰，也是仅见于卜旬辞中。今见有贞人𠈰的卜旬辞大约有31片，全部刻写于左胛骨之上。在有𠈰贞的胛骨卜旬辞中，并非每条都记贞人𠈰，有时一版之中𠈰仅出现一次，如《合集》35402。由贞人𠈰贞问的卜旬辞有的记有周祭，有的比较简单。从此版的兆序三可以看出，贞人𠈰每次占卜也都用三骨。

6.《补编》10949

该龟甲原著录参考：《许缀》7(《合集》35409＋35416)，《北图》4461＋《续存下》965，《历拓》2426、3120。各部现分藏于清华大学、中国国家图书馆。

图 8-10　《补编》10949(拓片)

【释文】

(1)□□卜，𠂇貞：□□亡𡆥(祸)…甲辰祭上甲。

(2)癸丑卜，𠂇貞：王旬亡𡆥？才(在)正月。甲寅壴上甲。

(3)□□卜，貞：□□亡𡆥？□正月。

(4)癸酉卜，貞：王旬亡𡆥？才月二。甲戌壴大甲。　一

【备注】除上举黄、永、𠈰的卜辞之外，能确定为贞人的还有𠂇。此版为贞人𠂇所卜，在黄组卜辞中记贞人的情况极少，贞人数量有限。𠂇的卜辞在现有的材料中仅有4片，均是腹甲甲尾。与永一样，𠂇也是一个主要用龟版占卜的贞人。

7.《合集》36550＋36553

该龟甲原著录参考：《安明》3089＋《龟甲》2.25.15(不全)，《通纂》650、《遗珠》263。各部现分藏于加拿大皇家安大略博物馆、东京大学。

图 8-11　《合集》36550+36553(拓片)

【释文】

(1)乙酉卜，才(在)香貞：王今夕亡𡆥(祸)？

(2)丁亥卜，才喪貞：王今夕亡𡆥？

(3)己丑卜，才樂貞：王今夕亡𡆥？

(4)辛卯卜，才冒貞：王今夕亡𡆥？

(5)癸巳卜，才冒貞：王今夕亡𡆥？

(6)乙未卜，才冒□：王今夕亡𡆥？

(7)□□卜，才□□：王□□□𡆥？

(8)己亥卜，才慶貞：王今夕亡𡆥？　一

(9)辛丑卜，才商貞：王今夕亡𡆥？　一

(10)癸卯卜，才商貞：王今夕亡𡆥？

(11)己酉卜，才吉貞：王今夕亡𡆥？

(12)辛亥卜，貞：王今夕亡𡆥？才吉。

【备注】此版为商王亲卜的卜夕辞，这种卜辞大都刻于龟腹甲上，并记有地点，有些地点与附记征人方的卜旬辞所记地点有关联，占卜日期也能相互照应。其他地点的如在上𩂣的卜夕辞也可以与在上𩂣的卜旬辞相联系。除针对王进行卜夕之外，还有针对师(军队)的卜夕辞。黄组中的卜夕辞非常多，有1300多条。卜夕是一种非常态下的例行占卜，可能与战争状态有关。此版经门艺博士缀合①，可与十祀征人方的卜旬辞和卜步辞相系联，为十祀十月到十一月间的卜夕记录。

8.《合集》36435

图8-12 《合集》36435(拓片)

该胛骨原著录参考：《宁沪》2.148。现藏清华大学。

【释文】

(1)其㞪？

(2)甲寅卜，才剢貞：今夕𠂤(師)不㞪？ 一

(3)其㞪？ 二

(4)…[剢]…

【备注】此版为针对师(军队)的卜夕辞，黄组中针对军队的卜夕辞除这种“今夕𠂤不㞪”的形式之外，还有“今夕𠂤亡猷”的形式，如《合集》36460等。后一种形式的不记地名，而第一种形式的常记地名，并且有正反对贞的两卜，第一卜辞例完整，第二卜省略前辞和命辞中的对象，仅仅询问主要内容“其㞪”。“㞪”为震动、动乱之义，这是关于军队夜间安全的一种占卜。

① 门艺.2008.殷墟黄组甲骨刻辞的整理与研究.郑州大学博士学位论文.283

9.《补编》11248

该胛骨原著录参考：《文捃》503，《合集》36547＋36541＋36544＋《英国》2529（《合集》41758）[①]，《殷虚》376＋《历拓》12325＋《龟甲》1.27.8＋《英国》2529，《南博拓》866，《通纂》754。各部现分藏于南京博物院、中国社会科学院历史研究所、英国剑桥大学，其中《合集》36544现藏地不明。

图8-13 《补编》11248（拓片）

【释文】

(1)癸巳卜，才(在)黄林𠂤…天邑商公宫衣… 一

(2)壬戌卜，貞：才獄天邑商公宫，衣(卒)𢆶(兹)月亡[𡆥(祸)]？寧。

(3)辛卯卜，貞：才獄天邑商公宫，衣𢆶月[亡𡆥]？□。 一

① 《补编》11248的图版中《合集》36547和36544用的是摹本，今将此两版换成拓本

(4)辛酉卜，貞：才獄天邑商公宮，衣𢆶月亡𡆥？寧。 一

(5)辛卯卜，貞：才獄天邑商公宮，衣𢆶月亡𡆥？□。

(6)□□卜，貞：才□天邑商□宮，衣𢆶□亡𡆥？寧。

【备注】此版为卜月亡𡆥的卜辞。殷墟甲骨中卜旬和卜夕为常见的例行性占卜，卜月的则极少，如黄组的这种比较整齐卜月的更少。从此版占卜日期可推出每月相隔为29和30天两种，占卜日期可能就是月首。

10.《补编》11249

图8-14 《补编》11249(拓片)

该胛骨原著录参考：《蔡缀》256(《合集》36542+36543)，《前编》2.3.7+4.15.2(《通纂》755，《续编》5.13.6)+《粹编》1302+《历拓》4730。各部现分藏于中国国家图书馆、故宫博物院。

【释文】

(1)甲午卜，貞：才(在)獄天邑商皿宮，衣(卒)□□亡𡆥(祸)？寧。 一

(2)乙丑卜，貞：才獄天邑商公宮，衣𢆶(兹)月亡𡆥？寧。才九月。 一

(3)甲午卜，貞：才獄天邑商公宮，衣𢆶月亡𡆥？寧。

(4)…天邑商公宮，衣𢆶月亡𡆥？寧。

【备注】此版也是卜月之辞，并且有记月“九月”。由占卜日期来看，以乙丑为月首的九月有29天，而以甲午为月首的八月有31天。

11.《合集》35444

该龟甲原著录参考：《龟甲》2.10.10＋2.10.14（《通纂》283）。现藏地不明。

【释文】

(1)乙未卜，貞：王宾匚(报)乙劦日，亡尤？

(2)貞：王宾叙，亡尤？

(3)丙申卜，貞：王［宾］匚丙劦日，亡尤？

图 8-15　《合集》35444(拓片)

【备注】此版为王宾周祭卜辞，祭法为劦，祭祀的对象为报乙和报丙，时间为相邻的两日内，说明报乙和报丙是前后相继为王的两世。将“贞：王宾叙亡尤”的辞式与祖先庙号搭配组合，即构成一次的比较完整的占卜记录。王宾卜辞“宾”的祖先包含了从上甲至文丁的 30 多位先王和大约 20 多个示壬至文丁之配。祖先名后除常见的周祭名肜、翌、祭、壹、劦之外，还有歲、伐、叙、祔、禝等 10 余种祭法。黄组中这一类卜辞的数量非常多，大都刻于龟背甲上，也有少数刻于腹甲之上的(如《合集》38586)。

12.《合集》35803

图 8-16　《合集》35803(拓片)

该龟甲原著录参考：《后上》20.5，《通纂》57。现藏地不明。

【释文】

(1)甲辰卜，貞：王宾奉且(祖)乙、且丁、且甲、康且丁、武乙，衣(卒)亡尤？

【备注】此版是对自小乙以下五世直系祖先的宾合祭，合祭祖神至先王武乙。

13.《合集》35818

图 8-17 《合集》35818(拓片)

该龟甲原著录参考:《安明》2896。现藏加拿大皇家安大略博物馆。

【释文】

(1)丙午□，貞：武丁□其牢？ 一

(2)其牢又一牛？ 幺幺(兹)用。

(3)丙…武丁□□牢？

(4)其牢又一牛？

(5)叀(惠)□？

(6)叀勿(物)？

(7)癸亥卜，貞：且(祖)甲祊其牢？ 一

(8)其牢又一牛？ 二

(9)叀羊？

(10)叀勿？

(11)叀羊？ 幺幺用。

(12)叀勿？

(13) 甲子卜，貞：武乙祊其牢？㠯用。

(14) 其牢又一牛？

(15) 丙寅卜，貞：武丁祊其牢？

(16) 其牢又一牛？　二

(17) 叀羊？

(18) 叀勿？

(19) 癸酉卜，貞：□□祊其牢？

(20) □□又一牛？

【备注】此版是保存比较完整的祊祭卜辞的前甲部分，从此版可以清楚地看到祊祭卜辞的契刻、卜序及文例特征。此版中受祭的先王有武丁、祖甲、武乙三人。

14.《合集》35829＋35935＋35837 部分

该龟甲原著录参考：《蔡缀》360（《合集》35829＋35935＋35837 部分）[①]，《佚存》981＋《簠帝》102＋118＋（110＋240）（《续编》1.25.7）。各部现分藏于商承祚、天津博物馆。

【释文】

(1) 甲申卜，貞：武乙祊其牢？㠯(兹)用。

(2) 叀(惠)羊？　一

(3) 叀羊？

(4) 丙戌卜，貞：武丁祊其牢？㠯用。

(5) 叀羊？㠯用。　一

(6) 叀羊？

(7) 癸巳卜，貞：且(祖)甲祊其牢？

(8) 丙申卜，貞：武丁祊其牢？

(9) 叀羊？㠯用。

(10) 癸卯卜，貞：且甲祊其牢？㠯用。

(11) 叀羊？

(12) 叀羊？

(13) 甲辰卜，貞：武乙祊其牢？㠯用。

(14) 丙午卜，貞：武丁祊其牢？㠯用。

(15) 癸丑卜，貞：且甲祊其牢？㠯用。　一

① 《合集》35837 左边的一部分为误缀，《蔡缀》360 采用《合集》35837 原片，选入本书时，去除了误缀部分

图 8-18 《合集》35829+35935+35837 部分(拓片)

(16)叀羊？丝用。

(17)□□卜，貞：□乙祊□牢？

(18)□□卜，貞：□□祊其牢？

(19)壬戌卜，貞：母癸祊叀羊？

【备注】这是一版比较完整的祊祭卜辞龟腹甲右半。龟腹甲上的行款为右半右行、左半左行，但在祊祭卜辞中也有例外。如左右两边靠近甲桥部分的卜辞，往往与同侧的其他卜辞行款相反，该版第 19 辞腹甲上的卜夕辞即如此。

15.《合集》35931

该龟甲原著录参考：《通别二》2.1。现藏东京大学。图版参见本章 363 页图 8-2。

【释文】

(1) 叀(惠)□? 兹(兹)□。
(2) 叀□?　一
(3) 叀勿(物)? 兹用。　二
(4) 叀勿?　二
(5) 其牢又一牛?　二
(6) 其牢又一牛? 兹用。
(7) 丙子卜，貞：武丁□其□?　一
(8) 其牢又一牛?　二
(9) 叀羊?　一
(10) 叀勿?　二
(11) 癸卯卜…
(12) 其牢又一牛? 兹用。
(13) 叀羊?
(14) 叀勿?　二
(15) 叀羊?　一
(16) 叀勿? 兹用。　二
(17) 甲辰卜…宗祊□□? 兹用。　一
(18) 其牢又一牛?　二
(19) 叀勿? 兹用。　二
(20) 其牢又一牛?
(21) 癸巳卜，貞：且(祖)甲祊其牢?　一
(22) 其牢又一牛?　二
(23) 叀羊?　一
(24) 叀勿?　二
(25) 叀羊? 兹用。
(26) 叀羊?　一
(27) 叀勿? 兹用。　二
(28) □午卜，貞：武乙宗祊其牢?　一
(29) 其牢又一牛? 兹用。　二
(30) □□卜，貞：□□祊□牢?
(31) 其牢又一牛?　二
(32) □羊?
(33) 叀勿?　二
(34) …宊□□，亡尤?

(35) 乙巳卜，貞：王宾帝事，亡尤？

【备注】本版是一版比较完整的祊祭卜辞龟腹甲。在靠近中甲的甲首位置有两条王宾卜辞，即第 34、35 辞，其中第 35 辞比较完整。这条王宾卜辞中的对象是帝，在黄组中比较少见。

16.《合集》37836

该胛骨原著录参考：《前编》3.27.7，《通纂》287。现藏地不明。

【释文】

癸未王卜，貞：彡日，自上甲至于多毓，衣(卒)亡壵(蠢)自畎(祸)？才(在)四月，隹(唯)王二祀。

图 8-19 《合集》37836(拓片)

【备注】黄组的周祭不仅在附记周祭卜旬辞和王宾卜辞中有所体现，还有专门的这种合祭卜辞，应为周祭刚开始时的一种总的祭祀典礼。一般于癸日举行，祭法仅发现有彡和翌两种，其中彡祭较为多见。辞例中的“亡壵自畎(祸)”是一个固定的熟语，其意义与“亡壵(蠢)”、“亡畎”等语近同。

17.《合集》38731

该胛骨原著录参考：《续编》2.31.6(不全)，《佚存》860(不全)，现藏北京大学。

图 8-20　《合集》38731（拓片）

【释文】

(1) 癸卯王卜，貞：其祀多先且（祖）…余受又$_{=}$（有侑）？王𡆥（占）曰：引吉。隹（唯）…

(2) …吉…

【备注】黄组中的“祀”大都用表年祀之义（如《合集》36482 等），此版中的“祀”用在语气词“其”之后，“祀”后面还有宾语“多先祖”，显然用做动词。此版也是对各位祖先的合祭。

18.《合集》36123

该胛骨原著录参考：《前编》1.20.7，《通纂》47。现藏地不明。

【释文】

(1) 癸酉卜，貞：翌日乙亥王其又（侑）彳于武乙升正，王受又$_{=}$（有佑）？

(2) …又彳于□乙升其正，王受又？

【备注】这是于乙日的前两天就开始安排在下一个乙日进行对武乙的又（侑）彳祭。联系黄组相关辞例，可受“又彳”祭，并可使“王受佑”的先王，除了武乙还有文武丁。

图 8-21 《合集》36123(拓片)

19.《合集》36168

图 8-22 《合集》36168(拓片)

该胛骨原著录参考：《历拓》10320。现藏天津博物馆。

【释文】

(1)丙戌卜，貞：翌日丁亥王其又(侑)彳于文武帝正，王受又₌(有佑)？ 一

(2)…正，□□又₌？

【备注】此版与上一版卜辞辞例、书写风格均相同，显然为同一时期的作品。此种辞例的受祭对象仅有“武乙”和“文武帝”，对“文武帝”的占卜又在丁日，因此指的应是“文武丁”。此与上一版均应是帝乙以后之物。

20.《合集》37408

该胛骨原著录参考：《前编》2.35.1，《通纂》698。现藏地情况不明。

图 8-23 《合集》37408(拓片)

【释文】

(1)壬辰王卜，貞：田𤉲往來亡災？王𡆥曰：吉。才(在)十月。丝(兹)卬。隻鹿六。 一

(2)乙巳王卜，貞：田軎往來亡災？王固曰：吉。茲卬。隻(獲)鹿四。 一

(3)戊戌王卜，貞：田𨙶往來亡災？王固曰：吉。茲卬。隻鹿四。

(4)…卜，貞：□□往来…固曰：吉。…鹿□。

【备注】黄组田猎有诹日现象，多于“乙、戊、辛、壬”四日进行田猎，此版出现的三个占卜干支正体现了这种现象。在这三个田猎地中“軎”是常见的田猎地，地名“㚔”和“𨙶”则不常见，“𨙶”地还出现于十祀征人方行军途中。

21.《合集》37431

该龟甲原著录参考：《续存下》922。现藏清华大学。

【释文】

(1)戊寅□，□：王田□，□來□□？

(2)壬午□，□：王田□，往□□災？

(3)乙未卜，貞：王田軎，往來亡災？茲卬。隻鹿四，麑一。

(4)辛丑卜，貞：王田軎，往來亡災？

(5)□□卜，貞…往來□災？

(6)□□卜，貞：□□宮，□□亡災？

图 8-24 《合集》37431(拓片)

【备注】此版为田猎卜辞龟腹甲右半，田猎地点仅有軎和宫，均是黄组时期王经常田猎的地点。

22.《合集》37471

该胛骨原著录参考：《佚存》547。现藏故宫博物院。

图 8-25　《合集》37471(拓片)

【释文】

…貞：王田于鷄往來亡災？…引吉。丝(兹)卬。隻(獲)犷(狐)八十又六。

【备注】此版为王在雞田猎的记录，黄组田猎卜辞中记载王田于雞的共有9条，除少数没有记验辞的之外，其余均记获狐，可见此处狐兽较多。《合集》37848为雕花虎骨记事刻辞，亦记在雞田猎，所获为虎。

23.《合集》37362＋37455

该胛骨原著录参考：《蔡缀续》373(《合集》37362＋37455)，《续存下》2374＋《前编》2.11.6，《通纂》669。各部现藏地皆不明。

【释文】

(1)壬辰卜，貞：王田㺇，往來亡災？王固(占)曰：吉。丝(兹)卬。隻(獲)虎一，犷(狐)七，□□，麑二，雉二。　一

(2)壬寅卜，貞：王田宭，往來亡災？王固曰：吉。丝卬。隻虎一，犷六。　一

(3)丁未卜，貞：王田𩫖，往來亡災？王固曰：吉。　一

(4)戊申卜，貞：王田喜，往來亡災？　一

(5)壬子卜，貞：王田喜，往來亡災？王固曰：吉。　一

(6)戊辰卜，貞：王田喜，往來亡災？王固曰：吉。　一

(7)辛未卜，貞：王田，往來亡災？王固曰：吉。

图 8-26 《合集》37362+37455(拓片)

【备注】这是一版比较完整的田猎卜辞右胛骨。黄组田猎占卜龟骨并用，用骨虽然也有左右，但是不像卜旬辞那样将王亲卜和非王亲卜的用骨严格区分，此版即为非王亲卜用右骨的情况。此版7辞，“田”与“往”中间空一格，田猎的地点没有刻出，在黄组中像这样空格漏刻的情况在其他类别的卜辞中也有一些。

24.《补编》11271

图8-27　《补编》11271(拓片)

该胛骨原著录参考：《蔡缀》146（《合集》36399＋36944），《簠游》54（不全）＋《历拓》614，《续编》3.32.7（不全）。各部现分藏于天津博物馆、中国社会科学院历史研究所。

【释文】

(1)壬午王卜，貞：其迖于，往來亡災？

(2)乙酉王卜，貞：其迖于宫，往來亡災？ 一

(3)戊子王卜，貞：其迖于，往來亡災？ 一

(4)辛卯王卜，貞：其迖于，往來亡災？ 一

【备注】此版为王迖的占卜卜辞，“迖”为巡行镇抚之义，与时王对其他方国或地区采取的军事或政治行动密切相关，如《合集》36537的卜旬辞中，王迖于上䰜达40多天，之后进行了对𣪊的征伐活动。在黄组卜辞中“迖”的地点多为盥，其他还如宫、灉等地，所见不是很多。此版中仅显示出乙酉日于宫，其他3条卜辞的地点都不明。此版与上一例4辞相同，在“于”和“往”之间，空格未刻。

25.《合集》36501＋36752＋37410＋36772

该胛骨原著录参考：《蔡缀续》379（《合集》36501＋36752），《续编》3.28.5＋《历拓》720＋《前编》2.15.2（不全）＋4.36.3。《合集》37410现藏地不明，其余各部现分藏于北京大学、中国社会科学院历史研究所、山东博物馆。

【释文】

(1)乙巳卜，才(在)…王田口，亡…咒廿又…來正(征)人［方]。

(2)丙午卜，才商貞：今日步于樂，亡災？

(3)己酉卜，才樂貞：今日王步于喪，亡災？

(4)庚戌卜，才喪貞：今日王步于香，亡災？

(5)辛亥卜，才香貞：今日王步于𡵨，亡災？

(6)甲寅卜，才𡵨貞：今日王步口奠，亡災？

(7)乙口口，才奠貞：王田自東，［往]來亡災？兹卬。隻(獲)鹿六，犷十。

(8)丙辰卜，才奠貞：今日王步羌，亡災？

(9)癸…彡(肜)…步…亡災？

【备注】此版为比较完整的卜步辞左胛骨。此版每条所记步的出发地和终点站以及占卜日期可与附记十祀征人方的卜旬、卜夕辞系联起来，是编排十祀征人方日程表的重要材料。虽然第1辞残缺，但从余下的信息来看应是征人方的归程。在归程中，王的田猎活相比往程明显增多，而往程中常见的迖活动明显减少。

图 8-28　《合集》36501+36752+37410+36772（拓片）

26.《合集》36366

图 8-29　《合集》36366(拓片)

原著录参考：《美国》697。该胛骨现藏美国 M.H 的新纪念馆。

【释文】

(1) 乙未卜，□：□省，往來□□？　一

(2) 丁未卜，貞：王省，往來亡災？　一

(3) □□卜，貞：王□，往來亡災？

【备注】黄组中对王外出活动均是卜问“亡災”或“往来亡災”，出行的目的有田、步、⿺辶戈等，“省”则非常少见，仅有数十片，都是非常简略的卜问形式，附记的信息非常少，没有显示出省的目的地。从书写风格来看，这些有关“省”的卜辞均是黄组较晚时期的。

27.《合集》36482

该胛骨原著录参考：《前编》3.27.6＋1.18.1，《通纂》592。现藏地不明。

【释文】

(1) 甲午王卜，貞：乍余酌朕𡴂酉，余步，比侯喜正(征)人方。上下𠭰示受(授)余又₌(有佑)，不𠱩𢦏，冎。告于大邑商，□□才𤕰。王𡆥(占)曰：吉。才(在)九月。遘上甲𡆥，隹(唯)十祀。

(2)甲午王卜，貞：其于西宗美示？王𡆥曰：引吉。

图 8-30　《合集》36482(拓片)

【备注】此版的信息比较完整，占卜的时间为十祀九月甲午，正当壹祭上甲时。第 1 辞王占卜的事项为“步”，联合攸侯喜征伐人方，希望受到所有神祇的保佑，使战争取得胜利，并将所有这些行动和希望告祭于大邑商，使祭祀活动顺利进行。这是在十祀征人方开始时，商王举行的占卜和祭祀活动。黄组中类似辞例的卜辞还有 10 多片，大都为征人方的祭祀卜辞。由占卜日期看，起码还有另外一次征人方的记录(如《合集》36498)，也有征伐盂方的记录(如《合集》36511)。第 2 辞似乎为选择祭祀地点的占卜。

28.《辑佚》690 +《合集》36182

【释文】

丁巳王卜，貞：今囚巫九备，𠂤人方率伐東戉東，典(册)東医，𠭯人方，妥(绥)余一[人]，其比多医，亡𢦏？自于𢼸示，余受又=(有佑)？王𠚧(占)曰：大吉…彡(肜)□。王彝才在□□宗。

图 8-31 《辑佚》690+《合集》36182(拓片)

图 8-32 《辑佚》690+《合集》36182(摹片)

【备注】该版由焦智勤先生缀合[①]。此新缀合的黄组征人方卜辞，记载了人方处在殷商王国的东土之东，以现在安阳殷墟为坐标，其东方在今山东泰安、兖州、日照一线上，是人方居住的地区。商王册命东侯，组织征伐人方，其时间是在帝辛时期。

① 焦智勤等. 2008. 殷墟甲骨辑佚——安阳民间藏甲骨. 北京：文物出版社. 151

图 8-33　《辑佚》690(照片)正、反

29.《合集》36518

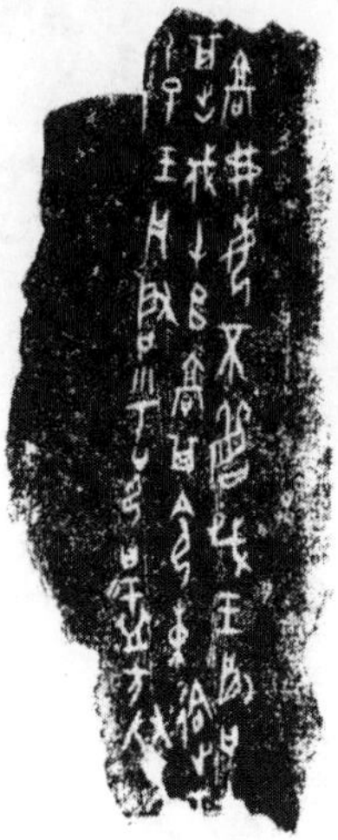

图 8-34　《合集》36518(拓片)

该胛骨原著录参考：《龟甲》2.25.6，《通纂》581，《遗珠》193。现藏东京大学。

【释文】

乙巳，王貞：啓，乎(呼)祝曰：盂方収［人］其出，伐↓𠂤高。其令東迨［于］高，弗每(悔)？不𢀛？王占(占)曰：吉。

【备注】此版是有关盂方的占卜，卜辞所述事件表明盂方不仅出动，而且还进行了不利于商的征伐活动。商王就此占卜：命令“東”去救援被盂方征伐的高，王对这一部署不后悔。

30.《合集》36522

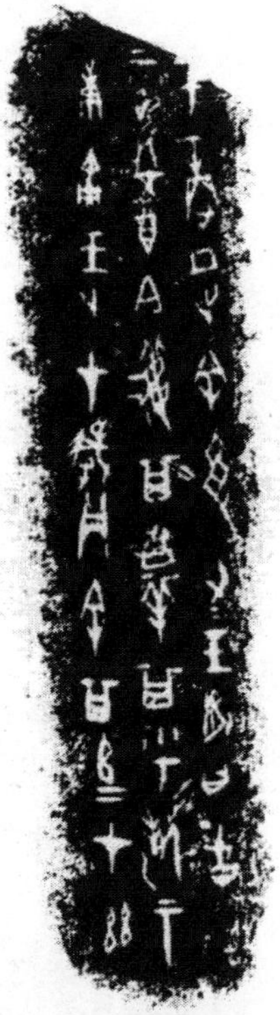

图 8-35　《合集》36522(拓片)

该胛骨原著录参考：《前编》2. 5. 3，《通纂》595。现藏地不明。

【释文】

庚寅王卜，才(在)𢍰貞：余其𠂤在𢆶(兹)上𠤕，今秋其𦎫，其乎(呼)𢻲示于商，正，余受又(有佑)？王占(占)曰：吉。

【备注】从“上𠤕”这个地名来看，可能与征伐𡿖的军事活动有关。“𠂤”为驻扎之义，“𦎫”指一种具体的军事打击行为，这是商王在部署近期内的作战计划，祈望受到保佑而占卜。

31.《合集》36426

该胛骨原著录参考：《簠游》51，《续编》3.23.7(不全)、《佚存》971(不全)。现藏天津博物馆。

【释文】

(1)丁丑王卜，貞：其遷旅，祉(延)迖[于]盂，往來亡災？王囚(占)曰：吉。才… 一

(2)…卜…于…災？

图 8-36　《合集》36426(拓片)

【备注】此版是关于商王迖于盂地的占卜。“祉”有延长、继续之义，商王在丁丑之前已经迖于盂地了，所以才有“延”这一行动。“遷旅”即“振旅”，指习武、练兵之事。“遷旅”与“延迖”同时进行，可见“迖”与军事的密切联系。又《合集》38177为丙子日占卜，占卜第二天做“遷旅”与“延迖”之事会不会遇到下雨。此版则占卜当天一路是否顺利。两版日期及卜事可以系联。

32.《合集》36492

图 8-37 《合集》36492(拓片)

该胛骨原著录参考：《综述》21.2，《文摭》517。现藏中国社会科学院历史研究所。

【释文】

丙午卜，才(在)攸貞：王其乎(呼)…征(延)執胄人方𢀛焚…弗每？才正月。隹(唯)來正(征)…

【备注】此版虽残，但有时间地点为正月丙午在攸，最后“唯来征”显示应是在某次征伐战争的归程中。在《英国》2562 正所见十祀征人方的卜步辞中，曾记正月乙巳王步于攸，此丙午为到攸的第二天，从此残片看这一日占卜的事项与人方有关，“执”“焚”两词显示似乎是对战俘或战利品进行处理，看来此次征伐人方取得了胜利。

33.《合集》36975

该胛骨原著录参考：《粹编》907，《善斋》9046。现藏中国国家图书馆。

【释文】

(1)己巳王卜，[貞]：□歲商受□？王固(占)曰：吉。 一

(2)東土受年？

(3)南土受年？吉。

(4)西土受年？吉。

(5)北土受年？吉。

图 8-38　《合集》36975(拓片)

【备注】黄组中有关农业的占卜很少，此版商王亲卜受年之事，非常难得。王首问商是否受年，然后依次问东、南、西、北四方是否受年。

34.《英国》2566

该胛骨现藏英国剑桥大学图书馆。

【释文】

(1)壬寅卜，才(在)□…王其射柳[兕]…

(2)弗𢆶(擒)？

(3)不遘大雨？

(4)其遘大雨？

(5)其于七月射柳兕，亡災？𢆶？

(6)弗𢀛？

(7)丙午卜，才𠂤貞：王其田柳，衣(卒)逐亡災？𢀛？

(8)不𢀛？

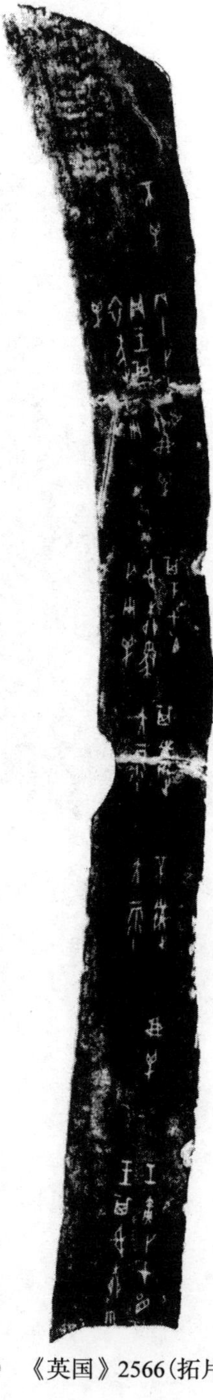

图 8-39　《英国》2566(拓片)

【备注】此版主要是占卜田猎，但与黄组的格式化辞例“田某，往来亡災”不同，此版第 7 辞为“衣逐亡災”，“衣”读为副词卒，表终了之义，即在整个田猎追逐过程中都不会出现意外。本版第 2、5、6、7、8 诸辞占卜是否有所擒获，第 1 辞记有具体的田猎方法“射”，猎取的对象为兕。除田猎外，3、4 辞还占卜了天气情况。无名组田猎卜辞中常问天气情况，黄组则较少见。此版与无名组辞例相当，是黄组较早期的卜辞。

35.《合集》38243

图 8-40　《合集》38243(拓片)

该胛骨原著录参考：《安明》3176。现藏加拿大皇家安大略博物馆。

【释文】

辛酉王卜，貞：□毓(育)，妫(嘉)？王凪(占)曰：大吉。□九月。遘且(祖)辛鼎。

【备注】古毓字从女、从倒子，其本义是表示生育，殷卜辞中的毓字多用表君后义。此版中之“毓”，可能是商代晚期的一个繁化字，也可能是毓字的早期形态，辞中用来表记贞娩之事。宾组卜辞中有不少关于妇女生育的占卜，在后来的诸组类卜辞中罕见。此版妇名残失，在《殷墟甲骨辑佚——安阳民间藏甲骨》中另有一版黄组卜辞，也占卜妇女生育，妇名为“安”，占卜时间亦为“九月”，惜占卜日残泐，这两版也许为同时所卜。

第九章

殷墟非王卜辞

与“王卜辞”概念相对的是“非王卜辞”，即甲骨占卜的主人不是商王的一些卜辞。

过去在相当长的一段时期内，学术界多认为殷墟所出土的甲骨刻辞的主人皆为商王。上世纪30年代，随着研究的深入，学者以贞人为线索，对相关卜辞进行系联，曾发现有占卜者为“子”的一类卜辞不同寻常。最早注意这类卜辞的是叶玉森和他的学生金祖同先生[①]。1936年，董作宾先生将后来称为非王卜辞的子组卜辞的五个贞人全部区分出来，而且对子的身份进行了分析。他指出：“卜辞中有称‘卜’或‘子卜贞’者凡三十余见，字画皆甚纤细，似出一人手笔。子兼卜与贞，与他辞‘王卜贞’同，既能自卜，且主贞事，与史官之作贞人者异疑，此子乃王子某，但称子不自署名而已。[②]”

1935年，日本学者贝冢茂树先生用董氏“五期”说对日本东方文化研究所收藏的400余片甲骨进行分类整理，当时他未能够解决署名为“子”、“余”、“自”、“夶”等几版卜人的断代问题。1938年，贝冢氏撰文把“子卜贞”之辞叫做“多子族卜辞”，他分析“子”占卜的“余又呼出𩫏”一辞的主人是子商(𧡒)[③]。1946年，贝冢氏在他的《中国古代史学的发展》一书中进一步指出：“子卜贞卜辞中出现的王子名应归入第一期武丁时代，但是其书体根据干支字来看和董氏所举的十一贞人的卜辞书体有显著的不同。子卜贞卜辞、十一贞人集团卜辞或五贞人集团并存在同一甲骨版上的例子至今不曾发现，这或许可以解释为子卜贞卜辞、十一贞人集团、五贞人集团分别属于不同的占卜机关，进而发展成为互无关系的独特书风。”他推断甲骨文字体在发展过程中具有二元的、三元的变化系列[④]。后来陈梦家先生把贝冢氏所称的“子卜贞

① 叶玉森. 1934. 殷虚书契前编集释(卷八). 上海：大东书局；金祖同. 1935. 殷虚卜辞讲话. 上海：中国书店

② 董作宾. 1936. 五等爵在殷商. 载：中央研究院历史语言研究所集刊(第六本第三分)

③ 贝塚茂树. 1938. 殷代金文に见えた图像文字𦍋. 东方学报，9

④ 贝塚茂树. 1946. 中国古代史学的发展. 日本东京：弘文堂书店

卜辞”或“多子族卜辞”定名为“子组卜辞”，其时代在武丁晚期[①]。

1958 年，李学勤先生发表《论帝乙时代的非王卜辞》一文，明确指出安阳小屯出土的殷墟甲骨多数是商王的，其问疑者是王，这种卜辞为“王卜辞”。他认为 YH127 坑的子组卜辞，还有 YH251、YH330 等坑的卜辞都不是“王卜辞”。他把这些问疑者不是王的卜辞，统称之为“非王卜辞”[②]。

随着花园庄东地甲骨的科学发掘出土，殷墟甲骨中确有非王卜辞已是不争的事实。根据出土地、字形、文例特征、占卜内容、称谓、人物、事项等方面的依据，今出土所见非王卜辞大致可以分为十种类型：一、子组卜辞(431 片，另附 5 片)；二、非王无名组(YH251、330 卜辞，329 片)；三、午组卜辞(262 片)；四、花园庄东地子卜辞(559 片)；五、圆体类(138 片)；六、劣体类(193 片)；七、刀卜辞(22 片)；八、侯家庄南小园坑卜辞(33 片)；九、屯西类(11 片)；十、后冈等其他零星卜辞(12 小宗，共计 37 片。其中后冈 2 片，大司空村 2 片，苗圃北地 1 片，花园庄南地 1 片，第 3 次发掘字甲 1 片，三足贞字类 3 片，卷曲[illegible]字类 3 片，亚卜辞 7 片，子亡若 1 片，散见花东类 9 片等。这里暂不包括近年山东济南大辛庄出土甲骨和 2002 年出土但尚未公布的一些午组卜辞材料)。如今所见非王卜辞的数量，计约 2015 片[③]。

就甲骨文例、占卜内容和书写风格而言，非王卜辞远不及王卜辞规范。各类非王卜辞都带有自己的一些特点，有些还呈现出较强的随意性，其中子组、午组、花东子卜辞最为卓尔不群，它们有不同的专职占卜人员，有不同的占卜、刻辞习惯。从彼此的差异又似可推知，它们应是一些王室同胞贵族占卜活动的遗物。现在看来，除去小屯西地类等一些零星偏晚的材料，殷墟非王卜辞的时代大多属于武丁时期。

非王卜辞与王卜辞同时并存的现象，表明在王朝占卜机构之外，还有其他占卜机关的存在。推想王卜辞有商王朝经院式特点，非王卜辞则表现出家塾式的作风。值得注意的是，非王卜辞与王卜辞、非王卜辞各类之间也有一定的内在联系，如非王无名组与宾组、非王无名组与子组卜辞有共版现象，午组与𠂤组都有方耳鼎形的贞字，午组与宾组都有尖耳的贞字；其中的一些卜辞在占卜事类和人物称名等方面可互为印证。这也不同程度地反映了当时某些贵族集团生活的侧面。本章主要讨论子组、午组、非王无名组和花园庄东地子卜辞。

---

① 陈梦家. 1956. 殷虚卜辞综述. 北京：科学出版社. 161

② 李学勤. 1958. 论帝乙时代的非王卜辞. 考古学报，(1)：43~74

③ 该统计数据由常耀华先生提供，另有黄天树先生统计 1500 多片，他认为非王卜辞约占全部殷墟非王卜辞总数的百分之一，黄说见：《重论关于非王卜辞的一些问题》，《黄天树古文字论集》，北京：学苑出版社，2006 年，第 81 页；蒋玉斌先生统计为 2064(1794)，内有重复。见：《殷墟子卜辞的整理与研究》，吉林大学博士学位论文，2006 年，第 109~126 页

第一节　子组类

所谓“子组卜辞”是指占卜机构以子、余、我、𡢃、㣟等卜人为主体，字形细小而修长，笔画柔曲而秀润的一批卜辞。其前辞形式多为“干支卜，某贞”（合集 21284、21677）；“干支卜，某”（合集 21290）；“干支卜，贞”（合集 21729、21826）；“干支，某卜”（合集 21547、21573）；“干支，某”（合集 21287）；“干支卜”（合集 21288、21555）等。除了传世品之外，子组卜辞见于著录者计有 430 多片，科学著录材料主要出自殷墟第 1 至 9 次发掘、第 13 次发掘及第 15 次发掘。占卜活动主要涉及祭祀、休咎、贡纳、出入、卜夕和卜旬、征战、田猎等内容。

一、子组卜辞综述

子组卜辞的主人为“子”，他可能是与商王武丁同宗同辈的一位贵族族长，或为商先王小辛之后。“子”这个家族颇为庞大，据统计，子组卜辞共见 116 人。其中有已故 37 人（含男性 15 人，女性 22 人）；生人 79 人（含男性 63 人，女性 16 人）[①]。

子组卜辞所见女性受祭对象较多，有后妣（《合集》21555＋21537），妣辛（《合集》21540），妣己（《合集》21547），二妣己（《英国》1891），妣庚（《合集》21550），妣壬（《合集》21725），后妣甲（《合集》40886），妣戊、妣癸（《天理》313），妣（《合集》21586）；母庚（《合集》21555＋21537），母枼（《合集》21805），龍母（《合集》21805），中母己（《合集》21805），母辛（《合集》21540）；后（《合集》21796），冎后（《合集》21805），后癸（《合集》21804）；帚鼓（《合集》21787），帚妊（《合集》21725），𡢃壬（《合集》21573）等。

男性受祭对象相对较少，主要有𢼄（肇）祖（《合集》21541），大甲（《合集》21540），祖乙（《合集》21542），亶甲（《合集》21805），伊尹（《合集》21573）；父庚、父甲（《合集》21538＋21538），父辛（《合集》21542），父乙（《合集》21539），父戊（《合集》21544）；兄丁（《合集》21586），子丁（《英国》1891）；小己（《合集》21586）等。

子组的生人以子（《合集》21583）为主，参与占卜的有余（《合集》21549）、我（《合集》21586）、㣟（《合集》21567）、𡢃（《合集》21564）等人。另见有小王（《合集》21546），子𦎫、子𡊄（《京都》3241＋《合集》40888＋《库方》1259），中子（《合集》21565），竹（《京都》3241），韋（《合集》21640），雀（亚雀）（《合集》21549），攺（《合集》21623），受（《合集》21586），弓、（《合

① 常耀华. 2006. 殷墟非王卜辞研究. 北京：线装书局. 21，30

集》21659)，万(《合集》21651)，𢆶(《合集》21595)等人称，此组卜辞还提到多臣(《合集》21532)、多子(《合集》21564)等重要的集合称谓。

子组卜辞提及的男性人物盖有祖、父、兄弟、子、帚(妇)某子等几类。祖类有肇祖、高、大甲、祖乙、等称。高，即高祖，卜辞每每将高祖省称作“高”。被称为父者有六：父甲、父庚、父辛、父乙、父戊、父。其中称父甲、父庚、父辛、父乙者应分别是指阳甲、盘庚、小辛和小乙。子组卜辞还提及亷甲一名，亷甲之名又见于宾组，应指盘庚之兄“阳甲”的别名“和甲”[①]。

由于子组卜辞辞主“子”的祭祀称谓系统与武丁卜辞大致相同，有学者推断子组卜辞的占卜主体“子”不可能是武丁之子[②]。“子”不仅是与商王同姓的族长，而且还可能就是武丁的亲兄弟，至少也是从父兄弟[③]。子组卜辞中的“王”实际上就是武丁。小王疑是武丁之子。据史籍载，武丁诸子立为小王的只有孝己，本组卜辞的小己应即孝己。“子”的儿子有帚(妇)衈子曰戠，帚妥子曰亩，帚妥子曰𦈡三人。故小王辈至少有小王孝己、戠、亩、𦈡等四人。

该“子”家族女性行辈可以确定的有妣、母、帚(妇)三代。另有称后者与母同辈。被称为妣的有11位：妣己、妣庚、妣辛、妣癸、二妣己、妣壬、后妣甲、妣戊、妣丁、后妣、妣。其中妣己、妣庚、妣辛、妣癸四妣正好与武丁之祖父祖丁之配相合；卜辞所见商王先妣中名妣己者有三，分别是仲丁之配、祖乙之配和祖丁之配，以周祭中的商先王先妣世次看，此“二妣己”应是祖乙之配；妣戊乃为大丁之配。商先妣中名“妣壬”者有二，一为大庚之配，一为大戊之配；商先妣中名“妣甲”者有二，一为示癸之配，一为祖辛之配，子组中的妣壬、后妣甲或许就是上述某先王的配偶。

子组卜辞中称母者共有6人：母庚、母𣏟、母、中母己、龍母、克母。除克母为生人外，余皆为死人。克母尚可生育，且因其子克已能刍，克母年岁大概不会小于40岁。卜辞提到帚(妇)称计12人，她们是帚妊、𠊿壬、帚来、帚妥、帚徣、帚女、帚鼓、帚壴、帚康、帚豕、帚衈、帚。其中帚妊与𠊿壬疑为一人，都是祭祀的对象。

该“子”有一批可供役使的部属，他们有大致明确的分工。其中最重要者莫过于专司占卜的余、我、𠊿、徣等四人。他们能直接参与子家族的祀、

① 《山海经·大荒北经》注引晋人整理《竹书纪年》有辞云：“和甲西征，得一丹山.”清人朱右曾《汲冢纪年存真》依今本《竹书纪年》“阳甲名和”之说，认为和甲即阳甲，说可信. 今证之卜辞，《竹书纪年》所称之“和甲”，宾组、子组卜辞或称作“亷甲”，“和”、“亷”皆读为阳甲之私名，本乃一声之转. 参见王蕴智. 2004. 出土资料中所见的“亷”和“龙”. 郑州大学学报，(6)：76

② 林沄. 1979. 从武丁时代的几种“子卜辞”试论商代的家族形态. 载：古文字研究(第一辑). 北京：中华书局. 314~336

③ 彭裕商. 1986. 非王卜辞研究. 载：古文字研究(第十三辑). 北京：中华书局. 77

戎等重大活动，是子的近臣。另有掌管田猎兵事的武官，如印、㲋、㯯，还有、執、、、盧、豖、巫妹等曾被子呼令，可能是子家族中次一级的属员。

如上分析，子组卜辞中出现的人称，尊于子者是王和小王。子𦖞、子圭、中(仲)子、雀(亚雀)等是地位与子相当或尊于子的其他贵族。受、𪊨、㑁、豖、韋、𡰥、万、来、帚来、弓、、刀、執、方、东、尹等又都是具有氏族称名的人物。他们不是子的部曲，也不隶属于子之家族。

子组卜辞书风谨严、娟秀，字形大小相若，易于与其他类别相区分。其典型字例如贞字表鼎足的两竖笔底端带有短横，习作形，子字首部扁圆，两臂对称上举作形，午字中竖上有规整的两圆点，写作形。于()字繁写，右侧有曲线外廓等。子组特征字形如下所示：

丁《合集》21555 庚《乙编》8818 子《合集》21805 子、巳《合集》21555 丑《合集》21805 卯《合集》21555 辰《合集》21804 午《合集》21743 申《合集》21708、《乙编》8818 戌《合集》21784 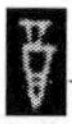酉《合集》21796 酌《合集》21547 于《合集》21728 羊《合集》21547 鼎(貞)《合集》21583 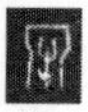牢《合集》21555 自《合集》21727 隻《合集》21586 隹《合集》21742 不《合集》21727 亡《乙编》8818 又《乙编》8818 出《合集》21583 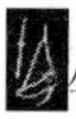卸《合集》21555 邑《合集》21583 日《合集》21727

二、子组卜辞选释

1.《合集》21784

该胛骨原著录参考：《书契》3.14.2(不全)，《历拓》10494，《通纂》8。现藏吉林大学。

【释文】

(1)己巳。庚午。辛未。壬申。癸酉。甲戌。乙亥。丙子。丁丑。癸未。甲乙。

(2)癸卯卜，貞…

(3)爭…𡆥？

【备注】第1辞是未完成的干支表。第2、3两辞是典型的宾组字形(3辞中的“爭”为宾组贞人名)。宾组、子组共版的现象还见于《合集》21640，这两版卜辞与《合集》21538甲乙、《合集》21539、《合集》21543、《合集》21758、《合集》21544等交互为证，表明子组确属于武丁时期。

图 9-1　《合集》21784（拓片）

2．《合集》21586

该龟甲于 1936 年小屯村北出土（编号 13.0.10989，13.0.11056，13.0.11335，13.0.11816，13.0.11817，13.0.11818）。著录参考：《乙编》4758＋4814＋4949＋5236＋5237，《丙编》611。现藏台湾“中央研究院”历史语言研究所。

图 9-2 《合集》21586(照片)

【释文】

(1)乙未余卜：今八月又(有)史(事)？

(2)…于… 一

(3)乙未余卜，貞：于九月又史？

(4)于九月又史？

(5)若？ 二

(6)[乙]未子卜，貞：叀丁史？ 一

(7)…余卜，貞…丙…

(8)乙…余…今𪔂(秋)…

图 9-3　《合集》21586（拓片）

(9)［乙未］余卜，貞：今㚇…帚（婦）…　一

(10)…今㚇…

(11)乙…卜…

(12)…今㚇…帚…

(13)丙申余：又召？　一

(14)丙…亡𡆥（𡆥）？

(15)丁酉卜，𢓉：钔兄丁？　一

(16)丁酉余卜：隹（唯）庚召？

(17)丁酉卜…召？

(18)丁酉余卜：今八月又史（事）？　一

(19)…八月。　二

(20)隹八月又事？　二

(21)隹辛又召？ 一
(22)又召？ 二
(23)女(毋)。
(24)丁酉余卜：壬又史？
(25)于癸又史？
(26)余卜…史…即…
(27)女。
(28)□□，彶［卜]：亡𡆥？ 二
(29)女。
(30)丁酉…
(31)…戌卜，彶貞：來隹若以？ 一 二
(32)□…隹以？ 一 二 三
(33)己亥卜，彶：钔(禦)匕(妣)己？ 一
(34)不？ 二
(35)叀大…丁巳。 一
(36)乙巳…
(37)己亥卜，彶貞：來隹若？ 一
(38)己亥卜，彶貞：來隹史以？ 一
(39)己亥卜，彶… 一 二
(40)己亥卜，彶… 一 二
(41)己亥卜，彶：钔小己若？ 一
(42)□子卜，我貞：又史？ 一
(43)庚子卜，彶貞：翌來隹𢓊以？
(44)𢓊。 二
(45)甲子卜，我貞：乎(呼)𡨄 隻(獲)印？ 一
(46) 𡨄隻印？ 二
(47)甲子卜，我貞：…彡(肜)，我又史？ 二
(48)己巳卜，我貞：射麋？ 一
(49)己巳卜，我貞：今夕亡囚？
(50)己巳卜，我貞：史𢀛宁？ 一
(51)庚午卜，我貞：乎𡨄 隻？ 一
(52)不隻。
(53)庚午卜，我貞：乎𡨄 隻？ 一
(54)不隻。
(55)庚午卜，我貞：□𡨄 隻？ 三

(56)□午子卜，貞：史人隹若？　一

(57)宁□。　二

(58)…貞…

(59)丙寅卜，我貞：乎印取射麋？

【备注】此版第 1～4、6、18、21、22、24、25、42、47 等辞卜问当前的八、九月间是否“又(有)史(事)”。另外卜选拟举行禦祭的致祭对象及田猎事宜。

3．《合集》21635

图 9-4　《合集》21635(照片)

图 9-5 《合集》21635(拓片)

该龟甲于 1936 年小屯村北出土(编号 13.0.7103)。原著录参考:《乙编》3350。现藏台湾“中央研究院”历史语言研究所。

【释文】

(1)乙巳卜，㣈：又(有)夂(咎)？　二

(2)亡之？　二

(3)乙巳卜，㣈貞：今五月我又史(事)？　二

(4)乙巳卜，㣈貞：六月我又史？　二

(5)乙巳卜，㣈貞：[庚我]又史？　二

(6)乙巳卜，㣈貞：辛我又史？　二

(7)丁未卜，㣈貞：令[㚑]？　二

(8)叀己令㚑？　二

(9)戊申卜，貞：叀庚令㚑？　二

(10)叀辛令㚑？　二

(11)戊申卜，㣈貞…

(12)二

(13)二

(14)二

【备注】此版是成套卜辞的第二版，主要是卜选“我又(有)史(事)”的时间。其次卜选“令㚑”的时间，备选项是己、庚、辛日。这两件事有可能是相互关联的。㚑是子家族一个重要部员，多被委以重任。

4.《合集》21727

该龟甲于 1936 年小屯村北出土(编号 13.0.11166、13.0.11802、13.0.13036)。原著录参考:《乙编》4856＋5221＋6092＋无号碎甲,《丙编》612。现藏台湾“中央研究院”历史语言研究所。

【释文】

(1)乙丑子卜，貞：今日又(有)來？　一

(2)乙丑子卜，貞：翌日又來？

(3)乙丑子卜，貞：自今四日又來？　一

(4)乙丑子卜，貞：自今四日又來？

(5)乙丑子卜，貞：庚又來？　一

(6)丙寅子卜，貞：庚又(有)史(事)？

(7)癸酉卜，㣈：至㓝亡𡆥(祸)？

(8) 㓝？　二

(9)癸酉卜，㣈貞：至㓝亡𡆥？

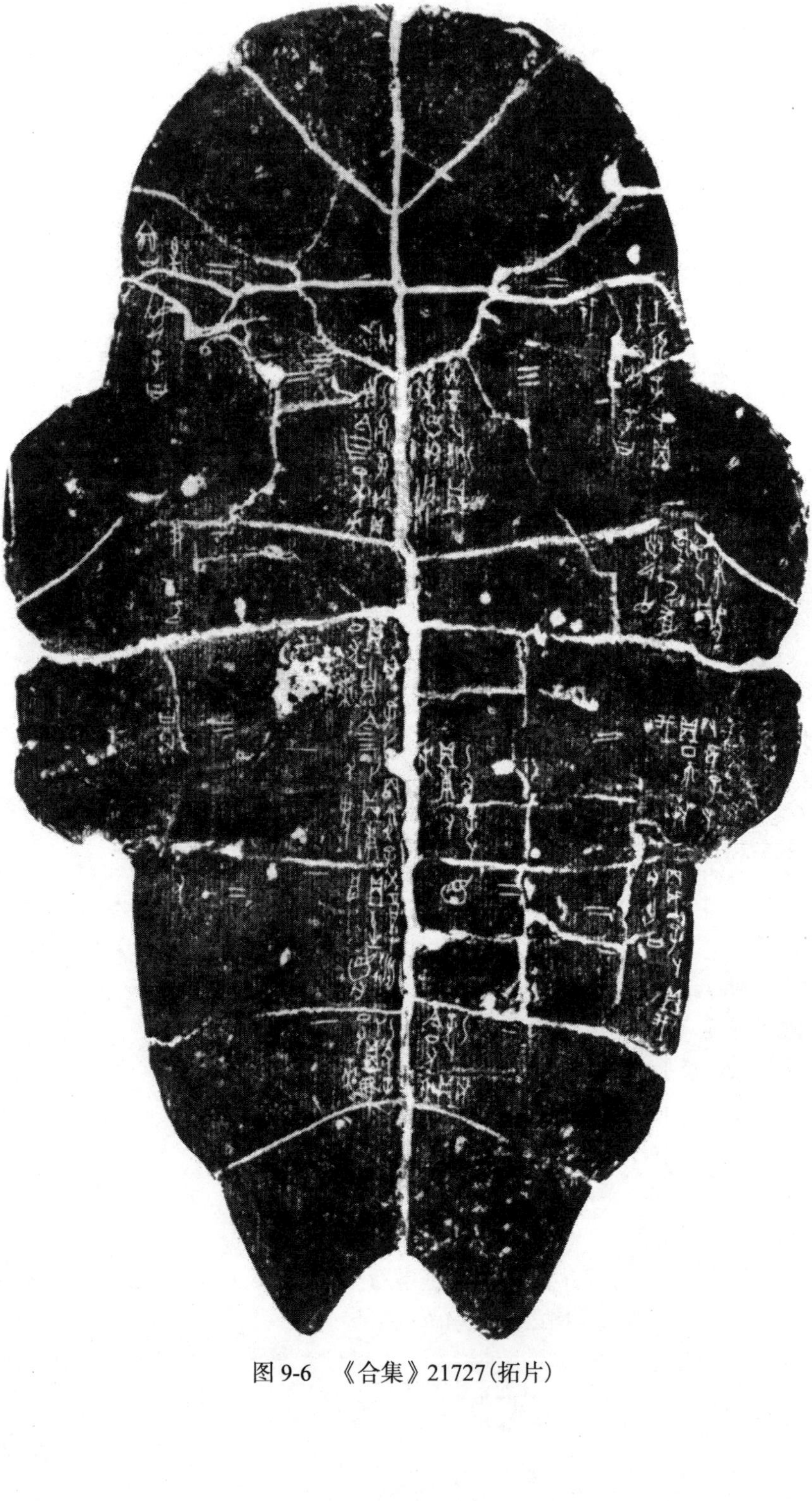

图 9-6 《合集》21727(拓片)

图 9-7　《合集》21727(照片)

(10)丙戌子卜，貞：我亡乍口？

(11)又？　二

(12)丙戌子卜，貞：丁不芻我？

(13)叶芻？二

(14)壬辰子卜，貞：帚𡩋子曰戠？

(15)帚妥子曰𠷎？

(16)庚申子卜，貞：隹(唯)以𩑶若直？

(17)弗以？

【备注】本版主要为 6 件事占卜。第 1～5 辞卜问什么时间有来。第 6 辞卜问庚(辰)日事。第 7～8 辞卜问至𠂤地有无祸患。第 10 辞卜问有无乍口,《尚书书序·商书》云“惟口起羞”。“乍口”似是指因言语所引起的不祥之事。第 12、13 两辞卜问丁日是否到我地芻(刍)草，芻，《说文》:“刈草也。”第 14、15 是卜名之辞，卜问为帚𡩋之子取名为戠、帚妥之子取名为𠷎是否合适。

5.《合集》21805

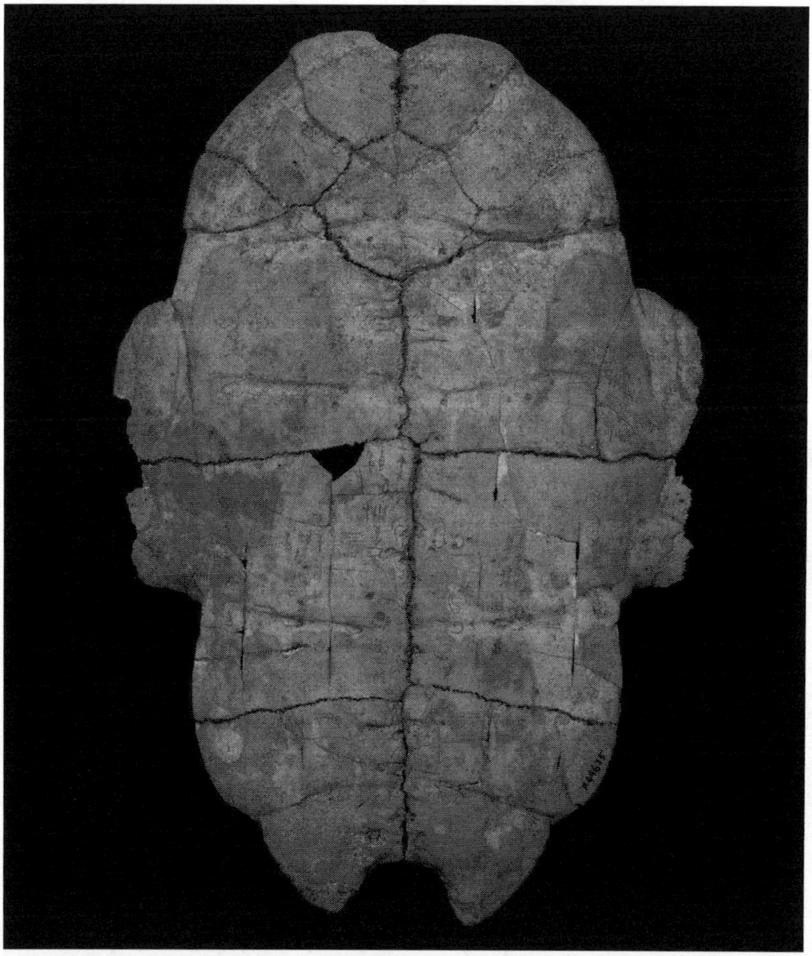

图 9-8 《合集》21805(照片)

该龟甲于 1936 年小屯村北出土(编号 13.0.10531)。原著录参考：《乙编》4507。现藏台湾“中央研究院”历史语言研究所。

【释文】

(1)庚子子卜：叀小宰，知(禦)龍母？ 二

(2)庚子子卜：叀小宰，戻后？ 一

(3)辛丑子卜：其知妹？ 二

(4)辛丑卜：中(仲)母己鼎？ 一

(5)辛丑卜：其知中母己？ 一

(6)辛丑子卜，貞：用小宰龍母？ 二

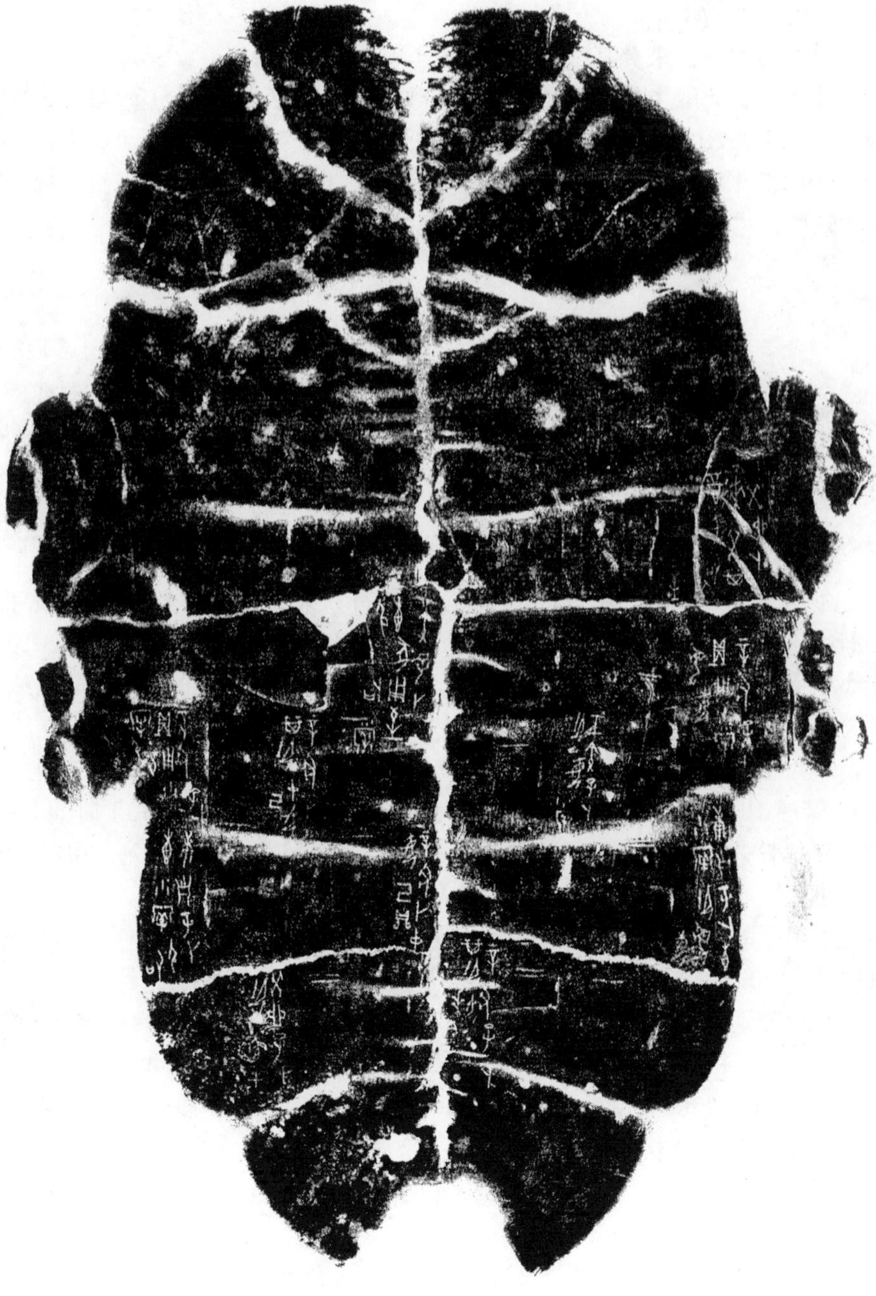

图 9-9　《合集》21805（拓片）

(7) 辛丑子卜，貞：用小宰𡰥后？　一
(8) 壬寅子卜：钔母小宰？　二
(9) 壬寅子卜：叀豕用至𡰥后小宰？　一

(10)癸卯子卜：钔肅甲？　二

(11)癸卯卜：來癸其酌玗(于)后…至？　一

【备注】此版主要卜问禳灾之祭，致祭对象包括龍母、咒后、妹、母、中母己、肅甲。《山海经・大荒北经》注引晋人整理《竹书纪年》："和甲西征，得一丹山。"今证之卜辞，《竹书纪年》所称之"和甲"，宾组、子组卜辞或称作"肅甲"，"和"、"肅"皆应读为武丁父辈先王阳甲之私名。

第二节　午组类

"午组卜辞"前辞形式主要有"干支卜"(《合集》22043、22055)或"干支卜，贞"(《合集》22055)，小屯村北、村南皆有出土。未见有确定的卜人。有"石＋干名"、"入＋干名"等一套特殊称谓。今著录材料约 260 多片。

一、午组卜辞综述

午组卜辞的来源，除了私人发掘材料之外，来自科学发掘的大体有 6 批。1931 年殷墟第 5 次发掘、1936 年第 13 次发掘、1937 年第 15 次发掘、1973 年小屯南地发掘和 1991 年花园庄南地发掘材料已被著录，2002 年小屯南地发掘材料尚未正式发表。其中在第 15 次发掘中，午组卜辞与非王无名组卜辞同出，二者在时代上应有重合①。1973 年小屯南地发掘中，午组卜辞出于 H102、H107(与𠂤组同出)，地层属于小屯南地早期，其绝对年代约在武丁时期②。此类卜辞龟骨并用，骨较少。卜辞内容多祭祀，也卜问休咎、出入、田猎、战争等事。

午组卜辞有其独特的称谓系统，其中能够确定为人名者至少有 120 个，其中死人 70，生人 50。男性称谓包括八祖、七父、三入、二兄、二子。

八祖分别是祖乙(《合集》22044)，祖丁、祖辛(《合集》22184)，祖戊(《合集》22050)，祖己(《合集》22055＋《乙编》1557＋《乙补》1534)，祖庚、祖壬(《合集》22044)，祖癸(《屯南》2771)。午组的祖辈庙号不见称甲、丙者，然称祖戊者大概有二人，所以有"二祖戊"之称。称祖庚者应有三人，故有"三祖庚"之名。《合集》22057 还有"四祖"之谓，"二"、"三"、"四"盖用表行辈之次序。

七父分别是父乙(《合集》22083)，父丙(《合集》22098)，父丁(《合集》22046)，父戊(《合集》22073)，父己(《合集》22074)，父辛(《合集》22048)。此外，有称父丂者(《合集》22188)。通常认为殷人一般用十干作庙号，"父

① 彭裕商. 1986. 非王卜辞研究. 载：古文字研究(第十三辑). 北京：中华书局. 60

② 肖楠. 1979. 略论"午组卜辞". 考古，(6)：510~514

丂”说明商代庙号并非全用十干。

三入分别是入戊(《合集》22050)，入己(《合集》22055＋《乙编》1557＋《乙补》1534)，入乙(《合集》22074)。卜辞中也见“下乙”之称、其与“入乙”都用㞢(侑)祭(《合集》22177、《屯南》2509)，极可能是指同一位祖先。黄天树先生认为入某即内某，如此内乙即入乙，卜辞称“内乙”者又有以下几版:《合集》22086＋22087＋《历藏》19682[①]、《合集》22087反、22091。午组庙号中有内有卜(外)，有上、下，如上乙(《合集》22160)、下乙(《合集》22044)，有内乙却无卜乙，有卜丙(《合集》22066)却无内丙，这是值得注意的现象。

二兄分别是兄己(《合集》19775)，兄癸(《合集》22196)。二子分别是子庚(《合集》22046)，戈子(《合集》22047)，戈子应即子戈。

二石、三天也是午组独有的称呼。二石即石甲(《合集》22044)、石戊(《合集》22094)，三天即天戊(《合集》22054)、天癸(《合集》22094)、天庚(《合集》22097)，他们均是本家族的祖先。“天某”有时简称为“天”(《合集》22093)，《合集》22094版有“乙巳于天”、“乙巳于天癸”二辞对举。《屯南》2118 的祭祀对象有南庚，此南庚是否为王卜辞中羌甲之子、祖丁之弟南庚则待考。

见于午组卜辞而不见于王卜辞的还有以下诸祖神：后戊(《合集》22044)，(《屯南》2671)，乙(《屯南》2698)，工乙(《合集》22467)，受工(《合集》22075)，莫乙(《合集》22091)，叶(《合集》22055＋《乙编》1557＋《乙补》153)，武(《合集》22075)，冎(《合集》22055＋《乙编》1557＋《乙补》153、《乙编》8384)，(《合集》22092、22095)，丁(《合集》22092)，安(《合集》22094)等。

午组女性称谓主要有九妣、四母。九妣包括妣乙(《合集》22045)，妣丁(《合集》22069)，妣戊(《合集》22098)，妣庚(《合集》22069)，妣辛(《合集》19899)，妣壬(《合集》22050)，妣癸(《合集》21874)，妣己(《合集》22050)。另有高己妣(《合集》22143)，指本家族两位妣己中辈高者。还有单称妣者(《合集》15451)，凡单称祖、妣、父、母者或系辞主的嫡亲。四母是母戊(《合集》22076)，母辛(生人)(《合集》22077)，母庚(《屯南》2673)，母(《合集》22045)。

生人中的重要称谓首先是“子”，“我”、“余”、“朕”可能是子的自称。午组卜辞中有时也提到王，如《合集》40910 中就有“王亡尤”。午组其他重要人物还有量(《合集》22092)，尹(生死不明，《合集》22083)，雀(《合集》22086＋22087＋《历藏》19682)、亚雀(《合集》22092，雀与亚雀应是

① 蒋玉斌. 2006. 殷墟子卜辞的整理与研究. 吉林大学博士学位论文. 237

一人，另见于子组、𠂤组、宾组和历组卜辞)，亚(《合集》22305)，凡(《合集》20853)，小子(《屯南》2673)，壴(《屯南》2672)，光(《合集》22043)，戉(《合集》22043)，叕侯(《合集》22065)、叕(《合集》22186)，□(《合集》22088)，石(《合集》22048)，巫(《合集》22103)，家(《合集》22091)、𡨦(《合集》22103)，尹后(《合集》22083)。有些人名在午组卜辞中仅一见，如刀(《甲编》3788)，阹(《合集》22043)，虎(《合集》22065)，雝(《合集》22048)，聿(《合集》22065)，冄(《合集》22067)，新(《合集》22073)，□(《合集》22088)，□(《合集》22094)，□(《合集》22119)，亳(《合集》22145)，奊(《合集》22410)，斦(《屯南》2241)，舊(《合集》22099)等。

生人中可以确定为女性者有以下诸人：汝(《合集》22098)，帚(《合集》22067)，帚石(《屯南》2118)，子妾(《合集》22067)，克女(《合集》22453)，妆女(《屯南》2767)，姜(《合集》22099)，娈(《合集》22099)，嫁(《合集》22099)，嬰(《合集》22099)等。另外还有一些表示身份的称呼，不一定指具体某人。如臣(《合集》22441)，羌(《合集》22043)等。

午组卜辞有一套独特的契刻文例。如腹甲卜辞左右对卜时以左辞为正卜，他组卜辞正好与此相反。午组卜甲多残留铲削后的白色斑点，有学者认为是铲除别字而剜刻的小圆坑。此与午组卜辞内容虽无大关系，但也是辨识午组卜甲的一个显著特征[①]。

不署贞人也可以视为午组卜辞的特征之一。关于午组卜辞有无贞人的问题，学术界有不同看法，前面在界定午组卜辞概念时或认为有“午”、“𠘧”、“仒”等卜人，如今学术界多倾向于午组卜辞中的“午”实际上就是“䢅(”表禦祭之名)的省写，实际上并无“午”这个人。过去被认为是卜人的“𠘧”，也有学者论定是常见的一种合祭祭名[②]。“仒”字似属该版上方另一残辞之余，亦非贞人名[③]。

午组卜辞有一套独特的用字、组词习惯。午组字形有些写法不固定，如午与䢅，以与㠯，翌与𭰭等字常常并用等[④]。时有倒刻字形的现象，如《合集》22077版的两个□字一正一倒。人名普遍用合文也是午组用字特征之一。如“石甲”(《屯南》2671)，“内乙”(《合集》22086+22087+《历藏》19682)，“入乙”(《合集》22086)，“母辛”(《合集》22077)，《屯南》2673同版两处“母庚”一为分书，一为合文等。偶有称谓倒称的现象，如祖庚称为“庚祖”(《合

① 蒋玉斌. 2006. 殷墟子卜辞的整理与研究. 吉林大学博士学位论文. 92~93

② 魏慈德. 2001. 殷墟YH127坑甲骨卜辞研究. 台湾政治大学中国文学系博士论文. 95

③ 裘锡圭. 1992. 读《小屯南地甲骨》. 载：古文字论集. 北京：中华书局. 324. 关于午组卜辞的卜人的其他几种说法详见蒋玉斌博士学位论文第87~93页

④ 蒋玉斌. 2006. 殷墟子卜辞的整理与研究. 吉林大学博士学位论文. 80

集》22079)，高妣己倒称为“高己妣”(《合集》22143)，子戈倒称为“戈子”(《合集》22047)等，此又见于自历类和历一类卜辞。有合称现象，如《合集》22098版有辞“丁亥卜：㞢(侑)歲(劌)于二示：父丙眔(暨)戊”，其中的二示是指父丙、父戊，此处“戊”前省一“父”字。

午组卜辞有其独特的书写风格，并喜用异体字。陈梦家先生曾经指出贞字在武丁卜辞中至少有10种写法[①]，在午组卜辞中出现的有鼓腹鼎状、方耳鼎状、尖耳鼎状等三种，其中还有缺耳鼎状的贞字未计入陈表。鼓腹鼎状为午组所独有，方耳鼎状并见于自组、两坑卜辞，尖耳鼎状在自组、宾组等王卜辞中常见。除了鼓腹鼎状的贞字之外，最能体现午组特征的还有一个围栏窄短、牛角上窄下宽、用笔方折的牢(𤘮)字。这个牢字与鼓腹鼎状的贞字可以称为午组的典型字。午组还有一些字也较为独特，如“天”、“叀”、“戊”、“戌”诸字笔画方折，“尞”字由中竖和斜插着的两笔组成，但没有表示火焰的点画。此类卜辞的主要特征字形举例如下：

戊《合集》22074 庚《合集》22043、22099 子(地支)《合集》22067 辰《合集》22078、22044 子、巳《合集》22099 未《合集》22078 酉《合集》22073 戌《合集》22043 其《合集》22067 自《合集》22099 不《合集》22067、《合集》22099 羌《合集》22044 又《合集》22067 㞢《合集》22078 且《合集》22044 亡《合集》22083 叀《合集》22099 鼎(貞)《合集》22086、22043 牢《合集》22074 牛《合集》22078 羊《合集》22073 岁《合集》22074 月、夕《合集》22099 钔《合集》22099、22074 囚《合集》22083 于《合集》22078 吉 22067 翌 22043 今 22103

二、午组卜辞选释

1.《合集》22043

该龟甲于1936年小屯村北出土(编号13.0.10862)。原著录参考：《乙编》4692。现藏台湾“中央研究院”历史语言研究所。

【释文】

(1)丁未[卜]：□钔(禦)？　一　二

① 陈梦家. 1956. 殷虚卜辞综述. 北京：科学出版社. 150

图 9-10 《合集》22043（照片）

⑵丁未卜：其钔？

⑶丁未卜：其𡠦？

⑷丁未卜：不疋(征) [illegible]，翌庚戌？

⑸丁未卜：其疋[illegible]，翌庚戌？

⑹丁未卜，貞：令戉、光㞢隻(獲)羌芻五十？ 一 二 三 一 二

⑺丁未卜：田于西？

⑻[丁]未[卜]，貞：其田東？

⑼庚戌卜：往田于東？ 一 二 三 一 二 三

⑽庚戌卜：往田東？

⑾往庚？

⑿庚戌卜，貞：余令阦比羌田，亡𡆥(祸)？

⒀庚戌卜，貞：比羌田于西，𡆥？

⒁丙子卜，貞。

图 9-11　《合集》22043(拓片)

(15)戊寅卜：步自…

(16)丁□…步自…

(17)癸未。

【备注】此版与《合集》22104 版干支相序，丁未与乙巳只差两天。此版的主要事项有：①令戉和光获取羌地之刍。②卜问要不要不征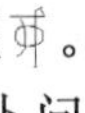。③卜选是应该往东还是往西去田猎，令陕和羌人去田猎会不会有祸患。④卜问要不要步自。

可以看出，午组的子家族拥有自己的宗族武装。这次步自，大概与征有关。

2.《合集》22044

图 9-12　《合集》22044(拓片)

该龟甲于 1936 年小屯村北出土(编号 13.0.11906)。原著录参考：《乙编》5327。现藏台湾“中央研究院”历史语言研究所。

【释文】

(1)丁未卜：自且(祖)乙于且壬宰，刴？ 一 二 三

(2)己酉卜：㞢(侑)歳(劌)于且囗六… 一 二 三

(3)己酉卜：叀牛于石甲？ 一 二 三

(4)己酉卜。

(5)庚戌卜：㞢歳下乙？

(6)庚戌卜，貞：多羌自川？

(7)庚戌卜，貞：羌于美？ 一 二

(8)辛囗卜：興后戊？ 一 二 三

(9)辛囗卜：興且庚？ 一 二 三

(10)辛亥卜：興且庚？

(11)辛亥卜：興后戊？

(12)辛亥卜：興囗？ 一 二 三

(13)辛亥卜：興子庚？ 一 二 三

(14)辛亥卜：帝往一⿰羊？

(15)辛亥卜：翌用于下乙？

(16)丙辰卜，貞。

(17)丙辰卜：疒？

【备注】本版主卜祭事，祭祀对象包括祖乙、祖壬、祖囗、石甲、后戊、祖庚、子庚、帝、下乙等。祖庚、下乙之名在王卜辞宾组、自组中常见，但此处祖庚、下乙是否就是王卜辞中的祖庚、下乙尚难以遽断。如果此“下乙”就是彼“下乙”，此“祖庚”就是彼“祖庚”，那么，为何10个祭祀对象中见于商王世系中的先祖仅仅只提及这两位？且午组卜辞中还有“三祖庚”之称，可见名祖庚者不止一位。

3.《合集》22062 正、反

该胛骨于 1936 年小屯村北出土(编号 13.2.34)。原著录参考：《乙编》8670(正)，《乙编》8671(反)。现藏台湾“中央研究院”历史语言研究所。

【释文】《合集》22062 正

(1)丙戌卜：奉于四示？ 一 二 三 四

(2)…牢又鬯于入乙？ 一 二

【释文】《合集》22062 反

(1)乙酉卜：奉于四示？ 三 四

(2)乙酉卜：左芻？ 二 三

【备注】《合集》22062 正第 1 辞“奉于四示”即向“四示”举行“奉”

祭。“四示”即四位祖先的神主，“示”字本象神主之形。“桒”祭名，义为祈祀。此版牢字写作，与典型的午组字写法略有不同。“鬯”字形也与寻常不类。鬯，古代宗庙祭祀用的香酒。《礼记·曲礼下》：“凡挚：天子，鬯；诸侯，圭。”孔颖达疏：“天子鬯者，酿黑黍为酒，其气芬芳调畅，故因谓为‘鬯’也”。第2辞“入乙”系午组辞主的先祖。

图9-13 《合集》22062正（拓片）

图 9-14　《合集》22062 反(拓片)

4.《合集》22065

该龟甲于 1936 年小屯村北出土(编号 13.0.11996)。原著录参考:《乙编》5394。现藏台湾“中央研究院”历史语言研究所。

【释文】

(1) 甲子卜:二牝入乙? 一 二 三

(2) 甲子卜:三牝入乙? 一 二 三 四 五

(3) 甲子卜:翌于彳入乙二牢? 一 二

(4) 甲子卜:三牢于入乙? 一 二 三 四 五 六

图 9-15 《合集》22065(拓片)

(5)甲子卜：用翌入乙？允。 一 二 三 四 五 六 七 八
(6)用入乙？ 一 二 三 四 五 六 七 八
(7)甲子卜：夕叀虫歲(劌)父戊？ 一 二 三
(8)甲子卜：虫歲[匕]乙牛？ 一 二 三
(9)叀豕？ 一 二 三
(10)豕？ 一 二 三
(11)戊午卜：钔(禦)虎于匕乙，叀盧豕？ 一 二 三
(12)戊午卜：叀彘匕乙？ 一 二 三
(13)壬戌卜：叕侯[illegible]余粤見尹…叕侯印？ 一 二 三
(14)壬戌卜：子夢見邑奉父戊？ 一 二 三

【备注】此版占卜的内容包括祭祀入乙、父戊、妣乙等所需的牲类、数量、用牲方式和祭祀时间等。牝指母牛，牢指圈养的牛。早期王卜辞、非王卜辞中，习见用“盧豕”向先妣致祭。彘和豕、豕皆是猪，盖其区别在于豕是猪的统称，彘是射杀的猪，豕是去势的公猪。

5.《合集》22074

该龟甲于1936年小屯村北出土(编号13.0.11907、13.0.12069)。原著录参考：《乙编》5328+5455，《丙编》92。现藏台湾“中央研究院”历史语言研究所。

【释文】
(1)癸[巳][卜]：虫(侑)歲(劌)[于]且(祖)[戊]…牛一？ 一 二 三
(2)癸[巳卜]：來□歲□且[戊]…[牛]… 一 二 三
(3)癸巳卜：虫歲于且戊牢三？ 一
(4)癸巳卜：牢五不用？("不"字倒刻) 一
(5)癸巳卜：钔匕(妣)辛豕五？ 一 二 三
(6)癸巳卜：尞(燎)于東征？ 一 二 三
(7)甲午卜：钔父己？ 一 二 三
(8)甲午卜：钔于入乙？ 一 二 三
(9)甲午卜：凢钔于匕至匕辛？ 一 二 三
(10)甲午卜：凢钔于入乙至父戊牛一？ 四 五 六
(11)乙未卜：钔于匕乙？ 一 二 三
(12)叀𤘘。 一 二
(13)乙未卜：钔于匕辛匕癸？ 一 二
(14)叀羊。 一 二
(15)乙未卜：叀豼？ 一

(16) 乙未卜：弜(勿)？

【备注】此版第 1～4 辞为同日所卜，卜选向祖戊致侑刿之祭所用牛牲。第 5、第 7～15 辞卜选禦祭的致祭对象及用牲情况。禦祭的致祭对象有入乙、入乙至父戊、父己、妣至妣辛、妣乙、妣癸等。有关禦祭的卜问时跨癸巳、甲午、乙未三日。

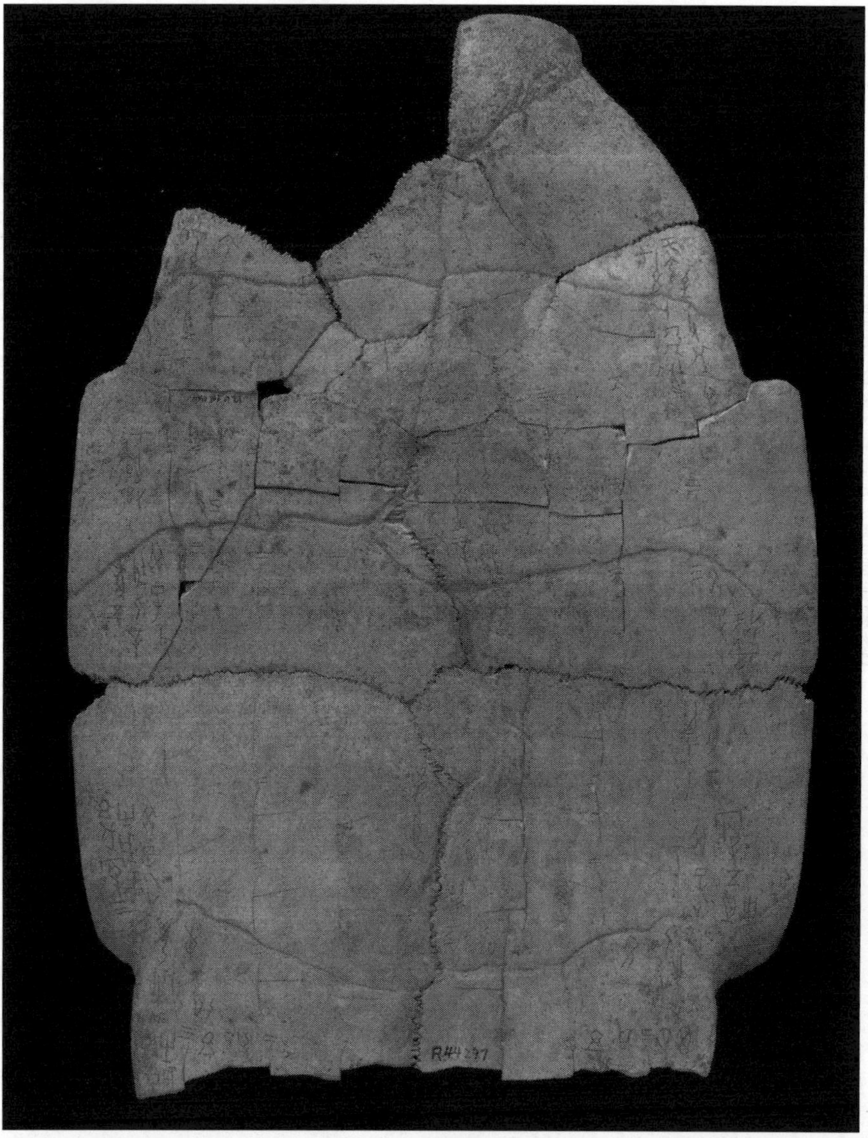

图 9-16 《合集》22074(照片)

图 9-17　《合集》22074(拓片)

6.《合集》22099

该龟甲于 1936 年小屯村北出土(编号 13.0.12004)。原著录参考:《乙编》5405。现藏台湾“中央研究院”历史语言研究所。

【释文】

(1)庚戌卜：朕耳鳴，㞢(侑)钔(禦)于且(祖)庚羊百。㞢用五十八，㞢女三十，匄今日？(庚字缺刻末笔横画)

(2)庚戌卜：㞢口，钔于匕(妣)辛眔(暨)父丁，隹(唯)之㞢艮□。

(3)庚戌卜：叀舊钔，往？

图 9-18　《合集》22099(拓片)

图 9-19　《合集》22099(照片)

(4)庚戌卜：余自钔?

(5)丁巳卜：至今…

(6)丁巳卜：若，翌告子？　一　二　三

(7)丁…

(8)戊午卜：帚(婦)石力(妫)？　一　二

(9)戊午卜，貞：帚石力？十月。　一　二　三

(10)戊午卜：力妥？　一　二　三

(11)戊午卜：姜力？ 一 二 三
(12)戊午卜：婋力？ 一 二
(13)戊午卜：钔石？
(14)戊午卜：石除疒屮，不匄？ 一 二 三
(15)辛酉卜：钔于㞢亘？ 一 二
(16)辛酉卜：其钔叜？ 一 二
(17)辛酉卜：叜𢍏㞢生？ 一 二 三
(18)叜？ 一
(19)钔于辛？ 三

【备注】第 8～12 辞是为帚(婦)石、笅、姜、婋等 4 位妇人生产而进行的占卜。“力”是“妫”字之简省，读如“嘉”，殷人生育重男轻女，生女曰“不嘉”。帚石即本版所见“石”这一人称的配偶。第 16～18 辞为𢍏生之祭，即祈求生子。叜为婦(妇)人名，辛酉日所占卜的𢍏生仪式是为她举行的。午组还见有为“昏”举行求生的占卜。

第三节 非王无名组类

非王无名组类主要出土于殷墟第 15 次发掘的 YH251、YH330 两灰坑中，这批甲骨可能是同一个家族的遗物。陈梦家先生称其“内容多述妇人之事”，推测它“可能是嫔妃所作”[①]，或称其为“妇女卜辞”[②]。由于不是王室卜辞且不记卜人，所以又被称为“非王无名组卜辞”[③]。还有学者把以前已经区分出来的“非王卜辞”区分成甲、乙、丙三种子卜辞，把这种卜辞称为“甲种子卜辞”[④]。又因这种卜辞只出于 YH251、YH330 两个灰坑，它们所记内容连贯，纯粹是该种卜辞辞主“子”的家族之事，为了突出这批卜辞两坑一体的特点，有学者径称之为 YH251、330 卜辞[⑤]。

一、非王无名组卜辞综述

非王无名组卜辞多刻于龟腹甲，偶有背甲，未见用骨。前辞形式主要有“干支卜，贞”(《合集》21724、21910)，“干支，贞”(《合集》22135、22197)，“干支卜”(《合集》22211、22226)。或单一个贞字(《合集》22249、22195)，

① 陈梦家. 1956. 殷虚卜辞综述. 北京：科学出版社. 167
② 李学勤. 1958. 论帝乙时代的非王卜辞. 考古，(1)：43；黄天树. 1999. 妇女卜辞. 载：中国古文字研究(第一辑). 长春：吉林大学出版社
③ 李学勤，彭裕商. 1996. 殷墟甲骨分期研究. 上海：上海古籍出版社. 321
④ 林沄. 1979. 从子卜辞试论商代家族形态. 载：古文字研究(第一辑). 北京：中华书局. 315
⑤ 常耀华. 2006. 殷墟非王卜辞研究. 北京：线装书局. 335

不记贞人名。这批甲骨存在时间约在一、两年之内，推测其年代应在武丁中期，或略早于午组。这一类卜辞系科学发掘所得，其出土坑位基本清楚，甲骨也基本没有流散，比较容易辨认。

YH 251、YH330 两坑甲骨缀合之后共有 329 版，其中相对完整者仅 84 版，其余皆为碎甲。碎甲之中有 12 版不清晰或无字，有一部分文字虽可辨识，但因残而不能成辞，故有归类作用的甲骨不过只有 164 版。此类卜辞内容较为简单、整齐，占卜主题多为祭祀和休咎，也涉及卜年成、房舍建筑、生育、择婚等内容。

本类卜辞所祭对象以女性祖先为多，有六妣：妣庚（《合集》22248）、妣丁（《合集》22226）、妣己（《合集》22211）、妣戊（《合集》20352＋22209＋《乙编》8964＋《乙补》7418）、妣辛（《合集》22246）、中（仲）妣（《合集》22226）。从享祭次数看，妣庚最多，不下 43 次；妣丁、妣己次之，各 9 次；妣戊 3 次，妣辛、中妣各 1 次。依诸妣受祭的频率看，妣庚、妣丁、妣己受祭最多，此三妣权能较大，应即所谓的“三妣”。因妣庚在两坑卜辞中享祭次数近乎其他受祭对象的总和，依其地位，有学者认为该家族可能出自妣庚[①]。

本类卜辞见有父丁（《合集》21040＋22197＋22390）、父辛（《合集》22195）等父名。母辈见有母庚（《合集》22226）、中（仲）母（《合集》22248）、小母（《合集》22258）。妇名主要有帚娈（《合集》22258）、帚（《合集》22248）、帚𡢃（《合集》22323）、帚妶（《合集》22247）、帚周（《合集》22264）等。与这些妇女相关的事情主要是生育、有无疾病、有无祸患、有无至口、出入等。所见子某有攺（《合集》22258）、攺弟（《合集》22258）、子壴（《合集》22249）、子（《合集》22283）、子𤰈（《合集》20050）等。

本类卜辞所见祭享品种丰富，如宰、羊、豕、豚、鱼、龟（《乙编》8897），牝（《合集》22246），犯（《补编》6916），豥（《合集》22394＋22374），羊土（《合集》22249），（《合集》22134＋22347），艮（《补编》6916），羌（《补编》6916），酉（酒，《合集》22294），由（《合集》22294），鬯（《合集》22258）等，少见牛、牢。

本类卜甲多见形制相近者。如有些龟腹甲大小相若，内容亦可构成成套关系，似是占卜者精心挑选的结果。这种现象亦见诸花园庄东地甲骨。YH251、YH330 两坑同文卜辞颇多，约占两坑卜甲的五分之二，而且大多成套。两坑同文卜辞今见有 19 套[②]，其契刻位置有较强的对应性。不过两坑卜辞中每套的同文关系，套与套的同文关系并不是整齐划一的，有的整体相同（个别部位或会小有差别），有的是局部相同，有的—套只见两版，有的一套可见四版。

① 黄天树. 1999. 妇女卜辞. 载：中国古文字研究（第一辑）. 长春：吉林大学出版社

② 蒋玉斌. 2006. 殷墟子卜辞的整理与研究. 吉林大学博士学位论文. 58

就同套卜辞而言亦不尽一致。有的不仅同文，而且龟版形制亦同，甚至卜辞的刻写位置、契刻顺序、行列分布完全相同，此版几乎是彼版的翻版。有的则只同文，其龟版形制、行款并不完全相同，有的大同小异，有的异同参半[①]。就异同而论，可将两坑同文卜辞分为整体相同和局部相同两大类。

此类卜辞的行款疏密不均，刻写无定则，有时表现出较大的随意性，这方面与近年出土的花园庄东地甲骨有一定的相似之处。本类卜辞有重文省略的现象，有时将行文中相连写的重复的两字省写为一字，“让一个字顶同样的两个字用。[②]”如“丁亥卜：酌钔匕庚寅宰”（《合集》22258），其中的“庚”字一字两用。此类现象也较多出现于自历类卜辞。

本类卜辞有特殊的用字习惯、成语习惯，有异体字混用的现象，如贞字的写法不下10种之多[③]；表生育顺利的妫(嘉)常简写作“力”；祭名钔(禦)字所从午旁有时作竖笔之形，或简写为“午”，钔、午二字互作；“疒”字有时省掉爿旁；表示灾祸之类的语词，用“亡凸”、“又求”、“不求”等。本类所见字形大小适中，笔画不太流畅，通常一笔即可完成的笔画，在这种卜辞里则每每分作两笔。本类卜辞的特征字形举例如下：

戊《合集》22294 庚《合集》22211 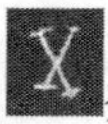癸《合集》22211 子《合集》22197 丑《乙编》8716 辰《合集》22135 子、巳《合集》22197、《乙编》8815 午《合集》22211 未《合集》22211、22226 酉《合集》22294 戌《合集》22276 不《合集》22135 叀《合集》22276、22294 钔《合集》22294 酌《合集》22294 目《合集》22294 鼎(貞)《合集》22258、《合集》22197、《合集》22258  羊《合集》22226 囚《乙编》8716 㞢《乙编》8816 又《乙编》8816 帚《合集》22226、22246 隻(獲)《合集》22226 《合集》22324

二、非王无名组卜辞选释

1.《合集》22258

该龟甲于1937年小屯村北出土(编号15.0.212)。原著录参考:《乙编》8816。现藏台湾“中央研究院”历史语言研究所。

---

① 常耀华. 1997. YH251、330卜辞研究：中国文字. 新23期. 台北：艺文印书馆

② 裘锡圭. 1992. 甲骨文中重文和合文重复偏旁的省略，再谈甲骨文中重文的省略. 载：古文字论集. 北京：中华书局. 141

③ 林澐. 1979. 从子卜辞试论商代家族形态. 载：古文字研究(第一辑). 北京：中华书局

图 9-20　《合集》22258(拓片)

【释文】

(1)丁亥卜：酌钔(禦)匕(妣)庚寅宰？　一　二　三

(2)丁亥卜：酌钔匕庚寅宰？　一

(3)辛卯卜：今日口汝？

(4)辛卯卜：又(侑)小母毓？　一

(5)己亥卜：亦[illegible]六日甲午？卩　一

(6)其亡亦？　一

(7)己亥。

(8)辛丑卜，貞：疒𠬝？亡亦疒？　一　二

(9)徃(延)彳丁彘？

(10)辛丑卜：亡口？

(11)辛丑卜：亡疒？

(12)辛丑卜：中(仲)母钔小宰？

(13)丙午貞：多帚(婦)亡疒？　一　二

(14)丙午貞：多臣亡疒？　一　二

(15)丙午貞：攺？

(16)丙午貞：帚婡？

(17)丙午貞：攺弟？　一

(18)丙午貞：子？　二　二

(19)癸丑卜：酉𢀛中(仲)母，弜㞢(祐)友？

【备注】第 1、2 辞的“匕庚寅”读如“匕庚、庚寅”，庚字一字两用。此版主要是为向妣庚、中母、小母等先人行祭而卜，祭祀的目的可能是为多帚、多臣、友等祓除疾患。第 15～18 辞还分别提到帚婡、攺(攺弟)、子三人，它们或是承上 13、14 辞的省略形式，补全之后应为“丙午貞：帚婡亡疒”、“丙午貞：攺弟亡疒”、“丙午貞：子亡疒”，如此则帚婡、攺弟、子等也是被祓除的对象。第 18 辞提到的“子”与《合集》22293、《乙编》8866、《合集》20857＋21413＋《乙补》7389、《合集》22197＋22390＋21040＋21057、《合集》22260＋22360＋《乙编》8799 等版卜辞中的“子”盖为一人。应是指该家族的首长，他拥有自己的宗庙，可以独立举行祭祀活动。

2.《合集》22282、22283、22284

这三片龟甲均于 1937 年小屯村北出土(编号分别包括 15.0.427、15.0.447，编号 15.0.65、15.0.66，编号 15.0.210)。原著录参考：《乙编》8965＋8981，《乙编》8728，《乙编》8814(此图右部稍残)。现藏台湾“中央研究院”历史语言研究所。

图 9-21 《合集》22282(拓片)

图 9-22 《合集》22283(拓片)

图 9-23 《合集》22284(拓片)

【释文】《合集》22282

(1)乙卯卜，貞：子攺亡疒？ 一

(2)㽙。　一

(3)先[夋(後)]朿？　一

(4)二 二

【释文】《合集》22283

(1)乙卯卜，貞：子攺亡疒？　二

(2)乙卯卜，貞：㽙？　二

(3)乙卯卜，貞：？二

(4)甲子卜：先夋(後)朿(刺)？　二 二

(5)先匕(妣)牛？

(6)丁示。　一 二

(7)母？　一

(8)帚(婦)？　一

【释文】《合集》22284

(1)衩中(仲)母彘？　一

(2)衩匕(妣)庚豕？　一

(3)乙卯卜，貞：子攺亡疒？　三

(4)乙卯貞：㽙？　三 三

(5)乙卯卜，貞：子？　三

(6)甲子卜：先夋(後)朿？　三

(7)先匕牛？

(8)[丁]示？　三

(9)朿求。

【备注】此三版为成套卜辞，为子攺、子等人之疾患对妣庚、仲母等先人进行占卜祈祷。子攺或称攺、本类卜辞中关于“子攺”、“攺”、“攺弟”的卜辞可以联系者有15版。辞中的“朿”是祭祀时的用牲方式。

3.《合集》22195

该龟甲于1937年小屯村北出土(编号15.0.382)。原著录参考:《乙编》8936。现藏台湾“中央研究院”历史语言研究所。

【释文】

(1)一 二

(2)二 五

(3)父□豕？　五

(4)父辛？　三

(5)黄？　五

(6)來？ 五
(7)弜？ 五
(8)□庚用？ 五
(9)小宰父□？ 三
(10)貞。 一 二 三 四 五
(11)貞曰：出？ 五
(12)曰：出？ 五
(13)曰：入？ 五

图 9-24 《合集》22195(照片)

图 9-25　《合集》22195(拓片)

【备注】此版占卜序数以“五”为主，拟向父辛等先人致祭，其文辞多有省略，内容上与它版卜辞交互配套。

4.《合集》22246

该龟甲于1936年小屯村北出土(编号15.0.326)。原著录参考:《乙编》8896。现藏台湾"中央研究院"历史语言研究所。

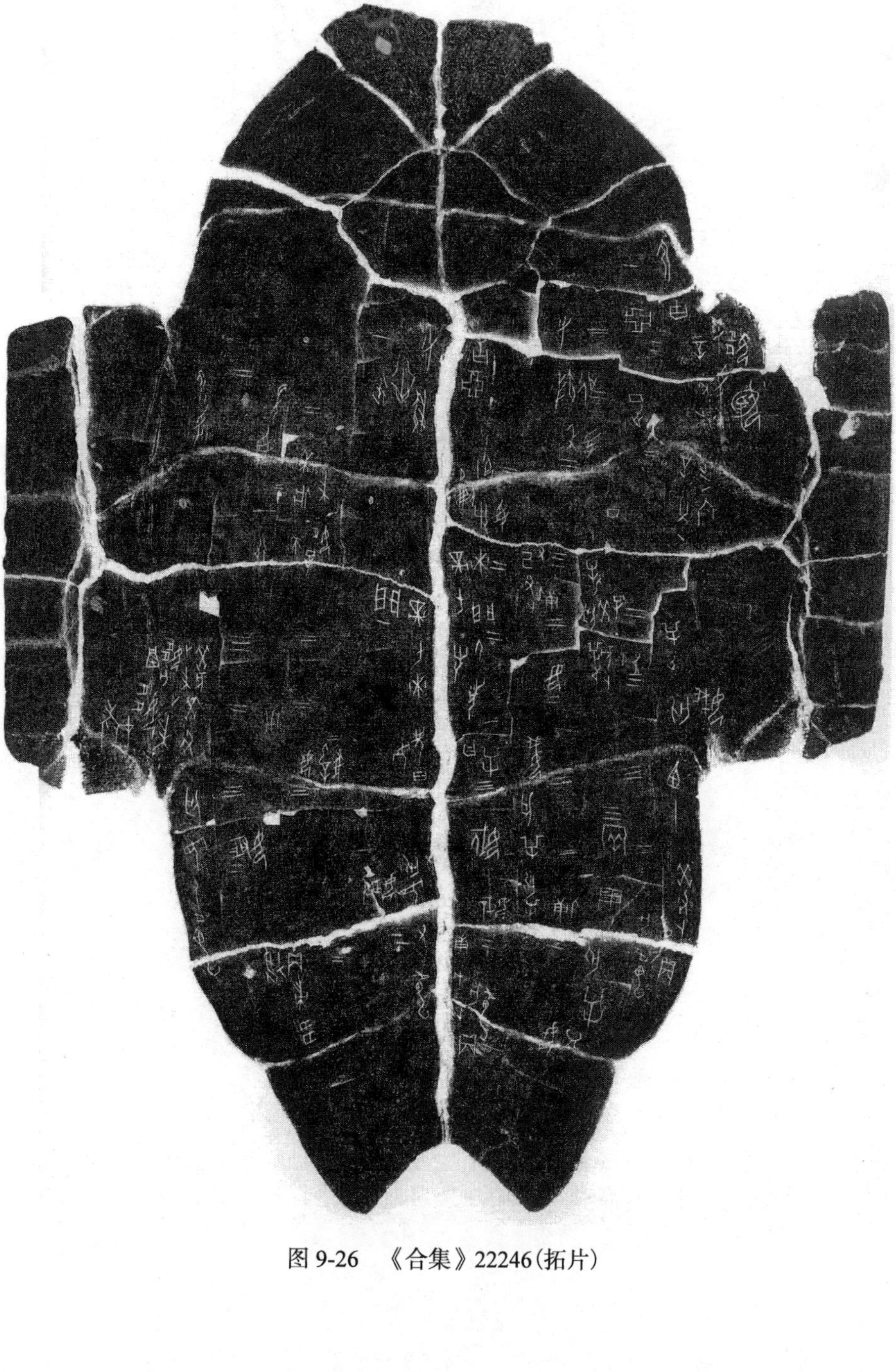

图 9-26 《合集》22246(拓片)

图 9-27　《合集》22247(拓片)

【释文】

(1)辛未卜：乍(作)宀？ 二
(2)乇丁？ 二
(3)正受禾？ 二
(4)㞷受禾？ 二
(5)弜受？ 二
(6)乎(呼)阹徃？ 二
(7)乎阹弅徃？ 一
(8)告亞？ 一
(9)弜曰亞？ 一
(10)夕剬卬史受？ 二
(11)帝乇尞(燎)門？ 二
(12)帝乇尞門？ 一 二 三
(13)己丑卜：又匕(妣)庚牝？ 三
(14)史人？ 二
(15)辛丑卜：乎爰㚤乳？ 二
(16)帚妫(㚤)子疒不徃？ 二
(17)庚戌卜，貞：亡盅(蠚)？ 二
(18)又(有)盅？ 二
(19)娥匄？
(20)用。
(21)母匕辛彘？ 二
(22)由午(卬)三宰周匕庚？ 一 二
(23)癸丑卜：帚㚤才老？ 二
(24)癸丑卜：貞：子亡盅？
(25)又盅？
(26)癸亥卜：帚㚤亡囚(祸)？
(27)貞：帚多妫？ 二
(28)癸亥卜：匄屰(逆)女？ 二
(29)子夕往弅以？ 三
(30)匄娥？ 一
(31)史(使)人先曰弅？ 三
(32)先曰何？ 一
(33)匄弅娍？ 一 二
(34)匄弅孅？

(35) 匄弜𡟰？

(36) 匄何𢀛？　一

(37) 匄何𢀛？　二

【备注】从卜辞内容来看，本版占卜序数以“二”为主，与《合集》22247（卜序以“一”为主）相同之处居多，两版有很多刻辞构成同套关系。不过两版上的刻辞亦不完全配套，如《合集》22246中除了与《合集》22247构成异版同文卜辞之外，在本版中也有序数相次的连卜和同文刻辞。

本版与《合集》22247卜甲至少刻写有七种同文卜辞，事关卜问子之休咎、帚妗生养孩子、筑宅、祭祀先祖先妣、求禾、择婚等诸多事项。如第1辞中的“乍(作)宀”为建造房舍而进行的占卜。与建筑有关的还有《乙编》8712＋8946＋8944、《乙编》8893、《乙编》8898中的“甲申卜：令豚宅正”之辞，卜问是否命豚族人到正地建筑新居。

第四节　花园庄东地非王卜辞

一、花东类非王卜辞综述

1991年出土于殷墟花园庄东地H3的一批甲骨，其占卜主人也是一个称“子”的贵族。该“子”与本章第一节子组卜辞中的占卜主体“子”是两位不同的王室贵族首长。花东卜辞中的“子”拥有一个规模较大的占卜集团，其中在该类卜辞中出现的贞人就将近20个。花东中习见“子祝”（《花东》17）一语，“子”这个人反复在30余版的卜甲上主持祭祀活动。另有近30版卜甲上出现“子𠧢(占)曰”（《花东》10）一语，“子”这个人多次对卜事作出自己的判断。这些情况在旧有的非王卜辞中很少见到，反映出花东之“子”的地位可能要高于其他非王卜辞的主人。

关于花东卜辞主人“子”的身份，花东甲骨的发掘者认为“子”是沃甲之后[①]。也有学者认为“子”是武丁较远亲的从父或从兄弟[②]；或认定“子”可能是武丁的太子孝己[③]；或以为是武丁的亲子，有可能就是宾组卜辞中的“子

① 中国社会科学院考古研究所. 2003. 殷墟花园庄东地甲骨・前言. 昆明：云南人民出版社. 26~30

② 朱凤翰. 2004. 读安阳殷墟花园庄东出土的非王卜辞. 载：王宇信，宋镇豪，孟宪武. 2004年安阳殷商文明国际学术研讨会论文集. 北京：社会科学文献出版社；又载：商周家族形态研究(增订本). 天津：天津古籍出版社. 598~612

③ 杨升南. 2004. 殷墟花东H3卜辞“子”的主人是武丁太子孝己. 载：王宇信，宋镇豪，孟宪武. 2004年安阳殷商文明国际学术研讨会论文集. 北京：社会科学文献出版社. 204~210；韩江苏. 2007. 殷墟花东H3卜辞主人“子”研究. 北京：线装书局. 489

㚤”[①]。关于花东卜辞的时代，花东甲骨的整理者依据 H3 的地层关系、陶片及周围主要遗存，判断花东 H3 的时代属于殷墟文化一期晚段，即大致相当于武丁早期。但亦有学者提出不同看法，认为花东 H3 的时代应属于武丁晚期，早不过武丁中期[②]。

在全部花东卜辞中，祭祀内容占有较大的比重。今所见祭祀对象有上甲（《花东》487）、大乙（《花东》290）、大甲（《花东》420）、小甲（《花东》85）、祖乙（《花东》115）、祖辛（《花东》56）、祖甲（《花东》63）、祖丙（《花东》401）、祖丁（《花东》49）、祖庚（《花东》56）、祖戊（《花东》316）、父丙（《花东》286）、兄丁（《花东》236）、妣庚（《花东》314）、妣丙（《花东》401）、妣癸（《花东》280）、妣己（《花东》313）、妣甲（《花东》455）、妣丁（《花东》468）、母丙（《花东》401）、母戊（《花东》395）、子癸（《花东》409）等人。花东卜辞的受祭对象以妣庚出现频率最高（占 48.96%），其次为祖乙（占 15.73%）和祖甲（占 13.16%）[③]。花东卜辞的主人“子”时常染疾，如患目疾（《花东》446）、首疾（《花东》304）、口疾（《花东》149）、心疾（《花东》181）、腹疾（《花东》240）等，故在该类卜辞中，多见为其祛除疾患而举行禳祓之祭的占卜。

花东卜辞中有较多的田猎卜辞。在田猎诹日方面，“子”的选择以辛、丁、壬、乙、戊五日居多，尤以辛日为最[④]。花东卜辞中所见地名 30 余个，田猎出行地计 10 余处，有些应是殷人重要的田猎区域，多见于王卜辞，如⿰阝心、聂二地。有些地方如罼、[illegible]（[illegible]京）、[illegible]、㚤等地，还分别兼具狩猎、农垦、行馆、祭祀等功能。狩猎活动的参加者有“子”、“多尹”和一般家臣。“子”亲自参加狩猎的记录较多（如《花东》14）。“子”也曾“乎（呼）多尹”去狩“⿰阝心南豕”（如《花东》352），参加狩猎的人员则多由家臣和族众组成。出现的猎获物主要有豕、鹿、麑、狼、兔、萑等，均为旧有卜辞中曾出现过的兽禽名。“子”可以在商王室的直属地从事田猎活动，这种情况在其他非王卜辞中比较少见。

花东卜辞中另一常见的事类是关于贡纳。花东卜辞的主人“子”经常向时王武丁及其配偶妇好进献。贡纳品有牛、豕、鱼（《花东》26）等牺牲，也有各种玉器（《花东》37、193、490）、丝织品（《花东》37）、㫚（《花东》37）和妾（《花东》265）等。另外“子”还呼多臣、多御正、多贮等“见（献）”物

① 姚萱. 2006. 殷墟花园庄东地甲骨卜辞的初步研究. 北京：线装书局. 40~55

② 姚萱. 2006. 殷墟花园庄东地甲骨卜辞的初步研究. 北京：线装书局. 5~6；黄天树. 2006. 简论“花东子类”卜辞的时代. 载：黄天树古文字论集. 北京：学苑出版社. 149~156

③ 乃俊廷. 2006. 论殷墟花园庄东地甲骨卜辞与非王卜辞的亲属称谓关系. 载：花园庄东地甲骨论丛. 台北：圣环图书股份有限公司. 179~198

④ 章秀霞. 2007. 花东田猎卜辞的初步整理与研究. 殷都学刊，1

于丁(武丁)或妇好。作为回报，商王武丁有时也会馈赠“子”一些礼物，包括人臣(《花东》410)等。从有关记事刻辞中比较多的贡龟数量上看，花东H3中的卜甲有不少应是外地进贡的，此亦为以往的非王卜辞所未见。这些迹象表明当时的贵族阶层已有比较稳定、具有制度化的贡纳之礼。

征伐卜辞在这批材料中所占比例不大，但其意义也不容忽视。如《花东》237、275、449与以往著录中属于历组卜辞的《屯南》81、2605以及《合集》33058，其有关辞例均反映了征伐召方这一战事。这对于进一步了解武丁时期王卜辞与非王卜辞的关系以及花东这批材料的时代，具有重要的学术意义。

据我们统计，花东卜辞中出现的生人名有近80个。他们主要是：丁(《花东》28)、帚好(《花东》37)、子(《花东》37)、子而(《花东》181)、子畫(畫，《花东》288)、子利(利，《花东》370)、子㞩(《花东》487)、子興(《花东》53)、子配(配，《花东》5)、子雍(《花东》237)、子医(《花东》33)、子癸(《花东》276)、子媚(《花东》290)、子曾(《花东》294)、子炅(《花东》2)、子䝨(《花东》113)、小子(《花东》353)、三小子(《花东》205)、奠(侯奠、亚奠《花东》28)、韋(《花东》195)、行(《花东》211)、友(《花东》2)、歸(《花东》132)、何(《花东》320)、夫(《花东》57)、通(《花东》441)、冎(《花东》441)、監(《花东》92)、皿(《花东》249)、䍙(《花东》467)、受(《花东》191)、引(《花东》110)、火(《花东》59)、岂(微)(《花东》267)、南(《花东》38)、爵凡(《花东》205)、射告(《花东》264)、𠂤(《花东》416)、子𠕋(《花东》351)、犾乃(《花东》473)、季母(《花东》139)、𤲞尹(《花东》178)、𨛜(《花东》480)、阝佘(《花东》205)、䖵(《花东》467)、舟嚨(《花东》255)、𡚬(《花东》280)、伯或(《花东》449)、𥄉(《花东》490)、妫(《花东》321)、妃中周(妃，《花东》321)、中周(《花东》102)、㐬(《花东》464)、𡿨(𢿨，《花东》63)、青(《花东》351)、𡨦(《花东》290)、𢻮(《花东》21)、吴(《花东》39)、𡗕(《花东》312)、𠀠(《花东》197)、䶮(《花东》157)、𡕛(《花东》3)、我(《花东》470)、屰(《花东》20)、亚(《花东》500)、卯(《花东》23)、史(《花东》133)、庚(《花东》190)、𡗜(《花东》71)、大(《花东》184)、疋(《花东》329)、贮壴(壴，《花东》102)、万家(《花东》226)、㞢(《花东》466)、𦍋(《花东》440)、弋(《花东》425)、𡗗(《花东》451)、舟人(《花东》380)、畣(《花东》138)等。这些人名大部分是出现于卜辞中，后19人名在记事刻辞中也有出现。

上揭人物中有的为“子”家族中的亲属成员，如子興、子配、小子等人。有的属于“子”的臣僚，如射告、𠂤等人；有的则为部族首领或族氏名，如伯或、奠、𡗗等。其中有些人物在已著录甲骨刻辞中曾经出现过，如丁、妇好、奠、伯或、子畫、子利、韋、贮壴、子㞩、㐬、青、卯、𡗗等。这些人物信息在研究花东卜辞时尤值得关注。

从文例方面来看，花东卜辞的前辞形式多种多样，其前辞分别有“干支卜”，“干支卜，贞”，“干支卜，某贞”，“干支某卜”，“干支卜，在某”，“干支夕卜”，“干支夕”，“干支昃”，“干支”，“干卜”，“干卜贞”，“干卜，在某”，“干夕卜”，“干”，“某贞”，“贞”，“干支卜，在某贞”，“在某卜”，“干支，某在某”，“干支，在某”，“干支卜，某”，“夕”等形式。花东卜辞中占辞和用辞较为常见，卜辞的行款也复杂多变。其契刻方式与王卜辞、原子组卜辞亦不尽相同，但这些组合形式同样有一定的规律可循。概括而言，基本上可以用迎、顺、背、向四字来总括。具体来说，花东卜辞的契刻方式主要有迎兆而刻、先迎兆再转向刻、顺兆而刻、先顺兆再转向刻、背兆而刻、先背兆再转向刻、向兆而刻、先向兆再转向刻及其他等九类。其中最为常见的契刻方式是迎兆单列横行而下(共见 400 多例，如第 3 版 4 辞)。其次为单列横行迎兆而刻(共见近 380 例，如第 37 版 17 辞)。除常例外，另外还存在一些因特殊原因如界划线、契刻空间的限制等而造成的变例，如第 416 版 11 辞由于契刻区域的限制，其上、下、左部均有界划线，故该辞迎兆单列横行而下转内行后，剩余的最后两字又转刻至整条卜辞的左上侧。

花东刻辞在书写风格上颇有自己的特点。其书风柔婉秀丽，笔画纤细、圆润。不少字的写法象形意味较重。如首字作(《花东》304)，象人首正面形，突出表现了人的头发、眼、耳、口等特征；车字作(《花东》416)，着意勾勒了车的辕、轴、衡、舆、双轮等部件；射字作(《花东》2)，呈双手射箭之状，过去所见的射字多省略手形。又如耳作(《花东》275)，戊作(《花东》206)，𨸏字作(《花东》14)或(《花东》289)，壴作(《花东》11)，冢作(《花东》14)，罷作(《花东》286)，𠧢作(《花东》26)，𪍿作(花东 124)，爵作、(花东 349)，等，其写法独特而且表意程度都很强。

从字形方面来看，花东中有不少字的结体与武丁时代前后的王卜辞或非王卜辞大致相类。不过花东刻辞中一些字的结体及写法又明显区别于同时期其他类型的甲骨刻辞，其对时代偏后的出组、无名组乃至黄组刻辞的结体，具有一定的影响作用。如“祝”字加“示”旁，“王”字上部追加饰横，“戈”字下部向外撇出，下部横笔上移，“癸”字四边斜笔出头等[①]。除《花东·前言》中“花园庄东地 H3 甲骨刻辞常用字字形表”所列之外，花东中的这些字还有其他异体写法。不少常用字有好几种、甚至达 10 余种写法。由于《花东》材料同出一坑，是围绕“子”这个中心人物的占卜记录，而许多字的写法又变化无常，这说明当时诸书家分别有自己的书写习惯，并没有遵循统一的规则。今归并有关异体字之后，《花东》所见单字共计 572 个，除去结体上存疑

① 花东也见有早期写法的“王”字和“癸”字，如《花东》166(4)辞之“癸”字四边就不出头

的 141 字，结构明确的字计 431 个。其中象形字、会意字居多，亦有一些新出字形。

《花东》新见字形进一步丰富了商代文字库，也为今后的甲骨文字考释提供了重要信息。据我们梳理，花东中的新见字共有(索引号①28)、(索引号 29)、(索引号 64)、(索引号 66)、(索引号 86)、(索引号 139)、(索引号 162)、(索引号 163)、(索引号 211)、(索引号 230)、(索引号 231)、(索引号 250)、(索引号 293)、(索引号 349)、(索引号 352)、(索引号 545)、(索引号 561)、(索引号 571)、(索引号 612)、(索引号 626)、(索引号 624)、(索引号 657，异体见索引号 658～661)、(索引号 664)、(索引号 672)、(索引号 743)等 72 个。兹将花东子卜辞特征字形举例如下：

戊《花东》316 辛《花东》108 戌《花东》428 子、巳《花东》125 子(地支名)《花东》294 寅《花东》234 午《花东》142 未《花东》179 申《花东》437 酉《花东》437 癸《花东》474 鼎(貞)《花东》232 叀《花东》162 牛《花东》32 囥《花东》498 丘《花东》14 吉《花东》409 心《花东》446 自《花东》416 昔《花东》548 日《花东》420 尞《花东》249、286 王《花东》480、420 弹《花东》498 耳《花东》501 取《花东》80 臣《花东》215 豕《花东》14 逐《花东》108 獸(狩)《花东》491 興《花东》39 馬《花东》239 鹿《花东》259 既《花东》294 卿《花东》321 好《花东》29 若《花东》409 钔《花东》162 休《华东》53 羌(羌)《花东》215 夢《花东》113 用《花东》338 㽙《花东》34、《花东》321、《花东》426 商《花东》382 祝《花东》67 不《花东》146 隻《花东》14 告《花东》236、《花东》294

① 此处的"索引号"为《殷墟花园庄东地甲骨》"字词索引号"的简称

二、花东类非王卜辞选释

1.《花东》3

图 9-28 《花东》3(照片)

该龟甲于 1991 年 10 月花园庄东地出土(编号 H3：7＋34＋94＋269＋1559)。现藏中国社会科学院考古研究所。

【释文】

(1)丙卜：[illegible]又(有)由女，子其告于帚(妇)好，若？ 一

(2)[丙]卜：丁不祉(延)榩？ 一

(3)丁祉榩？ 一

图 9-29　《花东》3(拓片)

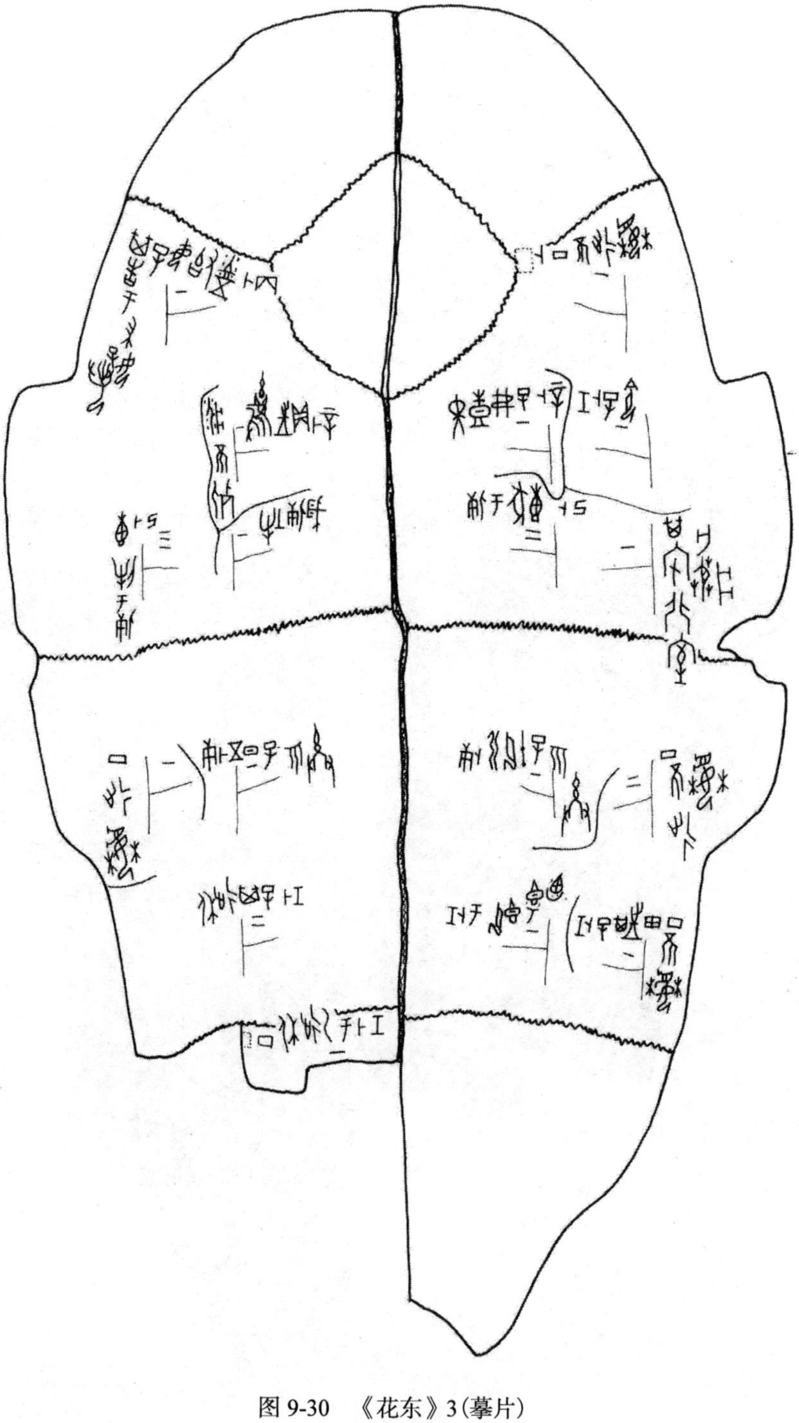

图 9-30　《花东》3(摹片)

(4)丁不征榩？　二

(5)歲(劌)匕(妣)庚牡？　一

(6)己卜：叀豕于匕庚？　一

(7)己卜：叀牝于匕庚？　三

(8)庚卜：五日子而𡆥？　一

(9)庚卜：弜钔(禦)子而𡆥？　一

(10)辛卜，貞：往𢊁，疒不死？　一

(11)辛卜：子弗艱(艱)？　一

(12)壬卜：于乙征休丁？　一

(13)壬卜：子其征休？　二

(14)壬卜：子其往田，丁不榩？　一

(15)壬卜：于既㝵廼…　一

(16)壬卜：子令？　一

(17)其宅北室亡𦔻？　一

【备注】本版中每条卜辞附一个卜兆，且多有界划线将不同的卜辞及其粘附的卜兆隔离开。卜辞的行款走向与粘附卜兆之间的组合关系则有如下数种：①单列横行迎兆而刻，如第2、5、13、16辞。②单列横行顺兆而刻，如第6、8、11辞。③单列背兆而刻，如第3辞。④复列背兆而刻，如第17辞。⑤迎兆单列横行而下，如第1、9、10、14辞等。其中第1和第5种是花东卜辞中最常见的两种行款形式。

2.《花东》32

该龟甲于1991年10月花园庄东地出土(编号H3：113＋1518)。现藏中国社会科学院考古研究所。

【释文】

(1)庚卜，才(在)麓：歲(劌)匕(妣)庚三𤘘，又(侑)鬯二，至钔(禦)，𠭯百牛又五？　一

(2)庚卜，才麓：叀五𤘘，又鬯二，用至钔匕庚？　一　二　三

(3)庚卜，才麓：叀七𤘘，[用至钔]匕庚？　一　二　三

(4)庚卜，才麓：叀五𤘘，用至钔匕庚？　一　二

【备注】本版为庚日在麓地的占卜记录。第1辞与《花东》27、《花东》320第6辞同文。妣庚是花东卜辞中最为常见的一位女性先人，在卜辞中对她的祭祀规格很高。本版卜选为她施祭的祭品，并计划为她𠭯牲105头牛。

图 9-31 《花东》32(拓片)

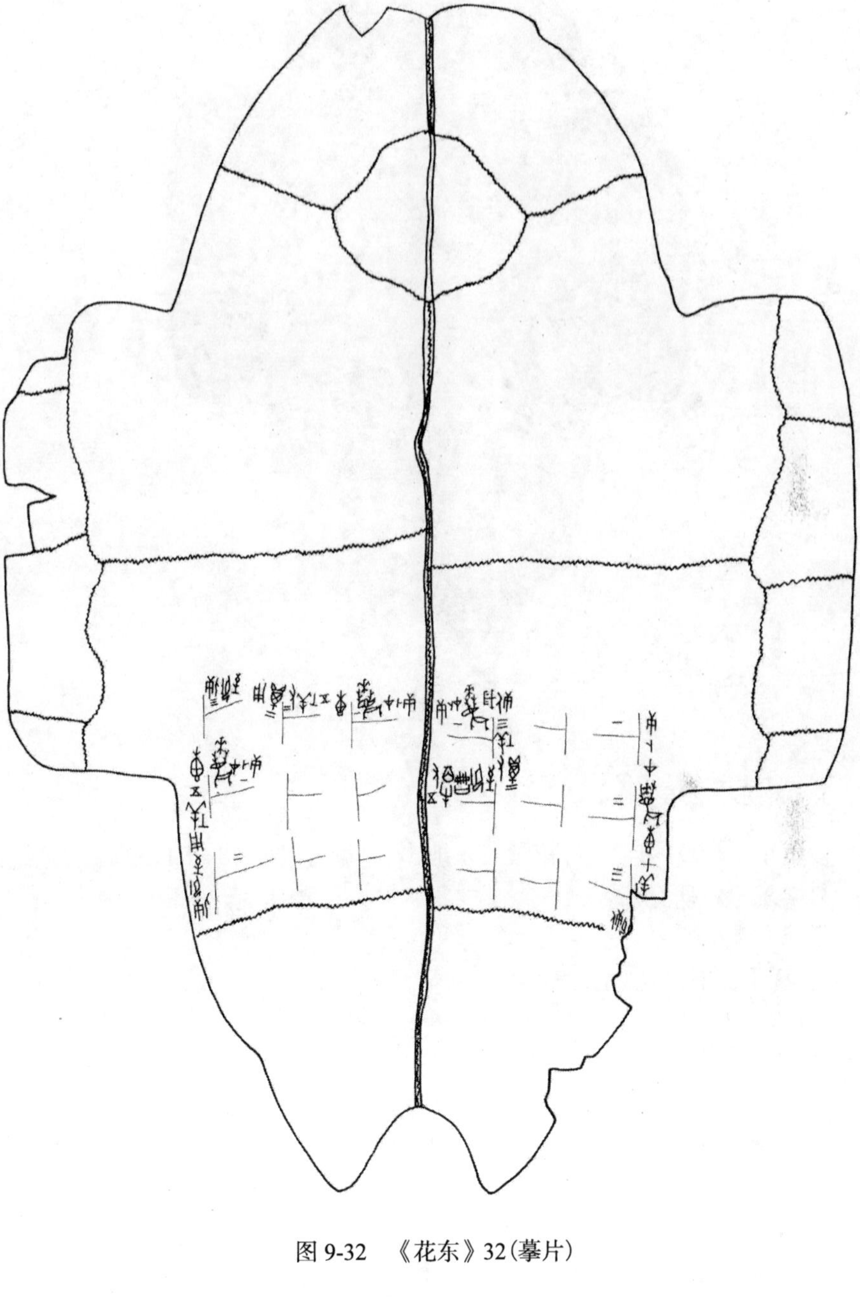

图 9-32　《花东》32(摹片)

图 9-33　《花东》32(照片)

3.《花东》236

该龟甲于 1991 年 10 月花园庄东地出土(编号 H3：684＋1152)。现藏中国社会科学院考古研究所。

【释文】

(1)丙卜：其酌匕(妣)庚，若？　一

(2)丙：𢀛(蓺)子興，又(侑)羊匕庚？　一

(3)丁卜：酌伐兄丁，卯宰，又𡆥？　一　二

(4)酌伐兄丁，告(祰)匕庚，[又]䄍？　一

(5)酌伐兄丁，告匕庚，又歲(劌)？　一

(6)酌伐兄丁，告𢦏一牛匕庚？　一

(7)酌伐兄丁，告匕庚，又伐匕庚？　一

(8)丁卜：𢦏二牛，𩰤(禦)伐，乍(作)宔(宔)匕庚？　一

(9)丁卜：𢦏宰匕庚，若？　一

(10)丁卜：𢦏宰匕庚，若？　二

(11)丁卜：𢦏宰□□，[若]？　三

图 9-34 《花东》236(照片)

(12)丁卜：歲匕庚牡又二彘？ 一
(13)丁卜：歲匕庚牡又二彘？ 二 三
(14)戊卜：子其往？ 一
(15)戊卜：弜子往？ 一
(16)己卜：家其又魚，其屰(逆)丁？永。 一
(17)己卜：家其又魚，其屰丁？永。 二
(18)己卜：家其又魚，其屰丁？永。 三
(19)己卜：家弜屰丁？ 一
(20)弜屰？
(21)己卜：戠弜往卻匕庚？ 一
(22)己卜：其往卻匕庚？ 一 二

图 9-35 《花东》236(拓片)

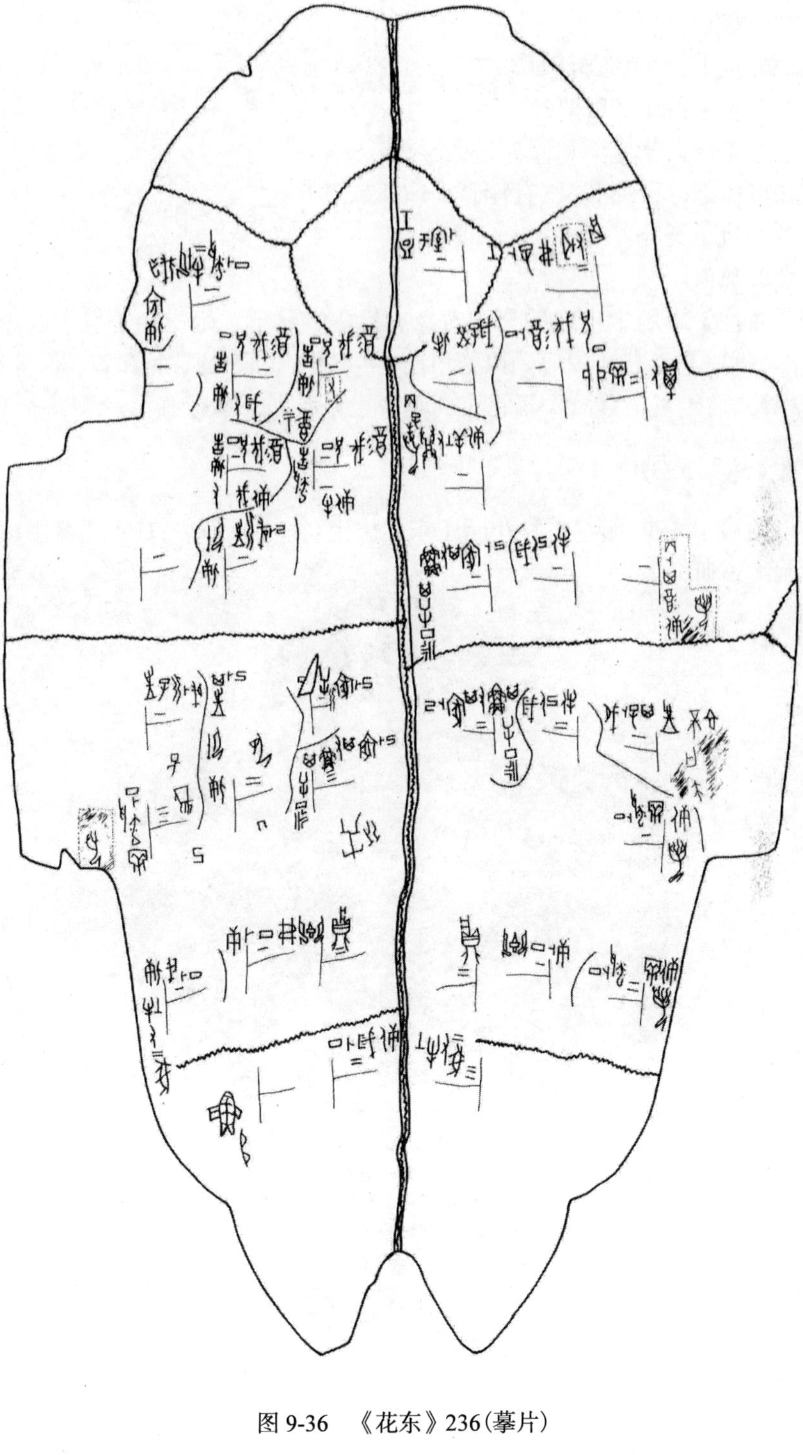

图 9-36　《花东》236(摹片)

(23)歲匕己牝？ 一

(24)歲匕己牝？ 二

(25)庚卜：丁卿(饗)鬯？ 一 二

(26)庚卜：丁弗卿鬯？ 一 二

(27)壬：血于室卜(外)？ 一

(28)壬卜：子弗其又(有)囚(祸)？ 二

(29)歲子癸牝？ 一

(30)魚自。

【备注】本版中出现的祭祀对象有妣庚、兄丁、妣己和子癸等四人，祭法有酌、卯、敱、伐、岁等，拟施用羊、宰、牛、牡、彘、牝和鬯、鬯等祭品。第27辞“血于室卜(外)”指在贞问是否于祭所之外举行血祭。

4.《花东》261

该龟甲于1991年10月花园庄东地出土(编号H3：767)。现藏中国社会科学院考古研究所。

图9-37 《花东》261(照片)

图 9-38　《花东》261(拓片)

【释文】

(1) 甲午：歲(劌)匕(妣)甲[illegible]一，又皀？　一　二　三

(2) 乙未：歲匕庚[illegible]一，又皀？　一　二

【备注】本版分别于甲午、乙未日贞问是否用“歲[illegible]”、“又皀”的方式来祭祀妣甲、妣庚。花东卜辞中，[illegible](母豕)主要用于祭祀先妣。

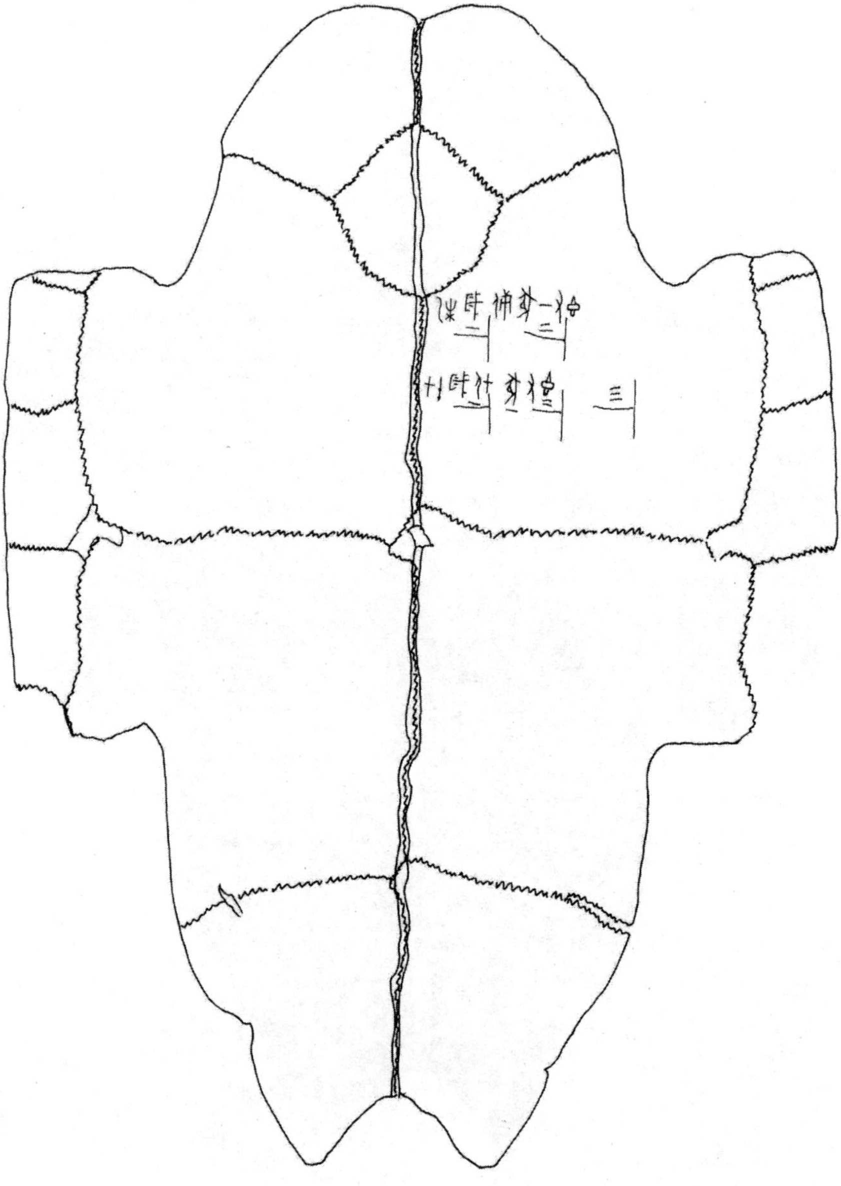

图 9-39 《花东》261(摹片)

5.《花东》409

该龟甲于 1991 年 10 月花园庄东地出土(编号 H3：1287)。现藏中国社会科学院考古研究所。

图 9-40　《花东》409(照片)

【释文】

(1)丙卜：其钔(禦)子而口匕(妣)庚？　一

(2)丙卜：其钔子而于子癸？　一

(3)丙卜：叀(惠)羊又鬯钔子而于子癸？　一

(4)丙卜：叀牛又鬯钔子而于子癸？　一

(5)丙卜：其钔子而匕丁牛？　一　二

(6)丙卜：其钔子而匕丁牛？　三

(7)丙卜：弜钔子而？　一

(8)丙卜：叀小宰又艮、妾钔子而匕丁？　一

(9)丙[卜]：子其祛匕庚，口㗊？　一

(10)丙卜：吉，𢼄于匕丁？　一

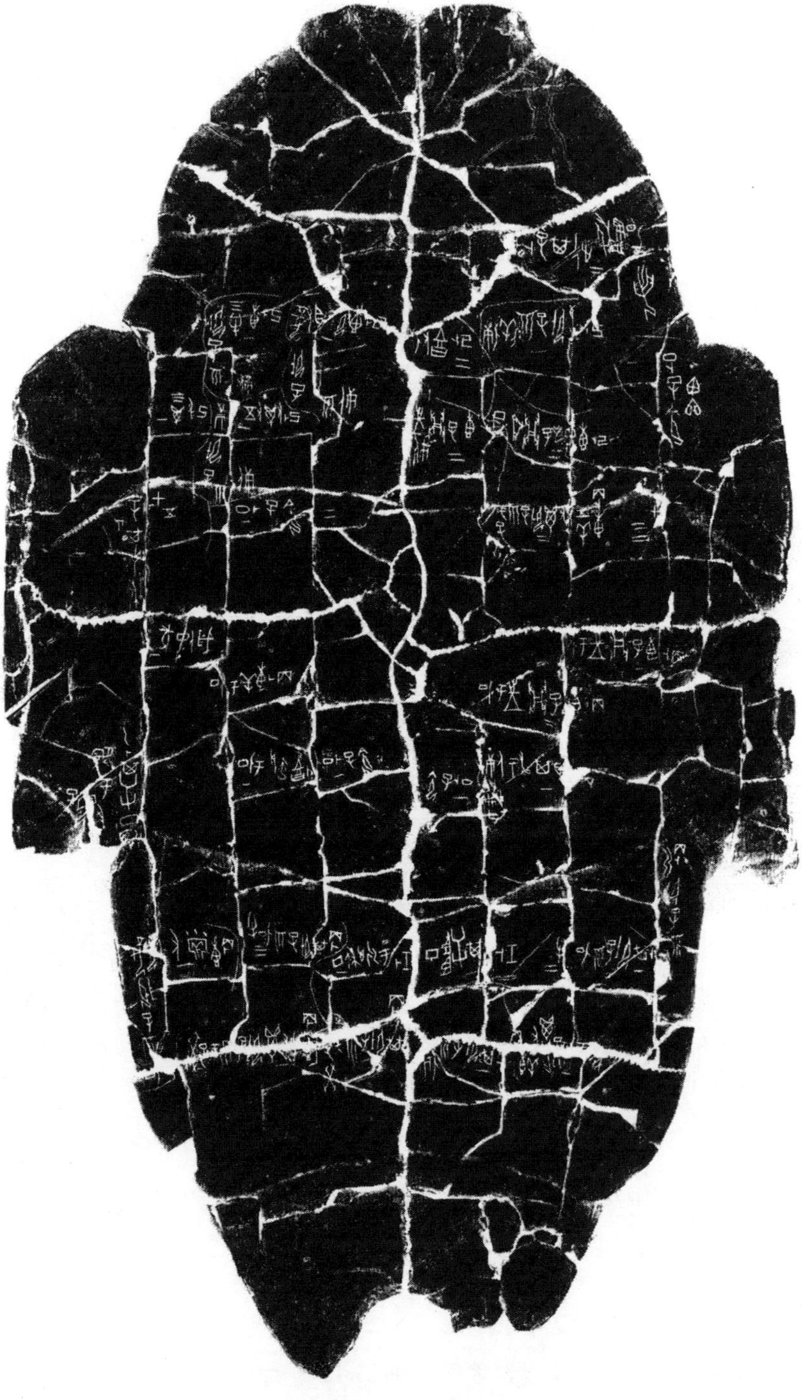

图 9-41 《花东》409(拓片)

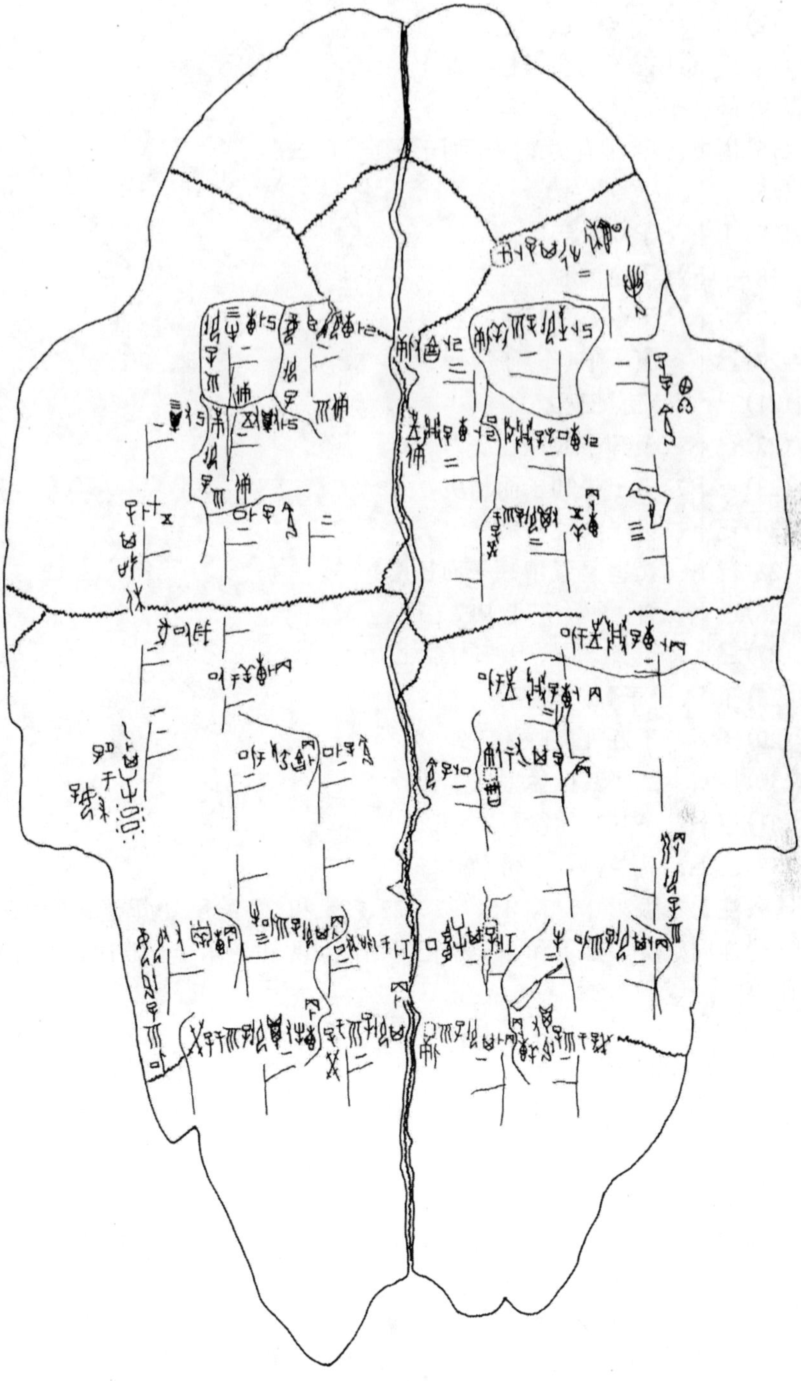

图 9-42　《花东》409(摹片)

(11)丙卜：叀子興往于匕丁？ 二
(12)丙卜：叀羊于匕丁？ 一
(13)丙卜：叀子興往于匕丁？ 一
(14)歲匕丁豕？ 一
(15)丙卜：叀五羊又鬯钔子而于子癸？ 二
(16)丁卜：子令？ 一
(17)丁卜：子令？ 一
(18)丁卜：子令囟心？ 一
(19)丁卜：子令？ 一 二
(20)己卜：叀丁乍(作)子興尋丁？ 二
(21)己：又(侑)三鬯？ 一
(22)己卜：至钔子而羌匕庚？ 一
(23)己卜：叀三牛钔子而匕庚？ 一
(24)己卜：叀子興往匕庚？ 二
(25)己卜：又鬯又五帇钔子而匕庚？ 一
(26)己卜：吉，又(侑)匕庚？ 二
(27)己卜：叀艮、臣、妾钔子而匕庚？ 一
(28)壬卜：[子]其屰昷丁？ 一
(29)壬卜：于乙祉(延)休丁？ 一
(30)[甲]卜：子其祉休嘐乙，若？ 二
(31)甲卜：子其祉休[嘐]？ 五
(32)乙卜：其屰吕㣊于帚(婦)好？ 一

【备注】本版第1～8、15、22、23、25和27辞反复贞问是否为祛除子而的疾患而向妣庚、妣丁和子癸祭祀，由此可见在花东子家族中，“子而”的地位很高。

6.《花东》426

该龟甲于1991年10月花园庄东地出土(编号H3：1347)。现藏中国社会科学院考古研究所。

【释文】
(1)癸巳卜：嘐甲歲(劌)且(祖)甲牡一，叔鬯一，于日出？用。 一
(2)甲午：歲且甲牡一，叔鬯一？ 一
(3)甲午卜：歲且乙牝一，于日出敱？用。 一 二
(4)甲午卜：歲且乙牝一，于日出敱？用。 三
(5)乙未：歲且乙牝一，叔鬯一？ 一 二

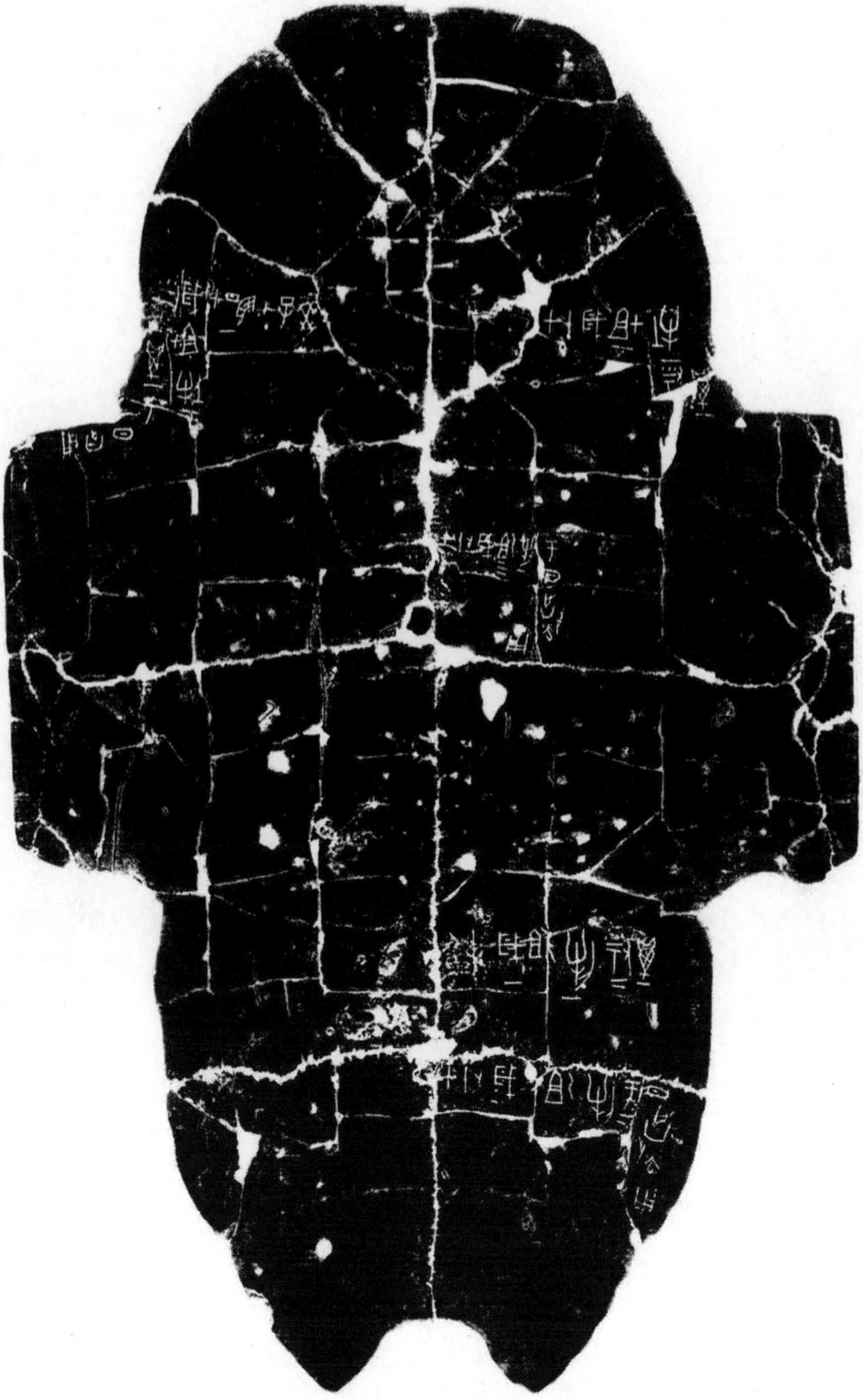

图 9-43　《花东》426(拓片)

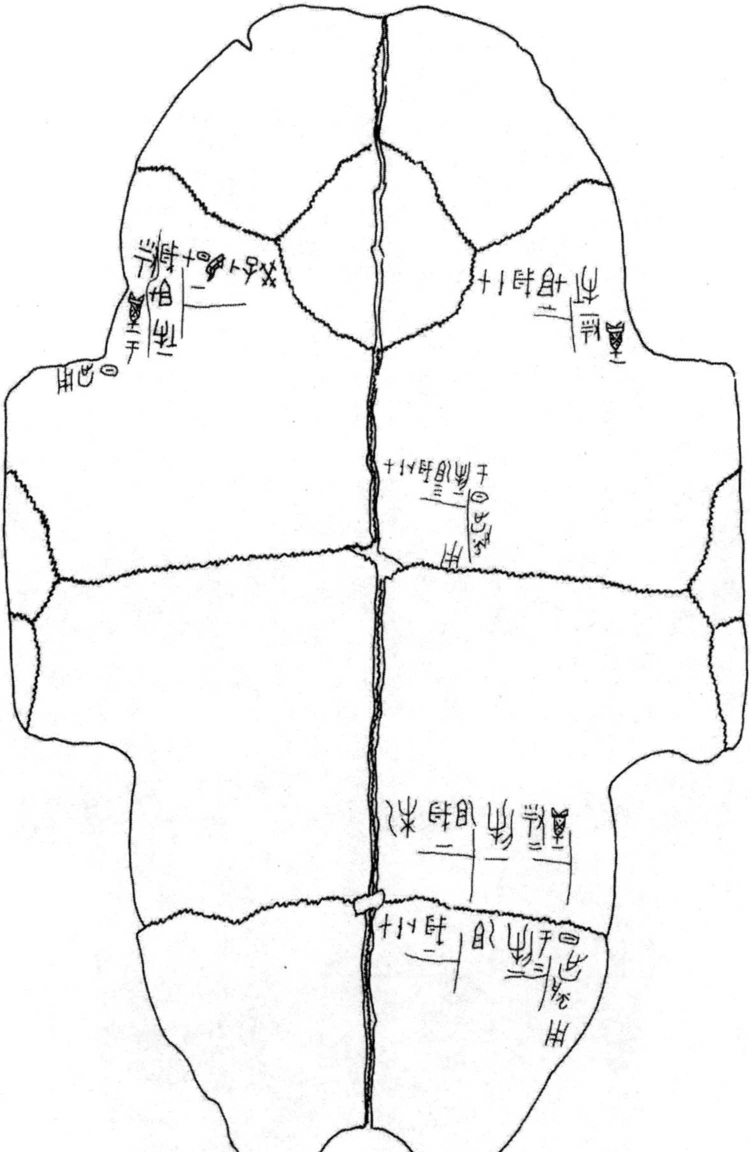

图 9-44　《花东》426(摹片)

【备注】本版分别贞问是否于甲午、乙未日用劇牡或牝，同时以叔卣的方式祭祀祖甲、祖乙两位先王，并选定“日出”为用牲时间。祖甲、祖乙是花东卜辞中常见的男性先人，其在本家族中的受祭地位很高。

图 9-45　《花东》426(照片)

7.《花东》14

该龟甲于 1991 年 10 月花园庄东地出土(编号 H3：52)。现藏中国社会科学院考古研究所。

【释文】

(1) 乙酉卜：子又之阯南小丘，其豩隻(獲)？ 一 二 三 四 五

(2) 乙酉卜：弗其隻？ 一 二 三 四 五

(3) 乙酉卜：子于翌日丙求阯南丘豕，冓(遘)？ 一 二 三 四

(4) 以人冓豕？ 一 二

(5) 乙酉卜：既咢往敝，冓豕？ 一 二

(6) 弜敝？ 一 二

(7) 冓阯鹿？子囗(占)曰：其冓。 一 二

(8) 一 二

(9) 一 二

图 9-46 《花东》14(照片)

图 9-47　《花东》14（拓片）

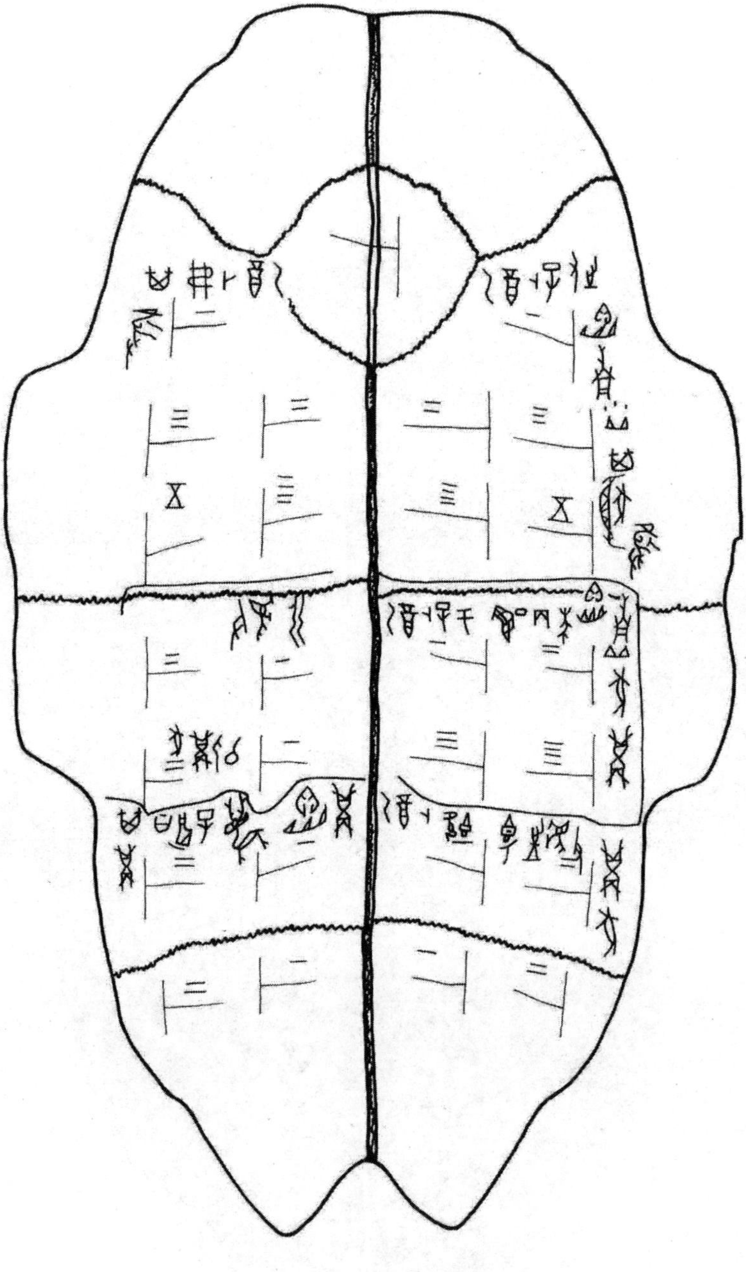

图 9-48 《花东》14(摹片)

【备注】本版贞问子往“阸南小丘”捕猎之事。结合《花东》3 第 14～15 辞、《花东》35 第 2 辞，可推知他们在田猎之前或先举行咢祭。

8.《花东》35

该龟甲于 1991 年 10 月花园庄东地出土(编号 H3：119)。现藏中国社会科学院考古研究所。

【释文】

(1)壬申卜：子往于田，从昔斮？用。毕(擒)四鹿。 一

(2)壬申卜：既粮(咢)，子其往田？用。 一 二

【备注】本版与《花东》395 第 5 辞同文。第 2 辞贞问粮(咢)祭后子是否要去田猎，从用辞可知他确实去了。第 1 辞贞问子是否要从昔地进行“斮”，从验辞可看出这次田猎捕获了四头鹿。

图 9-49 《花东》35(照片)

图 9-50　《花东》35(拓片)

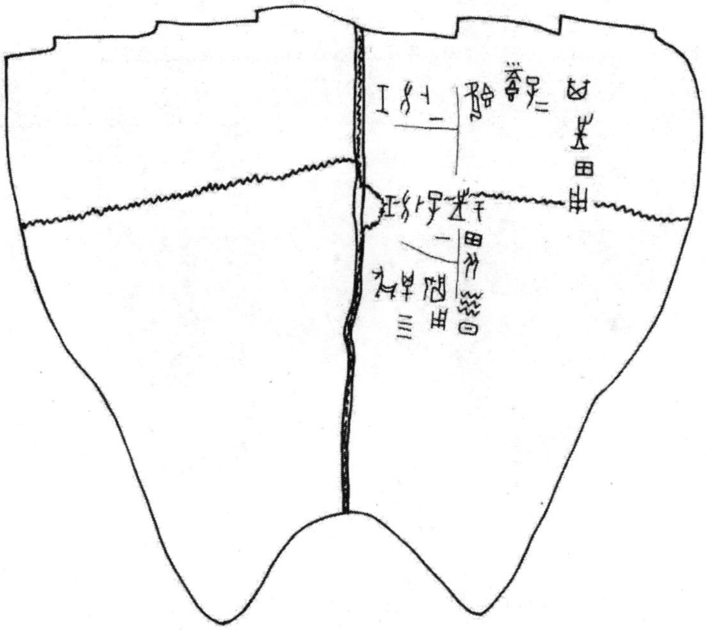

图 9-51　《花东》35(摹片)

9.《花东》449

该龟甲于 1991 年 10 月花园庄东地出土(编号 H3：1387)。现藏中国社会科学院考古研究所。

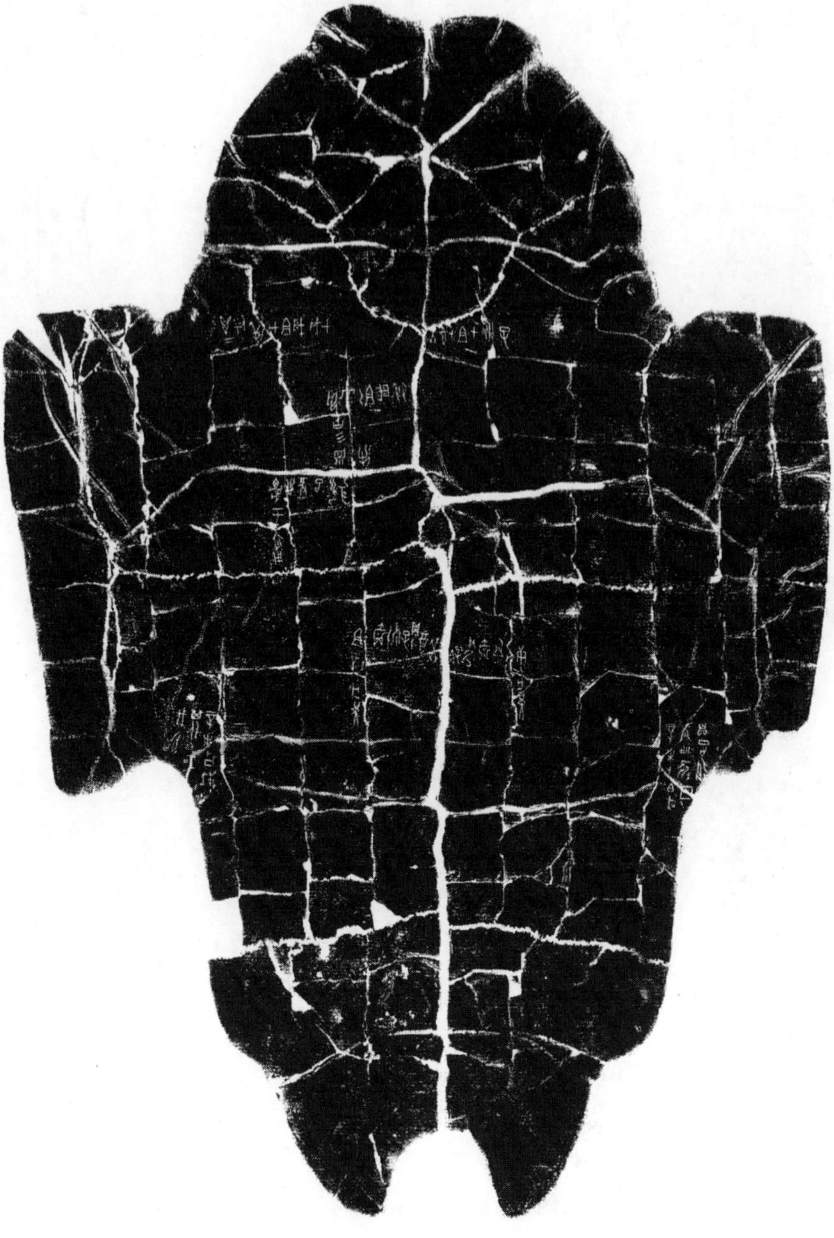

图 9-52　《花东》449(拓片)

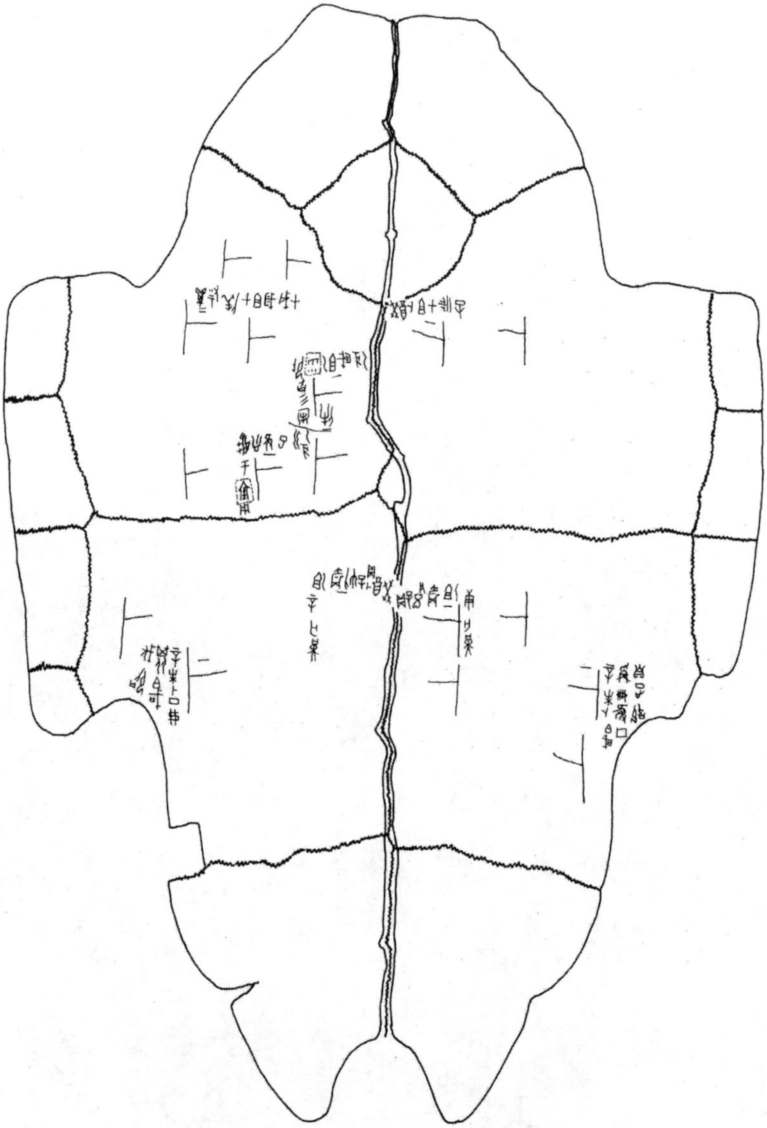

图 9-53 《花东》449(摹片)

【释文】

(1) 辛未卜：白(伯)或爯(稱)册，隹(唯)丁自正(征)卲(召)？ 一

(2) 辛未卜：丁弗其比白或伐卲？ 一

(3) 貞：子畫爵且(祖)乙，庚亡英(艱)？ 一

(4) 癸酉卜，貞：子刺爵且乙，辛亡英？ 一

(5) 癸酉卜：且甲永子？ 一

(6) 甲戌：歲(劌)且甲羌，叔卺？ 二

图 9-54　《花东》449(照片)

(7) 乙亥：弜巳叙ψ龜于室？用。　一

(8) 乙亥：歲且乙，雨卯(禦)，舌彡(肜)牢、牝一？　一

【备注】本版 1～2 辞与《花东》237 第 6 辞、《花东》275 第 3～4 辞以及属于历组卜辞的《合集》33027～33029、33035、33036、33058、《屯南》81、2605 等辞同卜一事。卜问商王武丁是否联合伯或征伐卲(召)方。第 7 辞中的“ψ龜”可能和《合集》8996 正的“鼀”所指相同，指龟的品种。

10.《花东》475

该龟甲于 1991 年 10 月花园庄东地出土(编号 H3：1467)。现藏中国社会科学院考古研究所。

【释文】

(1) 癸卯卜：暋[illegible]于大丁？用。　一

(2) 乙巳卜：叀[illegible](璧)？用。　一

(3) 乙巳卜：叀良(琅)？　一

(4)乙巳卜：又(有)圭，叀之畀丁緷五？用。 二

(5)庚戌卜：子叀𠂤乎見(獻)丁眔(暨)大，亦𢍘？用。大丁。 一

(6)庚戌卜：丁各？用。夕。 一

(7)庚戌卜：丁各？用。夕。 二 三

(8)辛亥卜：丁曰，余不其往，女(毋)𡘾？ 一

(9)辛亥卜：子曰，余丙𡘾？丁令子曰：往眔帚(婦)好于受麥。子𡘾。 一

(10)壬子卜：子弜𡘾乎畬？用。 一

【备注】本版第9辞中涉及三个人物：子、丁和婦(妇)好[1]。从全部花东卜辞来看，“丁”的地位在妇好与花东主人子之上。“丁”应是指商王武丁。

图9-55 《花东》475(照片)

① 《花东》286第30辞“帚好告子于丁”一语也非常重要，它同样将子、丁和妇好这三人联系在一起

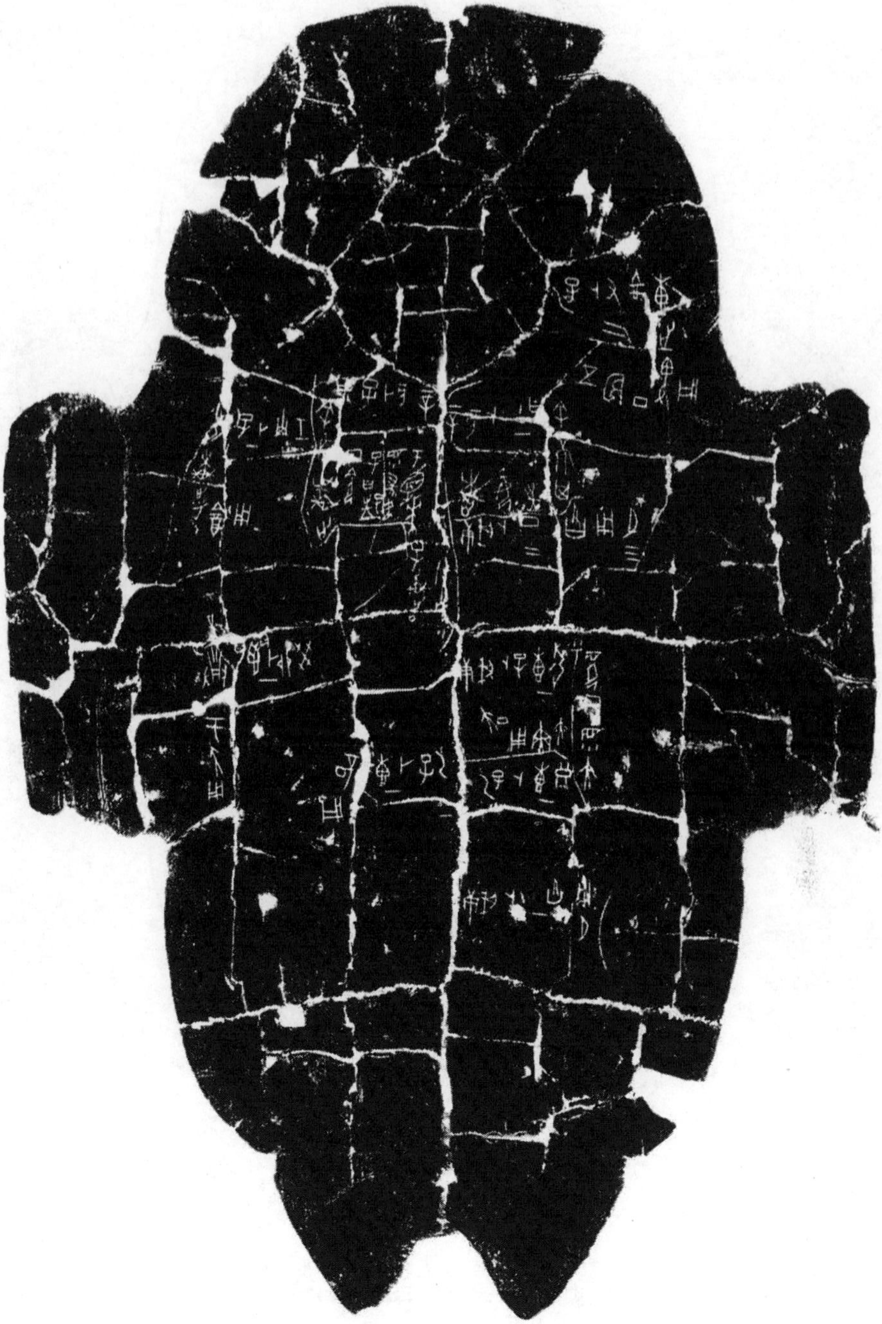

图 9-56　《花东》475（拓片）

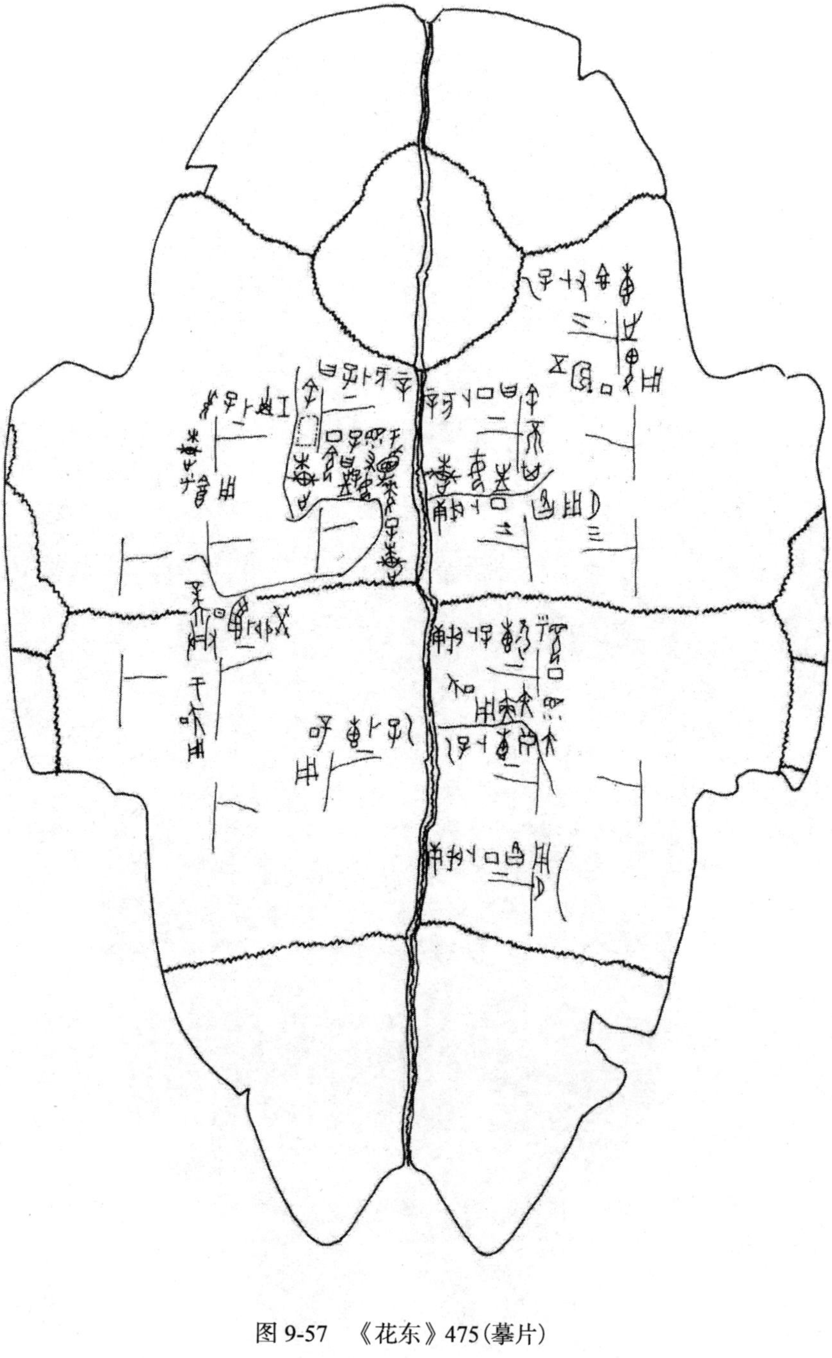

图 9-57 《花东》475(摹片)

11.《花东》63

该龟甲于 1991 年 10 月花园庄东地出土(编号 H3：215)。现藏中国社会科学院考古研究所。

【释文】

(1) 自宁(貯)三。

(2) 辛亥卜：子其以帚(婦)好入于妝，子乎(呼)多卬(禦)正見(献)于帚好，肇十，往㽙？　一

(3) 辛亥卜：𠂤肇帚好紤三，㱿肇帚好紤二？用。往㽙。　一

(4) 辛亥卜：叀𠂤見于帚好？不用。　一

(5) 癸丑卜：歲(劌)食牝于且(祖)甲？用。

(6) 乙卯卜：叀白豕且甲？不用。　一　二

(7) 乙卯：歲且乙豭一，𠦪鬯一？　一　二

【备注】本版卜辞粘附的卜兆有一个或两个。本版有两种常见的行款形式：一，单列横行迎兆而刻，如第 6、7 辞，二，迎兆单列横行而下转内行，如第 4 辞，此外，还有三种行款：一，迎兆单列横行而下转外行，如第 5 辞。二，迎兆单列横行而下转内行而下，如第 3 辞。三，迎兆单列横行而下转内行再复列转单列内行，如第 2 辞。

本版第 1 辞属甲桥记事刻辞，是乞龟之记录。第 2 辞贞问子呼“多御正”向妇好进献十束紤等事。第 3、4 两辞贞问𠂤和㱿二人向妇好献紤之事。

图 9-58　《花东》63(照片)

图 9-59 《花东》63(拓片)

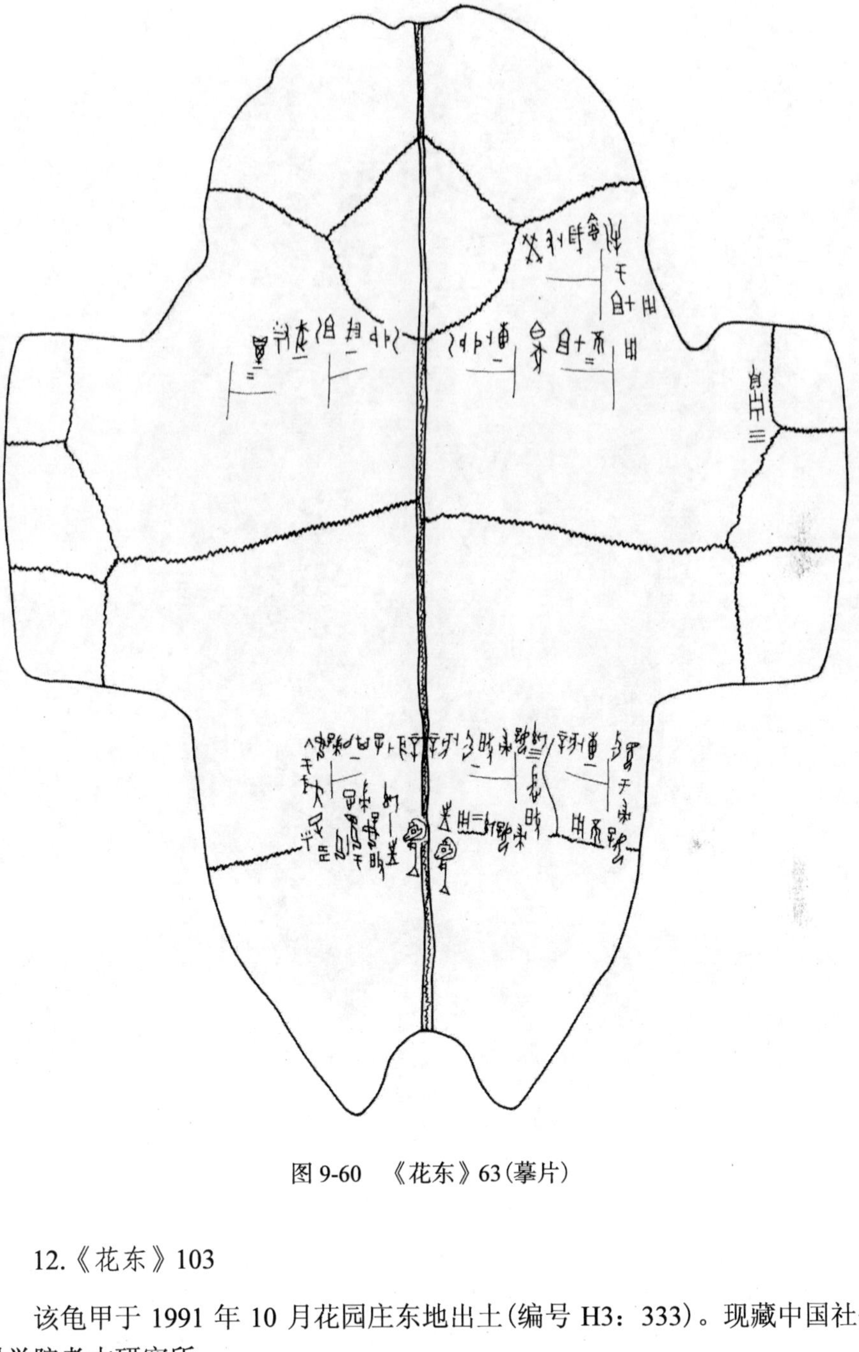

图 9-60　《花东》63(摹片)

12.《花东》103

该龟甲于 1991 年 10 月花园庄东地出土(编号 H3：333)。现藏中国社会科学院考古研究所。

【释文】

(1) 丁卯卜：雨不至于夕？　一

图 9-61 《花东》103（照片）

(2) 丁卯卜：雨其至于夕？子占(占)曰：其至，亡翌日戊。用。 一

(3) 己巳卜：雨不征(延)？ 一

(4) 己巳卜：雨其征？子子占曰：其征冬(終)日。用。 一(第二个“子”为衍文)

(5) 己巳卜，才(在)㹊：庚不雨？子占曰：其雨亡后(後)，夕雨。用。 一

(6) 己巳卜，才㹊：其雨？子占曰：今夕其雨，若。己雨，其于翌日庚亡后。用。

【备注】本版为卜雨之辞。第 1、2 两辞分别在丁卯日从反正两方面贞问雨是否下到晚上。从占辞看，子作出了肯定的判断，并认为这场雨不会下到第二天戊(辰)日。己巳日又下雨了，于是第3、4辞从反正两方面贞问这雨是否延续地下，子占断会下一整天。第5、6辞贞问庚(午)日会否再下雨，第5辞子占断的结果是：雨将下到己巳日晚上为止。第6辞子的判断是：己巳日的雨还算好，第二天庚午日不会接着下了。

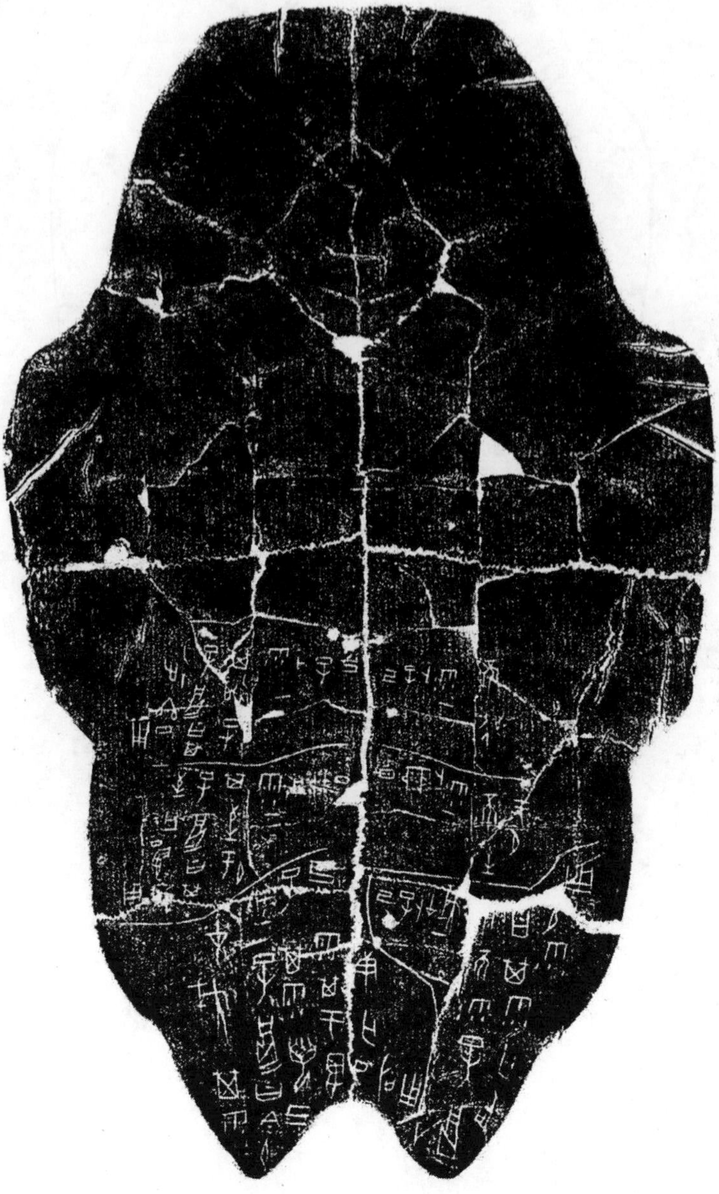

图9-62　《花东》103(拓片)

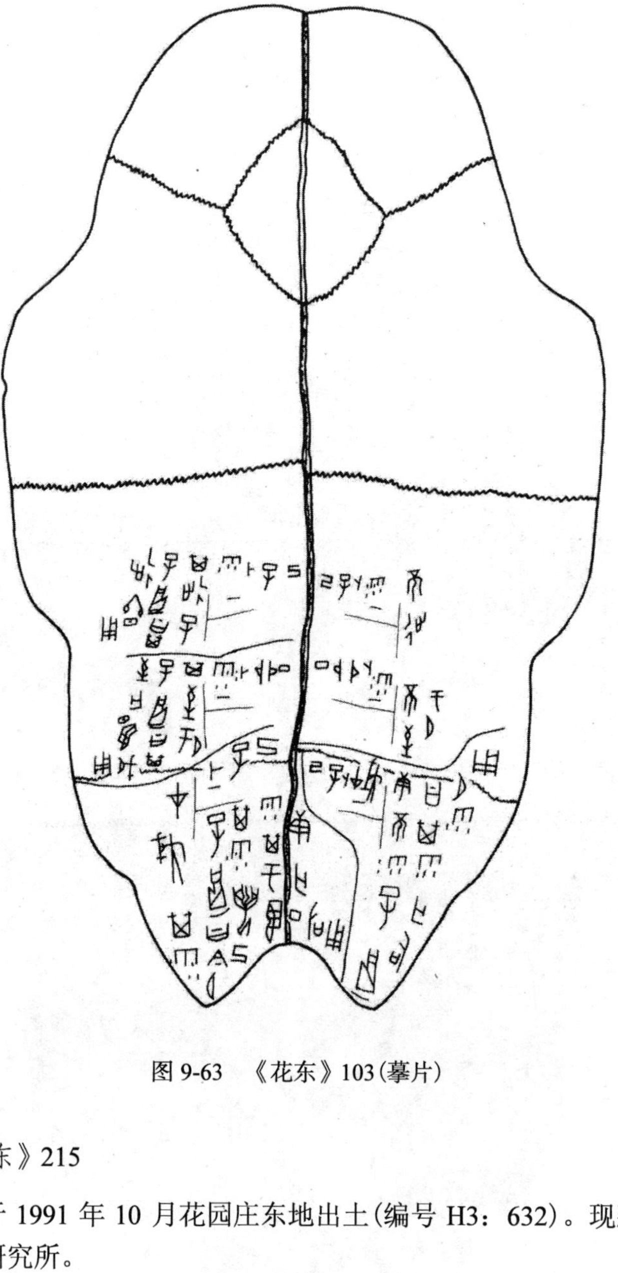

图 9-63 《花东》103(摹片)

13.《花东》215

该龟甲于 1991 年 10 月花园庄东地出土(编号 H3：632)。现藏中国社会科学院考古研究所。

【释文】

(1)壬申卜：子其以羌嗳㫚于帚(婦)，若？永。一

(2)甲戌卜，貞：羌弗死子臣？ 一 二 三

(3)庚辰：歲(劌)匕(妣)庚豨一、𡘋一？子祝。一 二 三

【备注】本版右甲桥处有三对小圆孔。花东卜甲上的这些小圆孔在右侧甲桥、前后甲和尾甲处都有发现，它们均于龟甲断裂处两侧对应排列。根据小圆孔把第 3 辞之字打破，可推知这些小圆孔当制作于刻辞完成之后，其作用是便于人们用细绳将断甲连缀在一起。

图 9-64　《花东》215(拓片)

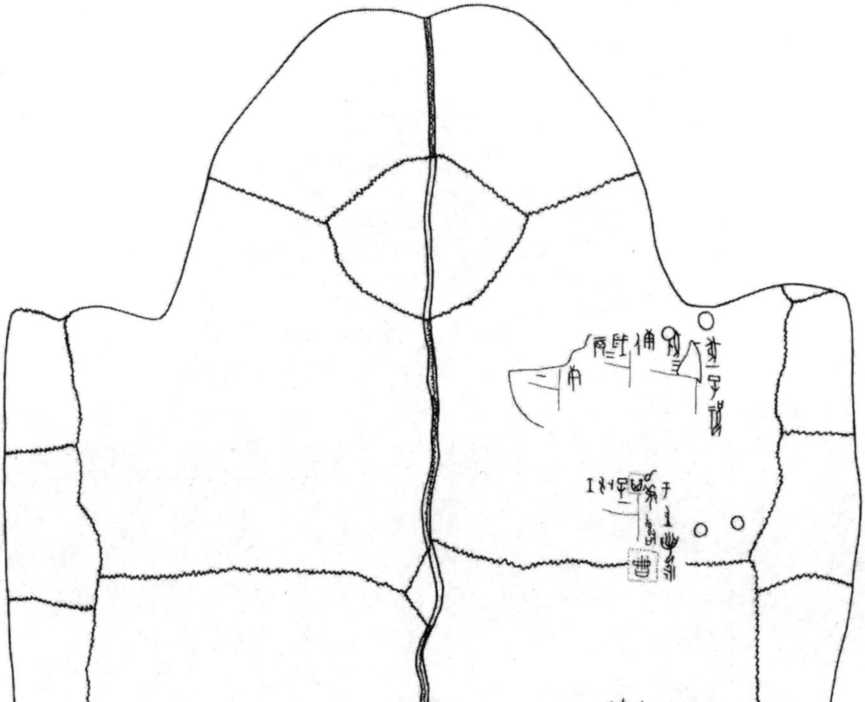

图 9-65 《花东》215(摹片)

图 9-66　《花东》215（照片）

14.《花东》304

图 9-67 《花东》304(照片)

该龟甲于 1991 年 10 月花园庄东地出土(编号 H3：906)。现藏中国社会科学院考古研究所。

【释文】

(1) 甲卜：子疒首，亡祉(延)？ 一

(2) 子疒首，亡祉？ 二

(3) 乙卜：弜又(侑)于庚？ 一

(4) 乙：歲(劌)于匕(妣)庚[㲋]？ 一

(5) 乙：歲于匕庚㲋？ 二

图 9-68　《花东》304(拓片)

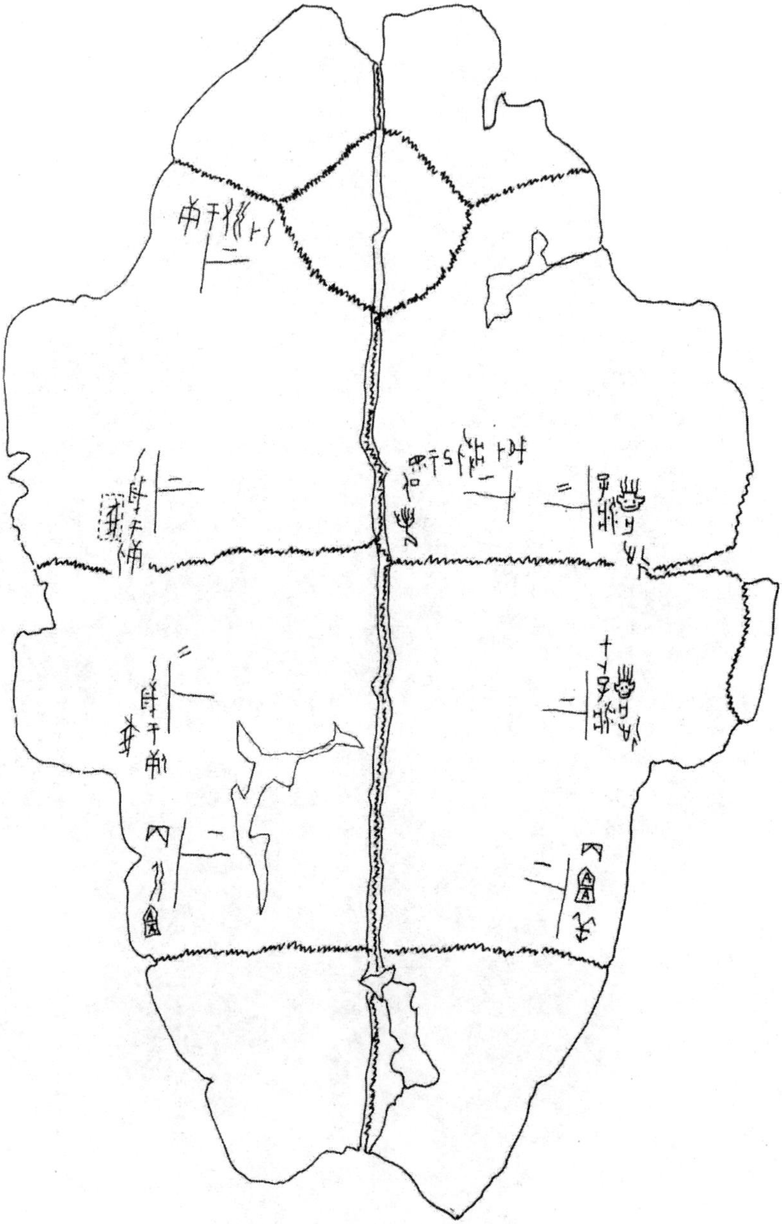

图 9-69　《花东》304(摹片)

(6)丙：宜(俎)羊？　一

(7)丙：弜宜？　一

(8)戊卜：將匕己示眔(暨)匕丁，若？　一

【备注】花东龟甲中出现了不少新见字形，如本版第 1、2 两辞之“首”，乃人首正面之形，十分形象。新见字形的出现，有助于我们进一步了解和正确考释殷商文字。本版因子患首疾而占卜，花东卜辞中还多见为“子”祛病之记录。如《花东》第 1 辞与《花东》53 第 25 辞、《花东》275 第 5 辞中的“子耳鳴”，表明子有耳疾。此外，子还曾患有“冎(骨)”(《花东》38)、“口”(《花东》149)、“心”(《花东》181)、“腹”(《花东》240)、“齒”(《花东》163、《花东》395＋548)和“目”(《花东》446)等疾病。

第十章

殷墟甲骨非占卜性文辞

殷墟时期的书家在甲骨上面刻写文字，主要是用来配合贞人(占卜主持人)，把占卜过的事情记录下来，这一类甲骨刻辞材料通常被称作“卜辞”。今所见的甲骨文绝大部分都是卜辞，不过也有少量甲骨刻辞是出于非占卜目的的，其中有的是为了训练写字，有的是用来专门记事。在当时，文字的书写主要还应该是用笔而不是刻刀，毛笔应是殷商时期主要的书写工具。以刀代笔和用毛笔蘸上朱砂或黑色墨料书写至少是并行不悖的两种表现形式，只是笔书实物难以保存。今所见笔书遗物很少，出土甲骨上偶有零星墨迹依稀可寻，其中不少亦属非占卜目的所为。

非占卜性文辞在内容、文例、书写风格诸方面都与卜辞有别。陈梦家先生曾将甲骨上的非卜辞性刻辞分为“卜事刻辞”、“记事刻辞”、“表谱刻辞”等三种类型[①]。本章谨根据书写内容分为甲骨署辞，干支表刻辞及习刻、晚商时期记事刻辞、毛笔书迹诸单元，并试对有关材料做一下梳理。

第一节　甲骨署辞

署辞是殷人在甲骨上刻写的与卜事有关的记事文辞，过去胡厚宣先生曾对武丁时期的五种记事刻辞进行过考察[②]。今知殷墟时期各组类甲骨上皆有署辞，尤以商王武丁时期的最为多见。根据署辞刻写的位置，可分为中甲刻辞[③]、甲尾刻辞、甲桥刻辞、背甲刻辞、骨臼刻辞和骨面刻辞。

甲骨署辞和同版上的甲骨卜辞都与占卜活动有关，但二者的功用不同。署辞是有关卜用甲骨贡纳、征取、整治和收存手续的记录，有神职人员备案

---

① 陈梦家. 1956. 殷虚卜辞综述. 北京：科学出版社. 43~44

② 胡厚宣. 1944. 武丁时的五种记事刻辞考. 载：甲骨学商史论丛(第三册). 成都：齐鲁大学国学研究所专刊

③ 曹锦炎. 1999. 中甲刻辞——一种记事刻辞. 东南文化，(5)：109~110

的性质；卜辞则是王室贵族日常占卜活动的记录。署辞所记录的事情是曾经发生过的；卜辞记录的主要是“问”，所记录的事情未必都要发生。在卜用甲骨上，卜辞是书写的主体，通常占据重要位置；署辞是从属的，通常刻写于较为偏僻的位置，如中甲、甲尾、甲桥、背甲、骨面等处。署辞没有自己专属的钻凿和卜兆；卜辞则必定有自己的钻凿和兆坼。

一、中甲署辞

中甲刻辞数量较少，流行的时间也很短。目前仅见三例，即《屯南》4516、《合集》19932、《合集》22043版。其中《屯南》4516属于𠂤历类，《合集》19932属于𠂤组小字类，《合集》22043属于午组卜辞。这几例均刻写于中甲右侧，内容为“某人示龟数或某日示龟数”。如《屯南》4516作“[illegible]示廿”，大意是：[illegible]这个人负责整治二十版龟甲。《合集》19932作“癸亥。五”，《合集》22043作“癸。八十”，分别记录的是癸亥日整治龟甲五版，癸日整治龟甲八十版。中甲署辞与甲尾、甲桥、骨臼、背甲、骨面署辞性质相同，记录的都是卜用龟甲(或胛骨)的贡纳、征取、整治和收存情况。

二、甲尾署辞

甲尾署辞数量不多，习见于𠂤组和何组卜甲，刻写于龟腹甲正面的右尾甲。其文例大体有两种：一，“某入”（《合集》9359、9363、9368、9373、9380、20645、《英国》1821)，如“吼入”（《合集》9363)，“臣入”（《合集》9373)，其中“入”为动词，表示贡纳或征取甲骨，“吼”、“臣”分别为人物称名。第二种文例仅署人名“狄”（《合集》27459、28011)，狄为何组后期卜辞中常见的一位贞人。

三、甲桥署辞

“甲桥”指龟腹甲中部两侧的外突部分，是连接龟腹甲、龟背甲的骨骼，这两部分被分离之后，甲桥常常保留下来。刻写在左右甲桥反面的署辞称为“甲桥署辞”。此类署辞数量较大，始见于早期宾组卜辞。其文例通常有如下形式：

(1)“某入若干”。如“雀入卅”（《合集》190反)、“竹入十”（《合集》902反)，这样的例子又如《合集》190反、267反、371反、376反等。

(2)“某以若干”。如“我以千”（《合集》116反)，“以”是贡纳、致送的意思。这样的例子又如《合集》9012反、9013反、10935反等。

(3)“某来若干”。多刻写于龟腹甲反面的右侧甲桥上，如“我来卅”《合集》248反，“来”也是“使之来”，即征取贡纳的意思。这样的例子又如《合集》1027 反、1727 反、14135 反、795 反等。

(4) “某乞自某若干” 或 “自某地乞”。如 “東乞自□” (《合集》4769 反)、“自𡧊乞” (《合集》1711 反)，这样的例子又如《合集》5734 反、7732 反、16506 反等。以上 4 种形式的署辞多刻写于龟腹甲背面的右侧甲桥上。

(5) “某示若干。贞人”。如 “帚(婦)井示卅。爭” (《合集》116 反)、“帚嬛示十。㱿” (《合集》656 反)、“帚井示十。㱿” (《合集》1248 反)。在这种署辞形式中，第一个称名多见为王妇，第二个称名多为贞人或卜官。这样的例子又如《合集》116 反、656 反、838 反、938 反、1248 反等。这种署辞多刻写于龟腹甲背面的左侧甲桥，有时与前 4 种中的某一种同见于同一龟腹甲，即 “某来若干”、“某入若干”、“某来若干” 或 “某以若干” 居于右侧，“某示若干” 居于左侧，前者的数目大于后者。因为前者表示的是属臣贡纳若干甲骨(未经加工)，后者表示的是负责对贡纳来的部分甲骨进行整治。如《合集》116 反右侧为 “我以千”，指 “我” 这个部族首领向商王贡纳一千龟甲，左侧是 “帚井示卅。爭”，指妇井负责对其中三十版龟甲进行整治(妇井未必亲自动手操作，她只是负责管理、督察)，贞人争检视并署名。又如《合集》838 反，右侧甲桥上的署辞是 “我以千”，左侧是 “帚井示卅。宾”，大意同于前一例，只是署名的是另一个贞人 “宾”。值得注意的是，有少量甲桥署辞是用毛笔书写的，如《丙编》109(《合集》14208 反)、《乙编》3408(《合集》1114 反)、《乙编》5625(《合集》5046 反)、《乙编》7652(《合集》18905 反)、《丙编》146(《合集》14206 反)、《丙编》283(《合集》9783 反)、《京津》2 等。

四、龟背甲署辞

完整的龟背甲因为表面高低不平，不便书写，多从中部剖解为两半。刻写于背甲中缝边缘处的署辞，称为 “背甲署辞”。此类署辞数量较少，且仅见于宾组，文例形式主要为 “干支某示若干屯”，如(《合集》17582 反、17583)。《仪礼 · 乡射礼》：“二算为一纯”。甲骨署辞中的 “屯” 读为 “纯”，用表量词，是 “一对” 的意思。有时同版龟背甲上兼有两条署辞，如《合集》9274 反既有 “鳳入三”，又有 “帚示。㱿 ”，《合集》17598 既有 “𩡧入六十。才□”，又有 “丙寅毌示四屯”。前一条署辞指商王的臣属向商王贡纳未经加工的甲骨，后一条署辞指商王身边的近臣对这批甲骨中的一部分进行加工和攻治。两条署辞的刻写位置与龟腹甲背面的甲桥署辞不同，后者中的有 “入”、“来”、“乞” 字的署辞通常在右侧，有 “示” 字的署辞在左侧。

五、骨臼署辞

署辞不仅可以刻写在龟甲上，也可刻写在卜骨上。刻写在骨臼部位的署辞称为“骨臼署辞”，其仅见于宾组，数量较大。文例多作“某示若干屯。贞人”，指这些卜骨是“某”负责整治的，贞人某负责检视并署名。或作“乞(迄)自某地若干屯。贞人”，指这些胛骨是从某地贡纳、致送来的。如《合集》7287臼有“帚⿱示十屯。爭”。详细一些的或作“干支某示若干屯。贞人。自某地乞”，兼具前二者的内容，指某人整治的这些卜骨是从某地贡纳来的。如《合集》17629臼有“乙酉⿱示二屯。古。自𠥎乞”，意思是，⿱负责整治的两对卜骨，是从𠥎地进贡来的，贞人古署名。这里的“屯”仍读为“纯”，表示“成对”的意思。量词“屯”多见于龟背甲署辞和卜骨上的署辞，因为它们的用料是左右两支成对的。骨臼署辞例子很多，如《合集》564臼、5717臼、6233臼、7147臼、7161臼、7287臼、7322臼、7381臼、17532臼、17542臼等。

六、骨面署辞

卜骨上的署辞除了刻在骨臼处，还习见于骨面上。自宾间类、宾一类有甲桥署辞，宾二类既有甲桥署辞又有骨臼署辞，宾三类有骨臼署辞，未见甲桥署辞，新见有骨面署辞。宾组之后，骨面署辞还分别见于出组、历组、无名组等卜胛，且有不同的辞例形式。

宾组的骨面署辞不是太多，文例习作“乞自某地若干屯。某示。贞人”形式。如《合集》5574有“□乞自⿱(㝡)廿屯，小臣中示。𢆶”，意思是这二十对牛胛骨是⿱地贡纳的，小臣中负责整治，𢆶检视并署名。这样的例子又如《合集》17599反、17600反、17601反等。

出组仅有骨面署辞一种，数量亦很少，其骨面署辞缘承宾组的作风。如《合集》24432反、23680反、《英国》2032反等[①]，其文例作“干支乞自某地若干屯。某”。《英国》2320署辞云：“辛丑乞自⿱(㝡)廿屯。小臣聞”，意思是这二十对牛胛骨是从⿱地贡纳来的，小臣聞检视并署名。

历组和无名组中仅见有骨面署辞，彼此又各有不同的特点。历组卜辞的署辞多刻于卜骨切角一侧的下端骨边缘处，或者刻写于此处的背面，皆属于“偏僻”处。其完整的文例结构通常是“干支矦乞⿱(寅)骨若干，自某(地名)𣍘”。例如：

乙未矦乞冎(骨)六，自⿱𣍘。　　《屯南》3028

历组的署辞也可把“自某(地名)𣍘”的部分省略，例如：

丁酉矦乞⿱(寅)冎(骨)三。　　《屯南》700

① 黄天树. 2007. 殷墟王卜辞的分类与断代. 北京：科学出版社. 76

历一类的署辞多倒刻，历二类则正刻。前者如《屯南》788(《屯南》787之反面)、《屯南》783(正面)，后者如《屯南》2597＋2677、《合集》33983＋35197、《合集》32001正。历组署辞的干支通常是同版最早的，如《补编》10659＋《合集》35200版，署辞的干支为“丁未”，卜辞的干支分别为“丁未”、“庚戌”、“癸丑”、“甲寅”、“丙辰”、“己未”，署辞的干支早于或同于卜辞的干支。

无名组的署辞较少，总量不足30版[①]。其或左肩胛骨正刻、右肩胛骨倒刻。位置一般在卜骨背面、切角一侧下端的骨边缘处[②]。无名组署辞最大的特点是语辞简单，多数仅有“干支”二字。偶有例外，如《屯南》2330(《屯南》2329版之反面)：“癸卯乞”；《屯南》2709(2708版之反面)：“十。己卯”，可知其署辞多为省写形式。无名组的署辞另如《屯南》661(倒刻，660版之反)、《屯南》2700(倒刻，2699版之反)、《屯南》2719(正刻，2718版之反)、《屯南》2740(正刻，2739之反)等。无名组署辞的干支和正面卜辞的干支通常相距较远，二者无明显联系。其刻写规律是：左肩胛骨上的署辞为正刻，右肩胛骨上的署辞为倒刻。

第二节　干支表刻辞与习刻

据我们统计，殷墟甲骨中所见干支表刻辞及习刻总量将近600片。这其中包括干支表刻辞约320片，干支表以外的习刻计约270片。这些非占卜性刻辞仅黄组的材料就有300余片，多为干支表刻辞。目前所见干支表及习刻材料有一部分著录较为集中，如《合集》第五册的11730～11738版，第六册的17849～17863、17866、17870反，第十册末的35261～35276、35279～35282版，《补编》6933～6945版等。其余材料则未被集中著录，间杂于各类卜辞中。村北系的材料来源比较分散，如《合集》仅第五册11730～11738版就分别选自《殷墟书契》、《簠室殷契征文》、《殷契遗珠》、《殷契粹编》、《善斋甲骨拓本》、《殷虚文字甲编》等书。其来源复杂，且缺乏详尽的出土记录。

村南系习刻均有比较明确的出土记录，经1973年科学发掘，这方面的材料见有100多片。其中H24出9版，H50、H85、H99等各出7版，H103出5版，H61出4版。H99“在距坑口深1.63～1.75米处，出未经加工的牛肩胛骨33片、牛肋条骨6片、卜骨6片、卜甲2片，其上有刻辞的共10片，其中7片都属于习刻”，“此坑主要是存放卜骨骨料用的”[③]，而H17“似为堆放刻辞

① 郭振录. 1993. “干支”记事刻辞及其有关问题. 华夏考古，(3)：94~97

② 中国社会科学院考古研究所. 1980. 小屯南地甲骨(上册). 北京：中华书局. 31

③ 中国社会科学院考古研究所安阳工作队. 1995. 1973年小屯南地发掘报告. 载：考古学集刊(9集). 北京：科学出版社. 53

卜骨的窖穴”[①]。村南系列也有出土零散的现象，如 H16、H31、H65、H78、H72、H92、H119 等灰坑均仅出一版，此外，还有一些习刻出土于墓葬与文化层。总之，小屯南地出土习刻甲骨的情形可以概括为：①既有集中出土的现象，也有零散出土者。②相对来说，1973 年小屯南地出土习刻与卜辞的比例较高，约为 2.23%。其中如 H99 既主要用于存放卜骨骨料，又有习刻作品集中出土。将这两个特点联系起来，对于探究殷人平素的契刻演练以及骨料的管理会有一定的启发意义。

一、干支表刻辞

天干和地支名用字是殷墟甲骨文中出现频率最高的一类书写符号。关于干支名的重要性，过去郭沫若先生曾分析云：古人“古人初以十干纪日，旬甲至癸为一旬。旬者遍也，周则复始。然十之周期过短，日份易混淆。故复以十二支与十干相配，而成复式之干支记日法。多见三旬式者，盖初历月无大小，仅逮三旬已足，入后始补足为六十甲子者也。以干支记日，则干支之用至繁，故有此多数之干支表存在。此种表式与卜辞无关，然欲读卜辞者必自此入手”[②]。干支表属于殷人表谱刻辞的一个主要内容[③]，同时殷人的干支表作品又大都具有习刻演练的特点。殷墟时期各组类的甲骨文中均有干支表的刻写，如《合集》18946 正、反(宾组)、《合集》24440(出组)，村南系的如《屯南》2661、2630 等版。干支表刻辞尤以商王帝乙、帝辛时期比较多见，也比较典型。

今在《合集》、《补编》等著录中可见帝乙、帝辛时期的干支表刻辞近 300 片。这些干支表刻辞或依序罗列六十甲子，也有仅分别刻写一旬、三旬、四旬、五旬干支名的。从书写的材料上看，约有 90%左右的干支表都刻于牛胛骨骨面上，还有近 10%是刻在龟背甲上，龟腹甲上则比较少。

考察一些比较完整的骨版，在牛胛骨上的干支表常与卜旬辞、田游辞同版(如《补编》11038、《合集》38111、38114、36641)。牛胛骨上的干支表刻辞，一般都刻在骨臼切口下方的骨面处。龟背甲上的干支表大都细致整齐，其契刻的位置均在边甲处，且多与王㞢卜辞同版(如《合集》35722、36256、38087、38094)。还有一些龟腹甲上的干支表刻辞与卜夕(《合集》38103)、祊祭(《合集》38107)等卜辞同版。因为背甲的边甲部位靠近边缘，故很少再施钻凿和刻写卜辞，于是便留得干支表刻辞的“空闲”。

---

① 中国社会科学院考古研究所安阳工作队. 1995. 1973 年小屯南地发掘报告. 载：考古学集刊(9 集). 北京：科学出版社. 60

② 郭沫若. 1983. 卜辞通纂. 北京：科学出版社. 230~331

③ 陈梦家. 1956. 殷虚卜辞综述. 北京：科学出版社. 43~44

值得注意的是，此时期牛胛骨上的卜旬辞大都刻在与骨臼切口相对的外边缘骨条处，田行卜辞也有近似的规律。因骨臼切口下方的骨面质地较薄，多不施钻凿，也不刻卜辞，故这里难得成为刻手们习字或刻写干支表的空间。各时期的干支表刻辞，大致可划分出幼稚型和成熟型两种不同的书迹。

1．《合集》24440

图 10-1 《合集》2440(拓片)

该胛骨原著录参考：《后下》1.5(不全)，《历拓》7249，《通纂》6(不全)。现藏山东博物馆。

【释文】

⑴月一正曰食麦。甲子、乙丑、丙寅、丁卯、戊辰、己巳、庚午、辛未、壬申、癸酉。

⑵甲戌、乙亥、丙子、丁丑、戊寅、己卯、庚辰、辛巳、壬午、癸〔未〕。

(此处漏刻“未”字)

(3) 甲申、乙酉、丙戌、丁亥、戊子、己丑、庚寅、辛卯、壬辰、癸巳。二月父[illegible]。

(4) 甲午、乙未、丙申、丁酉、戊戌、己亥、庚子、辛丑、壬寅、癸卯。

(5) 甲辰、乙巳、丙午、丁未、戊申、己酉、庚戌、辛亥、壬子、癸丑。

(6) 甲寅、乙卯、丙辰、丁巳、戊午、己未、庚申、辛酉、壬戌、癸。(此片第三行以下多缺刻横画，末一亥字漏刻)

【备注】此版为出组类六十甲子表，属于成熟型书迹。版上有的字形特征不见于正规的王卜辞，说明殷墟时期尚有一些训练有素的书家未能入选为卜辞层面上的操刀者。这些成熟型刻手虽没有获得刻写卜辞的机会，却在非占卜性文辞中一露刀技。该版文字刻写草率，存在较多遗漏现象。本版干支表中另附有两处记月文字，如文首的“月一正曰食麦”，记录了殷人一月份的季节特征，此种情况比较少见。

2.《屯南》2630

图 10-2 《屯南》2630(拓片)

该胛骨于 1973 年小屯南地出土(编号 H85：127)。现藏中国社会科学院考古研究所。

【释文】

□子、□丑、丙寅、丁卯、戊辰、己巳、庚午、辛未、壬申、癸酉、戊戌、乙亥。丙子、丁丑、戊寅、己卯、庚辰、辛巳、壬午、癸未。

【备注】此版为未加工的牛肋骨条，上面横向刻写一行干支。这一列干支字的写法和风格多数和无名组相近，如午字中竖上的圆点写作短横笔，酉字腹部作的三角形，庚字斜肩，中部封闭性结构中的横笔或写作斜笔，巳(子)字头部作尖顶的菱形。但有些字并不见于常见的无名组卜辞，如寅字作[illegible]形，中竖上附加口形，地支子字头部作尖顶的竖立四边形，其上另加两个向外侧弯折的曲折笔画。该版文字足见书家功力，不过也有刻写失误的地方，“癸酉”和“乙亥”之间当为“甲戌”，此版误作“戊戌”。

3.《合集》37986

图 10-3 《合集》37986(拓片)

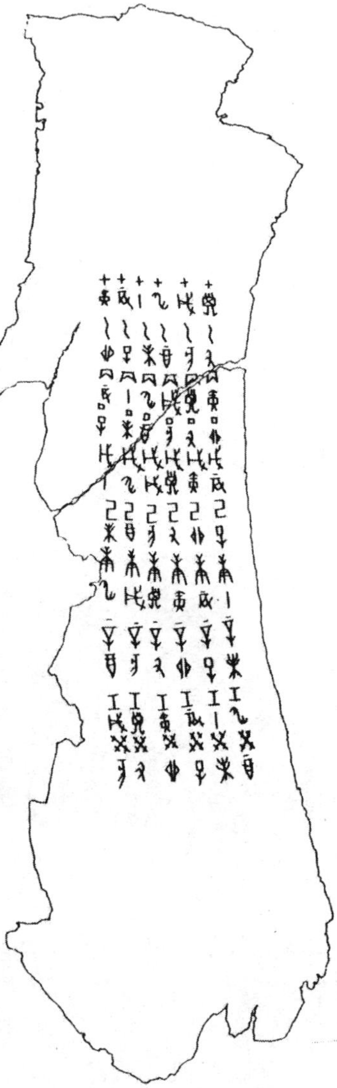

图 10-4 《合集》37986(摹片)

该胛骨原著录参考:《殷契》165。现藏北京大学。

【释文】

(1) 甲子、乙丑、丙寅、丁卯、戊辰、己巳、庚午、辛未、壬申、癸酉。

(2) 甲戌、乙亥、丙子、丁丑、戊寅、己卯、庚辰、辛巳、壬午、癸未。

(3) 甲申、乙酉、丙戌、丁亥、戊子、己丑、庚寅、辛卯、壬辰、癸巳。

(4) 甲午、乙未、丙申、丁酉、戊戌、己亥、庚子、辛丑、壬寅、癸卯。

(5) 甲辰、乙巳、丙午、丁未、戊申、己酉、庚戌、辛亥、壬子、癸丑。

(6) 甲寅、乙卯、丙辰、丁巳、戊午、己未、庚申、辛酉、壬戌、癸亥。

图 10-5　《合集》38069（拓片）

【备注】此版六甲齐全，是干支表刻辞的一篇完整杰作，该版也许就是当年成熟型刻手用以垂示后学的范本。其中的、、、、等字皆具有乙辛时期黄组卜辞典型干支的结体特征。又如此版的丙作，戊作，癸作，子作，寅作，午作，申作，均与其他组类的特征字形判然不同，体现了殷墟晚期的书写风格。

这时期还有一种字形特征较为瘦长干支表刻辞，如《英国》2570 一版上的亥字作、辰作、酉作形等，其写法与《合集》37986 略有差别，但同样显现出其运笔自如、成熟老到的书家风采。还有如《合集》38017 一版，整体看来与《合集》37986 版书风相类，其中另有一些字写法特殊，如戊字作形。可见当时成熟型的书家都有其个性化的那一面。又比如《合集》38069 是一版字迹比较纤细袖珍的干支表。刻手自上而下布局，干支字若行云流水，一气

呵成，美不胜收，此应为殷墟末期的作品。

4.《合集》38006

图 10-6 《合集》38006(拓片)

该胛骨原著录参考：《历拓》608。现藏北京大学。

【释文】

(1) □子、乙丑、丙寅、丁卯、戊辰、己巳、庚午、辛未、壬…

(2) □戌、乙亥、丙子、丁丑、戊寅、己卯、庚辰、辛巳、壬午、□□。

(3) □申、乙酉、丙戌、丁亥、戊子、己丑、庚寅、辛卯、壬辰、□□。

(4) □子、乙丑、丙寅、丁卯、戊辰、己巳、庚午、辛未、壬申、癸酉。

(5) □戌、乙亥、丙子、丁丑、戊寅、己卯、庚辰、辛巳、壬午、癸未。

(6) □申、乙酉、丙戌、丁亥、戊子、己丑、庚寅、辛卯、壬辰、癸巳。

【备注】此版六十甲子的前三旬左右刻写了两遍，观察其字迹，显然为两个人所刻。左边的干支字细腻工巧，右边的字形狭长，在操刀运笔的熟练程度上，左边略胜于右边。从某些字的写法，如与，与，与，与等字，可窥见两刻手不同的书风。像本版所举两人同版携手操刀的情况，在殷人干支表里不乏其例。两刻手同版操刀的干支表刻辞有时候风格迥别，其中有一种字迹为成熟型，另一种字迹则呈幼稚型。

5.《补编》11517+《合集》37997+《英国》2586+《蔡缀续》417(《合集》38011+《补编》11610)

《补编》11517 原著录参考:《历藏》11449。该胛骨现藏地不明。《合集》37997 原著录参考:《前编》3.9.1 现藏地不明。《英国》2586 现藏英国不列颠博物院。《蔡缀续》417(《合集》38011＋《补编》11610)原著录参考:《簠拓》1063,《续编》4.1.4(不全)。《簠干》21＋《黑川》9。《合集》38011 部现藏天津博物馆,《补编》11610 部现藏地不明。

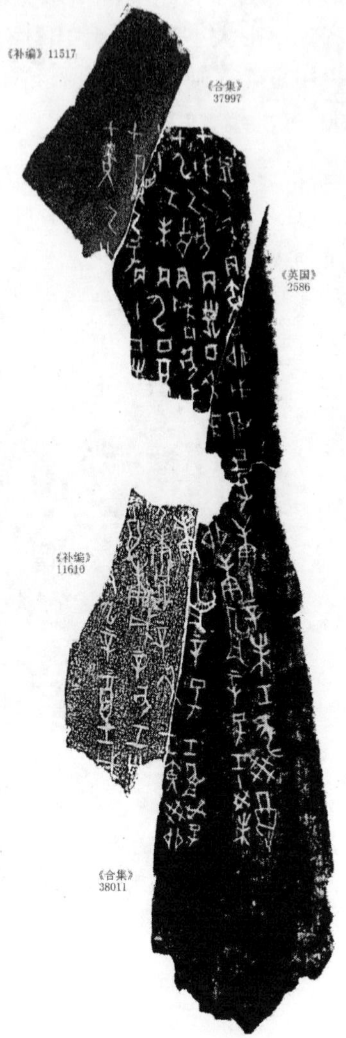

图 10-7　《补编》11517+《合集》37997+《英国》2586+《蔡缀续》417(拓片)

【释文】

(1)甲子、乙丑、丙寅、丁卯、戊辰、己巳、庚午、辛未、壬申、癸酉。

(2)甲戌、乙亥、丙子、丁丑、□□、□卯、庚辰、辛巳、壬午、癸未。

(3)甲申、乙酉、丙戌、丁亥、□□、□□、庚辰、辛巳、壬辰、癸巳。

(4)甲午、乙未、丙申、丁酉、□□、□□、庚子、辛丑、壬寅、癸卯。

(5)甲辰、乙巳、丙午、丁未、□□、□酉、庚戌、辛亥、壬子、□□。

(6)甲寅、乙□、□□、□□、□□、□□、庚申、辛酉、壬戌、□□。

【备注】这是门艺博士根据同一字迹特征新缀合的一版干支表刻辞。其中的“辰”的写法比较特殊，于黄组卜辞中未见，属于幼稚型习刻。缀合后可见本片行款不够整齐，字形大小不一，甲申行有误刻：“庚辰”、“辛巳”当为“庚寅”、“辛卯”。“甲寅”下缺少数字，有待于今后的发现与修补[①]。

6．《合集》38090+《补编》12098

【释文】

(1)乙卯…宊…

(2)贞：王宊叙，亡尤？

(3)…[酉]。丙戌。□亥。戊子。己…

(4)…[丙]寅。丁卯。戊辰。己巳。庚…

(5)…[戊]戌。己亥。庚子。辛丑。壬…（干支倒刻）

图 10-8　《合集》38090+《补编》12098(拓片)

① 门艺. 2008. 黄类甲骨干支表缀合六例. 中原文物，2.

【备注】该版为缀合后的背甲刻辞[①]。版中的干支表倒刻，字形拙劣，运笔僵滞，行款不整齐，干支表也没有按顺序排列。与干支表同版的王㝉卜辞则字体清秀，运笔熟练，二者字迹不可同日而语。

二、习刻

在目前所见的殷墟甲骨习刻中，属于村北系列（宾组到何组之间）的有100多片，属于村南系列的有100多片。这些习刻材料的著录、来源情况比较复杂，特别是村北系出土的大都较为分散，村南系的材料一般都有出土记录，但《屯南》中的习刻多是按照甲骨出土坑位编序，也没有集中收录。

殷人习刻所选用的材料，主要有骨版、龟版（如《合集》7771、10751，《补编》6912、6913）和肋骨（《屯南》2630、3543、4571版）等三种。其中以骨版数量最多，龟版和肋骨较为少见。一般来说，习刻所选用骨料的性质大致有两种情况。

一种是不经过占卜的，即未见钻、凿、灼痕迹的。如《合集》26995版，正面有四条“准卜辞”（严格来说，是正规卜辞的仿写），背面除了下端有三个字外，通版没有一个钻凿。这种骨版是可以当作“练习册”的。殷人在不经占卜的骨料上写出来的字，也有幼稚型和成熟型两种截然不同的作风。当然，对于后者成熟型的书迹，严格地说已不在“习刻”的范畴了，如下面所选介的《合集》14294四方风名刻辞及《英国》2674家谱刻辞就属于这种情况。

另一种是经过占卜了的，这样的习刻多刻写在卜骨的“空白处”，属于“废物利用”。如《屯南》2174版，据《屯南》释文，该版“背面有凿灼，凿属五型一式、五型二式，排列属二型一式”[②]。其为右肩胛骨之残，下方五辞字形和文例均较规范，其上方诸字内容与下方诸辞可一一对照，不过后者笔画散漫，字形失准，布局失谐，且有错字和残字，如上方“ᒧᒥ”、“ᑯ”二残字是下方“牢”字的外框和“亚”字之误刻。由此可知上方为临摹，下方为范本。此版曾经是正式的卜骨，废弃后成为新手临摹的范本。

又如《屯南》2667版，《屯南》释文下说明该版“背面有凿、灼。未切臼角”、“似为习刻”[③]。该书收录了此版的背面拓片，即《屯南》2668版，二者为正反两面。从反面来看，通版仅有五个钻凿，位于骨条的下部，而此版多数刻辞在骨顶、骨颈、骨面、骨条对侧的骨面边缘，皆不能与这五个钻凿相对应，如果说这些刻辞是占卜结果的话，显然与村南系列甲骨中卜辞、钻凿一一对应的规律不符。这一版与《合集》28127内容相同，前者行款杂乱无序，

---

① 门艺. 2008. 殷墟黄组甲骨刻辞的整理与研究. 郑州大学博士学位论文. 300

② 姚孝遂，肖丁. 1983. 小屯南地甲骨. 下册（第一分册）. 北京：中华书局. 987

③ 姚孝遂，肖丁. 1983. 小屯南地甲骨. 下册（第一分册）. 北京：中华书局. 1035

字形大小不谐，笔画飞扬散漫，书风草率稚拙，显然系习刻作品。后者则行款整齐，书写工整，笔画稳重扎实，字形结构匀称内敛，与前者形成明显的区别，可知后者是范本，前者是仿刻，只是范本因为残断，骨版较小而已。由此可推知，《屯南》2667 版虽然经过占卜，但是没有刻写相应的卜辞，后来被“废物利用”。

至于习刻在肩胛骨上的具体位置，大致有三种情况：① 在卜辞附近，以骨面为多。② 村北系列有些习刻刻写在卜骨背面者，这样的例子如《合集》1142 反、《补编》3373 反、3393 反、4092 反、6679 反、6682 反、6923 反、6954 反、10222 反等。③ 个别的刻写在肩胛骨的侧面。如《屯南》2682、2694。

殷人习刻的内容较为广泛，几乎涵盖了多数的占卜事类和内容，如祭祀、战争、田猎、卜旬等事项。习刻者多用当时通行语言，生造和杜撰语词的可能性较小，因此有时也能提供一些有价值的信息，举例如下：

《屯南》1143 版为习刻，该版上有 4 字，分属二辞，为“……隹……”和“……□隹蠢……”，第二句意思是先公□施害人间。村南系列卜辞中，未见该先公有“蠢(害)”的神能，但村北系列卜辞中是有的，如《合集》17362 版为宾组卜辞，有“贞：□蠢我”一辞，大意是：卜问先公□是否加害于商王。由此可知，该版习刻内容并非杜撰，它也补充了村南系甲骨卜辞内容的不足。

又如《屯南》4572 版为肋条骨习刻，上面短短三句刻辞，职官名“东保”出现了三次，但在卜辞中却未见“东保”。卜辞中“保”多用为动词，表“保佑”、“护佑”，偶尔也用表“保傅”，过世的保傅是商王祭祀的对象，如《合集》25038 版有“癸未卜，出贞：侑、报于保，唯辛未酌”，大意是：癸未日这天贞人出占卜，拟向“保”致以侑、报两种祭礼，卜问是否可在辛未这天举行酌祭。西周早期青铜器太保簋有铭文“王降征令于太保”，大意是周王向太保降下征讨敌人的命令，这里的“保”也是职官名。从周王命令其征讨这一点来看，“太保”有军事职能。传世文献中，名词“保”可表教育天子和诸侯子弟的官员，是文职官员，如《尚书·君奭》：“召公为保，周公为师，相成王为左右”。孔传：“保，太保也；师，太师也。”其记载与金文内容相一致。殷人职官中可能存在“东保”，只是未见写入卜辞而已，仅从这一点来说，甲骨习刻作品中的“东保”就很有资料价值。

1．《合集》35269

该胛骨于 1929 年小屯村北横十三丙北支出土(编号 3.2.0125)。原著录参考：《甲编》2336。现藏台湾“中央研究院”历史语言研究所。

图 10-9　《合集》35269（拓片）

图 10-10　《合集》35269（照片）

【备注】此版上有 9 个习刻字，大致可分为上中下三组。兹以中部横排三动物造型为例。该一横行连写的三个象形字大致可释为“夒”，但结体姿态各异，不甚规范。左边一形的首部刻画生动，尤眼、耳处勾勒真切，然而下部身体外廓线条不到位，于是未成字便放弃。中间一“夒”形首部竟随意加刻虎字头，属刻手一时儿戏。右边一“夒”形比较规范，与卜辞中“夒”的构形最近，但也不尽标准。“夒”系商王的一位祖先神名，与表猿猱形的“猱”字源流相近，二者区别在于“夒”字手掌上举，后者下覆，卜辞中常被当成祈雨祭祀对象。该版刻手连续书写此字，可谓强化训练。同版奏刀的其他字均显幼稚，但比起更多不善书写的殷人，已算很有文化修养了。

2.《合集》33208

该胛骨于 1929 年小屯村中斜二出土（编号 2.2.0187）。原著录参考：《甲编》622。现藏台湾“中央研究院”历史语言研究所。

【释文】

(1) 甲子卜：王比東戈𡿧侯，𢦏？

(2) 乙丑卜：王比南戈𡿧侯，𢦏？

(3) 丙寅卜：王比西戈𡿧侯，𢦏？

(4) 丁卯卜：王比北戈𡿧侯，𢦏？

(5) □辰〔卜〕…

(6) 弜□羌。

(7) 兕。兕。兕。（“兕”字竖刻）

【备注】此胛骨未切臼角，未施钻凿，无兆坼。其上诸字奏刀钝滞，笔画稚拙，结体散漫，其文辞模仿武丁战争卜辞铺排，骨面下部另有三个兕字。此应是一版武丁时期的有一定刀功的习刻作品。

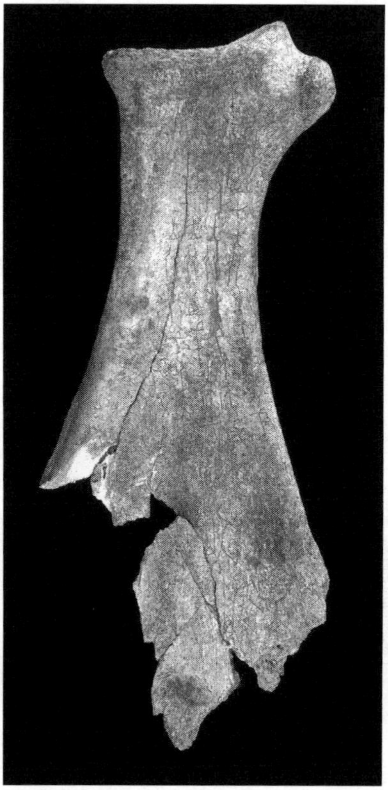

图 10-11 《合集》33208(照片)

图 10-12 《合集》33208(拓片)

3.《合集》35263

该胛骨于 1929 年小屯村北斜一坑出土(编号 2.2.0533)。原著录参考:《甲编》882。现藏台湾“中央研究院”历史语言研究所。

【释文】

(1)〔甲〕子卜:[逐]麋,毕(擒)?

(2)乙丑卜:逐麋,毕?

(3)丙寅卜:逐…

(4)□□〔卜〕:〔逐〕麋,毕?

(5)□□□:〔逐〕麋,毕?

(6)…毕麋…

(7)…毕麋…

(8)…毕…

【备注】本版从上向下刻写,大体划为 5 列,分属 9 辞。各辞行款纷乱,重复无序,与常见卜辞文例有别。此版诸字大小相若,笔画流畅而笔力柔弱,属于武丁时期的习刻作品。

图 10-13　《合集》35263(照片)

图 10-14　《合集》35263(拓片)

4．《合集》39455

该胛骨原著录参考：《粹编》114，选定号：《善斋》10998。现藏中国国家图书馆。

图 10-15　《合集》39455(拓片)

【释文】

甲寅上甲翌，乙卯匚乙翌，丙辰…

【备注】该辞刻于牛胛骨上，记述翌自上甲的周祭祖先顺序，全辞均缺刻横划，为习刻之作。《合集》35406 骨面刻辞亦属于这种情况，时代在帝乙、帝辛时期。

5.《合集》35406

图 10-16 《合集》35406(拓片)

该胛骨原著录参考:《粹编》113 甲，《粹编》113 乙、丙，《通纂》278。原骨现藏中国国家图书馆。

【释文】

(1)甲戌翌上甲，乙亥翌匚乙，丙子翌匚丙，□□□匚丁，壬午翌示壬，癸未翌示癸…翌大丁，壬□翌…翌大庚。

(2)翌。翌。

【备注】此版为郭沫若先生所缀合，第 1 辞内容记每天拟翌祭的各位祖先，也就是记述从甲戌开始的翌祭日期编排。翌祭是在与祖先名同一天举行的一种以乐舞为主的祭祀活动，也是商代周祭五种祀典的一种。在举行翌祭之前，往往要举行工典祭，然后对上甲之后的各位祖先依次祭祀。在附记周祭卜旬辞和王卜辞中均有大量有关此种祭祀的占卜。该版刻辞未经占卜，可能是卜官有意备案所为。

6．《合集》14294

该胛骨原著录参考：《掇二》158，《善斋》7388，《京津》520。现藏中国国家图书馆。

【释文】

(1)［東］方曰析，風曰劦。

(2)南方曰䢅(粦)，風曰屶。

(3)西方曰朿(韢)，風曰彝。

(4)［北方曰］勹，風曰役。

【备注】该版辞例是时人在整理或传授四方风名知识时特意刻写出来的。类似的内容又见于《合集》14295。《合集》14295 是一版龟腹甲，上面记有贞人内于辛亥日主持占问的一套求年卜辞，辞中说道：帝在北方时，其神名称“勹”，风名叫役；帝在南方时，其神名称“屶”，风名叫“尸”；帝在东方时，其神名称“析”，风名叫“劦”；帝在西方时，其神名称“彝”，风名叫“丯”。两版刻辞相较，知东和北的方、风名彼此完全一致，殷人的这种称名看来在当时就没有问题。唯南与西的方、风名两版互为颠倒，而且《合集》14295 上的“尸”字，在该版上写作“粦”，这其中可能有用字不规范和误刻现象。关于东方神曰析，东方风神曰劦。卜辞中还有例可寻，如《英国》1288 版有辞云：“卯于东方析，三牛、三羊、南三？”殷人对东方析神如此，可想他们对于具体方位中的各个神主，也都会有类似单独施祭用享的习惯。

关于卜辞所见的四方神与四风神名，当年胡厚宣先生曾发现《山海经·大荒经》中也有类似的记载，并引证《尚书·尧典》文，认为方、风名又与四时变化的历象知识有关[①]。后经陈梦家先生校勘，兹录《山海经》的四条文献资料如下：

① 胡厚宣. 1944. 甲骨文四方风名考. 载：甲骨学商史论丛初集. 第 2 册. 成都：齐鲁大学国学研究所丛刊；又载：释殷代求年于四方和四方风的祭祀. 复旦学报，1

图 10-17 《合集》14294(拓片)

《大荒东经》：有人曰折丹，东方曰折，来风曰俊，处东极以出入风。

《大荒南经》：有神名曰因，[因乎]南方曰因，[乎夸](来)风曰[乎]民，处南极以出入风。

《大荒西经》：有人曰石夷(西方曰石夷)，来风曰韦，处西北隅以司日月之长短。

《大荒东经》：有人名曰宛，北方曰宛，来[之]风曰狻，是处东极隅以止日月，使无相间出没，司其短长[①]。

《山海经》中所记载的这四条虽分割异处，实为同一资料来源且与卜辞所见方、风名资料存在着渊源关系。由所引上文看，《大荒经》的记载顺序是先言神人名，次叙神名与方名的对应关系，再叙来风名，后叙方、风神所处之位和主司之事。如果将《大荒经》记载与卜辞相比，二者辞例及内容相当接近，即它们皆认为宇宙四方及其来风都有灵位，并各具神能。《大荒经》更把方、风神的司事作用具体阐发为两方面，一是出入风，即主司季风的变化；二是日月的长短出没，即主司四时的变化。这实际上是古人对时空历象知识的一种综合反映，这也表明至少在殷商时代的时候，人们就已经具备了有关季候推移、昼夜长短、四面来风以及由此所需要的自然科学知识。

7．《英国》2674

图 10-18　《库方》1506(照片)

① 陈梦家：《殷虚卜辞综述》第 589 页. 以上凡方括弧者，是由陈氏对四条而知其为衍文而应删去的；有圆括弧者，是由校对后知其为遗文而补入的部分

图 10-19 《英国》2674(拓片)

该胛骨原著录参考：《库方》1506。现藏英国不列颠图书馆。

【释文】

(1) 貞。

(2) [illegible]先且(祖)曰肷。

(3) 肷子曰[illegible]。

(4) [illegible]子曰[illegible]。

(5) [illegible]子曰[illegible]。

(6) [illegible]子曰壺。

(7) 壺弟曰攺。

(8) 壺子曰喪。

(9) 喪子曰[illegible]

(10) [illegible]子曰[illegible]。

(11) [illegible]子曰卭。

(12) 卭弟曰[illegible]。

(13)[illegible]子曰[illegible]。

(14)[illegible]子曰[illegible]。

【备注】此版为武丁时期的一个家谱刻辞，盖记录了商王某一支旁出贵族数代相承的谱系。其中各代人物皆称私名，十分罕见。过去前辈学者曾为该家谱刻辞的真伪有过讨论①。

第三节　晚商时期的记事刻辞

一、商末记事刻辞综述

在晚商时期的甲骨资料里，可见到一些大致和黄组卜辞同时的记事刻辞，其刻辞内容多与占卜无关。其中有个别记事刻辞与其他卜辞同版(如《合集》35673)，或与习刻干支表文字并存(如著名的小臣牆征伐记事刻辞)。

《合集》35673本为一版卜夕的腹甲，有几行刻写于卜甲边缘处的文字不是卜辞，其辞为："乙丑寎弘易[illegible]才(在)寀，遘且(祖)乙翌日。才八月。"这一段刻辞与同时期和商金文《寝孳方鼎》叙述方式基本相同，《寝孳方鼎》铭文云："甲子，王赐寝孳，赏。用作父辛尊彝。在十月又二，遘祖甲劦日，唯王廿祀。"《合集》35673的记事既可与铭文相为比照，也是一例典型的与卜辞同版的非占卜性刻辞。

今所见商末记事刻辞大多属于商王帝乙、帝辛时期，所用甲骨与同时期卜辞的用料也有所区别。记事刻辞的材料包括兽骨和人头骨，兽骨包括虎骨(《合集》37848正反)、牛肋骨(《合集》36481)、牛头骨(《合集》37398)、鹿头骨(《合集》36534、37743)、牛距骨(《合集》35501)等。兽骨主要来源于帝乙、帝辛时期田猎活动中的狩猎，所得猎物或是颜色有特异之处，如白兕，或是比较难以猎得，如大𩁹虎。获得这些猎物之后，商王与贵族间还有赏赐、祭祀等活动，受赏者于是将狩猎物的遗骨做成艺术品以为纪念。人头骨均是邦方的君长、战争中被俘之后为人牲而致祭商先王者②。在其头盖骨上刻辞记其事，也应该是一种纪念性质的刻辞，其材料见于《合集》38758～38764、《补编》11099等著录。

因为这些用来记事的兽骨来源特殊，其整治方法亦很别致。一些骨料经过了特殊的加工后再雕刻花纹(如《补编》11299、11300、11301、《合集》37848正反)，镶嵌绿松石(《合集》37848正反、《补编》11299、11300、11301)，显得精美华贵。此类骨版正面或雕以兽面纹、蝉纹、云雷纹等，与同期铜器

① 于省吾. 1980. 甲骨文"家谱刻辞"真伪辨. 载：古文字研究(第四辑). 北京：中华书局. 139~146；胡厚宣. 1980. 甲骨文"家谱刻辞"真伪问题再商榷. 载：古文字研究(第四辑). 北京：中华书局. 115~138.

② 陈梦家. 1956. 殷虚卜辞综述. 北京：科学出版社. 327

上的铜器纹饰多有相似之处。时代更早的殷墟妇好墓也曾出土雕有花纹的骨匕、骨梳等，西北岗王陵区 M1001 和 M1003 墓中出土有雕花纹嵌绿松石的骨匕等，皆骨制品之杰作。今所见商末的两件鹿头骨和一件牛头骨出于科学发掘，与鹿骨同坑的还有鲸鱼肿骨、象下颚骨和牛胛骨。这些经过精心雕刻和修饰的兽骨，被赋予了独特的审美价值和纪念意义。再加上其所刻写的涉及田猎、赏赐、祭祀、征伐等方面内容，更使得这些兽骨作品成为稀世珍宝。

在文字的书写上，商末记事刻辞的书家大都崇尚毛笔墨书的厚重，十分讲究章法布局的得体。虽是以刀代笔，所见文字均双刀勾勒线条，粗笔填实，形态雄浑庄重，体现出商末时期的一种官样字相。记事刻辞中所见文字构形与同时期的卜辞字形基本相同，如“戊”、戌”、“戠”等从戈旁的字，柲部作弯折之形，柲冒下移、柲鐏上提；“月”字廓内皆加点，此为记事刻辞、金文、卜辞三者共有的特点。不过在书写风格上，商末记事刻辞明显不同于单刀急就、字形纤巧的卜辞，在表现形式上更接近当时的金文书写作风。如“日”字皆作浑圆的封闭性结构，“于”字都作繁写的“亐”形。请参看下面字形对照表(表 10-1)。

表 10-1 商末卜辞、记事刻辞、金文字形对照表

	字形举例
卜　辞	戊合集 35358 戌合集 35457 王合集 36129 戠合集 35995 乙合集 37431 月合集 36846
记事刻辞	戊合集 36534 戌合集 36534 戠补编 11299 反 王补编 11299 月合集 37743 兕补编 11299 反 日合集 37848 反 大乙合集 35501 于合集 38762
金　文 (二祀邲其卣)	于 月 王 祀 兕 日 大乙

二、商末记事刻辞选释

1.《合集》36481 正、反

该胛骨原著录参考：《续存下》915 正、916 反，《历拓》1180 正、1182 反。现藏中国国家博物馆。

【释文】《合集》36481 正

…小臣牆(墙)比伐𢀛(擒)危美…人廿人四，而千五百七十，𨺅百…丙(辆)，車二丙，𠂤百八十三，函五十，矢…用又白(伯)𢦏于大乙，用𢀛白印…于且(祖)乙，用美于且丁，僼甘京易…

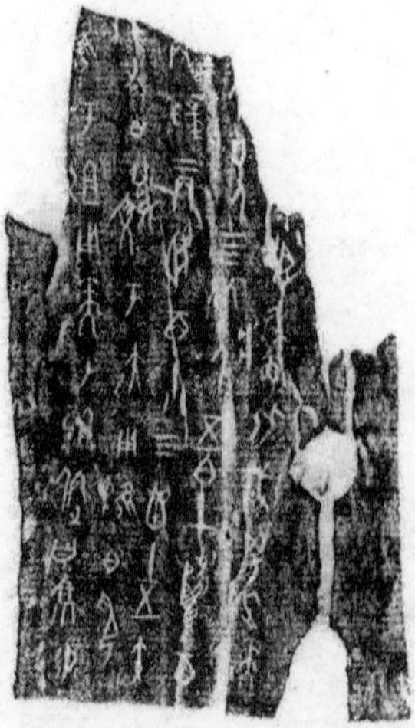

图 10-20　《合集》36481 正(拓片)

图 10-21　《合集》36481 反(拓片)

【释文】《合集》36481 反

(1)…未、壬申、癸酉。

(2)…辛巳、壬午、癸未。

(3)…辛卯、壬辰、癸巳。

(4)…丑、壬寅、癸卯。

(5)…亥、壬子、癸丑。

(6)…酉、壬戌、癸亥。

【备注】此版为牛肋骨，反面原本刻写有一完整的六十甲子干支表，今知此骨刻字多从上部断失。该肋骨正面记录了商王联合小臣𤐫对危方的一次战事，内容包括战斗中劓杀众多敌兵、获取大批车马辎重、商王用被俘的敌酋作为人牲向先祖行祭。

由干支表来推算，正面的刻辞当有百字以上，是甲骨文中少见的长文刻辞。小臣𤐫又见于无名组卜辞，如在《合集》27888 中，小臣𤐫曾作为商王(可能是文丁)出征的备选将领之一而进入占卜记录。故该骨记载小臣𤐫跟从商王征伐危美方的战事，与《合集》27888 中所卜之事在时间上应相隔不远。

2．《合集》36534

该鹿头骨于 1931 年小屯村北 E10 出土(编号 4.946)。原著录参考：《甲编》3940。现藏台湾“中央研究院”历史语言研究所。

【释文】

戊戌，王蒿田…文武丁祄…王來[正(征)]…

【备注】此鹿头骨长 22.5 厘米，宽 20 厘米，1931 年殷墟第 4 次发掘时出土。董作宾先生以为“王来正”下残的应是人方，是为征人方途中的田猎所获。辞中“文武丁”之称乃对先王“武丁”之美称，在先王名号之前加“文”、“武”等美辞，也是殷墟晚期卜辞中流行的做法。

图 10-22 《合集》36534(照片)

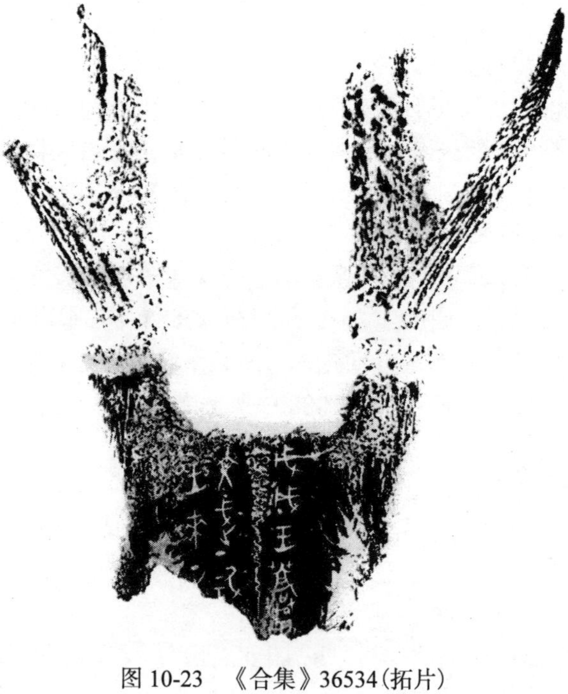

图 10-23 《合集》36534(拓片)

3．《合集》37743

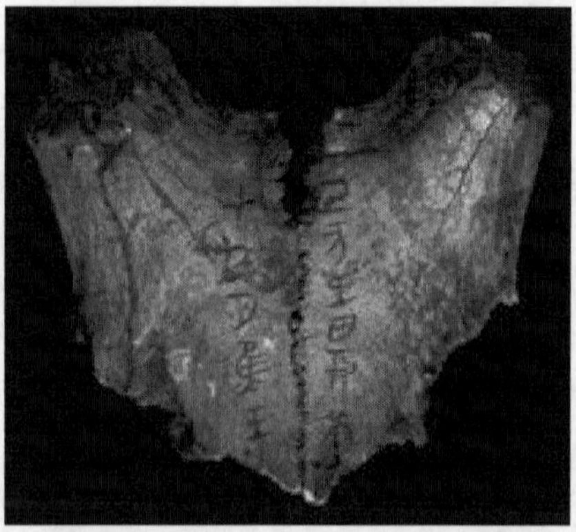

图 10-24　《合集》37743（照片）

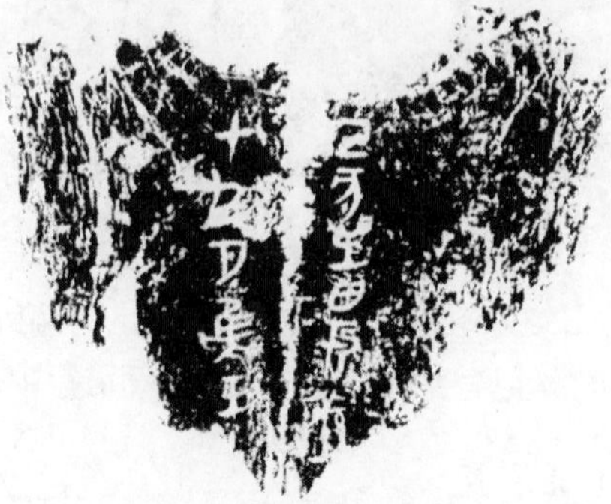

图 10-25　《合集》37743(拓片)

该鹿头骨于 1929 年小屯村北横十三. 丙北支二出土(编号鹿头刻辞二)。原著录参考：《甲编》3941。现藏台湾“中央研究院”历史语言研究所。

【释文】

己亥王田𢍰(于)𩲃…才(在)九月。隹(唯)王…

【备注】此鹿头骨长 10.5 厘米，宽 12.5 厘米。1929 年殷墟第 3 次发掘时出土。刻辞记商王在某年九月于𩲃地田猎之事。

4．《合集》37398

该牛头骨于 1929 年小屯村北横十三. 五丙出土。原著录参考：《甲编》3939。现藏台湾“中央研究院”历史语言研究所。

【释文】

…𢍰(于)倞□隻(獲)白兕，𤕦于…才(在)二月，隹(唯)王十祀，彡(肜)日。王來正(征)盂方白(伯)…

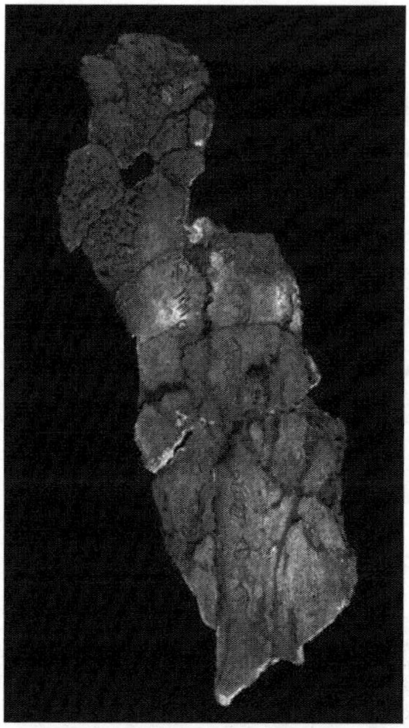

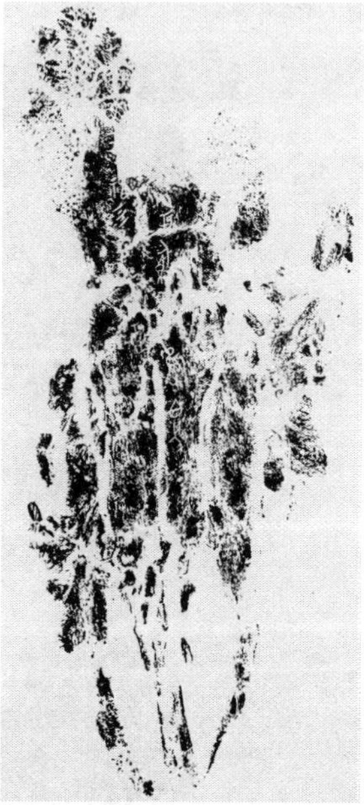

图 10-26 《合集》37398(照片)　　图 10-27 《合集》37398(拓片)

【备注】此牛头骨长 39.5 厘米，宽 17.5 厘米，于第 3 次殷墟发掘时在小屯横十三. 五丙坑出土。刻辞记有某王十祀征盂方返回途中田狩猎获白兕之事。

5. 《合集》37848 正、反

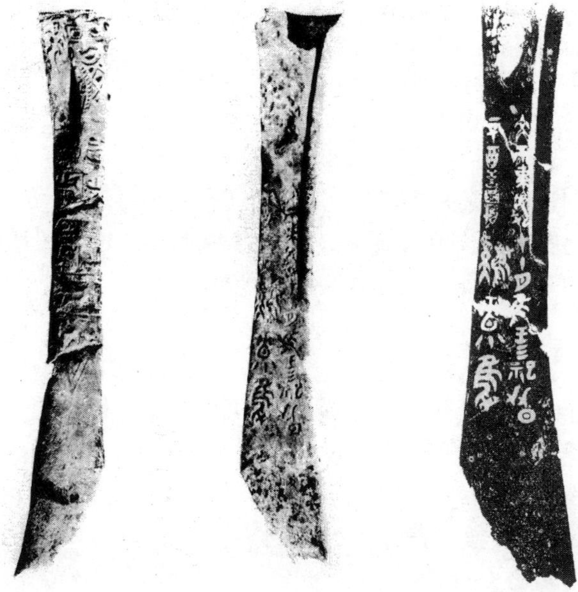

图 10-28 《合集》37848 正、反(照片)，《合集》37848(拓片)

该骨原著录参考：《骨文》NB6125 正、反，《怀特》1915 反。现藏加拿大皇家安大略博物馆。

【释文】《合集》37848 反

辛酉王田犸(于)雞录(麓)，隻(獲)大𩰤虎。才(在)十月。隹(唯)王三祀，劦日。

【备注】此版为虎肋骨，正面雕刻花纹，并嵌有绿松石，反面记某王三祀十一月到雞地狩获老虎一事。

6.《补编》11299 正、反

该骨原著录参考：《佚存》518 正、反。现藏中国国家博物馆。

【释文】《补编》11299 反

壬午王田犸(于)麥菉(麓)，隻(獲)商戠兕。王易(賜)宰丰，寑(寢)小䅗贶，才(在)五月，隹(唯)王六祀，彡(肜)日。

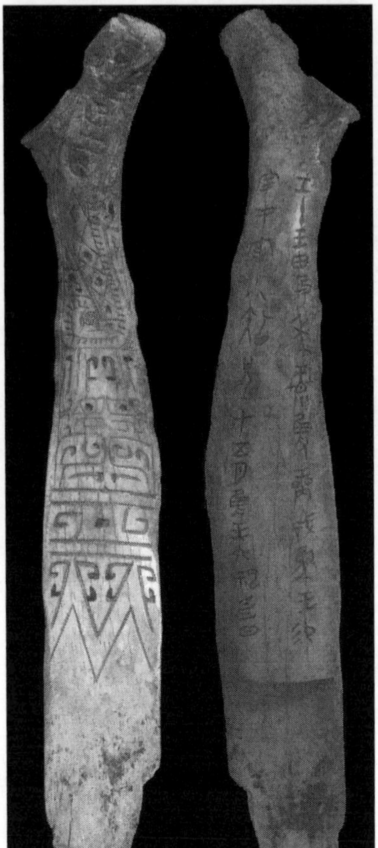

图 10-29　《补编》11299 正、反(照片)

图 10-30 《补编》11299 正、反(拓片)

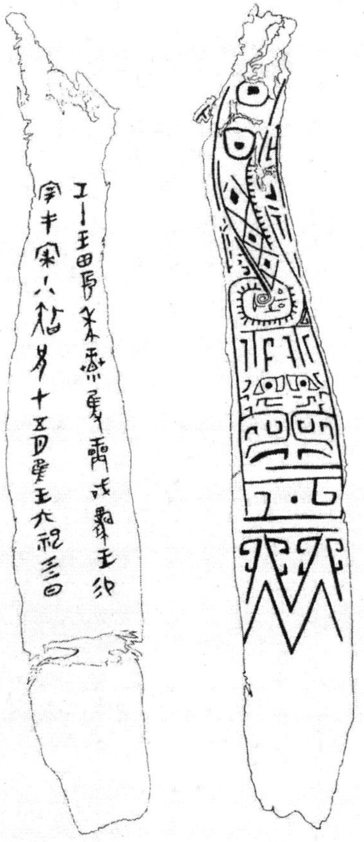

图 10-31 《补编》11299 正、反(摹片)

【备注】此版为犀牛骨，长 27.3 厘米，宽 3.8 厘米，正面雕有花纹，嵌绿松石。背面记商王六年五月举行肜祭时，在麦地田猎，捕获这头带斑纹的犀牛并赏赐宰丰之事。该版辞末有“隹(唯)王六祀，彡(肜)日”的纪年、纪时用语，“彡(肜)”是周祭祭名之一。这一记事辞式亦见于商末金文，如二祀切其卣文末的记时作“才(在)正月。冓于妣丙彡(肜)日大乙奭。隹(唯)王二祀”，四祀切其卣作“才(在)四月。隹(唯)王四祀翌日”。皆用“隹(唯)王某祀”来纪年，用举行周祭的时间来记日。

7．《补编》11300 正、反

该骨原著录参考：《邺初》下 47.7 正、反。现藏地不明。

【释文】《补编》11300 反

壬午王田玗(于)麦菉(麓)，隻(獲)…宰丰，寝(寑)小䭫貺…

图 10-32　《补编》11300 正、反(照片)

图 10-33　《补编》11300(拓片)

【备注】此版与上一版犀牛肋骨互见，正面雕有花纹，嵌绿松石。背面记商王在麥地田猎获兕并赏赐宰丰之事。正面花纹与上一片的相对称，背面刻辞风格与布局也与上一片全同，惜此片残断，实物去向不明。

8．《合集》35501

该牛距骨于 1936 年小屯村北 H006 南井坑出土(编号 13.2.49)。原著录参考：《乙编》8688。现藏台湾“中央研究院”历史语言研究所。

【释文】

王曰：则(俎)大乙𣪕玗(于)白菉(麓)㞷宰丰。

【备注】此骨长 6.5 厘米，宽 4 厘米。殷人如此在牛距骨上刻辞，十分罕见。该刻辞记商王为大乙举行则礼，施以𣪕祭，并在白菉(麓)㞷宰丰之事。辞中的宰丰与上揭两例犀牛骨上的宰丰应是指同一人物。

图 10-34 《合集》35501(拓片)

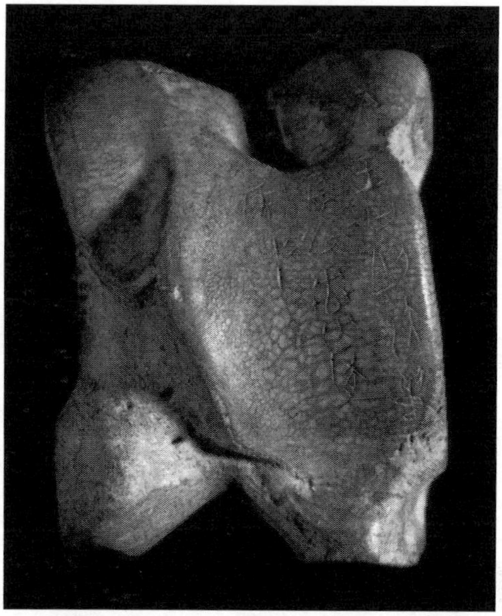

图 10-35 《合集》35501(照片)

9．《补编》11301 正、反

该骨原著录参考：《邺初下》47.9 正、反。现藏地不明。

【释文】《补编》11301 反

辛巳，王劚(俎)武丁𧰨…录(麓)，隻(獲)白兕。丁酉…

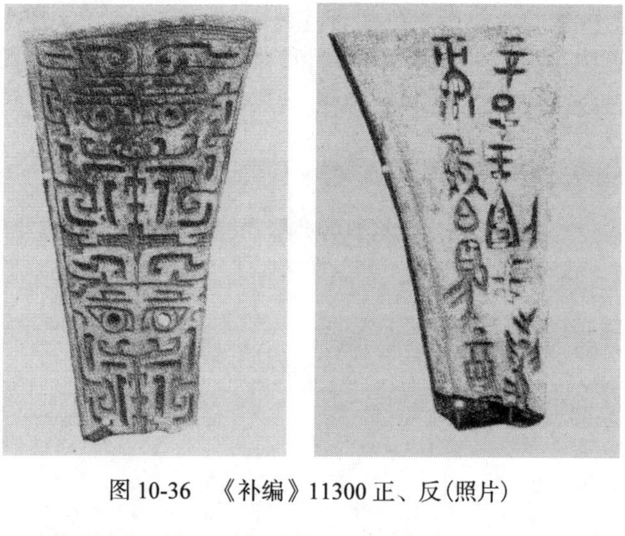

图 10-36 《补编》11300 正、反(照片)

【备注】此版为犀牛骨，正面雕花纹，嵌绿松石，下部残失。背面刻有商王祭祀武丁及田猎之事。

10．《合集》38762

图 10-37　《合集》38762(拓片)

该骨原著录参考：《掇二》49，《京津》5282。现藏中国国家图书馆。

【释文】

…丑用𢀛(于)…義友…

【备注】此版为人头骨记事刻辞。其字形较大，笔画敦厚圆润，近于毛笔书写。商末人头骨刻辞今共见 8 例，刻辞多残缺不全。该辞中的“用”是祭祀动词，相同的文例又如《合集》38759 版有“方白用”。《左传·僖公十九年》：“夏，宋公使邾文公用鄫子于次睢之社，欲以属东夷。”杜预注：“盖杀人而用祭。”杨伯峻注：“昭十一年《传》云：‘楚子灭蔡，用隐太子于冈山。’《论语·雍也篇》云：‘犁牛之子骍且角，虽欲勿用，山川其舍诸？’杀人以祭，杀牲以祭，皆谓之用。”

11．《合集》38758

该骨原著录参考：《综述》13.3，《故宫》286。现藏故宫博物院。

图 10-38　《合集》38758(拓片)

【释文】

…[人]方白(伯)…且(祖)乙戌…

【备注】此版为人头骨残辞。人头骨刻辞的内容一般为商王杀伐某方国的君长以祭祀祖先，后在头盖骨上刻辞记其事。这些人头骨刻辞与当时的战争关系比较密切。殷人以方伯首领的首级行祭于祖灵，在卜辞中也有体现，如《合集》28092版有“用危方由于妣庚”,《合集》28093版有“羌方由其用，王受又=”、“其用羌方由于宗，王受又=”等，其中“由”象头颅之形，卜辞中习用为祭品之称。

12.《补编》11099

该骨原著录参考：《文捃》304。现藏地不明。

【释文】

…白(伯)𡨦。

【备注】此版为人头骨残辞，《补编》著录于第五期中。“白𡨦”是活跃于宾组中的一个人物，此片可能不是商代末期之物。但因是人头骨刻辞，一并列举于此。

图10-39 《补编》11099(拓片)

第四节 殷墟甲骨上的毛笔书迹

一、殷墟笔书材料综述

毛笔在殷商时期就已经是主要的书写工具了，与笔书所对应的主流载体应该是简牍类。不过因为时代久远，相关物质材料难以保存下来，今所见的笔书遗迹甚少，即使有幸见到，也多字迹模糊，漫漶难辨。况殷人墨迹出土之后加剧氧化，许多材料并未妥善著录。如《京津》2为《京津》1之反，《合集》收录其正面(《合集》12628)而未收其反面。因为是笔墨文字而非契刻，这些墨迹在拓片中难以显现，故虽有收录但无从复原，理想的软毫笔书资料并不多见。

商代的毛笔书迹有的早于殷墟时期，如 20 世纪 90 年代后期在郑州小双桥遗址出土的陶片上发现毛笔朱书文字 19 件，计约 10 余字[①]，其书写工整、笔画流畅，年代相当于商代中期偏早，是目前所发现的商代最早的笔书文字。今所见殷墟时期的毛笔书迹涉及的书写材料较为广泛，包括甲骨、陶器、玉器、石器[②]和金文等载体[③]。

今所见甲骨上的笔书遗迹有 80 多版，朱书较多而墨书较少。按照书写材料的不同，可大致分为两大类：一类是书写于卜骨上，多倒书，内容繁杂，与同版卜辞无明显联系。另一类是书写于龟甲上，时代多属于武丁时期。龟甲上的书辞多正书，内容或近于署辞，或是同版卜辞的重要组成部分，书辞和刻辞的时间基本上是同时的[④]。有些甲骨上的笔书和契刻文字在内容、书风、字形上比较相近。如《乙编》6423(《合集》9775 反)、《丙编》520(《合集》973 反)、《丙编》539(《合集》13333 反)、《丙编》416(《合集》201 反)，有的同时兼用书、契两种书写方式，如《乙编》3400(《合集》1285 反)、《丙编》439(《合集》734 反)等。由此可知当时的刻手有可能既精于笔书，又长于契刻。

今见于著录的卜骨笔书材料主要有 26 例，其著录编号如下：

《甲编》收录 9 片：870(《合集》35260)、2500 反、2506 反、2636(《合集》29813 反)、2662 反、2698 反、2903(《合集》20576 反)、2940、3586 反。

《战后宁沪新获甲骨集》(简称《宁沪》)收录 5 片：1.217(《合集》35256)、1.219(《合集》35259)、1.250(《合集》35258，又见于《合集》41389，后者为摹本)、2.56(《合集》35257)、2.579。

《殷墟拾掇二编》(简称《掇二》)收录 3 片：78 反(《合集》28089)、400、401。

《屯南》收录 9 片：1028、1427、1453、2011、2732、2740、4163、4187、4194。

上列 26 片书辞中，除《屯南》1453 书于卜骨正面外，余均书于卜骨反面。其中《甲编》2902、2903(《合集》20576 正、反)属武丁时期卜骨，正面刻有𠂤组大字附属类的 23 条卜辞，为倒书（骨版上字的方向以扇骨骨边为上，骨臼为下)。反面的书辞“辛巳𣏟祖辛、父…”位于扇骨右侧近中间处，为目前所见卜骨书辞中唯一的“正书”。本版卜辞中的干支日分别为“戊午”、“己未”、

① 河南省文物考古研究所. 2003. 郑州小双桥遗址出土陶器上的朱书. 文物，(5)：41

② 王蕴智. 2008. 商代陶器、玉石器文字的发现. 载：中原文化大典・古文字卷、上册之第一章. 郑州：中州古籍出版社. 14~24

③ 金文且因为熔铸的需要，需先用毛笔先行书写，制为模范，再行铸造，故青铜器铭文也是一种变相的毛笔书辞

④ 刘一曼. 1991. 试论殷墟甲骨书辞. 考古，(6): 546~554

“庚申”、“辛酉”，卜日彼此相连，唯书辞“辛巳”日相对独立。

上举卜骨书辞中残片较多，许多仅存一、二字，不易确定其性质，但从书写内容来看，主要记祭祀祖先及祭祀时用牲之事，多书于扇骨反面的骨边上，与武丁时期记事刻辞中的一类相若。毛笔书迹今见于著录的卜甲笔书材料主要有48例，其著录来源如下：

《乙编》收录27片：514（《合集》00098反）、566（《合集》18904）、643、645、701（即《丙》109，《合集》14208反）、778（《合集》18903）、3217（《合集》01780反）、3380（《合集》17301反）、3400（《合集》01285反）、3408、4713（《合集》11903）、5465（《合集》18906）、5536（《合集》18907）、5625（《合集》05046反）、6423（《合集》09775反）、6667（即《丙编》66，《合集》14129反）、6722（即《丙编》329，《合集》11892）、6795（《合集》18899反）、6824（《合集》18909）、6849（《合集》18902）、7285（《合集》14542反）、7361（《合集》08796反）、7652（《合集》18905反）、7736（《合集》00419反）、7763（《合集》15563反）、8202（《合集》18900反）。

《丙编》收录15片：27（《合集》06475反）、95（《合集》07103反）、97（《合集》00376反）、146（《合集》13506反）、158（《合集》09177反）、283（《合集》09783反）、315反（《合集》6468反）、399（《合集》00093反）、416（《合集》00201反）、420（《合集》01385反）、439（《合集》00734反）、520（《合集》00973反）、536（《合集》14468反）、539（《合集》13333反）、594（即《乙编》7277，《合集》00488反）。

《殷墟文字外编》收录4片：13.0650+651反、13.0702反、13.0829反、13.0954

《战后京津新获甲骨集》（简称《京津》）收录2片：2、1266反（《合集》06476）。

《中国的诞生》[①]收录1片：6（《合集》18908）。

以上毛笔书迹皆位于卜甲反面，均为正向书写，与同版刻辞方向相同。书辞中的朱书明显多于墨书，书辞字形一般也都要大于同版上的契刻文字。

二、殷墟甲骨书迹选释

1.《合集》9775反

该龟甲于1936年小屯村北出土（编号13.0.13536反）。原著录参考：《乙编》6423。现藏台湾“中央研究院”历史语言研究所。

---

① 顾立雅. 1936. 中国的诞生——中国文明形成时期的观察. 伦敦

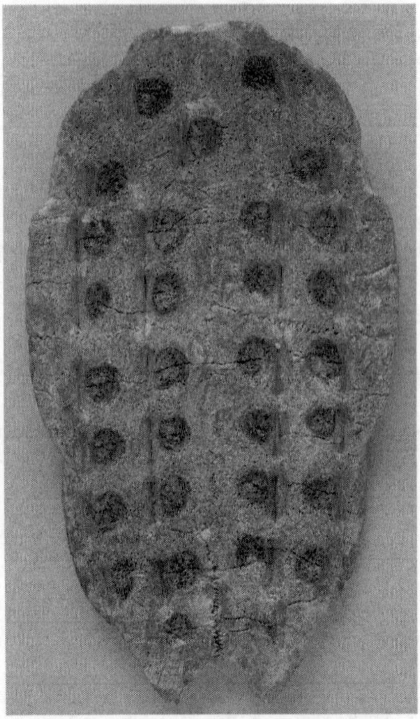
图 10-40　《合集》9775 反(照片)

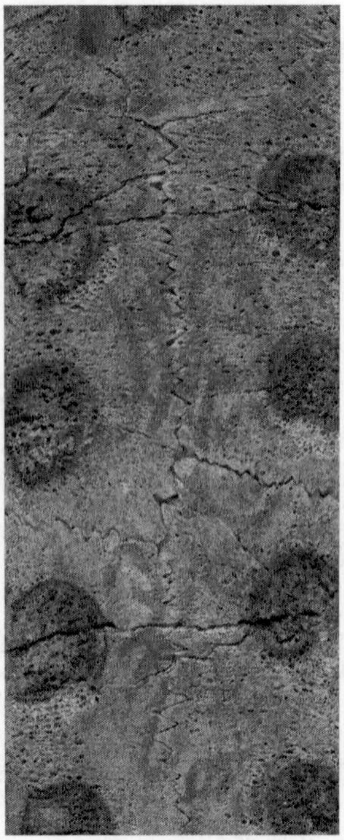
图 10-41　《合集》9775 反(局部照片)

【释文】

(1)…骂受年。(书辞)

(2)雀入二百五十。(甲桥刻辞)

【备注】此版属于宾组卜辞。龟腹甲反面除了有甲桥刻辞之外，其第 1 辞为毛笔书写的遗迹。该辞内容与本版正面第 2 辞反问“骂受年”之事相对应，用的是肯定语气。其书迹与正面的刻辞风格一致，可知此版的书、契为同时、同人所为。

2.《京津》2(《合集》12628 反)

该龟甲原著录参考：《掇二》1，《京津》1、2。现藏中国国家图书馆。

【释文】

畫來卅。

【备注】此版为《合集》12628 版的反面，《合集》仅收正面，未收反面。《京津》2 右侧甲桥位置有一条书辞，笔画丰腴圆润，内容属于署辞。记录畫这个部族首领向商王进贡(龟甲)三十版。

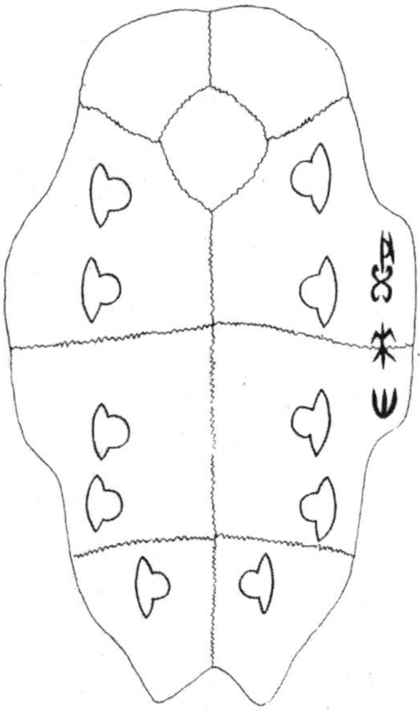

图 10-42 《京津》2(摹本)

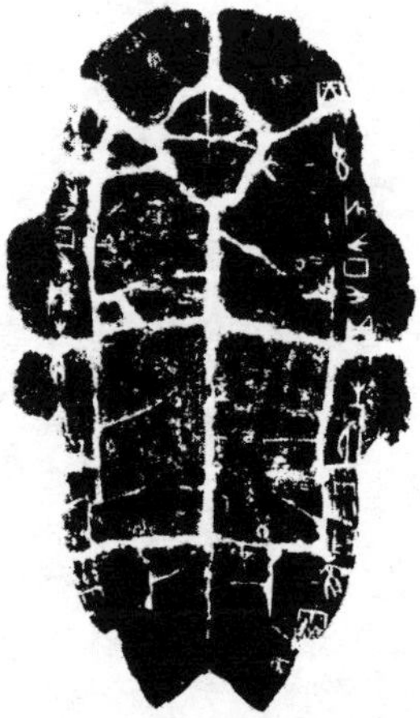

图 10-43 《京津》1(拓片)

3.《合集》28089 反、正

该胛骨原著录参考:《摭续》16+141 正,《掇二》78 正,反,《南上》100 正。现藏上海博物馆。

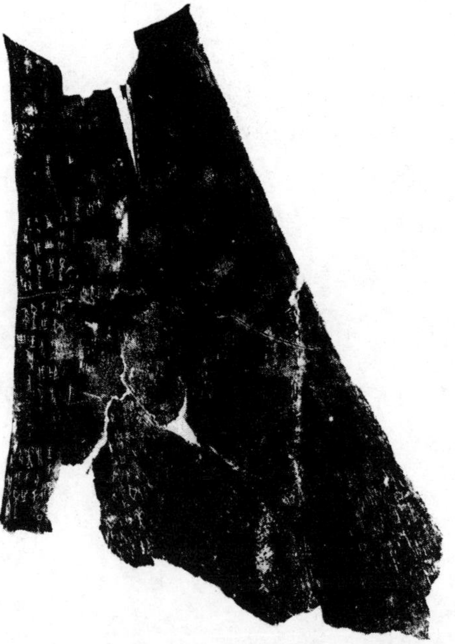

图 10-44 《合集》28089 正(拓片)

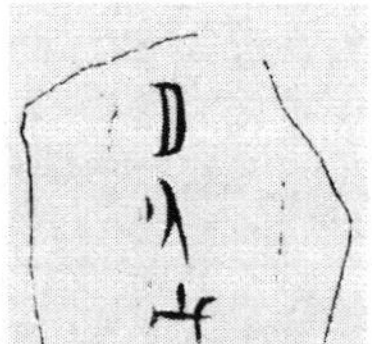

图 10-45 《合集》28089 反(摹本)

【释文】《合集》28089 反

…夕彳、歲(劌)匕(妣)庚、中…(墨書)

【释文】《合集》28089 正

(1)丁[巳]…

(2)⾃宁(貯)其乎(呼)取美卬[事]？吉。

(3)㣇取美卬事，于之及，伐望，王受又₌？隻(獲)用。 大吉。

(4)王于㣇史人于美，于之及，伐望，王受又₌？

(5)王其比，望爯冊，光及伐望，王弗每，又(有)𢦏？ 大吉。

【备注】《合集》28089 卜骨背面有倒写墨书，内容涉及对妣庚等先人的祭祀，书辞属于记事的性质。

4.《屯南》1028

图 10-46《屯南》1028 照片(复制品)

图 10-47《屯南》1028(照片)

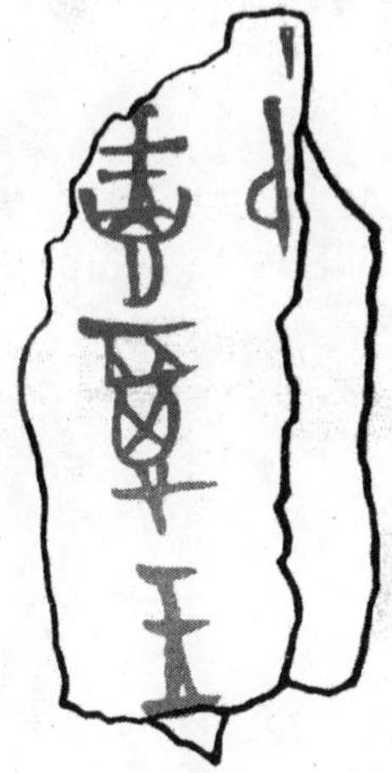

图 10-48《屯南》1028(摹本)

该胛骨于 1973 年小屯南地出土(编号 H24：297 反)。现藏中国社会科学院考古研究所。

【释文】

…𤔲(受)𠂤(𠬝)王…(朱书)

【备注】此版为卜骨反面，其上的文字系朱书残辞，大致与廪、康时期的无名组卜辞同时。

5.《屯南》2732

该胛骨于 1973 年小屯南地出土(编号 H103：62 反)。现藏中国社会科学院考古研究所。

图 10-49　《屯南》2732 反(拓片)

图 10-50　《屯南》2731 正(拓片)

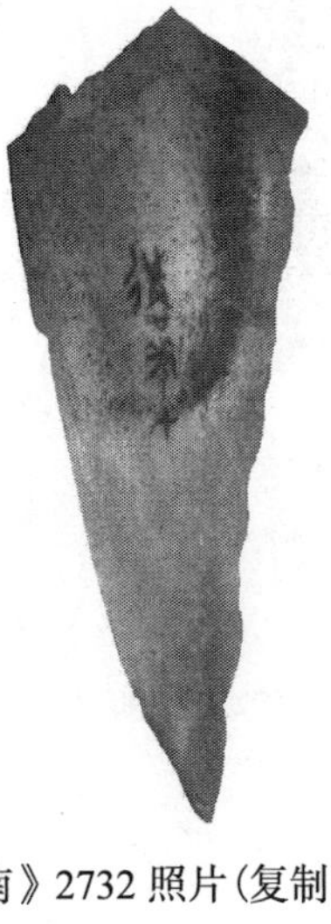

图 10-51　《屯南》2732 照片(复制品)

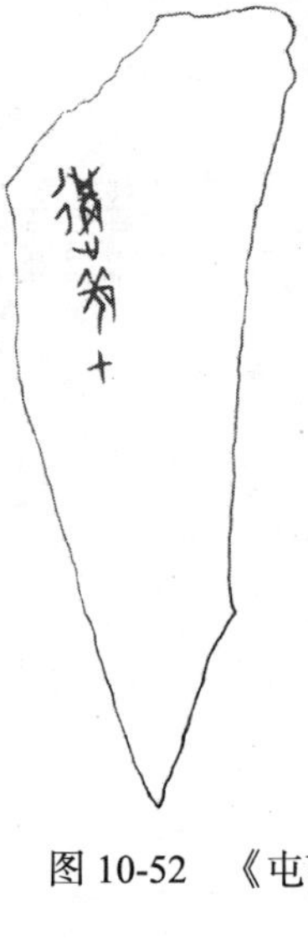

图 10-52　《屯南》2732(摹本)

【释文】

遘羌甲(朱书)

【备注】该版正面即《屯南》2731，其上有正刻、有倒刻，笔画歪斜，行款参差，皆习刻。朱书文字倒书于骨版的反面，书写内容在于记时，即记述当时正逢祭享先王羌甲之时。

第十一章

商代文字构形研究

从考古发掘的出土文字资料来看，我国至少在虞夏时期已经有了正式的文字。如在20世纪80年代初期河南登封王城岗遗址出土的一件泥质黑陶片上，就发现一例刻画作形的符号[①]。该符号所从的収(双手拱捧形)旁，是早期文字系统中的一个基本构形，它伴出在相当于夏纪年之际的古城遗址中。又如近年考古工作者曾经在山西襄汾陶寺遗址所出的一件扁陶壶上，发现有毛笔朱书的“文”字[②]。对于夏代前后的文字情况，尚期待于今后田野考古的新发现。

殷商文明是在吸收、借鉴夏代文明的基础上形成的，商代文字的来源当承于夏文化。近几十年的考古出土资料表明，在殷墟时期尤其是从商王武丁以后有迅速发展的迹象。目前所见到的殷商文字载体的门类已经很多，当时的文字除了用毛笔书写在简册上(今已不易见到)，偶亦书写在陶器、玉石器和龟甲骨上之外，其他的主要手段就是刻写在龟甲兽骨、陶器、玉石上以及翻铸在青铜器上。

以殷墟出土的10万余片刻辞甲骨为典型代表的商代文字符号，是我国迄今所能见到的最早的古汉字系统。我们知道，甲骨卜辞主要是商王室的占卜记录，在文字的使用上带有很大的局限性。尽管如此，据我们统计，整个殷墟时期所能见到的甲骨文字目已达4200余个，可释字目在1240个左右；从出土所见商代金文中可归纳单字1291字，可释单字550多字，其中的可释字目大都见于甲骨文。考虑到文字通假和同源分化的因素，商代文字与后世字书有明确对应关系的字目有1490多个，这样的数字是相当可观的。殷墟时期所反映出来的商代文字不仅单字的数量多，材料丰富，而且其文字的结体及其造字方式(以下或简称作字式)已经形成了自己的特点和规律。

① 河南省文物研究所，中国历史博物馆考古部. 1992. 登封王城岗与阳城. 北京：文物出版社. 78

② 李健民. 2000. 论陶寺遗址出土的朱书“文”字扁壶及相关问题. 中国书法，(10)：19

第一节　商代文字基本字形结体分析

考察商代的文字，其基本造型多是取象自与人们现实生活密切联系着的形态和事物。这些文字所描写的内容，实为社会存在的反映。造字者凭依他们对生活的体验和描写能力，或注重形状轮廓，或注重姿态特征，随物赋形。比如人的肢体器官、草木的枝芽果实、动物的鳞毛爪牙、器具的方圆曲折等都可以通过抽象夸张的手法裁写出来，这样的字在构造方式上多具有以形表意的特点。表意字不像绘画那样写实逼真，但一经分析便可理解造的是什么形，表达的是什么东西。商代文字正是以这么一些基本字形为基础，再用它们作为偏旁部件进行复合，组成了众多的形体。

据我们的初步整理，商代文字中以形表意的字约占 65.5%，另外还有约32%左右的形声字。当然，商代文字的总数还不止这些，有的也许仍然埋没在地下，有的可能已不复存在，然而就迄今所见到的而言，即已洋洋可观。且不说它数量之多，文字系统之成熟，仅从字的基本构形来看亦精彩纷呈，各有理据，文字结体与诸多自然的、社会的客观对象结下了不解之缘。这也就是说，商代文字字形取裁描写的内容十分丰富，涉及的范围也非常广泛，远非世界上其他任何一种民族古文字所能比及。

一、以人体和人的某一部分形体特征为构字的基础

古汉字从殷商时代起就充分体现出了以人本为基础的造型风格。利用人体特征直接造字和以这些表人体特征的各类符号为构件成分而造出的字相当可观，其比例占商代文字的近半数之多，由此可见先民们对生命自身的倾注程度。其中有许多利用人体某特征而造出的基本字形，不仅在商代通行，而且又大都演化为后世汉字里比较常用的偏旁部首。下面分别拈举一些字例，试加以分析考察。

（一）根据侧面人体的不同特征所造出的基本字形

- （人），侧面直立人形，宽泛表示一般之人。
- （勹），象人侧身匍匐之状。
- （尸），象人屈身侧卧之形。
- （匕），象人上下曲肢状。
- （身），象人妊娠之形。
- （尾），人有尾形。
- 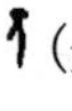（金文元），象突出首部的人形。

- (皃)，貌字初文，象首部作形的人。
- (兒)，象首部作形的人。
- (靑)，敖字初文，象首部作形的人。
- (鬼)，象首部作形的人。
- (屍)，用圆弧之笔指示尾部，乃臀字初文。
- (企)，突出脚部的人形。
- (壬)，挺字初文，象人挺立于土上。
- (臽)，陷字初文，象人在坎中。
- (䙴)，襄字初文，首部作形的人。
- 视字初文，象突出目形的侧立之人。
- (𡈼)，望字初文，突出作竖目状之人形。
- 何字初文，象人负物之形。
- (亟)，在人的上下部别出短横指事符号，乃極字初文。
- (羌)，首部从羊省，象戴有饰的人形。
- (㒼)，人形上部夸张作三口状，乃嚴字初文。
- 胄字初文，象戴有甲胄的人形。
- (老)，与考字同源，象人长发而倚杖之形。
- (長)，首部作长发飘逸状之人形。
- 加攴旁作，乃微字初文，象手臂、头发微扬，有所动状之人。
- (以)，象手臂持物的侧面人形。或省去人形作，乃古以字异文。
- (須)，象突出长须的侧面人形(省去人形作，则为而字所本)。
- (兄)，突出口形的人。
- 祝字初文，突出口形的跽状之人。
- (卩)，人侧面踞跽之形。
- (见)，突出目形的跽状之人。
- (丮)，象人伸出双手跽形劳作状。
- (页)，突出首部的跽形之人。
- (苟)，苟、敬字初文，象首部作饰的跽状之人。
- (欠)，突出口形的跽状之人。
- (旡)，突出反喙的跽状之人。
- (巴)，突出手爪的跽状之人。
- (女)，上肢交错于胸前的跽状之人。
- (免)，蒙戴头饰的跽状之人。
- (若)，象人跽坐双手理发状，亦或立姿作，习用表顺、好之义。

另外，各侧面人形还可再进行组合而产生新字。如二卩为，象二人并跽形，乃巽字初文；二人为（从）；三人为众；二人的下肢处用横笔相连者为（并）。二人相背为（北）；北的人首处别出短横者为（非）。二人相背而又上下相叠者为（尼）；二人相背而彼此倒置者为（化）。又如二匕为（比）；二人相向，头发作上扬状者为（鬥），二人首部作状者为（競），用表比竞之义。

（二）根据正面人体的不同特征所造出的基本字形

- （大），端立的正面人形，习喻表大小之大。
- （天），正面人形，突出头部，本义如“颠”（头顶）。后习将头部团块简约为短横。
- （夭），象人摆臂奔走状，周以后追加止符而别出走字。
- （夨），倾首之正面人形。
- （交），交错下肢的正面人形。
- （文），夸张表现腹体的正面人形。
- （屰），倒写的大字人形，为迎逆字初文。
- 蔡字初文，象一下肢作割杀状的正面人形。
- （叕），綴字初文，象四肢作割杀状的正面人形。
- 或追加二止作（粦），象在两臂上下对称添加点画状的正面人形。
- （亦），用两短笔指示腋下，乃腋字初文。
- （夫），首部别出一短横的正面人形。
- 用斜笔束连下肢的正面人形，乃亢、尢之本字。
- （黑），首部作形的正面之人。
- （堇），别加口符的黑字人形。
- （矣），或加彳旁作，疑字初文，象侧口而一手有所持据的正面人形。
- （異），象人正面举戴头饰状，亦戴字初文。
- 䰄字初文，象突出长须的正面人形，周金文于字形上部追加声符“此”。
- （美），首部从羊作的正面人形。
- （無），舞字初文，象双手执尾饰的正面人形。
- （奭），字从大，两臂下对称作火烛状，表匹配之义。
- （央），首部作或状的正面人形。
- （立），象立于地面的大字人形。
- （㚘），甲骨文从二大，或从二夫，乃竝（並）字异文，亦伴字古文。

- (並)，象二大人并立状。
- 象两个首部作∀状的正面人形，为古競字异文，亦業(业)字初文。
- (子)，象襁褓幼儿形，习用表小孩和晚辈。
- (㐬)，古毓(女子生育形)字之省文，象倒子之形。

(三) 根据人的肢体及其活动特征而造出的基本字形

- (又)，表右手之形。在合体字中可泛指与手有关的各种行为活动。
- (𠂇)，左字初文，表左手之形，与古又字相对。
- (爪)，象覆手之形，在合体字中多出现在字形的上部，表示手的动作，其义与手(又)相同。
- (収)，象拱手形，乃拱之本字，习用表示奉举的动作。
- (𠬜)，攀字初文，本作双手反向伸张状，甲金文冥、樊诸字从之。
- (共)，象双手拱奉持口(或‖)状。
- (舁)，四手合力状，为古興(兴)、與(与)诸字所从。
- (攴)，扑之本字，象手持杖状，表示扑打的动作。
- (父)，象手持棒器击打状，为父辈之称的专字。
- 将又字末笔作曲磔上挑状，表示肘节之处，乃肘字初文。
- (厷)，用圆弧之笔指示的曲磔处，字亦或省作形，乃肱字初文，古以上臂曰肱。
- (殳)，兵器名，象手执钝器作打击状。
- (友)，象二手成双状，表示友好。
- (止)，或简作，为脚趾字初文。
- (夂)，脚趾形之倒文。
- (之)，从止在一上，表示举趾出发。
- (步)，象二止前后交错状，表示行步。
- (正)，或简作，从止、从口(象城垣形)，表举趾朝向目标，义与反相对。
- (疋)，或作，象足胫之形。

上面这些基本字形在商代文字里组字能力很强，人们的许多行为乃至难以具象描述的语言概念，都可用它们作为基本部件而表现出来。尤其是又、爪、支、殳、止、夊诸形，其作为表动作性的构字部件，在合体字中的使用频率甚高。比如(爰)，象两手交接器具之形，乃援引字初文。(争)，象两手上下执∪作争夺状。(受)，象二手两端执舟状，分表授予和接受之义。(為)或从爪作，如手执大象状。又如先字本作，从止在人上，喻指领先、先导之义。武字从止、从戈作，喻指用兵征战。另外甲骨文止旁还常与表交通道路的行、彳旁相组合，此则演化出后来的辵旁，并成为古汉字中另一个高频率使用的表动作性的构字部件。

（四）根据人体某器官及其相关特征而造出的基本字形

- （首），侧面元首形。
- （囟），象征脑颅的抽象化符号，亦乃思之本字。
- （目），眼睛之形，从目的字皆与表眼睛及视觉活动有关。
- （䀠），瞿字初文，象双目形。
- （臣），竖目之形，古服事君主者为臣。
- （眔），象目垂涕形。
- （眉），或从人作，象人目之上标示眉毛形，后习省去目下之人形。
- （耳），耳朵之形，可表示听觉和与耳朵有关的活动。
- （聑），象双耳形。
- （自），鼻子之形，用表呼吸与嗅觉，甲骨文或追加声旁畀孳乳为（鼻）。
- （息），用鼻作呼吸状。
- （口），象征人口的抽象化符号，在合体字中可表指与口喙有关的各种行为。
- （吅），喧字初文，从二口会意。
- （品），从三口会意，表众口品评。
- （嵒），三口相连状，乃㖈（嚴初文）字省人之形。
- （合），从二口上下相合。
- （吅），作口下三点状，乃侃字初文。
- （谷），象口上气流状。
- （齿），口齿之象。
- （舌），或写作，象口舌伸出状，加点表示口液。
- （心），象征心脏之形，在合体字中可表指某些特有的思维概念。

二、以劳动创造物和劳动对象为构字的基础

在商代文字里，除了以表人体特征的各类符号具有构字优势之外，华夏早期文明进程中所产生的劳动创造物也成为构字的重要依据。先民们在长期的生活实践中创造出了大量有关衣食住行及有关切身利益的各种物品，其中不少物象都不同程度地在字形上有所反映。

(一)根据日常用品特征所造出的基本字形

- (衣)，上衣之形；，裘字初文，象裘衣之形；(巾)，佩带之形，它们可表示与服饰有关的意义。
- (糸)，象丝束之形而上下作结扎状；(丝)，象二糸相并之形，它们多用表与丝帛相关的物品。
- (幺)，象束丝之形；(丝)，二幺相并状，它们多可表示幽微、牵系之意。
- 象两束相联结的绳丝之形，或添加言旁作，为古䜌、聯、𨕙(连)、系诸字的构形基础。
- (冬)，象丝绪结端处，亦终字初文。
- (橐)，象上端结扎的囊形。
- (束)，象上下作结扎状的囊形。
- (櫜)，从束中作倒置的(周金文音化为从缶)形。
- (鹵)，古卤字，为盐之初文，象包装而成的盐囊形。
- (丙)，象席簟形，中有席纹，古宿字从之，《说文解字》古文席(㐟)字亦从此。
- (爿)，牀(床)字初文，象侧立而视的床形。
- (舟)，象扁舟之形。
- (車)，车的外廓之形，或截取车的轮部而成字。
- (輦)，车的纵向俯视之形，突出了车的辕、轭、舆等部分。
- (册)，象编简之形，表古之册书。
- (龠)，籥字初文，象编管乐器形，端处突出二口，表示所以吹奏。
- 竽字初文，吹奏之器，或省变派生作、之形，遂为于字所本。
- (樂)，从丝在木上会意，表丝弦弹拨之樂(乐)器。
- (壴)，象上有饰架的打击乐器形。
- (殸)，壴之孳乳字，从殳作敲击状。
- (壴)，鼓的侧视之形，上象鼓的饰架，下表鼓之底座。
- (鼓)，壴之孳乳字，从殳作击鼓状。
- (玉)，或作，象串玉形，后封闭竖画，简作丨贯三状。
- (玨)，两串玉相并之形。
- (贝)，贝壳之形。先民习用贝、玉作为交易媒介和美饰品，故多用来表示财宝之义。
- (鼎)，象鼎之形，为祭享之重器。
- (皀)，簋字初文，象盛食的簋形。
- (鬲)，象三空足之鬲形。

- (鬳)，或添加虍旁作，本炊器甗之象形，如上甑下鬲状。
- (壶)，象壶之形。
- (斗)，象带柄的斗形。
- (升)，字从斗而于隙间别出点状笔画。
- (凡)，侧立而视的盤(盘)形，乃盘字初文。
- (皿)，器皿之形。
- (血)，皿中作滴液状，《解字》训“祭所薦牲血也”。
- (益)，皿中水液盈溢状。
- (豆)，高脚盘之形，字的上部隙间或羡加短促的饰横。
- (酉)，盛酒器，象早期无圈足的大口尊形，亦酒字初文。
- (酒)，酉之孳乳字，从酉累加水旁。(奠)，从酉置于一上。
- (畐)，长颈酒器之形。
- (爵)，象爵之形。
- (斝)，象斝之形。
- (鬯)，象盛有酒液的一种容器形。
- (食)，象盛食之　形加顶盖状。
- 盧、鑪、爐(炉)字初文，甲骨文或追加虍旁表声。
- (吕)，铝字初文，象征铝之冶炼物。
- (肉)，象征肉块切割的断面之形。
- (多)，二肉相叠之状。
- (且)，房式俎器之形。
- 宜、俎二字初文，象房俎中置二肉形。
- (几)，几案侧视之形。
- 盤之本字，几案处作滴液状，象征献牲血以致祭。
- (歺)，表残骨之状，列、死诸字从此。
- (冎)，或省作、、、诸形，象修治后的占卜骨版形，亦骨字初文。
- (卜)，施灼后的甲骨兆纹形。
- (示)，本作神主牌位之象，甲骨文早期习简化作T形，后又写作或，分别于丁形的左右和上部羡加了起美化作用的饰笔。示字作表意偏旁，其在所从字中多表示与古代祭祀及禦祸祈福之义相关。

(二)根据劳动用具、兵器等特征所造出的基本字形

- (其)，簸箕之形，箕字初文。
- (网)，罗网之形。

- (叀)，象上部作丝绪状的纺塼(纺织之线锤)形。
- (帚)，笤帚之形。
- (毕)，带柄的网具之形，禽、擒字初文。
- (干)，或作 (單)，象狩猎工具形。后根据繁简之别，字形中部写作横画者为干，呈双钩方块轮廓(或中间再加饰横)者为單。
- (辰)，除草农器之形。
- (䢅)，双手(二爪)持辰劳作状，早晨字初文。金文䢅形上部或再加田，则分化出農(农)字。
- (蓐)，或作 (薅)，以手(又)持辰于草(或丛林)中劳作状。
- (耒)，耕挖起土的农器之形。
- (力)，耒之省形分化字，表气力、效力之义。
- (劦)，从三力会意。
- (乂)，刈字初文，象剪状器具形。
- (弓)，象张弦之弓形，或省形作 。
- (引)，从弓背处别出一斜笔为字，表牵引、引发之义。
- (弜)，从二弓会意，彊(今作强)之本字。
- 或省作 ，彈字初文，象弓弹在弦之状。
- (矢)，箭矢之形。
- (畀 bì)，镞部作⊕状的箭矢之形。
- 害字初文，象箭镞之形。
- (射)，象箭在弦上。
- (葡)，象盛箭矢于箙中，乃箙之本字，亦为具葡(備)字初文。
- (圅)，置箭矢于圅(函)中，表包函之义。
- (刀)，象征刀器的抽象化符号，系省去 形的刃部曲线而成字。
- (刃)，或作 ，用圆弧之笔(或一曲笔)指示刀刃处。
- 㪔、徵字初文，刀首脊背处作雕饰状。
- (勿)，刀刃处作滴液状，亦刎之本字。
- 柯字初文，曲折状的斧柄形，为古斤字所从，亦为甲骨文河、可诸字的声旁。
- (斤)，斤斧的抽象化符号，字从 ，刃部作尖锐状。
- (幸niè)，钳制双手的器械，为甲骨文執、圉、䩭、𡙁诸字所从。
- (毌 guàn)，象盾器之形。
- (矛)，矛式兵器的抽象化符号。
- (弋)，象戈器的柲部(含上部的柲冒和柲末的鐏)。
- (戈)，带柲的戈式兵器。

- (戉)，鉞字初文，象带柲的斧钺形。
- (我)，锋刃处作齿状的带柲兵器。
- (戊)，锋刃部作外弧状的带柲兵器。
- (戌)，近于斧钺状的一种带柲兵器。
- (王)，或上部羡加饰横作，初文如刃部向下的斧钺形，为权杖之象征，后于字形上部追加一横笔为饰。

(三)根据草木农稼等植物特征所造出的基本字形

- (屮)，株草之形。
- (艸)，从二屮，草字初文。
- (生)，株草生于地表貌。
- (屯)，或作，象幼芽生长貌。
- (木)，象征树木枝干形。
- (林)，从二木会意。
- (森)，从三木会意。
- (朱)，从木中加点状指事符号，乃株字初文。
- (竹)，象竹子枝叶形。
- (米)，象征稻米脱粒筛聚状。
- (来)，象征麦棵之形。
- (啬)，穡字初文，从来在㐭上。
- (禾)，象征禾稼之形。
- (秝)，从二禾会意。
- (香)，从禾在口上。
- ，象征黍棵之形，或从水作，遂为黍字所本。
- (桑)，象征桑树之形。
- (㮚)，象征㮚(栗)树之形。
- (穆)，表禾穗丰硕状。
- (枼)，或作，树枝着葉状，乃葉字初文。
- (祇)，象树木枝叶茂盛舒展状。

(四)根据土地、建筑等环境特征所造出的基本字形

- (土)，高起的土堆之形，象征封坛立社，亦社字初文。
- 封字初文，象征草木生于土上。
- (丰)，封字异文，或省变下部土形而为丰字所本。
- (田)，田地界划之形。

- (畕)，畺、疆字初文，从二田相邻状。
- (𠷎)，畴字初文，象畴陇之状。
- (甫)，从屮在田上，乃苗圃之本字。
- (周)，或作，田界中作点状符号，周部族之专名。
- 田界中作四屮状，乃囿字初文。
- (門)，門(门)的正面之形。
- (户)，門的中分之形。
- (宀 miǎn)，宫室外廓之形。
- (广 yǎn)，宀的省变之形。
- 古鄰字，两邑(口象征城垣)相鄰(邻)状。
- (雝)，城垣错落状，甲骨文或追加水、隹旁，乃雝(雍)字初文。
- 城郭外廓之形，象城垣四方对称作高檐建筑状。或省形作(章)，为郭和墉字初文。
- (亯)，祭亯(享)之庙堂形。
- 高堂建筑形，乃高和京字初文。
- (高)，从省而别加口旁。
- (京)，从而繁加中竖，后世据此又派生出亭字。
- 就字初文，从亯、从京，会高处祭享之意。
- (亳)，从高省、从丰会意(后音化为从乇声)，或为殷人都邑之称。
- (良)，象一组呈开放状的构筑体外廓之形。
- (亞)，象一组对称构筑体的外廓之形。
- (曲)，象一组呈曲折状的区域外廓之状。
- (宫)，宫殿字从宀、从古雝字会意(兼声)。
- (亩)，廩字初文，带顶檐的仓廩外廓之形。
- (凵)，或作，表坎陷之处，或指特定的处所。
- (區)，象征有所區(区)划的聚落形。
- (啚)，鄙字初文，从口、从亩会意。
- (邑)，从口、从卩会意，象征人所居住的城邑。
- (井)，象征对称交构的井栏之形。
- (行)，十字道路形。作为表意偏旁，常省其一半作(彳)，义与止、辵、走等符相通。
- (㫃)，旌旗飘逸状。
- (中)，象在口的中界上下树立游旗状，习用表正中义，甲金文无游旗之中形盖用表伯仲义。

三、以禽兽和家畜形象特征为构字的基础

殷墟卜辞中记载有很多反映商王畜牧和田猎的资料，其中有关狩猎活动的占卜记录尤为多见。在当时的大小林苑及数以百计的田猎地中，生存着虎、象、豹、犀、鹿、兕、兔、飞鸟、隹雉、池鱼等禽兽和水生物，成为王室贵族游猎的场所。甲骨文里还经常出现圈养的牲畜名及后世所称的六畜之名，即牛、马、羊、鸡、犬、豕等，这又从一个侧面表现出家畜业的发达。因而在商代文字里，以野生禽兽和家畜的形象为基本构件而组成的字也非常多。下面谨举述一部分这方面常用的基本字形。

- (鸟)，鸟的侧视之形。
- (隹)，象鸟之侧视形，字形线条趋于抽象，其义与鸟字相同。
- (雀)，从小、从隹会意。
- (萑)，猫头鹰的一种，字从隹上作状，或加二口作(雚)。
- (翟)，从羽在隹上，古以山雉为翟。
- 雞(鸡)字初文，象公雞振翅形，甲骨文或追加奚旁表声。
- 在隹鸟形的胸旁附加圆弧笔画以指事，乃膺字初文，亦为雁(《说文解字》以为鹰字)、雁、應诸字的同源母体。
- (雥)，群鸟曰雥，从三隹会意，乃雜(杂)之本字。
- (燕)，象飞燕形。
- 象首有触须并突出其背部之翼的昆虫形，后或追加火旁和禾旁，乃为古秋字所本。
- (它)，蛇之本字，象双钩的蛇形。
- (虫 huī)，或作，虺之本字，象单钩的蛇形。
- (䖵kūn)，古昆虫字作䖵，从二虫。
- (蟲 chóng)，从三虫，今作虫。
- (牛)，象征牛首的抽象化符号。
- (馬)，馬(马)的纵向侧视形。
- (羊)，象征羊首的抽象化符号。
- (犬)，狗的纵向侧视形。
- (尨)，《说文》训“犬之多毛者”。
- (豕)，猪的纵向侧视形。
- (豖)，去势的豕形。
- 象公猪形，豭之本字。
- (虎)，虎的纵向侧视形，截取其首部作虍。从虍的人形写作，乃为后世虎字所本，甲骨文习用表方国名。

- (豹)，豹的纵向侧视形。
- (鹿)，象鹿之形。
- (麋)，麋鹿之形，又称四不象。
- (麑)，无角的幼鹿之形。
- (麇)，字从从禾，古又称獐子。
- 古夒(猱)字，侧视的猿猱之形。
- 古狐字，从犬、亡声。
- (豚)，从肉、从豕，特指小猪。
- (象)，大象的纵向侧视形。
- (能)，熊之本字。
- (豸)，象征豺兽的抽象化符号。
- (旡)，从反喙的豸形。
- (兔)，象兔之形。
- (貍)，貍的纵向侧视形。
- (廌)，廌兽的纵向侧视形。
- (㲋)，㲋的纵向侧视形，近于兔而作张口状。
- (鼠)，鼠之纵向侧视形。
- (兕)，兕的纵向侧视形。
- (黽)，象黽(黾)蛙之纵向俯视形。
- (龜)，龜(龟)之纵向俯视形。
- (萬)，蠆字初文，象蠆之形。
- (求)，蛷字初文，象形。
- (鼄)，蜘鼄(蛛)字初文，象形。
- (鱼)，象鱼之形。
- (渔)，象群鱼在水中，渔猎字初文。

商代文字中还有一些与表动物有关的常用字形，如(釆)，或作，乃番、蹯字初文，古以兽足谓之番，后作蹯。(牡)，或作，字从牛(或从羊、马等)、从⊥(牡器形)会意。，或作，甲骨文为勿、牛二字之合文，专指杂色牛。周以后凝为物字。(羽)，象鸟羽之形，字形间也习加小点会意。后世形旁从羽之字，多与鸟羽义有关。(角)，象兽角形，表犄角之义；也可作饮器，表示与饮酒类有关的意义。(龍)(鳳)二字首部皆从辛作，它们是华夏先民根据兽、蛇和鳳(凤)、鸟等特征而创造出来的形象，都被赋予有特殊的神性。又如(贏)，象蟠螭之形，身躯作盘蜷式，首部作张口状，乃是使人避凶趋吉的祥瑞之物。

四、以客观自然物象特征为构字的基础

在殷墟卜辞中，还有不少占卜内容涉及对天文气象、山川河流等客观世界的认识。这方面所常用的基本字形主要是取材于自然物象，它们也是古汉字系统中出现比较早，而且容易辨识、极富生命活力的一类文字符号。

- (日)，象太阳之形，中部习加点或短横为饰。
- (昜)，陽(阳)字初文，从日在丂上。
- ，象日晕(又称风圈)之状。
- (夕)，月字初文，引申为表月夜义之夕。
- (月)，的同源分化字，系在弦月形的隙间别加点状区别符号，以别于夕。
- (亙)，在的上下部别出短横指事符号，乃恆(恒)字初文。
- (火)，如火焰之形。
- (炎)，从二火会意。
- (云)，如云团之形，后于上部习加短横饰笔。
- (晶)，星星之象，星字初文。
- (星)，从晶表意，从生表音，晶的同源分化字。
- (申)，电之本字，如闪电形，西周以后习追加示旁作神。
- 雷字初文，从申，别加圆廓状的小点以指事，象征雷电所产生的震感。
- (雨)，天幕落雨之状，后于字形上部习添加饰横。
- 虹之本字，象弯虹两端作龙口状。
- (水)，蜿蜒流水之形，作表意偏旁时，常省去点状指事符号。
- (泉)，泉水溢出状，亦为原、源字初文。
- (川)，从三水会意。
- (州)，从三水，中间水流处别加圆廓状指事符号，为洲字初文。
- (㴱)，淵(渊)字初文，象征水深之处。
- (巛)，从川而水流作多折状，甲骨文或将中画之水符音化为从才，后世另叠加火旁表意。
- (厂 hàn)，象征岩石的外廓之形。
- 石字初文，峭石之形，甲骨文或添加口旁作。
- (山)，三峰之山峦状。
- (丘)，两峰相并状，象征高丘。
- (𠂤)，呈纵向环抱状的两峰相峙形，表高丘之地，乃堆之本字。
- (阜)，象征纵向而视、呈连绵起伏状的高丘地带。

- (河)，古黄河之专用字，从水，(柯字初文)声。

另外在商代文字中，有一部分基本字形是采用极简练的线条来构成的。这些字形虽然构形抽象，却意象犹存，透过它们仍然能够折射出先民们认识客观世界的概括能力。

- ，回环曲折状，亘、回之本字。洹水字甲骨文作，从亘而追加水旁。
- (上)，或作，初为短画在长画(或作上扬弧笔状)之上，上面的短横用来指示方位。
- (下)，或作，初为短画在长画(或弧笔)之下，下面的短横用来指示方位。
- (乃)，象不规则的曲线形。甲骨文扔字作，从又(手)持乃状。
- (丩)，两线(物)相纠缭状，后世追加糸旁孳乳为纠。
- 或作，小、少字初文。古文字习作短促的三(或四)点画状，表示微小、不多之义，晚周以后因异文而别出小和少字。
- ，气、乞字初文，作三平画象征气流状。早期中横偏短，晚周以后三画上下弯曲，以别于三字。

从上面所举四大类商代文字基本字形来看，它们在描写的内容上，即文字构形所取裁的对象与当时人们的社会生活相当贴近，具有很强的现实性的特点。同时，这些字形所描写的内容涉及人和自然的各个层面，因而还具有广泛性的特点。当然，受这一浓郁的人文精神所支配，由这些基本文字符号所组成的整个商代文字系统，作为民族文化的结晶，也都脱离不开远古华夏文明的大背景。如今这些一个个具有构形理据的字符呈现在我们面前，使我们有机会、有条件来进行全面的梳理清点，借以窥探先民的造字意图，发掘其广袤而深邃的文化内涵。

第二节　商代文字的造字方式

关于汉字的字式，汉代学者曾阐明过“六书”的学说，认为汉字是通过象形、指事、会意、形声、转注和假借等六种方式创造出来的①。然而“六书”毕竟是随着古汉字的不断发展而归纳出来的理论，许慎虽然发凡了“六书”，却并没有把他所看到的周秦文字用“六书”原则彻底解释清楚，更未亲眼目睹商代的文字。笔者通过对殷商文字资料的分析考察，吸取“六书”说的合理成分，先总体上把商代文字的字式归纳为表意、假借和形声三种，再试归

① 姚孝遂主编，王蕴智执笔. 1995. 中国文字学史. 第三章汉代的文字学・汉字六书理论的确立. 长春：吉林教育出版社. 77

纳出字式的五种补充类型，并对其构字特征分别加以说明。

一、表意字

这里所说的表意字，主要是指“六书”中的象形、指事和会意字，但我们没有采用旧有的提法，而是把它们看做一种字式。因为这些字一般都产生得比较早，流传较广，有的字可能是直接从原始的象形符号或记事符号蜕变而来，保留有较多的文字演化的痕迹；另外，它们的形体大都受语言中一定词义所代表的物象的制约，字面上具有以形表意的特点。

(一) 独体象形字

“六书”中的象形字是以它的写实性而得名的，许慎在《说文解字·叙》里解释为“画成其物，随体诘诎”。这种字例在商代的甲骨文、金文、陶文等文字资料里都比较常见，今在可以确释的殷商文字中，它们的比率约占 33%。这些字在构形上主要是采用比较简约的线条，来表现某客观物象，或象征性、夸张性地突出某物象的特征。例如：

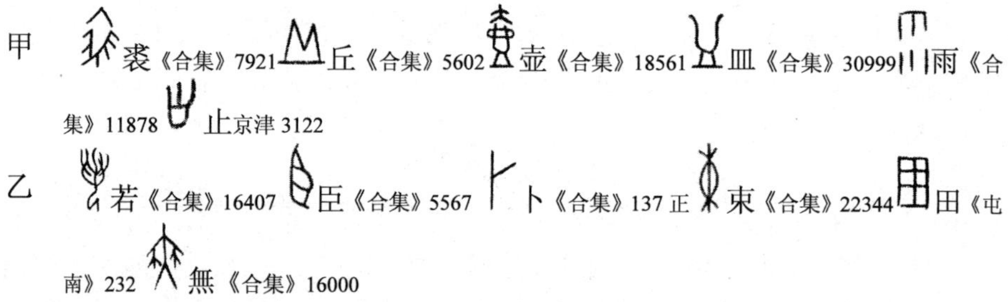

图 11-1　独体象形字(1)

在以上两组字里，甲组字表示的均为具体的物象，以形表意的手法比较直接。乙组字则是借助物象之形来表示某种行为或抽象的意念，需要识字者根据字形有所联想和判断才能识别，但这样的字仍然是常见、常用而且容易接受的。象形字里还有少部分图像成分较强的结体，它们不仅有形可象，而且随体诘诎。这尤其表现在一些反映人物、动物、器物等造型的字上，如下揭所举：

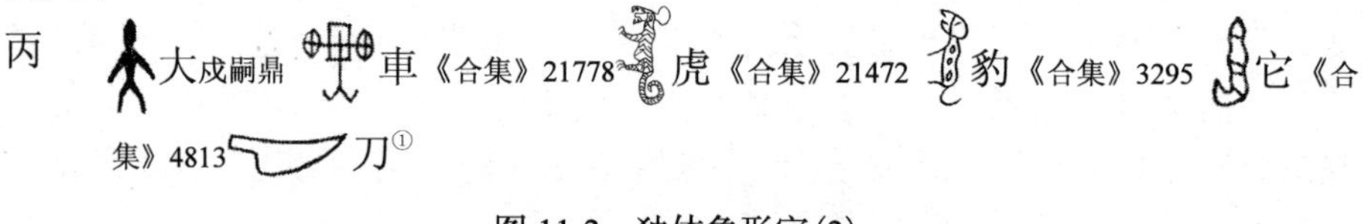

图 11-2　独体象形字(2)

① 季云．1974．藁城台西商代遗址发现的陶器文字．文物，(8)：50

这样的字一般都刻画得比较生动细致。如“大”字是根据正面人形进行剪影式的处理；“車”(车)字则是对车驾全形作了纵向俯视描写，重点表现了车的辕、舆、轴和轮子等部分。又如“虎”、“豹”、“它”(蛇之本字)、“刀”诸字皆忠实于物象的原貌，表现手法接近于白描。看到这样的字，自然可以使我们联想到“皇帝之史仓颉，见鸟兽蹄远之迹，知分理之可相别异也，初造书契”[①]的那种造字之举。殷商文字中保持有这样的构形，说明当时尚属于汉字体系形成的早期。其实这种图像成分较强的字，在商代并不占主流。随着文字结构的日渐定型，许多文字已经不再随体诘诎，而是被极简练的线条所取替。如上面所举的“止”、“大”、“刀”、“車”等字，在商代甲金文中即可写成 、 、 和 (父丁觶)形。商代以后的象形文字，其形体演变也呈这样的趋势，逐渐向线条化、记号化、抽象化的方向发展，成为不象形的象形字。

（二）合体会意字

“六书”中的会意是指用两个或两个以上的象形字组合而成的字，许慎称“比类合谊，以见指撝”，这是就商周以后的文字而言的。在商代可释字形中，约有32.5%的字目是会意字。这一类字和我们今天所理解的“六书”中的会意字，在构形上往往还有所出入，请看下揭两组例字：

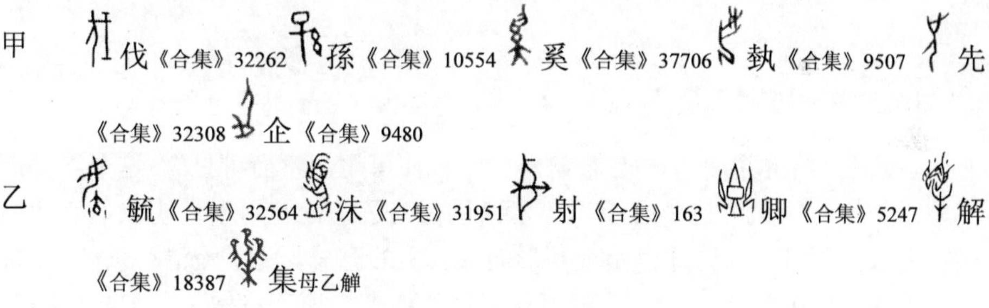

图 11-3 合体会意字

在甲组字里，它们的形体结构相对比较简单，一般是通过象形字的比类，表达出原来的独体字所表现不出来的意义。如从人、从戈为“伐”；“孫”字从子、从幺，表示后继之人；“奚”字从爪、从幺、从大，表示手执被缚之人；“埶”字从丮、从中(或从木)，表示双手种植草木。又如同样是上下结构，从止、从人者为“先”，从人、从止(突出从止作的人形)为“企”，表示企望。乙组字在构形上复杂了些，但表意方法和甲组字是一样的。这两组字比独体

① 许慎. 1963. 说文解字·叙. 北京：中华书局. 314

的象形字增大了表意的难度，扩展了表意的范围。如果我们对甲、乙两组例字再作进一步的考察，那么还会发现如下几点特征。

其一，在上揭会意字中，偏旁之间的组合大都是有机的，象形部件在字面上都有特定的位置，由它们构成的新字多是一个不可分割的整体。如“伐”字中的人形上部应交叉在戈首处，以表示用兵器杀戮；“毓”字中的倒子形应写在女形的尾部，或再加上点状符号，以表示妇女生育。又如人俯于皿上作双手盥洗状为“沬”[①]；箭矢置于弓弦中为“射”；三隹位于木上为“集”等等。尽管书写时对它们多一笔，少一笔，或正写反写都不成问题，但如若错挪了它们的位置，那就不成其字，甚至可能产生歧义。如把“先”、“企”二字所从的止旁和人旁写成左右结构，则就成了“此”字。由此可见，早期会意字的结体特征与象形字比较接近，基本上都是靠以形示意的手段来表现。尤其是如图四十乙组字各例，除了“比类合谊”的因素之外，更富有图二例字的特点，文字造型生动具体，表意程度相当高，字义具有直观性。

其二，同一个象形符号在不同的会意字里所表示的意义是有区别的。如“幺”本象丝束之形，它在“孫”、“奚”两字中的表意作用却有所不同。“孫”字从幺有世袭延绵之义，而“奚”字从幺则为绳索捆缚之义。又如“圉”、“圂”、“困”诸字所从的“囗”形，它在“圉”字中可用表囹圄，在“圂”字中可用来表示圈子，在“困”字中则表示特定的范围。这表明一个偏旁部件在具体使用上存在着诸多的灵活性，后来汉字的诸多表意偏旁仍然保持有这样的特征。

（三）议六书之指事字

“六书”中的指事字被许慎解释为“视而可识，察而可见”。这个界说远不如“画成其物”、“比类合谊”等术语讲得明了，把它用来说明象形字和会意字也未尝不可，因为这也是观其形而知其义的意思。为了澄清许慎的说法，有的学者或以为指事字象人为的事物之形，或把指事字看做是象形与会意的中间体。从构形特征来讲，指事字主要是指利用本有的象形符号并加注简单的指事符号来实现表意功能的一些字。在这里，根据我们对商代文字的认识，姑且将指事字归附到了象形字里。我们的理由有三：其一，那些利用象形字并加注特定的指事符号来表意的文字，实际上也是一种图像，与独体象形字的表现方式本质上无别；即使拿“上”、“下”等例字而言，虽说它们是在用一定的抽象符号来表示某种意义，但仍是从早期图示性符号中提炼出来，并经过约定俗成的文字。其二，它们很少有比类的特点，一般不属于合体字。

---

① 王蕴智. 2002. 《殷墟甲骨刻辞摹释总集》释字订补（上）. 第102条. 载：古文字研究(第二十四辑). 北京：中华书局. 134

其三，这样的字数量不多(约占当时文字总数的 1.3%)，故没有必要再单独给它们立作一类。鉴于这样的认识，我们把下列诸字均纳入象形字的范畴：

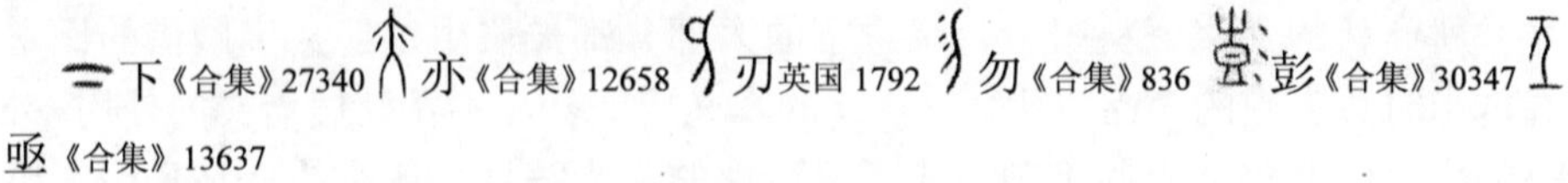

图 11-4　象形字

上揭“下”字的构形为短画在长画(或作弧笔)之下，下面的短横用来指示方位(反之则为“上”字)。其余例字均是用一定的简单笔画附着在原象形结构的特定部位，从而在字面上被赋予了一种与原象形字所不同的意义。如“亦”字从大而于其臂下别出短促的两斜笔，以指示两腋，乃腋之本字。“厷”乃肱字初文，甲骨文又写作，系在(古肘字，从又而下笔作曲磔上挑状)形的下部内侧曲磔处附加一圆弧符号(或简作一竖弯笔作《合集》4899)，以示臂间肱骨节之所在。又如在刀形的锋刃处附加一圆弧指事符号(或简作一竖弯笔作(《合集》117)为“刃”；在刀形的锋刃处附加点状指事符号为“勿”，此乃刎之本字；“彭”字是在壴(鼓字初文)字一侧附加点状符号，用以象征击鼓之声；字从人而于上下部位别出两横笔，象征顶天立地，乃“亟”、“极”字初文。类似的字例还如(立)字从大而在下部多加一横笔，表示人立于地；(至)字从倒矢而在下部加出一横，用以表示箭之所归。这些例字基本上还都是采用比较形象的表现方式，而且在构形上仍是以独体为主，在许多情况下可以使用“象某某之形”这样的术语来进行分析解释。

由上分析，我们认为商代的表意字大致可以分为独体的象形和合体的会意两类。这两类字大都是通过整体的以形示意的方式来表现字面意义，这是它们的共性。不管是象形字还是会意字，它们在造字方式上形成了一个相对独立的系统，象形和会意只是表意字的两种形式。在许多会意字里，完全相同的偏旁部件，由于所处的位置不同而反映出不同的构字结果。会意字的各组成部件虽然可以分解，其相互关系却是十分密切的。从这一点来说，商代的会意字不过是复杂了的象形字而已，因而没有必要把象形与会意字截然分割开来，也没有必要把它们区别成两种字式。

二、假借字

在商代甲金文中，有不少文字符号虽然在形体上与表意字及形声字无大区别，但它们在实际文例当中所起的是纯粹标音的作用，这便是“本无其字，依声讬事”的假借字。由于当时语言中的词与字常常是一对一的关系，而且文字符号的数量已将达 4200 个之多，这样在客观上也为文字的假借提供了方便。充分利用有形可象的记词符号来表示那些无形可象、无从着笔的同音词，便成为我国古文字资料中极为常见的现象。当然，在原有文字的基础上合理地进行内部调节，造成一字多用，这也不失为一种再生文字的有效方法。

就商代的文字资料来看，表意字的大部分都被假用过，文字假借的比率约占当时总字数的70%以上。有些字的本义用法甚至不及其假借义的使用率，有的字一经假借便永假不归，成了永久性的记音符号。还有的一字几假，以不至于引起语义上的混淆为度。例如：

甲骨文“自”字写作，乃鼻之象形，商王武丁卜辞里有“疒自”（《合集》11506）之语，即用其本义；然而古自字更多地是被借用为介词，如武丁卜辞有“允㞢來媗自西”（《合集》6057）之语，这种表介词的用法一直沿续至今。“我”字甲骨文写作，本象锋刃处作齿状的带柲兵器形；此字在商代也很少用其本义，卜辞里常有“我受佑”之类的句子，表示自已一方之总称，即复合第一人称代词，相当于“我们”的意思。“秉”字甲骨文写作，象手持禾形，本表秉执之义；卜辞里有“得四羌才（在）秉”（《合集》519）的句子，“秉”在这里被借作地名。甲金文“又”字写作，本表右手之形（或泛指人的手），引申为左右之“右”。在卜辞里，“又”还有四种假借用法：①用于整数和零数之间，有“另”的意思，如“伐十羌又五”（《英国》2406）；或用在两数量名称之间，相当于“再”、“附加”的意思，如“其寧疒于四方，三羌又九犬”（《屯南》1059）。②用作有无之“有”，如“又涉三羌”（《合集》19756）。③用作保佑之“佑”，如“王受又”（《怀特》1464）。④用作侑祭之名，如“又大甲三牢”（《合集》32471）。

此外，商代也有本有其字的假借，即文字的通假现象。如甲骨文为“西”字之初文，卜辞中习用表方位词，与“東”相对。甲骨文中还见有和字，前者当释为“甾”，后者为《说文解字》训“头会脑盖”之“囟”，乃“思”字的初文。因“甾”和“囟”与古西字在构形、读音上俱近，故彼此互有通假，常常都被借读为方位词“西”。又如武丁卜辞中习见有“㞢”字，辞例上可读为“又”，且与“又”字的几个假借义项相通作。商代文字中的这种通假现象实际上并不多见，当时出现更多的主要是本无其字的假借。

商代的文字假借现象非常盛行，类似上面的例子不胜枚举。当然，文字的兼职势必会造成用字上的一些混乱，这正是文字体系还不十分成熟的表现。尽管如此，因为商代的表意文字相对比较完善，发展得比较充分，为了促使文字达到记录语言的目的，在形声字尚不发达的情况下，就必须借助它们再产生出一定量的记音符号，以进一步和语言相配套。由此看来，商代大量使用假借字，应是文字进步的一个标志，这样不仅增进了文字与语言的有机结合，而且还在客观上保持了原有文字符号的基本特征，并促使文字系统向意音化的方向发展。

三、形声字

随着文字假借方式的广泛使用，商代文字中自然也孕育了一种比较优越的造字方式——形声字。作为一种后起的字式，形声字既吸收了表意字以形体表示意象的长处，又总结了假借字以形记音的特点，表意和标音的功能兼而有之。这种具有意音化特征的形声字在商代文字里如异军突起，在数量上不断增加，预示着文字发展的主流趋势。到了商代晚期，形声字(包括一部分介乎表意字和形声字之间的准形声字)在当时的可释字目中所占比率已达32%，不少原来的表意字和假借字逐渐被新起的形声字所取代。除此之外，时人也开始自觉运用形、声相合的方法增添新字，从而使文字规模不断地得到发展和扩大，文字体系亦日益臻于成熟和完善。

(一)形声字的类型

许慎把“六书”中的形声字解释为“以事为名，取譬相成”，这只是对“江”、“河”这一类型的字所给予的界说。形声字在商代尚处于初步发展的阶段，它的产生背景是复杂的，而且是多途径的。除了像后世那样专门以一形一声的办法契合而成以外，更多的字则是在原来表意字和假借字的基础上附加声符或形符改造而成，这其中也不乏一些在表意或表音功能上比较原始的准形声字。具体说来，商代形声字的类型大致可归纳为以下四种。

1. 会意兼形声

会意字中某一部件(意符)的发音正好与它所在字的发音相同或相近，其所在字自然也就具有会意兼形声的特征。这类字在字面上仍是以形表意为主，并不能算是纯粹的形声字，但却开发了在文字结构中标示音读的潜在功能，应该说是古汉字通向形声造字之途的一种早期尝试。下面根据这类字中所存的构形关系及构字途径的不同，再区别为两个亚类来加以说明。

1)原创字会意兼形声

一个会意字在构字之初，其某一表意部件的发音正好与该会意字的发音相同或相近，字面上即具有表意兼形声的特征。如甲骨文“畏”字写作(《合集》14173正)，从鬼持攴会意，所从鬼形兼亦表音；“之”字写作(《合集》367)，从止在一上会意，“止”亦兼声；“彘”字写作(《合集》1339)，从矢刺入豕中会意，“矢”亦兼声；“幼”字从力、从幺作(《合集》52)，所从幺形既含有微小之义，兼亦标示“幼”的音读；又甲骨文“受”字写作(《合集》27226)，象上下二手执舟状，会授予、接受之意，其所从的“舟”旁同时亦表示“受”字的音读(《说文解字》以为从“舟”省声)。

2)后起字会意兼形声

这类字主要是指在原创表意字基础上追加意符，从而使新增意符与原字之间具有会意兼形声的关系。根据后起字与它的母体所存在的形义关系，我们还可以将这类字例分成两种情况。

一种情况为同义孳乳例。即孳乳后的新字与母体字之间音义相同，其所从出的母体此时作为后起字的一个意符而与新增意符相组合，同时亦兼具表音的作用。出现这种情况的原因主要是为了调整、规范早期文字的构形，以使后起字表意明晰，便于人们使用。如甲骨文“艮”乃“服”之初文，本写作（《合集》27039），从又、从卩会意，象用手压制一跪跽之人的背部，表示被俘之人。为了进一步确定字义，并避免与其构形相近的(及)、(印)等字混淆，甲骨文晚期始写作（《合集》36924)形，字面上累加了一个用来表意的“肉”旁，表示此字的本义与当时的俘人用牲相关，而且还沿用了“艮”的读音。又如“得”字初文作“㝵”，甲骨文本写作，从又(手)持贝会意；字或累加“彳”旁作，以表“行有所得”(《说文解字》“得”字下释语)之义。又甲骨文早期“祭”字习作，从又持肉会意；后来又累加了一个表意的“示”旁，进一步标示出这个字与当时祭祀活动的意义关系，同时还保持了原字的读音。

另一种情况为派分孳乳例。出现这种情况的主要原因是原表意字的记词意义出现引申，为了区别词义而追加意符，从而派分出新字，并在字面上与它的母体构成一种会意兼形声的关系。如甲骨文“正”字本作(《合集》6322)形，从止、从口(象城垣形)会意，象征举趾朝向目标，并含有端正、正当的意思。卜辞中习见“作豊(禮)有正”、“雨又(有)正”、“不正”等语，乃用其基本义。“正”的基本义项经过引申，卜辞中还常被用来表示对敌对方国的征伐。为了区分这两种用法，后在“正”字基础上追加一个“彳”旁，写作(《合集》31791)，遂为表征伐义之专字。而古“正”字或再对称追加一个“止”旁，此则又派分出(《合集》7629字)，其用法与“征”字相对，卜辞中习用表敌对方国对商王国的征战活动。又如甲骨文“鱼”字在增添了“口”旁之后孳乳作(鲁字初文)，用表休鲁、嘉美之义；由“鱼”字追加“水”旁后孳乳作，或繁化作(动词用法)，遂为表渔猎义之专字。甲骨文(壴)象鼓的侧视之形，为鼓之本字，追加殳旁孳乳作，乃别为击鼓之专字。类似这种情况的字，其实正可以理解为六书中“建类一首，同意相授”的转注字。即在原字的基础上产生了新的义项，就用一个部首字统属其义，这个部首与新字在意义上属于同类，同时，新字与原字又存在着同源派分关系。关于转注字的理解，由于许慎的定义过简，所示字例亦不够典型(“考”、“老”为变体分化字，见下文)，没有把这种文字间的特殊关系解释清楚。为此历代学者多有争议，但却很少从语言发展的角度去探讨，也没有把转注字的理论应用到古文字中，去考察它作为一种造字方式来讲是否合理。我们认为，所谓“转注”，是由于文字同根派分而孳乳新字的一种方法，其所派分出来的新字与原字仍保持着密切的音义联系。这种字虽然可以称作转注，但仍属于形声字的范畴。因此我们不把转注作为一种独立的字式与表意、假借和形声相并列，而是把它视为产生形声字的一种途径。

2. 假借字加注形符

本义为假借义所夺，遂在借字基础上再加注一个用来标示字义的符号以示区别。这样被加注的部分相对地成为表音的声符，新追加的表意符号则相对成为这个形声结构的形符。根据加注形符与所借字之间的形义关系，这里也大致分为两个亚类。

(1)为被借字注形

本字被假借之后，再加注一个形符表示原来的字义，而被借字则永假不归。例如甲骨文“其”字作，本为簸箕字之初文，卜辞中习假借为语气副词或表领属代词，而且形成了固定的用法。为了加以区别，于是就为本字再加注一个“匚”（《说文解字》释为“受物之器”，籀文作）旁，写作（《合集》6063）正，这种构形为后来的《说文解字》籀文箕字所本；或于古其字基础上追加“収”(双手形)旁，如商金文写作(箕斝)，这一结体特征则为《说文解字》古文箕字所本；此外后世还另造有从竹、其声的“箕”字，亦乃表簸箕义之专字。又如甲骨文(酉)乃酒字初文，本象盛酒之器，卜辞中除用表本义之外，还习惯假为地支名；后加注“水”旁作（《合集》28231)(酒)，以区别于表地支名之“酉”。

(2)为借字注形

本字被假借之后，再加注一个形符表示后起的假借义，被借字仍然保持原来的表意职能。例如古(隹)字本为鸟之象形，被借作语气词后，晚商时期又追加了形符“口”，写作（《合集》36423)(唯)，从而与原来的“隹”字相区别。古鼎字本为鼎器之象，甲骨文习作或片形，在卜辞里多借作贞卜之“贞”；为使本义与假借义相区别，商末周初时期习追加“卜”旁而别作周原 H11：10 或周原 H11：174，遂使贞字成了从卜、鼎声的形声字。古(帚)字本象笤帚之形，甲金文中盖被借读为“婦”(妇)，用表王室贵妇之称；后又在借字的基础上追加“女”旁，写作（《合集》14025)、妇簋之形，遂与“帚”字相分别。在商代，假借字出现甚多，其中有不少假借现象就是靠后来通过追加形符的办法来加以遏制的。

3. 表意字加注声符

在原来表意字的基础上再加注一个表音符号(声符)，从而强化了字形与它所记词的声音信息，使一部分早期的表意字形声化。通过这种方式产生的形声字，可以根据其构形关系再区分为下面两个亚类。

(1)表意字追加声符

为使原来的表意字音义清晰而附加声符，由此引起字式上的变化。如甲骨文里有一个从水的巛(災)字，武丁时期写作≈(《合集》17201)、≈(《合集》4281)，祖甲时期写作巛(《合集》24480)，本是个象形字，表大水纵横之义。因为它与“川”字形近，为了避免形误，后来在字形中又追加了声符“才”，甲骨文晚期习作(《合集》37803)、甲 2189、(《合集》36650)诸形，遂成了形声结构，且为后来的《说文》小篆字所本。又如甲骨文“鷄”(鸡)字本作，是个象形字，后追加声符“奚”作(《合集》37471)，晚商虎骨刻辞作怀特 1915，遂演变为形声字。甲骨文耤字本作(《合集》9512)，从人持耒会意；字或省去人形作(《合集》31254)，或于字形下部附加一个声符≈而写作(《合集》626)，商代以后则又习从昔声。

(2)表意字变体注声

有意调整某一象形字的局部笔画或某一会意字的所从偏旁，并用某一声符字来取代之，由此引起字式上的变化。如武丁时期的“皇”字是个象形字，甲骨文写作(《合集》6354)形，晚商金文习作媓觚媓字所从，字形下部从王表音，遂为后世皇字所本。又如甲骨文“庸”(镛字初文)字本从庚、从凡作，是个会意字；字或作(《合集》12839)，将其所从的形符“凡”改写成了声符“用”。甲骨文“夢”字初文作，字从爿(古牀字)、从首部作两曲笔状的变异人形；字亦或作(《合集》32212)，将其所从的变异人形改写作从(古眉字异文)，后者则演变为形声结构。

4. 形声相合

随着表意字和假借字的充分发展及上述一些形声字类型的出现，专职人员亦越加自觉地运用声、形组合的方法创造新字，以适应语言的日益发展和记词的需要。这方面仍然可以根据构形特征而划分出两个亚类。

(1)独体形声

在某个象形字的基础上粘连另一个字或另一个字的部分笔画而成字，与象形字所粘连的那一部分为这个新造字的标音符号。这样的字看上去貌似独体，然而在字面上却同时具有表意和表音的成分。如果不进行严格的字形分析，它们的构形方式便容易被曲解。为此于省吾先生最早发凡其说，他把这种文字现象视为“具有部分表音的独体象形字”[1]。当然，这样的字也可以称作独体形声字，它们唯在商代文字中比较容易见到，可谓典型的合体形声字产生初期的一种特殊表现形式。如甲骨文“重”字写作（《合集》17950）形，本从人、東声；其形符“人”的下部与声符“東”的中竖笔画叠合到了一起。甲骨文（《合集》9610）为“眚”和“省”字的初文，字本从目、生声；其声符“生”的下面一横与形符“目”的上横合用一笔。甲骨文（《合集》28208）字从禾、來(来)声，为“秾”字的初文；其声符“來”则叠置在形符“禾”的主结构中。甲骨文（《合集》14780）从女、我声，乃“娥”字初文；其所从的声符“我”缺省下部后粘连在“女”旁的上部，从而在造型上带有独体字的特征。

(2) 合体形声

直接用相对独立的形符和声符搭配组合而成字。这一类字的偏旁结构清晰明了，在字面上既可以通过形符了解该字所代表的意义类属，又可以通过声符了解它们的基本音读，比较符合许慎所称“以事为名，取譬相成”的界说。对于在意义类属上彼此相关的一些概念，即可采用相同的形符来造字。例如甲骨文“河”字写作（《合集》8328），从水、丂(柯字初文，象曲折状的斧柄形，为古斤字所从，亦为甲骨文河、可诸字的声旁)声；“涂”字作（《合集》15484），从水、余声；“洛”字作（《合集》36959），从水、各声；“汝”字作（《合集》2791）反，从水、女声；“沁”字作（《合集》2815），从水、心声；“瀿”字作（《合集》36851），从水、爵声；“潢”字作（《合集》37514），从水、黄声；“湄”字作（《合集》29155），从水、眉声；“滴”字作（《合集》28179），从水、商声；“洮”字作（《合集》9509），从水、北声。在以上诸字中，“水”旁是它们的共同形符，说明它们都和表记水名以及和水的属性相关的概念而成字。另外对于在声音上相同或相近的概念，也可以采用相同的声符来造字。例如甲骨文“雩”字作（《合集》11423 正），从雨、于声；“盂”字作（《合集》29103），从皿、于声；“宇”字作（《合集》20575），从宀、于声；“芋”字作（《英国》1891浮字所从），从艸、于声。在这些字中，“于”旁是它们的共同声符，说明它们所表记的概念在音理上是相通的。后来产生的形声字，盖多取法于此。

(二) 对形符和声符的基本分析

通过上述对形声字产生途径和四种类型字例的考察，可以推断形声造字法至少在殷墟文字以前就开始运用了。而在殷墟文化早期，形声造字方式仍处在不断创新、探索的阶段，形声字的数量一时还并不占明显优势。到了殷

① 于省吾. 1979. 甲骨文字释林・释具有部分表音的独体象形字. 北京：中华书局. 435~443

商晚期，一些新出字形在字面上已经不再注重表意结构的完整，而是尝试着在结体中确立音和义的平等位置。对于形符字和声符字的选择，多是以早期出现的常用字为对象，并且注意限制形符的数量。随着一批形符字和声符字的约定俗成，这时候已经大大提高了形声造字的质与量，与此同时，文字偏旁部首的观念也在萌发之中。

据我们初步统计，形声字形符的数量在商代可释字形中已近 100 个。它们主要有：女、人、卩、勹、旡、子、匕、老、又、収、爪、欠、攴、止、辵、殳、𢆶、步、夊、癶、疒、心、目、見、自、耳、口、吅、肉、牛、羊、犬、豕、隹、馬、鹿、虍、龍、虫、貝、鳥、羽、日、月、晶、水、川、雨、火、石、田、土、木、林、屮、艸、禾、𠂤、阜、高、𩫖、門、彳、行、弓、方、爿、舟、宀、广、厂、刀、矢、戈、戌、耒、力、斤、糸、朿、侖、玉、巾、㫃、食、皀、匚、其、皿、酉、鼎、鬲、庚、示、卜、丩、丂等。这些形符字在后来的文字演化过程中，除了少数例外，大部分都被作为汉字的部首而沿革至今。其中像女、人、止、口、又、収、攴、殳、目、肉、牛、犬、馬、隹、貝、日、火、彳、阜、水、雨、艸、木、禾、田、宀、斤、刀、皿、鼎、示等形符字在商代就是比较常见常用的，组字能力较强。比如由“女”为形符造出的形声字在商代可释字中就有 27 个，从“水”的形声字有 38 个，从“宀”的有 20 个，从“口”的有 17 个，从“辵”（含从“止”和从“彳”）的有 32 个，从“木”的有 16 个，从“又”的有 12 个。如果不考虑可释字形这个范围，当时的形符字及其构字的数量还会更高。

在商代可释字形中，可以充当形声字声符的偏旁字就更多了。据我们初步统计，此时至少已有 260 多个表意字或形声字被用为声符。它们是：勹、及、从、匕、比、尼、㑓、鬼、兄、㬥、北、非、永、丮、万、宄、𠬝、子、孚、巳、女、每、妻、大、立、交、文、黑、莫、奚、粦、矣、屰、口、今、合、令、心、白、臣、目、直、眉、罘、睘、耳、聑(听)、又、曶、丑、弅、厷、各、㝷、爰、止、企、正、自、臬、㠯、允、多、夗、𢆉、冎、步、㪯、奴、貝、鱼、黽、隹、萑、豕、虎、虍、牛、羊、龍、鹿、馬、萬、禺、𧉮、丯、丰、夆、夅、壬、己、丂、兮、雩、宁、于、羽、習、幺、丝、衣、業、帚、桑、束、柬、東、𣠮、秦、來、生、竹、木、未、林、莫、枭、禾、秝、𣏟、米、屯、齊、缶、壴、喜、且、虘、䖒、朋、石、青、声、樂、网、刚、其、皀、酉、鬲、爵、鼎、豆、血、尊、畐、宜、庚、凡、升、〇(员和圆字初文)、囧、畠、亯、复、良、京、高、𠂤、門、亚、吕、土、田、㠯、周、甫、井、亘、雷、𡿪、巛、沓、日、昜、夕、旦、户、启、敀、录、刀、召、朿、㐅、夸、辛、新、王、勿、戔、弋、斤、矛、殳、我、戌、成、夷、黄、矢、至、弓、葡、函、由、西、卤、乇、𠮷(昏)、赤、畀、㚔、卑、工、害、午、卯、田、古、爻、奎、亡、才、戋、叀、專、冓、中、癸、垂、余、舟、臣、幵、示、卯、丁、丙、商、帝、后、司、乃、旬、入、内、卓、方、尞、尹、聿、史、册、冊、单、爿、将、弗、辰、辱等。这些声符不仅在商代已经开始使用，而且也大都被后世所沿用下来。

形声字声符和形符的生命力之强，还表现在不少形声字一经问世，便被人们所接受，并可再以这些形声字为基本声符，与另外的形符相组合，又创造出第二、第三代的形声字来。比如甲骨文里有从又、叀声的“專”字，又产生出人、專声的“傳”字；有了从口、刀声的“召”字，又产生出从卜、召声的“卲”字；有了从刀、网声的“刚”字，又产生出从牛、刚声的“犅”字。又如晚商时既有从攴、來声的“敕”字，又有从人、敕声的“䅘”字，同时又产生出从又、䅘声的“𧦝”字；晚商出现的“蔖”字从艸、叡声，其声符“叡”则为从又、虘声，而“叡”的声符“虘”仍是一个形声字，从虍、且声。可见因从“來”、从“且”得声的字到了“𧦝”和“蔖”字时，都已经繁衍三代了。

因为有些基本字形在当时已经比较常用，所以有不少形声字的形符和声符都会用到它们。例如“女”字作为基本偏旁，既可以用作“姓”、“媟”、“姘”、“姤”、“妹”、“婦”、“姬”、“娅”、“娥”、“姜”、“婡”、“娠”、“姪”、“妝”诸字的形符，又可以充当“汝”、“如”诸字的声符。“貝”字作为基本偏旁，它可用作“貯”、“責”、“寶”（宝）诸字的形符，又可作为“敗”、“狽”诸字的声符。“隹”字既为“雉”、“雇”、“雔”诸字的形符，又为“唯”、“淮”、“椎”、“陮”、“進”诸字的声符。类似这样形、声兼用的偏旁在商代还有心、石、禾、虎、鹿、止、其、羽、鱼、斤、又、高、林、弓、鼎、示、馬等20多个。又因为当时使用文字的人对许多声旁和形旁已经非常熟悉，因而在他们所写的字中，还常常会发生偏旁省略的现象。比如“虎”字作为偏旁，或可省写作，隶作“虍”；甲骨文“膏”字或写作，从肉、从高省声。这些字中所简省的大都是常见常用的偏旁，所以一般并不影响其正常的表意和表音功能。这种现象后来在《说文解字》里被解释作“省形”或“省声”。“省形”、“省声”字实际上是古文字字式尤其是形声造字方式发展到一定阶段的产物，今天看来，它最早是可以上溯到商代的。

（三）对形声字的基本认识

商代形声字的长足发展，冲击了原有的文字樊篱，给当时的文字格局带来了蓬勃生机。当然还应当看到，这时候的形声字在很多方面还表现得比较幼稚，无论是其数量还是形符和声符的使用率，都不足以与后世的形声字相提并论。从甲骨文中的不少异体字里可以发现，许多一字多形的字或是受几种造字方式作用的结果，利用表意和形声法所产生的字有时是通用的。另外还有少数字具有偏旁双重表音的功能，如从凡、从方的“旁”字，从壴、从英的“艱”(艱)等字，可视为形声字之特例。如果我们对当时的形声字再作进一步的考察，那么还会得到如下几点认识。

其一，这时候形声字的数量还很少，偏旁的使用率也比较低。有些表意字作为形符或声符，只出现在一两个形声字里。一些构字率较高的形符如“水”、“女”、“示”、“彳”、“止”等，它们在新起的形声字中往往只是一种追加的偏旁，或为原表意字的一种累增部件。相当一部分形声字或准形声字，都是从原来的表意字模式下产生出来的，这其中有不少是在表意字和假借字的基础上附加声符或形符改造而成。像后世文字里一个表意字(比如山、水、艸、木、人、手、辵等)可以充当数百个形声字的形符，或一个单字充当数十个形声字声符(如“古”字为沽、酤、辜、估、咕、鸪、罟、枯、蛄、骷、姑、诂、怙、固、故、祜、苦等字的声符)的现象在商代是不可能有的。许多后世常用到的形符和声符，在商代形声字里也是见不到的。如周代文字中的“页”、“豸”、“玉”、“车”、“革”、“邑”等部首，在商代还仅仅是一般的表意字而已；而像“走”、金”、“手”、“穴”等这些通行于周代的部首字，在商代文字里还没有出现。

其二，有些表意字在商代率先作为偏旁部首来使用，由于还没有经过约定俗成，尚处于不稳定的状态。例如甲骨文“蒿”字的形符既可以写作“艸”、“林”，又可以写作森；“莫”(暮字初文)字从日在茻(或森)中，亦或从二屮、二木、二禾，甲骨文繁简互见；这些字中的艸旁每每与“生”、“木”、“林”、“茻”等形旁相通用。又如表示行为动作的“又”、“爪”、“収”和“攴”，“行”、“彳”、“止”和“辵”；表示饮食的“食”与“皀”；表示人物的“人”、“女”和“卩”等，在许多情况下是可以交换使用的，彼此的分职还不够明确。还有一些在商代出现过的偏旁，经过时代的筛选而遭到后世的冷漠。如甲骨文“○”为“袁”和“員”字的声符，后世则废而不用。甲骨文“鑊”字本从鬲、从隹，隹(古音或读如“萑”、如“唯”)亦声；小篆从金、蒦声，其原来的“鬲”旁由“金”旁所替代。另外像商代文字中的“㔾”(弟、夷、弔诸字所从)、“丂”、“方”、“茻”、“森”、“晶”、“㐭”、“行”、“庚”等字，后来亦都渐渐淡出了部首的行列。

其三，商代所出现的独体形声字，明显带有早期的构形特征。把一个象形符号与一个记音标号叠合起来为字，这似乎并非是为了简化文字，而是要像早期的表意字那样保持文字的整体性。虽说它已经向形声字迈出了关键的一步，但由此可以看出，人们对于形声字的发展模式一时并没有考虑成熟，起初的设想是朦胧的，形声字的类型也是多元化的。形声字产生的多途径和多元性，说明“以事为名，取譬相成”的形声字在当时还并不占主导因素。

其四，形声字是我国古文字体系中相对后出的一种字式，它在殷商时期中便与早期的表意字、假借字平分秋色，遏制了当时表意字和假借字的过度膨胀。形声结构在一定程度上符合了上古汉语语言的特点，缓和了原始造字与语音发展不相适应的矛盾。形声字以它特有的造字活力，曾主导并促使商代文字呈现出繁荣发展的局面，对当时乃至后世汉字体系的形成都产生了深远的影响。

四、字式的五种补充类型

商代文字的字式总体上可归纳为“表意”、“假借”和“形声”三种，这是就绝大多数文字而言的。另外还有一些比较特殊的字例，在字面上不太符合一般表意字、形声字的构形特征。这些特殊字例在构形上或是因变异母字而同源派生；或因为贵族阶级别贵贱，正名分的需要，有意使文字符号繁缛美化和图案化；或是出于书写的方便和习惯，将多音节字词复合化；或书写人误解某些形体部件的原意，文字形体因人而异，使之以讹传讹；或因早期草率造字，书写求简，虽被约定俗成，但结构不明。我们姑且以字式的补充形式简要将其归纳为如下五种类型。

（一）变体分化字

在商代乃至与那个时代前后接近的古文字中，文字的一字多义即一字记多词的现象频繁发生。因构成文字的基本部件并不如后世那样齐全和规范，为了便利造字，有效控制文字的兼职，时人曾习惯在某一母字的基础上，或通过追加诸如“·”、“一”、“八”、“×”、“∨”、“口”、“O”之类简单的笔画以示区别，亦或尝试改变母字的局部结构而派生新字。这些派生字不太符合文字的一般构形规则。例如：

图 11-5　变体分化字

上揭各组字例中的后一字形，皆为通过增损原字笔画而派出的分化字。如“老”与“考”本是一个字，象人长发而倚杖之形；甲骨文晚期或将原字下部的杖形变写作从“丂”，遂同源分化出考字。“束”本象上下作结扎状的囊形，为了用表方向“東”这个概念，便在束字中部附加一横画（亦作“=”或“×”形）加以区别。早期的☽字本为“月”之象形字，为了另造一个表示夜晚之意的“夕”字，便利用月字原形，在其中间增写一短竖笔，以别作“月”(晚商以后习以形为月)。“女”和“母”古本写作形，象上肢作交错状的侧面跪跽之人；后在形基础上增加区别性的两点而别出“母”字。其他各组例字的同源分化途径大致相同，过去于省吾先生最早把这一类分化字称之为“因声指事字”。如在论及“母”、“每”二字的派生关系时，于老曾经认为：“每字的造字本义，系于母字的上部附加一个∨(或)画，作为指事字的标志，而仍因母字以为声。”[①]关于这一类型的同源分化特征，我们曾将其概括为“借形变体”，并对这一文字现象进行过讨论[②]。

乍一看来，上揭所举各派生字例似乎和一般的象形符号并无多大差异，其实不然。首先，这些派生字形都已经不再是单纯利用表意性符号来进行图示。如果我们不是事先认识了“考”、“柬”、“夕”、“母”、“每”、“升”、“夫”、“曰”、“非”、“啚”、“寅”、“尤”、“千”、“今”、“百”、“旬”、“巳”等字的形体来源，即使再省视它们的形体，恐怕也看不出其实际的含意。因为通过借形变体这种特殊的构字方式，已使文字形体进一步符号化和抽象化，字面上不再具有明确的表意成分，它们一般只是缘承其同源母体的形和音而又有所区别。

此外，借形变体字与六书中的指事字在造字方式上也迥然有别。指事字所追加的是一种具有示意性质的符号，在造字法上仍属表意字的范畴，其与原来的象形字本体没有读音上的内在关系。借形变体字所追加的仅仅是一种区别符号，它是一种文字本体的节外生枝，而且与原来的字形保持有较为密切的读音联系。在文字的使用上，指事字是一种独立的记词符号，与原来的象形符号不发生记词上的交叉联系。而借形变体字在未脱胎之前，往往与同源母体存在一个同字异用的过渡阶段。如甲骨文“衣”用如“卒”、“白”用如“百”、“幺”用如“兹”、“矢”用如“寅”、“子”用如“巳”、“束”用如“柬”、“云”用如“旬”等等，由此分化出来的字盖不具指事字的特点，而是具有借形变体之特征。

(二)异体分化字

在早期的一些古文字中，有些同源字母体或受到文字简化、繁化、讹化等因素的影响，曾不同程度地出现同一字形的不同写法。为了避免这种文字形态使用上的混乱现象，后来人们便有意利用不同的异体固定搭配一定的义项，经过约定俗成，形成了异体字各守其职的局面，从而达到了文字分化和

① 于省吾. 1979. 甲骨文字释林·释古文字中附划因声指事字的一例. 北京：中华书局. 454

② 王蕴智. 1996. 殷周古文同源分化与《说文》同源字的初步整理. 载：殷周古文同源分化现象探索. 长春：吉林教育出版社. 50~56

规范化的目的[1]。这些因异体关系而派出的同源字，其中有的在结体上仍然保持着表意字或形声字的造字特征。例如：

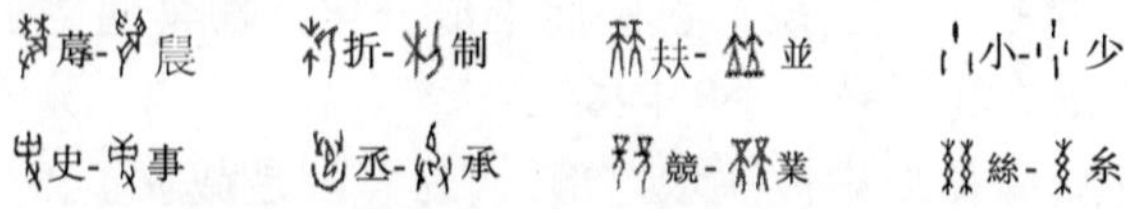

图 11-6　异体分化字(1)

甲骨文蓐字或作(莀)形，象以手(又)持辰(农器之形，辰亦兼声)于草木中；象双手(二爪)持辰劳作状，彼此本同字而异文。后据从又、从莀之形而别出蓐字，据双手持辰形而别出晨(早晨字初文)字。金文晨形上部或再加田，则分化出農(农)字，是“蓐”、“農”、“晨”古本同源。又如甲骨文折字本作从斤断草木状，制字作从刀断木状；古文“折”、“制”二字可相通作，字面上均为会意结构。上揭其他各组字例亦都符合一般表意字的构形规则，然而还有一些异体分化字，其构形并不符合一般表意字或形声字的特征。请看下面诸例：

图 11-7　异体分化字(2)

上揭甲类各组中的后一字例，皆为截取前一母字的局部而成形。如“㐬”字乃为古毓(女子生育形)字所从的倒子之形；字象人形上部夸张作三口状，乃嚴字初文，其或省去人形而写作“嵒”；古须字或省去人形，则为“而”字所本；字或被截取其右部而作“夗”；截取虎字的首部则为“虍”。被截省后的“㐬”、“嵒”、“而”、“夗”、“虍”诸形，其表意功能实际上都有不同程度的残缺，而且后来都被分化成了可与他们母字相区别的另一个字。

乙类各组形成分化的因素还有更多变数，其中如封-丰、單-干、辛-䇂三组字例，彼此构形近同而又稍存差异。古封字象草木生于土上；字或省变下部土形，从而为“丰”字所本。“干”与“單”本象狩猎工具形，后根据繁简之别，字形中部写作横画者为“干”；呈双钩方块轮廓(或中间再加饰横)者为“單”。古字本象下端呈钎锐状的利器形，因书写习惯的不同，该字形经过附加不同的饰笔而派分成《说文解字》的䇂、辛和丵三字，“䇂”、“辛”、“丵”古本同源。其中形体简略而貌古者写作(䇂)，读若衍，甲骨文童、妾、龍、凤、競诸字上部从此；在的中部或羡加⌵形笔画而写作、(辛)；在的上

① 王蕴智. 1996. 殷周古文同源分化与《说文》同源字的初步整理. 载：殷周古文同源分化现象探索. 长春：吉林教育出版社. 44~50

部添加具有装饰性点状笔画者则繁作、，故使本来从“䇂”、“辛”的一些字因而或演化为从“丵”，甲骨文業、對、僕、璞、㲉等字上部即从此[①]。又如“后”和“司”字是因正、反写之别而形成分化，在早期文字中，它们本应读为“后”[②]。“益”和“易”字的同源母体本作、(ᅟ)之形，其割舍出左旁为“益”字，象器皿中被注水之形；“易”则是截取了古“ᅟ”字右部带鋬器皿的局部而成字，这已从周初德器铭文中亦得到证实[③]。上举诸组中的一些分化字例，其字形来源亦较为特殊，当须治文字者另类甄别。

(三) 合文字

商代文字里还出现不少把两个字(或三个字)合在一起书写的情况，共同表达一个数时概念或专有称名。目前所能见到的合文字计约 200 余种，例如:

五百《合集》559 正 三萬《合集》10471 五千《合集》7315 十朋《合集》11443 六月《合集》26643

上甲《合集》34169 小祖乙《合集》32599 延雨《合集》19778 女龍《合集》10405 反 勿牛《合集》37043

图 11-8 合文字

上揭第一列合文分别表示数量和时间概念，第二列分别表示商王祖灵称谓和其他常用语词，它们在书写形式上都貌似单字。其中“五百”采取了借笔的方法，把原来的两个字通过上下间共同的横画联结成了一个字符；“三萬(万)”、“五千”和“十朋”虽没有借笔，但两字的笔画彼此已经拈连；“六月”和“三祀”是通过挪让、填补的方式分别把两个字组合起来；又如表纪数的(四十《合集》15145)则是把四个原来的数目字“十”用线条并联在一起。

第二列合文的写法与上一列类似，其所表达的概念范畴更为宽泛。当时的许多常用语词诸如商王先公先王的庙号、多音节族地名及一部分熟语、祭祀用语等往往采用合文的形式。合文在构形上像是一个字，实际上却代表了两字(或两字以上)的音读。这样的字一直沿用到周代，后世绝少出现，它们在当时之所以流行，是出于书写的方便和习惯。

因为写法特殊，有的合文字过去或曾一度被误释。如《甲骨文编》1267 号即把上揭之(小祖乙)形摹释为“沮”；2134 号下把形误释为“母黽”(该字号下形应释为𡡔字，卜辞中用为人名)，其实它是武丁卜辞中习见的一种

① 王蕴智. 1998. 释、及与其同源的几个字. 载：中国文字(新廿四期). 台北：艺文印书馆. 41~54

② 王蕴智. 1996. “毓”、“后”考辨. 载：殷周古文同源分化现象探索. 长春：吉林教育出版社. 63~85；王蕴智. 1991. 甲金文毓、后二字的用法及其关系. 郑州大学学报，5

③ 王蕴智. 1991. “益”、“易”同源嬗变探析. 载：说文解字研究. 郑州：河南大学出版社. 335~348

兆辞省略形式，应释作“女(毋)𪓑”。另外还有个别合文字经过约定俗成，倒是凝练成了后世的单字。如上揭所举读为“四十”合文的 ⺌，演化成了后来的“卌”字；在卜辞中读作“勿牛”的 ，本为杂色牛之专名，其在构形上则为“物”字所本。

(四)族徽字

在殷墟甲骨文和商代晚期及周代早期的青铜器铭文中，有大量反映众多邦国部族(含族邑首领)称名的原始资料，彼此之间可互为印合。据我们的初步统计，西周中期以前计有10000件有铭铜器，上面带有族徽的铭文约占70%以上，迄今所见仅带有氏族徽号标志的铭文多达7200余件，数量相当可观。它们或单独范铸在器上，或附着于铭文一隅，偶亦结合在纹饰中。族徽字是独具特色的一类图像符号，它既能生动反映表意字以形示意的特征，又具有浓郁的装饰图案风格。例如：

图11-9　族徽字

上揭甲类符号的构形皆庄重典雅、线条流畅，可以看成是早期美术化了的文字。它们的实际写法都能够在当时通行的甲、金文字形中找到根据。如

1~15 例分别可隶定为“亚吴(疑)”、“亚觯”、“亚殸”、“亚枼”①、“亚獏”、“制”、“渔”、“韋”、“鼓”、“幷”、“斧”（“朕”、“送”字所从）、“受”(曼字初文)、“夭”、“旅”、“典”(虡字初文)；16~18 例的三字虽然后世不传，但在殷商时期也都是重要的族氏名，于甲骨文中或各自写作《合集》21138、《合集》32154 和《合集》7768 形。这其中有的一些符号从宋代以来就不断被金石学家所搜集著录，近几十年又有许多新的考古发现。如与甲骨卜辞贞人(吴，疑字初文)时代相当的“亚疑”类族徽，先后已被著录有 80 余例，其铭文分别出自鼎、簋、觚、尊、盘、爵、甗、豆、罍、方彝、瓿、斝、卣、罐、矛、钺、戈、刀、斧、箕、耜、铙等器。据笔者整理，自殷墟中期以后直至西周初期约 150 年间，该贵族的后代累袭其官爵“亚”及其封邦，并尊奉其早期的族长称名“亚其”(后或作“㠱”)、“亚其疑”、“亚疑”等为其徽识，今所见明确署有这一类徽识符号的铜器多达 170 余件②。又如著名的古“典”字符号乃为另一世家大族的徽识，迄今已被著录有 300 余例，除了上举第 15 例之外，还见有像父辛觚、父乙卣等多种变异形式。从这些族徽及有关出土资料中，可透露出该部族从商王武丁至周初成、康王时期约 200 多年间的演变、兴衰过程。

上揭乙类族徽字则较甲类显得更加图案化，甚至失去了文字书写的味道。这些族徽有的表现为一个高度写实的图像，有的则是组合式的图案造型。即便如此，它们中的不少图案仍然可以和通行的文字符号相映衬。如例 4~8 诸形即相当于甲骨文中的(萬)、(鬳)③、、(“封”、“丰”之初文)和(毌)字；例 11、14 分别为“丩”与“毌”、“大”与“豖”字所组成的复合式族徽后者甲骨文习作(《合集》689)形。为追求形式上的华美，同一种族徽符号还往往被设计成不同风格的图案造型，如例 14 又可装饰成例 15 的形；例 16 则可演化成鼎、卣文及例 17 的，它们其实都是甲骨文中字的变形；例 18 又可变化作父丁豆、父丁簋和父辛尊诸形，它们与甲骨文中的(《合集》5268)、(《合集》5271)应该是一个字。

流行于商代和周初的族徽符号，今经我们的初步梳理，大致可以归纳出近 1000 种之多。这其中大约有三分之一可以被释读，其余大部分族徽字还有待今后进一步的整理与研究。这些族徽字无论其可释与否，它们在构形上应该与我们前面所论及的表意字同属一个范畴，但其记录语言的功能却是十分有限的。因为在通常情况下，包括殷墟文化之前更早的时候，实用的文字符

① 对古枼（葉）的考释及枼族族徽的整理请参见王蕴智《甲金文所见商代葉族及其有关史迹》，纪念甲骨文发现一百周年国际学术研讨会论文，安阳：1999 年 8 月；又名《商代葉族考》，载《华夏考古》2003 年第 1 期，第 69~75 页

② 王蕴智. 2001. 殷商箕族渊源考订. 载：高敏先生七十华诞纪念文集. 郑州：中州古籍出版社. 64~78

③ 王蕴智. 2002. 鬳字探源. 载：追寻中华古代文明的踪迹——李学勤先生学术活动五十年纪念文集. 上海：复旦大学出版社. 7~14

号并不是这样被装饰出来的。从氏族集团发展起来的奴隶主贵族是当时的一种统治力量，他们曾长期垄断了作为文明要素的文字和青铜器铸造工艺。从某种意义上说，族徽符号也是一种权势的象征，它和青铜礼器一样，主要是用来别贵贱，正名分的。因此，这些青铜器上的族徽字更具有突出的社会功能，其与记录语言的表意字应该有所区别。

（五）结构不明的字

商代文字里还有少量构形不明的字目，由于其结体特殊，不易分析，我们至今尚断定不了这些字到底是属于什么字式。这其中的原因是多方面的，一来因为去古已远，随着语言和文化的嬗变，文字符号也不断被新陈代谢，原初一些通行的字形或于后世中断了发展，今已无从系联；二是因为当时的文字书写包括教学手段都相对比较落后，写字的人又每每受文字简化、繁化、讹化、同化、美化等因素的影响，加之早期的造字手段比较原始，且有的字形本来就是从简单抽象的记事符号演化而成，今已没有相应的基本部件可与之比类分析，因而使一些字形逐渐失去造字的理据，我们已无从解释它们的构字来源。这些构形不明的字形，根据其被释读的情况，大致可以分成两类。

其一，有些字如今已经被正确释读，只是在字面上构形不明。例如甲骨文"用"字一般写作《合集》21405、《合集》102、《合集》27352、或《合集》32303 形，在卜辞中多用表施用义，后世用字的音义及其构形与古用字一脉相承。在《说文解字》中，篆文用字写作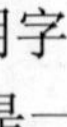，许慎解释为"从卜、中声"。然而甲骨文的"用"字今天看来应是一个独体结构，字面上并不存在"中"这个声符。过去以为"用"字从卜表意，从中得声，这不过是因后起字形而立说，不可据。今天将甲骨文中的、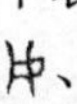这一种字形考释为"用"，主要是依靠其字形特征并通过古用字在不同时期演化轨迹的对号入座，揭示出了古今字形的内在联系，找到了它在记录语辞中的确切位置。但即使我们认识了甲骨文的用字，亦未必就能够进一步去解释古用字的本义，也不可能完全通过它的字形来了解古人的造字意图。因为在早期文字坐标系中，我们还找不出多少可以用来科学分析论证"用"这个符号的有关构字依据。类似"用"这样的可释字，我们在商代文字中还可以找到一些。如甲骨文中的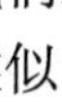（乍）、（癸）、（亡）、（乙）、（弗）、（工）、（壬）等即是。这些字都因种种条件所限，我们尚搞不清它们的构形所依，但这并不影响对这些字的释读，因为我们已经客观认识到了它们自殷商以来的历史演变过程。在这种情况下，如若一味去为这些构形不明的字本义而立说，则难免会流于主观，无益于古文字的考释。

其二，在商代未释文字中，有一部分字目构形不明。据我们的统计，迄今尚未得到释读的商代字目，大约有 2700 多个。这样的字或集中在过去所编纂的《甲骨文编》的附录里，或附列在《甲骨文字典》各部可释文字的后面，但我们不能说这些附录中所收的都是结构不明的字。因为其中的大部分字形也是可以进行结构分析的，我们不仅知道它们的构形特征和造字方式，而且也明确这些字在实际文例中的用法，只是它们与后世文字之间都不同程度地存在着缺环，故不能随意隶定成后世的某字。例如与上文图 11-9 甲 17、18 二例族徽字相对应的甲骨文和字，与图 11-9 乙 16、18 二例族徽字相对应的甲骨文和字虽然皆不可释读，但我们却可以通过比照已被释出的商代文字基本部件，把前者分析为从大执弓和从大执弓、执毌(盾形器)的会意字；把后者分别视为与人、鸟两种物像相关的象形字。甲骨文工具书附录里除了这样的字和摹写有误的字以外，剩下的便属于结构不明的字了。请看下面诸例：

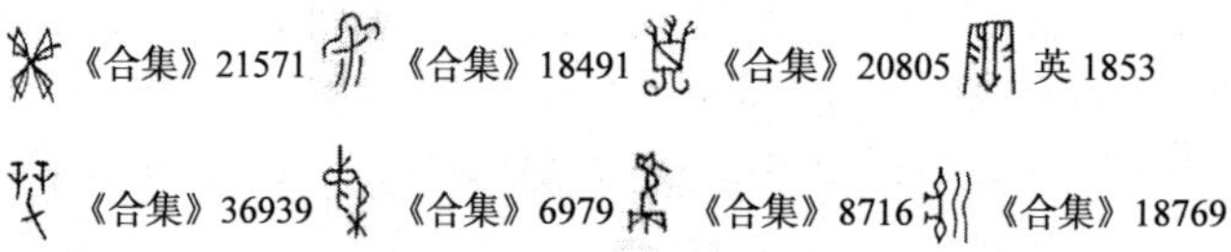

图 11-10　结构不明的字

上揭字形既像前举“用”、“乍”、“癸”诸字的结构那样不可分析，又像、诸字形那样缺少历史的比较印证。对于这类孤立无证的字形，如今就很难解释它们的形义来源及其造字特点，只能存疑待考。故这里也谨将它们作为一种文字现象而提示出来，姑且作为商代文字字式的补充内容，聊备于兹。当然，体现在上述五种补充类型中的所有构字特征，都是用传统“六书”的概念所涵盖不了的。

第三节　商代可释字形的初步整理

商代文字以殷墟甲骨文为主要资料来源，这是目前所见最早且具有断代意义的一系列古文字资料。自甲骨文发现以来，这方面的文字释读工作硕果累累，如今甲骨文考释以及古文字研究的理论、方法都已经达到了较高的层次。近 20 多年来，一些大型的著录书(如《甲骨文合集》、《殷周金文集成》等)亦相继问世。这些都在客观上为今后的专业研究奠定了良好的基础，而且也更给本专业的工作提出了新的要求。

就目前来看，专业工作者对以殷墟甲骨文为主体的商代文字符号系统的整理还相对不足，像《甲骨文编》、《甲骨文字典》、《金文编》诸发行量很大、比较有影响的专门字书，如今都不同程度地存在着收集字形不全，或对相当一部分文字的摹写及隶释不甚准确的问题(近年出版的《殷墟甲骨刻辞类纂》等甲骨文摹释书亦存在有这样的问题)，亟待修订。由于专业整理工作的不到位，科学考释文字的成果、方法总结推广不够，以致在文字释读上每每会出现鱼目混珠、良莠不辨的情况。

在对有关商代文字构形资料整理的基础上，这里谨用简表的形式摹写一套《商代文字可释字形》(附录三)。本字形表包括了可以确释的甲骨文字形，增添了部分可以补缺的商代金文字头(字头右上皆加○号为标志)，也兼容了少量可以补缺的周原甲骨文字头(字头右上皆加◎号为标志)，字表里的字均按音序排出。在下面的简表中，凡标()内的字和加*符号的字皆为本表重出字头。其中括号中的字一般为后起字，它们与括号前一字都属于同义孳乳的关系(个别的则还可以再分成两个字)；字头右上加*号者主要是指与商代文字有联系的一部分通假字或同源分化字，其字头下皆说明参见字而不再列示古字形。至于同时期正处在分化之中而尚未彻底分化的字形，如月夕、小少、晶星、后司、史事等，其字头处则一般不标*号，而是在原篆后再注明另见条。本表中不加*号的字头为 1238 个，加上带*的 252 个重出字，总计罗列字头 1490 个。这些字头皆见于后世字书，我们姑称之为“可释字形”。还需要说明的是，这个字表割舍了一批比较典型的商代文字。如大家比较熟悉的甲骨文古、沚诸字，还有习惯被隶定为“扶”(𫜏)、“晕”(𡇒)以及其他的一些常见字，由于这些字形实际上与后世文字暂时还不能准确对应，故暂且不收。为了增加基本字形的数量，本表还收列了一部分在合体字中只充当偏旁部件的字头，如甲骨文㛖字所从的哀、濼字所从的巢、霸字所从的革，商金文阑字所从的柬等，这些偏旁字在当时大致也应该是可以独立使用的，兹为了与一般字头有所区别，我们将在这些字头右上皆标一个△号为志。另外还有少量字形在结体上与后世文字完全相合，但实际上很可能是一种巧合，如甲骨文嬉、娘诸字即是。此姑且考虑构形因素的统一性，故一并予以收录，我们在他处的文字解说中再做具体说明。

附录一

商王世系图表

《史记·殷本纪》商王世系

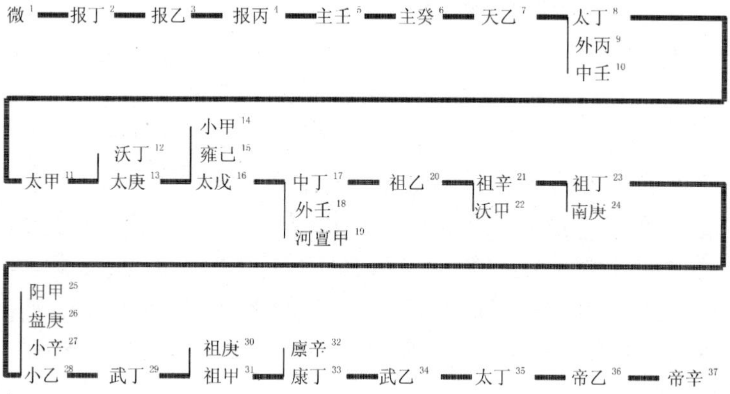

殷墟卜辞所见商王世系

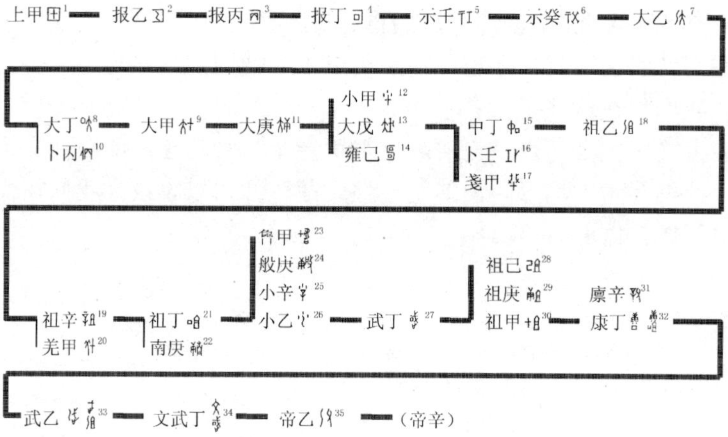

图例：

1.位于▬▬ 线上的庙号为大宗直系。

2.位于—— 线上的庙号为小宗旁系。

3.庙号右上角的数字指商王继位次序。

附录二

殷墟甲骨著录及简称对照表

《铁云》 《铁云藏龟》，刘鹗，抱残守缺斋石印本，1903 年 10 月版。
《前编》 《殷虚书契》，罗振玉，《国学丛刊》三期三卷石印本，1911 年版。
《菁华》 《殷虚书契菁华》，罗振玉，影印本，1914 年 10 月版。
《铁余》 《铁云藏龟之余》，罗振玉，昚古丛编影印本，1915 年 1 月版。
《后编》 《殷虚书契后编》，罗振玉，影印本，1916 年 3 月版。
《殷图》 《殷虚古器物图录》，罗振玉，影印本，1916 年 4 月版。
《殷虚》 《殷虚卜辞》，明义士，上海别发洋行石印本，1917 年 3 月版。
《戬寿》 《戬寿堂所藏殷虚文字》，姬佛陀，《艺术丛编》第 3 集石印本，1917 年 5 月版。
《龟甲》 《龟甲兽骨文字》，林泰辅，日本商周遗文会影印本，1921 年版。
《簠室》 《簠室殷契征文》，王襄，天津博物院石印本，1925 年 5 月版。
《拾遗》 《铁云藏龟拾遗》，叶玉森，影印本，1925 年 5 月版。
《传古二》 《传古别录第二集》，罗福成，影印本，1928 年。
《写本》 《新获卜辞写本》，董作宾，石印本，1928 年 11 月版。
《存真》 《殷虚文字存真》，关百益，河南省博物馆，1931 年。
《书道》 《书道全集》，[日]下中弥三郎，日本书道院，1931 年版。
《福氏》 《福氏所藏甲骨文字》，商承祚，金陵大学中国文化研究所，1933 年 4 月版。
《殷契》 《殷契卜辞》，容庚、瞿润缗，哈佛燕京学社石印本，1933 年 5 月版。
《通纂》 《卜辞通纂》，郭沫若，日本东京文求堂石印本，1933 年 5 月版。
《续编》 《殷虚书契续编》，罗振玉，影印本，1933 年 9 月版。
《佚存》 《殷契佚存》，商承祚，金陵大学中国文化研究所影印本，1933 年 10 月版。
《铭考》 《古代铭刻汇考》，郭沫若，日本东京文求堂石印本，1933 年 12 月版。
《邺初》 《邺中片羽初集》，黄濬，北京尊古斋影印本，1935 年 2 月版。
《郼斋》 《郼斋所藏甲骨拓本》，金祖同，上海中国书店石印本，1935 年 2 月版。
《柏根》 《柏根氏旧藏甲骨文字》，明义士，《齐大季刊》67 期，1935 年版。
《相片》 《殷虚甲骨相片》，白瑞华，美国纽约影印本，1935 年版。
《库方》 《库方二氏所藏甲骨卜辞》，方法敛、白瑞华，商务印书馆，1935 年 12 月版。
《诞生》 《中国的诞生》，顾立雅，1936 年版。
《粹编》 《殷契粹编》，郭沫若，日本东京文求堂石印本，1937 年 5 月版。
《拓片》 《殷虚甲骨拓片》，白瑞华，美国纽约影印本，1937 年版。
《邺二》 《邺中片羽二集》，黄濬，北京尊古斋影印本，1937 年 8 月版。
《文录》 《甲骨文录》，孙海波，河南通志馆，1938 年 1 月版。

《七集》 《甲骨卜辞七集》，方法敛、白瑞华，美国纽约影印本，1938 年版。
《金璋》 《金璋所藏甲骨卜辞》，方法敛、白瑞华，美国纽约影印本，1939 年版。
《天壤》 《天壤阁甲骨文存》，唐兰，北京辅仁大学，1939 年 4 月版。
《铁零》 《铁云藏龟零拾》，李旦丘，上海中法出版委员会，1939 年 5 月版。
《遗珠》 《殷契遗珠》，金祖同，上海中法出版委员会，1939 年 5 月版。
《叕存》 《甲骨叕存》，曾毅公，齐鲁大学国学研究所，1939 年 11 月版。
《五十》 《甲骨五十片》，白瑞华，美国纽约影印本，1940 年版。
《诚斋》 《诚斋殷虚文字》，孙海波，北京修文堂影印本，1940 年 2 月版。
《遗宝》 《河南安阳遗宝》，[日]梅原末治，日本影印本，1940 年 10 月版。
《双图》 《双剑誃古器物图录》，于省吾，影印本，1940 年 11 月版。
《摭佚》 《殷契摭佚》，李旦丘，北京来薰阁影印本，1941 年。
《邺三》 《邺中片羽三集》，黄濬，北京尊古斋影印本，1942 年 1 月版。
《骈三》 《双剑誃殷契骈枝三编》，于省吾，影印本，1944 年版。
《骨文》 《骨的文化》，怀履光，石印本，1945 年版。
《六录》 《甲骨六录》，胡厚宣，成都齐鲁大学国学研究所，1945 年 7 月版。
《龟卜》 《龟卜》，金祖同，上海温知书店，1948 年 1 月版。
《甲编》 《殷虚文字甲编》，董作宾，商务印书馆，1948 年 4 月版。
《乙编》 《殷虚文字乙编》，董作宾，商务印书馆，1948 年 10 月上辑，1949 年 3 月中辑，台湾中央研究院历史语言研究所，1953 年 12 月下辑。
《甲缀》 《甲骨缀合编》，曾毅公，北京修文堂，1950 年版。
《摭续》 《殷契摭佚续编》，李旦丘，商务印书馆，1950 年 9 月。
《宁沪》 《战后宁沪新获甲骨集》，胡厚宣，北京来薰阁，1951 年 4 月版。
《掇一》 《殷契拾掇》，郭若愚，上海出版公司，1951 年 7 月。
《南北》 《战后南北所见甲骨录》，胡厚宣，北京来薰阁线装三册，1951 年 11 月版。
《南坊》 《战后南北所见甲骨录》之《南北坊间所见甲骨录》，胡厚宣，北京来薰阁线装三册，1951 年 11 月版。
《南辅》 《战后南北所见甲骨录》之《辅仁大学所藏甲骨文字》，胡厚宣，北京来薰阁线装三册，1951 年 11 月版。
《南明》 《战后南北所见甲骨录》之《明义士旧藏甲骨文字》，胡厚宣，北京来薰阁线装三册，1951 年 11 月版。
《南师》 《战后南北所见甲骨录》之《南北师友所见甲骨录》，胡厚宣，北京来薰阁线装三册，1951 年 11 月版。
《掇二》 《殷契拾掇二编》，郭若愚，上海出版公司，1953 年 3 月版。
《京津》 《战后京津所获甲骨集》，胡厚宣，群联出版社，1954 年 3 月版。
《书一》 《书道全集·第一卷》，[日]下中弥三郎，日本平凡社，1954 年 9 月版。
《殷缀》 《殷虚文字缀合》，郭若愚、曾毅公、李学勤，科学出版社，1955 年 4 月版。
《续存》 《甲骨续存》，胡厚宣，群联出版社，1955 年 12 月版。
《日见》 《日本所见甲骨录》，饶宗颐，《东方文化》三卷一期，1956 年 6 月版。
《外编》 《殷虚文字外编》，董作宾，艺文印书馆，1956 年 6 月版。
《综述》 《殷虚卜辞综述》，陈梦家，科学出版社，1956 年 7 月版。
《巴黎》 《巴黎所见甲骨录》，饶宗颐，香港大宏雕刻印刷公司，1956 年 12 月版。

《丙编》　《殷虚文字丙编》，张秉权，台湾中央研究院历史语言研究所，1957年8月上辑一，1959年1010月上辑二，1962年中辑一，1965年中辑二，1967年下辑一，1972年下辑二。

《汉城》　《汉城大学所藏大胛骨刻辞考释》，董作宾，《台湾中央研究院历史语言研究所集刊》二十八本下册，1957年5月版。

《海外》　《海外甲骨录遗》，饶宗颐，香港大学《东方文化卷》4卷1、2期，1958年版。

《书博》　《书道博物馆所藏甲骨文字》，[日]青木木菟哉，《日本甲骨学》6、7、8、9、10期，1958～1964年版。

《京都》　《京都大学人文社会科学研究所藏甲骨文字》，[日]贝塚茂树，京都大学人文科学研究所，1959年3月版。

《甲零》　《甲骨文零拾》，陈邦怀，天津：天津人民出版社，1959年9月版。

《日汇》　《日本散见甲骨文字搜汇》，[日]松丸道雄，《日本甲骨学》7、8、9、10、11、12期，1959～1980年版。

《甲释》　《殷虚文字甲编考释（附图）》，屈万里，台湾中央研究院历史语言研究所，1961年6月版。

《吉大》　《吉林大学所藏甲骨选释》，姚孝遂，《吉林大学社会科学学报》1963年4期。

《小川》　《故小川睦之辅氏藏甲骨文字》，[日]伊藤道治，《东方学报》37册，1966年3月版。

《中图》　《台湾国立中央图书馆所藏甲骨文字》，金祥恒，《中国文字》19、20册，1966年。

《大原》　《大原美术馆所藏甲骨文字》，[日]伊藤道治，《日本仓敷考古馆研究集报4号》，1968年1月

《联邓》　《联合书院图书馆新获东莞邓氏甲骨简介》，李棪，《香港中文大学联合书院学报》7期，1969年。

《北美》　《北美所见甲骨选粹》，李棪，《香港中文大学中国文化研究所学报》3卷2期，1970年。

《藤井》　《藤井有邻馆所藏甲骨文字》，[日]伊藤道治，《东方学报》42册，1971年3月版。

《安新》　《安阳新出土的牛胛骨及其刻辞》，郭沫若，《考古》1972年2期。

《安明》　《明义士收藏甲骨文集》，许进雄，台湾：艺文印书馆，1972年版。

《桧桓》　《桧桓元吉氏藏甲骨文字》，[日]伊藤道治，《神户大学文学部纪要》，1972年1月版。

《明后》　《殷墟卜辞后编》，许进雄，台北：艺文印书馆，1972年版。

《美纳》　《美国纳尔森美术馆藏甲骨刻辞考释》，严一萍，台北：艺文印书馆，1973年1月版。

《临孙》　《临淄孙氏旧藏甲骨文字考释》，胡厚宣，《文物》1973年9期。

《73安》　《1973年安阳小屯南地发掘简报》，考古研究所，《考古》1975年1期。

《缀新》　《甲骨缀合新编》，严一萍，台北：文艺印书馆，1975年版。

《美国》　《美国所藏甲骨录》，周鸿祥，美国加利福尼亚大学，1976年版。

《关西》　《关西大学考古学资料室藏甲骨文字》，[日]伊藤道治，1977年版。

《合集》　《甲骨文合集》，郭沫若主编，北京：中华书局，1978～1983年版。

《怀特》　《怀特氏等收藏甲骨文集》，许进雄，加拿大皇家安大略博物馆，1979年版。

《屯南》 《小屯南地甲骨》，中国社会科学院历史研究所编，北京：中华书局，1980 年版。

《西瑞》 《西德瑞士藏我国殷虚出土的甲骨文》，徐锡台，《人文杂志》1980 年 5 期。

《东京》 《东京大学东洋文化研究所藏甲骨文字》，[日]松丸道雄，东京大学东洋文化研究所，1983 年版。

《黑川》 《黑川古文化研究所藏甲骨文字》，[日]伊藤道治，《文化学年报》1984 年 3 月。

《许缀》 《五种祭祀卜辞的新缀合例》，许进雄，《中国文字》新十期，1985 年版。

《严缀》 《甲骨文合集缀合五版》，严一萍，《中国文字》新十期，1985 年。

《英国》 《英国所藏甲骨集》，李学勤、齐文心、艾兰编，北京：中华书局，1985 年版。

《裘缀》 《甲骨缀合拾遗》，裘锡圭，《古文字论集》，1986 年 9 月版。

《天理》 《天理大学附属天理参考馆藏甲骨文字》，[日]伊藤道治，天理教道友社，1987 年版。

《白简》 《简论甲骨文合集》，白玉峥，《中国文字》新十四期，1990 年 5 月版。

《许缀 1》 《甲骨缀合新例》，许进雄，《中国文字》新一期，1990 年版。

《浙博》 《浙江博物馆新藏甲骨文字》，曹锦炎，《文物》第 5 期，1990 年。

《彭缀》 《殷墟甲骨分期研究》，彭裕商，上海：上海古籍出版社，1996 年 12 月版。

《补编》 《甲骨文合集补编》，彭邦炯、谢济、马季凡编，语文出版社，1999 年 7 月版。

《蔡缀》 《甲骨缀合集》，蔡哲茂，台北：乐学书局，1999 年 9 月版。

《花东》 《殷墟花园庄东地甲骨》，中国社会科学院历史研究所编，昆明：云南人民出版社，2003 年 12 月版。

《蔡缀续》 《甲骨缀合续集》，蔡哲茂，台北：文津出版社，2004 年 8 月版。

《辑佚》 《殷墟甲骨辑佚—安阳民间藏甲骨》，焦智勤等，北京：文物出版社，2008 年 9 月版。

未公开发表的部分馆藏和私人编著书目简称：

《北图》 中国国家图书馆。

《历博》 中国国家博物馆。

《历博拓》 中国国家博物馆甲骨文拓。

《历拓》 中国社会科学院历史研究所藏拓本。

《南博拓》 南京博物院拓本。

《南各拓》 南京各家所藏铁云旧藏甲骨拓本。

《庆甲》 庆云堂甲骨拓本（甲）

《庆丙》 庆云堂甲骨拓本（丙）

《簠拓》 《簠室甲骨拓本》，王襄。

《龟余》 《龟荣余文》，商承祚。

《龟拓》 《龟卜拓本》，金祖同。

《善斋》 《善斋甲骨拓本》，刘体智。

《文捃》 《甲骨文捃》，曾毅公。

附录三

商代可释字形表

A

ai

哀△

艾

an

安

ang

卬* 参见“印”

ao

敖

遨* 参见“敖”

B

ba

八

巴

癹

䩻（霸）

bai

白

百

柏

敗

ban

般

扶 另见“竝”

bang

邦

bao

勹

苞

雹

寶

保

豹

匚

報* 参见“匚”

虣（襮）

穀* 参见“青”

暴* 参见“虣”

bei

卑

北

孛

誖（悖）

貝

狽

葡*（備）参见“箙”

背* 参见“北”

bi

偪（逼）

鼻

濞

筆* 参见“聿”

啚（鄙）

匕

妣* 参见“匕”

比

畀

敝

䩛○（陛）

婢

辟

朿

必△ 另见“弋”

柲* 参见“弋”

卪（邲）

飶

斁

畢◎

bian

臱（邊）

鞭* 参见“更”

釆

辨* 参见“釆”

biao

滮

bie

别* 参见“冎”

bin

宾

賓* 参见“宾”

豩

bing

兵

仌（冰）

秉

丙

并

竝 另见“㚘”

bo

剝

帛

伯* 参见“白”

泊

駁

亳

搏* 参见“尃”

bu

卜

步

不

C

cai

才

采

蔡

can

𡖅△

泿（滄）

賫

殘* 参见“戔”

cang

倉

cao

棘（曹）

艸△

ce

册

夨

𠕋

𣶒

chang

昌

唱* 参见“昌”

長

鬯

chao

巢△

che

車

屮

敽（徹）

chen

辰

晨

晨* 参见晨、蓐

臣

沈

沉* 参见“沈”

cheng

爯

稱* 参见“爯”

丞

承

乘

成

𢦏◎（城）

呈

chi

蚩

㣥（遲）

齒

㚵

赤

chong

舂

沖

蟲△

chou

稠

𠷎（疇）

丑

醜

chu

初

出

豖

芻

㛀○

雛

楚

chuan

川

傳

chuang

爿（牀）

chui

吹

垂

雔

chun

春

純* 参见“屯”

chuo

㲋

辵△

逴

ci

祠◎

此

次

師

賜* 参见“易”

朿

刺* 参见“朿”

cong

从

從

悤

cu

麤

cui

㩳（摧）

D

da

逹

达

大

dai

隶△

多

E

e

娥

硪

妸

咢*（鄂）参见“喪”

奇

er

兒

而

耳

洱

爾

尔*　参见“爾”

二

F

fa

弢（發）

伐

fan

番*　参见“釆”

凡

汎（汎）

反

返*　参见“反”

fang

方

fei

非

妃

fen

分

焚

粪

feng

風*　参见“鳳”

丰

封　另见“丰”

夆（逢）

鳳

fou

缶

否*　参见“不”

fu

夫

畐

福*　参见“畐”

伏*　参见“勹”

孚

俘*　参见“孚”

箙

刜

尃

艮

服

弗

甫

斧

父

复

復*　参见“复”

腹

婦

阜

凫

G

gai

攺（改）

句

gan

干

甘

gang

犅

剛

団○

gao

羔○

膏

高

稾

杲

告

祰* 参见“告”

ge

戈

各

徦（格）

革△

geng

更

庚

gong

龏（龔）

公

攻

工

宫

弓

厷（肱）

収（拱）

共

貢* 参见“工”

gou

勾* 参见“句”

鈎* 参见“句”

冓

遘

gu

姑○

古

骨* 参见“冎”

鼓

賈 另见“贮”

谷

蠱

皋（梏）

雇

gua

冎

剮（剐）

guai

夬

guan

官

雚

觀* 参见“雚”

盥

毌

guang

光

廣

gui

歸

龜

皀

毁* 参见“皀”

鬼

癸

劌* 参见“歲”

guo

章

郭*　参见“章”

舌（昏）

祮（䄆）

國*　参见“或”

聝

H

hai

亥

害

[艹害]

𦘒（犨）

𢔎（躗）

han

柬

函

涵

邯*　参见“甘”

厂△

戰（捍）

𦰩

hang

亢

hao

蒿

好

妞

he

丂*（呵）　参见丂

㰤（歌）

何

荷*　参见“何”

龢

合

禾

河

迨

hei

黑

heng

亙（恆）

hong

弘

宏

琟（鴻）

虹

hou

矦（侯）

後

冔△

厚

后　另见“司”

姤

hu

乎

呼*　参见“乎”

壺

狐

虎

虍

唬

椃

户

hua

芣

化

畫

huai

姽

淮

huan

萑

雈

洹

趄

睘△◎

還◎

huang

潢

黄 另见寅

皇

hui

會

虫（虺）

回* 参见"亘"

悔* 参见"每"

晦* 参见"每"

誨* 参见"每"

惠* 参见"叀"

hun

昏

圂

huo

火

禍

囚

霍

或◦

獲* 参见"隻"

鑊

J

ji

基

鷄

櫅

笄* 参见"开"

凢（盤）

笸* 参见"臣"

姬

箕

㠱

吉

亼

集◦

及

彶

阪（級）

脊（蹐）

即

疾

亟

極* 参见"亟"

脊◦

耤

丮

己

几△

既

无

季

冀

祭

洎

苟（茍）

暨* 参见"眔"

繼

jia

家

嘉

夾

斝

甲

豭

jian

監

嬉（艱）

閒△◦

幵△

蘢

孨

㦰

殲*　参见“㦰”

柬△○

僉

儉*　古文同“僉”

戔

鑑*　参见“監”

見

建

jiang

將

姜

畕（畺）

疆*　参见“畕”

降

洚

jiao

交

角

烄

教

濬

jie

卩

截

皆

解

丯

介

戒

jin

今

巾△

斤

堇

進

盡

晉

jing

京

晶　另见“星”

井

妌

競

竟*　参见“競”

敬*　参见“苟”

jiong

冂（坰）

囧

jiu

丩（糾）

臼△

九

酒　另见“酉”

咎

舊

就

ju

[illegible]（沮）

舁△（舉）

[illegible]（虡）

具

[illegible]

句

juan

[illegible]

jue

爵

珏　另见“朋”

絕
氒（厥）
jun
君 另见"尹"
麇
畯

K

kan
凵△（坎）
凥（侃）
kang
康
糠* 参见"康"
kao
考 另见"老"
丂
ke
柯
可
克
keng
臤
kou
口
叩
ku
圣
kua
夸
kui
夅
媿
kun
蚰
困

L

la
刺
lai
來
秾
lan
婪
闌△○
lao
牢
老 另见"考"
lei
雷
澑
畾（罍）
耒○
li
𠩺
𤯍
氂* 参见"𠩺"
離
离* 参见"毕"
貍△
豊（禮）
吏* 参见"史"
秝
𤯓（歷）
利
騚
立
鬲
㮚（栗）
麗◎
驪◎
邐○
濿

力

櫟

lian

聯

liang

良

量

liao

尞

燎*　参见“尞”

遼

寮

潦

lie

烈

洌

巤

lin

林

粦

潾

吅（鄰）

霖

㐭（廩）

吝

麐

閔

ling

夌

陵*　参见“夌”

霝

零*　参见“霝”

靈*　参见“霝”

令

紷

姈

liu

柳

六

long

龍

瀧

嚨

lu

盧

鑪*　参见“盧”

廬*　参见“盧”

魯　另见“鱼”

鹵

陸

鹿

麓

彔

録*　参见“彔”

luan

䜌◎

𤔔△

亂*　参见“𤔔”

lun

侖

luo

𣎆

羅

洛

零

濼

lü

旅

吕

律

履

M

ma

馬

mai

霾

買

邁* 参见"萬"

麦

man

曼

mang

莽

宋

龙

mao

矛△

卯

皃（貌）

丞（懋）

mei

眉

湄

媚

沬

枚

每

美

妹

昧* 参见"湄"

men

門

meng

盟

夢

孟°

mi

麋

敉

米

糸

芈

盗

謐* 参见"盗"

宓

密

mian

宀

免

丏

娩* 参见"冥"

面

mie

蔑

威

min

民

敏

皿

黽

ming

名

明

鳴

冥

命* 参见"令"

mo

莫

貘°

mou

牟

mu

牡

母 另见“女”

木

牧

穆

目

苜

暮* 参见“莫”

𥈠（睦）

N

na

㕯（訥）

納* 参见“内”

nai

乃

廼

柰 另见“叔”

nan

南

男

nao

夒

獿（猱）

nei

内

neng

能

ni

尼△

秜

麑

屰

逆

匿○

沝（溺）

nian

年

輦

廿

niang

娘

niao

鳥

nie

臬

湼

歺

㱾* 参见“歺”

㚔

疒

㘝

櫱*（孽）参见“竒”、“辥”

ning

寧

寍

濘

niu

牛

nong

農*（農）参见“晨”

弄○

nu

奴

nü

女

nuan

㚆

nue

虐

nuo

諾* 参见“若”

qie

且

妾

qin

㑴（侵）

亲

秦

罕（禽）

擒* 参见"罕"

寑

沁

qing

青

卿

磬

慶

qiu

丘

夒（秋）

求

蛷* 参见"求"

裘

qu

區

䀠°

瞿* 参见"䀠"

取

娶* 参见"取"

曲

去

齲

quan

泉

犬

que

雀

R

ran

冄

rang

瀼

ren

人

壬

刃

任

妊

reng

扔

艿

ri

日

rong

戎

彡（肜）

宂

rou

肉

ru

如

汝

蓐

入 另见六

ruo

若

弜（弱）

S

sa

洒

卅

san

三

椒

散* 参见“椒”

sang

桑

喪

se

嗇（穡）

寒（塞）

sen

森

shan

羴（羶）

删

芟

山

杉

shang

商

滴

鬺

賞* 参见“商”

上

尚◎

shao

少 另见“小”

邵* 参见“召”

卲◎

she

舌

蛇* 参见“它”

射

涉

社* 参见“土”

shen

申

罙

深

身

娠

神* 参见“申”

sheng

生

聲

升

省* 参见“眚”

聖 另见“聽”

shi

𠂤

師◎

尸

溼（濕）

攺

施* 参见“攺”

失* 参见“市”

食

石

祏

十

史 另见“事”

事 另见“史”

使* 参见“史”

屎（屎）

矢

豕

豙

駛

示

室

筮* 参见“巫”

市

視

氏△

奭

世* 参见“枼”

shou

首

守○

受

授* 参见“受”

獸

狩* 参见“獸”

shu

叔

尗△

殳

姝

秫* 参见“朮”

䡣（孰）

熟* 参见“䡣”

黍

蜀◎

鼠

尌

樹* 参见“尌”

束

侸

戍

庶

朮

shuai

率

達* 参见“率”

shuang

爽* 参见“奭”

shui

水

shun

眣（瞬）

shuo

说* 参见“兑”

si

司 另见“后”

絲

死

嗣○

䜌

枱

兕

肆* 参见“肆”

汜

巳 另见“子”

祀

四

飤

song

弅

送* 参见“弅”

宋

sou

叜（叟）

搜* 参见“叜”

su

夙

餗

素△

宿

sui

㒸

遂* 参见“㒸”

文

綏* 参见“妥”

㝅

祟* 参见“㝅”

歲

采△（穗）

sun

孫

孪

suo

索

T

ta

它

龖

沓

遝

騇

罛

還

tai

台△◎

太*　参见“大”

tan

覃○

蟺

檀

探*　参见“罙”

tang

唐

tao

屰△

濤

陶

te

貣（貸）

tian

天

田

tiao

卣*　参见“卣”

tie

聑

ting

聽　另见“聖”

廳（庭）

甹

壬

挺*　参见“壬”

tong

通

同

童

僮*　参见“童”

tou

豉（投）

tu

㐬

圖○

梌

涂

徒

土

兔

tui

退

tun

屯

豚

㞡（臀）

tuo

乇

鼉

橐

妥

w

wai

外*　参见“卜”

wan

宛

萬

万*　参见“丏”

wang

王

亡

生（往）

网（網）

朢（望）

wei

𢼸（微）

危

惟*　参见“隹”

唯

爲

尾

委

韋　另见“衛”

圍*　参见“韋”

違*　参见“韋”

𩏂

衛

畏

位*　参见“立”

未

wen

文

紋*　参见“文”

聞

紊

刎*　参见“勿”

問

wo

我

wu

巫

吾

吳△

無

舞*　参见“無”

侮

武

五

午

毋*　参见“女”、“母”

勿

物

兀*　参见“元”

戊

x

xi

息

夕　另见“月”

兮

析

昔

羲

𡕥

西

錫*　参见“易”

奚

席*　参见“簟”

習

騽

徙　另见“祉”

嬉　另见“娭”

喜△

係

系

虛[◎]

戲* 参见“虛”

xia

下

xian

先

賢* 参见“臤”

次

咸

獻

臽

陷* 参见“臽”

現* 参见“見”

莧

xiang

香

瞏

襄* 参见“瞏”

鄉* 参见“卿”

祥

亯（享）

相

饗* 参见“卿”

嚮* 参见“卿”

向

象

xiao

小 另见“少”

效

xie

蠆* 参见“萬”

劦

協* 参见“劦”

燮

爕* 参见“燮”

媟

xin

昕

炘

訢（欣）

心

新

薪* 参见“新”

辛

囟

xing

興

星 另见“晶”

邢* 参见“井”

行

告

騂

杏

姓

xiong

兄

熊* 参见“能”

xiu

休

修* 参见“攸”

羞

臭

嗅* 参见“臭”

xu

須

戌

畜

蓄* 参见“畜”

敘

旻

卹

xuan

亘

宣

吅△（喧）

旋

玄*　参见“幺”

兹*　参见“丝”

選*　参见“巽”

xue

學

旉

薛*　参见“旉”

雪

血

xun

尋

旬

侚

訊

卯（巽）

Y

ya

疋

亞

婭

溼

yan

言

甗

㣔　另见“徙”

延*　参见“㣔”

喦

嚴

炎

妍

广△

㫃

衍

演

甗（甗）

焱

燕

辛

妟（晏）

雁*　参见“膺”

yang

央

羊

徉

昜（陽）

羖（養）

恙

yao

幺

夭

爻

堯

擾*　参见“夒”

ye

埜（野）

也*　参见“它”

枼

葉*　参见“枼”

業

鄴*　参见“業”

頁

夜◎

叶

腋*　参见“亦”

yi

一

伊

衣

依

壹* 参见“壶”

医

宜

矣

疑* 参见“矣”

夷

陕

彝

遗

匝

頤* 参见“匝”

乙

目（以）

異

埶

藝* 参见“埶”

罣* 参见“昳”

啻△

意* 参见“啻”

翌

叙（肆）

易

暘* 参见“暘”

益

邑

逸

亦

義

抑* 参见“印”

弋

伇（役）

乂

刈* 参见“乂”

劓

yin

因

音* 参见“言”

侌（黔）

陰* 参见“侌”

殷

夶△

狺

寅 另见“矢”

尹

歆

酓

引

印

ying

迎* 参见“逆”

褮

膺

應* 参见“膺”

鷹* 参见“膺”

yong

庸

鏞* 参见“庸”

墉* 参见“章”

雝

邕* 参见“雝”

甬○

永

咏（詠）

用

you

攸

丝

幽

憂* 参见“夒”

汓

斿（遊）
由
油
尤
猶
友
有△
侑*　参见“又”
酉
卣
卤
又
右*　参见“又”
佑*　参见“又”
祐*　参见“又”
幼
囿
疣
yu
于
余
俞
臾
魚
輿
迂
雩
湡
盂
匬
漁
宇
禹△
禹○
雨
竽
羽
卸（禦）
御
昱　另见“翌”
聿
芋△
域*　参见“或”
毓
育*　参见“毓”
玉
遇
鬱
圉
yuan
㴊（淵）
元
遠
員
○△（圓）
原*　参见“泉”
袁
遠
鳶（鳶）
智
夗△
爰
援*　参见“爰”
暖（鍰）
yue
曰
龠
籥*　参见“龠”
刖
粵*　参见“雩”
月　另见“夕”
悦*　参见“兑”

岳

樂

戉（鉞）

yun

云

雲* 参见“云”

允

蕴

孕

Z

za

帀

雥

zai

𢦏

哉* 参见“𢦏”

灾

巛（災）

栽

宰

在* 参见“才”

再

㲋

zan

殑* 参见“龠”

晉

zang

臧

藏* 参见“臧”

戕

葬

zao

𣪘

鑿* 参见“𣪘”

喿△

噪* 参见“喿”

譟* 参见“喿”

叉

蚤

ze

責

則◎

昃

zeng

曾

鄫* 参见“曾”

zha

叡（虘）

zhai

宅

zhan

占

zhang

章○

zhao

召

朝

爪

肇（肈）

兆* 参见“涉”

zhe

折

者

zhen

貞

真

㐱

辰（踬）

震* 参见“辰”

振* 参见“辰”

朕

zheng

征　另见“正”

正

𢼸（徵）

争

丞

蒸* 参见“丞”

拯* 参见“丞”

政* 参见“正”

鄭* 参见“奠”

zhi

之

隻

知* 参见“智”

直　另见“值”

執

姪

止

趾* 参见“止”

祉

至

制

智

旨

雉

陟

戠

識* 参见“戠”

彘

黹

豸

遷

疐

廌

zhong

中

終* 参见“冬”

仲

衆（众）

重

zhou

周

舟

州

洲* 参见“州”

肘

帚

宙

胄

掫（驟）

𣪊

晝

zhu

朱

戠（誅）

鼅（蛛）

竹

逐

主* 参见“示”

祝

壴

鑄

貯

宁

zhuan

叀（塼）

專

zhuang

妝

zhui

追

隹

椎

沝 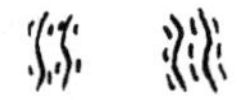

叕（綴） 

墜* 参见“隊”

zhuo

卓△ 

斫 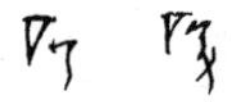

丵△ 

zi

兹* 参见“丝”

甾 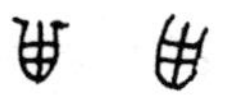

鼒 

子 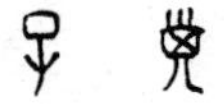

朿 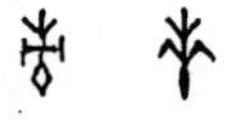

字○ 

自 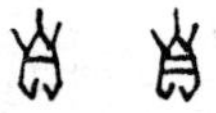

zong

宗 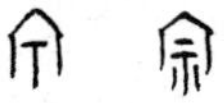

縱* 参见“从”

zou

走* 参见“夭”

奏 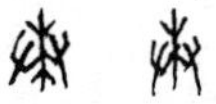

zu

足* 参见“疋”

族 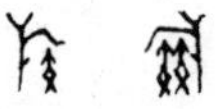

卒* 参见“衣”

祖* 参见“且”

俎* 参见“宜”

抯 

zun

尊 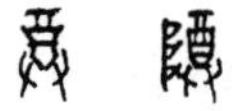

zuo

𠂇 

左* 参见“𠂇”

佐* 参见“𠂇”

乍 

作* 参见“乍”